CAPTIVES EN TRAGÉDIE

Isabel DEJARDIN

CAPTIVES EN TRAGÉDIE

*La captivité au féminin sur les scènes
antiques et modernes*

LIBRAIRIE NIZET
37510 SAINT-GENOUPH
2008

ISBN 978-2-7078-1304-6

Pour Liliane

Introduction

Le spectateur qui aborde une représentation tragique a été averti par Aristote et ses adeptes : l'action est première dans une tragédie, les caractères en procèdent ; et tandis qu'il pourrait exister une tragédie « sans caractères » (ἄνευ ἠθῶν), on ne saurait en concevoir « sans action » (ἄνευ πράξεως)[1]. Aucun théoricien du genre, aux époques majeures de son existence, ne s'est inscrit en faux à l'égard des préceptes aristotéliciens ; le Grand Siècle, notamment, reprend à son compte une définition qui place l'action tragique au principe du spectacle[2]. Et pourtant... que retient le spectateur lorsque s'achève la représentation d'*Agamemnon* ? N'est-il pas autant troublé par l'insolence de Clytemnestre, dont le discours vient de remettre en cause les fondements mêmes du pouvoir, que par la démonstration de force du destin ou par la punition infligée à l'*hybris* d'un Roi trop victorieux ? A un autre terme de cette existence résurgente de la tragédie, le spectateur de la *Phèdre* racinienne peut-il éprouver l'épouvante générée par le spectacle s'il ne s'est pas un peu laissé atteindre par le malaise de l'héroïne ? Que retient encore ce spectateur racinien, le respect pour le choix politique qui sauve Rome des démons de la tyrannie orientale, ou bien l'adieu de Bérénice ? On pourrait multiplier les exemples ; mais ceux-là suffisent à révéler le paradoxe fondamental du genre tragique : l'action prime, en théorie les caractères sont secondaires parce qu'ils lui sont subordonnés, mais l'efficacité de la représentation et la fascination qu'elle provoque, tiennent à la grandeur et à l'aura de ses caractères. Leur existence dépend de la rigoureuse économie de l'action, mais leur richesse détermine le rythme de ses palpitations.

Voilà pourquoi les analyses à venir se veulent centrées sur des caractères, et consacrées à l'exploration de certains d'entre eux, dans l'hypothèse qu'ils soient doués d'une raison tragique. Certes, il ne s'agit pas d'inverser le propos aristotélicien en prétendant que le caractère suffise à l'efficacité d'une tragédie : un roi orgueilleux, une reine insolente, une belle-mère submergée par

---

1. Aristote, *Poétique*, 6.1449a , traduction de Barbara Gernez, Les Belles Lettres, 2002.

2. Il n'est pas anodin que, outre les théoriciens classiques et puristes, Mairet, participant à la renaissance de la tragédie dont il rappelle les caractéristiques dans la préface de *La Silvanire*, souscrive lui-même à ce principe de primauté : « La tragédie décrit en style relevé les actions et les passions des personnes relevées. » – *Théâtre du XVIIᵉ siècle*, La Pléiade, tome I, p. 482. Il faut toutefois noter l'évolution qui, à partir du postulat aristotélicien jamais contesté sur le plan théorique, se dessine dans les usages dramaturgique du XVIIᵉ siècle ; la définition de la tragédie proposée ultérieurement par R. C. Knight sanctionne cette évolution, en inversant les priorités : « *A dramatic action in which personages above the common have to react to a situation above the common, in that it involves a danger usually of death.* » – *A minimal definition of the seventeenth-century tragedy*, French Studies, octobre 1956, p. 306.

un désir incestueux, peuvent aussi bien relever du roman ou de la comédie que de la tragédie. Le personnage est l'un des matériaux de construction de la représentation, qu'il légitime déjà par son nom puisque « l'unité d'action repose sur un personnage unique dont le nom est fourni par le titre de la tragédie »[3] ; mais il devient aussi, au cours du drame, l'élément qui le déconstruit, celui par lequel le monde représenté se délite peu à peu sous les yeux du spectateur.

Le propos consiste ici à explorer la relation entre caractère et action tragique, afin de déterminer comment des caractéristiques propres à tel ou tel personnage peuvent entretenir des relations essentielles avec le genre.

Plusieurs préoccupations nous conduisent à centrer cette analyse sur les personnages de captives. En premier lieu, il n'est pas de caractère dont l'existence ne soit plus définie par l'action. Précisons la différence fondamentale entre captive et esclave : l'une est inscrite dans un processus de transformation, qui la mènera d'un statut, généralement élevé, à la situation sociale la plus inférieure ; l'autre a déjà atteint cette condition, qui la définit et la fige. Le processus évoqué est un aspect de cette action qui constitue l'essentiel d'une tragédie. La captivité n'est pas un statut ; c'est une situation au sens étymologique du terme : une action pour définir sa place, dans une logique de définition ou de transformation. L'enjeu de la captivité tient donc à l'essence du caractère concerné.

En deuxième lieu, l'étude porte sur des personnages féminins et non masculins. Il existe des captifs sur la scène tragique. Mais les captives sont primordiales sur le plan historique : lorsque Agamemnon fait entrer Cassandre en Argos, il introduit la première captive sur la scène tragique. Toutefois, cette dimension chronologique ne suffirait pas pour que la captive l'emporte comme objet d'étude ; il y a surtout dans sa situation des aspects qui croisent la représentation topique du féminin dans une tragédie. Et parce que le féminin est problématique dans cet univers, l'apparition d'une captive provoque des tensions particulières qui, elles-mêmes, alimentent l'action : la *doxa* veut que la faiblesse d'une captive réponde à la faiblesse essentielle d'une femme, et pourtant il y a des reines qui refusent de s'y résigner, et qui déploient dans cette résistance une puissance dérangeante – ainsi de Sophonisbe au XVIIe siècle, par exemple.

Enfin, les captives sont essentielles à une analyse des relations entre action et caractère. Car la représentation d'une captive n'est d'abord qu'une articulation de la fable[4], un procédé dramatique nécessaire à sa cohérence. Qui, mieux que Cassandre, pourrait permettre la proféralion et d'un spectacle interdit à l'*orchestra*, et du destin d'un roi tout-puissant et cependant contraint à son humanité ? Qui, mieux que la figure spectrale d'Iole, pourrait révéler à Déjanire les forces incoercibles de la jalousie et à l'héroïsme d'Héraclès les limites imposées par son destin ? Ces premiers caractères de captives sont ainsi mar-

3. Louvat Bénédicte, *La poétique de la tragédie classique*, SEDES, Paris, 1997.
4. La fable est ce qui préexiste au spectacle avant de le constituer, puisque la tragédie « emprunte ses sujets à un corpus constitué de textes, qu'il s'agisse de chroniques, de récits historiques ou bibliques, de recueils de mythes (...) ou encore de textes dramatiques antérieurs. », note Bénédicte Louvat dans *La Poétique de la tragédie classique*, *op. cit.*, p. 38.

qués, plus que les autres personnages de la faune tragique[5], par leur subordination à l'action ; aussi ne sont-ils d'abord affectés qu'au tritagoniste. Euripide le premier fera de la captivité au féminin un rôle à part entière ; au cours du Ve siècle, les captives deviennent ainsi des caractères, dont la récurrence consacre l'appartenance au monde du tragique. Ce n'est que le début d'une évolution qui la conduit, au cours des résurgences du genre, à une identité tragique de plus en plus complexe. En outre, c'est à la tragédie que les captives doivent leur existence, contrairement aux autres personnages représentés par le genre : rois, reines, prêtres, messagers... la société tragique puise à la source épique ; mais, dans cette matière, les captives ne sont qu'un butin précieux. Une relation privilégiée, quoique non exclusive, unit ainsi ces personnages au genre tragique – relation qui doit au moins à la coïncidence de leurs apparitions. Car les captives naissent en même temps que la tragédie.

A partir de la création antique de ces personnages, leur résurgence sur la scène moderne est un fait naturel. Car on sait combien le principe d'imitation régit la production tragique. La conception classique de la poétique l'induit tout d'abord ; et, dans la mesure où la tragédie ressurgit au Ier siècle de notre ère, dans l'œuvre de Sénèque[6], et au XVIe siècle européen, elle est nécessairement gouvernée par le principe de *mimèsis* qui prévaut alors dans la production littéraire en général. Plus profondément, la tragédie est un genre lié à la réécriture[7] ; et si la tragédie moderne ne puise pas tous ses sujets à la source hellène, l'héritage grec reste prégnant pour la pensée, sous l'influence d'« un mouvement hellénisant, encouragé au début par le patronage actif de François Ier » et qui « semble apporter au théâtre français une source très riche d'inspiration tragique »[8]. Fables et personnages sont donc à nouveau représentés ; la faune tragique s'enrichit d'une existence nouvelle, et se trouve augmentée par d'autres caractères, issus d'origines diverses.

---

5. L'expression est notamment employée par Jacques Truchet pour désigner l'ensemble des personnages qui effectuent un retour constant dans les productions tragiques : « la tragédie a vécu sur un nombre de noms, et de types, très limité » – *La Tragédie classique en France*, *Littératures modernes*, PUF, Paris, 1975. 2° éd. 1989, p. 70.

6. Notre connaissance des résurgences antiques est bien entendu limitée par les aléas de leur transmission dans le temps.

7. Marie-Madeleine Fragonard restitue la complexité d'un mouvement qui consista, à partir du XVI° siècle, à éditer les œuvres antiques, publiées en grec, en latin, ou en français : « Les auteurs italiens adaptent les œuvres antiques, s'en inspirent et deviennent des modèles pour les auteurs français ; le nombre de voyageurs favorise la circulation rapide des pièces italiennes en France. Leur réécriture en français est souvent un compromis entre un modèle antique et une version italienne. Ecrire du théâtre en français consiste donc d'abord à réécrire des ouvrages approuvés par la tradition antique et par le relais italien, au point que les bibliographies hésitent à désigner certaines pièces comme adaptation, traduction ou pièce originale. » – in *Le Théâtre en France des origines à nos jours*, dir. Alain Viala, *Premier cycle*, PUF, Paris, 1997 – 3° partie : « La Renaissance ou l'apparition d'un théâtre à texte », p. 117.

8. Le chemin accompli par les tragédies grecques jusqu'à l'édition moderne est décrit par Marie-Madeleine Fragonard : « L'édition des tragédies antiques est dominée par le théâtre de Sénèque ; cependant, les travaux les plus nombreux en matière de traduction concernent la tragédie grecque : elle est le genre qui donne le choc novateur qui, dès le début du XVIe siècle, ouvre au théâtre un nouvel espace formel. » – *op. cit.*, p. 99.

La fortune de ces nouvelles pièces tient en partie à la possibilité offerte au public de reconnaître tel ou tel personnage dont il avait jusqu'alors une représentation livresque. Dans un tel contexte, les captives auraient pu disparaître au nom de l'actualisation du genre. Car la situation d'une captive, au sens où la définit son rôle tragique, n'a pas grand-chose à voir avec la réalité moderne : on emprisonne encore des reines, mais on ne saurait désormais les envisager comme des butins ou des trophées à porter en triomphe... Et pourtant, l'époque moderne est précisément celle qui, dans l'histoire de la tragédie, accorde la plus grande place aux captives. Leur existence est en partie sauvée par l'histoire même de l'héritage antique : on lit davantage Euripide, plus largement diffusé en Europe qu'Eschyle ou Sophocle. Les premières pièces antiques ainsi éditées sont *Hécube* et *Iphigénie*, en 1503, dans une traduction d'Érasme[9]. Les traductions de la Renaissance continuent de privilégier ce thème de la captivité : pour autant que nous le sachions, Euripide avait écrit trois tragédies consacrées à cette situation, sur les dix-sept pièces qui nous sont parvenues de son œuvre ; le XVIe siècle en préfère huit, parmi lesquelles *Andromaque*, *Hécube* et *Les Troyennes* figurent en bonne place. Les œuvres affranchies de l'héritage grec n'échappent pas pour autant à cet engouement pour les personnages de captives : en février 1553, Etienne Jodelle crée devant la Cour une Cléopâtre « luctueuse » qui « libre veut mourir pour ne mourir captive ». La pièce remporte un vif succès. On est pourtant loin du modèle présenté par Plutarque, de l'affolante reine orientale qui dévora les plus grands généraux romains ; le drame entier procède au contraire à l'exposé de sa faiblesse, consécutive à la défaite d'Actium... Toute l'intensité d'un personnage de captive est là, dans ce dialogue dramatique entre la grandeur passée et la mort à venir. Comme tous ses contemporains, Jodelle a en tête le théâtre de Sénèque, et probablement les vers que le poète latin a placés en ouverture de ses *Troyennes* : *non unquam tulit / Documenta Fors majora quam fragili loco / Starent superbi* (« jamais la Fortune n'a donné de plus grande leçon que le spectacle des Grands installés sur de fragiles trônes... »)[10]. Quant à l'époque dans laquelle s'inscrit l'œuvre de Jodelle, marquée par la menace de troubles politiques violents, elle est elle-même imprégnée de la conviction métaphysique d'une labilité universelle – de « l'incertitude et lubrique instabilité des choses temporelles »[11].

La situation de captivité au féminin sert ainsi la perspective idéologique dominante de l'époque. Même lorsqu'elle est virtuelle, elle agit comme une menace et contribue ainsi à la pression nécessaire à l'efficacité du spectacle tragique. La Reine *tombera*-t-elle en captivité, par un mouvement semblable à celui de la Roue de Fortune ? L'effroi qui naît de cette appréhension apporte au spectacle une dimension pathétique autant que dramatique. Le tragique y

---

9. Suivent en outre deux *Médée*, un *Hippolyte* et deux *Alceste*, puis *Les Suppliantes* et *Les Troyennes*. Notons encore que l'édition d'*Hécube* et d'*Iphigénie* connaît un regain important dans les années 1544 à 1650, grâce à Baïf, Amyot et Saint-Gelais.

10. Sénèque, *Les Troyennes*, vers 4-6.

11. Bochetel, *Epître au Roi*, publiée en tête d'une traduction de l'*Hécube* d'Euripide en 1550.

trouve en outre l'une de ses formes d'expression : si la notion est complexe, elle est le plus souvent apparentée à une tension de nature dialectique entre l'homme et sa situation : « La fonction et la grandeur de la tragédie sont précisément d'interroger les prestiges de l'apparence (...) pour mieux cerner les limites de l'humaine condition en confrontant l'homme à ce qui le passe – ou le double »[12]. Christian Delmas prolonge cette définition d'une réflexion sur le double, qu'il situe au centre du tragique, dans le cadre d'une « esthétique de l'identité » ; la virtualité de la captivité, inventée par les mises en scène modernes de la situation, nourrit cette proposition : désormais la captive double la reine, dans l'appréhension ou la réalisation de cet avilissement qui de toutes façons déchire le personnage. Qu'elle soit de situation ou de caractère, la captivité est donc naturellement propre à nourrir le tragique.

Il existe donc une relation de nature entre ce genre et la situation de captivité au féminin, relation propre à justifier son succès, pourtant anachronique sur la scène moderne. L'analyse cherchera donc du côté de cette continuité historique à prouver l'existence de caractères définis par cette situation ; les inflexions autant que les constantes repérables dans les diverses formes de ce rôle doivent en effet permettre d'en décrire les contours.

L'étude a donc pour objectif principal de déterminer s'il existe effectivement des caractéristiques propres à la situation de captivité en tragédie, et interroge par conséquent les relations entre des caractères et l'action représentée. Dans la terminologie aristotélicienne, le mot *éthos* est celui que l'on traduit par « caractère », autrement dit « ce qui nous fait dire des personnages agissant qu'ils sont tels ou tels »[13]. S'il existe des caractères qui puissent être définis à la fois par une essence féminine et par la situation de captivité, il faut donc admettre que les personnages ainsi représentés soient déterminés par des traits fixes[14]. C'est la première hypothèse qui engage cette étude. Dans la continuité de cette réflexion sur le caractère dramatique, notons encore que La Mesnardière précise au chapitre III de sa *Poétique* qu'il faut « faire les Héros généreux, les Philosophes prudents, les Femmes douces et modestes »... Comment les Captives sont-elles *faites* ? C'est à cette question que l'étude veut répondre.

Cette question centrale conduira donc à une étude détaillée des personnages de captives. Les situations qui les représentent sont diverses. Mais s'il apparaît que les captives présentent des caractéristiques communes, il serait

---

12. Christian Delmas, *La Tragédie de l'âge classique, 1553-1770, Ecrivains de toujours*, Seuil, Paris, 1994. p. 254-255.

13. *Poétique, op. cit.* 1450a.

14. Entrent dans cette identité du personnage, selon Georges Forestier, « des traits fixes qui relèvent de son sexe, de sa condition sociale, de son âge, et même de son *habitus*, c'est-à-dire de sa pente naturelle vers le bien ou le mal » – *Passions tragiques et règles classiques, Perspectives littéraires*, PUF, Paris, 2003. p. 269. Anne Übersfeld propose également de voir le personnage de théâtre comme « un individu, avec des traits distinctifs d'âge, de complexion physique, de famille, d'histoire personnelle, traits distinctifs qui, selon les formes de théâtre, peuvent être schématiques ou au contraire très complexes » – Übersfeld Anne, *Les termes clés de l'analyse du théâtre*, Seuil, Paris, 1996 – art. « Personnage », p. 65.

alors possible d'envisager non plus des personnages, mais un seul : cette captive générique, dotée d'attributs particuliers ou déterminée par leur combinaison originale, pourrait alors être envisagée comme un *type* dramatique.
L'hypothèse naît d'une parenté sémantique entre les termes « caractère » et
« type » : si les captives présentent des caractéristiques communes, et s'il existe
par conséquent un caractère générique qui permette d'employer à leur sujet un
singulatif déterminé, cette captive pourrait-elle être considérée comme un *type*,
c'est-à-dire l'une de ces « empreintes » susceptibles de marquer le genre ?

La question centrale de cette étude et les hypothèses qui lui sont corré-
lées appellent un examen méthodique des personnages de captives représentés à des époques variées et dans une diversité de situations. Seule la notion
de variante ou d'écart doit donc apparaître comme indispensable à la rigueur
de cet examen. On se rappelle que le théâtre en général, et la tragédie en particulier, vit toujours et au minimum sur trois temps primordiaux : la *fable*,
l'*écriture*, et le *spectacle*, en relation avec les différentes médiations qui en
permettent la réalisation – dramaturgie, mise en scène, jeu d'acteurs, discours
de réception. Aussi l'analyse abordera-t-elle le spectacle tragique sous tous
ces aspects, afin d'examiner quel rôle jouent les captives sur chacun de ces
plans.

Après un chapitre préliminaire consacré à ses choix méthodologiques, la
première partie de notre étude portera sur le déroulement dramatique de chaque
œuvre retenue, afin de considérer quelle place une captive peut occuper dans
l'action. Cette situation est d'abord repérable à la proportion de l'action accordée aux captives, relativement aux autres personnages. Une fois défini ce rapport, il conviendra d'analyser la fonction qui revient aux captives au sein des
arguments, envisagés cette fois sous la forme de « schémas dramatiques ».

Dans une deuxième partie, l'attention sera portée à la dimension poétique
du texte théâtral, en examinant ce qui définit les contours de l'action : les relations entre les personnages, organisées d'autant plus rigoureusement qu'une
hiérarchie précise régit la représentation de ces « personnes » nécessairement
« nobles »[15] ; l'espace représenté ou évoqué ; le temps – celui qui contraint la
représentation, et celui qui correspond à l'histoire, à la vie des personnages,
lequel se définit, dans le contexte scénique, selon la tripartition passé / présent
/ futur.

Nous considérerons dans une troisième partie les éléments textuels propres à indiquer les modalités du *spectacle*. D'évidence, cette notion est la plus
délicate à envisager lorsque l'on considère le texte théâtral. Et cependant, le
theatron, c'est une évidence, n'a d'autre raison d'être que l'œil du spectateur
– du « regardant », dit le XVIIᵉ siècle. « La représentation est un événement,
rappelle Jean-Louis Barrault. C'est le moment essentiellement poétique ; le
moment où a lieu la cristallisation, la synthèse. »[16]. Ce moment-là échappe
nécessairement au lecteur par défaut du texte théâtral ; l'étude devra donc, à
cet égard, rechercher dans l'énoncé textuel les indices mêmes de sa proféra-

---

15. Aristote, *op. cit.* 1449a.
16. *Mise en scène de Phèdre*, *Points*, Seuil, Paris, [1946] 1972, p. 34.

tion[17]. Car, dans le moment *phénoménal* de la représentation, ces indices aussi confèrent au corps de l'acteur et au langage qu'il fait sien une dimension également signifiante.

Il en sera encore question plus loin : cette étude doit adopter une démarche proprement analytique, dans le but d'observer un personnage sous ses différents aspects et dans l'évolution de ses avatars. Cette démarche ne peut qu'être détaillée, et une lente hâte s'impose car toute précipitation vers la synthèse n'aurait d'autre effet que de tuer la captive.

---

17. « Pour ce qui relève de l'expression, un aspect de l'étude concerne les figures de l'expression, mais les connaître est le propre de l'art de l'acteur... ». Au-delà de l'expression, le terme σχῆμα désigne plus généralement l'attitude, car « avec les attitudes du langage varie l'attitude du personnage », commente à cet endroit l'édition Gallimard de la *Poétique*, dans la traduction proposée par Jean Hardy.

DÉFINITIONS
ET PRINCIPES MÉTHODOLOGIQUES

Les personnages de captives ont été représentés à toutes les époques notoires de la dramaturgie tragique, et figurent une réalité permanente et cependant complexe, ne serait-ce que par leurs conditions d'apparitions et leur relatif anachronisme sur la scène moderne. Parfois spectatrice, telle Aricie dans la *Phèdre* de Racine, ailleurs enjeu de l'action, ainsi dans *Andromède*, une captive sur un théâtre présente la particularité d'être à la fois dans le drame et à sa périphérie. C'est à ce titre au moins que son étude peut offrir un chemin d'accès dans l'univers paradoxal et touffu que présente une tragédie. C'est pourquoi aussi une enquête sur ces personnages nécessite une approche réglée par une méthode précise.

Cette exigence s'impose d'autant plus que l'étude aborde des œuvres et des personnages marqués par la diversité, selon l'hypothèse qu'il existe une convergence au sein même de cette diversité. Par conséquent, la multiplicité des situations qui conjuguent captivité et féminin nécessite un préalable à l'étude : ce chapitre rappellera la définition de ces situations, sur un plan lexical puis dramaturgique, avant de préciser les principes méthodologiques qui régiront l'analyse.

CHAPITRE I

Naissance de la captive

Genèse lexicale

Dans la langue grecque, la captive est désignée par un adjectif substantivé, αἰχμάλωτος, dont le premier sens élucide d'emblée le contexte de sa création : « pris à la pointe de la lance ». Violence et possession apparaissent tous deux comme les thèmes fondateurs de la situation commune aux captives : l'αἰχμή désigne la lance et propose une version concrète et guerrière de l'ἀκμή, ce point aigu d'une situation ; quant au verbe employé dans le substantif sous sa forme participiale, ἁλίσκομαι, il désigne dans un premier temps l'action d' « être pris », de « tomber aux mains de quelqu'un ». D'origine spécifiquement guerrière[1] donc, le terme αἰχμάλωτος est relativement rare dans la langue grecque en général[2], et dans le corpus tragique en particulier : employé quatre fois par Eschyle – dont deux occurrences dans l'*Agamemnon* –, il est victime d'une parcimonie plus grande encore chez Sophocle, qui en limite l'emploi aux *Trachiniennes*. Il faut attendre le théâtre d'Euripide pour que le terme connaisse une véritable fortune : on y relève quinze des vingt-et-une occurrences que propose le corpus tragique grec tel qu'il nous est parvenu. Le texte d'*Andromaque* témoigne de la plus grande fréquence – cinq occurrences désignent ainsi le personnage éponyme : Ménélas la revendique comme telle – « Elle est ma captive (αἰχμάλωτον). C'est moi qui l'ai conquise à Troie. »[3] ; Hermione inclut le mot dans une périphrase : « la captive (αἰχμάλωτον) qui partagea la couche d'Hector »[4] ; Thétis, à l'épilogue, reprend encore le terme, qu'elle assortit à la fois d'une précision de genre et d'une désignation nominative : « la femme captive (γυναῖκα αἰχμάλωτον), je veux dire Andromaque »[5].

L'association est constante, dans la pièce, entre ce terme et la féminité. Ailleurs, il est accompagné d'autres connotations : dans l'*Hécube*, Agamemnon

---

1. La forme τὰ αἰχμαλώτα est utilisée par Xénophon pour désigner « le butin de guerre » (*Hell.* 4, 1, 26). Quant au verbe αἰχμάζω, il signifie d'abord « lancer *ou* brandir une lance ».
2. Trois cent neuf occurrences ont été relevées dans l'ensemble des textes grecs qui nous sont parvenus. Aucune n'est notée pour le texte d'Homère, pas plus que pour ceux d'Hésiode ou pour les *Hymnes homériques*.
3. Euripide, *Andromaque*, vers 583, trad. Marie Delcourt-Curvers pour Gallimard (Folio).
4. *Ibid.*, vers 909. Nous nous éloignons ici de la traduction de Marie Delcourt-Curvers, qui privilégie l'origine de la captivité sur sa désignation propre : « La veuve d'Hector, sa part du butin ».
5. *Ibid.*, vers 1243.

ne fait pas mystère du caractère objectif qui lui est associé : « Parles-tu des captives (τὰς αἰχμαλώτους), le butin (ἄγραν)des Grecs ? »[6] ; l'ancienne reine s'est auparavant désignée par ce terme, qu'elle associe à sa déchéance : « moi-même, captive (αἰχμάλωτος), jetée en pleine infamie »[7]. Lorsque dans *Les Troyennes*, Andromaque emploie le substantif, elle y voit la projection de son statut d'esclave : αἰχμάλωτος ἐς δοῦλον ζυγόν (« captive destinée au joug de l'esclavage »)[8]. On pourrait multiplier les exemples ; ceux-ci font suffisamment apparaître à la fois la fortune progressivement acquise par ce terme dans le théâtre tragique grec, même si elle reste modeste, et son association, non exclusive et variable, avec d'autres catégories qui peuvent être de nature sociale – l'esclavage –, identitaire – la féminité –, intime – le partage de la couche du héros au sein de sa maison. Ces différentes connotations confirment la complexité d'une situation qui, du fait de son ambiguïté, doit toujours être associée à d'autres notions ; la polysémie acquise par le terme au cours de sa carrière dramatique reflète la pluralité des situations dans lesquelles sont en effet représentés les personnages de captives. Quant à l'ampleur donnée à son emploi par la langue d'Euripide, il témoigne de l'intérêt de ce dernier pour les situations pathétiques, comme l'observe Jacqueline de Romilly : « ce désir de mettre en relief la souffrance apparaît dans l'introduction de personnages nouveaux, et particulièrement pitoyables. Ceux que peint Euripide en général le sont déjà assez. Ces femmes soumises à leurs passions, ces hommes tourmentés par l'ambition, ces captives ayant tout perdu, ces jeunes gens condamnés par erreur (…) – tout cela fait un monde où la souffrance est constamment reine, et où les effets pathétiques ne manquent pas. »[9].

Le terme αἰχμάλωτος est donc assorti de connotations multiples et porteur de significations culturelles et concrètes que les langues modernes peinent à restituer. Le mot « captive » en est peut-être le plus proche, en français, d'abord parce qu'il procède d'un verbe d'action, *capio*, et rattache ainsi la situation d'une captive à une geste passée, comme le faisait le grec αἰχμάλωτος ; ensuite, parce que le mot est d'acception large et peut recouvrir plusieurs formes de situation – la captivité peut ainsi être politique sans être physique, par exemple. Aussi le terme se rencontre-t-il plus souvent que celui de « prisonnière », que son radical associe à une réalité concrète, et à un état plutôt qu'à une action. Sa place est moins justifiée dans une tragédie, où le caractère procède de l'action.

***

Au palais d'Agamemnon : première apparition dramatique

Lorsque dans l'*Agamemnon*, Eschyle met en scène l'une des premières captives du théâtre antique, il ménage autour de son rôle une pluralité lexicale

---

6. Euripide, *Hécube*, vers 881.
7. *Ibid.*, vers 822.
8. Euripide, *Les Troyennes*, vers 678.
9. Jacqueline de Romilly, *La Modernité d'Euripide, PUF Ecrivains*, PUF, Paris, 1986, p. 81-82.

révélatrice de la difficulté à définir précisément la position qu'elle occupe. Trois expressions viennent en effet désigner Cassandre : Agamemnon, le premier, choisit pour la présenter le terme χρῆμα (butin), donnant immédiatement du personnage une vision objective et instrumentale[10]. Il la désigne également comme une « étrangère », dénomination que le Chœur privilégie ensuite lorsqu'il s'adresse à Cassandre[11]. Clytemnestre, quant à elle, situe d'emblée la nouvelle venue au nombre de ses esclaves, πολλῶν μέτα / δούλων[12]. La captive elle-même se considère ainsi, lorsqu'elle évoque les suites du meurtre alors tout près de s'accomplir : « puissent mes vengeurs comme mes meurtriers payer ensemble la dette de l'esclave morte ici, qui fut une proie si facile ! »[13]. En revanche, lorsqu'elle s'adresse au Chœur, elle reprend le terme qu'il a utilisé pour l'interpeller : « Etrangers ! »[14]. L'usage de ce lexique est révélateur du rapport précédemment envisagé entre la captive et le temps : lorsque le vainqueur la présente à sa maison, il la met en relation avec la guerre qu'il a remportée, l'ancre dans son passé glorieux ; le Chœur en revanche la désigne comme l'Etrangère, et si elle peut à son tour lui renvoyer le terme, c'est qu'il est le plus adéquat à la situation présente, avant qu'elle n'ait franchi la porte de l'*oikos* ; enfin, la reine anticipe ce mouvement lorsqu'elle l'envisage comme esclave ; elle réagit ici en maîtresse de maison, prête à intégrer la captive dans la cohorte de sa domesticité : elle évoque alors le futur statut de Cassandre. Les différents termes qui désignent la captive révèlent ainsi la particularité d'une situation inscrite au croisement du passé, du présent et de l'avenir. Le vocabulaire confirme cette particularité dramatique de la situation de captivité attachée à un caractère féminin.

Le terme d'αἰχμάλωτος vient enfin, mais tardivement, s'ajouter à ce champ lexical : « elle aussi, la captive, la devineresse, la prophétesse qui partageait sa couche, sa fidèle concubine qui lui tenait compagnie sur le pont du navire... »[15]. Clytemnestre vient là revendiquer son crime ; ce passage de son discours apparaît comme le catalogue non exhaustif des identités de Cassandre, et prête à la captive une dimension non envisagée jusqu'à ce moment de la pièce : la relation de nature conjugale qui l'unit à son vainqueur, ici évoquée avec rancœur par l'épouse.

Le rapprochement entre l'unique occurrence du terme αἰχμάλωτος et cette relation tient à une réalité de la société homérique, rapportée par Moses I.Finley : « le Grec ne dit pas « femmes », il dit « compagnes de lit » ; Achille parlait d'une femme qu'il avait « gagnée avec la lance ». Auparavant,

---

10. Nous aurons l'occasion de revenir sur cette présentation ; Agamemnon évite de nommer sa captive, usant d'une périphrase : αὕτη δὲ πολλῶν χρημάτων ἐξαίρετον / ἄνθος, στρατοῦ δώρημ´ (« celle-ci est une fleur prélevée sur un butin abondant, un présent accordé par l'armée... ») – Eschyle, *Agamemnon*, vers 954-955.

11. Le terme ξένη est récurrent dans les interventions du Chœur, notamment aux vers 1062 et 1093.

12. *Ibid.*, vers 1037-1038. Budé. Belles Lettres.

13. *Ibid.*, vers 1325-1326. Le texte est conjectural.

14. *Ibid.*, vers 1315.

15. *Ibid.*, vers 1440-1443.

Agamemnon avait dit de Chryséis, la fille du prêtre tenue captive : « Je la préfère à Clytemnestre même, ma compagne de lit légitime.[16] » (…) Un homme était un homme, un père, un guerrier, un noble, un chef, un roi, un héros ; du point de vue de la langue, il n'était pour ainsi dire jamais un mari »[17]. Lorsque Claude Mossé s'intéresse à *La Femme dans la Grèce antique*, elle note également l'existence du « groupe ambigu que constituent les captives » : « Devenues part du butin, elles sont condamnées le plus souvent à partager la couche de celui auquel elles échoient, vouées par là même à l'humiliation, sauf si les unit à leur vainqueur un sentiment d'affection ou d'amour »[18]. Il existe donc dans la situation de captivité au féminin une problématique intime : la captive cherche une identité remise en question par son histoire autant que par son statut dans l'*oikos*.

***

*Entrée de la captive dans l'*oikos *: l'instauration de la crise*

Le champ lexical qui désigne ce personnage révèle déjà les conditions essentielles de sa situation. Et la terminologie même l'installe d'emblée dans une relation privilégiée et conflictuelle à l'espace. Dans la réalité grecque antique, les captives rejoignaient en effet les cohortes d'esclaves chargées d'entretenir l'*oikos* : le problème posé par le « statut juridique des servantes » les concerne puisque, selon Claude Mossé, « nombre d'entre [ces servantes] étaient sans doute des captives, conquises au combat ou razziées »[19]. Et, sur la scène tragique, les captives ne font pas mystère de la fonction qui leur reviendra une fois intégrée à l'*oikos* de leur maître.

A cet égard, *Les Trachiniennes* sont exemplaires, d'autant plus que la pièce fait date dans les représentations d'une captive. Comme chez Eschyle, la fille d'Eurytos est d'abord désignée comme ξένη, l'Etrangère[20]. Le terme est relayé par le substantif δοῦλος, appliqué d'abord au cortège tout entier : « les voilà aujourd'hui vivant une vie d'esclaves (δοῦλον βίον) »[21], puis à Iole seule, mais sous une forme négative : οὐδ᾽ ὥστε δούλην (« non comme ton esclave »)[22] – le Messager a entrepris alors de démentir les propos de Lichas et détrompe Déjanire quant à la véritable position d'Iole dans sa maison. Le terme αἰχμάλωτος apparaît à partir de ce moment, d'abord employé par le même locuteur à l'adresse de Lichas : « la captive (Τὴν αἰχμάλωτον) que tu

---

16. Homère, *Iliade*, I, 113-114.
17. Moses I. Finley, *Le Monde d'Ulysse*, La Découverte, [1983], Paris, p. 156.
18. Claude Mossé, *La Femme dans la Grèce antique*, Albin Michel, Paris, 1983, p. 19.
19. Claude Mossé, *op. cit*., p. 32.
20. Le mot apparaît à trois reprises, aux vers 299 pour désigner la provenance du cortège des captives, au vers 310 pour désigner Iole plus précisément, alors que son nom reste inconnu, et au vers 627, employé par Déjanire avec la même fonction.
21. Sophocle, *Les Trachiniennes*, vers 302, trad. Paul Mazon pour les Belles Lettres.
22. *Ibid.*, vers 367.

as amenée dans cette maison »[23], puis intégré par Déjanire dans son propre discours, au vers 532. La dernière occurrence considère à nouveau le groupe des captives ; toutefois, la progression du terme dans l'ensemble du texte manifeste à la fois la densité acquise par ce personnage, et l'évolution de sa position, telle que la découvre Déjanire. Le terme de cette progression est marqué dans le texte par l'apparition des mots δάμαρ, « épouse », aux vers 428 et 429, et νύμφα, « jeune épousée », au vers 894, toujours pour désigner Iole. Cette évolution lexicale accompagne l'émergence sur la scène tragique d'une situation appelée à devenir la définition d'un caractère.

Dans *Les Troyennes* d'Euripide, Hécube est explicite quant au sort qui l'attend et le définit dans sa relation à l'*oikos*, défini par une porte et un sol :

> « Les travaux les plus intolérables à mon âge sont la tâche que l'on m'imposera ; je devrai, servante à une porte (θυρῶν), en garder les clés (κλῇδας) [...], ou bien faire le pain ; la terre nue servira de couche [à mon] dos rugueux [...], la guenille qu'est mon corps n'aura pour se couvrir que des lambeaux de vêtement... »[24]

Ce qui l'emporte, dans cette description, c'est le thème de la déchéance liée à un espace évoqué concrètement : l'*oikos*. Le drame de la captivité, envisagée sous son aspect diégétique, repose sur ce mouvement d'entrée dans l'*oikos*.

---

23. *Ibid.*, vers 417.
24. Euripide, *Les Troyennes*, vers 491-497, trad. Léon Parmentier pour les Belles Lettres.

CHAPITRE II

La captive : un personnage de tragédie

Lorsque l'ancienne reine de Troie évoque sa situation, le registre pathétique adopté par son discours repose sans doute sur l'hyperbole. Toutefois, l'insistance même du poète sur la condition prêtée à son personnage met en lumière l'apparente contradiction avec l'essence des personnages tragiques telle qu'elle a été définie plus haut : donner le premier rôle à un personnage ainsi déchu peut apparaître comme une audace dramaturgique.

Position paradoxale de la captive dans le réseau des personnages tragiques

Si l'on admet que la tragédie et l'histoire ont conjointement fait naître la notion de captivité dans la langue grecque, avec les connotations que nous y avons rencontrées, les personnages qui les portent sont nécessairement associés à d'autres figures dont les relations constituent le spectacle tragique. Car au théâtre, remarque Anne Übersfeld, « le personnage n'est pas seul, il fait partie d'une configuration de personnages avec lesquels il a des traits communs et des traits individualisants »[1]. Les relations entre un personnage et les autres membres de cette configuration participent donc à son éthos. Par ailleurs, le fait que cette même configuration soit restreinte par une nécessité devenue loi du genre, constitue l'une de ses caractéristiques et conditionne la représentation de chaque rôle.

On sait en effet que la tragédie émerge d'une monodie poétique. On doit à Aristote le résumé de cette évolution : « Eschyle le premier porta de un à deux le nombre des acteurs, diminua l'importance du chœur et donna le premier rôle au dialogue ; Sophocle porta le nombre des acteurs à trois... »[2]. Le spectacle tragique antique se fige alors, et ne dépassera pas ce stade de la progression : la limitation du nombre des acteurs, hiérarchisés entre protagoniste, deutéragoniste et tritagoniste, est une première contrainte pour un genre appelé à une rigueur toute particulière[3]. L'apparition des premières captives les intè-

---

1. Anne Übersfeld, *Les termes clés de l'analyse du théâtre*, Seuil, Paris, 1996 – art. « personnage », p. 66.
2. Aristote, *La Poétique*, 1449a16, trad. Jean Hardy, Les Belles Lettres - rééd. TEL/ Galllimard, p. 84. La synthèse opérée par Aristote prête à contestation : Jacqueline de Romilly remarque ainsi que « certaines tragédies d'Eschyle ne peuvent absolument pas s'expliquer sans le recours à trois acteurs. » – *La Tragédie grecque*, Quadrige, PUF, Paris, 1970, p. 33-34.
3. Jacqueline de Romilly restitue ce qui fut sans doute l'ancêtre du spectacle tragique : « A l'origine, avant Eschyle, il semble bien qu'il n'y ait eu, en face du chœur, qu'un narrateur (en fait,

gre à cette économie, et le principe de nécessité qui la régit influence, comme on le verra, leur existence poétique.

L'économie qui pèse ainsi sur la représentation des personnages concerne également leur situation : la tragédie présente peu de personnages, et uniquement des personnages exceptionnels, par leur dimension, leur histoire ou leur statut – « C'est la même différence qui permet de distinguer la tragédie de la comédie : l'une imite des hommes pires, l'autre des hommes meilleurs que les hommes d'aujourd'hui »[4]. Là encore, le postulat aristotélicien devient précepte pour la tragédie humaniste, lorsque le genre ressuscite sur la scène moderne ; on a déjà dit[5] combien la perspective moralisante fondait alors l'engouement pour les personnages royaux, que leur rang destinait à l'exemplarité : « La précarité de la condition humaine et des grandeurs terrestres est d'autant plus remarquable qu'on a plus de puissance et qu'on l'exerce avec plus d'orgueil ». Or, l'évocation de sa situation future par Hécube dans *Les Troyennes* paraît contredire ce principe, dans la mesure où elle se présente moins comme la reine qu'elle fut que comme l'esclave qu'elle s'apprête à devenir.

En réalité, Euripide a pris soin d'insister constamment sur l'*écart* entre le statut futur d'Hécube et celui qui fut le sien avant la défaite : tous les passages que nous avons élidés dans la tirade citée plus haut font en effet référence à la royauté primitive du personnage mis en scène : Hécube rappelle au vers 439 qu'elle est « celle qui enfanta Hector », au vers 495 qu'elle a partagé la couche royale, avant de conclure ce passage par l'évocation de sa propre déchéance : « d'heureuse être réduite à un vil néant (ἀδόκιμ') ». Les captives ne sont donc pas exclues du paysage tragique constitué par les familles royales ; elles cessent d'être des caractères contradictoires dès lors qu'on les considère comme des reines ou princesses ayant perdu leur statut, et non comme les esclaves qu'elles vont devenir. Et l'une des tâches du dramaturge antique est en effet d'actualiser constamment cette nuance lorsqu'il les met en scène.

Le théâtre moderne demeure d'ailleurs soucieux de rappeler l'identité réelle d'une captive, même lorsque celle-ci appartient au cercle des personnages secondaires. S'il introduit Aricie dans *Phèdre*, malgré un héritage qui ne la comportait pas, Racine retrouve les accents euripidéens pour évoquer sa situation :

> « Reste du sang d'un roi, noble fils de la Terre,
> Je suis seule échappée aux fureurs de la guerre.
> J'ai perdu, dans la fleur d'une jeune saison,
> Six frères… »[6]

---

l'auteur lui-même) : lorsque ce narrateur s'intégra à la fiction, il devint un personnage. Mais un personnage ne suffit pas à constituer une action. Il en fallait au moins deux… » – J. de Romilly, *op. cit.*, p. 33.

4. Aristote, *Poétique*, 2, 1448a., trad. Barbara Gernez.

5. Les propos sur ce thème sont abondants : la perspective moralisante se trouve au cœur du débat théoricien, cristallisé notamment sur la notion aristotélicienne de *catharsis*.

6. *Phèdre*, II, 2, vers 421-424.

Toute la difficulté à représenter une captive réside en effet dans la définition de son statut ; la notion de déchéance, évoquée par Hécube, est essentielle pour comprendre un personnage toujours à la limite de la constellation formée par les personnages tragiques. Il appartiendra à l'étude de définir plus avant les contours de cette situation problématique.

***

Représentation des captives dans la distribution dramatique

Les distributions témoignent de cette ambiguïté : en général, les captives n'y sont pas désignées comme telles mais par leur rang princier ; et l'écart apparaît très rapidement dans le texte entre cette annonce et l'entrée en scène du personnage. Chez Tristan l'Hermite, par exemple, Mariane est désignée dans la liste des personnages comme la « femme d'Hérode », mais lors de sa première apparition, l'échange avec sa suivante élucide sa véritable situation : « mon corps est captif »[7]. Chez Corneille, Théodore apparaît dans la « liste des acteurs » comme la princesse d'Antioche, mais ses premières paroles soulignent la fragilité de sa position : « A ses commandements vous me voyez soumise. »[8]. Et si Rodogune est présentée comme la « sœur de Phraatès, roi des Parthes », la supériorité de cette position est démentie dès la première scène, lorsque Laonice estime qu'elle est « en esclave traitée »[9]…

L'écart entre le statut prédéfini et la situation effective de ces captives constitue *a priori* une singularité tout en leur conférant une valeur paradigmatique dans l'univers tragique. Car le caractère éphémère de cette situation, dont la résolution constitue souvent un enjeu du drame, rappelle la nature de la crise tragique, nécessairement inscrite dans un espace/temps transitoire et ténu. Rappelons-nous là encore une notation aristotélicienne devenue prescription : la limite imposée au temps du drame tragique, qui doit présenter une étendue relative à la « capacité perceptive des spectateurs »[10] ; le théâtre classique reprend à son compte ce resserrement du temps tragique, justifiée *a posteriori* par l'abbé Nadal, en considération de l'essence même du tragique : « Une raison bien naturelle a obligé les maîtres de l'art à resserrer la tragédie dans un court espace de temps ; c'est qu'en effet c'est un poème où les passions doivent régner, et que les mouvements violents ne peuvent être d'une longue durée »[11]. Il en va de la situation des captives comme des *passions* tragiques : elle est naturellement limitée dans le temps, tout au moins à son origine ; comme la crise tragique, un personnage de captive, tel que l'invente la

7. *La Mariane*, II, 1, vers 362.
8. *Théodore, vierge et martyre*, II, 2, vers 352. Le possessif désigne Marcelle, la femme du gouverneur, à laquelle Théodore est en effet contrainte de se soumettre, depuis que Rome exerce son autorité sur la province romaine.
9. *Rodogune, princesse des Parthes*, I, 1, vers 19.
10. Aristote, *Poétique*, 7, 1451a, trad. Barbara Gernez.
11. Abbé Nadal, *Œuvres mêlées*, 1738, tome II, p. 167 – cité par Jacques Scherer in *La Dramaturgie classique*, Nizet, Paris, 1976, p. 117.

scène antique, ne peut se concevoir que pris en étau entre un passé refusé et un avenir annihilant.

On sait que la même concentration prévaut sur le plan de l'espace, également régi par le principe d'unité, sur les scènes antique et moderne. Les nécessités de la représentation confortent les exigences théoriques pour donner à l'action tragique cette *condensation*[12] qui la distingue. Et c'est dans cette même perspective que se situent, là encore, les personnages de captives : sur la scène antique, ils sont au seuil de l'*oikos* prêt à les engloutir ; dans le théâtre moderne, ils y sont plongés, déjà englués et sur le point d'y être mortellement absorbés. Une proximité essentielle réunit en effet le personnage au cadre qui le présente, cadre dont la définition est particulière à la tragédie. Ereintée par un passé meurtri, épouvantée par la perspective d'un avenir qui la niera, une captive sur un théâtre existe dans l'oppression de deux hors-scène, passé et à venir, côté cour et côté jardin ; c'est dans cette oppression que réside le principe même de son personnage, dans cette instantanéité d'une situation prête à s'évanouir – *in medias res*, comme la tragédie elle-même[13].

---

12. Christian Delmas, *La Tragédie de l'âge classique*. 1553-1770, *Ecrivains de toujours*, Seuil, Paris, 1994, p. 141.
13. « Alors même qu'elle élargit considérablement la part de l'action par rapport à la tradition du genre, la tragédie, au lieu de dérouler ses fils depuis l'origine de l'intrigue comme la tragicomédie, aborde donc l'action *in medias res*, au plus près du dénouement logiquement attendu. » – *Ibid.*, p. 141.

CHAPITRE III
Positions méthodologiques

La singularité de la situation d'une captive en tragédie, la relation entre les caractères qui la représentent et le genre qui les met en scène, imposent des choix méthodologiques, dont le but est d'assurer la cohérence pour l'étude comparée de personnages *a priori* divers. Ces choix concernent au préalable le mode d'enquête et son objet, à savoir le corpus tel qu'il a été constitué pour cette étude.

La notion de « type » apparaît naturellement comme une donnée fondamentale pour l'étude. Elle implique pour cette étude un principe de corrélation entre des œuvres d'époques, de sources, d'intentions et de situations différentes ; ce principe peut seul permettre d'évaluer s'il existe un *type* dramatique qui s'appellerait *la captive*, et en même temps de nuancer ce même propos, puisque chaque dramaturge conçoit pour cette hypothétique figure une mise en scène qui lui est propre.

Au-delà du type, et dans son prolongement, c'est la notion de modèle qui apparaît comme la plus féconde pour notre étude. Elle est ici adoptée dans sa dimension hypothétique : les modèles sont des représentations hypothétiques, susceptibles d'être confirmées, infirmées ou falsifiées. Il ne saurait être question d'enfermer les textes dans une vision unitaire : au contraire, la notion de modèle qui sous-tend cette analyse doit pouvoir se concevoir comme un vecteur de leur diversité. Il s'agit en effet d'éviter un écueil que rencontre la critique dès qu'elle se fixe sur un aspect précis de cette nature en mouvement qu'est la tragédie, sans toutefois perdre de vue qu'elle est tout ensemble « un théâtre d'intrigue, un théâtre d'acteurs, un théâtre d'amour, un théâtre politique », selon le sommaire proposé par Jacques Truchet[1].

L'hypothèse concerne donc l'existence d'un *type* dans une conception modélisatrice ; c'est pourquoi l'étude consistera à croiser les textes retenus dans le corpus. Dans ces conditions, l'organisation chronologique ne prévaudra pas systématiquement pour cette confrontation entre les textes. L'étude a en effet pour objectif de comparer ces différentes mises en scènes de captives pour mettre à jour, dans la rencontre de leurs points communs et l'appréciation des écarts entre ces représentations, les caractéristiques propres au *type*, et qui sont de nature à prouver son existence. Certaines modalités de cette représentation, de nature actantielle, visuelle ou discursive, peuvent ainsi apparaître au fil des récurrences comme des motifs constitutifs du type, tandis que

---

1. Jacques Truchet, *La Tragédie classique en France*, *Littératures modernes*, PUF, Paris. [1975] 1989, p. 17.

ces motifs n'apparaissent pas nécessairement dans la continuité historique de la production tragique. Par conséquent, c'est une lecture transversale, aussi bien entre les textes qu'entre les époques qui prévaudra comme principe méthodique.

La réunion dans une même analyse de pièces antiques et modernes a pour but de mettre en évidence tout à la fois les données de l'œuvre moderne liées à ses sources, et les spécificités acquises dans la prise de distance avec cet héritage. Nous pensons en effet qu'il est possible d'étudier le texte moderne dans sa continuité avec le texte antique, sans amoindrir l'attention accordée à l'un au nom de l'intérêt que l'autre suscite.

Les pièces figurant dans le corpus sont ainsi inscrites sous le signe de la diversité, tant par l'époque de leur première représentation que par les thèmes qu'elles évoquent ou l'argument qu'elles développent. Les pièces les plus célèbres du corpus tragique français ont été volontairement écartées[2]. La présentation qui suit tient compte de leur insertion dans l'histoire, afin de restituer brièvement le contexte dans lequel elles ont été composées.

***

Le corpus antique

Pour représenter l'Antiquité, le corpus privilégie le théâtre grec, malgré l'influence exercée par les tragédies de Sénèque sur les productions dramatiques modernes. Car, si Sénèque « domine tout le flot des publications théâtrales » à la Renaissance, « les travaux les plus nombreux en matière de traduction concernent la tragédie grecque : elle est le genre qui donne le choc novateur qui, dès le début du XVIe siècle, ouvre au théâtre un nouvel espace formel. »[3]. On reconnaîtra à la production tragique grecque une capacité d'évolution et une variété que le théâtre latin ne présente pas[4]. Aucun des trois dramaturges grecs dont la tradition nous a transmis les œuvres, ne saurait être privilégié dans cette responsabilité créatrice ; aussi chacun est-il représenté dans ce corpus. Au plus ancien des trois que nous connaissions, reviennent un rayonnement qui lui était acquis de son vivant et la première représentation d'une captive : l'introduction de Cassandre sur le char d'Agamemnon est une scène inaugurale… La pièce, représentée en 458 dans le cadre de l'*Orestie*, est à bien des égards une véritable matrice pour les futures productions tragiques. La situation de Cassandre n'est pas un hapax pour les spectateurs de l'époque : elle a été déjà évoquée, au moins dans *Les Sept contre Thèbes*, où le thème de la

---

2. Règle contournée cependant pour la *Rodogune* de Corneille, dont le succès ne se dément pas dans les répertoires récents, et à l'occasion d'excursions ponctuelles vers les *grands textes*.

3. in *Le Théâtre en France des origines à nos jours*, dir. Alain Viala – 3° partie : Marie-Madeleine Fragonard : « La Renaissance ou l'apparition du « théâtre à texte », PUF, Paris, 1997, p. 114/117.

4. Il faut également reconnaître que la maigreur du corpus tragique latin qui nous est parvenu ne permet guère d'aborder les questions de son évolution ou de sa diversité.

captivité des femmes revient régulièrement hanter le chant du Chœur : « De jeunes captives qui n'ont jamais connu la souffrance se voient, les malheureuses, réservées au lit d'un soldat heureux, d'un ennemi qui est leur maître, et n'ont d'autre perspective que de servir à cet office nocturne et de voir ainsi croître leurs inconsolables douleurs. »[5]. La nouveauté introduite à cet égard par l'*Agamemnon* d'Eschyle consiste d'une part dans l'individualisation de cette captivité, représentée non plus dans l'indétermination du groupe, mais par un masque propre ; et d'autre part, dans la rencontre, ainsi devenue possible, entre une reine et une captive. Eschyle, le premier, organise la présentation de la seconde à la première, par le maître lui-même : « Accueille avec bonté cette étrangère », recommande-t-il. L'injonction s'adresse aussi au spectateur, qui devra désormais compter avec la captive, ce personnage énigmatique que lui présente Eschyle.

Le mythe que Cassandre représente à elle seule justifie particulièrement cette apparition, prolongement dramaturgique proposé dans le dialogue avec l'œuvre homérique : le masque ainsi introduit est doté d'une fonction au moins double, puisque la captive est également une prophétesse. Et ce second aspect du personnage contribue, sur un plan fonctionnel, à justifier cette apparition sur la scène de l'*Agamemnon* – puisque c'est Cassandre qui élucidera ensuite les événements nécessairement dissimulés au spectateur par la *skéné*. La captivité joue donc un rôle moins important dans cette identité que la dimension sacrée, qui la rattache à l'une des caractéristiques du théâtre eschyléen[6]. Et cependant la scène de présentation de la captive à la reine par l'époux est fondatrice, même lorsque cette dimension particulière lui est retranchée. En témoigne sa reprise par Sophocle dans *Les Trachiniennes*. La continuité qui s'établit ainsi entre les deux drames, pourtant issus de cycles différents, nous conduit à les inscrire conjointement dans notre corpus : Sophocle reprend en effet le schème inventé par Eschyle – toujours selon l'héritage très limité qui nous est parvenu – en l'infléchissant nécessairement, ne serait-ce que par le retranchement de la dimension sacrée. Iole, en effet, est loin d'atteindre à l'aura de Cassandre ; c'est même en inconnue qu'elle paraît devant le palais de Trachis, présentée par un messager volontairement élusif :

Déjanire :	« D'où est issue, Lichas, cette étrangère (ἡ ξένη) ? De quelle mère, dis-moi, de quel père est-elle née ? [...]
Lichas :	Comment le saurais-je ? [...] C'était sans doute une enfant de bonne famille là-bas.
Déjanire :	Famille royale peut-être ? Eurytos avait-il des enfants ?
Lichas :	Je ne sais ; je ne m'en suis pas longuement enquis. »[7]

---

5. Eschyle, *Les Sept contre Thèbes*, trad. Emile Chambry.
6. . Caractéristique que relève notamment Jacqueline de Romilly dans *La Tragédie grecque* : « les trois tragédies [de l'*Orestie*] baignent sans le sacré, qui est présent, de façon tangible, dans chacune d'elles. *Agamemnon* fait assister le spectateur au délire prophétique de Cassandre ; les *Choéphores* se déroulent autour du tombeau du roi (...) : les *Euménides* mettent en scène des dieux... » – *op. cit.*, p. 64.
7. Sophocle. *Les Trachiniennes*, vers 310-317.

L'échange place le questionnement au cœur du dialogue, et la captive au centre de la scène ; certes, la transmission du rôle s'effectue dans la fidélité, mais elle subit aussi une évolution qui, d'Eschyle à Sophocle, inscrit les captives au répertoire des personnages tragiques.

La production théâtrale d'Euripide entérine cette inscription, en représentant plusieurs pièces où figurent des personnages de captives. En 428, celles-ci sont à l'éponymie de deux drames : *Andromaque* et *Hécube*. La première envisage la captivité dans son devenir : la veuve d'Hector est devenue la concubine du fils d'Achille et la mère de son fils ; le drame la met aux prises avec l'épouse légitime, Hermione, dans un conflit de pouvoir où elle ne détient manifestement pas l'avantage, malgré son installation au sein de l'*oikos*. D'une certaine manière, le schéma général de la pièce procède selon une inversion par rapport aux *Trachiniennes* de Sophocle ; aussi n'est-elle pas inscrite dans notre corpus, dans la mesure où son thème l'apparente à ce drame. En ce qui concerne *Hécube*, la pièce repose sur une double thématique de la captivité et de la vengeance ; nous lui préférerons donc *Les Troyennes*, représentée probablement en 415 et dans laquelle la situation de captivité est envisagée pour elle-même. La pièce peut en effet être considérée comme l'exposé de « souffrances individuelles, juxtaposées, qui contribuent toutes au malheur d'Hécube, mais le dépassent pour former comme une fresque de la douleur »[8]. Le poète se livre dans le drame à une étude quasi exhaustive de la situation de captivité, qui génère cette souffrance et qu'il envisage sous une forme à la fois collective et individuelle. La multiplicité de ces situations, qui ont toutes la captivité pour point commun, comporte pour notre étude un intérêt évident, d'où la présence de cette pièce dans le corpus d'étude.

A ce groupe formé par les drames antiques ainsi retenus s'ajoute enfin *Iphigénie en Tauride*, contemporaine ou presque des *Troyennes*, mais qui apporte un autre regard sur la captivité. On peut en effet contester qu'Iphigénie soit une captive. Car elle n'apparaît pas précisément sous la coupe d'un vainqueur et sa situation n'est pas la conséquence directe de la guerre ; enfin, le caractère sacré du personnage, investi des fonctions de prêtresse d'Artémis, la dote d'un pouvoir assez contradictoire avec la captivité telle qu'elle a été précédemment représentée : « docile aux lois d'un culte auquel se plaît la déesse Artémis, (…) j'immole tous les Grecs qui débarquent ici »[9], précise-t-elle dans un prologue que la déesse lui confie, comme une manifestation supplémentaire de son autorité. Toutefois, plusieurs éléments permettent d'associer sa situation à une captivité : l'héroïne est détenue sur une terre qui lui est étrangère ; elle y est parvenue à la suite d'un enlèvement – « Artémis m'enleva […] et par l'éther brillant, elle me transporta dans ce pays des Taures »[10] ; enfin, sa fuite en compagnie d'Oreste se heurte à une opposition armée – le commentaire de la Coryphée, à ce moment, ne fait pas mystère quant à la véritable situation de la princesse : « O malheureuse Iphigénie ! Avec ton frère, tu mourras retom-

8. Jacqueline de Romilly, *La Modernité d'Euripide, op. cit.*, p. 81.
9. Euripide, *Iphigénie en Tauride*, vers 35-39, trad. Henri Grégoire.
10. *Ibid.*, vers 28-30.

bée dans les mains du tyran (δεσποτῶν χέρας) »[11]. Le Chœur lui-même est constitué de captives grecques, dont les chants de déploration donnent au drame une tonalité particulière. Toutefois, en inscrivant cette pièce dans notre corpus, nous ne prétendons pas en réduire la portée : il ne s'agit pas d'assimiler à toute force Iphigénie à une captive, mais de voir comment le thème qui nous intéresse interfère dans le drame, et permet éventuellement d'apporter un éclairage sur une pièce que sa dimension mystique opacifie. L'étude de ce drame, concurremment aux autres déjà cités, permet enfin de rendre compte de l'hétérogénéité reconnue à l'œuvre d'Euripide, et de la diversité du théâtre grec en général.[12]

***

Le corpus moderne

Les œuvres retenues dans le corpus moderne français concernent une période courte et historiquement définie de seize années : depuis la création, en 1634, de la *Sophonisbe* de Mairet, jusqu'en 1650, année où fut représentée l'*Andromède* de Corneille. Pendant cette période de popularité auprès du public comme des théoriciens, la tragédie bénéficie de la diversité à la fois de ses auteurs, de ses sources et de ses sujets, en même temps que d'une émulation qui assure le retour de figures appréciées, telle Sophonisbe. Trois caractéristiques alors conférées au genre justifient l'unité de cette période.

La tragédie devient d'abord, et plus que jamais, un genre codifié, dont « les règles sont imposées en système »[13] : en 1631, les réguliers parviennent à imposer durablement leur conception de la tragédie. Théoricien de cette épuration du genre, Mairet rappelle les règles qui lui paraissent conformes à son intention édifiante, et notamment celle qui concerne les trois unités, pour l'observation desquelles il se réclame en effet des Anciens[14]. Le ton est donné ; et la tragédie s'astreindra par la suite à cette régularité qui finit par la caractériser, et qui s'étend même à d'autres genres dramatiques, telle la tragi-comédie. Si l'*Andromède* de Corneille, revendiquée par son auteur comme un divertissement, ne se prive pas des changements de décor, au moins le dramaturge a-t-il soin d'observer l'unité de temps, qu'il souligne à l'occasion, par exemple

---

11. *Ibid.*, vers 1420-1421.

12. Pour l'étude de ces pièces, nous aurons majoritairement recours aux traductions d'érudits éditées par les Belles Lettres. Toutefois, le souci d'attirer l'attention sur un point particulier du texte, en rapport avec la recherche, pourra nous conduire à proposer, ponctuellement, une traduction personnelle commentée.

13. Jean Rohou, *La Tragédie classique, Anthologie*, SEDES, Paris, 1996, p. 93.

14. « Cette règle (unité de temps), qui se peut dire une des lois fondamentales du théâtre, a toujours été observée parmi les Grecs et les Latins. Et je m'étonne que de nos écrivains dramatiques, (...) les uns ne se soient pas encore avisés de la garder, et que les autres n'aient pas assez de discrétion pour s'empêcher au moins de la blâmer, s'ils ne sont assez raisonnables pour la suivre après les premiers hommes de l'antiquité, qui ne s'y sont généralement pas assujettis sans occasion. » – *Théâtre du XVIIᵉ siècle, La Pléiade*, Gallimard, t. I, p. 484.

dans cette remarque confiée à l'une des nymphes : « Cette grande journée est celle des miracles »[15]. Et il n'est pas jusqu'à l'unité d'action que le dramaturge ne restitue, unifiant les deux chants ovidiens dont il s'inspire pour mettre en scène l'épiphanie d'un héros, Persée. Le souci manifesté ici par Corneille, pourtant souvent considéré comme rebelle par les théoriciens contemporains, témoigne de l'obédience finalement manifestée par le théâtre « classique » à l'égard des règles. Représentée en 1650, la pièce marque donc le terme du mouvement qui les a installées, après lequel elles pourront être réellement considérées comme acquises. Certaines des pièces retenues dans notre corpus font date quant à cette évolution, résumée par Jacques Truchet : « Au moment de la plus grande vogue de la tragi-comédie, la régularité (...) conquit – ou plu- tôt reconquit – la tragédie avec l'*Hercule mourant* de Rotrou (1633), et sur- tout la *Sophonisbe* de Mairet, qu'allaient suivre (...) *La Mort de César* de Scudéry, *La Mort de Mithridate* de La Calprenède, la *Médée* de Corneille, la *Mariane* de Tristan. »[16]

L'essor de ce nouveau théâtre doit aussi au contexte historique, marqué par le conflit qui se développe à partir de 1630 entre Richelieu et l'opposition. Reflet d'une actualité politique virulente, la tragédie fait sienne l'énergie alors déployée, et met sa nouvelle économie au service d'une dramatisation plus vigoureuse. Antoine Adam repère cette volonté chez Mairet qui réalise « une œuvre où le tragique [est] tout entier dans le choc de volontés fortes et contraires, (...) où chaque scène [est] choisie, non plus pour ses possibilités lyriques, comme au temps de Jodelle et de Garnier, mais pour son efficacité tragique »[17]. Dans ce contexte, la situation de captivité est elle-même réinter- prétée : les personnages qui l'approchent, telle Sophonisbe, ou la vivent, telle Mariane, sont loin de la déploration ; la captivité devient un mobile négatif pour l'action, une forme de repoussoir qui provoque un sursaut d'énergie. La réaction est paradoxale : la situation de captivité privant de moyens la victime qui l'éprouve, c'est dans l'analyse de son intériorité que le dramaturge peut ren- dre compte de son énergie à lutter. Jacques Truchet situe ce mouvement au croisement des préoccupations dramaturgiques et philosophiques du temps : « Intériorité, mais action. (...) [Les] tragédies [de ce temps] présentaient des êtres capables certes de réflexion, de méditation, voire de poésie, mais éner- giques, volontaires, puissamment armés pour la lutte »[18]. Soumis à ce traite- ment, les personnages que leur drame confronte à la situation de captivité, deviennent plus complexes, engagés dans un combat que, précisément, cette situation leur interdit : « Si mon corps est captif, mon âme ne l'est pas. »[19] : le propos de Mariane illustre à la fois la dimension paradoxale de son caractère et l'importance désormais dévolue au débat intime.

15. *Andromède*, IV, 3, vers 1143.

16. Jacques Truchet. *op. cit.*, p. 132. L'aura alors acquise par la tragédie régulière ne doit cependant pas faire oublier, comme le rappelle Christian Biet, qu'elle ne représente « qu'une part du genre tragique au XVIIᵉ siècle » – *La Tragédie*. Armand Colin / Masson, Paris, 1997, p. 63.

17. Antoine Adam, *Histoire de la Littérature française au XVIIᵉ siècle*, Albin Michel, Paris, 1997 [1° éd. Domat 1948-1956], t. I., p. 456.

18. Jacques Truchet, *op. cit.*, p. 135-136.

19. *La Mariane*, II, 1, vers 362.

Cette tendance caractérise et démarque en effet le théâtre de cette période. La réflexion sur le spectacle alimente un mouvement que justifiait également l'état d'esprit politique. Hélène Baby et Alain Viala restituent cette évolution :

« Les débats sur les formes de l'illusion donnent une impulsion nouvelle au genre tragique et la saison 1634-1635 voit les premières tragédies de Rotrou, Scudéry, Mairet et Corneille : *Hercule mourant*, *La Mort de César*, *La Sophonisbe* et *Médée*. Puis vient *La Mariane* de Tristan L'Hermite (1636). La construction psychologique des personnages et la dramaturgie acquièrent alors une densité nouvelle. (...) Ce nouveau type de tragédie substitue à la contingence des événements extérieurs l'intériorité des conflits. »[20]

Selon Elliott Forsyth, l'épanouissement de cette tendance s'explique par l'engouement du public pour la tragédie, à cette période ; et la représentation des personnages de captives bénéficie de cette double réflexion sur le spectacle et sur l'intériorité : la situation de captivité devient l'un de ces tropes qui « mettent sous les yeux » la tension identitaire subie par un personnage tragique.

Nous avons ainsi privilégié dans notre corpus la représentation de cette période pour son caractère dynamique, au confluent – et peut-être au conflit – de plusieurs tendances qui jouent en particulier dans la représentation des personnages de captives. Les pièces choisies apparaissent quant à elles comme des témoins privilégiés de cette effervescence qui s'empare alors de la tragédie. La rencontre en leur sein du thème de la captivité et des tendances les plus représentatives pour l'émergence de la tragédie moderne, a motivé leur inscription dans notre corpus. Dans l'ensemble de la production tragique de ce moment ont été conservés les drames qui sont à la fois les plus représentatifs de leur époque et les plus marginaux par leur génie propre : *La Sophonisbe* de Mairet fait date dans l'essor d'une tragédie classique, au sens où l'ont entendue les critiques ; et *La Mariane* de Tristan est elle-même représentative de ce mouvement, déjà mentionné vers une intériorisation de l'action – la pièce illustre même cet élan avec une puissance qui repousse dans l'ombre beaucoup de productions contemporaines engagées dans la même voie. En outre, les deux drames ont en commun de représenter la confrontation d'une reine à la situation de captivité, l'une parce qu'elle l'appréhende – Sophonisbe –, l'autre parce qu'elle cumule les statuts, dans une situation dramaturgique aussi rare que périlleuse – Mariane.

Figurent également dans le corpus trois pièces de Pierre Corneille, qui se trouve donc particulièrement représenté dans cet ensemble. On ne saurait ignorer l'importance du dramaturge dans la production de son siècle ; toutefois, sa présence ici doit moins à l'aura de son œuvre qu'à l'intérêt dont elle témoigne pour les personnages de captives. Avec *Théodore, vierge et martyre*, il accorde à la situation de captivité une position phare, qu'il assortit de surcroît à l'idéologie chrétienne : Théodore est princesse d'Antioche, politiquement sujette à la puissance de Rome que représente le couple de Valens et Marcelle. Cette

---

20. *Le Théâtre en France des origines à nos jours*. Dir. Alain Viala. Quatrième partie : « Le XVIIe siècle ou l'institution du théâtre », Hélène Baby et Alain Viala. 14 : « Pour une illusion parfaite : la tragédie moderne ». p. 183.

situation politique se double du péril qu'elle encourt à proclamer sa foi chrétienne ; elle est alors mise aux fers : « Paulin, que là dedans pour prison on l'enferme »[21], prononce Valens après cet aveu. La situation de captivité est encore redoublée lorsque est prononcé le supplice de Théodore : la tente à soldats apporte une autre version de l'enfermement, dotée évidemment de connotations morales qui enrichissent l'exploitation dramatique de la captivité. A cet égard, la pièce recèle donc de nombreuses ressources, propres à nourrir l'étude de cette situation ; elle manifeste également l'intérêt d'un auteur pour un thème qu'il explore avec une certaine audace. Déçu de l'accueil réservé à sa pièce, Corneille n'abandonne pas cependant son personnage de captive, qu'il affranchit et pimente l'année suivante, dans *Rodogune, princesse des Parthes*. Bien qu'elle ne soit ni vierge ni martyre, la princesse est dans une situation politique semblable à celle de Théodore ; mais le drame est davantage centré sur cette soumission, considérée comme un état transitoire puisque le trône est en balance dès l'ouverture. Sur la base d'une situation initiale hésitante, Rodogune réserve à son entourage et à son public des surprises qui peuvent modifier l'appréhension de son personnage comme de sa situation – un personnage capable de « [fuir], mais en Parthe, en nous perçant le cœur. »[22] Corneille aimait *Rodogune* autant qu'il désavouait *Théodore* :

> « je n'ai jamais osé déclarer toute la tendresse que j'avais pour [cet ouvrage][...] Cette préférence est peut-être en moi un effet de ces inclinations aveugles qu'ont beaucoup de pères pour quelques-uns de leurs enfants plutôt que pour les autres ; peut-être y entre-t-il un peu d'amour-propre, en ce que cette tragédie me semble être un peu plus à moi que celles qui l'ont précédée, à cause des incidents surprenants qui sont purement de mon invention et n'avaient jamais été vus au théâtre… »[23]

La part prise à l'action par la captive n'est sans doute pas la moindre de ces inventions ; elle témoigne à nouveau de l'intérêt de Corneille pour ce personnage.

Le dramaturge en renouvelle enfin la représentation, en 1650, avec son *Andromède*. L'intention en est très différente et la captivité n'y constitue qu'un épisode, situé à l'acte III ; là encore, la princesse donne son nom à un drame qui représente surtout la geste d'un héros que son action fait reconnaître – Antiochus, dans *Rodogune*, ici Persée. Ce choix est lié à la préférence du public pour les personnages de victimes, qui ont sa sympathie et sur lesquels le titre attire l'attention afin de provoquer d'emblée un sentiment nécessaire au spectacle lui-même ; par voie de conséquence, et même si l'action dément ensuite cette faveur, le personnage de captive est apparemment placé en situation de protagoniste : sa situation est le point focal du spectacle. Corneille prétend lui-même qu'*Andromède* « n'est que pour les yeux » : « mon principal but ici a été de satisfaire la vue par l'éclat et la diversité du spectacle »[24]. De ce fait, la

---

21. *Ibid.*, II, 6, vers 620.
22. *Ibid.*, III, vers 1050.
23. Corneille, *Examen*, 1660, *Œuvres complètes*, La Pléiade, II, p. 200.
24. Corneille, *Andromède, Argument*.

captivité devient – et pour la première fois – l'objet du spectacle ; le théâtre fait image en montrant Andromède attachée au rocher, la mise en scène médiatise les ressources d'une position maintes fois envisagée, mais jamais représentée sur une scène sous cette forme quasi-iconographique.

Certes, le spectacle ainsi offert n'est pas le seul à confirmer l'insertion des personnages de captives dans le paysage dramaturgique ; mais la représentation d'*Andromède*, le 13 août 1650, fait date à plusieurs titres : le choix de l'argument manifeste l'allégeance de la production moderne à l'héritage antique – l'œuvre de Corneille rend notamment hommage à une *Andromède* d'Euripide dont il ne nous reste que des fragments[25]. La dimension spectaculaire accordée à la situation de captivité consacre son importance dans le paysage dramaturgique. Enfin, l'innovation liée au spectacle peut être considérée comme la dernière en ce domaine. Après 1650 en effet, la production tragique, se raréfiant, croise encore le thème de la captivité, mais comme une donnée désormais acquise : la *Sophonisbe* de Corneille reprend à cet égard celle de Mairet ; il faut une captive à Trézène, Racine invente Aricie sur le modèle des captives antiques, discrète et passive – le personnage intègre l'héritage, paraît suivre des modèles désormais conquis par la dramaturgie tragique. Et s'il reste une audace à tenter quant à ce personnage, c'est d'en changer le sexe : Racine s'y essaie avec la représentation de *Bajazet*, en 1672.

***

La part anglaise

La fortune du motif se vérifie dans les reprises proposées outre Manche, et notamment par John Dryden, dans la deuxième partie du XVIIᵉ siècle. La distance temporelle autant que linguistique nous a incitée à considérer deux de ses pièces, dans l'intention d'y mesurer à la fois les reprises du thème de la captivité et l'écart imposé par les modalités même de ces reprises. Le théâtre de Dryden ne recueille guère de suffrages : si le public de la Restauration l'apprécie, il est parodié par ses contemporains. En témoigne la pièce que Georges Villiers, duc de Buckingham, intitule *The Rehearsal* (*La Répétition*), et dans laquelle il met en scène un faux Dryden aux prises avec ses comédiens. Et la production tragique de Dryden est souvent reléguée à l'arrière-plan de ses créations. L'un des intérêts présentés par cette œuvre réside néanmoins dans le triple héritage dont il se réclame : critique, poète, historiographe et non seulement dramaturge, l'auteur considère avec une distance quasi égale son propre tra-

---

25. Le succès de cette pièce nous est cependant connu grâce notamment au récit de Lucien de Samosate dans son traité intitulé Comment il faut écrire l'histoire : alors que les habitants de la ville d'Abdère étaient atteints d'une épidémie de fièvre chaude, Lucien nous dit que « cette fièvre affectait leurs esprits d'une façon plaisante » et qu' « ils se jetaient tous dans la tragédie, déclamaient des vers iambiques à grands cris ; ils chantonnaient surtout l'Andromède d'Euripide et récitaient à tour de rôle la tirade de Persée... » – Georges Forestier cite ce récit, et les interprétations savoureuses subies ensuite par cette anecdote, connue au XVIIᵉ siècle, et annotée en particulier par Racine, in Passions tragiques et règles classiques, Perspectives littéraires, PUF, Paris, 2003, chap. IV : « La fièvre passionnelle ou le but de l'imitation parfaite », p. 119.

vail comme les sources dont elles sont issues. Le théâtre antique est d'abord le modèle dont il se réclame, notamment pour *All for Love*, pièce effectivement « régulière » : « *I have endeavoured in this play to follow the practice of the Ancients...* »[26]. A l'égard de Shakespeare, il affiche une déférence naturelle et de bon aloi : « *In my style I have professed to imitate the divine Shakespeare* »[27]. Le théâtre français lui inspire en revanche une ironie nettement déclarée, dans l'exercice de laquelle il laisse cependant paraître le dialogue entretenu avec les œuvres d'outre Manche : « *Yet in the nicety of manners dœs the excellency of French pœtry consist : their herœs are the most civil people breathing ; but their good breeding seldom extends to a word of sense* »[28]. L'œuvre de Dryden vaut ainsi autant pour elle-même que pour la lecture qu'elle propose des pièces étrangères.

La situation tardive de son théâtre par rapport à la production tragique française explique autant le croisement des héritages dans son œuvre que la distance critique que le dramaturge adopte à leur égard. A cela s'ajoute la liberté manifeste dont il fait preuve, notamment lorsqu'il s'inspire du roman épique – ainsi dans *La Conquête de Grenade*, pièce fleuve qui doit davantage à la légende chevaleresque qu'au théâtre classique, et qui illustre cette mode du « théâtre héroïque », fort répandue à la Restauration. Dans ce contexte, la représentation des personnages de captives peut connaître un nouvel élan : le réinvestissement de leurs figures au sein de ce théâtre volontiers iconoclaste met à l'épreuve leurs constantes. Aussi deux drames de Dryden, très différents, figurent-ils dans ce corpus : *La Conquête de Grenade*, nourrie de multiples épisodes, présente plusieurs captives, dont la représentation a souvent une vertu structurante pour le drame ; *All for Love*, au contraire, reprend la figure de Cléopâtre pour à nouveau confronter le thème du pouvoir avec la situation de captivité, cette fois utilisée comme une menace. Relativement peu éloignés dans le temps, les deux drames, qui datent respectivement de 1672 et 1678, ont enfin pour intérêt d'offrir une forme de conclusion – toute provisoire – à ce XVIIe siècle reconnu comme celui de la tragédie.[29]

La présentation de ce corpus fait apparaître les limites imposées à ce travail. Le double principe de diversité et de contiguïté qui a prévalu à la constitution du corpus a pour but de permettre l'émergence d'un dialogue entre des textes dont il ne s'agit en aucune manière de gommer les spécificités. L'examen de l'hypothèse selon laquelle il existe en tragédie un *type* nommé *captive*, impliquera un passage continuel du particulier au général. Il est simplement à souhaiter que, si cette hypothèse s'avère, son usage permette un retour fructueux au particulier, au texte saisi dans son immanence.

---

26. « Je me suis efforcé dans cette pièce d'adopter la manière des Anciens... » – John Dryden, *All for Love, Préface*, p. 11.

27. « J'ai déclaré pour le style suivre le divin Shakeaspeare », *ibid.*

28. « C'est dans l'élégance des manières que s'exprime l'excellence de la poésie française : ses héros sont les gens les plus exquis que l'on puisse trouver ; mais leur bonne éducation n'atteint que rarement au bon sens. » – *ibid.*

29. L'étude de ces deux pièces nous conduira à proposer notre propre traduction des passages cités, traduction qui cherchera à restituer au plus près le texte anglais, et dont on nous pardonnera peut-être l'absence d'une élégance qui serait davantage le fait de traducteurs expérimentés.

PREMIÈRE PARTIE

TRAITEMENTS DRAMATIQUES
DE LA CAPTIVITÉ

CHAPITRE I
Naissance d'une situation dramatique

La représentation des personnages en situation de captivité fait l'objet de traitements divers. La mise en scène d'une captive présente à cet égard une première distinction aisément repérable : la part qui lui est accordée dans l'action est bien souvent relative à l'importance dramatique de son rôle. Ainsi, les interventions des captives sont fort restreintes sur les scènes d'Eschyle et de Sophocle : Cassandre et Iole n'apparaissent que brièvement ; leur fonction, essentiellement instrumentale, est rapidement éclipsée par les enjeux du drame auquel elles ne participent que de loin. Au contraire, dirait-on *a priori*, Euripide donne au rôle une ampleur nouvelle, avec un succès dont témoignent les reprises modernes : les variations sur le thème de la captivité font florès sur la scène classique européenne.

Il est donc possible, par une approche d'abord quantitative, de mesurer l'importance conquise par le rôle, et c'est à cette dimension arithmétique que nous nous intéresserons dans un premier temps. Plus précisément, il s'agit de considérer à la fois la part dramatique accordée au rôle, et le moment de l'action où sa présence est chargée de la plus grande intensité.

Cet aspect de l'étude impose un travail de mesure et de classification ; il révèle en outre l'intérêt porté par les poètes tragiques au principe mathématique, intérêt en partie repéré, en partie entretenu par l'analyse aristotélicienne du genre. Au portique de la tragédie figure aussi la recommandation fameuse : « Que nul n'entre ici s'il n'est géomètre ».

I
Représentations antiques de la captivité

Distinction entre deux situations fondamentales

Préalablement à l'étude arithmétique, on distinguera entre deux formes de captivité au féminin : d'une part, une captivité vécue de manière permanente, qui entre dans la définition d'un rôle et, hypothétiquement, dans la composition d'un caractère ; d'autre part, une captivité épisodique, qui correspond à une période plus ou moins longue du drame et entraîne une réversibilité possible des situations. La captivité aurait ainsi une dimension essentielle dans le premier cas, accidentelle dans le second. Dans tous les cas, elle correspond non pas à un statut, mais à une situation : le premier est établi dès la distribution et définit l'identité du rôle ; la seconde se caractérise par son caractère évolutif et transitoire. Entre la forme essentielle et la forme accidentelle de la captivité, il existe une voie moyenne, celle de l'ambiguïté : certains rôles réunissent la situation de captive au prestige de la royauté…

Partant de cette observation, on répartira les pièces du corpus en trois groupes :

- L'*Agamemnon* d'Eschyle, *Les Trachiniennes* de Sophocle et *Les Troyennes* d'Euripide présentent toutes trois des captives « permanentes » ; quoique distinctes par l'exercice de points de vue opposés sur la situation de captivité, les trois pièces forment un premier groupe dans le corpus antique.

- Jusqu'à son dénouement, *Iphigénie en Tauride* semble pouvoir être associée à cet ensemble, mais la libération finale du personnage éponyme conduit au renversement du schéma instauré dans les *Troyennes* : la première pièce contait la mise sous le joug, la seconde met en scène la chute de ce joug même. Il n'est sans doute pas indifférent à cette progression que les deux drames aient été représentés la même année, en 415, dans une trilogie où figure également l'*Electre* : chacune des trois pièces est une mise en scène de la captivité, depuis le moment où celle-ci s'abat jusqu'à celui où elle est levée[1] ; à l'issue du drame, Iphigénie recouvre le statut royal qui était le sien avant les événements de Troie, statut supérieur qu'elle conservait au sein même de sa captivité en officiant comme prêtresse d'Artémis. La *modernité*[2] de l'auteur se manifeste notamment dans cette mise en scène de la captivité : le renouvellement introduit dans le traitement du thème en est un premier aspect ; le second est sans doute l'ambiguïté dont le dramaturge pare son Iphigénie et dont les résurgences se manifestent au XVIIe siècle – cet aspect se retrouve largement exploité par Tristan l'Hermite dans *La Mariane* ou par Corneille dans *Théodore, vierge et martyre* comme dans *Rodogune, princesse des Parthes*. Les trois protagonistes de ces pièces bénéficient en effet d'un statut double dans la composition duquel la captivité et la royauté entrent en proportion quasi-égale. Dans les deux premières pièces, l'action progresse dans le sens d'une dégradation, à partir d'une situation où la liberté était déjà entravée ; la perte progressive de leur autonomie – au moins apparente – par Mariane et Théodore constitue ainsi un avatar de la catastrophe tragique. En revanche, l'action de Rodogune, qui aboutit à la restauration de son statut, trouve son issue dans une anastrophe qui évoque le dénouement d'*Iphigénie en Tauride*.

- Le théâtre moderne ajoute enfin un nouveau groupe aux précédents : celui des captives épisodiques, telles que Sophonisbe chez Mairet, Andromède chez Corneille, Cléopâtre dans *All for Love* ou encore les personnages féminins de *La Conquête de Grenade*, du même Dryden –

---

1. Le fait que ce thème soit si fortement abordé par Euripide l'année de l'expédition en Sicile, année angoissante pour Athènes, oriente vers sa dimension politique, que nous aurons plus tard l'occasion d'observer.

2. L'application du concept de *modernité* à l'œuvre d'Euripide doit beaucoup à l'ouvrage que lui a consacré Jacqueline de Romilly, et avec lequel ce travail entretient une conversation aussi constante que reconnaissante. – *La Modernité d'Euripide, op. cit.*

pièce dans laquelle le motif est décliné sur des modes multiples par un dramaturge gourmand. Dans ce troisième groupe dramatique, la captivité vaut surtout comme une menace, quelquefois portée à exécution, mais dont la virtualité même agit toujours comme un véritable stimulus dramatique. A ce titre, la « captivité épisodique » est une invention purement moderne, non recensée par Aristote dans la *Poétique*, même si les éléments dramatiques qu'il envisage comme ressorts de l'action contiennent cette possibilité, en particulier la péripétie[3], et l'événement pathétique[4]. L'utilisation de la captivité comme ressort dramatique apparaît ainsi comme une extension apportée par le théâtre moderne à son héritage classique.

A l'intérieur de chacun de ces groupes généraux – et provisoires –, la présence en scène des captives induit d'autres différences. Bien que l'usage qui consiste à diviser une pièce non seulement en actes mais encore en scènes ne s'applique ni au théâtre antique ni à celui de Dryden, la comparaison entre les présences des captives dans chaque drame s'établira pour des raisons pratiques sur cette distribution scénique de l'action, malgré son caractère quelquefois artificiel. Puisqu'il s'agit d'évaluer la présence en scène de chaque personnage, la physionomie générale de chaque pièce a été dessinée à partir d'une unité dramatique commune, reprise au théâtre moderne et à laquelle le spectateur est maintenant accoutumé : celle qui se définit entre l'entrée en scène d'un personnage absent jusqu'alors et la sortie d'un des personnages présents lors de l'échange ainsi commencé. Cette distribution de l'action est temporaire dans notre étude ; elle vise à une clarification quantitative des drames, et ne saurait nier les particularismes par ailleurs inhérents à l'identité culturelle et historique de chacun d'eux.

L'examen de ces présences en scène des captives laisse d'abord apparaître les limites du premier classement opéré ci-dessus, ne serait-ce que pour le corpus grec. Une nouvelle distinction touche en effet au point de vue dramatique, qu'Euripide modifie par rapport à ses prédécesseurs : les deux premiers auteurs situent la captive dans la perspective du vainqueur, tandis que le second approche la situation de captivité d'un point de vue interne.

***

Les Troyennes *d'Euripide : l'évolution du point de vue*

Dans le premier cas, la captive apparaît brièvement et suscite l'étonnement. Iole ne fait ainsi qu'une seule apparition dans les *Trachiniennes*, au sein du cortège des captives d'Héraclès qui comparaissent devant Déjanire,

---

3. « La péripétie est [...] le changement en leur contraire des actions abolies » – Aristote, *Poétique*, 11, 1452a, p. 41, trad. Barbara Gernez.
4. « Le « pathétique », c'est une action destructrice ou douloureuse, comme les meurtres, les grandes douleurs, les blessures et toutes les choses visibles du même genre », 11, 1452b, p. 43, trad. cit..

conduites par Lichas[5]. L'économie de sa présence s'explique aisément par les exigences de la mise en scène – on se rappelle que seuls trois acteurs occupent la scène tragique antique : s'il est probable que le même acteur, le *protagonistès* tenait successivement dans la pièce les rôles de Déjanire, puis de la Nourrice à l'épisode V et d'Hyllos au dernier épisode, le rôle d'Iole revenait probablement au *tritagonistès*. Par là même, Sophocle écarte l'éventualité d'une existence pathétique de la captive : brève apparition, Iole n'est pas un caractère à part entière ; le problème posé par le dramaturge dans la pièce n'est pas sa situation, mais celle de Déjanire – non pas la captivité de la princesse, mais la déchéance de la reine, le conflit intérieur qui surgit en même temps que la favorite : « Sophocle se sert d'un troisième acteur pour centrer l'attention sur la compréhension de soi, la résolution d'un conflit intérieur, la connaissance personnelle et l'acceptation d'une situation tragique »[6]. Déjanire est présente du premier au quatrième épisode et son drame occupe donc la majeure partie de la pièce, une part que la présence d'Iole ne saurait concurrencer, même implicitement.

Chez Euripide au contraire, la captivité occupe le premier rôle, celui auquel revient l'éponymie et dont le *protagonistès* porte cette fois le masque. Le point de vue est totalement inverse : le dramaturge envisage la captivité comme une situation dramatique à part entière, dont il explore les ressources – verbales en particulier : à une captive silencieuse en succède une prolixe. Celle-ci occupe l'intégralité de la scène : Hécube est présente depuis la fin du prologue jusqu'à l'exode des *Troyennes* ; Iphigénie ouvre le drame qui porte son nom et reste en scène, quasi-continuellement, jusqu'au dernier épisode, l'exode étant cette fois consacré à la narration de sa disparition, loin de la Tauride.

La situation de captivité dans le drame est en outre évoquée, au second plan, par le chœur. La composition de ce dernier suffit d'ailleurs à révéler le principal centre d'intérêt du dramaturge : dans *Les Trachiniennes*, le chœur donne son nom à la pièce et situe l'action du côté de Déjanire, à laquelle il apporte son soutien ; en revanche, dans les deux drames d'Euripide envisagés ici, le chœur est constitué de captives ; elles sont troyennes dans le premier, qui en comporte l'indication dès le titre, grecques dans le second. A la suite d'Aristote, H.C. Baldry a rappelé la fonction dramatique du Chœur, dont le port de masque et de costume apporte la preuve : doté d'un tout autre rôle que le chœur dithyrambique exécuté au début du festival, celui-là entretient une très grande proximité avec les acteurs[7]. Dans *Les Troyennes* et *Iphigénie en Tauride*, ce rapprochement s'effectue grâce à l'empathie avec le personnage principal, dont les émotions sont traduites et amplifiées par le Chœur, qui ajoute ainsi à ses attributions une dimension sémantique : dès la fin du prologue, sa présence indique en effet l'attention portée par le dramaturge à tel ou tel de ses personnages. Le Chœur induit ainsi la focalisation, tandis que son propos fait écho

---

5. L'entrée d'Iole est représentée au deuxième épisode.
6. H.C.Baldry, *Le Théâtre tragique des Grecs* [Chatto and Windus LTD, London, 1971] trad. J.-P. Darmon, François Maspero, Paris, 1975, p. 102.
7. *Ibid.*, p. 96.

à celui du personnage. La captivité est ainsi mise en perspective dans ses conséquences dramatiques comme pathétiques.

C'est dans *Les Troyennes* que le dramaturge donne à la captivité sa plus
grande profondeur, en multipliant la situation. La pièce est structurée comme
un catalogue qui représenterait les avatars de la captivité. Hécube apparaît la
première, à la fin du prologue, et sa présence permet la continuité des différents épisodes ; captive de premier plan, elle est aussi l'interlocutrice privilégiée des autres captives que sont Cassandre, Andromaque, et Hélène – dont
l'ultime apparition est cependant plus problématique. Leur succession – dans le
drame permet de penser que ces trois personnages étaient également joués par
le *tritagonistès* tandis que les rôles de Poséidon, Talthybios et Ménélas étaient
pris en charge par l'acteur intermédiaire. Cependant, l'utilisation de ce *tritagonistès* par Euripide ne se fait plus dans le silence : les trois captives profè-
rent au contraire une parole retentissante, qui exalte divers aspects de la captivité. La première, Cassandre, revendique en effet au premier épisode une
attitude vengeresse : elle promet – et prédit – sa participation à la chute
d'Agamemnon et de sa maison : « S'il est vrai que Loxias existe, c'est une
épouse plus funeste (δυστυχέστερον γάμον) qu'Hélène qu'aura en moi l'illustre roi des Achéens, Agamemnon, vengeant ainsi mes frères et mon père »[8].
Dans le deuxième épisode, Andromaque se livre à la déploration inspirée par
une peinture réaliste de la captivité : « Avec mon fils, je suis un butin qu'on
emmène. De noble devenir esclave (ἐς δοῦλον ἥκει), quelle déchéance ! »[9] Le
pathétique d'Andromaque trouve sa note majeure lorsque Talthybios vient lui
annoncer l'exécution de son fils, au vers 725 – soit quasiment au milieu arithmétique d'un drame qui comporte 1332 vers. *L'acmé* atteinte par le sort
d'Andromaque est également un sommet dans le drame des captives tel que *Les
Troyennes* le met en scène.

En revanche, l'apparition d'Hélène, au troisième épisode, est plus rhétorique que pathétique: malgré des entraves qui, au premier abord, présentent
Hélène dans une position assez semblable à celle d'Iole, la princesse spartiate
développe une longue tirade dans laquelle elle justifie son action[10]. Grâce à ce
développement tout sophistique, Hélène échappe à la mort et entame son chemin vers la liberté… Cette troisième figure à comparaître devant Hécube envisage ainsi une autre possibilité dans le destin de la captive, non plus pathétique
mais dramatique : la libération.

La pièce est ainsi consacrée à l'évocation de la captivité sous toutes ses
formes : la distribution quasi-géométrique de celles-ci dans les épisodes du
drame révèle un dessein d'exhaustivité de la part du dramaturge, qui n'oublie
pas non plus, dans cette perspective, que la mort est une des issues de la captivité : dès le prologue, l'allusion à Polyxène place le tableau de la captivité
dans une perspective d'emblée dramatique : « sa fille Polyxène, près du tombeau d'Achille, a péri, pitoyable victime d'un meurtre cruel »[11]. L'évocation

---

8. *Les Troyennes*, vers 356-360 – trad. Léon Parmentier.
9. *Ibid.*, vers 614-615.
10. Cette tirade occupe une place importante, du vers 919 au vers 965.
11. *Ibid.*, vers 39-40.

du cadavre de Polyxène est récurrente dans le drame ; elle est annoncée à mots couverts par Talthybios à Hécube dans le premier épisode : « elle a trouvé la paix »[12] ; Andromaque confirme ensuite à la reine la mort de sa fille : « Ta fille Polyxène a péri égorgée sur le tombeau d'Achille, offerte au mort sans vie (δῶρον ἀψύχῳ νεκρῷ) »[13]. La reprise des vers du prologue dans cette réplique d'Andromaque confère une dimension formulaire à cette annonce, qui se produit trois fois au total dans le drame et contribue ainsi à son rythme ; dans le dernier cas, elle alimente les plaintes d'Andromaque qui établit une comparaison entre leurs deux captivités : « Ne sont-ils pas moindres que les miens, les maux qu'entraîne la mort qui te fait pleurer ? »[14] La mort de Polyxène est ainsi constamment à l'arrière-plan du drame, dont elle intensifie la portée ; la captivité est présentée au total sous cinq formes, ce qui constitue un cas unique dans l'ensemble des pièces qui mettent en scène cette situation. Jacqueline de Romilly a souligné la linéarité de construction qui caractérise *Les Troyennes*, « pièce qui n'a plus d'autre unité que la souffrance de la vieille reine et des Troyennes vouées avec elle à l'esclavage » :

> « Tous [ses] épisodes ne sont reliés entre eux par aucune nécessité interne : ils se rejoignent seulement dans la mesure où, tous, ils décrivent les malheurs de la guerre. Encore ne les décrivent-ils pas en insistant, comme eût fait Eschyle, sur la chute de la cité : ce sont des souffrances individuelles, juxtaposées, qui contribuent toutes au malheur d'Hécube, mais le dépassent pour former comme une fresque de douleur. (...) Euripide (...) nous mène ici au bord de la rupture, en combinant entre eux toute une série d'événements, dont l'unité est exclusivement d'ordre affectif. »[15]

Cette unité même subordonne donc les événements à l'effet qu'ils produisent ; tout ce qui se passe hors scène parvient au spectateur par l'intermédiaire des captives ; tout événement est donné à ressentir par le filtre de leurs émotions – celles d'Hécube en particulier. La captivité est un voile jeté sur l'événement comme le discours sur l'action, voile par lequel s'établit le lien entre les épisodes. L'unité de la pièce est donc autant d'ordre thématique qu'affectif.

Les trois pièces considérées dans le corpus offrent ainsi deux des quatre cas de tragédies classées par Aristote : le drame des *Troyennes*, notamment par le choix du dramaturge et l'unité observée, offre le cas d'une « tragédie pathétique », tandis que *Les Trachiniennes* et *Iphigénie en Tauride* relèvent de la « tragédie complexe » – ἧς τὸ ὅλον ἐστὶ περιπέτεια καὶ ἀναγνώρισις (« dont le tout est constitué de la péripétie et de la reconnaissance »)[16]. Cette classification des pièces antiques du corpus selon la terminologie aristotélicienne coïncide avec le traitement de la captivité dans ces drames, selon que cette situation est envisagée comme un thème[17] – dans *Les Troyennes* – ou comme un épisode – dans *Les Trachiniennes* et *Iphigénie en Tauride*.

---

12. *Ibid.*, vers 268.
13. *Ibid.*, vers 622-623.
14. *Ibid.*, vers 679-680.
15. *La Modernité d'Euripide*, *op. cit.*, p. 80-81.
16. Aristote, *Poétique*, 18, 1456a, trad. Barbara Gernez.
17. Nous reviendrons ultérieurement sur la définition de ce terme, utilisé ici de manière empirique, conformément à la méthode définie en introduction.

Le théâtre moderne quant à lui paraît surtout attentif à l'intérêt dramatique offert par la situation de captivité appliquée à des personnages féminins : dans l'émergence de la tragédie moderne européenne à partir du XVIe siècle, la déploration cède progressivement la place à l'action et le traitement de la captivité suit lui-même l'évolution du genre[18]. La date de leur création situe les pièces de notre corpus au centre de cette évolution et mettent donc en scène des *caractères*, parmi lesquels les captives.

II

Présence des captives sur la scène moderne

Le choix de la parcimonie : Mariane

On peut retrouver parmi ces drames la distinction opérée pour la production antique entre « captives permanentes » et « captives temporaires ». Les premières peuvent être ainsi envisagées dans la mesure où la captivité entre dans leur « caractère », tel que ce terme a été défini par Aristote : « Il y aura caractère si (…) les paroles où les actes décèlent une ligne de conduite.» Ce premier point défini par Aristote s'assortit en outre d'un deuxième impératif dans la composition des caractères : la conformité – « Ainsi on peut donner comme caractère à un personnage la virilité, mais il n'est pas conforme à la nature d'une femme d'être telle »[19]. Il entre ainsi dans le caractère de Théodore, par exemple, d'être une captive, et son discours doit composer avec cette donnée.

La présence en scène de ces « captives permanentes » révèle la dimension équivoque de leur rôle : plus souvent absentes, elles occupent cependant la majeure partie du discours. L'économie qui régit leur présence en scène relève en premier lieu d'un choix dramatique destiné à en ménager l'intérêt. Le procédé tient à la technique dramatique classique qui, selon l'analyse de Jacques Scherer, « possède deux façons opposées de mettre en scène son héros : la première consiste à le montrer tout le temps, ou du moins le plus souvent possible, à prodiguer sa présence ; la seconde, plus subtile, consiste à ménager les apparitions du héros, à ne le faire paraître que rarement, en utilisant le reste du temps disponible à parler de lui ou de ses desseins, pour mieux préparer les scènes où il figure »[20]. D'autre part, tous les héros ne pouvant être présentés dès le premier acte, l'apparition de certains est repoussée au début du second – « le plus souvent, l'usage veut que cette place soit réservée à des femmes : l'on ne compte pas les pièces classiques où l'héroïne fait sa première appari-

---

18. Telle que la résume Jacques Scherer, cette évolution est en effet associée à une intériorisation de l'événement dramatique : « La tragédie a évolué de la poésie à l'action, de la dureté extérieure à la dureté intérieure, en contournant l'obstacle du baroque et en lui empruntant, pour les sublimer, quelques-unes de ses plus violentes couleurs. » – *Théâtre du XVIIe siècle*, La Pléiade, Gallimard, t. I, Introduction, p. XXVI.

19. *La Poétique*, 1454a, p. 105.

20. Jacques Scherer, *op. cit.*, première partie : « La structure interne de la pièce », p. 23-24.

tion au début du deuxième acte »[21]. Les personnages éponymes des pièces étudiées n'échappent pas à cette règle, particulièrement lorsque ces femmes apparaissent en captives : Mariane et Théodore entrent en scène au début de l'acte II, Rodogune devance légèrement l'appel par une apparition à la dernière scène de l'acte I.

Chez Tristan l'Hermite, Mariane est physiquement présente dans seulement huit scènes sur les vingt-trois que compte la pièce, soit pendant un tiers du drame. Sur ces huit scènes, trois la représentent en reine, cinq en captive ; mais, dès sa première apparition, elle signale l'ambiguïté de sa position : « Si mon corps est captif, mon âme ne l'est pas. »[22] L'audacieuse évocation de sa relation charnelle à son époux Hérode, à laquelle elle est unie contre son gré, dessine les premiers contours de sa captivité ; celle-ci est cependant aggravée à l'acte III, scène 2, lorsque Mariane comparaît devant Hérode, accusée d'adultère. Et le drame culmine avec l'emprisonnement de la reine sur ordre de son époux : « On verra ta constance au milieu des supplices. (...) [*Parlant au Capitaine des gardes*] Conduis-la dans la tour, et ne la quitte pas. »[23] La scène a été préparée à l'acte II et occupe une position centrale dans le déroulement de l'action : sur les vingt-trois scènes qu'elle totalise, le « procès » de Mariane se situe à la douzième, soit au centre géométrique de la pièce. Par ailleurs, la présence de Mariane est concentrée sur trois actes seulement. Absente du premier par économie de son rôle, elle disparaît à la fin du quatrième, prononçant elle-même le constat de sa mort imminente :

> « Madame, on me contraint de changer de demeure,
> Mais j'en vais habiter une beaucoup meilleure,
> Où les vents ni l'envie, avecque leurs rigueurs,
> N'excitent point d'orage en l'air ni dans les cœurs,
> Où sans aveuglement on connaît l'innocence,
> Où la main des Tyrans n'étend point sa puissance,
> Où l'âme, pour le prix de sa fidélité,
> Goûte en repos la gloire et l'immortalité. (...)
> Adieu, Madame, adieu, je m'en vais vous laisser. »[24]

La présence scénique de Mariane s'étend donc sur trois des actes que comporte la pièce. Tristan semble d'ailleurs avoir porté un vif intérêt à la symétrie dans la construction de sa pièce : le dernier acte s'étend sur trois scènes comme le premier, le deuxième et la pénultième sont les plus longs, par un nombre sensiblement égal de scènes, tandis que l'acte central manifeste par sa concentration toute son intensité dramatique. Dans cet ensemble, la mise en captivité de Mariane se situe à égale distance de sa première apparition, dans laquelle elle manifestait son indépendance d'esprit, et de sa mise à mort : une période de huit scènes s'étend entre le premier événement et le « procès » de la reine, de même qu'entre celui-ci et son exécution.

***

---

21. *Ibid.*, p. 25-26.
22. *La Mariane*, II, 1, vers 362.
23. *Ibid.*, III, 2, vers 995/998.
24. *Ibid.*, IV, 6, vers 1367-1378.

A la recherche du juste milieu : Corneille

La proportion observée par Mairet, qui consiste à accorder à peu près un tiers de la scène au personnage de la captive, se retrouve dans les deux drames de Corneille, *Théodore* et *Rodogune*. Dans la première pièce, la princesse éponyme occupe 12 scènes sur 31, ce qui constitue une présence égale à celle de Marcelle ou de Placide, les autres personnages de premier plan. La proportion est donc apparemment à l'avantage de Théodore ; en revanche, son rôle est également concentré sur trois actes : absente du premier, Théodore occupe en revanche une grande partie des actes centraux – cinq scènes sur les sept que compte l'acte II, quatre scènes sur les six de l'acte III – avant de disparaître totalement à l'acte IV. Elle réapparaît dans trois scènes successives, au centre de l'acte V. Suivant une construction similaire à celle de la *Mariane*, la contrainte politique se double d'une captivité physique qui aboutit à la mort de sa victime.

Le drame suit dans chaque cas un processus d'aggravation, dont la mise en captivité physique constitue l'événement pivot. Moins rigoureusement organisée que la *Mariane* de Tristan, la *Théodore* de Corneille ne montre pas cette captivité au centre de son déroulement ; l'événement se produit plus tôt, dès l'acte II. En revanche, toutes les apparitions de Théodore dans l'acte III, qu'elle occupe presque intégralement, la montrent en captive, jusqu'à la scène 4 où elle ne fait que figurer. Dernière scène avant la disparition momentanée mais durable de Théodore, ce moment se situe également au centre géométrique de la pièce : quatorze scènes la précèdent, seize la suivent. Le vers 957 se trouve lui aussi au centre d'un drame qui en compte 1882 – on nous pardonnera cette arithmétique, dont le seul but est de donner une représentation tangible et certaine d'un fait déjà par deux fois constaté : la mise aux fers constitue l'articulation centrale du drame mettant en scène la captive, dans ces deux cas au moins.

Dans *Rodogune*, Corneille réduit la présence en scène de la captive : le rôle est en effet le plus concentré – il semble que le dramaturge ait ici tiré les leçons de l'échec de sa *Théodore*, et cherche à retrouver l'équilibre atteint par Tristan dans *La Mariane*. Rodogune occupe ainsi huit scènes sur vingt-cinq, et apparaît peu ou prou dans un acte sur deux : elle fait une brève apparition dans la dernière scène de l'acte I, disparaît de l'acte II, occupe la totalité de l'acte III, mais seulement une scène de l'acte IV ; en revanche, elle est présente au dénouement. Corneille use donc pour son personnage principal d'une parcimonie qui le met en valeur, selon la pratique dramaturgique désignée par Jacques Scherer sous l'expression générique de *héros rare* : « Les héros volontairement rares sont ceux que l'auteur aurait pu mettre en scène fréquemment s'il l'avait voulu, mais qu'il préfère, pour mieux exciter le désir maintenant affirmé des spectateurs, ne montrer que dans des situations bien choisies et bien préparées »[25]. En outre, selon une répartition géométrique des rôles, la présence en scène de Cléopâtre suit un ordre inverse : c'est seulement au

---

25. *La Dramaturgie classique en France*, *op. cit.*, p. 28.

dénouement, soit dans les deux dernières scènes du drame, que seront confrontées la reine et la princesse; auparavant, leur rivalité s'exprime dans l'absence, comme si elles évoluaient chacune dans deux sphères différentes, absolument incompatibles. Chacune est un fantasme pour l'autre ; leur ἄγων au dénouement n'en paraît que plus intense.

La rigoureuse économie à laquelle s'astreint Corneille dans cette pièce, rappelle celle que les dramaturges antiques se devaient d'observer par nécessité : si le masque était encore en usage, la répartition des rôles de Rodogune et de Cléopâtre est telle qu'un seul acteur pourrait jouer les deux personnages : l'une et l'autre sont également le protagoniste de la pièce – l'une apparaît comme le double inversé de l'autre, et c'est bien ce qui trouble les jumeaux, Antiochus et Séleucus. S'il est abusif d'attribuer le succès de *Rodogune* à la seule distribution de la présence en scène, force est de constater cependant la dimension sémantique des choix dramaturgiques qui procèdent à cette répartition des rôles. Corneille constatait lui-même dans *l'Examen* de 1660 l'inefficacité scénique de Théodore, et l'attribuait aux composantes de son caractère : un caractère « entièrement froid » : « une vierge et martyre sur un théâtre n'est autre chose qu'un Terme qui n'a ni jambes ni bras, et par conséquent point d'action »[26] ; les mêmes composantes n'entrent pas dans le caractère de Rodogune, mais le succès de ce personnage tient en partie aussi à sa présence – ou plutôt à ses absences : Rodogune parle moins, mais chacun parle d'elle. Le succès de la captive comme telle tient moins à sa présence en scène, autrement dit à son discours, qu'au discours des autres sur elle – son caractère est donc en relation avec la notion de fantasme, image protéiforme qui gagne « bras et jambes » dans les propos dont elle est l'objet.

Aussi parcimonieuse que soit la présence en scène de la captive dans certains de ces drames, l'évocation de sa captivité apparaît donc à un moment stratégique dans le déroulement de l'action ; Corneille reprend cette fois à sa *Théodore* cette répartition déjà observée par Tristan, mais pour l'inverser dans *Rodogune* : princesse soumise à la loi de Cléopâtre, le personnage éponyme s'affranchit au contraire de cette obéissance au centre du drame ; son acte se manifeste par un changement de discours, dans le sens inverse à l'évolution précédemment observée :

> « Après avoir armé pour venger cet outrage,
> D'une paix mal conçue, on m'a faite le gage,
> Et moi, fermant les yeux sur ce noir attentat,
> Je suivais mon destin en victime d'Etat.
> Mais aujourd'hui qu'on voit cette main parricide,
> Des restes de ta vie insolemment avide,
> Vouloir encor percer ce sein infortuné,
> Pour y chercher le cœur que tu m'avais donné,
> De la paix qu'elle rompt je ne suis plus le gage,
> Je brise avec honneur mon illustre esclavage,
> J'ose reprendre un cœur pour aimer et haïr,
> Et ce n'est plus qu'à toi que je veux obéir. »[27]

---

26. *Théodore, Examen* [1660], *La Pléiade*, Gallimard, p. 271.
27. *Rodogune*, III, 3, vers 871-882.

Le monologue de Rodogune, qui occupe toute cette scène 3, s'adresse à l'ombre de Démétrius, le roi son époux tué par Cléopâtre ; son discours manifeste, virtuellement d'abord, la rébellion de la princesse, qu'elle met effectivement en œuvre dès la scène suivante[28]. La revendication est nettement interprétée par son auteur comme un acte de libération, associé à la vengeance. L'efficacité de cette parole est démontrée par le dénouement, qui consacre la victoire de Rodogune sur Cléopâtre. Toute l'action est donc régie par le vers 880, géométriquement situé au cœur du drame ; le même schéma se retrouve, qui situe l'évocation de la captivité à mi-chemin de l'évolution dramatique, que ce soit pour une aggravation de cette situation ou, comme ici, pour son renversement.

Cette économie du thème dans le drame se vérifie dans *Andromède* : la princesse est enlevée à la fin de l'acte II et présentée en captive dans l'acte III, qui constitue à lui seul un épisode dramatique complet : dans les deux premières scènes, Andromède est attachée à son rocher ; à la scène 3, Persée la libère, tandis que les scènes 4 et 5 commentent cet exploit dans l'allégresse. Quantitativement en revanche, la pièce se déploie plus longuement dans l'acte V, qui consacre la victoire du héros sur Phinée : le drame, qui exploite deux chants d'Ovide, suit une construction binaire, qui traite d'abord du sort d'Andromède avant de mettre en scène la déchéance de Phinée ; si la libération de la captive constitue effectivement l'événement central, l'évaluation de ses conséquences est plus longue du fait de cet étirement de l'action en deux volets. Comme dans *Iphigénie en Tauride*, la libération de la captive est en effet un aspect de la geste qui conduit à l'apothéose du héros. La position de la captivité, quel que soit l'angle envisagé, correspond à l'une des exigences qui dominent la création dramatique à la suite de la *Poétique* d'Aristote – exigence formulée, comme on le sait, à partir d'observation, et sur un mode géométrique qui n'étonne pas d'ailleurs de la part d'un platonicien : « Nous avons admis que la tragédie est l'imitation d'une action achevée et complète et qu'elle a une certaine étendue […] Un tout, c'est ce qui possède un commencement, un milieu et une fin. Le commencement, c'est ce qui ne vient pas, par nécessité, après autre chose, mais après quoi une autre chose existe naturellement ou vient à se produire. Une fin, au contraire, c'est ce qui – nécessairement ou la plupart du temps – vient naturellement après autre chose, mais après quoi rien ne se produit. Le milieu, c'est ce qui vient après autre chose et est suivi d'autre chose. Ainsi, les intrigues bien construites ne doivent pas commencer ni finir n'importe quand, mais se plier aux formes dont on a parlé »[29].

---

28. Face aux princes jumeaux, elle s'offre alors à celui qui tuera Cléopâtre et se fera matricide. La déclaration est construite en écho à la tirade précédemment citée :
« Eh bien donc ! il est temps de me faire connaître.
(…)
Tremblez, Princes, tremblez au nom de votre père :
Il est mort, et pour moi, par les mains d'une mère.
Je l'avais oublié, sujette à d'autres lois,
Mais libre, je lui rends enfin ce que je dois.
C'est à vous de choisir mon amour ou ma haine… » – III, 4, vers 1019-1023.
29. Aristote, *Poétique*, 7, 1450b, p. 29, trad. Barbara Gernez. Dès le XVIᵉ siècle, le texte d'Aristote est repris en précepte et prolongé par les théoriciens de la tragédie de la Renaissance, tel La Taille pour lequel il faut « ne commencer à déduire sa tragédie par le commencement de

L'éclairage géométrique ici envisagé correspond lui-même à la rationalisation du genre, et croise l'exigence fondamentale qui préside au discours dramatique ; cette nécessité d'une cohérence indiscutable dans la construction du drame tragique rejoint elle-même l'équilibre de l'art rhétorique : « la division en trois moments (…) exprime une structure fondamentale redécouverte récemment par la narratologie. La division en cinq actes la complexifie (…). Elle est systématisée après 1610 »[30]. Du précepte édicté par La Taille à la systématisation du genre tragique, la conception d'un drame en trois temps se trouve confirmée ; de même, la situation de l'apogée dramatique au second temps, ce que le discours de la Renaissance appelle le « milieu » – là où précisément la captivité se montre sous ses différentes formes.

***

La captivité temporaire : une situation à géométrie variable

L'organisation géométrique de l'action est facilitée dans les drames étudiés ci-dessus par la régularité des rôles, notamment ceux des captives : leur situation et leur caractère coïncident. Dans le deuxième groupe de ces tragédies en revanche, la captivité est polymorphe, notamment parce que cette situation est momentanée, quand elle ne demeure pas virtuelle. La captivité représente ainsi une appréhension fondamentale de Sophonisbe, qu'une défaite de son camp conduirait à figurer enchaînée au cortège de Scipion, à Rome. Au présent de la scène, elle est une princesse animée par la volonté de résistance ; sur un arrière-plan fantasmé, elle est une captive enchaînée, passive. La première n'est rien sans la seconde : le fantasme suscite l'action du personnage, excite l'émotion du spectateur.

Certes, *La Sophonisbe* de Mairet met en scène le drame d'une reine, non celui d'une captive. Le personnage éponyme exerce une autorité politique qui l'autorise à une plus grande présence en scène : la princesse apparaît ainsi dans douze scènes sur vingt-deux, soit dans plus de la moitié du drame – alors que les personnages précédemment envisagés n'occupaient qu'un tiers de la scène. Cette intensité n'est pas la seule disparité avec les pièces de Tristan ou de Corneille : Sophonisbe est présente dès la première scène, dans sa confrontation à Syphax. Le drame s'ouvre donc sur un mode dialectique qui ne se démentira pas – Syphax disparu, c'est à Massinisse que Sophonisbe est confrontée, puis à Scipion, représentant de Rome. Chacun des personnages masculins est ainsi envisagé comme un obstacle au pouvoir de la reine. En

---

l'histoire ou du sujet, ains vers le milieu ou la fin ». La dramaturgie classique reprend au XVIIᵉ siècle les règles élaborées par les humanistes, pour les ériger en système ; à partir de 1630, l'ensemble de ces règles constitue selon Jean Rohou un système dont la rigidité et la perfection font la singularité du genre tragique : « Un système aussi élaboré est quelque chose d'unique dans la littérature occidentale moderne et peut-être la rationalisation la mieux réussie de l'histoire littéraire mondiale. » – Jean Rohou, *op. cit.*, p. 96.

   30. *Ibid.*, p. 134.

outre, sa présence en scène est marquée par une intensité particulière, puisqu'elle occupe presque sans discontinuer les trois premiers actes. Mais ce dynamisme d'abord victorieux est largement entamé lorsqu'au début de l'acte IV elle évoque la possibilité de sa captivité, face à Massinisse qu'elle vient d'épouser :

> « ... je vous demande au moins
> Au nom de tous les Dieux de nos noces témoins,
> Et par la pureté de l'amour conjugale,
> De conserver en moi la dignité royale.
> Enfin je vous conjure, autant que je le puis,
> De vous bien souvenir de ce que je vous suis.
> Ne souffrez pas qu'un jour votre femme enchaînée
> Soit dans le Capitole en triomphe menée. »[31]

La perspective de la captivité motive toute l'action de Sophonisbe : c'est d'abord un argument, lorsque, au début du drame, elle se défend devant Syphax de lui avoir été infidèle : « J'ai cru qu'il serait bon de m'affranchir de loin / Un bras qui conservât ma franchise au besoin »[32]. A l'acte II, lorsque Massinisse a vaincu Syphax, c'est une appréhension réelle : la reine craint de devenir sa captive : « Il faut donc à mon aide appelant mon courage ?/Eviter par la mort la honte du servage »[33] ; plus loin, Sophonisbe rappelle cette appréhension fondamentale que constituent « la honte et le malheur de la captivité »[34]. Cette perspective dure peu, car son vainqueur lui-même la libère : « j'aurai soin en tout cas /(...) qu'on vous traite en reine, et non pas en captive »[35]. Jusqu'alors le danger n'a été qu'effleuré ; mais le combat de Sophonisbe produit l'effet inverse à celui recherché, puisque son union avec le prince numide lui fait davantage encourir le risque d'une captivité à Rome. La dernière scène de l'acte III et la première de l'acte IV sont ainsi construites en écho, selon un schéma renversé : la reine se présente en captive à Massinisse à la fin de l'acte III, et se libère par l'amour qu'elle inspire à ce premier vainqueur ; l'acte suivant s'ouvre dans l'allégresse manifestée par le prince, et se clôt sur l'angoisse à nouveau suscitée par la perspective de la captivité. L'échec paraît d'autant plus inéluctable que les deux scènes se répondent avec cette symétrie parfaite. Toujours virtuelle, la captivité de Sophonisbe, ainsi appréhendée à l'articulation des actes centraux, pèse davantage sur la suite de la pièce : objectivée dans le discours du général romain par le terme de « butin », la reine est quasiment absente de la scène, bien qu'elle occupe le discours de tous les autres personnages – elle devient l'enjeu que se disputent les camps numide et romain. Ces deux caractéristiques manifestent son impuissance et, au-delà, la parent dramatiquement du « masque » de la captive. Le point de bascule de toute l'action repose sur cette appréhension évoquée, là encore, au *milieu* du drame.

---

31. *La Sophonisbe*, IV, 1, vers 1117-1124.
32. *Ibid.*, I, 1, vers 97-98.
33. *Ibid.*, II, 3, vers 567-568.
34. *Ibid.*, III, 2, vers 678.
35. *Ibid.*, III, 2, vers 965-967.

L'exploitation de la captivité dans un cadre virtuel se retrouve chez Dryden dans *All for Love*, pièce qui entretient d'emblée une similitude d'argument avec celle de Mairet : comme Sophonisbe, Cléopâtre s'efforce de maintenir face à Rome un pouvoir moribond ; comme elle, la captivité la menace dans le cas d'un échec. Un certain classicisme, revendiqué par l'auteur, s'exprime dans cette pièce de Dryden. La première apparition de Cléopâtre, reine d'Egypte, y est ainsi différée à l'acte II ; mais, comme Sophonisbe, la reine est présente dans seize « scènes »[36] sur trente-quatre, soit dans presque la moitié du drame – une proportion égale est dévolue au personnage d'Antoine ; la pièce représente un couple plutôt qu'une reine, Dryden infléchit donc le thème vers une perspective différente... C'est à la fin de l'acte III que Cléopâtre commence à envisager la captivité, qui sera son sort à Rome si Antoine se détourne d'elle. Le thème est esquissé ici à travers une conjonction de motifs[37] qui évoquent effectivement la situation de captive : Cléopâtre est confrontée à Octavie, venue de Rome convaincre Antoine de rallier ses véritables intérêts politiques. Face à l'épouse légitime et investie de la puissance romaine, Cléopâtre s'avoue en situation de faiblesse pour se défendre de l'accusation selon laquelle son amour pour Antoine serait calculé :

> *" If you have suffered, I have suffered more.*
> *(...)*
> *For I have lost my honour, lost my fame,*
> *And stained the glory of my royal house,*
> *And all to bear the branded name of mistress.*
> *There wants but life, ant that too I would lose*
> *For him I love."*

> (« Si vous avez souffert, j'ai souffert plus encore. (...) car j'ai perdu mon honneur, j'ai perdu ma réputation, et terni la gloire de ma royale maison – et tout cela pour endosser le titre de maîtresse. Il ne me reste que la vie, et cela aussi je pourrais le perdre pour l'amour de lui. »)[38]

La confrontation à Octavie est un échec pour Cléopâtre, qui reconnaît alors la contrainte exercée par l'épouse romaine. Ce dénouement provisoire est construit en opposition rigoureuse avec le début de l'acte, lorsque Cléopâtre couronnait Antoine dans les fastes ; l'acte II a conduit au renversement de la situation. Par la suite, toute l'action de Cléopâtre aura pour but de reconquérir Antoine et sa liberté. Le constat d'une captivité vécue comme réalité ou comme menace occupe là encore le milieu du drame, et même si le découpage de l'action en « scènes » est contestable et limité dans son efficacité, il fait apparaître également ce milieu géométrique qui correspond à la prise de conscience de la reine quant à la précarité de sa situation – seize « scènes » précèdent cette articulation centrale, dix-sept la suivent. Du vers 1611 au vers

---

36. Nous ne pouvons que rappeler ici la prudence avec laquelle nous recourons au terme de « scène » pour étudier la construction dramatique chez Dryden, et le caractère exclusivement fonctionnel de ce recours.

37. Nous réservons l'étude de ces motifs aux deuxième et troisième parties de cette étude.

38. *All for Love*, III, vers 457-466.

1618, elle se présente en reine vaincue et utilise ainsi le registre de la capti-vité pour illustrer sa défaite face à Octavie ; dans une pièce qui compte 2909 vers, ce passage outrepasse de très peu le milieu de la pièce. Cléopâtre est là à mi-chemin de sa déchéance : reine libre avant le drame – c'est-à-dire avant Actium –, elle meurt au dénouement, de même que Sophonisbe. Pour l'une comme pour l'autre, l'évocation de la captivité est un signe avant-coureur de la mort, une étape intermédiaire dans la déchéance qui les mène du pouvoir, chargé de sa dimension dynamique et vitale, à la mort.

***

La Conquête de Grenade *ou le défi à l'équilibre*

La dimension exceptionnelle voulue par Dryden pour *La Conquête de Grenade* confère à la pièce une richesse de motifs où s'observent de nom-breuses reprises. C'est pourquoi ce drame intervient ici en dernier lieu, bien qu'il soit chronologiquement antérieur à *All for Love*. Sa construction n'échappe pas sans doute à la tentation romanesque éprouvée également par le théâtre français et signalée par Jacques Truchet : « L'histoire du théâtre date les premières manifestations de ce phénomène des environs de 1575. Il alla s'amplifiant dans la décennie 1630-1654 »[39]. L'expression « invasion roma-nesque » caractérise de manière relativement négative[40] ce phénomène assez souvent soumis, d'ailleurs, à la dépréciation. Près d'un siècle plus tard et de l'autre côté de la Manche, Dryden renouvelle cependant l'expérience, favorisé en cela par des antécédents plus iconoclastes, à commencer par l'œuvre de William Shakespeare[41]. Les sources qu'il revendique sont les mêmes que celles qui ont servi au renouvellement romanesque de la scène française : le *Roland furieux* de l'Arioste et la *Jérusalem délivrée* du Tasse. Et cependant, malgré la dimension expérimentale de la pièce et la profusion des épisodes qui la nour-rissent, l'ensemble repose sur une situation dramatique convenue et parfaite-

---

39. Jacques Truchet, *La Tragédie classique en France*, p. 116.

40. Cette opinion est d'ailleurs répandue, comme en témoigne le propos de Raymond Lebègue sur ce même sujet : « A la charnière des deux siècles, un assez grand nombre d'auteurs tragiques – de talent médiocre, il faut l'avouer – se sont permis de recourir au roman, au poème romanesque, à la nouvelle. Ils ont cédé à la tentation de renouveler le vieux fonds de sujet tra-giques et de porter à la scène des aventures inventées, mais touchantes et lugubres. » – *La Tragédie française de la Renaissance*, [Bruxelles. 1944] SEDES, Paris, 1954, p. 117.

41. Victor Hugo rappelle combien le foisonnement de l'œuvre shakespearienne a conduit bien des critiques, et fort longtemps, à la décrier sans nuance – Hugo cite par exemple le propos de Thomas Rhymer : « A quoi cette poésie peut-elle servir, sinon à égarer notre bon sens, à jeter le désordre dans nos pensées, à troubler notre cerveau, à pervertir nos instincts, à fêler nos ima-ginations, à corrompre notre goût, et à nous remplir la tête vanité, de confusion, de tintamarre et de galimatias ? ». Il faut rappeler à ce propos que, malgré l'allégeance ailleurs déclarée par Dryden à son illustre prédécesseur, l'auteur d'*All for Love* n'a pas toujours été le plus tendre à son égard, le qualifiant notamment d'*inintelligible*. – Hugo, *William Shakespeare*, [1864] *Nouvelle Bibliothèque romantique*, Flammarion, 1973, 2° partie, p. 168.

ment classique à ce titre : la cité maure de Grenade est assiégée par les Espagnols de Ferdinand et Isabel, dont la puissance n'est pas sans évoquer celle de l'armée grecque aux portes de Troie, ou de Rome devant Carthage... Grenade est une ville moribonde, déchirée par des factions politiques, comme la cité punique évoquée par Mairet. Pas plus que Carthage ou Alexandrie, Grenade n'a de chance d'échapper à une chute prévisible aussi bien à cause de ses propres faiblesses que de la puissance de son ennemi ; comme ces deux cités, elle est appelée à tomber devant la puissance ennemie. La dimension héroïque du drame justifie sans doute l'écrasante suprématie des rôles masculins dans la première partie : sur un total de dix-neuf personnages – auxquels il faut encore ajouter la myriade de gardes et de messagers –, on ne compte en effet que six femmes ; la disproportion s'aggrave à ne considérer que le camp maure, qui compte onze hommes pour cinq femmes, dont deux servantes, Esperanza et Halym, à la présence plutôt symbolique. Cette répartition est conforme à la geste héroïque et peut-être à la représentation de l'univers maure par la littérature européenne ; elle confère en outre une dimension paradigmatique aux caractères féminins majeurs, Almahide, Lyndaraxa et Benzayda.

Chacune se situe différemment dans les déchirements de la Cour : princesse destinée à la royauté, Almahide est la plus exposée aux aléas dramatiques ; Lyndaraxa est au contraire plongée dans l'action politique, à laquelle ses intrigues prennent une part active ; Benzayda enfin, reléguée à un rang social moindre, subit sa situation. Chacun de ces rôles, également défini par une catégorisation morale rigide – qui condamne Lyndaraxa aux yeux de tous –, évoque à ce titre le cortège des Troyennes telles que les représente Euripide : une analogie de situation permet de rapprocher Almahide d'Hécube, Lyndaraxa d'Hélène, tandis que Benzayda manque de subir le destin de Polyxène – n'était la clémence d'Isabel...

La présence d'Almahide est également la plus constante : elle apparaît dans quatorze « scènes » sur quarante-cinq dans la première partie, et dans vingt-trois « scènes » sur les soixante-dix-huit que comporte le découpage de la seconde partie – sa présence se poursuit sur un tiers du drame, avec plus de continuité que les autres personnages. L'apparition d'Almahide est différée au troisième acte de la première partie, qu'elle occupe ensuite longuement : cette répartition confirme la suprématie de son rôle parmi les personnages féminins. Lyndaraxa apparaît plus tôt, à l'acte II, mais seulement dans six scènes de la première partie ; en revanche, sa présence est accentuée dans la deuxième partie du drame, dont elle occupe dix-huit scènes, soit presque un quart de l'action. Enfin Benzayda, dont la première apparition n'intervient également qu'à l'acte III de la première partie, est le moins présent des trois personnages féminins, avec sept scènes dans cette partie du drame, et seize dans la seconde – lui revient ainsi, en moyenne, un cinquième de l'action en terme de présence.

Dans la représentation des caractères féminins, la captivité est une situation récurrente mais non omniprésente : elle reste un accident exploité dramatiquement dans une action très nettement dominée, comme on l'a vu, par les personnages masculins – ce qui écarte la possibilité d'une analogie plus approfondie avec *Les Troyennes* d'Euripide. Toutefois, comme dans la tragédie antique, la captivité est liée à un moment de crise qui dépasse les personnages concernés par cette situation[42], et signale l'aggravation des fissures qui menacent le pouvoir maure face au camp espagnol. Au total, six « scènes » font donc intervenir la situation de captivité appliquée à des personnages féminins – non exclusivement d'ailleurs, puisque à plusieurs reprises des personnages masculins se retrouvent également dans cette situation[43]. Toutefois, si l'on excepte la longue détention du prince Abdelmelech au dernier acte de la seconde partie, ces épisodes de captivité au masculin sont brefs ; ils illustrent les retours de fortune dont tous sont victimes dans le drame, et participent au caractère romanesque à l'action.

La captivité telle qu'elle est vécue par les personnages féminins est également limitée dans le temps et la représentation ; dans tous les cas, il s'agit d'épisodes ponctuels dont la récurrence seule assure la cohérence d'ensemble. Ainsi, Almahide est brièvement prisonnière d'Almanzor dans la première partie, à l'acte III ; sa captivité est accidentelle, et résolue par l'allégeance que lui déclare alors Almanzor, qui la libère donc aussitôt de ses chaînes. La situation est déclinée sous différentes formes dans la seconde partie : à l'acte II, Lyndaraxa est prisonnière d'Abdelmelech, dont elle se libère en le séduisant ; la scène se nourrit, comme dans la première partie, d'une inversion du rapport des forces entre le héros et sa captive. A l'acte IV, Lyndaraxa est à nouveau prisonnière d'Abdelmelech : au même mal, la princesse tente d'imposer le même remède, mais échoue cette fois ; la scène se termine en imprécations à l'endroit d'Abdelmelech, lancées par une Lyndaraxa qui ressort cette fois en captive. Les deux scènes font écho à la rencontre entre Almahide prisonnière et Almanzor ; mais la reprise est doublement pervertie par les intentions de Lyndaraxa, qui manipule sciemment le prince quand Almahide était inconsciente de son action sur Almanzor, et par la vulnérabilité politique d'Abdelmelech, membre des Abencérages. La parodie concourt à dévoiler la vérité de Lyndaraxa, qui peu à peu se prive de ses atouts... La fortune d'Almahide connaît un dénouement inverse : dans un épisode marqué par l'influence médiévale, elle comparaît en captive devant le sultan qui l'accuse d'adultère et la condamnera si elle n'est

---

42. La première occurrence de cette situation, subie par Almahide à l'acte III de la première partie, entérine ainsi la rupture entre Boabdelin et Almanzor, suivie d'une bouderie réciproque qui place une première fois le camp maure en extrême difficulté face aux Espagnols. Lorsque le début de la deuxième partie montre Benzayda captive du camp espagnol, la situation de la princesse apparaît comme une préfiguration du destin de Grenade. Quant à la captivité de Lyndaraxa, à l'acte II de la seconde partie, elle manifeste le caractère inextricable de la situation dans laquelle ses manœuvres ont contribué à plonger la Cour de Boabdelin. Le retour du thème, lors du procès intenté à Almahide pour infidélité à l'égard de Boabdelin, à l'acte V de la seconde partie, manifeste une nouvelle fois la rupture de l'entente entre le roi et Almanzor, seul héros pourtant capable de sauver son pouvoir.

43. Le duc d'Arcos est ainsi brièvement prisonnier d'Almanzor, puis Ozmyn blessé et retenu par les hommes de main de Selin, patriarche de la maison rivale ; à la fin de la première partie, Zulema et Hamet tombent sous la coupe de Boabdelin, dont les gardes retiennent également Almanzor un moment, après que celui-ci a demandé au sultan la main d'Almahide en récompense de ses services ; dans la seconde partie, le renversement de la situation se manifeste notamment par la capture de Boabdelin qui tombe aux mains des Espagnols, tandis qu'Almanzor fait prisonnier le prince Abdalla.

défendue par un héros dans une joute ; Almanzor se présente pour porter les couleurs de la reine et remporte le combat contre les hommes de Boabdelin. Libérée par le héros, Almahide connaît un sort contraire à celui de Lyndaraxa, dont la vilenie est montrée par le procédé de l'inversion : la même scène est ainsi répétée plusieurs fois et interprétée de manière contraire selon que le personnage concerné est un caractère bon ou méchant. Le traitement de la captivité appliqué à tel ou tel personnage féminin apporte ainsi la confirmation de la valeur morale de chacun d'eux.

Ainsi encore de Benzayda, associée dans la captivité au prince Ozmyn au début de la seconde partie, alors qu'ils sont tombés sous le joug espagnol : le duc d'Arcos entre, accompagné d'Ozmyn et Benzayda, prisonniers après avoir été découverts en fuite. Tandis que le roi espagnol menace le prince maure d'exécution, Benzayda s'associe à son sort ; Ozmyn, de son côté, rejette la vie, trop malheureuse, mais demande la clémence de la reine à l'égard de Benzayda :

> *"To you, Great Queen, I make this last request ;*
> *(Since pity dwells in every Royal Brest)*
> *Safe, in your care, her Life and Honour be :*
> *It is a dying Lovers Legacy."*

> (« A votre Majesté, j'adresse cette ultime requête : – puisque la pitié habite le cœur des Rois – prenez soin d'épargner sa vie et son honneur : c'est là le testament d'un amant qui se meurt. »)[44]

Isabel leur accorde alors la vie sauve, au nom de l'amour qu'ils se portent, et emporte l'adhésion de Ferdinand. La captivité, infligée cette fois au couple et non à un seul personnage, agit là aussi comme une épreuve : la réaction du personnage concerné par la captivité révèle son caractère, entérine ou dénonce le masque d'abord arboré par ce personnage.

Les différentes scènes qui représentent un personnage féminin en situation de captivité apparaissent donc comme les variantes d'une scène primordiale : la confrontation d'Almahide à son vainqueur dans la première partie. Quoique l'événement soit réduit dans le temps et prenne place au sein d'une action riche en rebondissements, il n'en occupe pas moins une position médiane dans cette première partie. Vingt-deux scènes précèdent l'apparition de la princesse en captive, vingt-deux la suivent. De même, l'expression « *wretched pray* » (« malheureuse proie ») par laquelle Almahide se désigne lorsqu'elle se présente à son vainqueur se situe au vers 904 dans une première partie qui en compte 2170 ; la séparation des protagonistes s'effectue au vers 1069 – la représentation du couple formé par le vainqueur et sa captive occupe donc une position médiane dans cette première partie. Et il s'agit effectivement d'une scène-pivot : Almahide change là de statut, puisque de première princesse de la cour, appelée à une situation similaire à celle de reine, elle devient pour un moment la captive d'Almanzor ; ce dernier en revanche, paladin qui

---

44. *La Conquête de Grenade*, seconde partie, acte I, vers 119-122.

n'agissait que pour son compte et dans le sens de la justice, délaisse ce statut pour celui d'amant. La scène entérine la constitution du couple Almahide/ Almanzor ; comme dans *La Sophonisbe*, *All for Love* et, dans une certaine mesure, *Rodogune*, le couple amoureux est associé à un interdit, représenté ici par Boabdelin, sultan et époux d'Almahide. Il y a ainsi conflit entre le couple et le représentant du pouvoir, qui le rejette au nom de sa propre légitimité[45].

La scène apporte donc sur la répartition des rôles un éclairage sémantique auquel contribue son redoublement à d'autres moments du drame : la représentation d'une captive, centrale dans le déroulement du drame, est également médiane dans l'opposition que sa présence cristallise entre un « roi » ou un sultan, représentant d'un ordre ancien, et un héros nouveau.

III

La captivité est-elle une péripétie ?

Situation de la péripétie dans l'action

Si l'évocation de la captivité, représentée en scène ou seulement évoquée, occupe une place médiane dans la construction des pièces ici considérées, il ne s'agit pas de prêter à la structure dramatique plus de signification qu'elle n'en a réellement : sans être nécessairement le thème central de chacun de ces drames, la captivité est un moment dramatique qui opère comme un pivot ; son occurrence désigne le moment de la pièce où se concentre le jeu des forces. Le renversement de l'action à un moment stratégique du drame, donne à la situation de captivité la valeur de « péripétie ». Etymologiquement, la racine grecque de « péripétie » (πίπτειν) s'accorde avec la situation dans laquelle se trouve une princesse ou, *a fortiori*, une reine qui « tombe » en captivité. A ce titre, la situation acquiert une valeur symbolique forte, proche du sens dont la tragédie moderne s'est chargée à ses débuts[46] : dans la *Cléopâtre captive* de Jodelle, la réaction à la captivité est édifiante. « L'incertaine et lubrique insta-

---

45. Ce schéma est redoublé par le couple que forment Benzayda et Ozmyn, frappé par un interdit familial puisque les deux personnages appartiennent à des familles rivales. Selin, le père de la princesse, s'oppose longtemps à cette union, qui ne trouvera une légitimité paradoxale que dans le camp espagnol. Face à son père, Benzayda se conduit même en suppliante (ἱκέτης) afin de défendre Ozmyn, capturé par les hommes de main de Selin, à l'acte IV, scène 5, de la première partie : "*He kill'd my Brother in his own defence, / Pity his youth, and spare his innocence.*" (« Il a tué mon frère en légitime défense ; ayez pitié de sa jeunesse et épargnez son innocence. »). Le père, promulgateur de l'interdit, est ici investi d'une fonction quasi-religieuse par l'attitude de Benzayda ; le couple illicite, qui sera finalement, au dénouement, l'instigateur d'un ordre nouveau, doit se heurter à la figure de l'interdit divin pour gagner une reconnaissance. Dans ce combat, la captivité est l'une des épreuves révélatrices aussi bien de l'existence que de la validité du duo que de sa validité.

46. Inscrite dans une perspective humaniste, la tragédie à ses débuts a pour fin de rappeler au spectateur « que notre sort est précaire et que nos passions le rendent funeste. » – Jean Rohou, *op. cit.*, p. 83. L'allusion porte sur la relation entre les débuts de la tragédie et la philosophie humaniste, relation que nous rappelions en commençant cette étude – cf. introduction.

bilité des choses temporelles », destinée à chanter « la seule vertu »[47], justifie selon Bocherel la renaissance de la tragédie ; cette idéologie traverse tout le siècle « classique » et trouve une heureuse formulation dans ces vers de Quinault : « Le sort m'avait flattée ; il me menace, il change ; / Ce n'est que sa coutume, il ne fait rien d'étrange »[48]. La réplique d'Elise dans *L'Astrate* pourrait être prononcée par chacune des captives temporaires représentée dans ces drames ; la situation médiane de la captivité dans leur construction met l'accent sur sa portée symbolique et contribue à faire de son irruption, réelle ou virtuelle, une péripétie.

La notion est complexe en elle-même, et son rapprochement avec la situation de captivité demande examen : la définition de ce terme le rapproche en effet, selon Jacques Scherer, du « coup de théâtre » ou encore du « changement de fortune »[49]. La définition proposée par Aristote justifie cette conception, qui propose de voir dans la péripétie « le changement en leur contraire des actions accomplies »[50]. Longtemps assimilée au dénouement selon le modèle de la « péripétie unique »[51], celle-ci entretient avec l'issue du drame une proximité variable, y compris dans les pièces les plus respectueuses de la doctrine. Car, au-delà de la rigueur imposée par des commentateurs tout aristotéliciens, naît peu à peu le besoin « de faire *rebondir* l'action, de construire les pièces de telle façon que le dénouement, conséquence logique du nœud, ne soit qu'un dénouement provisoire et inaugure un nouveau nœud en même temps qu'il dénoue le premier »[52]. Dans ce cadre, Heinsius distingue les *peripetia* des *perturbationes* – deuxième catégorie de péripéties « envisagées comme ressorts de l'action »[53].

Dans ce contexte, la captivité peut-elle être considérée comme une péripétie au sens exact du terme ? Sa place au cœur de la construction dramatique, à cet endroit d'où un dramaturge commence « à déduire sa tragédie », invite en effet à un questionnement sur la valeur proprement dramatique de l'événement créé par la situation de captivité.

Ce questionnement s'applique aux tragédies modernes, puisque ce sont elles qui mettent en scène la captivité comme une donnée temporaire, et donnent à ce motif une valeur dynamique ; il invite d'autre part à dégager deux catégories parmi les pièces étudiées ici :
- la plupart des drames considérés dans cette étude sont des tragédies de forme simple, à péripétie unique : la mort du personnage éponyme. Jacques Scherer, dans l'exemple déjà cité, voit ainsi dans la mort de Mariane la péri-

---

47. cité par Jean Rohou, *op. cit.*, p. 59.
48. Quinault, *Astrate*, II, 1, vers 373-374, in *Le Théâtre du XVIIᵉ siècle*, t. II.
49. Jacques Scherer, *La Dramaturgie classique en France*, *op. cit.*, première partie. chap. IV : « Le nœud : les péripéties » – p. 83 sqq..
50. Aristote, *Poétique*, 11, 1452a., trad. Barbara Gernez, p. 41.
51. L'expression est utilisée par Jacques Scherer, *op. cit.*
52. *Ibid.*
53. *Ibid.*, p. 84 – Heinsius, *Œuvres*, éd. 1658, p. 329. Toutefois, cette acception de la péripétie, plus moderne, devra attendre le XVIIIᵉ siècle pour se voir réellement exploitée – voir De La Taille.

pétie qui amène le dénouement, car cette mort « cause le malheur de tous ceux qui l'aimaient, y compris son mari, qui l'a pourtant condamnée, et sa mère, qui n'a pas osé la défendre »[54]. La mort de Sophonisbe remplit la même fonction, à la scène 5 de l'acte V : elle cause le malheur de Massinisse en même temps qu'elle entérine la victoire de Rome sur Carthage. La mort de Théodore est annoncée à l'avant-dernière scène de l'acte V, en même temps que celle de Marcelle, révélant la vacuité du monde de Valens et Placide, que le gouverneur reconnaît lui-même dans son ultime réplique : « Non, non, j'ai tout perdu, Placide est aux abois »[55]. Mort encore dans *All for Love*, dont les deux protagonistes disparaissent successivement : Antoine expire à l'acte V[56], suivi de Cléopâtre une centaine de vers plus tard – comme chez Mairet, l'effet en est la consécration du pouvoir romain sur l'Egypte ; la mort de son amant motive le geste de Cléopâtre, moins cependant que la perspective d'être traînée en triomphe à Rome :

> *"Yield me to Caesar's pride ?*
> *What, to be led in triumph through the streets,*
> *A spectacle to base plebeian eyes ;*
> *(…)*
> *I'll none of that."*

> (« Me rendre à l'orgueil de César ? Quoi ? être menée en triomphe le long des rues, offerte en spectacle à la populace ! (…) Je n'en ferai rien ! »)[57]

Dans *Rodogune* en revanche, la péripétie unique intervient plus tôt et repose dans le choix opéré par Antiochus, qui exprime son désaveu à Cléopâtre en même temps que son amour pour Rodogune. Ce choix constitue en effet tout l'enjeu de la pièce ; sa réalisation conditionne à la fois son union à Rodogune, ainsi libérée de sa captivité politique, en même temps que la mort de Séleucus, tué par vengeance, et de sa meurtrière même, Cléopâtre. « Nous périrons tous deux s'il faut périr pour elle »[58] : tout l'acte V est conditionné par ces vers d'Antiochus adressés à sa mère. Dans ces tragédies réglées par l'unité d'action, la péripétie est ainsi fortement liée à la mort – une mort réalisée ou seulement évoquée. Le « milieu » de l'action, où se situe l'évocation de la captivité, ne constitue donc pas une péripétie au sens étroit du terme ; en revanche, elle la conditionne. Car chacun de ces dénouements est en étroite relation avec l'évocation de la captivité : la mort de Mariane est la conséquence de sa mise en accusation devant Hérode, et résulte donc de cette scène médiane dans laquelle elle affronte le roi ; Sophonisbe et Cléopâtre échappent par leur mort à une captivité à laquelle les accule leur ultime défaite, et qu'elles ont évoquée précédemment, également dans le milieu de l'action. Théodore se condamne elle-même lorsqu'elle revendique sa foi, ce qui la conduit dans un premier temps à la captivité associée au supplice. Rodogune en revanche, s'achemine vers sa

---

54. *op. cit.*, p. 83.
55. Corneille, *Théodore*, V, 9, vers 1878.
56. Sa mort est exactement signalée au vers 402 de l'acte, soit au vers 2395 de la pièce.
57. *All for Love*, V, vers 422-428.
58. *Rodogune*, IV, 3, vers 1330-1332.

libération à partir du moment où elle se déclare elle-même libre d'agir face à Cléopâtre.

***

La raison géométrique : la prolepse

La captivité, ou son évocation, fonctionne ainsi au centre du drame comme une prolepse : le personnage qui évoque ou vit une situation de captivité meurt à l'acte V ; celui qui se libère, ainsi de Rodogune, est déclaré vainqueur au dénouement, ce que confirme la mort de son adversaire. Dans une tragédie à péripétie unique, si la situation de captivité ne constitue pas en soi cette péripétie, elle en est l'anticipation, une étape intermédiaire, rigoureusement mise en évidence par la construction dramatique, qui préfigure le dénouement. Pour Mariane, Sophonisbe, la Cléopâtre de Dryden ou encore Théodore – bien que la mort de cette dernière soit transcendée par la perspective chrétienne –, la situation de captivité, même lorsqu'elle n'est qu'envisagée, correspond à une étape dans le déclin qui les mène à la mort ; sans modifier le caractère du personnage qu'elle atteint ni la stricte linéarité propre au drame tragique, elle donne corps au péril vécu par le protagoniste sur lequel elle s'abat et entérine la rupture définitive de l'équilibre instable établi par ce personnage dans la première moitié du drame. La captivité correspond ainsi à une *pro-péripétie*, un élément décisif dans l'évolution de l'action.

Dans ce même contexte, la libération de la captive apporte une variante à ce fonctionnement : elle annonce non seulement sa survie, mais celle aussi de tous ceux qui l'accompagnent – Antiochus, choisi par Rodogune, échappe à la vindicte maternelle, de même que dans le corpus antique, Oreste échappe à la folie et à la mort en libérant sa sœur[59].

Dans l'*Andromède* de Corneille et *La Conquête de Grenade* de Dryden, la captivité est une péripétie au sens de *perturbatio* : d'abord cette situation intervient par surprise ; ensuite elle modifie les composantes du caractère qui s'y trouve confronté. Cette double exigence se retrouve dans la définition de la péripétie dans le théâtre classique par Jacques Scherer : « les péripéties sont des événements imprévus, créateurs de surprise. (...) Il faut en outre que l'événement imprévu soit un « changement de fortune », c'est-à-dire qu'il modifie, non pas seulement la situation matérielle des héros, mais leur situation psychologique ; les sentiments et même les décisions des héros devront être changés par les péripéties »[60]. Cette exigence est satisfaite dans le cas d'Andromède, qui en recevant l'annonce de sa condamnation, rappelle que le sort réserve effectivement des surprises – le discours d'Andromède à Phinée est à la fois

---

59. Par extension, l'exploitation dramatique du motif de la captivité instaure ainsi un rapport sémantique entre la captivité et la mort, rapport consécutif avant d'être, éventuellement, symbolique. Cette relation fera l'objet d'un développement plus spécifiquement consacré aux perspectives sémantiques attachées à la représentation de la captivité. Cf. deuxième partie.

60. *La Dramaturgie classique en France*, *op. cit.*, p. 86.

porteur de sagesse et de cet oxymore tout sophistique que serait la « surprise attendue » :

> « Assez souvent le ciel par quelque fausse joie
> Se plaît à prévenir les maux qu'il nous envoie.
> Du moins il m'a rendu quelques moments bien doux
> Par ce flatteur espoir que j'allais être à vous.
> Mais puisque ce n'était qu'une trompeuse attente,
> Gardez mon souvenir et je mourrai contente. »[61]

A la suite de cette captivité, associée à une prouesse héroïque, le cœur d'Andromède « change » pour reporter son choix sur Persée : la deuxième condition est ainsi remplie qui fait de cet épisode une péripétie entière[62].

Dans *La Conquête de Grenade*, la captivité d'Almahide peut également s'entendre comme une péripétie. La scène qui réunit la princesse captive et son vainqueur provoque en effet un important changement psychologique, pour chacun des deux personnages en présence. Almanzor voit ses forces faiblir tandis que l'amour l'envahit :

> *"I'me pleased and pain'd since first her eyes I saw,*
> *As I were stung with some Tarentula :*
> *Armes, and the dusty field I less admire ;*
> *And soften strangely in some new desire.*
> *Honour burns in me, not so fiercely bright ;*
> *But pales, as fires when master'd by the light.*
> *Even while I speak and look, I change yet more ;*
> *And now am nothing that I was before."*

> (« Je me sens flatté et peiné depuis la première fois que j'ai croisé son regard, comme si j'avais été mordu par quelque tarentule : les armes, le poussiéreux champ de bataille, attirent moins mon admiration ; un désir d'une sorte nouvelle, étrange, doucement m'envahit. La flamme de l'honneur ne brille plus si fièrement, mais pâlit, comme des feux que dompte la lumière du jour. Même alors que je parle et regarde, je change plus encore ; maintenant, plus rien ne reste de ce que je fus alors. »)[63]

Almahide, quant à elle, reconnaîtra plus tard dans un monologue l'amour secret qu'elle porte à son vainqueur : *« for Almanzor I in secret mourn ! »* (« Pour Almanzor je pleure en secret »)[64].

Cette deuxième catégorie de pièces, dont les auteurs revendiquent la vocation ornementale, et la recherche du plaisir pour le spectateur, recourt aux péripéties dans ce but avoué ; la mise en captivité d'une princesse peut être l'un de ces événements générateurs de changement jusque dans les caractères des

---

61. Corneille, *Andromède*, II, 3, vers 618-623. Face à son père, Andromède avoue davantage sa peine « De tout perdre au moment qu'on se doit croire heureux,/ Et le coup qui surprend un espoir légitime / Porte plus d'une mort au cœur de la victime. » – II, 4, vers 685-687.

62. Andromède avoue son « change » amoureux à ses nymphes, dans un propos qui rappelle encore l'effet de surprise : « Que direz-vous d'un change et si prompt et si grand, / Qui dans ce même cœur moi-même me surprend ? » – IV, 2, vers 1140-1141.

63. *La Conquête de Grenade*, première partie, III, vers 328-335.

64. *Ibid.*, seconde partie, I, vers 217.

protagonistes. La situation de cette péripétie dans le drame correspond enfin à la troisième exigence posée par Jacques Scherer lorsqu'il définit ce terme : « En troisième lieu, pour être vraiment un élément du nœud, une péripétie ne doit figurer ni dans l'exposition ni dans le dénouement »[65] ; cette condition s'assortit d'une réversibilité de l'événement qui fait la péripétie – la libération d'Andromède la manifeste avec évidence[66].

Les deux catégories envisagées, qui réunissent pour la première des pièces simples, à péripétie unique et proche du dénouement, pour la seconde des drames nourris de « perturbations », peuvent se distinguer aussi par la construction dramatique héritée de ce traitement. Le point commun aux pièces de notre corpus est la mise en place, en leur milieu, d'une situation de captivité, réelle ou virtuelle, appliquée à un personnage féminin, le plus souvent éponyme. Dans la première catégorie, cette situation anticipe la mort du même personnage, qu'elle provoque ou annonce. Dans la deuxième catégorie en revanche, la situation de captivité amène un revirement de l'action via la libération de la captive associée à un changement amoureux.

On pourrait envisager comme une *série* l'enchaînement de ces événements auxquels participe la captivité : une princesse est prisonnière ; un héros la libère ; l'un et l'autre « changent » d'amours... Le terme est employé par Charles Segal dans une étude structuraliste consacrée à la tragédie grecque[67], pour désigner l'enchaînement d'éléments dramatiques qui constituent une suite causale – ainsi, dans la légende d'Héraclès, Acheloôs et l'Hydre de Lerne sont « des agents d'une série causale qui culmine avec la mort d'Héraclès »[68] : Nessos convoite Déjanire, donc Héraclès tue Nessos, donc Nessos tue Héraclès par une vengeance posthume. L'effet de *série* peut ainsi être constaté dans les pièces modernes du corpus : dans la première catégorie, un enchaînement récurrent s'instaure entre la mise en captivité de la princesse et sa mort ; dans la seconde, un enchaînement plus défini car plus figé relie la mise en captivité, la libération de la captive par un héros, la séduction subie par ce dernier, et finalement l'éviction du précédent amant. Dans l'une et l'autre série, grossièrement envisagée ici, la captivité jouerait le rôle soit d'une prolepse, soit d'une articulation de nature argumentative entre deux événements de plus ample portée dramatique.

65. *La Dramaturgie classique en France, op. cit.,* p. 87.
66. Elle permet également à Corneille de résoudre le problème posé par la structure binaire de la pièce, qui repose sur un double argument – et deux chants d'Ovide.
67. Charles Segal, *La Musique du Sphinx, poésie et structure dans la tragédie grecque, Textes à l'appui,* La Découverte, Paris, 1987 – traduit de l'anglais par C. Malamond et M.-P. Gruenais.
68. *Ibid.,* p. 51.

CHAPITRE II

Évolutions de l'héritage : la place des captives

Aussi arbitraire que paraisse l'établissement de notre corpus d'étude, il n'en apporte pas moins la preuve que deux phénomènes contradictoires gouvernent la représentation des captives : l'extrême diversité des situations dans lesquelles elles sont représentées, et la constance géométrique avec laquelle ces personnages se situent dans l'action. La récurrence du fait conduit naturellement à supposer une parenté entre les drames qui représentent une captive – voire une continuité.

La contiguïté entre une tragédie et celles qui l'ont précédée est induite par le genre, qui, selon Aristote lui-même, progresse par amplification : « la tragédie donc s'amplifia peu à peu parce que les auteurs développaient ce qui se révélait d'elle ; enfin, après de nombreuses transformations, elle se fixa lorsqu'elle eut atteint sa nature propre »[1]. Le propos trouve un écho dans les analyses que Genette mène sur le *palimpseste* : l'amplification est « une des ressources fondamentales du théâtre classique, et particulièrement de la tragédie, depuis Eschyle jusqu'à (au moins) le XVIIIᵉ siècle »[2]. Entre ces extrêmes chronologiques de la critique littéraire, le XVIᵉ et le XVIIᵉ siècles imposent le dogme de l'imitation, plaçant la notion d'héritage au principe de toute création artistique. Le *Dictionnaire de l'Académie Française* propose de relier ce processus poétique au concept de modèle : imiter, c'est « prendre pour modèle » afin de trouver une inspiration ; c'est ainsi, et plus précisément, « emprunter des constructions particulières à une langue, à un idiome » – cette seconde acception est, bien sûr, rhétorique.

Nous voudrions montrer ici que ce qui vaut pour la syntaxe vaut aussi pour l'argument dramatique. Car la constante observée quant à la position d'une captive dans l'action fait apparaître l'importance de cette notion *a priori* rhétorique : la construction[3]. Il s'agit donc ici d'examiner la syntaxe qui organise les drames à des époques successives afin d'observer le processus d'évolution qui mène les différents avatars de la captive depuis son apparition liminaire chez Eschyle jusqu'à l'éponymie qu'elle obtient au Grand Siècle.

---

1. Aristote, *Poétique*, 1449a, p. 16-17, trad. Barbara Gernez, Les Belles Lettres, Paris, 2002.
2. Gérard Genette, *Palimpsestes, La littérature au second degré*, coll. Points Essais, Seuil, Paris, 1982, p. 375.
3. L'insistance d'Aristote sur la construction d'une tragédie est constante : *Poétique*, 1459a, éd. cit., p. 93.

I
Le cheminement d'un thème épique : le *nostos*

*La matière homérique dans l'*Agamemnon *d'Eschyle*

La structure fondatrice du drame tragique est à rechercher dans la matière homérique – on doit à Aristote d'avoir pointé à la fois ce que la tragédie devait à l'épopée, et les procédures d'affranchissement mises en place par le genre à l'égard de son ancêtre[4] : le drame tragique s'entend à inscrire la rupture au cœur de la continuité, par le double effet de la contrainte et du glissement idéologique.

Le premier effet de cette tectonique se repère dans l'*Agamemnon* d'Eschyle, qui développe l'évocation du roi des rois par Ulysse dans l'*Odyssée* :

« Quant à moi, je préférerais peiner beaucoup
pour revenir chez moi et vivre l'heure du retour
plutôt que de rentrer pour mourir, comme Agamemnon
par la ruse d'Egisthe et de sa femme est mort ! »[5]

Le drame s'établit dans un rapport dialectique avec ce texte fondateur, puisque Agamemnon rentre chez lui à l'instar d'Ulysse. Les deux personnages sont auréolés de gloire, et leur dimension épique fait naturellement de ce *nostos* une épreuve et une cérémonie. Au rite participe l'épouse, qui admet le guerrier au cœur de son foyer en le conduisant jusqu'à l'intimité de sa maison : Pénélope et Clytemnestre assument la même fonction, l'intronisation du guerrier qui doit redevenir roi.

Dans les deux cas, le processus est teinté d'ironie : c'est en mendiant qu'Ulysse rentre chez lui, tandis qu'Agamemnon se laisse aller à la pourpre que lui tend son épouse... Excès d'humilité, excès d'orgueil (*hybris*) : le héros peine à reprendre une place dont il a perdu l'usage, et donc la juste appréciation. Curieusement peut-être dans ce monde homérique, c'est au féminin que revient de rendre cette justesse au monde. Pénélope, réplique féminine d'Ulysse pour la *métis* dont elle fait preuve, s'entend à assumer ce rôle ; et l'ultime épisode de l'*Odyssée* peut ainsi être résumé :
« *Le héros rentre dans sa maison ; son épouse lui accorde la légitimité. La maison est en ordre* ».

Là s'arrête, évidemment, la comparaison entre Ulysse et Agamemnon : alors que la *métis*, version décadente de l'héroïsme, permet l'heureux accomplissement de ce retour, l'usage archaïque n'autorise que le déchaînement endémique de la violence primitive. Le parallèle entre les deux situations ouvre donc, au cœur de l'épopée, sur une formulation plus neutre et plus problématique du sommaire énoncé plus haut : « *Le héros rentre dans sa maison ; si son*

---

4. *Ibid.*, 1459b, p. 95.
5. Homère, *Odyssée*, chant III, vers 232-235. Trad. Philippe Jacottet. L'évocation du retour d'Agamemnon est récurrente dans l'*Odyssée*, avec des variantes – ainsi du récit de Ménélas au chant IV (vers 520-538).

épouse lui accorde la légitimité, la maison sera en ordre. ». C'est de cette seconde proposition que s'empare la tragédie, apte à installer au cœur de l'hypothèse l'hésitation existentielle et ce doute fondamental qui naît de la profonde remise en cause des valeurs héroïques. Première rupture.

En l'absence de preuve, nous ne pouvons affirmer que la tragédie ait délibérément choisi la version catastrophique du *nostos* – il nous reste trop peu de pièces grecques pour juger des thèmes abordés par l'ensemble de la production hellène. Mais nous pouvons constater l'extraordinaire retentissement de l'*Agamemnon* d'Eschyle, tant pour sa multiple descendance que pour sa relation exemplaire à l'épopée. La pièce repose sur la formulation négative du schéma épique : « *Le héros rentre chez lui ; l'épouse refuse de lui accorder la légitimité. La maison bascule dans le désordre* ». Malgré ce renversement, le schéma procède toujours de la relation entre le héros et son épouse, entre la geste et l'intime. La modification porte sur la nature de cette relation, qui se fait dialectique : Ulysse se savait une alliée au cœur de sa maison ; Agamemnon, lui, méconnaît son épouse et accepte étourdiment la pourpre qu'elle lui tend, préfiguration de son propre sang.

Cependant, un personnage supplémentaire s'invite dans le drame, qui ne se trouvait pas dans le schéma homérique du *nostos* : le héros est accompagné d'une captive. Quelle peut être sa place dans cette proposition ? Car le propre d'une relation dialectique est l'exclusivité ; Cassandre ne peut donc jouer un rôle actif. Aussi le dramaturge prend-il soin de justifier sa présence ; la princesse troyenne, passée sous le joug de la servitude – τὸ δούλιον ζυγόν –, formule elle-même la raison de sa présence :

> « Au soleil – face à sa clarté suprême – j'adresse ma prière : puissent mes vengeurs comme les meurtriers payer ensemble la dette de l'esclave morte ici (δούλης θανούσης), qui fut une proie si facile. »[6]

Certes, cette captive atteste la puissance de son vainqueur dont elle est le butin le plus recherché ; mais elle annonce aussi une complication de l'action et la mise en danger de ce vainqueur même. A cet égard, le caractère prophétique de Cassandre ajoute à la gravité de son propos. Mais cette première occurrence ne désigne pas encore la jeune captive comme l'enjeu du drame à venir, ni même comme son instrument. L'intensité de ce rôle ne doit pas à la captivité : la situation n'est rien dans la représentation de ce caractère ; Cassandre est sur cette scène pour proférer ce que la cécité des hommes les empêche d'apercevoir, et sa captivité n'apporte en soi qu'une justification pragmatique à sa présence : elle reste un motif périphérique et accessoire.

***

Effets de continuation : la naissance d'un problème

La matière épique reste donc seule à nourrir la représentation eschyléenne de la captive, encore instrumentalisée. A cet égard, Sophocle franchit, avec ses

---

6. Eschyle, *Agamemnon*, vers 1323-1326.

Trachiniennes, un pas décisif, quoique apparemment régressif : Iole reste muette et n'apparaît qu'une fois dans tout le drame, alors que Cassandre était active et bavarde... Or la différence essentielle entre les deux rôles réside précisément dans cet usage de la parole : lorsque Cassandre parle, c'est en prophétesse ; lorsque Iole se tait, c'est en captive. Nous reviendrons plus tard sur la signification de ce silence ; notons simplement ici tout ce qu'il doit à l'invention du *tritagonistès* par Sophocle : c'est cette audace qui permet à Iole de rester en scène un long moment, et se dresser ainsi face à Déjanire, à Lichas, au Chœur, et surtout au public qui, occupé à la contempler, l'intègre de ce fait dans le paysage dramaturgique. La captive naît là, dans cette muette parousie.

Cette scène fondamentale, sur ce plan tout au moins, présente un exemple de ce que Genette appelle la *valorisation*, qui consiste à attribuer au personnage « par voie de transformation pragmatique ou psychologique, un rôle plus important et/ou plus sympathique, dans le système de l'hypertexte, que ne lui en accordait l'hypotexte »[7]. Cette tâche est confiée aux récits des messagers d'une part, d'autre part aux commentaires de Déjanire. Sur ce dernier point, la scène qui confronte l'épouse d'Héraclès et sa captive n'est pas sans rappeler celle qui représentait Clytemnestre accueillant Cassandre, dans l'*Agamemnon*. Cette ressemblance doit à la similitude des situations : la scène est concomitante du retour du prince (ἄναξ) – ou de son annonce –, assorti de l'exigence selon laquelle la reine doit autoriser l'intégration de la princesse captive à sa maison. Dans les deux scènes s'observe le même rapport des forces : la Reine adresse un discours à la captive, qui reste silencieuse ; devant ce mutisme, Clytemnestre recourt au Coryphée comme à un intermédiaire, tandis que Déjanire prend à témoin Lichas, le premier messager. Mais si Clytemnestre ne condescend que brièvement à s'adresser à la captive, Déjanire prend en compte sa souffrance, l'envisage dans son humanité. L'échange ne se situe plus dans le cadre d'un rapport hiérarchique[8] ; au contraire, Déjanire envisage Iole à la fois comme femme et comme princesse : elle met d'abord en évidence ce qui les rapproche.

Alors que Clytemnestre ne manifestait que condescendance et agacement face au silence de la Troyenne, le spectacle de la captive provoque à Trachis une compassion naturelle, exprimée avec insistance dans une apostrophe récurrente : ὦ δυστάλαινα, ὦ τάλαινα[9]. La pitié (οἶκτος) éprouvée par Déjanire donne davantage d'épaisseur au personnage de la captive et la dote d'une efficacité proprement tragique[10]. Le personnage s'enrichit ensuite d'une autre

---

7. *Op. cit.*, p. 483.

8. Clytemnestre accueille Cassandre en soulignant ses bonnes intentions en tant que maîtresse de maison, à l'égard de ses esclaves : « ...c'est une grande chance que de trouver des maîtres riches de vieille date. (...) de nous tu peux attendre les égards coutumiers. » – Eschyle. *Agamemnon*, vers 1043 / 1046. En revanche, Déjanire s'enquiert de l'identité d'Iole, dans les premiers mots qu'elle lui adresse : « Pauvre enfant, qui es-tu parmi ces jeunes filles ? Une vierge ? ou déjà une mère ? Tout ton être répugne à pareille misère... » – Sophocle, *Les Trachiniennes*, vers 307-309, trad. Paul Mazon.

9. *Ibid.*, vers 307 et 320.

10. On sait l'importance attribuée par Aristote à la pitié, garante de l'efficacité tragique : « une telle reconnaissance avec péripétie comportera pitié ou crainte, et c'est d'actions suscitant

dimension lorsque le Messager informe Déjanire de sa disgrâce en précisant la relation entre le héros et la captive – « il éprouve pour elle un désir qui le brûle »[11]. Objet de pitié et de désir, la captive trouve là deux des caractéristiques qui marqueront le plus profondément les récurrences de son personnage au théâtre. Et la captivité d'Iole est ainsi chargée d'une portée dramatique plus intense que chez Eschyle. Malgré son mutisme, le personnage devient ainsi caractère au fil d'un discours qui restitue son histoire[12].

Entre Déjanire et Iole sourd à ce moment une relation agonistique que la confrontation entre reines et captives ne perdra plus : encore feutré et masqué par le silence de la captive, l'*agôn* prend effet à partir de ce moment. Au centre de cet *agôn* se situe le pouvoir : paradoxalement, l'entrée d'Iole dans la maison d'Héraclès entérine sa captivité mais remet en cause l'autorité de l'épouse sur son foyer – ce que Déjanire, plus informée ensuite, formule au troisième épisode :

> « Ce n'est plus, je crois, une jeune fille, c'est une vraie femme que, comme un marin embarquant son fret, je me trouve avoir accueillie chez moi au milieu d'autres marchandises et qui doit, celle-là, m'empoisonner le cœur. »[13]

La rivalité pour le pouvoir est ainsi déplacée sur un territoire proprement féminin, où l'éros trouve une place qu'il n'avait pas auparavant. Car si Clytemnestre se vengeait de son époux en définissant son pouvoir, Déjanire tente d'assurer le sien en séduisant son époux[14] : la démarche est inverse, et confond dangereusement les plans érotique et politique.

---

de telles émotions que la tragédie est supposée être l'imitation. » Aristote, *Poétique*, 11, 1452b, p. 41, trad. Barbara Gernez.

11. Sophocle, *Les Trachiniennes*, vers 368. Notre traduction veut restituer ici la forme passive du verbe, qui désigne Héraclès comme la première victime de son désir, et porte de ce fait une valeur proleptique : la tunique qui tuera le héros est la projection métaphorique de ce désir illicite d'Héraclès pour sa captive. L'hapax créé par Sophocle pose néanmoins problème : la forme de parfait passif ἐντεθέρμανται est au pluriel, sans qu'un sujet exprimé vienne justifier ce choix ; Paul Mazon propose la traduction : « il est enflammé de désir », qui respecte le passif mais ne résout pas la difficulté du pluriel ; cette traduction est reprise par Grosjean pour La Pléiade… Aucune référence dans le texte ne permet d'élucider ce mystérieux pluriel, auquel on supposera peut-être une valeur hyperbolique : « ils sont enflammés de désir » – « tous ses sens sont enflammés de désir »…

12. Il ne s'agit pas là de nier que Cassandre soit un caractère à part entière ; contrairement à Iole, elle est une figure mythologique, ce qui lui donne davantage de profondeur. Mais l'essentiel de ce caractère est défini par le statut de prophétesse : elle trouve là matière à un discours qui entérine la vengeance. Mais l'action même ne lui revient pas de droit : c'est bien Clytemnestre qui commet le crime. Cassandre prédit, mais ne prémédite pas. Son apparition comme captive ne modifie donc pas l'action de l'*Agamemnon*. En revanche, Iole est un caractère précisément comme captive ; plus précisément, c'est la captivité qui la définit comme caractère dramatique, et ce critère fonctionne par amplification : elle apparaît successivement princesse d'une cité vaincue par Héraclès, captive de la maison de la reine, détentrice du pouvoir par procuration, enfin captive du désir de son vainqueur - alors, son statut change et, de pitoyable, elle devient une menace, quoique à son corps défendant.

13. Sophocle, *Les Trachiniennes*, vers 536-538, trad. Paul Mazon.

14. Le geste de Déjanire est en effet résumé par Hyllos à Héraclès dans le dernier épisode : Στέργημα γὰρ δοκοῦσα προσβαλεῖν σέθεν / ἀπήμπλαχ᾽, ὡς προσεῖδε τοὺς ἔνδον γάμους.

La fin d'Héraclès, la tentative avortée et involontairement meurtrière de Déjanire pour reconquérir son époux, sont les fruit d'une vengeance ancienne, comme on le sait : le drame dévide la chaîne des événements consécutifs à la haine de Nessos. C'est là que s'exerce la fatalité et que réside le tragique. Mais c'est là aussi que la captive s'intègre au drame, comme un élément de cette succession et non plus comme un motif périphérique et poétique. Encore réifiée, la captive n'en est pas moins l'articulation essentielle au drame ; dans le schéma fondamental tel que Sophocle l'interprète, elle trouve une place entre le deuxième et le troisième syntagmes :

« *Le héros rentre chez lui ; l'épouse refuse de reconnaître sa légitimité* parce qu'il a introduit une captive. *La maison bascule dans le désordre.* »

Les Trachiniennes franchissent un pas supplémentaire à l'égard de cette formulation : Héraclès ne parait pas au seuil de sa maison. Dans ce processus de réintégration qu'est le νόστος, le héros est escamoté ; et la véritable formulation du schéma à l'œuvre dans la pièce commence en fait à l'épouse. La captive retrouve dans sa fonction articulatoire la place médiane qui lui appartenait à l'observation des textes. L'évolution dépasse chez Sophocle la *valorisation* évoquée tout à l'heure : si l'on poursuit avec le vocabulaire de Gérard Genette, c'est de *transmotivation* qu'il s'agit ici[15]. La captive ne remplace pas le héros, bien sûr ; mais sa place indique un déplacement sémantique : l'action se centre sur la question de la légitimité, interrogée pour elle-même et non plus comme une conséquence de la geste. L'idéologie a changé : la tragédie adhère à cette phase de doute qui fait toute la grandeur d'Athènes au Vᵉ siècle.

***

Versions euripidéennes du doute

Dans la perspective de cette évolution, Euripide procède par aggravation à travers deux drames que tout semble opposer : *Les Troyennes* et l'*Iphigénie en Tauride*. Le seul point commun évident entre ces deux pièces est de représenter des captives sur le devant de la scène, et jusque dans le Chœur ; l'opposition apparente entre ces drames réside en revanche dans leur dénouement, malheureux et attendu dans le premier, solaire et inespéré dans le second.

(« Elle a cru t'appliquer un baume magique, quand elle a vu entrer ton amante en ces murs – et elle s'est trompée. ») – *Les Trachiniennes*, vers 1138-1139, trad. cit.. Dans ce contexte, Héraclès rétablit l'ordre lorsqu'il ordonne à Hyllos d'épouser Iole : le pouvoir est ainsi transmis par filiation, Iole est ramenée au statut objectif de témoin dans ce relais ; le désir, quant à lui, disparaît dans ce rapport au pouvoir.

15. La transmotivation, ou « substitution de motifs », est « l'un des procédés majeurs de la transformation sémantique. [...] elle peut prendre trois aspects dont le troisième n'est que l'addition des deux autres. Le premier est positif, il consiste à introduire un motif là où l'hypotexte n'en comportait, du moins n'en indiquait aucun : c'est la *motivation* simple [...]. Le second aspect est purement négatif, il consiste à supprimer ou élider une motivation d'origine : c'est la *démotivation* [...]. Le troisième procède par substitution complète, c'est-à-dire par un double mouvement de démotivation et de (re)motivation (par une motivation nouvelle) : *démotivation + remotivation = transmotivation* ». *op. cit.*, p. 457-458.

Toutefois, l'une et l'autre pièces posent également la question de la légitimité, et, à ce titre, participent au débat sur un héroïsme escamoté – ou presque. A l'instar d'Eschyle dans *Les Perses*, Euripide représente le point de vue des vaincus sur la scène athénienne : la pièce se situe dans le moment qui précède immédiatement le départ des navires grecs, sur lesquels embarqueront les captives : le *nostos* est à l'avant-plan, virtuel et confondu avec le devenir des protagonistes. Evacuation du héros, évacuation du *nostos* : les thèmes essentiels du schéma fondamental disparaissent, au profit d'un tableau relativement statique de la captivité, du malheur. En réalité, la question de la légitimité est au cœur du drame, de manière latente. Les épisodes sont en effet rythmés par l'annonce faite à chaque captive du nom de son vainqueur. A chacune de ces annonces, le commentaire assortit la plainte à la dénonciation de l'arbitraire : « Le sort me fait l'esclave d'un être abominable et perfide, d'un ennemi du droit », s'exclame Hécube[16]. Dans ce qui apparaît comme une vaste loterie, la notion même de légitimité se vide de son sens. De l'héroïsme ne subsiste plus que l'exercice d'une force absurde et invalidante. Aussi les plaintes d'Hécube sont-elles reprises en écho par le Chœur, par ces captives « qui, dans ces tentes, pleurent leur servitude »[17]. La pièce décline ainsi la douleur sur tous les tons, par un processus que Genette appellerait *transvocalisation* : la captive parle, et son discours se démultiplie, alors que la parole héroïque n'est rapportée qu'en différé.

A ce tableau s'ajoute ainsi une dimension supplémentaire. Car, en devenant protagonistes, les captives accèdent enfin au statut de caractère – plus qu'une valorisation, c'est une mutation qu'opère le drame à cet égard : de motif, la captive devient un personnage, doté d'une histoire, comme Iole, et capable de la commenter. « De noble devenir esclave, quelle déchéance ! », s'exclame Andromaque, par exemple[18] ; le propos rappelle l'autoportrait d'Hécube : « Comme esclave (*Δούλα*), on emmène la vieille que je suis, les cheveux rasés en signe de deuil, et la tête lamentablement ravagée »[19].

Le commentaire met en évidence une dimension nouvelle – ou exprimée pour la première fois – de la captive : sa nature oxymorique, véritable source de sa souffrance. Ce n'est pas l'esclavage qui suscite la plainte, mais bien l'impossibilité de concilier en soi deux fonctions totalement opposées, celle-ci et l'identité royale. Et c'est cette aporie qui conduit la plupart des captives de la pièce à souhaiter la mort ; aussi Andromaque commente-t-elle en ces termes la mort de Polyxène, autre fille d'Hécube : « Elle est morte ; il suffit. Mais la mort est pour elle un destin plus heureux que n'est pour moi la vie »[20]. La souffrance exprimée est d'ordre intime autant que social ; au-delà, elle révèle un point commun entre ce drame et celui des *Trachiniennes* : l'impossibilité d'abriter dans la même maison – *a fortiori* dans le même individu – la reine et la captive. Ce duo, qui participe à la structure de nombreux drames tra-

---

16. Euripide, *Les Troyennes*, vers 282-283, trad. Léon Parmentier, Belles Lettres.
17. *Ibid.*, vers 157-158.
18. *Ibid.*, vers 614-615.
19. *Ibid.*, vers 98-100.
20. *Ibid.* vers 630-631.

giques, représente deux extrêmes inconciliables ; leur réunion fournit une situation aussi paradoxale peut-être que celle qui définit Œdipe, selon d'autres
termes. Et lorsque cette réunion s'instaure dans l'intimité d'une maison ou
d'un caractère seul, elle sème un trouble fondamental. Dans les deux drames
considérés jusqu'ici, la crise se dénoue par la mort de l'un des termes – mort
effective ou seulement envisagée. Si Andromaque ne meurt pas, ni Hécube, le
caractère statique de la pièce inflige à l'action une immobilité pesante, analogue à celle de la mort. Au premier plan, tout paraît suspendu, tandis que les
cadavres, notamment ceux de Polyxène et d'Astyanax, s'amoncellent à l'arrière-plan ; le questionnement sur la légitimité se trouve de ce fait repoussé sur
les marges du drame ; évoqué dans le prologue, le thème du νόστος revient
seulement au dénouement ; entre les deux s'effondrent les captives, comme
enserrées dans un cercle vertueux.

A l'égard de ces deux thèmes, la captivité et la mort, *Iphigénie en Tauride*
introduit une autre problématique. La pièce entretient un double rapport avec
Les Troyennes : d'abord parce que son argument participe au cycle homérique
et se situe dans la succession des événements troyens ; ensuite parce
qu'Iphigénie, comme Hécube et ses filles, est une victime innocente de ces
mêmes événements... La notion de point de vue invite également à considérer
un parallèle entre ces deux pièces, que rapprochent auteur et époque : le drame
se situe en effet du point de vue d'Iphigénie[21], que l'on peut à certains égards
envisager comme une captive. Car son discours, dès le prologue, la situe très
vite dans la position ambiguë de captive d'une terre étrangère et de prêtresse
du culte d'Artémis :

> « M'ayant enlevée aux Achéens à travers l'éther brillant, Artémis m'installa
> dans ce pays des Taures, terre sur laquelle le barbare Thoas commande aux bar-
> bares (...) Elle m'institue prêtresse dans ce temple, un lieu dont les lois sacrées
> plaisent à la déesse Artémis (...) en effet, je sacrifie, selon une loi qui existait
> même auparavant dans cette cité... »[22]

---

21. La position du personnage féminin en prologue est minoritaire dans l'ensemble du corpus des tragédies grecques conservées. Au total, quatre drames sur trente et un présentent une
jeune fille en situation de prologue : Antigone et Electre chez Sophocle, dans les deux pièces qui
portent respectivement leurs noms ; Electre est également la première à entrer sur la scène de
l'*Oreste*, chez Euripide, de même que Polydore dans l'*Hécube*, bien que ni l'une ni l'autre ne soit
le personnage éponyme, contrairement aux autres drames relevés et à l'*Iphigénie en Tauride*.
Euripide étend également le prologue à d'autres personnages féminins : Andromaque et Hélène,
personnages éponymes, tandis que seule Déjanire chez Sophocle occupait semblable position dans
Les Trachiniennes. La position en prologue détermine le point de vue dramatique.

22. Euripide, *Iphigénie en Tauride*, vers 29-38. Nous nous éloignons ici de la traduction
d'Henri Grégoire : « Artémis m'enleva (...). Et par l'éther brillant elle me transporta dans ce pays
des Taures, où depuis lors j'habite. Ici, un roi barbare règne sur des barbares. C'est Thoas (...)
Aussi, docile aux lois d'un culte auquel se plaît la déesse Artémis (...) , esclave d'un usage qui
avant moi, existait en ces lieux, j'immole... » Par une traduction plus littérale, nous voulons mettre en valeur d'une part les termes de déplacement mais aussi d'installation, également répartis dans
le texte grec : les verbes ᾤκισεν et τίθησι marquent l'installation contrainte d'Iphigénie dans une
terre barbare, signalant ainsi sa situation d'exil, proche de la situation de captivité.

Exactement, Iphigénie est une exilée, plus qu'une captive – et cependant sans autonomie comme le signale dans le texte grec la récurrence du terme *νόμος* (la loi) qui conduit Henri Grégoire à insérer le terme « esclave » dans sa traduction bien qu'il ne soit pas dans le texte grec. Comme Hécube, Iphigénie est en fait définie dans ce drame par un paradoxe qui procède d'une inversion : sacrifiée, elle devient sacrifiante ; grecque exilée en terre barbare, elle immole « tous les Grecs qui débarquent ici »[23] ; faible car éloignée des siens et réchappée de la mort – comme les captives remportées à la guerre –, elle horrifie le spectateur athénien lorsqu'elle évoque l'exercice de son culte : « Ils se sont fait attendre, ces Grecs : voilà longtemps que l'autel d'Artémis ne s'était plus rougi du sang de cette race »[24]. Là où Hécube et ses filles n'étaient que victimes, Iphigénie est une « sacrifiée-sacrifiante » ; elle concentre ainsi la position de la « captive »[25] et l'autorité que lui confère l'exercice du culte.

La pièce retrouve le schéma fondamental énoncé au début de cette analyse, à l'œuvre notamment dans *Les Trachiniennes* :
« Le héros revient chez lui ; l'épouse refuse de lui accorder la légitimité parce qu'il a introduit une captive. La maison bascule dans le désordre. »
Par rapport à cette proposition de base, l'*Iphigénie en Tauride* présente une variante remarquable. Tous les termes de ce schéma se retrouvent dans la pièce, mais, de même que la situation d'Iphigénie procède d'une inversion de son statut originel, la construction dramatique est gouvernée par un principe analogue : Oreste, le successeur d'Agamemnon, arrive en Tauride, en plein pays barbare, au lieu de rentrer dans sa maison ; le *nostos* s'effectue par une voie détournée puisque le fils d'Agamemnon est, à son insu, accueilli par un membre de sa famille ; par ailleurs, il est plongé dans l'illégitimité conférée par le meurtre de sa mère Clytemnestre et manifestée par sa folie, alors que le roi chez Eschyle ou Sophocle était d'abord accueilli par un discours célébrant sa légitimité ; il est d'abord représenté comme un captif, transféré devant Iphigénie : « Mais voici, les poignets bien serrés, que s'avancent ces deux hommes... »[26]. C'est à la princesse argienne qu'il revient de rendre la légitimité à son frère : Oreste a la vie sauve parce qu'il délivre la captive, alors que le héros des *Trachiniennes* mourait pour l'avoir introduite dans sa maison.

Cette libération est d'ailleurs l'enjeu réel de la pièce, désigné comme tel par le chant du Chœur, notamment après le récit du bouvier : « le grand bonheur que j'attends serait de voir, du pays hellénique, venir quelque navigateur qui mît fin aux douleurs de mon triste esclavage (*δουλείας /δειλαίας*) ! »[27] L'enjeu véritable du drame est en fait l'enlèvement par Oreste de la statue d'Artémis, auquel la libération des captives est liée et qu'elle illustre. Dans sa

---

23. Selon la traduction proposée par Henri Grégoire du vers 39 : *ὅς ἄν κατέλθῃ τήνδε γῆν Έλλην ἀνήρ·*
24. Euripide, *Iphigénie en Tauride*, vers 258-259, trad. Henri Grégoire. Iphigénie s'adresse ici au bouvier.
25. On admet cette extension du sens par référence à son installation involontaire en terre étrangère et au chœur constitué de captives grecques.
26. Euripide, *Iphigénie en Tauride*, vers 456-457.
27. *Ibid.*, vers 447-451.

première tirade, qu'il adresse à Phoibos, Oreste rappelle la mission qui lui a été confiée par le dieu :

> « Tu me dis de gagner ce pays de Tauride où ta sœur Artémis possède des autels, d'y prendre la statue (ἄγαλμα) qui, dit-on, dans ce temple, tomba du ciel jadis... Tu me dis de la prendre, ou par chance ou par ruse ; et, ce péril couru, de rapporter l'image en terre athénienne. »[28]

Cette adresse à Apollon et le dénouement même du drame jettent un éclairage nouveau sur le personnage d'Iphigénie : Oreste emporte en effet sa sœur en même temps que la statue, l'une comme l'autre images d'Artémis. La captivité de la statue en Tauride est relayée par celle d'Iphigénie et amplifiée par le Chœur. Drame sacré, comme *Ion* ou *Les Bacchantes*, *Iphigénie en Tauride* relève de ces pièces à la mystérieuse résonance qui marquent la fin de la carrière d'Euripide. Dans ce contexte mystique, le couple fraternel formé par Oreste et Iphigénie apparaît comme la projection terrestre du couple Apollon - Artémis[29]. Le personnage de la captive est donc l'enjeu du drame puisque Oreste ne peut recouvrer la lucidité, corollaire de l'identité et de la légitimité, qu'à condition de libérer sa sœur. Quant à la libération d'Artémis, elle permet, à un autre degré, le rétablissement de son autorité cosmique : le monde est en ordre. On retrouve ainsi le schéma à l'œuvre dans *Les Trachiniennes*, mais sous sa forme inverse :
« Un prince est loin de chez lui, en quête de légitimité. Or la captive lui reconnaît cette légitimité parce qu'il la libère et la ramène dans son pays. La maison est en ordre. »
Cette formulation prend le contre-pied du schéma précédemment envisagé, de même que la tragédie connaît un dénouement heureux alors que *Les Trachiniennes* s'achèvent par une catastrophe. Cependant, l'exactitude même de ce renversement confirme la validité d'un schéma où la captive agit comme une articulation. Sans doute peut-on, à cet égard, imaginer une parenté entre cette pièce et l'*Andromède* perdue d'Euripide.

Les quatre pièces grecques que comprend notre corpus autorisent ainsi trois formulations du schéma fondamental. Chacune présente une situation qu'il est possible de définir en fonction de la captive :
- dans *Agamemnon* et *Les Trachiniennes*, Eschyle puis Sophocle instituent le couple contraint que forment la Reine et la captive du Roi – couple dont l'ἀγών contribuera par ailleurs à la structure du drame ;
- le personnage principal des *Troyennes* d'Euripide est une reine, Hécube, devenue captive ; les deux termes de l'*agôn* évoqué sont ainsi concentrés en un seul caractère : le personnage est marqué par le paradoxe. La pièce est statique ; les épisodes se succèdent qui montrent le personnage central redoublé

---

28. *Ibid.*, vers 85-91.
29. Couple à dimension solaire, comme l'ensemble du mythe apollinien. Cette dimension est d'ailleurs mentionnée par le Chœur, lorsqu'il répond aux plaintes d'Iphigénie, persuadée par un rêve de la mort de son frère : "Voici que le soleil a changé sa carrière, déplacé, l'œil sacré du jour..." – Euripide, *Iphigénie en Tauride*, vers 192-195, trad. Léon Parmentier.

dans ses filles : chacun d'eux correspond à une façon d'envisager et de vivre cette situation paradoxale ;
- *Iphigénie en Tauride* présente un argument inverse du précédent, dans lequel la captive est délivrée et rendue à son rang : le paradoxe, également vécu par Iphigénie et manifesté dans le prologue, est finalement résolu.
A ces trois situations correspond un schéma dramatique dont la formulation met en jeu, essentiellement, la légitimité royale, clé de l'ordre du « monde ».

II
Validité et efficacité des schémas identifiés

Caractéristiques syntaxiques de la captive

A ce point de l'étude, il paraît nécessaire de préciser la terminologie adoptée, qui doit aux travaux menés par Bénédicte Louvat dans une étude consacrée à la *Poétique de la tragédie classique*[30]. Son analyse procède d'une définition du *muthos* à la fois comme « matière première de la tragédie » et comme « action élaborée à partir de ce sujet »[31] ; l'action en tragédie se déroule elle-même suivant des « schèmes » qu'il est possible de reconnaître grâce à des constantes[32]. Bénédicte Louvat se réfère alors au chapitre XIV de la *Poétique* d'Aristote pour l'identification de « schèmes fondamentaux » : les frères ennemis, l'inceste, le conflit entre père (ou mère) et fils... Une tragédie ne repose pas nécessairement sur un schème unique, mais peut se nourrir de la combinaison de plusieurs schèmes ; ainsi dans la tragédie classique, influencée par son héritage et son époque, « des schèmes modernes s'imposent aux côtés des schèmes hérités de la tragédie antique et d'Aristote »[33]. De cette combinaison procède une « syntaxe », définie comme la « combinaison entre un (ou plusieurs) schème(s) tragique(s) et [des] éléments de syntaxe... »[34]. Le terme a pour corollaire celui de « syntagme », défini par Greimas et Courtés comme la « combinaison d'éléments co-présents dans un énoncé »[35].

---

30. Bénédicte Louvat, *Poétique de la tragédie classique*, SEDES, Paris, 1997.
31. *Ibid.*, chapitre 5 : « Le message : histoire et schèmes ».
32. Raymond Trousson propose pour sa part le démontage du « scénario » du thème, ramené à ses éléments constants – *Thèmes et mythes, Questions de méthode, Arguments et Documents,* Ed. de l'Université de Bruxelles, 1981.
33. Bénédicte Louvat, *op. cit.*, p. 61. Parmi les schèmes modernes, Bénédicte Louvat mentionne par exemple « l'oppression d'une victime innocente ». Les exemples envisagés sont Britannicus et Bajazet, mais on peut y ajouter certains personnages de captives, notamment dans la tragédie chrétienne : la martyrologie se nourrit de ce schème... Toutefois, il nous semble que son origine soit plus ancienne que celle que Bénédicte Louvat lui attribue en l'identifiant comme un « schème élaboré et exploité dans la tragédie humaniste avant d'être repris dans la tragédie classique. » (p. 61) ; les personnages de captives antiques, telles que les Troyennes – auxquelles n'incombe aucune responsabilité dans leur situation -, ne sont pas totalement étrangère à ce schème.
34. *Ibid.*, p. 62. Bénédicte Louvat distingue essentiellement deux « éléments de syntaxe » : l'axe du renversement de fortune et l'axe connaître/agir.
35. *Dictionnaire raisonné de la théorie du langage*, p. 377.

Si l'on reprend la formulation du schéma dramatique à l'œuvre dans *Les Trachiniennes* et dans *Iphigénie en Tauride*, on constate en effet la combinaison de plusieurs schèmes de base, dont le premier est hérité de l'âge héroïque : le *nostos* constitue le syntagme initial – « *Le roi revient dans son royaume* ». Dans le schéma tel qu'il a été précédemment formulé, cette donnée de base présuppose un syntagme consécutif : la légitimation du roi par la reine. D'origine épique, celui-ci fonde une problématique nouvelle : alors que Pénélope restitue son statut à son époux sitôt qu'elle l'a reconnu, dans le monde tragique la reconnaissance ne va plus de soi – Clytemnestre en est la preuve. Le second syntagme : « *la reine doit reconnaître la légitimité du roi* », pose donc le véritable problème, en permettant une formulation négative : « *la reine refuse de reconnaître la légitimité du roi.* ». Cette proposition tragique est justifiée par un troisième syntagme, établi sur un motif variable qui peut être : « *le roi, par le passé, a tué la fille de la reine* » – crime au sein de la famille – ou « *la reine a accepté un prétendant* » – trahison ; dans *Les Trachiniennes*, nous avons vu que ce syntagme était : « *le roi introduit une captive dans la maison* » – trahison encore. Le dernier terme, « *la maison est en désordre* » conclut cette chaîne consécutive en même temps qu'il formule l'aporie tragique. Dans le schéma ainsi obtenu par la succession des syntagmes, le personnage de la captive se distingue par deux caractéristiques : d'une part, son caractère éventuel et non nécessaire – puisque le syntagme qui l'accompagne peut être remplacé par un autre, à la différence des deux précédents ; d'autre part, l'aspect instrumental qui découle de ce caractère.

***

Trois schémas dominants

L'identification de ce schéma fondamental et l'étude de ses évolutions permettent de classer les œuvres du corpus moderne en trois groupes ; chacun d'eux se réfère à un modèle antique, avec lequel il entretient une correspondance perceptible dans le traitement de la captivité.

Le premier de ces groupes se compose de la *Théodore* et de la *Rodogune* de Corneille. Leur structure tient à la confrontation d'une reine et d'une captive, et repose sur le schéma fondamental puisqu'elle a pour motif déclencheur de la crise le retour du roi dans sa maison :
« *La Reine refuse au Roi sa légitimité parce qu'il a introduit une captive. La maison est en désordre.* »
On désignera ce premier schéma par l'expression « schéma d'Iole », pour plus de commodité.

Le second ensemble intègre d'une part *La Mariane* de Tristan l'Hermite, d'autre part *La Sophonisbe* de Mairet et *All for Love* de Dryden. L'association entre les deux dernières pièces se justifie aisément à la seule considération de leurs arguments : dans les deux drames, une reine tente de défendre son royaume… *La Mariane*, en revanche, tient, *a priori*, un autre propos, lié à la persécution. Les trois drames présentent cependant la réunion oxymorique de la royauté et de la captivité dans le même personnage, c'est-à-dire l'intégra-

tion à un même caractère de l'antithèse envisagée dans le groupe précédent : les deux personnages opposés dans le premier groupe, la reine et la captive, sont désormais concentrés sous le même masque, qui n'en apparaît que plus tragique puisque voué au déchirement. La concomitance des deux situations, royauté et captivité, est envisagée à des degrés divers : seule Mariane les réunit effectivement dans le présent dramatique ; pour Sophonisbe et Cléopâtre, c'est une menace dont l'imminence nourrit leur énergie et justifie toutes leurs actions. Hécube, dans *Les Troyennes*, exprime cet effroi ressenti à la perspective de l'esclavage, et les trois pièces modernes envisagées ici reposent sur cette réalité paradoxale formulée par Euripide : la captivité est générée par la royauté. Pressentie dans le drame antique, cette règle est amplifiée par les dramaturges modernes : Mariane est d'autant plus la captive d'Hérode qu'elle est la reine de son royaume et son épouse ; Sophonisbe et Cléopâtre deviendront des captives exemplaires, c'est-à-dire soumises à l'épreuve du triomphe romain, précisément parce qu'elles sont reines. La reprise du thème par la création moderne confirmerait certaines lectures de la tragédie moderne comme un théâtre à vertu édifiante, notamment à destination des Grands ; elle entre de toute façon dans le dessein à la fois pathétique et effarant de dramaturges qui continuent de se réclamer d'Aristote. Elle procède enfin d'une thématique de l'inversion qui envisage la captivité comme un destin inscrit au cœur de la royauté – de même que la mort s'inscrit dans la vie, le mal dans le bien... L'effroi provoqué par cette réunion des contraires, l'horreur qu'elle inspire à ces reines qui en sont victimes, induit leur lutte, ainsi formulée sur un plan dramaturgique :
« *La Reine refuse au Roi sa légitimité parce qu'elle est confrontée à la captivité (menace ou réalité). La maison est en désordre.* »
On peut définir cette seconde formulation comme le « schéma d'Hécube » par référence à cette source primitive.

Un schéma qui se révèle particulièrement actif sur la scène moderne. La *Phèdre* de Racine l'effleure : l'épouse de Thésée « règne » à Trézène et s'envisage comme captive d'Eros. Sa lutte n'est alors guère différente de celle de Mariane, de Sophonisbe ou de Cléopâtre, si l'on excepte le fait qu'elle est d'ordre intime et non politique. Racine franchit un pas décisif en réalisant le schéma extrême de l'intériorisation : Phèdre est *à la fois* reine et captive, mais elle est aussi *à la fois* la captive et son geôlier – au moins son corps est-il la place investie par ce geôlier :

> « Un trouble s'éleva dans mon âme éperdue ;
> Je ne le voyais plus, je ne pouvais parler ;
> Je sentis *tout mon corps* et transir et brûler... »

Le schéma primitif est déplacé ici à un niveau symbolique, exploité avec une intensité maximale qui donne à ressentir les contradictions internes au caractère ainsi mis en scène.

Le troisième groupe se compose pour notre corpus de la seule *Andromède*, et cependant son existence dans le paysage dramatique moderne témoigne de la résurgence d'un schéma antique, qui constitue l'heureuse inversion des deux précédents :
« *Un héros est en quête de sa légitimité ; la libération de la captive lui permet la reconnaissance de sa légitimité. La maison est en ordre.* »

La captive dans ce schéma est encore un enjeu, mais cette fois de conquête ; elle est un objet dont la possession conduit à la réhabilitation, alors que dans les schémas précédents cette possession même était un élément déclencheur de la catastrophe. L'auteur d'une *Andromède* antique perdue est aussi celui d'*Iphigénie en Tauride*, dont la libération ramène Oreste à la raison et à son trône. Corneille retrouve le chemin de la production antique, et formule le schéma qui organise la pièce d'Euripide. Aussi peut-on définir ce troisième schéma comme « schéma d'Iphigénie ».

***

Efficacité dramatique et rhétorique des trois schémas

Le traitement de la captivité féminine dans ces trois schémas principaux répond à des principes fondamentaux qui président à leur élaboration autant dans la production antique que dans l'écriture moderne et assurent leur efficacité dramatique.

Le « schéma d'Iole » suit une logique d'opposition, de confrontation : celle de la reine et de la captive. Il répond à une idéologie guerrière, encore imprégnée de l'affrontement qui domine le genre épique : le roi qui a remporté la victoire amène dans sa maison une captive, comme prix de sa valeur ; cette introduction génère un nouveau conflit, entre les deux épouses cette fois : l'affrontement est déplacé du champ de bataille au terrain domestique ; il se déroule dorénavant en vase clos, sur un territoire proprement féminin. Le duel de Clytemnestre et de Cassandre fait suite au duel d'Achille contre Hector ; celui de Déjanire et d'Iole transpose les duels répétés d'Hercule contre les monstres – thématique que Rotrou ne se prive pas d'exploiter dans sa reprise de la pièce. Le « schéma d'Iole » est en ce sens un schéma épique, structuré par la notion de duel.

Le « schéma d'Hécube », qui fait de la reine une captive, appartient davantage à une poétique de la métamorphose, héritée d'une conception de la labilité universelle. A la conception verticale du monde, succède une représentation horizontale, où toute réalité implique par son existence même un envers, une contre-réalité – où l'existence du cosmos implique celle du chaos, le monde *d'en-haut* un monde *d'en-bas*. Ce deuxième schéma, qui doit beaucoup au texte ovidien, peut ainsi être considéré comme poétique, dans la mesure où la poésie s'intéresse d'abord à la cosmogonie, à l'ordre du monde ; il est sans cesse bouleversé par la notion de chaos.

Enfin, le « schéma d'Iphigénie », inversion du précédent, doit aussi à cette poétique de la métamorphose, mais dans une tout autre orientation puisque l' « aventure » s'y trouve intégrée. En ce sens, et si l'on met de côté la dimension mystique qui ne sera pas reprise au modèle de base, ce schéma est plus romanesque. Il implique comme corollaire à la libération de la captive la représentation d'un héros en action : l'aventure est associée à une reconnaissance ; l'identité va de pair avec un témoin, la captive. Le dernier schéma, dans ses interprétations modernes, n'est donc pas sans entretenir une certaine relation avec le merveilleux, notamment parce qu'il repose sur la notion de quête : la captive et le héros concrétisent chacun cette quête à la fin de l'histoire, conçue comme une anastrophe.

La fortune de ces schémas à l'époque moderne témoigne enfin de l'omniprésence de la rhétorique, autre réalité du XVII[36] siècle, y compris sur la création poétique. La Mesnardière déclare ainsi allégeance à l'art oratoire : « Comme l'art de bien parler, qu'ils appellent la rhétorique, est absolument nécessaire au poète et à l'orateur, nous ne devons pas douter que ceux qui se mêlent d'écrire et de faire admirer leurs pensées n'ayent acquis toutes les lumières qui doivent conduire leur plume »[37] ; dès 1619, le Père Caussin, éminent professeur de rhétorique, reconnaît également l'art oratoire comme base de la tragédie classique française. La formulation des schémas dramatiques fournit un autre exemple de l'imprégnation de la dramaturgie par la rhétorique. Il en va du dramaturge comme de l'orateur qui, selon Quintilien, peut prendre la place d'une personne pour donner plus de vigueur à son propos : de même, le dramaturge « se met à la place de plusieurs personnes pour leur prêter son verbe »[38]. La *fabula* est la trame projetée par « la somme croisée de ces discours scéniques » ; le schéma, que l'on peut considérer comme l'ossature de la *fabula*, s'inscrit dans le filigrane de cette toile, tissée avec une rigueur propre à la rhétorique.

Le « schéma d'Iole » repose ainsi sur une structure dialectique dont la dimension rhétorique explique en partie sa survivance et son exploitation au XVIIe siècle ; réduite à une scène dans la pièce de Sophocle, la confrontation de la reine et de la captive prend peu à peu le pas sur celle du roi et de la reine ; l'interprétation moderne du schème gomme en effet le thème du νόστος pour se polariser sur l'antagonisme entre la reine et la captive, tandis que s'efface progressivement la figure du roi.

Le « schéma d'Hécube » concentre cette dimension dialectique sur un seul personnage, qui devient de ce fait une figure paradoxale. Cette dimension de la reine troyenne se manifeste dans le drame antique par les scènes récurrentes où elle se livre à la déploration ; cette même dimension est reprise et accentuée par le théâtre moderne où la plainte cède le pas au combat : Mariane, captive d'Hérode, nie sa condition ; Sophonisbe et Cléopâtre, situées dans un *juste-avant* par rapport à Hécube, justifient toute leur action par le refus de tomber en captivité… Pour ces personnages déchirés, l'action est définie par le paradoxe puisque vouée à l'échec : toute énergie s'avère infructueuse parce que la captivité pèse irrémédiablement sur leur situation.

A l'inverse du précédent, le « schéma d'Iphigénie » correspond à une dissolution du paradoxe : l'action entreprise par la captive pour se libérer est cohérente parce qu'inscrite dans une dynamique du succès, et parce qu'elle repose sur une reconnaissance préalable de sa condition – là où les reines captives ne veulent se reconnaître que reines, nonobstant leur situation, la captive gagne sa liberté par l'évidence de sa condition. On trouve là, certainement, l'une des raisons pour lesquelles cette troisième catégorie de captives fait l'objet d'une iconographie beaucoup plus abondante : la captive que le héros s'apprête à

---

36. Marc Fumaroli caractérise le XVIIe siècle comme une « civilisation entière [imprégnée] par l'art oratoire », in *Héros et Orateurs*, Droz, Genève, 1996, p. 288.
37. La Mesnardière, *La Poétique*, Paris, 1639 – p. 326.
38. *Ibid.*, p. 300.

libérer est d'abord montrée dans toute l'horreur de sa captivité – Andromède émeut Persée d'autant plus qu'elle est attachée à un rocher, exposée au monstre marin. Le bon déroulement du schéma découle de cette évidence, autre catégorie fondamentale de l'art oratoire en rapport avec la pratique grecque des *phantasia*[39] : « Ce procédé qui consiste, comme le dit Cicéron, à mettre devant les yeux »[40]. Le théâtre procède d'une démarche inverse à celle de l'art oratoire puisque, d'abord spectacle, il se fait discours, notamment au XVIIe siècle : le P. Nicolas Caussin, par exemple, exprime à l'égard du spectacle visuel une méfiance rédhibitoire : « Même dans les tragédies, où d'ordinaire la licence est plus grande que dans l'art oratoire, il ne saurait être approuvé, surtout aux yeux des doctes, que les choses soient exprimées par simulacres et représentations visuelles, qui le plus souvent ne répondent pas à la majesté du sujet, et ôtent beaucoup de dignité à l'action »[41]. A cet égard, les résurgences modernes du « schéma d'Iphigénie » apparaissent bien frondeuses : Andromède, tragédie à machines, joue du spectacle offert par la captive et revendiqué par son auteur, puisque la pièce, rappelons-le encore, « n'est que pour les yeux » : *sub oculos*.

---

39. « *Quas phantasia Graeci vocant (nos sane visiones appellemus), per quas imagines rerum absentium ita repraesantur animo ut eas cernere oculis ac praesentes habere videmur, has quisquis bene ceperit is erit in adfectibus potentissimus(…) Insequentur enargeia, quae a Cicerone inlustratio et evidentia nominatur, quae non tam dicere videtur quam ostendere…* »
« … de nous représenter les images des choses absentes au point que nous ayons l'impression de les voir de nos propres yeux et de les tenir devant nous ; quiconque est capable de bien les concevoir (les phantasiai) sera très efficace pour faire naître les émotions. (…) De là procèdera l'*enargeia*, que Cicéron appelle *inlustratio* ou *evidentia*, qui nous semble non pas tant raconter que montrer… ») Quintilien, *De l'Institution oratoire*, VI, 2, 29-32 – traduction proposée par Marie-Luce Demonet, *Actes du colloque Fantaisie II*, XVIe. Clermont-Ferrand. 1995. publication du 26 janvier 2000.
40. « *Illa vero, ut ait Cicero, sub oculos subjectio tum fieri solet cum res non gesta indicatur sed ut sit gesta ostenditur, nec universa sed per partis : quem locum proximo libro subjecimus evidentiae. Et Celsus hoc nomen isti figurae dedit : ab aliis hypotyposis dicitur, proposita quaedam forma rerum ita expressa verbis ut cerni potius videantur quam audiri…* » (« Ce procédé qui consiste, comme le dit Cicéron, à mettre devant les yeux intervient habituellement lorsque au lieu de montrer l'événement, on le présente comme s'il était en train de se dérouler, non pas dans son ensemble mais par parties : ce point, nous l'avons proposé dans un livre plus récent sous le terme d'evidentia. Et Celsus a donné ce nom à cette figure : appelée par d'autres hypotypose, il propose de nommer ainsi une représentation des choses exprimée de telle manière qu'elle semble davantage être vue qu'entendue. ») – Ibid. IX, 2, 40. Hypotypose chez Longin au chapitre XV du Traité du Sublime, evidentia chez Quintilien ou encore Cicéron dans le De Inventione, la notion telle que définie par le XVIIe siècle, est une « figure consistant à décrire un spectacle ou un événement de façon si vivante que l'auditoire croit l'avoir sous les yeux. ». La formulation exacte est celle d'Olivier Reboul, in Introduction à la rhétorique, p. 239. Le terme ne laisse pas de poser problème ; comme le souligne Jean-Louis Backès, « [son] nom n'est pas moins bizarre que sa définition. Roland Barthes, en indiquant de quelle importance est cette figure dans les tragédies de Racine, ne manque pas de citer un bon auteur, le P. Lamy, et son étonnante formule : dans l'hypotypose, « l'image tient lieu de la chose. » Barthes commente : « On ne peut mieux définir le fantasme. » Qui le contestera ? » – Sur Racine. Ajoutons ici que la notion de fantasme a beaucoup à voir avec la mise en scène de la captivité – c'est une matière sur laquelle nous aurons l'occasion de revenir dans les deuxième et troisième partie de cette étude.
41. *Eloquentiae sacrae et humanae parallela*. L,VIII, *De Affectibus*, p. 31 – cité par Marc Fumaroli, *op. cit.* p. 299.

Toutefois, l'aveu du dramaturge formule implicitement son allégeance à la conception rhétorique de la tragédie classique : pour être spectaculaire, la captive enchaînée à son rocher n'en est pas moins apparentée à une catégorie rhétorique... Aussi la scène 1 de l'acte III, qui représente Andromède livrée au monstre par les vents, présente-t-elle une longue didascalie que redoublent les discours de Timante et du Chœur :

> Chœur : « La *voilà* que *ces* vents achèvent d'attacher,
> En infâmes bourreaux, à *ce* fatal rocher.
> Timante : Oui, *c'est* elle, sans doute ! Ah ! l'indigne *spectacle* !
> Chœur : Si le ciel n'est injuste, il lui doit un *miracle*. »[42]

Les déictiques rendent sensible l'immédiateté du spectacle, tandis que les lexiques de l'image et du regard illustrent la dimension exemplaire d'Andromède – le miracle répond au spectacle, la captive est sous le regard céleste autant que sous celui du spectateur. La fonction dramaturgique de la captive, dans ce troisième schéma, rejoint effectivement l'hypotypose en rhétorique ; et la dimension iconographique de ce personnage n'est d'ailleurs pas étrangère à cette fonction, dont elle s'enrichit.

Il existe en effet, entre l'hypotypose et les *phantasia*, une relation que l'étymologie rend sensible :

> « dès que l'on regarde le mot *hypotypôsis*, on voit qu'il contient le mot de « *typôsis* », autrement dit de « type ». L'hypotypose devrait donc permettre de préciser que la *phantasia* est vision d'un type, d'un modèle idéal. En retour, la *phantasia* permettra de corriger notre idée de la figure de rhétorique, en rappelant après Lessing (dans son *Laocoon*) que le vocabulaire de la vision est trompeur. L'auditeur ne « voit » pas, il est impressionné, touché dans ses affects. L'illusion de présence, si remarquable en effet, ne tient pas au sens de la vue, mais à une communication de pathos à pathos »[43].

Transposée au théâtre, la figure de rhétorique redouble le spectacle : le discours soutient l'image plutôt qu'il ne la crée ; l'*impression* joue sur les deux plans, entretenue par l'immédiateté de la scène. Or cette captive, dans le troisième schéma, est la seule à présenter cette immédiateté, autrement dit la seule dont le spectateur puisse identifier dès l'apparition la fonction dramaturgique, tout en la plaçant sur le mode du questionnement. Car le fonctionnement de l'hypotypose appliquée à la mise en scène de la captivité permet à cette situation de gagner sur deux plans en jouant sur un double registre : « d'abord, [l'hypotypose] pose une énigme au spectateur ; la question non seulement de son sens, mais surtout de sa raison d'être ; ensuite elle réclame d'être entendue pour elle-même, comme un épanouissement de l'écriture »[44]. Ce double intérêt croise la mise en scène de la captive ainsi exposée aux regards du spec-

42. *Andromède*, III,1, vers 782-785.
43. Relation examinée notamment par Marie-Luce Demonet lors du Colloque *Fantaisie II*, XVIe, *op. cit.*– communication publiée le 26 janvier 2000 – Université de Poitiers : « hypotypose et dans les traités rhétoriques de l'Antiquité ».
44. Anne Übersfeld, « Introduction thématique », Editorial d'introduction au numéro, *Sémiotique appliquée*, n° 3, mai 1997, University of Toronto.

tateur : le choix de l'évidence induit tout à la fois l'interrogation sur un rôle généralement subordonné, et une dimension pathétique clairement avouée et prise en charge par le dramaturge qui, dans cette opération et à l'égal du narrateur envisagé par Georges Molinié, ne garde « que des notations particulièrement sensibles et fortes, accrochantes », jouant sur une dimension essentiellement « plastique » du texte[45] – ou du spectacle. Ce choix rejoint la volonté de jouer sur un ressort éminemment pathétique, que ne dément pas le tableau de la captive attachée au rocher. La puissance de l'évidence qu'elle impose dès son apparition emporte l'adhésion immédiate du spectateur et du héros ; cette même évidence mène au dévoilement de celui-ci – la *phantasia* conduit à la révélation, à une forme dramatique d'épiphanie.

III
Investissements modernes de l'héritage

La résurgence des schémas antiques dans le théâtre moderne témoigne de la validité de l'héritage tragique. Mais si les structures antiques préexistent effectivement à la dramaturgie moderne, c'est de manière vivante. Et de même que le processus d'imitation se double d'une évolution dans le corpus antique, de même, sur la scène moderne, les schémas hérités font l'objet de transformations qui témoignent de leur vigueur. Les drames modernes du corpus forment, on l'a dit, trois groupes fédérés autour des schémas dominants relatifs à la mise en scène d'une captive ; et chacun de ces ensembles présente une interprétation particulière du schéma fondamental reçu de l'héritage antique. Le principe d'imitation, largement prôné par l'esthétique classique, s'y trouve ici largement illustré, autant que la liberté contradictoire qui en découle.

Imitations cornéliennes

La position traditionnellement dévolue à Corneille dans le paysage tragique français – et qui doit beaucoup à La Bruyère – incline à envisager son œuvre comme un parangon de cette esthétique gouvernée par le principe d'imitation. Et il faut reconnaître que la reprise du schéma fondamental dans *Théodore* puis dans *Rodogune* témoigne de son investissement moderne. Car les deux drames montrent ce qu'il advient de l'héritage lorsqu'il est revisité par une idéologie nouvelle. S'il y a imitation ici – et nous allons le vérifier –, c'est sur le mode du travestissement.

Le phénomène est particulièrement remarquable dans la *Théodore*, qui détourne le schéma d'Iole au profit de l'idéologie chrétienne. La première manifestation de cet infléchissement se voit à la réduction ontologique du règne terrestre : le pouvoir humain est tenu dans le drame par Valens, personnage

---

45. Georges Molinié, *Dictionnaire de rhétorique*, art. « hypotypose », Librairie Générale Française, Paris, 1992.

assez falot et réduit à la simple projection d'une autorité absente dont il est le représentant officiel. Il est relayé en puissance par son épouse, Marcelle, qui affirme une supériorité semblable à celle que lui conférerait une royauté véritable. Face à elle, Théodore incarne une captive assez conforme, à première vue, à celle des tragédies anciennes.

Ses premiers mots sont rares et déclarent son allégeance à Marcelle. Les deux personnages se rencontrent ensuite, à la scène 4 : la princesse est isolée, et l'épouse régnante ouvre l'échange par une démonstration de son autorité – sa première tirade est une mise en garde assez sévère contre la « vanité » qu'il y aurait « d'espérer [la] braver avec impunité »[46]. La suite du discours confirme l'omnipotence de Marcelle :

« J'ai voulu vous parler, pour vous mieux avertir
Qu'il serait malaisé de vous en garantir[47] ;
Que si ce qu'est Placide enflait votre courage,
Je puis en un moment renverser mon ouvrage,
Abattre sa fortune, et détruire avec lui
Quiconque m'oserait opposer son appui.
Gardez donc d'aspirer au rang où je l'élève... »[48]

Le discours rappelle pour le ton celui de Clytemnestre à Cassandre dans l'*Agamemnon* d'Eschyle : chez la reine antique comme chez l'épouse du gouverneur, la nécessité est édifiée en loi ; le pragmatisme fonde la supériorité ou l'infériorité :

« Puisque Zeus clément a voulu que, dans ce palais, tu eusses avec nous part à l'eau lustrale, debout au milieu de nombreux esclaves (πολλῶν μέτα / δούλων), près de l'autel qui protège nos biens, va, descends de ce char, et ne fais plus la fière (ἀπήνης τῆσδε μηδ' ὑπερφρόνει). »[49]

L'ironie de Théodore a l'efficacité du silence observé par Cassandre : « Je n'ai point vu, Madame, encor jusqu'à ce jour / Avec tant de menace expliquer tant d'amour »[50], rétorque-t-elle à Marcelle. Comme Cassandre, elle puise son insolence à l'identité. La princesse troyenne chantait les rives du Scamandre : « Las ! Scamandre, où s'abreuvait ma patrie ! j'ai grandi sur tes rives, formée par tes soins »[51] ; Théodore mentionne les « rois dont [elle] est descendue » et rappelle ce que cette naissance conditionne de son caractère : « Et si Rome et le temps m'en ont ôté le rang, / Il m'en demeure encor le courage, et le sang »[52].

---

46. Le sujet du verbe est Cléobule, désigné par la périphrase « ce parent dangereux » au vers 470. – vers 473-474.

47. Le pronom désigne une éventuelle vengeance de Marcelle, dont elle menace Théodore au cas où celle-ci céderait aux instances de Placide. On se souvient en effet que Marcelle réserve le jeune homme à sa fille, dont la passion à l'endroit de Placide a provoqué la maladie. La supériorité de Marcelle est en réalité contrebalancée par l'inquiétude dans laquelle cette maladie la jette.

48. *Ibid.*, vers 481-487.

49. *Agamemnon*, vers 1036-1039.

50. Corneille, *Théodore*, vers 493-494.

51. *Agamemnon*, vers 1157-1159.

52. *Théodore*, II, 4, vers 505-510.

Ce que Théodore revendique face à Marcelle, c'est surtout le libre arbitre, c'est-à-dire, concrètement, le choix d'aimer ou non Placide : l'affrontement antique entre la Reine et la captive trouve ici une première variation, dans cette interprétation moderne de sa motivation. La position de la captive dans l'*oikos* n'est plus l'objet du débat, mais bien l'exercice de sa volonté. Cet écart trouve sa véritable signification lorsque Marcelle veut entraîner Théodore au temple pour qu'elle prête serment quant à ses intentions ; Théodore s'y refuse. L'événement central surgit alors :

> Marcelle :   « Il faut de deux raisons que l'une vous retienne :
> Ou vous aimez Placide, ou vous êtes chrétienne.
>
> Théodore :   Oui, je la suis, Madame, et le tiens à plus d'heur
> Qu'une autre ne tiendrait toute votre grandeur.
> Je vois qu'on vous l'a dit, ne cherchez plus de ruse ;
> J'avoue, et hautement, et tôt, et sans excuse. »[53]

L'*agôn* a changé d'objet : il s'agissait apparemment d'une rivalité amoureuse[54] conformément à un schéma ancien, dans lequel reine et captive sont rivales dans l'intimité du prince. Mais au moment où Théodore se déclare chrétienne, cette question est reléguée tandis que l'enjeu gagne une dimension métaphysique. Corneille donne alors une autre résonance au schéma hérité : reine et captive ne sont plus en rivalité pour le prince, évincé du centre dramatique, qui a désormais été investi par Dieu. Le schéma précédemment énoncé est repris par Corneille comme base d'un profond travestissement : la captive devient une martyre et acquiert ainsi de toutes nouvelles lettres de noblesse : sa captivité la soumet à la « reine », représentante d'un ordre terrestre, mais elle a la préférence divine. L'interprétation métaphysique de ce schéma se double d'une autre nouveauté ; c'est la captive qui transmet l'ordre divin, parce qu'elle a une dimension angélique (ἄγγελος). En droite ligne de l'hagiographie, elle devient ainsi le centre de l'action, autour duquel doivent se réorganiser les personnages, et gagne une dimension qu'elle n'avait jamais atteinte auparavant. Elle n'est plus un enjeu, mais un paradigme.

Le questionnement sur la légitimité reste au cœur du problème, mais se déplace du terrain politique au plan religieux. La remise en cause est profonde : Théodore conteste la légitimité de Rome, persécutrice des chrétiens, et, au degré dramatique, celle de Valens, représentant du pouvoir romain. Aussi la constitue-t-il prisonnière : « Paulin, que là dedans pour prison on l'enferme ; / Mettez-y bonne garde »[55]. Paradoxalement, le personnage de Théodore trouve un second souffle dans cet enfermement. En entrant sur scène au début de l'acte, elle apparaissait comme une princesse captive, issue d'Antioche et tombée sous la coupe du pouvoir romain représenté par Valens ; par là même, elle se trouvait en situation de soumission également à l'égard de Marcelle, l'épouse du gouverneur. Cette situation définissait son rôle. Mais la prison la

---

53. *Théodore*, II, 4, vers 563-568.
54. Marcelle défend par procuration les intérêts amoureux de sa fille Flavie, tandis que Théodore est aimée de Placide.
55. *Théodore*, II, 5, vers 620-621.

soustrait au pouvoir temporaire et donc à la captivité politique. Elle y trouve un rayonnement nouveau, tandis que se réalise une variante dans le schéma fondamental :

« La captive se refuse à reconnaître la légitimité du Roi à partir du moment où cette situation l'amène à abdiquer sa liberté intime. La maison est en désordre. »

Cette modification correspond à une intériorisation de l'action, conformément au mouvement observé dans l'évolution de la tragédie : le fait, selon Lanson, que le dramaturge « transporte la tragédie dans le cœur humain », et que « les événements qui font l'action, le mouvement, l'intérêt » soient désormais « des sentiments et des volontés » ; enfin que ces sentiments ne soient point les « effets des faits tragiques », mais « des causes, des mobiles de résolution, des ressorts d'action »[56]. La transformation du schéma de base témoigne de cette évolution et la captivité politique de la princesse apparaît *a posteriori* comme un préalable dramatique à son martyre. « Identité de cœur, différence d'esprit ; tout est là. Chaque grand artiste (...) refrappe l'art à son image » : Victor Hugo a mis en lumière cette circulation qui réinvestit d'une idéologie nouvelle les figures héritées de créations antiques[57]. L'emprisonnement de Théodore lui confère une dimension christique – la confrontation à Valens évoque le face-à-face de Jésus et de Pilate, tandis que le face-à-face avec Marcelle tient de la lutte contre le Malin. Dans le schéma antique, la perversion du couple provoquait la maladie de la cité par un effet de contagion ; dans la tragédie chrétienne, la confrontation du martyr à son oppresseur sonne le glas de l'ancienne cité, mais annonce l'avènement de la cité de Dieu :

« La captive se refuse à reconnaître la légitimité du roi pour professer sa foi : la maison est en désordre. »

Dans ce schéma-là, la maison symbolise le règne terrestre, et le refus conduit à une révolution métaphysique.

Le travestissement idéologique transforme également le statut de la captive : c'est elle, et non la « reine », qui formule le refus. La force revient au faible, dans une cohérence complète avec l'infléchissement chrétien de l'héritage. Cette perspective nouvelle place la captive dans la position isolée de la sainte. A partir du moment où elle est l'instigatrice de l'action et non plus son enjeu, elle développe une énergie qui contredit les données initiales du rôle, c'est-à-dire la double captivité, politique et physique. Sa situation devient le faire-valoir de l'énergie[58], l'obstacle que le héros chrétien transcende. Elle n'est plus l'élément fondateur du caractère, mais sa mise à l'épreuve, l'occasion d'éprouver la force de la foi. Théodore est ainsi doublement isolée : la prison,

---

56. Lanson, *Esquisse d'une histoire de la tragédie française,* leçon XVI.
57. Victor Hugo, *William Shakespeare, op. cit.*, p. 114. La remarque inaugure certainement la réflexion moderne sur la notion de type, ainsi illustrée dans la suite de ce commentaire : « Hamlet, c'est Oreste à l'effigie de Shakespeare. Figaro, c'est Scapin à l'effigie de Beaumarchais. Grangousier, c'est Silène à l'effigie de Rabelais. »
58. Le personnage de Théodore confirme l'analyse du héros cornélien, défini par Lanson selon une « psychologie de l'énergie » : « Le héros est agissant : la souffrance n'est qu'un accompagnement. » – *op. cit.*

et l'énergie qu'elle y développe, l'éloignent des autres personnages et la placent au centre d'un cercle sacré, celui qui, selon Roger Caillois « s'oppose au monde profane comme un monde d'énergies à un monde de substances. D'un côté, des forces ; de l'autre des choses »[59]. La captivité physique de Théodore, consécutive à sa profession de foi, agit comme une consécration[60]. Dans cette perspective, la captivité est une grâce ; Théodore est telle une Andromède qui se féliciterait de son rocher.

D'origine historique et non plus hagiographique, *Rodogune* représente également une princesse en situation de captivité politique, dans un Etat régi par Cléopâtre de Syrie. La pièce présente une aggravation exceptionnelle du schéma fondamental, et tire de ce procédé une partie de son exemplarité. Le spectateur y retrouve l'antique opposition entre la « reine » et la captive, mais en l'absence totale du « roi ». La nouveauté du schéma réside dans cette vacuité totale[61], qui comporte plusieurs conséquences : l'*agôn* reine/captive est exacerbé par l'absence d'une médiation, et par la volonté de combler ce vide : il n'y a pas de roi mais il y en aura un – l'enjeu de la pièce réside dans le « comment ».

L'*agôn* déjà rencontré est ici placé au premier plan. Il atteint dans la pièce une intensité qu'Hélène Baby et Alain Viala n'ont pas manqué de noter : « Autre nouveauté avec *Rodogune, princesse des Parthes* (1644) dans laquelle [Corneille] renouvelle les schémas du genre tragique en faisant du tyran une mère : Cléopâtre, reine de Syrie, n'hésite pas à sacrifier ses deux fils à sa haine et à son ambition »[62]. Plus qu'un renouvellement, cet argument dramatique nous apparaît comme une forme radicalisée du schéma identifié auparavant. La rivalité reine/captive, mise en place par Sophocle, connaît ici son apogée ; elle acquiert une vertu structurante qui témoigne de son succès. A cette situation nouvelle, l'exposition propose un préalable conforme au modèle antique : dans

---

59. Roger Caillois, *L'homme et le sacré*, deuxième partie : « L'ambiguïté du sacré », p. 44.
60. Mais cet isolement même explique peut-être l'échec de cette pièce – dans l'*Examen* de 1660, près de quinze années plus tard, Corneille justifie cet échec par cette dimension sacrée du personnage éponyme : « pour en parler sainement, une vierge et martyre sur un théâtre n'est autre chose qu'un Terme qui n'a ni jambes ni bras, et par conséquent point d'actions ». André Stegmann, quant à lui, justifie cette réception par le caractère scabreux de son sujet : la pièce « échoua et on la délaisse encore de nos jours, parce que Corneille, fidèle à l'histoire et conscient du pathétique particulier du sujet, osa conduire son personnage « en un infâme lieu... » avec un tact extraordinaire et qui ne prête pas à rire. (...) On regrette que dans son *Examen* de 1660, il ait porté, pour des raisons purement techniques, une semi condamnation sur cette pièce ». Il semble au contraire que Corneille ait fait preuve d'une exacte clairvoyance dans son *Examen*, et que l'échec soit effectivement de nature technique : en transformant le schéma traditionnel, le dramaturge a placé la captive dans une position particulière. Contrairement aux autres captives rencontrées, Théodore n'éprouve pas le besoin d'être libérée, puisque la captivité fait partie du martyre. Or une captive qui n'attend pas de libérateur perd la dimension pathétique qui faisait le succès de son rôle : « S'il ne faut que du sang, j'ai trop de quoi payer, implore-t-elle à l'intention de Didyme, / Rends-moi, rends-moi ma place assez et trop gardée... » (V, 5, vers 1615-1616).
61. L'effacement de Valens dans le drame précédent laissait présager une telle évolution.
62. *Le Théâtre en France des origines à nos jours*, p. 186.

un temps antérieur à la pièce mais fondateur du drame, Démétrius, époux déjà de Cléopâtre, a épousé Rodogune[63]. Le début du schéma dérive donc du schéma d'Iole dont il retrouve la formulation initiale, à peine modifiée : « *L'épouse refuse de reconnaître la légitimité du roi parce qu'il a une seconde épouse.* »

Le refus conduit là aussi jusqu'au meurtre du roi, acte manqué pour Déjanire, mais conscient chez Cléopâtre. Sa conséquence immédiate est le « trouble si long » déploré par Laonice[64] : « *la maison est en désordre* ».

L'éviction du Roi radicalise la confrontation de la Reine à celle qui devient donc *sa* captive : Rodogune est persécutée par Cléopâtre. Le schéma antique nourrit ainsi le drame sans être exploité pour lui-même : il en constitue le substrat, et cette fonction nouvelle consacre sa validité, l'entérine comme un schéma tragique incontestable auquel Corneille se propose d'inventer une *suite*. Le déroulement de la pièce *détourne* ou *écarte* les schémas hérités pour se frayer une voie nouvelle : l'invention découle de l'imitation, elle-même source de vraisemblance : la démarche cornélienne se plie ainsi aux exigences de la doctrine classique[65].

En même temps, l'invention tient du *redoublement*. Car le schéma fondamental est repris une seconde fois : « *la Reine doit accorder la légitimité royale à son fils* ». Dans cette variante, la reine est toujours l'instigatrice, le thème fondateur reste la légitimité, et le même obstacle se dresse entre la reine et le futur roi : l'épouse seconde, la captive. Car celui des princes qui règnera l'épousera. C'est le dénouement idéal, où se retrouve le troisième syntagme à l'œuvre dans *Les Trachiniennes* : Héraclès y donnait Iole à son fils Hyllos pour lui accorder sa légitimité ; dans ce schéma, la captive était devenue le témoin-relais du pouvoir. Corneille reprend la formulation, qui présente l'avantage de neutraliser les deux sources de la crise : « *Le fils du Roi épouse la captive. L'ordre est restauré dans la maison.* ». Cette seconde fonction de la captive est effectivement reconnue par les jumeaux d'Antioche – Antiochus en formule le principe : « Elle doit épouser, non pas vous, non pas moi, / Mais de moi, mais de vous, quiconque sera Roi / (...) sans incertitude elle doit être Reine »[66]. Et

---

63. Le fait et ses conséquences sont relatés par Appian Alexandrin dans les Guerres de Syrie, cité comme source par Corneille dans l'*Examen* de 1660 : « Démétrius, retournant en son royaume, fut tué par sa femme Cléopâtre, qui lui dressa des embûches sur le chemin, en haine de cette Rodogune qu'il avait épousée... »

64. *Rodogune, princesse des Parthes*, I, 1, vers 2.

65. Jacques Scherer rappelle en effet que « l'exigence de vraisemblance est l'une des plus importantes de l'esthétique classique » ; cette exigence, souvent difficile et même contradictoire par rapport à d'autres règles, trouve cependant différentes sources ; l'une d'elles est le recours par les dramaturges à des auteurs anciens et obscurs qu'ils revendiquent comme sources dans leurs préfaces : « ils préfèrent de beaucoup, quand ils le peuvent, justifier leur hardiesse en produisant le témoignage obscur de quelque auteur ignoré qui contredise la tradition commune... ». – *in La Dramaturgie classique en France, op. cit.*, troisième partie : « l'adaptation de la pièce au public », chap. I, p. 367.

66. *Rodogune*, I, 3, vers 157-160. Dans cette scène, qui fait partie de l'exposition, Antiochus et Séleucus reconnaissent aimer tous deux Rodogune ; ils refusent cependant de se quereller pour

c'est effectivement le principe qui prévaudra au dénouement... C'est donc entre le schéma fondamental et son dernier syntagme que s'exerce l'invention cornélienne. Et c'est pourquoi on peut ici parler d'*aggravation*[67]. Car Cléopâtre refuse cette forme de légitimation pourtant entérinée par les modèles ; la mort de la captive sera le prix du trône. Telle Salomé réclamant la tête de Jean Baptiste, la reine d'Antioche met à mort le personnage qui assure le relais du pouvoir. Le schéma d'Iole risque alors de se trouver inversé : au mariage serait substitué le meurtre. Par contresens, la légitimation est dictée par la disparition même de son objet. La suppression doit venir remplacer la possession de cet objet. Cléopâtre propose donc une résolution fondée sur un paradoxe : « *Le Roi sera légitimé par la disparition des termes de sa légitimité.* »

Le syntagme correspond à une aggravation du schéma de base :
« *La Reine refuse au roi sa légitimité : la maison est en désordre.* »
Ce désordre peut même s'appeler chaos, tant il repose sur un renversement total des valeurs fondamentales de l'ordre. Dans ce schéma, la captive, quant à elle, retrouve sa place initiale : elle est la source involontaire du refus. Mais par *hypermotivation*, elle est cette fois placée au centre du conflit, puisque c'est contre elle que se joue le drame. De ce fait, elle se trouve placée sur le même plan que Cléopâtre, et, par conséquent, l'une d'elles doit disparaître pour que l'ordre revienne. La cour de Syrie dispose ainsi en puissance de deux Rois et de deux Reines ; la figure du double fonde ici l'aporie tragique.

C'est cet effet de redoublement qui marque toute la pièce, et qui conditionne le rôle nouveau de la captive. Car celle qui n'était qu'objet de conflit devient active, et impose à son tour son schéma : la captive jouera son rôle de légitimation à la condition que la mère disparaisse. Tout l'acte III, occupé par Rodogune, fait émerger cette proposition ; pour y parvenir, le dramaturge provoque l'annulation successive des motifs qui définissaient sa captivité. Le premier d'entre eux concerne sa relation à Laonice : celle-ci était entrée dans le drame comme confidente de Cléopâtre ; elle devient la confidente de Rodogune, qui fait un premier pas sur le territoire de sa rivale[68]. Le deuxième

---

elle. Corneille utilise le thème galant de l'amour, mais évite l'écueil de la rivalité amoureuse, qui le ferait dévier de son objet principal : la légitimité politique. La référence aux luttes fratricides, aux vers 171 et suivants, explicite et écarte le schéma dramatique qui serait alors possible. Mais Rodogune ne sera pas l'enjeu d'une querelle : même convoitée, elle reste liée au pouvoir et garde sa fonction de légitimation.

67. Dans la logique de l'analyse menée par Genette, cette aggravation résulterait de l'éviction de la figure royale, *dévalorisée* : « le mouvement de dévalorisation peut aussi s'exercer sur un hypotexte lui-même dévalorisant, ou peu soucieux de valoriser l'histoire qu'il raconte et ses protagonistes. Plutôt qu'une « démystification », l'hypertexte dévalorisant opère alors quelque chose comme une *aggravation*, accentuant peut-être simplement la pente secrète de son hypotexte. », *op. cit.*, p. 498.

68. Le ralliement de Laonice à Rodogune, auprès de laquelle elle occupe désormais la fonction de confidente, contribue à la distinction de celle-ci comme un personnage central. Jacques Scherer note par exemple l'effet produit par ce personnage, dont l'existence même contribue à la distinction du « héros » auquel il est attaché : « Le héros en effet doit toujours être entouré de personnages secondaires - sauf pour monologuer. Il ne saurait aller seul sans heurter l'idée qu'on se fait de sa puissance et de sa dignité. Il lui faut une « suite », d'autant plus nombreuse qu'il occupe un rang plus élevé. » – *La Dramaturgie classique en France*. Première partie, Chapitre I : « Les personnages ». p. 40.

motif est le Messager, représenté dans la pièce par Oronte ; ambassadeur de Phraatès et commis à la protection de Rodogune, il vient la dissuader de fuir et lui représenter la précarité de sa situation :

> « Notre fuite, Madame, est assez difficile :
> J'ai vu des gens de guerre épandus par la ville.
> (...) A ces honteux moyens gardez de recourir :
> C'est ici qu'il vous faut ou régner ou périr. »[69]

Le conseil d'Oronte manifeste l'urgence, et dramatise l'action dans un *hic et nunc*. En même temps, l'éventail des possibilités se trouve réduit à une alternative extrême : « régner ou périr » ne dit pas autre chose que « tuer la reine ou se faire tuer par elle ». Avec l'intervention d'Oronte, Corneille radicalise l'action : celle-ci n'est plus dans l'oppression de la captive par la reine, mais dans la rivalité des deux caractères.

Dans ce combat, chacune évalue ses atouts : autorité royale et maternelle pour Cléopâtre, influence amoureuse pour Rodogune. Dans cette même scène, Corneille pare en effet la captive d'une dimension érotique : « Si vous voulez régner, faites régner l'Amour. », conseille Oronte[70]. Un autre schéma, plus moderne, est ainsi proposé : *La captive séduit celui qui pourra la libérer*, schéma qui connaît au XVIIe siècle un succès proportionnel à celui du thème galant dans la production littéraire en général[71].

Ce thème est toutefois provisoire. Lorsqu'il aborde la question des rapports entre le pouvoir et la production dramaturgique, Jean Rohou propose une double définition l'amour, « libre choix de la valeur pour les humanistes anti-centralistes du premier demi-siècle, est, au même moment, [...] refuge de la valeur contre la tyrannie pour le même Corneille à partir de *Rodogune* »[72]. La définition charge ainsi l'amour et ceux qu'il inspire d'une valeur positive, capable d'opposer aux effets néfastes de la tyrannie un antidote vigoureux. Et cependant, cet antagonisme entre l'amour et la tyrannie n'est pas réellement à l'œuvre dans *Rodogune* ; car la pièce repose sur une ambiguïté fondamentale, consécutive aux multiples effets de redoublement : toute captive soit-elle et bien qu'objet de désir, la princesse exerce une tyrannie assez semblable à celle de Cléopâtre lorsqu'elle exige de ses amants le matricide. Il semble en fait que Corneille évacue à son tour le schéma galant, du moins au sens où la captive serait une bénéficiaire passive de l'amour ; au contraire, elle en fait ici un usage machiavélique, que confirment ses ultimes réticences : « Quoi ? je pourrais descendre à ce lâche artifice / D'aller de mes Amants mendier le service... »[73].

Apparemment, cette figure de redoublement conduit à une antithèse entre Cléopâtre et Rodogune. Mais celle-ci est d'ordre rhétorique[74], alors que l'ana-

---

69. *Rodogune*, III, 2, vers 799-800/817-818.
70. *Ibid.*, vers 842.
71. Cet aspect sera approfondi dans la troisième partie : « Mises en scène de la captivité. »
72. *La Tragédie classique*, *op. cit.*, p. 25.
73. *Rodogune*, III, 3, vers 843-844.
74. André Gide regrettait l'importance accordée à la rhétorique dans *Rodogune*, les « amoncellements de rhétorique presque insupportable. » – *Journal*, 21 mars 1930, *Pléiade*, Gallimard,

logie fonde le drame : si les actions des deux femmes, la Reine et la captive, sont motivées par des raisons opposées, les moyens employés sont les
mêmes. L'effet de miroir est parfait lorsque Séleucus et Antiochus viennent
déclarer allégeance à Rodogune, et s'en remettre à elle pour le choix du successeur :

> « C'est trop d'indignité que notre souveraine
> De l'un de ses captifs tienne le nom de reine.
> Notre amour s'en offense, et changeant cette loi,
> Remet à notre reine à nous choisir un roi. »[75]

Les jumeaux en reviennent au schéma ancien : la captive sera le gage de la
légitimité. La nouveauté réside ici dans la part d'autonomie réservée à
Rodogune, appelée à décider lequel des jumeaux doit assurer la succession :
contrairement à Iole, elle dispose du pouvoir de choisir. L'audace de Corneille,
particulièrement manifeste dans cette pièce, consiste alors à renverser le
schéma hérité des textes les plus anciens, pour parvenir à cette formulation
neuve :
La captive accorde au Roi la légitimité à condition que la Reine disparaisse.
Cette formulation positive, sommaire du discours de Rodogune aux jumeaux,
est la conséquence d'une autre formulation, sous-jacente et cependant directement héritée du renversement de la proposition de base :
La captive refuse au Roi la légitimité parce que la Reine est présente.
L'inversion suit une symétrie totale. Au lieu d'attendrir le héros (ici dédoublé),
la captive le confond. Les deux dernières scènes sont donc consacrées au désarroi des princes, déroutés par l'effet de miroir Reine/captive, et par la réversibilité des situations – « Que le ciel est injuste ! Une âme si cruelle / Méritait
notre mère et devait naître d'elle »[76], s'exclame Séleucus, tandis qu'Antiochus
avoue un peu plus tard « le trouble où [son] âme est réduite »[77]. Les deux caractères féminins se livrent ainsi à une sorte de jeu dont Antiochus et Séleucus sont
des cavaliers sans plus d'autonomie que sur un échiquier, ce qu'ils reconnaissent eux-mêmes : « Dérobons-nous, mon frère, à ces âmes cruelles, / Et lais-
sons-les sans nous achever leurs querelles »[78]. Cléopâtre est la première à
« prendre » l'un des cavaliers, et se découvre par cette fausse manœuvre :
Rodogune l'emporte à la dernière scène. La disparition de la Reine permet à
Antiochus d'épouser la captive et d'acquérir ainsi sa légitimité royale :
Corneille retrouve dans le dénouement le syntagme résolutoire du schéma initial : *par le mariage avec la captive, le fils peut succéder à son père. La mai-*

---

p. 975-976. Et cependant seuls les développements rhétoriques permettent de ménager une différence entre le personnage de Rodogune et celui de Cléopâtre. Sans le rappel rhétorique du passé,
par lequel chacune expose ses motivations, l'analogie l'emporterait dans le drame, aux dépens de
sa puissance pathétique. Il faut impérativement, en effet, que Rodogune, personnage éponyme et
captive d'une reine acariâtre, reste sympathique au public ; Corneille joue sur un fil que le rai-
sonnement seul assure.

75. *Rodogune*, III, 4, vers 907-912.
76. *Rodogune*, III, 5, vers 1051-1052.
77. *Ibid.*, vers 1080.
78. *Ibid.*, vers 1091-1092.

son est à nouveau en ordre. C'est donc entre le premier et le dernier syntagmes que s'est effectuée l'aggravation du schéma fondamental antique.

Ces deux drames cornéliens confrontent ainsi deux personnages, dans un face-à-face structurant : d'une part, une reine, épouse du maître de l'Etat et détentrice à ce titre d'un pouvoir dont elle abuse ; d'autre part, une captive, introduite dans la maison par l'époux et dont la présence, le plus souvent innocente, génère une rivalité destructrice. La mise en scène de cet ἀγών, récurrente depuis l'*Agamemnon* d'Eschyle, évolue sur le théâtre moderne où l'on note l'effacement progressif de la figure du Roi au profit de l'affrontement entre les deux caractères féminins, devenus les protagonistes du drame.

✳✳✳

Intériorisation de l'agôn : la distinction de Mariane

Avec *La Mariane*, Tristan réactive le schéma d'Hécube, c'est-à-dire l'intériorisation de l'ἀγών entre Reine et captive. Mais, là encore, l'interprétation moderne du schéma fondamental en infléchit considérablement le sens.

La pièce présente un exemple particulier de captive, dont la situation se définit avant tout par l'ambiguïté : Mariane est femme d'Hérode, mais en vertu d'un mariage célébré sous la contrainte[79]. Conformément à la tradition, le Roi est d'emblée présenté comme un oppresseur, dont l'épouse est aussi la captive. Mais le songe d'Hérode, qui ouvre la pièce, propose une autre lecture de cette situation :

> « Je me suis trouvé seul dans un bois écarté,
> [...]
> Lorsqu'une voix plaintive a percé les ténèbres,
> Appelant « Mariane », avec des tons funèbres.
> J'ai couru vers le lieu d'où le bruit s'épandait,
> Suivant dans ce transport l'Amour qui me guidait... »[80]

Le récit expose la passion d'Hérode pour Mariane : le roi laisse nettement paraître l'ascendant que son épouse exerce sur lui-même. L'éponymie accordée à la Reine ne révèle donc pas seulement sa position de victime ; elle est aussi l'indice de son involontaire puissance.

La situation est donc complexe et cette ambiguïté marque autant la position de Mariane que son caractère – ce qu'elle confirme dès sa première apparition : « Si mon corps est captif, mon âme ne l'est pas »[81]. L'affirmation manifeste la détermination du personnage autant que son besoin de se définir

---

79. Tristan l'Hermite mentionne cette situation dans l'avertissement qu'il adresse au lecteur de la pièce : « quiconque a lu *Josèphe, Zonare, Hégésippe*, (...) sait assez quelles ont été les violences d'Hérode, qui furent fatales aux Innocents, et particulièrement à cette illustre Mariane, dont il avait usurpé le lit et la liberté, avec la couronne de Judée. » – *Théâtre du XVIIe siècle, op. cit.*, II, notice de *La Mariane*, p. 264.
80. *La Mariane*, I, 1, vers 93-106.
81. *Ibid.*, vers 362.

lui-même ; elle révèle également la volonté du poète de mettre en évidence la dimension paradoxale de cette captive. L'ambiguïté pèse sur elle comme un déterminisme, car elle concentre les deux termes de l'*agôn* qui oppose reine et captive : elle est à la fois l'une et l'autre, et surtout l'une parce que l'autre. Ainsi déchirée, Mariane ne peut que mourir, puisque aucune rivalité entre reine et captive ne peut se résoudre sans la disparition de l'une ou de l'autre. Aussi la mort du personnage éponyme n'est-elle pas en soi le véritable problème posé par le drame, mais plutôt la question : Mariane meurt-elle en tant que reine ou en tant que captive ?

Elle-même n'admet pas d'équivoque quant à sa situation. Tout son discours souligne la revendication de son identité. A Dina qui lui recommande de se contraindre, et de feindre des sentiments amoureux pour se préserver, Mariane oppose sa naissance :

> « Moi ? que je me contraigne ? étant d'une naissance
> Qui peut impunément prendre toute licence,
> Et qui sans abuser de cette autorité,
> Ne règle mes désirs que par l'honnêteté ? »[82]

Conforme au caractère d'exception exigé par le genre, Mariane se définit dans l'opposition à Hérode : chaque qualité présentée dans ce bref autoportrait est l'opposé exact des défauts du roi. Implicitement, et dans la mesure où le discours de Mariane attribue ces qualités à la naissance, Hérode se voit refuser là une identité royale légitime. La situation de la reine apparaît alors comme un contresens total : elle doit allégeance, par son mariage, à un époux qui lui est inférieur. Là où Dina présentait la contrainte comme une attitude politique, Mariane y voit un aspect identitaire que sa naissance lui interdit. Dina évolue dans la contingence, Mariane dans l'essence, fidèle à l'absence de compromission qui caractérise les personnages tragiques et les oppose à leurs confidents[83]. Cette différence essentielle des connotations l'amène à traduire le terme de « contrainte » par celui d'« esclavage » :

> « Je sors de trop d'aïeux qui portaient des Couronnes
> Pour avoir la pensée et le front différents,
> Et devenir Esclave en faveur des Tyrans. »[84]

Le discours de Mariane repose sur la distinction radicale et antique entre l'esclave et la captive : la captivité est une situation alors que l'esclavage est une identité ; l'esclave a des devoirs que la captive ignore ; l'un se soumet par essence, l'autre se refuse à la soumission malgré ses chaînes.

Les discours de Mariane sapent ainsi la légitimité d'Hérode, qui n'a d'autre ressource que de l'envoyer à la mort, tandis que lui-même sombre dans la

---

82. *Ibid.*, vers 355-359.
83. L'échange rappelle celui d'Antigone et Ismène au début de l'*Antigone* de Sophocle : à sa sœur qui lui recommande la sagesse : « nous sommes soumises à des maîtres, et dès lors contraintes d'observer leurs lois. » (trad. Paul Mazon), Antigone oppose son propre libre arbitre. Toutes deux sont placées en position d'infériorité mais tandis qu'Ismène se réclame d'ἀνάγκη, Antigone revendique son ἐλευθερία.
84. *La Mariane*, II, 1, vers 364-366.

folie. Etendu sur tout le dernier acte, le dénouement constitue une innovation déterminante de la part de Tristan, et représente un tournant dans l'histoire de la tragédie française du XVIIe siècle[85]. Dans la logique de l'intériorisation et malgré le titre de la pièce, le roi redevient le personnage principal de l'action, tandis que la place de Mariane devient instrumentale sur le plan dramatique. Mais il faut alors donner à cet instrument une fonction primordiale, celle d'élément déclencheur : la reine a la responsabilité première dans le trouble d'Hérode, et cette responsabilité a elle-même une nature psychologique : la nature paradoxale de son personnage trouve une résolution, voire un exutoire dans ce trouble. L'égarement d'Hérode à l'acte V est la première interprétation intime du troisième syntagme d'un même schème, entièrement transporté sur un plan psychologique[86] :

« La Reine refuse de reconnaître la légitimité du Roi parce qu'il a fait d'elle une captive. L'esprit du roi sombre dans le désordre. »

L'infléchissement du schéma fondamental révèle tout à la fois une inquiétude politique sur la nature du pouvoir et une évolution déterminante dans le traitement des caractères. La *persona* acquiert une *psychè*, dont la complexité condamne toute efficacité dramatique. L'action s'étiole avec un art consommé de l'évanouissement, tandis que l'héritage est ici soumis à un principe de *réduction* : le Prince s'efface au présent de la scène, emportant avec lui tout espoir de résolution. La *Mariane* de Tristan est une leçon de ténèbres.

✳✳✳

L'anticipation de la captivité : La Sophonisbe *et* All for Love

La Sophonisbe de Mairet offre une autre représentation de la captivité. Par rapport à l'Hécube des *Troyennes*, la princesse peut être considérée dans un « juste avant » : la veuve de Syphax, roi de Numidie, représente Carthage dans les moments qui précèdent sa chute devant les assauts de Scipion[87]. Toutefois, comme pour les pièces précédentes, la pièce s'ouvre sur la question

---

85. Hélène Baby et Alain Viala reconnaissent par exemple la nouveauté du procédé : avec la *Mariane*, « la construction psychologique des personnages et la dramaturgie acquièrent une densité nouvelle. (...) Ce nouveau type de tragédie substitue à la contingence des événements extérieurs l'intériorité des conflits. » f – *Le Théâtre en France des origines à nos jours,* dir. Alain Viala.– quatrième partie : « Le XVIIe siècle ou l'institution du théâtre », p. 183.

86. Jean Rohou note cette intériorisation du conflit, qui trouve sa source dans l'œuvre de Hardy, prédécesseur de Tristan L'Hermite sur ce sujet : la *Mariamne* de Hardy marque le « début d'intériorisation des conflits et d'analyse psychologique, notamment celle des dilemmes et des déchirements. » – *La Tragédie classique, op. cit.,* p. 86. Toutefois, Rohou note de l'un à l'autre une évolution imputable selon lui à des contextes historiques différents : « La différence entre les deux pièces témoigne de l'évolution : Hardy centre la sienne sur la violence des effets, à un moment où la tragédie est défoulement ; Tristan sur le tourment intime : progrès de l'analyse psychologique, mais aussi morosité des milieux d'opposition hostiles à Richelieu. » – *ibid.,* note 83, p. 155.

87. Le sujet a donné lieu déjà à *La Carthaginoise* de Montchrestien, dont le titre marquait plus encore le rapport analogique entre Sophonisbe et sa cité.

de la légitimité : Sophonisbe, d'emblée, remet en cause celle de son époux
Syphax, dont elle signale l'impuissance dès la première scène :

> « Sire, vous voyez trop à quelle extrémité
> Les armes des Romains vous ont précipité :
> Votre Empire perdu, votre ville assiégée,
> Et l'armée ennemie à nos portes logée,
> [...] Et qu'il n'est quasi plus en la puissance humaine
> De repousser de nous l'insolence romaine. »[88]

La situation est renouvelée suivant le même modèle lorsque Sophonisbe
épouse Massinisse à la fin de l'acte III – elle exprime à nouveau son appréhension : « Ne souffrez pas qu'un jour votre femme enchaînée / Soit dans un
Capitole en triomphe menée »[89]. Elle pousse alors son nouvel époux, auparavant conforté par son intelligence avec Scipion, à ébranler cet équilibre politique. La rupture se répercute sur le caractère du prince qui, malgré les mises
en garde de Scipion[90], sombre dans un égarement qualifié de « mélancolie » par
le Romain. Dans le dernier mouvement enfin, Sophonisbe, finalement réduite
à la captivité, exige de Massinisse qu'il lui envoie du poison, lui représentant
la mort comme l'ultime présent de l'amour. Le Numide accède à sa demande,
et la princesse reçoit alors le poison avec une exclamation teintée d'érotisme :
« Si je pouvais baiser la main qui me l'envoie ! »[91]. La perspective de la captivité a donc provoqué la mort de celle qui en aurait été victime, et, par contagion, de ses deux époux successifs, tandis que l'association d'éros et thanatos
témoigne d'une ultime rupture d'équilibre, d'une inversion fondamentale du
fonctionnement vital.

A chacune de ces étapes, la captivité est associée au féminin dans un exercice qui la distingue des caractères rencontrés précédemment : la captivité est
toujours un enjeu dramatique, mais sous une forme potentielle qui exerce une
force répulsive telle que le schéma fondamental s'en trouve reformulé :
« *La reine se refuse à reconnaître la légitimité (le pouvoir) du roi si le lien qui
les unit risque de la conduire à la captivité.* »
Ce refus trouve une version positive dans l'exercice de la séduction ; mais la
variante qui en résulte produit une catastrophe semblable :
« *La Reine séduit le vainqueur pour échapper à la captivité ; le vainqueur perd
alors sa légitimité.* »

---

88. *La Sophonisbe*, I, 1, vers 85-92.
89. *Ibid.*, IV,1, vers 1121-1124.
90. *Ibid.* , IV, 3.
91. *Ibid.*, V, 5, vers 1626. Cette audace est amplifiée dans la dernière scène de la pièce, toute
entière consacrée au monologue de Massinisse sur le corps de Sophonisbe : la tirade commence
par un éloge sensuel des beautés de la morte :

> « Miracle de beauté, Sophonisbe mon âme,
> Que je n'ose appeler de ce doux nom de femme,
> Tant les chastes plaisirs d'Hymen et de Junon
> M'ont duré peu de temps pour te donner ce nom,
> Vive source autrefois d'amour et d'éloquence,
> Où la mort maintenant a logé le silence,
> Belle bouche, beaux yeux, de tant d'attraits pourvus... » – V, 8, vers 1781-1787.

La Sophonisbe renouvelle l'héritage en opérant à la fois un prolongement et une hypermotivation : la seule virtualité de la captivité suffit à plonger la maison dans le désordre.

All for Love de Dryden présente une similitude de situation avec *La Sophonisbe* de Mairet : l'alliance « politico-érotique » entre la princesse de Carthage et le prince numide allié du Capitole a quelque chose à voir, en effet, avec celle qui unit la reine d'Egypte et le général romain. *All for Love* peut être ainsi considéré comme une interprétation du second syntagme de *La Sophonisbe* :
« *Une Reine assiégée séduit l'un des représentants du camp vainqueur pour échapper à la captivité.* »
Comme chez Mairet encore, la captivité est une éventualité pour la Reine, précisée par l'imminence de la défaite : assiégée par Rome, figure de la toute-puissance, Cléopâtre comme Sophonisbe est déjà captive en son royaume. La crise a atteint son apogée lorsque s'ouvre la pièce, tandis que le sous-titre, *The World Well Lost*, ne laisse aucune ambiguïté quant à son issue. Au tableau du royaume adressé par Sophonisbe à Syphax chez Mairet[92] répond ici la description d'une Egypte malade. En référence peut-être au premier acte d'*Hamlet*, l'ultimatum est signifié par un fantôme, qui proclame : « *Egypt is no more* » (« Il n'y a plus d'Egypte »), avec valeur de prolepse[93]. Et le drame ouvre sur le tableau d'une Egypte moribonde, décrite par le prêtre Sérapion :

> « *Portents, and prodigies, are grown so frequent,*
> *That they have lost their name. Our fruitful Nile*
> *Flowed ere the wonted season, with a torrent*
> *So unexpected, and so wondrous fierce,*
> *That the wild deluge overtook the haste*
> *Even of the hinds that watched it. Men and beasts*
> *Were borne above the top of the trees that grew*
> *On th'utmost margin of the water-mark...* »

(« Miracles et prodiges sont devenus si fréquents qu'ils en ont perdu leurs noms. Notre Nil fécond se répand avant la saison des crues, avec un courant si inattendu, et une fureur si étonnante, que le sauvage déluge a même pris de court les paysans qui le regardaient. Hommes et bêtes se sont retrouvés au sommet des arbres qui grandissaient tout au bord de la rive... »)[94]

Alors que Shakespeare, dans *Antoine et Cléopâtre*, plaçait la bataille d'Actium à l'acte III, soit au centre de l'action, Dryden en fait un préalable au drame. T.R. Griffiths le note en introduction[95] : « L'un des nombreux défis que Dryden s'est lui-même proposés a été de faire débuter la pièce à un moment où l'is-

---

92. I, 1, vers 85 sqq., passage cité supra.
93. Le propos est repris à l'acte V par Alexas, dans une variante : « *Egypt has been* » (« C'en est fini de l'Egypte »), V, vers 71.
94. *Ibid.*, I, vers 1-8.
95. Trevor R. Griffiths a édité et introduit la pièce de Dryden, *Drama classics*, Nick Hern Books, London, 1998.

sue des conflits mis en scène était déjà pratiquement inévitable »[96]. Ce déplacement de l'action dans le temps, par rapport au drame de Shakespeare, permet également un resserrement de l'espace : alors que toute la Méditerranée était représentée dans la pièce shakespearienne, *All for Love* ne met en scène que le palais de Cléopâtre, espace aussi confiné que celui de *La Sophonisbe*... T.R. Griffiths justifie ce choix du dramaturge par la règle des trois Unités[97], selon une volonté exprimée par Dryden lui-même, dans sa préface[98] ; toutefois, l'intérêt de ce choix dépasse largement sans doute le souci de respecter les règles de la dramaturgie classique. Il rejoint d'abord une tradition dans le traitement du thème : la *Cléopâtre captive* de Jodelle commence aussi après Actium... Le choix permet surtout de représenter un monde en proie, dès le début, à la putréfaction ; univers moribond, qui porte la logique tragique à son point le plus extrême : tout est joué quand se lève le rideau. Dryden approche plus encore que Mairet ce « juste avant » dans lequel se situait l'action de *La Sophonisbe*. Le drame entier se nourrit d'une nostalgie qui confronte cet espace malade avec le monde révolu, que Cléopâtre tente à plusieurs reprises de ressusciter par des fêtes.

Dans cette situation, le premier caractère mis en cause est Antoine, qui apparaît avant Cléopâtre, à la fin du premier acte. Plongé dans une détresse semblable à celle que subit le pays, il se qualifie lui-même : « *shadow of an emperor* »[99]. Car c'est un héros vaincu que la pièce présente d'abord, défait à Actium. Son statut est d'emblée problématique : Romain, il combat pour le camp égyptien ; général héroïque, « *bravest soldier* » selon l'expression de Ventidius[100], il vient d'être défait par son rival Octave ; enfin, il n'est pas le Roi, mais l'époux de la Reine. Cette alliance est elle-même marquée par l'illégitimité : Romain, il a pactisé avec une reine égyptienne ; marié à Octavie, il vit avec Cléopâtre, installé dans la bigamie en même temps que dans l'hérésie politique, selon l'idéologie romaine. L'ambiguïté qui marquait Massinisse est ainsi accentuée dans le statut d'Antoine : le premier était un allié des Romains, le second est romain. L'oscillation qui marque la structure de la pièce, d'après l'analyse de T.R. Griffiths[101], résulte en même temps de la nostalgie éprouvée

---

96. *Ibid.*, *"one of the many challenges that Dryden set himself was to start his play at a time when the outcome of the conflicts he dramatises was already virtually inevitable"*, p. XII.
97. "In order to keep to the Unity of Time, Dryden begins the play after the climax of Antony'military story (...) As a result, we see Antony only in decline." (« Afin de respecter la règle de l'Unité de temps, Dryden commence sa pièce bien après l'apogée de la carrière militaire d'Antoine (...) Par conséquent, nous ne voyons Antoine que sur son déclin. ») – *ibid.*, p. XIII.
98. « *The fabric of the play is regular enough (...) ; and the unities of time, place and action more exactly observed than, perhaps, the English theatre requires.* » (« La construction de la pièce est assez régulière ; et les unités de temps, de lieu et d'action plus scrupuleusement observées que ne le demande, peut-être, le théâtre anglais »). *Op. cit.*, p. 3.
99. *Ibid.*, vers 218 : « ombre d'empereur ».
100. *Ibid.*, I, vers 183 : « le plus brave des soldats ».
101. « *The love-honour conflict between Antony's love for Cleopatra and his duty as an honourable Roman general becomes almost mechanical as he oscillates from one extreme to another.* » (« Le conflit amour - honneur, qui oppose l'amour que porte Antoine à Cléopâtre et son devoir de général romain, devient presque mécanique tant il oscille d'un extrême à l'autre. »). *Op. cit.*, p. XIII.

à l'encontre de ce monde moribond, et de la lutte d'Antoine pour reconquérir sa légitimité. Tout le drame joue ainsi sur ce « point de bascule », et le questionnement fondamental concerne donc la légitimité d'Antoine. L'action ne repose pas sur sa remise en cause, mais sur le problème que sa perte représente. Deux questions pèsent sur le drame : Antoine parviendra-t-il à reconquérir cette légitimité ? Qui est responsable de cette perte ?

Par rapport au schéma de base, l'action est encore avancée : si la responsabilité de la Reine n'est établie que par le camp romain, il est certain que l'alliance de Cléopâtre et d'Antoine a provoqué pour ce dernier un sensible recul de sa légitimité. Au point de départ de l'action se pose donc un schéma qui se formule ainsi, et comme tel correspond au second temps de *La Sophonisbe* : « *L'alliance avec la Reine a placé le héros dans l'illégitimité : la maison est en désordre.* »

La culpabilité de la Reine dans ce schéma est difficile à établir. Comme Antoine, Cléopâtre vit dans l'ensemble de la pièce un mouvement d' « oscillation » entre deux statuts : reine et captive – elle reconnaît sa déchéance au début de l'acte II :

> « *I am no queen ;*
> *Is this to be a queen, to be besieged*
> *By yon insulting Roman, and to wait*
> *Each hour the victor's chain ?* »

(« Je ne suis pas reine ; car est-ce être reine que de subir le siège de Romains injurieux, et d'attendre à tout moment les chaînes du vainqueur ? »)[102]

Et de même que l'entourage romain d'Antoine lui conseille d'abandonner Cléopâtre pour retrouver sa légitimité de Romain, de général et d'époux, les conseillers égyptiens de la Reine lui recommandent d'user de son ascendant sur Antoine pour se sauver elle-même. Comme dans *La Sophonisbe*, l'éventualité de la captivité provoque une scène de séduction, qui clôt l'acte tandis que le suivant s'ouvre sur la joie des amants réunis... La pièce retrouve ainsi le schéma à l'œuvre chez Mairet : « *La Reine séduit le vainqueur pour échapper à la captivité ; ce faisant, elle lui retire victoire et légitimité.* »

Mais cette première convocation de l'héritage ne suffit pas à Dryden. L'entrée d'Octavie, épouse légitime d'Antoine et représentante du camp vainqueur, vient rappeler cette situation antique: la confrontation entre la Reine et la captive[103]. Bien que les termes de « reine » et de « captive » ne soient pas exactement appropriés à la situation décrite dans *All for Love*, le face-à-face est parlant. La ressemblance essentielle avec la situation primitive repose sur le statut de ces deux femmes, défini par leur relation avec Antoine : l'une est

---

102. *All for Love*, II, vers 7-10.
103. La rencontre entre Cléopâtre et Octavie, venue de Rome à Alexandrie, est une invention revendiquée par Dryden dans sa préface : « *I might use the privilege of a pœt to introduce [Octavia] into Alexandria...* » (« Il m'est permis, selon le privilège du poète, d'introduire [Octavie] à Alexandrie... »), *Préface, op. cit.*, p. 3.

l'épouse légitime et bafouée, l'autre est la maîtresse, illégitime et détentrice du pouvoir érotique. En outre, la dimension politique renforce la hiérarchie entre les deux femmes : Octavie est en position de force, puisqu'elle émane de Rome, dont les troupes assiègent Alexandrie ; Cléopâtre est la victime de ce siège, enfermée dans son propre palais. Et de même que Clytemnestre, dans l'*Agamemnon* d'Eschyle, imposait sa supériorité à Cassandre, Octavie déprécie d'entrée l'épouse illégitime : « *I would view nearer / That face which has so long usurped my right...* » (« Je voudrais voir de plus près ce visage qui a si longtemps usurpé mes droits »)[104]. La légitimité est le motif essentiel sur lequel Octavie fonde la dévalorisation de Cléopâtre.

Le parallélisme des discours incite à lire cette scène comme une résurgence du schéma fondamental, d'autant qu'à la fin de l'échange, la reine égyptienne s'avoue vaincue et adopte pour la première fois le comportement d'une captive, évoquant pour la première fois par des gestes un statut qu'elle a déjà, une fois seulement, mentionné : « *Conduct me to some solitary chamber...* » (« Conduis-moi dans une chambre solitaire... »)[105]. Sur les plans politique et intime, Cléopâtre se reconnaît ainsi comme une Reine captive, au moins potentiellement. Elle subit à ce titre une ambiguïté similaire à celle qui marquait les caractères de Mariane et de Sophonisbe. Dryden aggrave encore cette dimension paradoxale de Cléopâtre, en multipliant les discours de son entourage à son propos. Par une technique reprise à l'*Antoine et Cléopâtre* de Shakespeare, le dramaturge confère à la reine égyptienne une identité prismatique, résumée notamment par I.Wardle lorsqu'il évoque « ...le visage protéiforme de Cléopâtre – chagrin, passion, fureur dévorante, coquetterie, jalousie, toutes expressions défilant en ordre réglé »[106]. L'attention portée par Dryden à l'expression des passions explique en partie la distance qu'il adopte à l'égard des modèles. Alors que le discours sur la nécessité politique concurrençait le thème galant chez les dramaturges français, chez Dryden la logique politique est nettement distancée au profit de l'illogisme amoureux. Cléopâtre elle-même des-

---

104. *Ibid.*, vers 434-435. Le thème de l'usurpation évoque le discours de Déjanire chez Rotrou - discours qu'elle ne délivre pas directement à Iole, mais à sa confidente Luscinde :

« Qu'Hercule me trahisse, et qu'Iole me brave !
Qu'une jeune effrontée, une insolente esclave
(...)
Vienne en ce lieu donner des frères à mes fils,
Et pour avoir charmé les yeux de ce perfide,
Soit fille de Jupin et compagne d'Alcide ! » – *Hercule mourant*, II, 2.

105. *Ibid.*, vers 478. Le passage qui suit reprend des motifs attachés à la captivité, et que nous aurons l'occasion de développer.

106. « *...the ever-changing faces of Cleopatra - desolation, passion, lip-gnawing fury, coquetry and jealous rage all passing by in orderly procession* » – Irving Wardle est cité par Trevor R. Griffiths, introduction, p. XIV. Dryden lui-même indique en préface sa volonté de respecter le précepte aristotélicien : « Tous les gens raisonnables ont depuis longtemps conclu que le héros d'un poème ne pouvait être un caractère à la vertu intègre (...) ; j'ai observé le même principe pour Cléopâtre », « *All reasonable men have long since concluded that the hero of the poem ought not to be a character of perfect virtue (...) ; the like I have observed in Cleopatra.* » – *preface, op. cit,*. p. 3.

sert ses intérêts, au moment où elle pourrait se montrer le plus manipulatrice. En témoigne la scène de séduction auprès de Dolabella, scène déjà évoquée et qui se termine par une rétractation de la reine :

> « *Th'advance of kindness which I made was feigned,*
> *To call back fleeting love by jealousy ;*
> *But 'twould not last. Oh, rather let me lose*
> *Than so ignobly trifle with his heart.* »

> (« Cet assaut de courtoisie, je l'ai feint pour rappeler à moi, par les effets de la jalousie, un amour éphémère ; mais cela ne saurait durer. Oh ! plutôt me perdre que de me livrer à cet ignoble badinage avec son cœur. »)[107]

Nombre de débats agitent Romains et Egyptiens quant aux véritables intentions de Cléopâtre ; et ces débats contribuent à la structure du drame : de la confrontation des attitudes de la Reine et des interprétations qu'elles suscitent naît une partie de l'intrigue. Dryden juxtapose les opinions mais ne tranche pas, laissant planer le doute sur le personnage de Cléopâtre : une part est laissée à sa souffrance, en même temps qu'est faite la démonstration de sa nocivité pour Antoine. L'ironie de Dryden s'exerce ainsi tout particulièrement entre la δόξα, qui livre de Cléopâtre une image sulfureuse, héritée notamment de Plutarque et de Shakespeare, et une mise en scène qui ne choisit pas mais laisse la place à l'expression de sa souffrance par la reine égyptienne.

Cette ironie s'exerce aussi à l'égard des représentations primitives. Leur utilisation peut aller jusqu'à l'inversion ou la réversibilité : la maîtresse est la captive, mais c'est aussi la reine ; celle qui serait dans cette position, Octavie, est interdite de royauté parce qu'elle est romaine, et cependant elle a l'ascendant politique puisque Rome est toute-puissante. Enfin, Octavie est prête à restaurer la légitimité d'Antoine s'il renonce à la « captive », *mutatis mutandis*. Le schéma peut donc être formulé à partir d'une inversion du schéma précédent :

« *La captive entraîne le héros dans l'illégitimité, malgré les efforts de l'épouse : sa maison est en désordre.* »

En réalité, Antoine et Cléopâtre sont tous deux confrontés à la perte de leurs pouvoirs respectifs ; tenter de formuler le schéma à l'œuvre dans *All for love*, revient à reconnaître l'égalité des caractères dans ce drame :

« *La Reine provoque l'illégitimité du héros en le séduisant : elle devient captive, sa maison est en désordre.* »

La logique consécutive du schéma fondamental a été inversée : alors que la captivité y était une motivation dans l'action de la Reine, elle en apparaît ici comme une conséquence. L'ensemble du drame est d'ailleurs privé d'un moteur rationnel : la passion en tient seule lieu, figeant l'action dans une instantanéité morbide autant qu'absurde qui rend particulièrement hasardeuse la formulation d'un schéma efficient.

On gardera de cette reprise désordonnée des situations héritées la valeur affective nouvellement acquise par la captivité, dont la dimension politique est

---

107. *All for Love*, IV, vers 196-199.

reléguée au rang de circonstance. Elle fait partie des éléments qui organisent l'action, nourrie des anciens schémas dont les résurgences apparaissent au fil du drame ; mais on ne saurait plus l'envisager comme un enjeu, dans une argumentation dramatique qui bannit la logique consécutive.

***

L'exploitation d'un mythe : version dynamique de la captivité

L'*Andromède* de Corneille hérite d'un mythe en même temps qu'elle retrouve le schéma d'Iphigénie. Le spectateur y assiste à l'une des rares tragédies à représenter la libération d'une captive ; le dénouement en est heureux, célébré par la formation d'un couple, familial ou marital, dont les deux membres s'ignoraient au début de la pièce. Le renversement préside à ce dénouement et autorise la dénomination de tragédie.

Quoique cette tragédie-là « ne soit que pour les yeux »[108], elle présente avec *l'Iphigénie en Tauride* des éléments structuraux communs. Au commencement du drame est d'abord exposée une situation de crise générée par les propos blasphématoires de Cassiope : l'oracle demande un sacrifice en réparation. Le thème traverse la mythologie antique, depuis les victimes du Minotaure jusqu'au conte de Psyché, sans oublier bien sûr la première partie de la légende d'Iphigénie. Comme cette dernière, Andromède est en outre liée au divin par un rapport d'analogie : alors que la fille d'Agamemnon apparaît comme une projection terrestre d'Artémis, Andromède est comparée au divin par Cassiope – qui, de ce fait, renouvelle maladroitement son blasphème :

> « Andromède est ici votre plus rare ouvrage,
> Andromède est ici votre plus digne image,
> Elle rassemble en soi vos attraits divisés :
> On vous connaîtra moins si vous la détruisez. »[109]

Le thème du sacrifice et le contact avec le divin rapprochent avec une intensité diverse les deux caractères et participent au premier syntagme d'une structure commune :
« *Une princesse est destinée*[110] *au sacrifice par la volonté divine.* »

L'autre élément essentiel à la constitution de cette structure est la présence, d'abord périphérique, d'un héros à l'identité méconnue. Au début du drame, il est mentionné comme l'« inconnu »[111]. Sa présence suscite une

---

108. Corneille, *Andromède*, *Argument*, *Pléiade*, *II*, p. 448.

109. *Ibid.*, III, 2, vers 842-845.

110. Le verbe « destiner » ménage la différence de situation qui distingue Iphigénie, préposée au sacrifice, d'Andromède, exposée au sacrifice. Toutes deux sont cependant également soumises au divin qui les lie ainsi au sacrifice.

111. Le terme apparaît quatre fois dans le texte dramatique, d'abord dans la didascalie initiale : « Persée, encore inconnu, qui passe pour un cavalier de grand mérite », puis dans le discours des personnages : « cet illustre inconnu » (II, 1, vers 469) ; « amant inconnu » (III, 2, vers 910) ; « cet inconnu » (III, 3, vers 929).

énigme, que le héros entretient d'abord – il manque dans le premier acte de dévoiler son identité à Cassiope, mais se ravise : « Mon père est... Mais pourquoi contre vous l'animer ?/ Puisqu'il nous faut mourir, mourons sans le nommer... »[112]. De même, Oreste, dans le premier temps de l'échange avec Iphigénie, ne répond pas à ses questions :

> « - Et toi, quel est le nom dont t'a nommé ton père ?
> - Mon véritable nom serait *Infortuné*.
> - Pourquoi me caches-tu cela ? Serait-ce orgueil ?
> - Est-ce moi, ou mon nom, que tu veux immoler ?
> - Et tu ne diras pas non plus quelle est ta ville ?
> - Qu'y pourrai-je gagner, puisque je vais mourir ? »[113]

Les motivations sont différentes mais les deux discours parviennent à la même conclusion. L'un et l'autre héros sont également embarrassés : lorsque le Bouvier rapporte à Iphigénie dans quelles circonstances Oreste a débarqué sur l'île avec Pylade, il met en évidence l'incohérence du prince ; Andromède, chez Corneille, transmet à ses nymphes l'étonnement que lui inspirent les discours de Persée :

> « Chaque fois qu'il me parle il semble être à la gêne,
> Son visage et sa voix changent à tout propos,
> Il hésite, il s'égare au bout de quatre mots,
> Ses discours vont sans ordre... »[114]

Là encore, le fait n'a ni la même origine, ni la même intensité, mais il est commun à deux pièces qu'*a priori* pourtant, tout semble éloigner : la transmission du schéma fondamental permet la variation des teintes – mystique chez Euripide, galante chez Corneille. Dans l'un et l'autre cas, une conséquence commune ressortit à ce mystère : l'absence d'identité illégitime le héros, qui ne peut prétendre à aucun statut – ni à la main de la princesse, dans le cas de Persée. Dans ces conditions, c'est la libération de la captive qui modifie ce statut. A partir de l'acte III d'*Andromède*, après le combat qui a démontré la vertu surnaturelle du héros, sa désignation change : il devient « ce grand héros »[115], « ce vainqueur »[116] qualifié de « bienheureux »[117] ou d'« heureux »[118]. Enfin, l'apothéose avère au dénouement sa véritable identité et rétablit sa légitimité de naissance lorsque Jupiter, à la toute dernière scène, l'appelle mon fils.

Dans l'un et l'autre drame, l'« agnition »[119] est l'un des enjeux dont dépend le sort du personnage éponyme. Reconnu, Oreste peut sauver sa vie et

112. *Ibid.*, I, 4, vers 436-437.
113. Euripide, *Iphigénie en Tauride*, vers 499-506, trad. Henri Grégoire.
114. *Andromède*, II, 1, vers 499-503.
115. *Andromède*, vers 959.
116. *Ibid.*, vers 996.
117. *Ibid.*, vers 1284.
118. *Ibid.*, vers 1721.
119. L'*agnition* est reconnue par Corneille comme « un grand ornement dans les tragédies ». *De la tragédie*. De la reconnaissance ou non d'un personnage dépend en grande partie le caractère tragique d'une action ; Corneille ne conteste toutefois l'usage récurrent, tel qu'Aristote le prône selon lui.

sa sœur ; Persée quant à lui peut prétendre à la main d'Andromède, que Cassiope lui avait refusée dans la première scène. Et cette reconnaissance doit tout à la fois à la victoire sur le monstre et à la libération de la princesse captive. Mais cette épreuve initiale est suivie d'une seconde – les deux drames présentent une construction binaire : il faut vaincre le rival. Oreste doit combattre Thoas et ses hommes afin de sauver la statue d'Artémis et sa sœur, tandis que Persée affronte Phinée. Le parallélisme jette un nouvel éclairage sur l'action même d'*Andromède*, qui, tout en jouant galamment sur le mariage de la princesse et du héros, repose sur cette double problématique de l'identité et de la légitimité. Le spectacle n'est que pour les yeux, son propos est plus grave.

Certes, l'héritage immédiat de la pièce est ovidien ; or, dans les *Métamorphoses*, l'épisode d'Andromède appartient à la succession des « travaux » par lesquels Persée affirme son héroïsme et sa légitimité : dans l'ordre du récit, la première épreuve est la lutte contre le géant Atlas, qu'il transforme en pierre, puis la libération d'Andromède, suivie d'une analepse : Persée raconte son combat contre Méduse ; le combat contre Phinée ouvre le chant V, mais l'épisode est encore suivi de brefs récits concernant les victoires de Persée contre Prétus et Polydecte ...[120] Bien que Corneille ait choisi de centrer sa pièce sur Andromède, en restaurant l'importance qu'elle avait probablement chez Euripide, le drame est aussi une quête héroïque pour la légitimité, dans laquelle la libération de la captive est une épreuve décisive.

L'ordre des épreuves peut différer : chez Euripide, c'est la reconnaissance qui permet la libération – grâce à laquelle Oreste recouvrera raison et identité :

> « Aide-moi donc, à nous sauver, comme [Apollon] l'a dit ! Si nous pouvons saisir l'image d'Artémis, ma folie cessera : je te ramènerai sur un navire bien garni d'avirons, vers Mycènes. »[121] ;

dans l'*Andromède* au contraire, c'est la libération qui, on l'a vu, permet la reconnaissance du héros. Dans les deux cas cependant se trouve confirmé le lien entre reconnaissance et libération de la captive. Le schéma qui structure *Andromède* retrouve une formulation assez semblable à la version du schéma fondamental repérable dans l'*Iphigénie en Tauride* :
« Un héros est en quête de sa légitimité ; la libération de la captive lui permet la reconnaissance de sa légitimité. La maison est en ordre. »
Dans les deux pièces, l'éponymie est donnée à la captive, qui participe au drame à des degrés divers mais conserve une valeur d'enjeu dans le processus qui légitime le héros. La libération de la captive est une épreuve valorisante. Contrairement à ce que pouvait laisser supposer ce spectacle à machines, l'*Andromède* révèle la plus grande proximité avec son héritage dramatique : les syntagmes du schéma d'Iphigénie s'y retrouvent avec exactitude. Ici, pas d'hy-

---

120. A partir du vers 250, Ovide introduit dans son récit la « déesse du Triton », Pallas : « *Jusqu'alors la déesse du Triton avait accompagné son frère, engendré par une pluie d'or... ».* L'évocation d'une protection divine est constante dans le récit des faits héroïques ; cependant, le fait qu'il s'agisse d'un lien fraternel tisse un lien supplémentaire, dans l'ordre des motifs, entre Persée et Oreste.

121. Euripide, *Iphigénie en Tauride*, vers 979-982, trad. Léon Parmentier.

permotivation ni d'aggravation, mais une grande habileté à jouer avec les articulations pour réinvestir une matière mythique à vocation étiologique, et lui conférer la légèreté d'un thème galant.

***

La perte du tragique : La Conquête de Grenade

A distance de la tragédie, dans la lettre comme l'esprit, *La Conquête de Grenade* n'en convoque pas moins les thèmes hérités des modèles, et entrelace les schémas qui leur sont liés. Leur récurrence confirme ici leur validité, en même temps qu'elle manifeste une autre manière d'investir l'héritage.

Dryden paraît soucieux de placer d'emblée une œuvre telle que *La Conquête de Grenade* à l'écart des canons de la tragédie : « une Pièce héroïque se doit d'être une imitation, en plus court, d'un Poème héroïque... »[122]. La pièce met donc en scène un héros, Almanzor, dans une multiplicité d'aventures qui s'apparentent à celles des chevaliers errants et autres paladins médiévaux ; les circonstances contribuent à exhiber ses qualités, suivant une technique qui emprunte beaucoup à la littérature épique. Dryden revendique cette filiation : « J'ai créé un héros qui n'est pas, je le reconnais, absolument parfait, mais que caractérise un courage excessif et bouillant ; mais je me suis inspiré d'Homère et du Tasse... »[123]. La structure de la pièce ne saurait donc être linéaire : ses multiples rebondissements créent autant de situations qui donnent à Almanzor l'occasion de démontrer sa valeur[124]. L'action est ainsi construite sur un schéma complexe, organisé autour de deux axes au moins : d'une part, le siège de Grenade, tout près de tomber aux mains des Espagnols ; d'autre part, les dissensions internes à l'Alhambra dont deux familles, les Zegrys et les Abencérages, se disputent le pouvoir – la lutte des deux clans est l'occasion de meurtres mais aussi d'amours illicites.

La situation de départ n'est pas sans rappeler celle d'Alexandrie dans *All for Love* : si la dernière bataille n'a pas encore été perdue, l'équilibre de la cour est très précaire. Les deux axes dramatiques contribuent à cette précarité, les dissensions internes faisant le jeu des assiégeants. Cette situation met dou-

---

122. « *an Heroick Play ought to be an imitation, in little, of an Heroick Pœm...* » – *Essai : Of Heroïque playes.*

123. « *I have form'd a Herœ, I confess, not absolutely perfect, but of an excessive and over-boyling courage ; but Homer ant Tasso are my precedents...* » - *Ibid.*

124. Là encore, le dramaturge reconnaît se situer dans l'écart, pour l'édification d'un genre qu'il s'efforce de définir : « Les règles du poème héroïque ne le dispensent pas de suivre celle du théâtre classique, mais les élèvent à une plus grande dimension ; elles lui permettent une plus grande liberté dans ses caprices, et la possibilité de transposer l'action de telle sorte qu'elle dépasse autant le cadre habituel de la scène que le langage courant et les actions communes au genre humain... » (« *The Laws of an Heroick Pœm did not dispense with those of the [common Drama], but rais'd them to a greater height ; and indulg'd him to a farther liberty of Fancy, and of drawing all things as far above the ordinary proportion of a Stage, as that is beyond the common words and actions of humane life...*»), ibid.

blement en cause la légitimité de Boabdelin, sultan de l'Alhambra : l'état de siège et les séditions intestines invalident peu à peu son pouvoir. Face à lui, deux personnages cherchent à conquérir une légitimité : Abdalla, son frère, qui intrigue pour évincer Boabdelin et occuper le trône, et Almanzor. Le premier a un nom et un statut proche de celui qu'il veut atteindre ; son action exploite le schème de la lutte fratricide, mais échoue. Le second, indépendant de la cour et des liens familiaux, accède peu à peu au pouvoir. Son intervention permet au dramaturge d'introduire un troisième axe dans l'action : l'établissement de sa légitimité en tant que premier roi chrétien de Grenade, va de pair avec la reconnaissance de son nom puis de son ascendance.

La dimension héroïque de la pièce repose sur ce personnage. Dryden lui veut une « vertu[125] exceptionnelle » qui serait le reflet le plus exact de la vie humaine, parce qu'il n'est pas exempt des fragilités que celle-ci comporte »[126]. Au début de la pièce, Almanzor est, selon Abdelmelech, « *the brave unknown* »[127] – expression reprise dans une version dévalorisante par Boabdelin : « *this insolent Unknown* »[128]. Almanzor lui-même, face à un Gomel menaçant, ne revendique d'autre identité que celle garantie par son épée, et d'autre territoire que celui défini par son rayonnement : « *Upon thy life pass not this middle space ; [Advancing on the other side ; and describing a line with his sword.] Sure Death stands guarding the forbidden place.*" (Sur ta vie, ne t'avise pas de franchir cet espace. [*S'avançant de l'autre côté ; et décrivant une ligne avec son épée.*] Sois assuré que la Mort monte la garde auprès de cet espace interdit. »)[129]. De cette double revendication dépend alors l'identité d'un héros qui ne se différencie guère d'un mercenaire, et dont le geste inaugure la conquête de son nom.

A nouveau se croisent les deux héritages de l'épopée et de la tragédie. Dryden emprunte au *Roland furieux* de l'Arioste l'épisode qui voit convoler le héros : Roger doit épouser Bradamante, la guerrière, afin de fonder une lignée princière et une cité, Ferrare... Cette fondation est donc associée à des noces, qui doivent légitimer le héros. L'épisode existe aussi, on l'a vu, dans le schéma d'Iole et dans celui d'Iphigénie : la tragédie est également source d'inspiration. Mais à la différence de l'œuvre tragique, peut-être conditionnée par l'unité d'action mais surtout dominée par un questionnement autre, cette légitimation figure dans le drame héroïque au nombre des aventures plus

---

125. Le terme anglais de *virtue*, qui résume les qualités du héros, trouverait un équivalent plus exact dans le latin *virtus* ; c'est à cette équivalence que la traduction en « *vertu* » fait référence, quoique le mot « *courage* » pourrait paraître plus approprié.

126. « *a character of an excentrique virtue is the more exact Image of humane life, because he is not wholy exempted from its frailties. Such a person is Almanzor* » - *Op. cit.*

127. *Ibid.* Première partie, I, vers 64.

128. *Ibid.*, vers 188.

129. *Ibid.*, vers 182-183. Déclaration dont Gomel ignore la gravité, encourant immédiatement la punition promise par Almanzor. Le geste rappelle celui de Romulus, qui tue Remus pour infraction à la loi édictée par lui-même ; s'il n'en a pas le caractère fratricide, il revendique l'existence d'un espace encore infondé dont la légitimité n'apparaîtra que plus tard, et qui cependant agit comme loi capitale.

qu'elle n'en constitue le but : par définition, le chevalier errant n'a pas d'objectif prédéfini, et sa reconnaissance intervient de manière accidentelle.

Toutefois, les deux genres se croisent à nouveau sur le thème de l'agnition, lorsque, au dénouement, le duc d'Arcos présente Almanzor comme son propre fils : « *See here that Son, whom I will pride call mine. [Presenting Almanzor to the King]And who dishonours not your royal line.*" ("Vois ici ce fils, que je nommerai fièrement mien. *[Présentant Almanzor au Roi]* Et qui ne déshonore pas votre royale lignée »)[130]. Les souverains espagnols confient alors au héros identifié la « reine » maure, qui accepte de l'épouser moyennant le respect temporaire de son deuil. C'est donc bien d'Almahide qu'Almanzor reçoit symboliquement sa légitimité. Le drame met en scène la conquête de Grenade, la conversion du royaume à la religion chrétienne, l'avènement d'un nouveau roi... Si la couronne est le témoin-relais de ces changements, Almahide est celle qui le transmet, parce qu'elle est le seul élément permanent dans un monde qui a changé de repères politiques et religieux. Le dénouement confère à Almahide cette fonction de relais entre un monde périmé et un ordre nouveau ; elle retrouve ici deux rôles déjà identifiés dans les variantes du schéma fondamental : celui de la Reine, qui légitime le statut de son époux, et celui de la captive, dont l'alliance garantit la légitimité du pouvoir.

L'écart avec le modèle ne réside donc pas dans la modification profonde d'un motif ni dans un réinvestissement idéologique ; la différence se situe plutôt dans l'usage dramaturgique des schémas primitifs. Car, au lieu d'exercer une fonction structurante dans l'argument, ces derniers sont exploités ponctuellement et irrégulièrement dans le foisonnement des épisodes.

La multiplication des personnages féminins contribue naturellement à ce foisonnement et à la motivation des princes mis en scène ; car, dans le climat vicié de l'Alhambra, chacune de ces femmes émane d'une faction, dont elle est l'égérie involontaire ou volontaire. Conformément au registre épique, elles suivent une répartition manichéenne des rôles : Almahide rassemble quand Lyndaraxa divise ; l'une ambitionne d'être fidèle à un époux qu'elle n'aime pas, l'autre prétend aimer celui qui lui apportera le pouvoir, et n'est fidèle qu'à ses ambitions[131]... Entre les deux, un troisième personnage féminin assure la transition entre l'un et l'autre parti, puis entre les camps maure et espagnol : Benzayda, fille de Selin, le patriarche des Zegrys, et amoureuse d'Ozmyn,

---

130. *La Conquête de Grenade*, seconde partie, II, vers 270-271.

131. *Le personnage dévoile clairement son ambition dès l'acte II de la première partie, lors d'un échange sans fioritures avec Abdalla après qu'il lui a déclaré sa flamme :*

Lyndaraxa : « *For less than an Empire I'le not change my love.*
Abdalla : *Had I a Crown, all I should prize in it,*
Should be the pow'r to lay it at your feet.
Lyndaraxa : *Had you that Crown which you but wish not hope,*
Then I, perhaps, might stoop, and take it up."
("- A moins d'un Empire, je ne changerai pas d'amour.
- Si j'avais une couronne, le seul prix que je lui attribuerais
Serait le pouvoir de la déposer à vos pieds.
- Si vous aviez cette couronne que vous désirez en vain,
Alors peut-être me pencherais-je pour la ramasser. ») – vers 122-126.

fils d'Abenamar, le patriarche des Abencérages. La hiérarchisation des rôles féminins permet le retour de fonctions déjà identifiées : Almahide, par exemple, est *mutatis mutandis* « Reine » d'un monde en perdition ; elle est la citation de ces reines antiques menacées par l'écroulement de leur propre royaume.

En outre, chacune de ces femmes est liée à un personnage masculin : épouse de Boabdelin, Almahide est secrètement éprise d'Almanzor ; Lyndaraxa est courtisée par Abdalla et Abdelmelech, qu'elle abreuve tour à tour de promesses au gré de ses ambitions ; Benzayda est l'amante d'Ozmyn. Les trois princesses maures agissent donc sur des plans différents et appartiennent à des cercles le plus souvent parallèles – jusqu'à ce que le dénouement les relie. Chacune s'intègre dans un schéma propre au cercle dans lequel elle évolue : le rôle d'Almahide, on l'a vu, rappelle le premier terme du schéma perverti par l'action tragique : *« La Reine accorde la légitimité au Roi »* ; l'action de Lyndaraxa procède du même schéma, qu'elle inverse : elle promet sa main au prince qui lui permettra d'être reine : *« La princesse reconnaît la légitimité du prince comme Roi à condition qu'il lui permette d'être Reine. »* – variante négative et incongrue du schéma d'Iole.

Toutefois, un point commun réunit ces femmes : le passage par la captivité, qu'elles vivent à tour de rôle. Ces événements, et le discours qu'ils suscitent, témoignent une fois encore de l'influence des textes tragiques, y compris sur un théâtre qui prétend s'en affranchir. Au dénouement par exemple, c'est dans une situation proche de la captivité qu'Almahide est présentée aux souverains espagnols ; la didascalie décrit le cortège : *« Enter Almanzor and Almahide, Ozmyn and Benzayda : Almahide brought in a chair ; Almanzor led betwixt Souldiers… »* (« Entrent Almanzor et Almahide, Ozmyn et Benzayda : Almahide est transportée en chaise, Almanzor conduit entre des soldats… »). La rencontre d'Isabel et de la reine maure rappelle celle de Clytemnestre et de Cassandre, ou de Déjanire et d'Iole, par le retour d'attitudes : Isabel salue Almahide par un « signe muet » (« *dumb show* ») ; elle observe la sultane captive, et la décrit, comme le font des captives les reines antiques : *« This Queen, in her fair eyes, such fetters brings, / As chain that heart, which scorns the pow'r of Kings. »* (« Cette Reine porte dans son beau regard des chaînes semblables à celles qui défient le pouvoir des rois »)[132] ; Almahide répond sur le registre de la perte et de la déploration : *« A Crown, and Husband ravish'd in one day ! »* ("Une couronne et un époux, ravis en un seul jour !")[133]. Ici s'arrête la reprise : Isabel rend son statut royal à Almahide et lui donne un époux en la personne d'Almanzor : *« I am her Parent, now, and may command / So much of duty, as to give her hand. »* (« Je suis désormais sa parente, et puis lui ordonner de remplir un devoir tel que vous épouser »)[134]. Almahide doit fina-

---

132. *Ibid.*, seconde partie, V, vers 288-289.
133. *Ibid.*, vers 292.
134. *Ibid.*, vers 333-334. Isabel détourne ici le schéma initial et le personnage de la captive de leur vocation tragique ; elle oppose d'ailleurs sa conception du dénouement à celle d'Almahide – cette dernière étant plus fidèle aux schémas anciens :

lement sa liberté à la Reine du camp vainqueur : l'épilogue se détourne de la situation tragique citée à l'occasion de cette rencontre.

Parmi ces situations topiques qui concernent une captive, on retrouve également sa confrontation au vainqueur. A plusieurs reprises, Almanzor délivre Almahide. Chacun de ces épisodes participe ainsi à la légitimation de celui-ci d'abord comme héros, ensuite comme époux et finalement comme roi : sont démontrées à ces trois occasions à la fois sa valeur guerrière et sa générosité[135]... Le retour du thème de la captivité appliquée à Almahide dans le drame trouve ici une cohérence dramatique. Il permet en outre la récurrence de schémas rencontrés auparavant : notamment celui d'Iole. Certes, ces citations sont diffuses au sein d'un entrelacs d'épisodes qui n'assure pas à la captivité de cette « Reine » une valeur hautement significative ; on peut cependant observer ce que les situations dramatiques représentées ici doivent aux schémas antique, et que la présence hypotextuelle de ceux-ci garantit l'efficacité des épisodes qui les convoquent.

En réalité, la captivité agit dans cette pièce comme un thème structurant ; elle ponctue les moments aigus de l'action, favorise les renversements, et per-

---

Almahide :   « *I'll pull up all the sluces[sic] of the flood :*
                    And Love, within, shall boyl out all my blood.
Isabel *:*   « *Fear not your Love should find so sad success* »
- J'ouvrirai toutes les vannes du déluge, et mon amour débordera hors de mon sang.
- Ne craignez pas que votre amour trouve une si mauvaise issue... – vers 329-331.

135. Le traitement de sa captive par le vainqueur contribue en effet à l'édification de sa propre valeur ; témoin le débat qui oppose Almanzor et Zulema sous l'arbitrage d'Abdalla, cité et traduit par Jean-Louis Backès pour illustrer le terme « romantique » au XVIIᵉ siècle – in *La Littérature européenne*, Belin Sup Lettres, Belin, Paris, 1996 – 4 : *Les grandes étapes de l'évolution*, p. 53 :

Abdalla :   « *The merits of the cause I'le not decide,*
                    But, like my love, I would my gift divide.
                    Your equal titles, then, no longer plead ;
                    But one of you, for love of me recede.
Almanzor :   *I have receded to the utmost line,*
                    When, by my free consent, she is not mine.
                    Then let him equally recede with me,
                    And both of us will join to set her free.
Zulema :   *If you will free your part of her you may ;*
                    But, Sir, I love not your Romantique way.
                    Dream on ; enjoy her Soul ; and set that free ;
                    I'me pleas'd her person should be left for me."

(Abdalla : Je ne veux point trancher ici de vos mérites. Vous m'êtes également chers ; que ne puis-je faire un partage équitable ! Ne faites plus valoir vos titres ; ils sont égaux. Que l'un de vous cède, par amitié pour moi.
Almanzor : J'aurai cédé tout ce que je peux céder, si je consens qu'elle ne soit pas à moi. Mais qu'il cède autant que j'ai cédé. Et d'un commun accord nous la mettrons en liberté.
Zulema : Si vous voulez, libérez d'elle la part qui vous revient. Mais mon amour, Seigneur, n'est pas si romanesque. Rêvez ; mettez son âme en liberté ; aimez son âme ; il suffit que vous me laissiez disposer du reste. - Première partie, acte III, scène 1) – Par un retour du sort, Almanzor et Zulema seront eux-mêmes captifs de Boabdelin à l'acte V de cette première partie ; le dénouement cependant consacre le premier et fait disparaître le second : Dryden valorise ainsi une position sur l'autre... Ce faisant, il entérine une conception du couple dramatique vainqueur/captive qui, si elle est romantique, a perdu de sa dimension tragique.

met les antithèses qui rythment la progression dialectique du drame. Le dénouement illustre à merveille ce type de fonctionnement. Lyndaraxa, qui s'est vu confier par Ferdinand le gouvernement de Grenade, est tuée par Abdelmelech, qui se donne ensuite la mort pour se punir de son acte. Le couple maudit est alors remplacé en scène par celui que les souverains espagnols consacrent en le couronnant : Almahide et Almanzor. La symétrie de l'action projette sur le plan dramatique l'antithèse symbolique représentée par le « couple » d'Almahide et Lyndaraxa. Une « Reine » est devenue captive, une captive est devenue « Reine ». La réversibilité de ces propositions successives met en évidence l'utilité articulatoire de la captive, qui tire son jeu de la profusion caractéristique du drame.

Le personnage de Benzayda, dernière princesse maure et centre du troisième « groupe » de personnages, est à cet égard le meilleur exemple de ce succès. Car Benzayda est la seule captive quasiment permanente. Dans la première partie de la pièce, son père Selin, qui refuse son alliance avec Ozmyn, la laisse entre deux gardes avec pour l'ordre de tuer elle-même le jeune homme : « *Let me find Ozmyn dead ; and kill'd by you.* » (« Que je trouve Ozmyn mort, tué de tes mains »)[136]. Dryden aggrave l'argument développé par Shakespeare dans *Roméo et Juliette*, ou plutôt il revient à l'interprétation asexuée[137] du couple mis en scène par Euripide dans *Iphigénie en Tauride* : le motif du sacrifice est un premier élément de ce rapprochement – comme Iphigénie, Benzayda en réchappe de justesse[138]. Au début de la seconde partie, Ozmyn et Benzayda réapparaissent en captifs du duc d'Arcos : ce dernier raconte comment ses hommes ont découvert le couple en fuite. Le parcours d'Ozmyn et Benzayda suit un schéma comparable à celui d'Oreste et de sa sœur : les deux couples s'échappent d'un monde déclaré « barbare » pour participer à la fondation d'un ordre nouveau dans un autre espace – le premier traverse la mer, le second demeure un moment dans un bois[139]. En outre, la princesse sauve la vie de celui qu'elle avait reçu l'ordre de sacrifier ; le prince, à son tour, obtient sa grâce auprès des souverains espagnols, au début de la seconde partie. Cette partie du drame reprend ainsi des éléments du schéma d'Iphigénie : la valeur inaugurale du couple constitué, représentation symbolique d'un ordre nouveau, demeure. La formulation initiale, rappelée ci-dessous : « *Un prince est loin de chez lui, en quête de sa légitimité. Or la captive lui reconnaît cette légitimité parce qu'il la libère et la ramène dans son pays. La maison est en ordre.* », devient :
« *Un prince est maudit ; une princesse lui confère une légitimité nouvelle parce qu'il la conduit dans un nouveau monde. Un ordre nouveau est établi.* »

---

136. *La Conquête de Grenade*, première partie, IV, vers 274.

137. Si l'amour qui lie Benzayda et Ozmyn justifie leur drame, en revanche il n'a pas la dimension érotique reconnaissable entre Almahide et Almanzor, ou entre Lyndaraxa et ses amants : Benzayda est une amante fidèle d'Ozmyn qu'elle défend et protège, et non un objet de fantasme pour le prince.

138. L'un des gardes, Redman, l'affranchit de la fonction qui lui était échue.

139. La scène représente un bois au deuxième acte de la seconde partie. Mer et forêt ont en commun la représentation symbolique d'un espace sauvage, dont le franchissement permet le passage à un autre monde.

Le thème de la captivité associée aux personnages féminins fait donc l'objet dans *La Conquête de Grenade* d'un traitement dramatique polymorphe, que favorisent les dimensions inédites de la pièce. Le recours à la captivité coïncide avec la perspective héroïque de l'œuvre, et ses récurrences avec la forme d'une « narration encore enchevêtrée »[140]. Et cependant l'influence « *romantic* », voire médiévale, qui nourrit clairement l'œuvre, n'occulte pas celle des drames antiques, sensible notamment dans le retour de schémas dramatiques. Certains sont en effet explicitement présents, d'autres de manière allusive, mais dans tous les cas leur récurrence confirme ce que l'étude des drames précédents laissait apparaître : des schémas fondamentaux élaborés par les auteurs antiques participent à la structure de pièces de différentes époques, que leurs dramaturges déclarent, explicitement ou non, reprendre une matière ancienne. Si l'on reconnaît l'existence de trois schémas fondamentaux par lesquels peut se formuler l'exploitation dramaturgique de la captivité féminine, on est aussi contraint d'admettre l'évolution de ces mêmes schémas. Leur reprise peut être considérée comme telle non parce qu'elle est exacte, mais parce qu'il y a cohérence entre les formulations antique et moderne ; la seconde s'établit selon un processus d'évolution qui s'inscrit de toute façon dans l'écart par rapport au schéma reçu.

Nous observerons ainsi qu'un schéma antique peut être *dépassé*, *aggravé*, ou encore *détourné* dans ses formulations modernes. Dépassés, la plupart des schémas le sont, dans le gommage progressif de la notion de *nostos*, qui fondait l'argument des premières tragédies envisagées. Le schéma fondamental en vient à constituer le substrat des drames modernes – ainsi la figure du roi est peu à peu évincée dans les formulations modernes du schéma d'Iole ; l'exploitation poursuit à cet égard le principe de démotivation qui frappe la figure du héros dès son transfert dans le monde tragique. Cet intérêt peut également conduire à une aggravation du schéma de base : celui-ci est amplifié, soit par le redoublement d'un personnage – la figure d'Hyllos est redoublée dans le couple des jumeaux de *Rodogune*, si bien que la légitimité de l'héritage matrimonial est remise en cause –, soit par le redoublement du motif de base – le meurtre perpétré par Cléopâtre, dans cette même pièce, tisse une parenté entre elle et Clytemnestre ou Déjanire ; il est ensuite prolongé par l'attentat sur la vie de ses propres enfants. Enfin, un schéma antique est parfois repris pour être détourné : ainsi le « schéma d'Iphigénie » est investi à l'époque moderne d'une dimension érotique ignorée ou éludée au temps où le frère libérait sa sœur captive.

Certes, l'évolution témoigne du passage par le filtre d'autres héritages, tel celui d'Ovide, mais le schéma obtenu témoigne aussi des préoccupations contemporaines de son élaboration. Peut-être faut-il voir dans ces processus de reprise la trace de l'esthétique baroque, selon la définition qu'en propose Marc Fumaroli : « le classique, sans pour autant perdre de vue l'effet à produire sur le public « moderne », cherche la meilleure perspective pour mettre celui-ci

---

140. Cf. Jean-Louis Backès, *op. cit.*, XVII : "De la tragédie régulière à la tragédie romantique", p. 273.

en rapport avec les *imagines* originelles, avec toute la vigueur première et la force de concentration qu'elles revêtaient chez les Anciens ; le baroque, qui puise souvent dans le même réservoir d'images (de l'ambiguïté) ne se soucie nullement de cette anamnèse : tel un sophiste démagogue, au sens platonicien du terme, il se sert des formes reçues non pour les ramener à leur vigueur originelle, mais comme des réflecteurs de l'opinion moderne »[141]. Si l'on étend cette définition au traitement des schémas dramatiques reçus de l'Antiquité, alors il faut admettre que les œuvres abordées ici sont résolument baroques, nonobstant quelquefois leur date de production – encore la plus tardive d'entre elles, *All for Love*, est-elle qualifiée de baroque par Irving Wardle[142].

Autant il a été possible en effet de reconnaître dans la composition de chaque drame du corpus la résurgence d'un des trois schémas antiques formulés précédemment, autant cette reprise ne se réalise-t-elle jamais sans l'un des processus d'évolution désignés. Chacun d'eux correspond à un rapport différent à l'héritage : sans doute les procédés de dépassement ou d'aggravation témoignent-ils d'une plus grande fidélité au modèle antique que le détournement, qui donne à ce même modèle une fonction instrumentale.

---

141. Marc Fumaroli, *Héros et Orateurs, op. cit.*, IV : « Corneille et la rhétorique », pp. 303-304.

142. In *Independent on Sunday*, 5 May 1991 : commentant une représentation de la pièce, Irving Wardle la désigne en effet comme « *one of the few working models of English baroque tragedy* » (« l'un des rare modèles de tragédie baroque anglaise ») – cité par T.R. Griffith, *Drama Classics*, Nick Hern Books, London, 1998, p. viii.

DEUXIÈME PARTIE

ANCRAGES DE LA CAPTIVITÉ

L'étude des schémas dramatiques a fait apparaître la récurrence des personnages de captives dans la représentation tragique. Cette situation géométrique confirme leur position médiane dans l'action et leur existence en tant que caractères spécifiques ; elle donne ses premiers contours au rôle. Pour autant, cette mise en place des captives au sein de l'action ne permet pas de se représenter leurs silhouettes : les contours propres à chacun des personnages envisagés dans notre corpus dépendent de critères tout à la fois dramatiques et scéniques, que nous désignerons par le terme d'*ancrages*. Par là, on entend une insertion de la captivité dans le tissu fourni par l'ensemble du drame et qui la dépasse. Trois catégories permettent de définir ce tissu, elles-mêmes situées à mi-chemin entre les discours dramatique et narratif : la perspective actantielle, l'inscription dans une histoire, au sens chronologique du terme, et la représentation de l'espace. Ces catégories permettent d'envisager une *position* des captives dans leur environnement : leurs relations avec les autres personnages, et leur double relation au cadre, c'est-à-dire à un temps et à un espace déterminés.

La situation de la captivité dans l'architecture dramatique était relative à la structure de chacune des pièces. Sa position dans les catégories ici envisagées se définit en revanche d'après le discours : il revient au texte dramatique d'énoncer les données de cette position. L'ensemble du texte comprend ainsi des didascalies de divers ordres : dans le théâtre moderne, les didascalies externes portent l'énoncé le plus évident de cette situation, auxquelles il faut ajouter les discours des personnages dans leur ensemble. Mais c'est aux propos des personnages de captives qu'il convient d'accorder la plus grande attention, dans la mesure où ils apportent non seulement des informations mais un commentaire – la position des captives s'assortit bien entendu de résonances affectives essentielles à leurs personnages. L'étude privilégiera à ce sujet certains textes du corpus, que distingue leur valeur paradigmatique ou leur position extrême dans l'expression de ces résonances : *Les Troyennes* d'Euripide exercent à cet égard une influence capitale sur la production moderne.

CHAPITRE I
Représentation de l'autorité

Par une nécessité assez évidente, l'insertion de la captive dans le réseau des personnages que représente une pièce, est d'abord marquée par la soumission. Dans la hiérarchie qui organise les rôles et leur action, la captive se situe à l'échelon le plus bas ; son sort dépend de la volonté non pas indirecte du destin, comme on l'a souvent dit des personnages tragiques en général, mais du pouvoir manifeste d'un vainqueur[1]. Aussi l'exercice de ce pouvoir contribue-t-il à définir les contours de la situation de captivité.

La soumission hiérarchique de la captive ne suffit pas cependant à définir tout uniment son caractère ; les degrés et la qualité de cette soumission sont en effet divers, et dépendent notamment du cadre représenté. Car, selon que la scène montre le camp vaincu ou la maison du vainqueur, la captive apparaît comme familière ou étrangère. L'effet d'intrusion n'est alors pas ressenti selon la même perspective ; la perception de la captive par le spectateur s'en trouve naturellement modifiée.

I
De *kratos* à *bia* : l'évolution de la puissance

Naissance d'un discours : Les Troyennes *d'Euripide*

La situation de la captive, soumise à la volonté des vainqueurs, est tout particulièrement pathétique : elle manifeste avec violence la « chute » que représente la mise en captivité, pour un personnage qui passe brutalement du rang royal à celui d'esclave. Bien qu'à notre connaissance, il n'ait pas mis en scène des rôles de captives, Eschyle évoque la menace qui pèse sur les habitantes d'une cité assiégée – le tragique des *Sept contre Thèbes* est entretenu par cette perspective de l'esclavage réservé aux habitants d'une cité vaincue :

> « Ce serait pitié qu'une aussi vieille cité fût précipitée dans l'Hadès, devînt la proie de la lance, l'esclave du vainqueur et, réduite en cendre friable, fût, avec la permission des dieux, ignominieusement ravagée par l'Achéen ; que ses femmes devenues veuves fussent, hélas! jeunes et vieilles, traînées par les che-

---

1. La situation de captivité résulte toujours d'un épisode guerrier. Aussi peut-on accorder une valeur générique à ce terme, pour désigner le personnage qui détient l'autorité sur la captive.

veux, comme des cavales, avec leurs voiles en lambeaux, tandis que la cité se vide au milieu des cris et des gémissements confus des captives mourantes. Je vois venir avec terreur de cruelles infortunes.

Il serait déplorable que de chastes vierges, avant les rites qui cueilleront leur verte jeunesse, prissent l'odieuse route d'une maison étrangère. Que dis-je ? Les morts sont plus heureux qu'elles. Que de maux, en effet, s'abattent sur une ville conquise ! (...)

De jeunes captives qui n'ont jamais connu la souffrance se voient, les malheureuses, réservées au lit d'un soldat heureux, d'un ennemi qui est leur maître, et n'ont d'autre perspective que de servir à cet office nocturne et de voir ainsi croître leurs inconsolables douleurs. »[2]

La force pathétique de cette évocation fonctionne sur l'évidence, et non sur le doute, que le théâtre moderne utilisera comme un ressort dramatique. Les vainqueurs disposent d'une autorité incontestable, car reconnue comme telle dans les deux camps concernés. Claude Mossé rappelle que dans la Grèce archaïque, « ce monde de la fin des âges obscurs, la force militaire était par excellence à l'origine de toute autorité »[3], celle qui s'exerce notamment sur les habitants d'une cité vaincue ; leur esclavage est une conséquence naturelle de cette loi établie par le fer. L'analyse menée par M.L. Finley, dont la visée est de démontrer la distinction entre le *monde d'Ulysse* et un monde primitif, met en évidence la valeur objective de la captive pour le vainqueur qui l'acquiert : « dans les couches sociales les plus hautes, les Grecs de cette époque faisaient grand cas du trésor. (...) Jeune et belle, une captive était un trophée plus honorable qu'une vieille femme, et c'était cette beauté qui en faisait tout le prix »[4]. La notion de trophée souligne la valeur objective, presque matérielle, de la captive, dont le sort apparaît comme une conséquence incontournable de la défaite, et la possession une récompense dûment acquise par le héros auquel elle échoit.

Dans l'*Agamemnon* d'Eschyle, la situation change mais pas le statut : la captive pénètre sur le territoire de son vainqueur. Le drame des captives troyennes constitue la toile de fond sur laquelle se dessine le personnage de Cassandre ; et Clytemnestre condamne le comportement de celle-ci au nom d'une nécessité qu'induit la loi de la guerre : « Elle est folle à coup sûr et elle obéit au délire, si arrachée d'hier à sa ville conquise, elle ne sait porter le mors (χαλινὸν)... »[5]. Derrière Cassandre apparaît le groupe des esclaves, que mentionne Agamemnon lorsqu'il présente sa captive à son épouse : πολλῶν χρημάτων ἐξαίρετον / ἄνθος (« fleur choisie dans l'amas du butin... »)[6]. La métaphore a pour effet de valoriser la captive et de rassurer l'épouse, dans le même temps : la princesse est réifiée.

2. Eschyle, *Les Sept contre Thèbes*, vers 320-370, trad. Emile Chambry.
3. Claude Mossé, *La Grèce archaïque d'Homère à Eschyle, Points,* Seuil, 1984.
4. Moses I. Finley, *The World of Odysseus*, The Viking Press Inc. publishers, New York, 1954 et 1977, *Le Monde d'Ulysse*. [Librairie F. Maspero, 1969 et 1978] - traduit de l'anglais par C. Vernant-Blanc et M. Alexandre, Ed. La Découverte, Seuil, Paris, 1983 et 1986
5. *Agamemnon*, vers 1064-1066.
6. *Agamemnon*, vers 954-955, trad. Emile Chambry. On note par ailleurs qu'Agamemnon soumet ici la valeur de Cassandre, donc sa beauté, à l'appréciation de Clytemnestre.

L'évocation de la captivité reste allusive chez Eschyle, et c'est dans le théâtre d'Euripide qu'il faut en chercher la représentation la plus intense – aussi nous arrêterons-nous un moment sur l'examen des *Troyennes*. Le dramaturge y inverse la perspective par rapport aux drames de son prédécesseur, envisageant la captivité comme un destin collectif avant d'être un sort individuel. Même si les personnages de captives apparaissent sur scène nettement individualisés par leur nom, chacun de leurs discours apporte une interprétation d'une situation vécue collectivement puisque partagée – la dimension collective implique autant la famille que la cité ; elle est prépondérante dans *Les Troyennes*, qui s'ouvre sur l'évocation d'une captivité vécue en nombre : « Des milliers de leurs cris plaintifs, les captives font retentir le Scamandre tandis que le sort leur désigne un maître »[7]. Dans le prologue, Poséidon met ainsi en place une situation – Troie vaincue, le principal centre d'intérêt n'est plus la geste héroïque, désormais dépassée, mais le sort des captives ; celles-ci sont envisagées à la fois comme caractères, puisque ces vers leurs reconnaissent un mode d'expression dans la déploration, et comme un enjeu dans le tirage au sort et l'attribution de chacune d'elles à un maître grec. Le prologue met ainsi en évidence le double « emploi » d'un personnage de captive, sujet désigné par son masque et son verbe, en même temps qu'objet de convoitise pour les vainqueurs. Les captives cessent d'être des *realia* univoques. Le désir héroïque, manifesté notamment chez Homère par la colère d'Achille, est lui-même soumis à un changement de point de vue, puisqu'il est interprété par les captives qui en font l'objet comme la manifestation d'une autorité incontournable. La convoitise du vainqueur, pulsion proche du caprice et qui révèle une faiblesse chez le héros dans la narration homérique, est vécue par les captives comme la source d'une situation pérenne autant qu'irrésistible ; ce qui dans le camp vainqueur s'apparentait au désir, à son immédiateté et à la faiblesse qui lui est liée[8], représente pour le camp des vaincus l'expression de son destin. La convoitise est source d'autorité dans un univers dont la défaite a annulé les valeurs.

La structure des *Troyennes* repose ainsi sur la double fonction des personnages de captives ; chaque épisode se déroule suivant le même schéma : d'abord l'annonce du maître auquel échoit telle ou telle captive – annonce toujours sensationnelle puisqu'elle concerne à la fois une princesse de sang, distinguée par son origine et son alliance, et un héros grec, à la célébrité largement entérinée par les combats homériques –, puis la réaction de la captive à cette annonce. Aussi chacun des épisodes repose-t-il sur un discours de la captive, qui la construit en tant que caractère dramatique en la faisant passer du statut d'objet à celui de sujet.

A cet égard, le personnage d'Hécube fait l'objet d'un traitement exemplaire par le poète qui la dote d'une épaisseur subjective nouvelle. Elle est évoquée dès le prologue, après que Poséidon et Athéna ont débattu de l'ave-

---

7. *Les Troyennes*, vers 28-29, trad. Léon Parmentier.
8. Dans l'univers épique, le désir s'oppose au courage : il entame la geste victorieuse d'Achille et divise le camp des Grecs.

nir des Grecs et de Troie. Le dieu énonce d'abord en quelques vers l'essentiel du drame :

> « Si quelqu'un veut contempler une grande infortune, il peut voir ici Hécube (...) Sa fille Polyxène, près du tombeau d'Achille, a péri, pitoyable victime d'un meurtre cruel ; c'en est fait de Priam et de ses enfants ; et la vierge que l'auguste Apollon a livrée aux élans du délire, Cassandre, voici qu'au mépris du dieu et de la religion, Agamemnon va faire d'elle par force son épouse secrète. Adieu donc, ville jadis fortunée, adieu, bel appareil de tes remparts ! »[9]

Le prologue invite ainsi le spectateur à s'intéresser au *tableau de l'infortune* ; au premier plan, il place Hécube, considérée comme la victime exemplaire des Grecs. Puis la reine déchue prend la parole dans le mélodrame qui suit immédiatement, et s'instaure comme la principale interlocutrice, d'une part du Chœur, d'autre part de Talthybios, messager des Grecs. Elle devient ainsi le pivot du drame, dans la mesure où c'est vers elle que converge l'essentiel du discours : elle est toujours celle à qui on annonce le sort réservé à chacune des captives – ses filles ou belles-filles – et qui assiste à leur réaction. Mais contrairement à la pièce antérieure d'Euripide, dont elle était le personnage éponyme, Hécube ici ne mène pas d'action décisive ; le dramaturge préserve la dimension statique du drame, construit comme un développement du sommaire dressé dans le prologue.

Dans le premier épisode, Talthybios annonce d'abord le sort réservé à Cassandre[10], échue au roi Agamemnon. Hécube interroge ensuite le messager sur le sort réservé à Polyxène ; Talthybios la déclare attachée au service du tombeau d'Achille, Hécube n'approfondit guère l'allusion[11]. Aussi est-il rapidement question du sort d'Andromaque ; la reine commente moins encore la réponse du messager, qui pourtant annonce que l'épouse d'Hector revient au fils d'Achille, mais pose, quatre vers plus loin, la question de son propre sort : tout ce passage apporte la confirmation du discours de Poséidon dans le prologue, sans introduire encore de longs développements. La première partie du premier épisode fonctionne ainsi comme la formulation terrestre du discours divin énoncé dans le prologue. Tout ce qui suit dans le drame, depuis la seconde partie du premier épisode, où apparaît Cassandre, jusqu'à l'exode, correspond au déploiement de ce premier message – à son *explication*.

Autour d'Hécube se lèvent ainsi, une à une, les captives désignées dans ce premier inventaire : la vieille reine aux maternités nombreuses permet à

---

9. *Les Troyennes*, vers 36-46.
10. L'échange qui concerne Cassandre s'étend du vers 247 au vers 259.
11. Cet apparent détachement d'Hécube ne laisse pas d'étonner à cet endroit de la pièce, comme le note Léon Parmentier pour l'édition Budé – éd. cit., p. 39-40 : « Le langage du héraut est à dessein énigmatique (...). Le scoliaste s'étonne avec quelque raison qu'Hécube ne questionne pas davantage, mais Euripide évite de revenir sur le sujet de *l'Hécube*. » L'ambiguïté du discours de Talthybios est élucidée plus loin, au vers 625, et le passage fonctionne ici comme le premier temps d'une annonce différée en raison de sa charge pathétique particulièrement intense. Dans une pièce entièrement dévolue à l'expression de la souffrance, l'objet même de cette souffrance est soumis à un effet de suspension.

celles qui l'entourent de s'ériger en sujets, d'abord parce qu'elles trouvent en elle l'interlocuteur qui permet le déploiement de leur discours. La richesse des perspectives ainsi ouvertes est consécutive à cette reconnaissance initiale d'Hécube comme caractère.

L'apparition de Cassandre occupe une partie importante du drame : cent cinquante vers lui sont impartis. La vierge d'Apollon fait d'abord irruption en brandissant une torche nuptiale : son chant est un chant d'hyménée, et sa tonalité parodique annonce une autre perspective sur le sort de Cassandre. Alors qu'Hécube était sensible à la dimension scandaleuse d'une décision qui destine une vierge sacrée au lit du roi vainqueur, Cassandre apporte une toute autre interprétation de son sort, guidée par l'urgence de la vengeance : « Où est le vaisseau du chef ? où dois-je m'embarquer ? Guette sans tarder le vent pour tes voiles ; c'est une des trois Erinyes qu'avec moi tu vas emmener de ces lieux. »[12]. La prophétesse d'Apollon peut interpréter sa captivité selon une perspective nourrie de sa connaissance du futur, ce qui l'éloigne radicalement du point de vue d'Hécube. La reine de Troie, devenue esclave d'Ulysse, se lamente de l'écart entre sa situation présente et son statut passé ; la devineresse se réjouit de l'écart entre l'apparence fournie par sa situation présente et la réalisation promise à ses vœux vengeurs. L'interprétation de la captivité, version du présent, dépend ainsi de la perspective temporelle adoptée par la captive dans son discours.

Le deuxième épisode[13] est consacré à Andromaque ; il s'ouvre sur les chants conjoints de la princesse et de la reine, qui se répondent et se complètent dans la déploration – harmonie commentée par la Coryphée : « Quelle douceur trouvent les malheureux aux larmes, aux thrènes gémissants et aux chants de douleur ! »[14]. La dimension pathétique de l'épisode est renforcée par l'omniprésence de la mort, dont l'évocation envahit tout ce passage des *Troyennes*. Le discours porte moins alors sur la captivité d'Andromaque que sur le double meurtre par les Grecs de Polyxène et d'Astyanax. Passé l'échange de leurs plaintes, c'est la veuve d'Hector qui annonce à Hécube la mort de sa fille, élucidant ainsi l'annonce mystérieuse de Talthybios au premier épisode[15] :

> « - Elle est morte, ton enfant, sur le tombeau d'Achille, ta Polyxène, égorgée, présent offert à un cadavre.
> - Pauvre de moi ! Voici la réponse à l'énigme qu'en termes obscurs formulait Talthybios ! »[16]

---

12. *Les Troyennes*, vers 455-457, trad. Léon Parmentier.
13. Le deuxième épisode s'étend du vers 568 au vers 798.
14. *Les Troyennes*, vers 607-608, trad. Léon Parmentier.
15. Le choix opéré par Euripide dans le premier épisode, qui consistait à ne pas s'appesantir sur la mort de Polyxène, trouve ici une justification de nature rhétorique : traitant thématiquement de la captivité et de ses conséquences, le dramaturge a préféré réunir dans le même épisode la mort de la princesse troyenne et du fils d'Hector, ce qui lui permet de consacrer plus ouvertement ce passage du drame au thème éminemment pathétique que constitue la mort d'un enfant, envisagé de surcroît du point de vue de la mère.
16. *Les Troyennes*, vers 622-625. Notre traduction tente de rendre l'ordre du texte grec, un ordre dont la déroute épouse la souffrance de la reine.

S'ensuit un débat entre Hécube et Andromaque, dont le but est de décider s'il faut préférer la captivité ou la mort ; puis, dans la troisième partie de l'épisode, Talthybios vient annoncer à Andromaque la condamnation à mort de son fils Astyanax. Situés au centre de la pièce, les adieux de la mère à son fils constituent l'*acmè* du drame, par leur dimension pathétique et pour la signification qu'ils confèrent à la captivité – c'est à ce moment précis que la situation révèle sa proximité immédiate avec la mort. C'est le deuxième épisode qui aborde ainsi avec le plus d'évidence l'une des principales problématiques relatives à la mise en scène de la captivité : alors que le premier, par l'intermédiaire du personnage de Cassandre, envisageait la captivité dans sa relation au temps, le deuxième l'interprète comme une version de l'existence humaine, dans le voisinage avec le monde des morts[17].

Au troisième épisode, la présence grecque se renforce : Ménélas entre en scène, pour un échange qui couvre deux cents vers et présente ainsi des dimensions équivalentes à celles des deux précédents. Il annonce d'emblée la raison de sa présence : unique héros grec présent sur la scène des *Troyennes,* il vient reprendre Hélène, également considérée comme captive[18] :

> « Quant à la Laconienne – je n'aime pas prononcer le nom de mon ancienne femme – je viens ici pour l'emmener. Car elle est là, dans le baraquement des captives (ἐν αἰχμαλωτικοῖς, δόμοις) classée comme troyenne aussi bien que les autres. »[19]

Si le second épisode était le plus pathétique de la pièce, celui-ci est le plus dramatique. Ménélas déclare en effet vouloir ramener Hélène à Sparte pour y exécuter la condamnation à mort que les Grecs ont édictée à l'encontre de son épouse. Mais après que cette dernière a prononcé son plaidoyer, la décision de Ménélas préserve le suspense et l'ambiguïté inhérente au personnage de la Lacédémonienne dans toute la littérature grecque : le héros déclare finalement qu'il la ramènera, mais sur un autre vaisseau que le sien, jusqu'en terre argolide, où il l'exécutera… La sentence reste à l'état de promesse : Hélène est ainsi, avec Iphigénie, la seule captive appelée à recouvrer son statut ancien.

L'exode enfin consacre cette relation de la captivité à la mort en représentant l'enterrement d'Astyanax par Hécube, immédiatement avant que Talthybios, lors d'une dernière apparition, n'apporte l'ordre d'incendier Troie :

> « J'ordonne aux capitaines chargés d'incendier la cité de Priam de ne plus garder inactive la flamme dans leurs mains ; il faut mettre le feu à la ville d'Ilion et n'y laisser que des ruines, afin que nous puissions commencer, le cœur content, notre voyage de retour. »[20]

---

17. Dans les deux cas, le thème de la captivité correspond à une interrogation sur le sens de l'existence, envisagée dans sa dimension chronologique, puis dans sa perspective métaphysique, et ouvre sur une perspective tropique que l'étude développera ultérieurement.

18. Cette apparition d'Hélène et le rôle qui lui est ici dévolu ont été annoncés dès le prologue, par Poséidon : « la fille de Tyndare, la laconienne Hélène, à bon droit considérée comme une captive [αἰχμάλωτος]… » – vers 34-35.

19. *Les Troyennes,* vers 869-872, trad. Léon Parmentier.

20. *Ibid.,* vers 1260-1264.

Avec cet ordre ultime se consomme le dernier acte du drame ; le commentaire d'Hécube met en évidence la relation d'équivalence qui associe le départ des captives et la disparition de la cité : « On t'incendie (πιμπρᾶσι), et l'on nous emmène en esclavage. (δούλας) »[21]. La métrique elle-même insiste sur le lien entre les deux événements : le rejet de l'épithète détachée, δούλας, contribue à mettre en valeur ce terme qui concentre la souffrance d'Hécube et de ses compagnes, en même temps qu'il établit le parallèle entre la servitude et l'incendie – πιμπρᾶσι –, associées dans une même logique de destruction, celle de l'identité. Le drame s'achève avec le départ d'Hécube, dernière représentante de la grandeur désormais anéantie de Troie. Il fallait cette émergence de la captive comme sujet pour que son asservissement suscite la pitié et se dégage d'une réalité ordinaire. Eschyle évoquait le destin des captives ; Euripide le soumet à l'émotion en leur prêtant un discours : la situation est intériorisée, la captive entre en tragédie.

Euripide ne se soucie pas de mettre en scène une action suspendue au tirage au sort, puisque celui-ci a déjà été effectué ; sa dramaturgie se veut délibérément thématique lorsqu'elle expose les réactions successives des captives – d'abord la prophétesse, ensuite la mère, enfin la captive séduisante. Chacune apporte dans son discours une interprétation de sa situation, toujours considérée comme un coup du sort : « Ton sort (κλῆρον) est près de se décider »[22], avertit Hécube devant la Coryphée qui s'effraie. Dans *La Modernité d'Euripide*, Jacqueline de Romilly analyse la succession des épisodes que présente *Les Troyennes* comme une série uniquement soumise à la logique d'un catalogue :

> « Tous ces épisodes ne sont reliés entre eux par aucune nécessité interne : ils se rejoignent seulement dans la mesure où, tous, ils décrivent les malheurs de la guerre. Encore ne les décrivent-ils pas en insistant, comme eût fait Eschyle, sur la chute de la cité : ce sont des souffrances individuelles, juxtaposées, qui contribuent toutes au malheur d'Hécube, mais le dépassent pour former comme une fresque de douleur. »[23]

Encore cette fresque obéit-elle à des principes plus proches d'une organisation rhétorique que d'une geste dramatique : la succession des arguments construit une éloquence qui *caractérise* la captive.

***

L'ombre du vainqueur

L'intériorisation de la situation permet naturellement une représentation nouvelle et prismatique de l'autorité. Face aux captives et à travers leur discours, les Grecs s'imposent davantage comme une entité dont on ne peut

---

21. *Ibid.*, vers 1279-1280.
22. *Ibid.*, vers 186.
23. Jacqueline de Romilly, *La Modernité d'Euripide*, PUF Ecrivains, Paris, 1986.

contester l'autorité, que comme des caractères individualisés. La distribution des personnages ne comporte que deux rôles grecs : Talthybios, le messager, et Ménélas, que nous avons déjà vu apparaître au troisième épisode. Le titre de la pièce justifie sans doute cette économie dans la représentation du camp vainqueur. Cependant, le drame d'*Hécube*, établi d'après la même situation, repose sur une distribution plus équilibrée des deux camps : trois caractères y représentent chacun Troyens et Grecs, parmi lesquels Agamemnon lui-même. Avec *Les Troyennes*, Euripide met à distance le camp des Grecs. Dans le prologue, Poséidon les désigne comme un groupe – concurrent sur le plan dramaturgique, de celui des captives : ils sont « ces Grecs qui ont dix fois compté le retour des semailles... »[24]. Assez souvent dans le drame, et comme un écho au *catalogue des vaisseaux* homérique, les vainqueurs sont désignés par leurs provinces d'origine : « Les unes sont échues à des guerriers d'Arcadie, d'autres à des Thessaliens ou bien aux princes d'Athènes, fils de Thésée »[25]. L'armée grecque est souvent désignée lorsqu'il est question des vainqueurs : Ménélas s'en réclame, se présentant lui-même comme l'exécuteur d'une décision collective, y compris lorsqu'il s'agit du sort d'Hélène : « L'armée entière laisse à moi, l'offensé, le soin de te tuer »[26]. Les Troyennes elles-mêmes envisagent généralement les Grecs comme une entité collective. Lorsqu'elle entre en scène, juchée sur un char hellène, Andromaque répond aux interrogations d'Hécube par ce commentaire au vers 577 : « les Grecs, nos maîtres (δεσπόται), m'emmènent »[27]. La princesse troyenne expliquera plus tard qu'elle est échue au fils d'Achille, mais c'est la désignation collective qui prévaut quand elle mentionne les vainqueurs.

Les Grecs forment ainsi, dans le discours, un groupe parallèle à celui des captives ; s'en dégagent quelques figures de proue, mentionnées et non représentées puisque seul Ménélas figure en scène. Les noms héroïques surviennent lorsque son sort est annoncé à chacune des captives, ou lorsqu'elle-même mentionne le nom de *son* vainqueur. Le chef des armées grecques est ainsi récurrent dans le discours des Troyennes : Hécube signale d'abord la proximité des « tentes d'Agamemnon » – σκηναῖς [...] Ἀγαμεμνονίαις[28] ; Cassandre le mentionne à son tour, non sans ironie – « l'illustre roi des Achéens, Agamemnon » (κλεινὸς Ἀγαμέμνων ἄναξ)[29]. Surviennent encore les noms d'Ulysse et de Néoptolème, le fils d'Achille, auxquels Hécube et Andromaque échoient respectivement. Pour les Troyennes qui les prononcent

---

24. « Là, on attend d'avoir le vent en poupe, car ils aspirent au bonheur de revoir leur femme et leurs enfants, ces Grecs qui ont dix fois compté le retour des semailles depuis qu'ils ont entrepris la guerre contre cette cité. » – *Les Troyennes*, vers 19-20, trad. Léon Parmentier.

25. *Ibid.*, vers 30-31.

26. *Ibid.*, vers 901-902.

27. *Ibid.*, vers 577.

28. *Ibid.*, vers 139 – La mention des tentes fait également référence à l'évocation du rivage troyen fréquenté par Ulysse, dans le récit qu' Hélène adresse à Télémaque, au chant IV de l'*Odyssée* : ἐς νῆάς τε θοὰς κλισίας (« avant qu'il n'eût rejoint les navires et les tentes »). Trad. cit.

29. *Ibid.*, vers 358.

ou les entendent, ces noms retentissent comme des menaces : ils correspondent à des volontés d'autant plus incontournables que leurs auteurs sont absents de la scène. Derrière les acteurs se profilent ainsi, par le pouvoir des noms, un second rang de personnages qui les dominent. Lorsque Hécube se révolte à la fin de la pièce, elle s'en prend à une entité collective et sans doute absente :

> « O Grecs, si orgueilleux de vos faits d'armes, vous devez l'être moins de votre sagesse, après avoir accompli ce meurtre inouï ! Qu'aviez-vous à craindre de cet enfant ? qu'il ne relève un jour Troie de ses ruines ? »[30]

Les interrogations d'Hécube restent sans réponse ; le long monologue qu'elles introduisent s'adresse aux Grecs d'abord, puis au corps défunt d'Astyanax ; le discours se heurte ainsi à une double absence qui nourrit sa force pathétique en manifestant l'impuissance de la reine. Et ce silence, de la part de ceux auxquels s'adresse la diatribe de la reine, n'est pas sans évoquer le mutisme des dieux eux-mêmes. La parallèle se confirme lorsque, au deuxième épisode, Talthybios prévient Andromaque du danger encouru à insulter les Grecs : « Si tu tiens quelque propos qui excite la colère de l'armée, cet enfant n'aura pas de tombeau et n'obtiendra point de pitié »[31].

L'absence des Grecs grandit leur autorité : leur parole est incontestable car liée à la mort qui continue de se répandre après avoir été dispensée sur les champs de bataille. Hécube évoque ainsi les fils qu'elle a « vus périr sous la lance des Grecs »[32] ; dans le chant du Chœur, Ménélas est désigné comme « le dévastateur d'Ilion »[33]. L'autorité exercée par les Grecs se révèle d'essence primitive : elle naît de la force démontrée, et du pouvoir ainsi acquis de dispenser la mort, y compris injustement. Le meurtre d'Astyanax tient à la fois de l'acte d'autorité politique et du sacrifice religieux ; le commentaire apporté par Hécube sur cette mort insiste sur sa cruauté :

> « Ah ! tête infortunée, avec quelle cruauté les murs élevés par Loxias pour tes ancêtres ont rasé ces boucles que ta mère se plaisait à arranger sur ton front et à couvrir de baisers ! Ah ! le miroitement du sang qui sourd de ce crâne fracassé, je ne veux pas en dire l'horreur ! O mains où j'aimais tant à retrouver la ressemblance paternelle, vous gisez devant moi, disloquées et inertes ! Bouche chérie, qui a lancé tant de jactances enfantines, ; c'est fini ! »[34]

La longue description du corps d'Astyanax, après qu'il a été jeté du haut des remparts de Troie, remplit à l'évidence une fonction pathétique ; l'évocation recourt à une violence dont le théâtre d'Euripide fait rarement l'économie. Jacqueline de Romilly souligne à ce sujet cette caractéristique de son théâtre : « l'homme qui faisait revenir sur la scène le cadavre déchiqueté du petit Astyanax et qui montrait à la fin des *Bacchantes* Agavé toute fière de tenir entre ses mains la tête coupée de son propre fils, ne reculait évidemment pas

---

30. *Ibid.*, vers 1158-1161.
31. *Ibid.*, vers 732-736.
32. *Ibid.*, vers 479.
33. *Ibid.*, vers 213.
34. *Ibid.*, vers 1173-1181.

devant les violences de ce genre : au contraire, il les cherchait »[35]. Le rapprochement entre l'épisode des *Troyennes* et le dénouement des *Bacchantes* attire en outre l'attention sur une autre signification que suggère la description du corps disloqué : la violence déchaînée par les Grecs rappelle cette autre violence, de nature dionysiaque et donc liée au divin, qui recourt effectivement au déchiquetage ; le dépècement présente lui-même une version physique du *taragmos*, ce trouble qui secoue le monde représenté sur la scène tragique. Le *sacrifice* d'Astyanax ne correspond pas à l'expulsion d'une victime expiatoire[36], mais à la volonté manifeste de la part des Grecs de démontrer leur toute-puissance. La sentence, rapportée dans le deuxième épisode par Talthybios, et le commentaire dont il l'assortit manifestent clairement le dessein hellène :

> « On va tuer ton fils ; sache ton grand malheur.[...]Ulysse l'a emporté près des Grecs en disant...[...] de ne point nourrir le fils d'un père si grand,[...] et de jeter son corps du haut des tours de Troie. – Allons, laisse faire, c'est pour toi le parti le plus sage. Ne te serre pas contre l'enfant, supporte avec noblesse ton malheur ; impuissante comme tu l'es, ne t'imagine pas être forte (*μήτε σθένουσα μηδὲν ἰσχύειν δόκει*) ; tu n'as d'appui nulle part. »[37]

La mise à mort de l'enfant comme démonstration de puissance rappelle le procédé utilisé par Dionysos pour se faire reconnaître, au dénouement des *Bacchantes* ; l'usage didactique de la violence alimente la dimension pathétique de l'action, mais accentue aussi le poids tragique supporté par l'humain dès qu'il se confronte à la volonté divine – ou bien, par la captive soumise à la volonté de son vainqueur. L'*acmè* ici atteinte se nourrit d'une violence portée à son point extrême : l'atrocité du geste manifeste autant la détermination politique du vainqueur que la faiblesse extrême des captives, dans un univers redevenu totalement primitif. L'effroi du spectateur est ainsi alimenté par le double spectacle qu'offrent conjointement la faiblesse des vaincus et l'instauration d'un ordre chaotique dominé par la mort. Lorsqu'il développe l'épisode consacré à l'exécution d'Astyanax, Racine retrouve dans *Andromaque* les accents de ce tragique primordial dans les propos que la veuve d'Hector adresse à Pyrrhus :

> « Seigneur, voyez l'état où vous me réduisez.
> J'ai vu mon père mort et nos murs embrasés ;
> J'ai vu trancher les jours de ma famille entière,
> Et mon époux sanglant traîné sur la poussière,
> Son fils seul avec moi, réservé pour les fers.
> Mais que ne peut un fils ? Je respire, je sers.
> (...)
> Jadis Priam soumis fut respecté d'Achille :
> J'attendais de son fils encor plus de bonté.
> Pardonne, cher Hector, à ma crédulité !
> Je n'ai pu soupçonner ton ennemi d'un crime :

---

35. *Op. cit.*, p.79.
36. D'autres morts représentés dans les tragédies grecques antiques remplissent cette fonction, démontrée notamment par René Girard dans *La Violence et le Sacré*.
37. *Les Troyennes*, vers 719-729, trad. Léon Parmentier.

Malgré lui-même enfin je l'ai cru magnanime.
Ah ! s'il l'était assez pour nous laisser du moins
Au tombeau qu'à ta cendre ont élevé mes soins,
Et que finissent là sa haine et nos misères,
Il ne séparât point des dépouilles si chères ! »[38]

Andromaque associe dans cet ultime appel à la pitié de Pyrrhus la violence des Grecs et sa propre captivité, la seconde apparaissant comme un corollaire de la première. Son argumentation repose sur l'idée que ce déploiement de violence renverse toutes les règles, y compris celles de la guerre ; l'ordre ancien, représenté par la génération d'Achille, est aboli au profit d'un désordre universel. Le présent témoigne d'une résurgence du chaos primordial ; la violence en est la manifestation essentielle ; la captivité de la mère dont on va tuer l'enfant met en évidence cette faiblesse de l'humanité défaite par le déchaînement des forces obscures[39].

***

L'analogie avec le divin

Dans la perspective ouverte par Antonin Artaud, la cruauté aurait à voir à la fois avec les catégories du Destin[40] et du chaos : « J'emploie le mot de cruauté dans le sens d'appétit de vie, de rigueur cosmique et de nécessité implacable, dans le sens gnostique de tourbillon de vie qui dévore les ténèbres, dans le sens de cette douleur hors de la nécessité inéluctable de laquelle la vie ne saurait s'exercer »[41]. Artaud insiste sur la présence du mal au sein de toute création ; dans cette conception, le meurtre perpétré par les Grecs sur la personne d'Astyanax constituerait l'acte absolument négatif et cependant nécessaire à la mise en place d'un ordre nouveau – du point de vue des captives, cet acte constitue le point d'orgue dans la succession des catastrophes qui ont abouti à l'abolition de tout ordre. En ce sens, captives et vainqueurs appartiennent à des ordres distincts, voire à des temps différents : les premières se souviennent d'une époque ancienne, dans laquelle elles étaient reines ou princesses, et d'un monde aux règles pertinentes ; les seconds sont responsables de la disparition de ce même monde et mettent en place un ordre qui, s'il n'existe pas encore, correspond déjà à un monde nouveau, à venir. Si la cruauté des vainqueurs est le moyen par lequel ils assurent la pérennité de ce nouvel

---

38. Racine, *Andromaque,* III, 6, vers 927-946.

39. Racine développe dans cette tirade le désespoir exaspéré qu'Andromaque exprime à la fin du deuxième épisode des *Troyennes* : (« Eh bien ! emmenez cet enfant, emportez-le, précipitez-le, s'il vous plaît de le précipiter ! Repaissez-vous de sa chair ! Les dieux veulent notre perte et je ne puis empêcher la mort de mon fils. Cachez mon corps misérable et jetez-le sur un navire... ») – *Les Troyennes*, vers 774-778.

40. Pierre Brunel, *Théâtre et cruauté ou Dionysos profané,* p. 20 : « N'est-elle pas le Destin à l'œuvre dans les *Bacchantes* où il est peut-être supérieur à Dionysos lui-même ? ».

41. Antonin Artaud, *Le Théâtre et son Double,* [Gallimard. 1964], Folio Essais, Gallimard – Deuxième lettre sur la cruauté, p. 159.

ordre, aux yeux des captives cette même cruauté est subie comme puissance négative. En témoigne la conclusion apportée par Hécube au deuxième épisode :

« O mon enfant, ô fils de mon pauvre fils, violence inique, on nous prend ta vie, à ta mère et à moi ! que devenir ? que puis-je, infortunée, faire pour toi ? Je t'offre ces coups dont je frappe ma tête et meurtris mon sein ; voilà tout mon pouvoir. Adieu, cité, adieu, enfant ! Qu'attendons-nous encore ? Que nous manque-t-il, dans ce total écroulement, pour que notre ruine (ὀλέθρου) soit complète ? »[42]

Le langage de l'impuissance envahit le discours d'Hécube ; il est associé au champ lexical de la ruine, celle d'un monde dont la captive est l'ultime représentante.

Le seul personnage qui se situe entre les mondes imperméables que sont celui des vainqueurs et celui des captives, entre l'époque ancienne et celle à venir, est le messager Talthybios – dont le discours témoigne d'une certaine sympathie à l'égard des Troyennes, et du malaise qu'on ressent à naviguer ainsi entre deux univers que rien ne relie : « Pour porter de tels ordres, il faudrait un héraut sans pitié (ἄνοικτος), et plus ami de l'impudence (ἀναιδείᾳ) que ne l'admet mon sentiment »[43]. Ἄνοικτος, ἀναίδεια : par le recours au suffixe de la privation, le discours du messager témoigne lui-même de la disparition subie au premier chef par les captives. Le rôle d'intermédiaire assumé par Talthybios, dépositaire d'une parole incontestable, est rappelé à plusieurs reprises dans la pièce, soit par les captives qui l'attendent – la Coryphée demande au vers 184 s'« il est déjà venu un héraut danaen » pour lui apprendre « de qui on [la] fait l'esclave fortunée » –, soit par Talthybios lui-même qui se réclame de la parole reçue et à transmettre, lorsque vient pour les captives le moment d'embarquer : « Quant à vous, filles de Troie – car mon discours doit formuler deux ordres à la fois... »[44].

Le *logos* dont Talthybios est le dépositaire puise sa source à l'autorité grecque ; le messager est le seul qui donne à entendre le langage des Grecs, par ailleurs silencieux[45], et en ce sens ses fonctions l'apparentent à un devin. Comme Tirésias, son discours recourt au lexique du destin pour répondre aux captives qui attendent une réponse à leurs interrogations : « Le sort a prononcé... »[46], annonce Talthybios lorsqu'il entre en scène au début du premier épisode – le terme employé est construit sur la racine de κλῆρος, qui désigne le tirage au sort, mais aussi par extension, et chez Euripide lui-même, l'« oracle des devins »[47]. A la fin du troisième épisode, Talthybios vient chercher

42. *Les Troyennes*, vers 790-798, trad. Léon Parmentier.
43. *Ibid.*, vers 786-789.
44. *Ibid.*, vers 1265-1266.
45. L'intervention de Ménélas constitue le seul moment dans la pièce où un Grec intervient en personne – encore cette intervention est-elle guidée par le trouble dans lequel se trouve le roi de Sparte à ce moment, confronté à Hélène. Aussi son intervention n'est-elle pas celle d'un personnage investi d'un pouvoir décisionnaire.
46. *Les Troyennes*, vers 240.
   Les Troyennes, vers 719-729.
47. Euripide. *Hippolyte*, vers 1057 – Le même terme se retrouve dans la bouche de Tirésias, au troisième épisode des Phéniciennes du même Euripide, s'agissant des « sorts que j'ai notés en observant les oiseaux », vers 838. – traduction de Marie Delcourt-Curvers.

Hécube pour la conduire à bord du vaisseau grec qui l'attend : « Hécube, un seul vaisseau, ses rameurs à leurs bancs, attend encore ici : avec le restant du butin échu au fils d'Achille, il va naviguer vers les côtes de Phthiotide »[48]. Talthybios indique à Hécube le chemin à prendre, physiquement et métaphoriquement. Le messager assume ici le rôle de guide dans l'univers troublé des captives. Du devin, il a enfin le langage énigmatique, comme le lui reproche Hécube dans le premier épisode : *Tί τόδ'ἔλακες* ; (« Que proclames-tu là ? »)[49] – la traduction du verbe *λάσκειν*, ici à l'aoriste, pose problème : son premier sens est « crier », mais il peut également signifier « proclamer » dans le contexte religieux, s'agissant d'oracles en particulier[50]. Le choix du lexique grec corrobore ainsi l'hypothèse selon laquelle Talthybios assume une fonction d'interprète, au moins métaphoriquement. Cette charge explique enfin qu'un seul personnage s'autorise à mettre son discours en cause : Cassandre, qui ravale le messager au rôle de domestique – *λάτρις* –, lui renvoyant ainsi le terme qu'il a utilisé à l'égard d'Hécube :

> « Il est étonnant, ce domestique (*Ἦ δεινὸς ὁ λάτρις*) ! Pourquoi donc portent-ils le nom de hérauts, ces membres de l'engeance universellement haïe que forment les agents des rois et des cités ? Tu dis que ma mère suivra Ulysse dans son palais , Que fais-tu des paroles d'Apollon où il a déclaré devant moi qu'elle mourrait ici ? »[51]

Parce qu'elle est la prophétesse d'Apollon, Cassandre seule peut se permettre l'ironie à l'égard de Talthybios ; la confrontation de son discours à celui du messager devient un échange de nature métaphysique, dans lequel s'affrontent deux conceptions du monde, deux ordres. La querelle instaurée par Cassandre induit un rapport hiérarchique entre la position qu'elle occupe et celle de Talthybios, sorte de devin attaché à une autorité certes souveraine mais terrestre.

Si les fonctions d'intermédiaire et de guide assumées par Talthybios engagent au parallèle entre l'autorité des Grecs, incontestable pour les captives, et la puissance ouranienne, le discours de Cassandre introduit en effet une prudente relativisation quant à cette représentation des vainqueurs. Placée d'ailleurs sous l'égide des deux divinités intervenues dans le prologue, Poséidon et Athéna, la pièce donne de l'univers une représentation hiérarchisée et répartie en trois niveaux : à la base de cette organisation pyramidale, se situent les captives, privées de tout pouvoir et soumises au sort ; sur un deuxième niveau, par conséquent supérieur à celui des Troyennes, les Grecs exercent une autorité souveraine et mettent en place un ordre nouveau dont le premier niveau subit l'instauration ; enfin, sur le troisième et dernier niveau se trouvent les dieux, les vrais, ceux qui s'expriment par l'intermédiaire de vrais prophètes, et sont capables de prédire des déboires à venir aux hommes jusqu'alors vainqueurs.

---

48. *Ibid.*, vers 1123-1125.
49. *Les Troyennes*, vers 269.
50. Sophocle l'emploie ainsi au vers 824 des *Trachiniennes* notamment, lorsque le Chœur rappelle « l'oracle ancien ».
51. *Les Troyennes*, vers 424-430.

Ce type d'organisation, très géométrique, aboutit à la mise en abyme de la condition humaine : la captivité apparaît comme la métaphore de la contrainte subie par les mortels, dont le poète donne une représentation dénuée d'optimisme et absolument tragique en effaçant de ce tableau toute possibilité d'espoir. Comme le répète Talthybios à plusieurs reprises, la soumission est pour les captives la seule conduite à tenir, et la leçon vaut sans doute pour le genre humain, si l'on admet le transfert métaphorique d'un ordre à l'autre.

La conception pyramidale de l'univers, du plus faible au plus puissant, implique en outre une vision relative de cette puissance que le vainqueur exerce sur le vaincu, de manière éphémère ; la leçon des *Troyennes* tiendrait ainsi dans ces deux vers prononcés par Talthybios au deuxième épisode : « Mais je le vois, avec leur majesté et leur étalage de sagesse, les grands ne sont en rien supérieurs à notre néant »[52]. Le drame des *Troyennes* est ainsi structuré par un système d'échos qui n'est pas sans évoquer le mythe platonicien de la caverne : le monde constitué par les captives et leurs « maîtres » apparaît comme une projection fantasmée de l'univers habité par les êtres humains et les divinités. Le procédé témoigne de la qualité rhétorique reconnue par J. de Romilly au théâtre d'Euripide :

> « on ne rencontre dans aucun autre théâtre que celui d'Euripide cette tendance à les expliciter, à faire tous les détours qu'il faut pour trouver l'occasion de les formuler, avec des exemples, des arguments et un esprit constant de généralisation. Cette tendance-là est unique. Elle met Euripide en relation étroite avec les auteurs de son temps comme Thucydide et Aristophane ou comme les sophistes. Souvent elle le met sur la voie des idées retenues ensuite par les philosophes du IVe siècle. »[53]

La représentation des captives au tréfonds d'une hiérarchie universelle rend sensible l'oppression subie par la condition humaine.

II
Représentation des vainqueurs sur la scène moderne

La puissance romaine

On ne saurait prêter la même représentation idéologique du monde aux dramaturges modernes, et cependant on retrouve entre leurs œuvres et *Les Troyennes* des points communs touchant à la représentation des rapports entre les captives et leurs vainqueurs, avérés ou appréhendés. Dans les drames à thème politique, Rome occupe une fonction assez proche de celle de la Grèce dans la pièce d'Euripide. De même que le territoire hellène représentait pour les vaincus la source d'une autorité souveraine et lointaine, Rome apparaît assez souvent comme l'origine d'un pouvoir incontestable, dont l'existence

---

52. *Ibid.*, vers 411-412.
53. Jacqueline de Romilly, *La Modernité d'Euripide*, *op. cit..*, p. 152.

plus ou moins impérieuse influe sur les choix des protagonistes. Dans la *Sophonisbe* de Mairet et *All for Love* de Dryden, l'hégémonie romaine constitue une menace constante pour le pouvoir des souverains de Carthage ou d'Alexandrie. Dans *La Mariane* de Tristan comme dans la *Théodore* de Corneille, l'Empire romain constitue un arrière-plan politique auquel les personnages se réfèrent pour prendre une décision. En ce qui concerne le sort des personnages féminins qui risquent la captivité, Rome apparaît comme la source de cette menace ; pour Mariane ou Théodore, elle est une contrainte supplémentaire issue d'un hors-scène oppressant.

Un lexique convenu traverse les discours de chacune de ces pièces, lorsqu'il s'agit d'évoquer la puissance romaine. Dans *La Sophonisbe*, Mairet déploie particulièrement l'éventail de ces désignations : tantôt il s'agit de la « race romaine » ou du « peuple puissant »[54], tantôt l'évocation des Romains est supplantée par un singulier collectif qui grandit encore la nation tant crainte[55] ; ailleurs, elle est désignée par une synecdoque empruntée à la politique – le Sénat – ou au paysage des Antiquités : « le Tibre »[56], « un Capitole »[57]... Ces dernières expressions permettent de faire surgir un arrière-plan virtuel qui vient s'opposer au paysage représenté – en l'occurrence l'Afrique du Nord punique – afin de mieux évoquer l'antinomie des deux nations ennemies. Certaines périphrases, beaucoup plus rares, ajoutent à l'évocation un jugement qui rend plus sensible encore l'appréhension de son auteur : Massinisse acculé énonce en plusieurs vers les caractéristiques principales de Rome victorieuse : « ...un monstre renaissant, / Une fière Harpie, un aigle ravissant, / De qui le vol s'étend par tout notre hémisphère »[58]. Le nom seul de Rome est cependant le plus fréquemment utilisé pour désigner la puissance méditerranéenne[59] ; la brièveté du terme souligne par antiphrase la menace que représente l'Etat désigné, procédé qui se retrouve sous la plume de Dryden dans *All for Love* – au vers 68 de l'acte I, la personnification est entérinée par l'usage d'un adjectif de caractérisation proprement humain : « *Proud Rome* » (« Fière Rome »), de même que Massinisse lui prêtait chez Mairet un verbe de volonté : « Il faut bien le vouloir, quand Rome l'a voulu »[60]. Rome exerce ainsi toujours une Autorité constante et pressante, face à laquelle ses adversaires ne peuvent, *in fine*, que s'incliner.

En ce sens, la puissance romaine agit comme un déterminisme sur l'action des protagonistes, action négative pour Sophonisbe autant que pour

54. Syphax évoque ainsi le pouvoir de Rome et donne à ressentir le poids de ce pouvoir sur l'action qui va se jouer.

55. Sophonisbe évoque les « hommes vaillants » qui « [soutiennent] *du Romain* les superbes efforts ». *La Sophonisbe*, II, 1, vers 370.

56. *Ibid.*, vers 839.

57. *Ibid.*, vers 1124.

58. *Ibid.*, vers 1413-1415.

59. Le vers 1136, notamment, consacre cette personnification : « Rome ne verra point Sophonisbe captive. » Si cette personnification d'un peuple par sa capitale est un procédé courant, l'audace de Mairet provient ici de l'analogie élaborée entre une reine et la cité qu'elle combat.

60. *La Sophonisbe*, V, 2, vers 1542.

Cléopâtre, dont le combat est vain face à l'Etat tout-puissant – Octavie énonce à l'intention de Cléopâtre une règle qui fait loi dans l'univers de ces deux drames : « *A Roman : A name that makes, and can unmake, a queen.* » (« [Je suis] une Romaine, nom qui suffit à faire, et éventuellement à défaire, une reine »)[61]. Dans la pièce de Dryden, le nom d'Octave est souvent associé à la puissance romaine ; et Antoine reconnaît sa défaite lorsqu'il admet, à l'acte III : « *Fortune is Caesar's now, and what am I ?* » (« La Fortune est maintenant du côté de César ; que suis-je désormais ? »)[62]. De même, la collusion de Rome et du Destin ouvre *La Sophonisbe* de Mairet, sur un plan thématique : le débat entre Syphax et son épouse dérive, depuis l'accusation de traîtrise, sur la question politique de l'influence romaine. Pour Syphax en effet, tout son malheur vient de sa rupture d'alliance avec le Capitole :

> « Tu sais que pour complaire à cette vieille haine
> Que ta race eut toujours pour la race romaine,
> J'ai quitté l'amitié de ce peuple puissant
> Par où je conservais mon Etat florissant.
> Sans tes mauvais conseils (...)
> J'aurais dessus le front ma couronne affermie,
> Car j'aurais Rome encore et la Fortune amie. »[63]

L'association est très nette, qui présente en Rome l'image d'une protection divine. Et la reine a beau détourner l'argumentation de Syphax pour révéler dans la puissance ennemie une force maléfique, sa tirade lui reconnaît néanmoins une origine quasi-surnaturelle parce « qu'il n'est quasi plus en la puissance humaine / De repousser de nous la puissance romaine »[64]. L'opposition à la rime des adjectifs « humaine » et « romaine » manifeste entre les deux catégories une antinomie sémantique, qui confine à reconnaître à la cité souveraine une proximité essentielle avec le divin[65].

Le propos de Syphax trouve un écho dans *La Mariane*, lorsque Hérode se félicite de son alliance avec Rome : le soutien romain est présenté comme la véritable source du pouvoir d'Hérode, qui lui permet de dominer le peuple juif : « Je sais bien quel support Auguste m'a permis / Me voulant recevoir au rang de ses amis... »[66] ; le propos revient dans le tableau qu'Hérode dresse un peu plus loin de sa situation : « J'ai pour mes compagnons l'Amour et la Fortune ; / (...) L'un fait qu'à tout un peuple aujourd'hui je commande... »[67]. Dans le rapprochement entre ces deux propos ressurgit l'association ailleurs rencontrée entre Rome et le Destin – ou la Fortune. Lorsque Hérode envisage les réactions de son suzerain, c'est en des termes qui ne sont pas sans évoquer

---

61. *All for Love*, III, vers 418-419.
62. *Ibid.*, III, vers 149.
63. *La Sophonisbe*, I, 1, vers 15-24.
64. *Ibid.*, vers 85-92.
65. La suite de la tirade de Sophonisbe poursuit l'analogie entre Rome et le destin, lorsqu'elle évoque le « sort [qui] affligerait [sa]vie / Si ce peuple odieux la tenait asservie. » – vers 95-96.
66. *La Mariane*, I, 3, vers 165-166.
67. *Ibid.*, vers 212-215.

le vocabulaire associé à Jupiter, ainsi lorsqu'il déclare n'avoir pas à « redouter la colère du Tibre »[68]. Mariane, quant à elle, retourne ironiquement contre Hérode son allégeance à l'Etat romain : « Quand tu crains lâchement la Justice d'Auguste, / Ma mort est résolue, et tu la trouves juste ? »[69]. L'allusion à l'assujettissement politique de son époux lui permet de relativiser ce pouvoir, donc les menaces qu'il fait peser. Dans *La Mariane* comme dans *La Sophonisbe*, la reine se refuse à reconnaître le pouvoir de Rome, si ce n'est comme celui d'une puissance maléfique à laquelle elle ne saurait se soumettre ; l'une de ses principales attitudes consiste ainsi dans la rébellion face à un pouvoir qui, cependant, a la force du Destin.

Une contrainte politique semblable à la configuration de la *Mariane* pèse sur l'univers de *Théodore*, chez Corneille. Là encore, la domination de Rome sur le paysage politique est mentionnée dès l'exposition : Placide se félicite, de même qu'Hérode, de sa position favorisée par l'alliance romaine : « Au-dessous des Césars, je suis ce qu'on peut être ;/ A moins que de leur rang le mien ne saurait croître »[70]. Valens également, dans l'acte II, rappelle le poids de cette alliance, qui le contraint à persécuter Théodore, puisqu'elle vient de se reconnaître chrétienne : « ...Et je n'ai rien à craindre auprès de l'Empereur, / Si ce cœur endurci renonce à son erreur »[71]. Marcelle, quant à elle, joue de cette obligation lorsqu'elle organise la perte de Théodore[72]. Elle rappelle sans cesse au gouverneur la menace qui pèse sur son pouvoir – menace d'ordre politique qu'elle ne se prive pas de renforcer sur un plan intime, alimentant ainsi les angoisses de Valens lorsqu'il débat du sort de Théodore : « Ne la condamner pas, c'est me perdre avec elle, / C'est m'exposer en butte aux fureurs de Marcelle, / Au pouvoir de son frère, aux courroux des Césars... »[73].

La puissance s'organise ainsi selon une hiérarchie qui pèse toute entière sur Théodore et conspire à sa mise en captivité : la vindicte de Marcelle utilise le pouvoir de Valens, lui-même contraint à ses options politiques par son allégeance à Rome. Et de même que Mariane minimisait le pouvoir d'Hérode en lui rappelant sa soumission à l'Etat romain, de même Théodore récuse le pouvoir du gouverneur lorsqu'elle renvoie à Placide un possessif chargé d' ironie : « votre Rome »[74]. Dès le début du drame, la princesse est politiquement captive puisqu'elle émane d'un peuple soumis par les Romains, et dépend à ce titre du pouvoir de leur gouverneur ; en se déclarant chrétienne, elle s'expose à une mise en captivité physique, et cependant manifeste sa liberté personnelle par la récusation de ce même pouvoir. La captivité physique de Théodore est

---

68. *Ibid.*, vers 172.
69. *Ibid.*, III, 2, vers 943-944.
70. *Théodore, vierge et martyre*, I, 1, vers 11-12.
71. *Ibid.*, II, 7, vers 697-698.
72. L'expression ici employée par Valens était déjà utilisée par Placide dans l'exposition, lorsqu'il évoquait l'attitude furieuse de Marcelle, notant qu'elle menaçait de « tout perdre auprès de l'Empereur ».
73. *Ibid.*, V, 7, vers 1739-1741.
74. *Ibid.*, III, 3, vers 903.

paradoxalement affirmation de sa liberté, parce qu'elle la choisit, tandis qu'elle subissait sa captivité politique ; face à elle, Rome est à la fois l'oppresseur et l'obstacle à l'épreuve duquel elle peut affirmer cette liberté toute personnelle.

En outre, et comme dans les autres drames envisagés, Rome représente symboliquement un ordre auquel le personnage antagoniste s'efforce de confronter son propre univers. La présence constante de la puissance romaine permet à la scène de représenter, métaphoriquement, la bipartition antique du monde, partagé entre Chaos et Cosmos. Mais la particularité de cette représentation est la confrontation des deux ordres ou désordres : tandis que les poètes cosmogoniques confrontaient les deux notions de manière successive, d'après un ancrage chronologique, la scène tragique les représente dans une concomitance d'autant plus inquiétante qu'elle est soumise à interprétation – car selon le point de vue adopté, le Cosmos n'est pas forcément là où on le suppose.

***

Le Pouvoir et le Ciel

Dans ces quatre drames, la représentation du monde retrouve l'organisation pyramidale pressentie chez Euripide : un peuple vaincu y est à chaque fois représenté, soumis à un vainqueur qui doit lui-même rendre des comptes à une puissance suprême, symbolisée en l'occurrence par Rome. Dans *La Sophonisbe*, Syphax est vaincu par Massinisse, dont l'alliance avec la Ville garantit le pouvoir ; l'exposition de la *Mariane* insiste sur la vassalité d'Hérode dans l'Empire romain ; de même pour l'exposition de *Théodore*, qui montre en Valens et sa famille les représentants dociles d'un pouvoir incontestable[75]. Dans *All for Love*, Dryden met en place une représentation duelle, au sens polémique du terme : c'est, de tous les drames envisagés, celui qui met le plus en scène le parti romain, en insistant toujours sur sa supériorité. L'action y puise sa vanité tragique. Sur le plan actantiel, Octave incarne cette supériorité, par un génie propre d'ailleurs reconnu d'Antoine :

> « *The boy pursues my ruin, he'll no peace :*
> *His malice is considerate in advantage ;*
> *Oh, he's the coolest murderer, so staunch,*
> *He kills, and keeps his temper.* »

(« Le jeune homme est acharné à ma ruine, il n'aura pas de répit : il a sa malignité pour avantage ; il est le plus froid des meurtriers, tellement déterminé ! Il tue sans varier d'humeur. »)[76]

---

75. L'existence de Rome est nécessairement plus immédiate dans Théodore, dont la scène représente Antioche, province romaine administrée par Valens ; le royaume d'Hérode n'est sujet de Rome que par un jeu d'alliances qui assure au roi sa sécurité politique. Le point commun entre ces deux situations réside dans la contrainte subtile exercée par Rome sur l'action, sensible par l'effet d'une pesante absence.

76. *All for Love*, III, vers 63-66.

Rome fait ici encore figure de puissance incontestable, qui puise à des sources inhumaines, sinon surhumaines. Le point de vue adopté par Dryden lui permet de prêter à ce pouvoir une force maléfique que Shakespeare ne lui soupçonnait pas. Le même thème dramatique fournit à Dryden l'occasion de présenter le pouvoir non plus dans son rayonnement mais comme un maléfice...

Parce qu'il est romain, Antoine émane de ce monde dont il reconnaît avoir déchu, et l'évocation de cette déchéance n'est pas sans évoquer la chute de l'Ange :

> *« Why was I raised the meteor of the world,*
> *Hung in the skies, and blazing as I travelled,*
> *Till all my fires were spent ; and then cast downward*
> *To be trod out by Caesar ? »*

(« A quoi bon m'être élevé avec cette fulgurance, avoir brillé au firmament, pourquoi avoir embrasé l'horizon au cours de mes voyages jusqu'à épuisement de tous mes feux, pour ensuite être projeté au sol et foulé à terre par César ? »)[77]

Le tableau emprunte aux mythes restitués notamment par Ovide : Icare, par exemple, et Phaéton, foudroyé par Zeus dans sa course folle... Au croisement des mythologies, la métaphore céleste confirme en outre l'allusion à la chute de l'ange maudit, telle qu'elle est évoquée par Luc, appelé par Jésus à se réjouir avec les autres disciples : « Il leur dit : « Je regardais le Satan *tomber du ciel* comme un *éclair* ! Voici que je vous ai donné le pouvoir de *fouler aux pieds* serpents et scorpions... » »[78]. Le recours au lexique de la chute associé à celui des météores apporte une consonance biblique à la représentation d'un monde que Rome domine sans conteste. L'image de Yahvé, très allusive, rencontre ici la métaphore héritée de la mythologie païenne antique : Rome est parée de caractéristiques propres à la puissance ouranienne ou céleste telle qu'elle se construit dans les mythes méditerranéens.

La représentation du camp espagnol dans *La Conquête de Grenade* inspire le même respect métaphysique : à la Cour maure entamée par les dissensions et tiraillée par les ambitions politiques individuelles s'oppose le camp du roi Ferdinand et de la reine Isabel ; tel qu'il est représenté au début de la seconde partie, l'espace chrétien paraît dominé par la sérénité que confère l'assurance de la victoire – en témoigne l'incipit prononcé par Ferdinand :

> *« At length the time is come, when Spain shall be*
> *From the long Yoke of Moorish Tyrants free.*
> *All causes seem to second our design ;*
> *And Heav'n and Earth in their destruction join. »*

(« Enfin est venu pour l'Espagne le temps d'être libérée du joug longuement imposé par les Tyrans maures. Toutes les raisons semblent vouloir appuyer notre dessein ; et le Ciel et la Terre s'unissent pour provoquer leur destruction. »)[79]

---

77. *Ibid.*, I, vers 208-211.
78. *Luc.* 10,18-19, trad. Emile Osty avec la collaboration de Joseph Trinquet, Seuil, 1973.
79. *La Conquête de Grenade*, seconde partie, I, vers 1-4.

Lorsque Benzayda et Ozmyn sont présentés aux souverains comme prisonniers maures, c'est l'intercession de la reine qui leur garantit la vie sauve, après leur comparution. L'indulgence est une caractéristique du rôle d'Isabel ainsi parée de vertus proprement célestes ; elle est une force d'intercession :

> *« Permit me, Sir, these Lovers doom to give :*
> *My Sentence is, they shall together live.*
> *The Courts of Kings,*
> *To all Distress'd shou'd Sanctuaries be :*
> *But most, to Lovers in Adversity. »*

> (« Permettez-moi, Sire, de formuler leur sort à ces amoureux : ma sentence est qu'ils vivent. Les Cours des Rois devraient donner asile à tous les désespérés, mais plus particulièrement, aux amoureux plongés dans l'adversité. »)[80]

Le mot *doom* est chargé d'une connotation métaphysique puisqu'il désigne le « destin », la « fortune », un sort en général malheureux ; et le terme *doomsday* s'applique lui-même au Jugement dernier... Dans ce contexte, Isabel apparaît comme une figure mariale.

L'allusion constante à des forces de nature ouranienne, ou divine, rend la tragédie à ses premières angoisses, telles que les exprime le théâtre d'Eschyle envahi par les dieux et la justice divine :

> « C'est un monde qui aspire à l'ordre mais se meut dans le mystère et dans la peur. (...) à travers l'angoisse et le tremblement, à travers le mystère dont s'enveloppe le sacré, une même foi se retrouve partout, qui cherche à reconnaître dans ces forces terribles les traces, les signes, les jalons d'une justice supérieure, que simplement on comprend mal »[81].

La Grèce dans les *Troyennes*, Rome ou encore l'Espagne dans le corpus moderne, apparaissent ainsi comme une projection du monde divin, projection imparfaite mais qui a reçu la souveraineté en partage avec l'Olympe ; un pouvoir sans conteste ressenti par les protagonistes que le drame confronte à leurs adversaires grecs ou romains, dans une lutte perdue d'avance : toute leur action consiste à refuser l'irréfutable. Leur lutte est vouée au désastre par l'effet même de cette puissance, obstacle contre lequel ils reviennent toujours buter, et qui fait paradoxalement la force dramatique de leurs caractères. Car « Sophonisbe et Massinisse sont grandis par la lutte », selon le point de vue de Philip Tomlinson qui affirme que « malgré leur défaite, le suicide leur permet de sortir triomphalement du monde, souillant ainsi la victoire des Romains »[82]. La question soulevée par cette analyse repose sur la catégorie du jugement, au sens éthique du terme ; il assoit d'ailleurs son appréciation sur une perspective historique et politique de l'œuvre de Mairet, « destinée à satisfaire une clien-

---

80. *Ibid.*, vers 127-131.
81. Jacqueline de Romilly, *La tragédie grecque*, chap. II : « Eschyle ou la tragédie de la justice divine », p. 54-55.
82. Tomlinson Philip, « *Le personnage de Cléopâtre chez Mairet et Corneille* », *Revue du XVIIᵉ siècle*, n° 190 (48° année, n°1), p. 67-75.

tèle aristocratique individualiste, toujours récalcitrante devant les forces centralisatrices qui exigeaient soumission et obéissance. Ce n'est pas pour rien
que la pièce fut représentée devant Gaston d'Orléans, qui par un mariage étranger s'était installé vis-à-vis des pouvoirs établis dans une situation semblable
à celle de Massinisse »[83]. Ces forces centralisatrices représentées dans la pièce
par Rome selon cette perspective, font l'objet d'une contestation politique qui
trouve un écho dans le drame ; mais cet écho lui-même démontre par ricochet
l'invincibilité de l'Etat auquel se heurtent les protagonistes – de la pièce
comme de la société contemporaine. Pas plus que dans les *Troyennes*, la pitié
inspirée par les captives ne remet en cause la puissance de l'armée grecque ou
sa victoire ; l'effroi éprouvé par les vaincus à l'égard de Rome dans la
Sophonisbe de Mairet confirme également la dimension incontestable de son
pouvoir. Cette souveraineté rappelle surtout les représentations du divin dans
le théâtre antique, notamment dans l'univers sophocléen :

> « Sophocle, en effet, a eu le sentiment profond de la majesté divine. (...) Tout ce
> qui vient des dieux ou se rapporte à eux se colore toujours de cette lumière d'ab-
> solu. C'est ainsi que les règles morales qui se réclament de l'ordre divin revêtent,
> comparées aux règles humaines, une valeur intangible, qui leur donne priorité
> sur tout le reste »[84].

Si l'on peut estimer que le théâtre moderne conteste parfois le pouvoir
souverain , c'est sur le mode de la dénonciation que s'établit cette rhétorique,
et non sur celui de la récusation.

***

Les émissaires : l'ange et la conscience

Comme dans les *Troyennes*, la présence d'émissaires confirme quelquefois cette dimension ouranienne du pouvoir romain. Alors que *La Mariane* ou
Théodore mettent en scène un monde dominé par Rome, d'autant plus menaçante qu'elle est silencieuse, les émissaires jouent un rôle très actif dans la
Sophonisbe et dans *All for Love*, qui mettent en scène un affrontement constant
à la puissance romaine. Chez Mairet, c'est « le grand Scipion », assisté du
« sage Lélie »[86], qui formule les intentions de Rome. Son attitude à l'égard de
Massinisse est paternelle et adopte le ton de la remontrance, après que celui-
ci a commis l'erreur politique d'épouser Sophonisbe ; Scipion s'instaure
comme un juge vis-à-vis du prince numide, position qu'il légitime en se faisant l'interprète des volontés de Rome : il lui reproche de s'être arrogé, en
épousant la princesse carthaginoise, « le butin / Qui doit appartenir à l'Empire

83. *Ibid.*
84. Jacqueline de Romilly, *La Tragédie grecque*, Quadrige, PUF, [1970], 6ᵉ éd. 1997, Paris
- chap. III : « Sophocle ou la tragédie du héros solitaire », p. 98.
85. Cette étude aura l'occasion de revenir plus précisément sur la question des rapports
entre la tragédie et le pouvoir (troisième partie).
86. *La Sophonisbe*, I, 2, vers 104.

latin »[87]. L'accusation évoque le larcin de Prométhée, notamment par l'outre-cuidance du héros à dérober ce qui appartient à une puissance incontestable : celle de Zeus ou bien, *mutatis mutandis*, de Rome. Et Massinisse lui-même, conscient de la gravité de son crime, s'effraie à l'acte IV de l'impartialité de son juge : « Mais ayant au contraire un Scipion pour juge, / Quel sera mon espoir ? où sera mon refuge ? »[88]. L'aporie formulée par le questionnement confère encore une fois au pouvoir romain une valeur quasi-métaphysique.

Dans *La Conquête de Grenade*, c'est le duc d'Arcos qui tient le rôle de Messager entre l'Alhambra et le camp espagnol. Dès l'acte I de la première partie, il vient demander, au nom de la Castille et de l'Aragon, la reddition de Grenade ; au début de la seconde partie, c'est lui qui introduit Ozmyn et Benzayda dans le camp de Ferdinand et Isabel, soumettant ainsi les prisonniers au jugement des souverains. Mais peu à peu, son rôle s'étoffe et ses interventions se diversifient : il s'interpose ainsi à l'acte II de la seconde partie, dans le conflit qui éclate entre Abenamar et Ozmyn, empêchant un duel parricide ; de même, à l'acte III, il réconcilie Almanzor avec le camp de Boabdelin, par un discours assorti d'une vérité générale : « *The hatred of the brave, with battails, ends ; / And Fœs,who fought for Honour, then, are Friends.* » (« La haine du brave s'éteint lorsque finissent les batailles ; alors les ennemis, qui ont défendu leur honneur, deviennent des amis. »)[89]. A l'acte V, le duc vient encore rendre compte des derniers soubresauts de la bataille qui oppose Maures et Espagnols et annoncer sa victoire à Ferdinand : « *Granada now is yours* » (« Grenade est désormais à vous »)[90], avant de se faire reconnaître comme le véritable père d'Almanzor – consacrant ainsi l'apothéose du héros qui, reconnu membre du camp vainqueur par son principal messager, accède au panthéon érigé tout au long de la pièce à la gloire de l'Espagne.

Dans *All for Love*, les émissaires sont plus nombreux, et ont la particularité d'éprouver de la sympathie pour Antoine, le général déchu. Loin d'être des juges impartiaux, ils apparaissent plutôt comme des forces protectrices, dont l'acharnement a pour but de soustraire Antoine à l'influence de Cléopâtre, et de restaurer ainsi son pouvoir révolu. Dolabella entre en scène comme émissaire d'Octave : il est à l'acte III « *A messenger from Caesar's camp with letters.* » (« Un messager qui arrive du camp de César avec des lettres »)[91]. Mais le représentant le plus actif de la *vis romana* est Ventidius. Comme Scipion dans la *Sophonisbe*, il est à même de formuler les pensées de celui qui incarne la puissance romaine, Octave : « *Caesar thinks not so :/ He'll thank you for the gift he could not take.* (« Ce n'est pas ainsi que pense César : il te remerciera d'un cadeau qu'il ne pourrait s'octroyer.»)[92]. L'impératif utilisé ensuite par

---

87. *Ibid.*, IV, 3, vers 1249-1250.
88. *Ibid.*, vers 1208-1209. Semblable propos se retrouve dans le discours de Phèdre, chez Racine, lorsqu'elle évoque l'aporie dans laquelle elle se trouve, notamment parce que Minos juge aux Enfers.
89. *La Conquête de Grenade,* seconde partie, III, 3, vers 136-137.
90. *Ibid.*, V, vers 158.
91. *All for Love*, III, vers 117.
92. *Ibid.*, I, vers 329-332.

Ventidius dénote sa position : « *Hold your throat to Caesar, and die tamely.* » (« cède ton trône à César, et meurs avec fierté. »). Tout l'échange qui suit, dans lequel Antoine assaille son ami de questions, démontre l'autorité de celui-ci et en désigne la provenance : l'origine n'en est pas seulement le statut, mais aussi la *virtus*, clef de voûte de l'éthique romaine. A ce titre, Ventidius est celui qui inspire à Antoine ses sursauts de courage, et par là le ramène à une attitude plus « romaine » – l'issue de cette scène montre chez Antoine la première de ces réactions, qui rythment la pièce :

> *« Come on, my soldier !*
> *Our hearts and arms are still the same : I long*
> *Once more to meet our fœs, that thou and I,*
> *Like Time and Death, marching before our troops,*
> *May taste fate to'em ; mow'em out a passage,*
> *And, ent'ring where the foremost squadrons yield,*
> *Begin the noble harvest of the field. »*

(« Allons, soldat ! Nos cœurs et nos bras sont à nouveau les mêmes : à nouveau me vient l'ardent désir de rencontrer nos ennemis, que toi et moi, marchant devant nos troupes, tels le Temps et la Mort, puissions goûter au destin ; frayons-nous un passage, présentons-nous là où faiblissent les principaux escadrons, et commençons à moissonner noblement le champ. »)[93]

Ventidius est celui qui dicte à Antoine la seule attitude décente – celle d'un général romain paré de son courage –, dont le détourne constamment son amour pour Cléopâtre. Il est l'ami qui rappelle à l'ordre, et personnifie la conscience d'Antoine, dans le débat intérieur qui l'oppose à l'attrait éprouvé pour la reine égyptienne. A cet égard, *All for Love* présente un *combat avec l'ange*, dont Antoine fait le premier les frais ; Dryden engage d'ailleurs à voir dans sa pièce la mise en scène de « conflits abstraits », en particulier entre l'amour et le devoir (« *love / duty* »)[94] ; le rôle dévolu à Ventidius incite à une lecture symbolique de la pièce dans laquelle les personnages incarneraient tantôt la conscience, tantôt la passion d'Antoine. Dans ce cadre, la conscience présente des caractéristiques communes avec les différentes représentations du divin auxquelles il a été fait allusion : l'un comme l'autre exercent une présence constante, impérieuse, de laquelle émane un jugement à l'autorité indiscutable. Dans le drame de Dryden, historiquement plus tardif, la conscience, incarnée par Ventidius, peut apparaître comme une version intériorisée du divin[95].

Il ne s'agit pas de forcer l'interprétation en affirmant que la présence de la Grèce ou de Rome dans les pièces étudiées ici correspondrait exactement à une représentation métaphorique du divin, mais de mettre en valeur les quali-

---

93. *Ibid.*, vers 449-455.

94. *All for Love*, Préface, p. ix. L'acte III, qui confronte Octavie à Cléopâtre, l'épouse romaine légitime à la reine égyptienne, amante d'Antoine, concentre pour Dryden ce conflit entre le devoir et la passion amoureuse.

95. Lucien Goldmann a montré dans *Le Dieu caché* les formes intériorisées que peut revêtir la présence du divin, particulièrement dans la *Phèdre* de Racine – pièce que Dryden mentionne précisément dans la préface d'*All for Love*.

tés communes qui permettent de rapprocher les Etats dominants et l'univers ouranien ou céleste, selon les terminologies attachées à telle ou telle mythologie. En fait, il apparaît à travers ces similitudes que la représentation dramatique du monde terrestre projette sur scène l'univers imaginé par différentes cosmogénèses. Celles-ci fournissent les archétypes reproduits à l'infini chaque fois qu'il s'agit de mettre le monde en scène et en symboles, et qui dirigent une conception commune à l'œuvre dans ces pièces : un ensemble de forces incoercibles pèsent sur l'homme ; le discours les représente organisées selon un ordre pyramidal, au sommet duquel se trouve de toute façon le divin.

Dans cette organisation *pyramidale* du monde ainsi représenté, la captive est située au degré inférieur – situation à laquelle la prédispose la défaite de son peuple. L'appréhension formulée par Almahide lorsqu'elle voit arriver son vainqueur, au moment de sa première captivité, entérine cette représentation d'un maître que sa souveraineté pare d'attributs divins :

> « *Mark but how terrible his Eyes appear !*
> *And yet there is something roughly noble there,*
> *Which, in unfashion'd Nature, looks Divine ;*
> *And like a Gemm dœs in the Quarry shine.* »

(« Note seulement combien son regard paraît terrible ! et même il y a là quelque chose de farouchement noble, qui, sous un aspect d'un autre temps, semble empreint d'une qualité divine, et brille comme un filon précieux. »)[96]

Cette position contribue à rendre le personnage de captive d'autant plus pathétique qu'il n'a aucune chance d'échapper aux lois de la « pyramide ». Sa lutte utilisera donc d'autres moyens que l'affrontement, et notamment le recours à un système de valeurs étranger au monde représenté : le christianisme dans un monde païen est l'un de ces systèmes ; la séduction est l'autre arme à laquelle la captive peut avoir recours, permettant l'intrusion perturbante d'Eros dans cette représentation d'un monde cloisonné, organisé selon une géométrie parfaite.

***

Individualisation du conflit : une captive, un vainqueur...

Au sein de cette organisation, chaque drame repose sur une individualisation de la révolte contre l'autorité. Là encore, le conflit s'exprime à travers la confrontation des discours.

Avec *Les Troyennes*, Euripide donnait un exemple de cette individualisation du conflit, en accordant la place que nous avons constatée aux sentiments des différents caractères. D'autres pièces le mettent en scène selon une tout autre logique : non plus du général au particulier, mais du particulier au général : la confrontation d'une captive à son vainqueur apparaît ainsi comme un avatar du combat livré à l'arrière-plan, une version sommaire du conflit qu'elle

---

96. *La Conquête de* Grenade, première partie, III, vers 304-307.

résume à grands traits ; elle s'impose alors comme le point focal du drame et met en place une thématique largement développée sur le théâtre moderne. Cette forme de confrontation n'intéresse pas le théâtre grec. La captive y apparaît dans le sillage du héros, intégrée au drame du *nostos*. Eschyle, on l'a vu, réifie le personnage lorsqu'il met en scène son entrée dans la maison du héros. Cassandre apparaît ainsi sur le char d'Agamemnon, qui requiert la clémence de Clytemnestre dans un propos déjà partiellement cité[97]. Lichas tient semblable propos dans *Les Trachiniennes*, lorsque, pour répondre aux questions de Déjanire sur l'identité des captives, il les présente comme un butin : « Ce sont celles qu'Héraclès, après avoir détruit la ville d'Eurytos, a prises « comme part de choix (κτῆμα κριτόν) pour lui-même et pour les dieux »[98]. La valeur objective d'une captive est chose admise, et sa présentation de nature formulaire.

La présence de la captive confirme ainsi la vigueur de la geste : l'apparition de la jeune femme que le vainqueur traîne après lui est l'ultime preuve de sa conquête, la démonstration de son héroïsme. Cassandre elle-même, à la fin de l'*Agamemnon*, désigne le roi comme son maître (δεσπότης)[99], avant de rappeler par un double groupe nominal l'action qui lui a donné autorité sur elle : « le chef de la flotte, le destructeur de Troie »[100]. L'exploit fait l'objet d'un plus long développement dans *Les Trachiniennes*, lorsque Lichas introduit les captives auprès de Déjanire – on y retrouve un épisode héracléen ponctué par la destruction d'une ville :

> « ... il lève une armée et marche sur la ville de cet Eurytos (...) leur ville est désormais esclave (πόλις δὲ δούλη), et les femmes que tu vois là vont échanger leur opulence contre un sort moins enviable (ἄζηλον βίον). Elles viennent à toi par ordre de ton époux... »[101]

Dans le théâtre moderne, la perspective de la captivité, ou sa réalisation, vont également de pair avec l'évocation d'un vainqueur paré d'héroïsme. Dès le début du drame, Massinisse est représenté en héros par Sophonisbe, avant même qu'elle n'en soit la captive et d'autant plus qu'elle est éprise du prince numide. *La Mariane* s'efforce à plusieurs reprises, sans le secours de la reine cette fois, de représenter Hérode en héros vainqueur – c'est en tout cas le dessein que ce dernier poursuit ; en témoigne l'autoportrait par lequel il tente de conjurer les frayeurs héritées de ses songes :

> « Je n'avais pas quinze ans lorsque je pris les armes,
> Lorsque j'allais chercher la mort dans les alarmes,
> Et si[102], dès ce temps-là mon bras par mille exploits
> Domptait les Nations, et soumettait les Rois. »[103]

---

97. « Accueille avec bonté cette étrangère. (...) celle-ci est une fleur choisie dans l'amas du butin et dont l'armée m'a fait don. » – Eschyle. *Agamemnon*, vers 951-955. trad. Emile Chambry.
98. *Ibid.*, vers 244-245.
99. Eschyle, *Agamemnon*, vers 1225 – dénomination surprenante chez Cassandre, qui l'assortit cependant d'un commentaire fataliste : φέρειν γὰρ χρὴ τό δούλιον ζυγόν (« il me faut en effet porter le joug d'esclave »). vers 1226.
100. *Ibid.*, vers 1227.
101. Sophocle, *Les Trachiniennes*, vers 259-260 /283-286.
102. « Si » a une valeur oppositive ici ; Jacques Scherer propose de considérer cette conjonction comme un « et pourtant », p. 1328, note 2 de la page 271.
103. *La Mariane*, I, 3, vers 187-190.

L'évocation est ici chargée d'ironie, puisque intégrée à une scène centrée sur le songe dont le souvenir effraie Hérode. Le roi lui-même en convient lorsqu'il reconnaît dans la suite de la scène que « [Sa] gloire n'est qu'un songe, et [sa] grandeur qu'une ombre. »[104] L'aveu de sa propre impuissance, qui succède immédiatement au rappel des exploits passés, a bien sûr quelque rapport avec les refus essuyés par Hérode de la part de Mariane[105], et le roi reconnaît du même coup dans sa propre aventure l'écho d'une loi ailleurs illustrée :

> « L'erreur dont on m'accuse a troublé de grands hommes,
> Soit aux siècles passés, soit au temps où nous sommes.
> L'amour est tellement fatal à la valeur
> Qu'il n'est point de héros exempts de ce malheur. »[106]

Le statut de la captive évolue alors, et quitte la valeur univoque qu'il avait précédemment. Ce propos d'Hérode pourrait assez bien s'appliquer à l'Antoine d'*All for Love*, déchu de son rang et de sa valeur pour l'amour de Cléopâtre[107]. Mais son efficience s'étend en réalité à tous les héros dont il a été précédemment question, dont l'héroïsme cesse d'être une réalité intangible et incontestable précisément lorsqu'une captive entre en scène. A la fin de l'*Agamemnon*, Clytemnestre, se félicitant de son crime, évoque en effet le lien du grand roi et de Cassandre : elle échafaude sur cette base un argument supplémentaire pour l'entreprise de dénigrement à laquelle elle se livre sur le corps de ses victimes :

> « ...Le voilà gisant, cet homme qui m'a fait tant de mal, les délices de Chryséis sous Ilion, et elle aussi, la captive (αἰχμάλωτος), la devineresse, la prophétesse qui partageait sa couche, sa fidèle concubine qui lui tenait compagnie sur le pont du navire. Ils ont tous deux ce qu'ils ont mérité... »[108]

Dans *Les Trachiniennes*, le récit héroïsant de Lichas, qui montrait en Iole le signe suprême de la valeur d'Héraclès, est immédiatement démenti par celui du second messager :

> « ...ton mari n'a écrasé Eurytos en sa ville forte d'œchalie que pour s'emparer de la jeune femme. Nul autre dieu qu'Eros ne l'a entraîné dans cette guerre. (...) La

104. *Ibid.*, vers 224.
105. Le vers 224 inaugure en effet une considération dont voici l'entière déclaration :
> « Ma gloire n'est qu'un songe, et ma grandeur qu'une ombre
> Si lorsque tout le monde en redoute l'effet,
> Je brûle d'un désir qui n'est point satisfait. »
106. *Ibid.*, vers 243-246.
107. La référence aux aventures du général romain alimente d'ailleurs la suite de cette tirade d'Hérode :
> « Antoine, sous ce joug abaissant son courage,
> A de moindres clartés s'éblouit davantage,
> Pour suivre Cléopâtre il quitta son bonheur,
> Et s'embarquant ainsi fit naufrage d'honneur. » – *Ibid.* vers 251-254.
108. Eschyle, *Agamemnon*, vers 1439-1443, trad. cit.
Le dramaturge fait ici allusion au propos que la narration homérique prêtait à Agamemnon dans *l'Iliade*, au sujet de Chryséis : « Je la préfère à Clytemnestre même, ma compagne de lit légitime. » (chant I, vers 113-114)

vérité, c'est qu'Héraclès ne put décider le père à lui donner sa fille pour partager sa couche en secret. C'est pourquoi, ayant forgé un vague prétexte, il attaque
la patrie de la jeune femme... »[109]

La présence de structures privatives dans ce récit marque la déchéance du
héros, dont la violence n'est plus que l'écho de sa mauvaise foi. Interrogé par
Déjanire, Lichas confirme cette seconde version, en l'étayant du précepte
énoncé par Hérode dans le théâtre moderne : « Partout ailleurs invincible, le
héros cède en toutes choses à l'amour (ἔρωτος) qu'il a pour elle »[110]. Derrière
la captive-objet se profile ainsi une captive érotisée, beaucoup plus dangereuse
et véritablement dramatique.

Contingenté par l'épisode du mythe héracléen, le propos de Lichas fait
force de nécessité dans les drames postérieurs ; car si la présence de Cassandre
n'altère pas l'aura d'Agamemnon, en revanche il n'est pas de captives, dans
les pièces où elles sont confrontées individuellement à leurs vainqueurs, qui
n'introduisent un danger pour ces derniers. La présence de la captive modifie
l'image du héros, de même qu'elle se façonne au fur et à mesure que se développe cette thématique. Almanzor lui-même, héros parfait de *La Conquête de
Grenade*, peine à se reconnaître lorsqu'il est confronté à la reine Almahide
devenue sa captive : *Honour burns in me, not so fiercely bright ; /But pale, as
fires when master'd by the light.* (« L'honneur brûle certes en moi, mais moins
fièrement, avec moins d'éclat, comme des feux lorsque les dompte la lumière
du jour. »)[111]. Il faut reconnaître ici l'efficacité de ce principe dramatique élaboré par le théâtre antique : paradoxalement, un héros est un peu moins
héroïque dès qu'une captive intègre son univers proche. L'origine de cette fonction de la captive dans sa relation au vainqueur est à chercher du côté de l'*oikos* homérique, univers spécifiquement féminin dont Claude Mossé note à la
fois la rigueur de l'organisation en même temps que la façon dont les captives
échappent à cette rigueur même :

> « De ces femmes, nous ne connaissons que deux groupes socialement dif-
> férenciés : les épouses ou les filles des héros d'une part, les servantes de l'autre.
> Il faut cependant mettre à part ce groupe ambigu que constituent les captives.
> Elles sont généralement d'origine royale, à tout le moins de sang noble. Mais les
> hasards de la guerre les ont fait tomber aux mains des ennemis de leurs époux ou
> de leurs pères. Devenues part de butin, elles sont condamnées le plus souvent à
> partager la couche de celui auquel elles échoient, vouées par là à l'humiliation,
> sauf si les unit à leur vainqueur un sentiment d'affection ou d'amour. »[112]

Ce sentiment est rarement évoqué de la part des captives – Tecmesse, captive et concubine d'Ajax, fait exception quand elle témoigne de son inquiétude
pour le héros absent, dont « elle partage les peines »[113]. Chez Euripide,

---

109. Sophocle, *Trachiniennes,* vers 352-362.
110. *Ibid.,* vers 488-489, trad. cit.
111. *La Conquête de Grenade*, première partie, III, vers 332-333.
112. Claude Mossé, *La Femme dans la Grèce antique*, Albin Michel, Paris, 1983 – première partie, A : « la femme dans la société homérique », p. 19.
113. Sophocle, *Ajax*, vers 280 sqq.

Andromaque témoigne dans la pièce qui porte son nom de son admission dans l'*oikos* ; sans manifester d'attachement au fils d'Achille dont elle est la captive, elle revendique cependant la maternité consécutive à sa situation et regrette, lorsque l'équilibre vient à être rompu par une nouvelle alliance, sa place révolue au sein de la maison[114]. Toutefois, elle note aussi qu'elle n'est entrée « qu'à regret » dans la couche de Néoptolème. Car, dans la plupart des cas, le concubinage de la captive est en effet instauré par une loi reçue de la haute antiquité et ne participe pas de son choix. Le théâtre moderne exploite ce thème, quelquefois fidèlement – Mariane est contrainte à son union avec Hérode, il serait envisageable que Théodore soit contrainte d'épouser Placide, ou Rodogune Séleucus... Ailleurs cependant, la captive partage l'amour qu'elle inspire. Mais ce qui importe le plus ici, c'est la transformation de l'image du héros vainqueur, reçue de l'épopée homérique ou médiévale, dans la confrontation que la scène organise avec sa captive.

A cet égard, Héraclès offre le paradigme de cette dégradation héroïque. Sophocle la révèle en confrontant les discours de Lichas et du messager dans les *Trachiniennes*, et formule par la mort du héros l'ultime expression de cette déchéance. Certes, la geste herculéenne est riche en épisodes qui donnent du héros une vision prismatique[115]. Et le mythe qui représente Héraclès aux pieds d'Omphale n'est qu'allusivement cité dans *Les Trachiniennes*, lorsque Lichas commence son récit : « Non, en ce temps-là, il passa la majeure partie de son temps en Lydie, non pas comme homme libre, mais, selon ses propres dires, comme esclave (ἐμποληηείς)[116] (...) Vendu à la barbare Omphale, il est resté

---

114.   « Et moi, esclave désormais, moi dont la maison
         était parmi les plus illustres, je suis venue en Grèce
         dans le butin de Néoptolème, prince d'une île,
         donnée à lui comme fleuron des dépouilles troyennes
         (...) Et c'est ici que j'ai mis au monde un garçon,
         conçu du fils d'Achille, oui, de mon maître.
         En ce temps-là, malgré la disgrâce où j'étais plongée,
         l'espoir me soutenait, si je gardais mon fils,
         de trouver en lui appui et secours. »
         – Euripide, *Andromaque*, trad. Marie Delcourt-Curvers – prologue. P. 343.

115. Aristote lui-même met en doute l'unicité du personnage : « L'unité de l'intrigue (μῦθος) ne vient pas, comme le pensent certains, de ce qu'elle concerne un même personnage (περὶ ἕνα) [...] Aussi semblent-ils bien commettre une erreur tous les poètes qui ont composé une *Héracléide* une *Théséide* ou tout autre poème de ce genre : ils croient que parc qu'Héraclès était un homme il s'ensuit que l'intrigue est également une. » – Aristote, *Poétique*, 8, 1451a. Trad. Barbara Gernez, p. 33. Nicole Loraux, par exemple, voit en Héraclès un héros contradictoire, notamment parce qu'il concentre « le viril et le féminin ». Car si le mythe d'Héraclès manifeste d'abord en lui « l'affirmation de la sexualité la plus virile », « les mythes se plaisent à asservir Héraclès à des femmes ou, du moins, à le mettre au service d'une volonté féminine. », ce qui permet à Nicole Loraux d'affirmer « qu'avec Héraclès, nous tenons l'une des figures grecques de la féminité dans l'homme. » – art. « le surmâle et le féminin ». Nicole Loraux cite à l'appui de cette thèse selon laquelle le viril et le féminin sont ainsi réunis dans le même personnage l'étude que W. Burkert consacre à Héraclès dans la *Griechische Religion* (Berlin, 1977) : « le rayonnant héros est en même temps esclave, femme et dément. »

116. *Stricto sensu*, le terme évoque une marchandise.

chez elle un an entier[117]. Mais ce rappel n'est sans doute pas anodin en amorce d'un drame qui conte la chute du héros épris de sa captive. Le théâtre moderne, quant à lui, se plaît à représenter cette dégradation, montrant par exemple Hercule aux pieds d'Iole, dans la première scène de l'*Hercule mourant*[118]. Si la mythologie grecque est, selon Marie Delcourt, « une langue où il n'y a pas de synonymes »[119], Rotrou ne se prive pas d'assimiler ici Iole à Omphale, ou au moins de recourir à l'iconographie pour mettre en scène Hercule dans l'exercice de son péché mignon : son propre asservissement aux femmes. Le tableau de l'acte I confirme le chemin parcouru par le théâtre moderne dans sa réception de l'héritage antique : ce qui, de manière allusive, était à l'œuvre dans la tragédie grecque, est ouvertement représenté, avec toute la force d'une évidence sur laquelle se construit le discours dramatique. La « dévirilisation » du héros dans la soumission amoureuse à sa captive est désormais un fait acquis, un *topos* largement exploité – Antoine « pleure beaucoup, combat peu »[120]…

Du même coup, l'image de la captive se modifie, ainsi que son rôle : désormais, elle est un danger pour le héros qui l'acquiert : Hérode, Massinisse, Antoine, et jusqu'à Almanzor, tous font les frais de ce qui devient l'un des principaux ressorts dramatiques du théâtre, lorsque celui-ci représente une geste héroïque ou un conflit entre Etats. La dénaturation du héros, par comparaison à la stature épique, insiste peut-être moins sur la féminité intrinsèque à la virilité, que sur la représentation d'une limite, celle que l'humain se doit de rencontrer à un moment de son parcours. La captive apporte au héros la conscience de cette limite ; comme le constate Almanzor, elle l'initie à la labilité du monde et, ce faisant, provoque quelquefois sa perte. Dans le discours tragique, les personnages de captives creusent une béance dans l'univers héroïque nourri des certitudes remportées au combat ; au sein d'un cosmos dont le héros est l'un des astres, la captive, à son corps défendant, démontre la possibilité du chaos.

---

117. *Les Trachiniennes,* vers 248-253.
118. Rotrou, *Hercule mourant,* I, 3.
119. Marie Delcourt, *L'Oracle de Delphes*, p.139. Cité par Nicole Loraux, *La voix endeuillée. Essai sur la tragédie grecque, NRF Essais*, Gallimard Editions, Paris, 1999.
120. C'est ainsi que Dryden présente Antoine dans le prologue, non sans quelque ironie : « *Weeps much, fight little…* », vers 13.

CHAPITRE II
La captive dans la maison du vainqueur

Le changement de perspective subi par la représentation du héros s'accompagne d'une modification radicale de l'éclairage d'abord jeté sur la captive. Le Messager des *Trachiniennes* vient détromper Déjanire et le spectateur : « Et elle, le voici au moment de rentrer chez lui, qui te l'envoie en personne et certes pas sans dessein, ni pour qu'elle soit ton esclave (δούλην) – cela, femme, n'y compte pas ! »[1] Au début du troisième épisode, Déjanire commente auprès du Chœur cette nouvelle dont elle développe la portée : elle énonce l'aporie dans laquelle elle se trouve, et le nœud du drame réside dans la manière dont elle essaiera d'y échapper. Dans certaines pièces du corpus, les discours comparés de l'épouse et de la captive mettent alors en évidence le conflit inévitable qui résulte de leur concurrence au cœur de la maison.

I
La confrontation à l'épouse

Représentations antiques de l'épouse

Le théâtre pointe les difficultés rencontrées au sein de l'*oikos*. Car la coutume remet la loi en cause ; si « *normalement* l'homme [homérique] n'a qu'une seule épouse », ce cadre général n'exclut pas qu'il « partage la couche d'autres femmes » puisque, « tout naturellement, l'homme a des concubines, servantes ou captives, qui vivent dans sa maison, et dont les enfants sont intégrés à *l'oikos*, parfois à peine distingués des enfants légitimes »[2]. Chez Sénèque, Iole formule elle-même la nécessité dans laquelle elle se trouve : *Sed iam dominae tecta petantur.* (« Mais voici qu'il me faut entrer dans la maison et obéir

---

1. Sophocle. *Les Trachiniennes*, vers 365-367 – trad. Paul Mazon. L'allusion est ensuite largement glosée par Déjanire :

> « Ce n'est plus, je crois, une jeune fille, c'est une vraie femme que, comme un marin embarquant son fret, je me trouve avoir accueillie chez moi au milieu d'autres marchandises et qui doit, celle-là, m'empoisonner le cœur. Nous voici donc désormais sous la même couverture à attendre qu'un homme nous prenne dans ses bras… Et c'est là le salaire que celui qui était pour moi le loyal, le noble Héraclès, vient de m'envoyer, pour la peine d'avoir si longtemps gardé sa maison ! » – vers 536-542, trad. Paul Mazon.

2. Claude Mossé, *La Femme dans la Grèce antique, op. cit.*, p. 23.

à ma maîtresse »)[3]. La traduction développe ici la contraction opérée dans le latin entre la maison (*tecta*) et la maîtresse (*domina*), qui montre combien les deux termes sont indissociables. La situation ne peut donc que générer le conflit, soit parce que l'épouse légitime doit réaffirmer son pouvoir mis en cause par la présence d'une captive, comme c'est le cas dans le drame de Sophocle ; soit parce que l'entrée d'une épouse légitime dans *l'oikos* remet en cause la sécurité même de la captive – problème qu'Euripide illustre avec *Andromaque*, dont le personnage éponyme exprime dès le prologue ses appréhensions :

> « Mais depuis que mon maître, répudiant mon lit d'esclave,
> a pris pour femme Hermione la Laconienne,
> celle-ci me poursuit de cruelles injures,
> disant que j'ai de secrets maléfices
> pour la rendre stérile et déplaisante à son mari,
> que je cherche à la supplanter dans la maison
> en la chassant de son lit conjugal. »[4]

Le conflit porte sur le pouvoir, et se trouve alimenté par les appréhensions qu'inspire à l'épouse une rivale de provenance étrangère : aussi Hermione accuse-t-elle Andromaque d'user de sorcellerie, par allusion sans doute à ses origines orientales, tandis que le Chœur des *Trachiniennes*, au cinquième épisode, conclut son chant par un énoncé sommaire du rôle de la captive : « Elle a donc franchi le seuil, la nouvelle favorite, pour enfanter la vengeance, une bien lourde vengeance ! »[5]. La présence d'Iole dans *Les Trachiniennes* est également ressentie comme une menace. Lorsque Déjanire apprend sa véritable identité et ce qui la lie à Héraclès, elle ne peut que retourner vers elle-même la pitié d'abord ressentie à l'égard d'Iole : « À quel désastre aurai-je ouvert ma porte, et sans m'en douter, malheureuse ! ». Déjanire n'emploie pas le terme d'οἶκτος à son endroit, mais celui de πημονή, substitut de πῆμα, qui désigne une « épreuve pénible ». Un rôle nouveau est ainsi dévolu à la captive – quoique la Déjanire de Sophocle se garde d'exprimer quelque acrimonie que ce soit à l'égard de celle-ci, et lui conserve sa pitié – ᾤκτιρα, « j'ai eu pitié d'elle »[7].

Les commentateurs modernes mettent quelquefois en doute cette urbanité de Déjanire, et Racine en particulier n'est pas tendre à son égard lorsqu'il considère qu'elle « feint d'avoir beaucoup de compassion pour sa rivale »[8]. Il est difficile en réalité de ne pas croire à l'authenticité du personnage de

---

3. Sénèque, *Hercule sur l'œta*, vers 224 – traduction de Florence Dupont, p. 229. La réflexion introduite par Sénèque ici a sans doute à voir avec les réalités de la cour impériale, ailleurs dénoncées par Tacite.

4. Euripide, *Andromaque*, prologue – Euripide, *Théâtre complet*, trad. Marie Delcourt-Curvers, p. 344.

5. Sophocle, *Les Trachiniennes*, 893-895, trad. Paul Mazon.

6. *Ibid.*, vers 376-377.

7. *Ibid.*, vers 464.

8. Racine, *Œuvres complètes*, tome II, Prose, Gallimard. [Pléiade. 1966], p.868, citant ce propos, Robert Pignarre s'interroge entre parenthèses sur la réalité de cette feinte.

Déjanire, dont tout le tragique repose sur la perversion involontaire de ses intentions : alors qu'elle veut ramener son époux à l'amour conjugal, elle le tue, dépassée par une action dont elle ignore la portée ; et c'est à ce titre qu'elle incarne cette « ironie tragique » que Jacqueline de Romilly montre à l'œuvre chez Sophocle :

> « Le rythme même [de son théâtre], avec ses contrastes si fortement marqués, symbolise donc une certaine idée de la faiblesse de l'homme et de l'ironie du sort. C'est lorsque l'on a confiance que soudain le désastre arrive. C'est lorsque l'on veut bien faire que l'on se trouve pris au piège et que l'on suscite un désastre. L'homme ne sait rien. Et il joue en aveugle un jeu fait de surprises, presque toujours mauvaises. De fait, il y a là une sorte d'ironie tragique, dont le sens s'inscrit en clair sous les yeux des spectateurs, alors que les personnages n'en distinguent pas toujours le sens. »[9]

L'innocence de Déjanire est d'ailleurs défendue et résumée par Hyllos face à son père dans le dernier épisode : « Pour tout dire en un mot, elle a fait le mal en désirant le bien »[10].

L'interprétation de Racine doit sans doute à l'héritage sénéquien. Car l'*Hercule sur l'œta* de Sénèque représente une Déjanire toute différente de celle de Sophocle. Le texte fait date dans la représentation de la maîtresse de maison, figure héritée d'Hermione et de Médée. Dès sa première apparition en effet, l'épouse d'Hercule laisse libre cours à sa fureur, qu'elle exprime par le biais d'une prière à Junon : *Quacumque partem sedis aetheriae premis / conjux Tonantis, mitte in Alciden feram /quae mihi satis sit.* (« Quelle que soit la partie de l'éther où tu trônes, épouse du Tonant, envoie sur Alcide une bête qui me comble »)[11]. Au contraire de son avatar sophocléen qui repoussait tout sentiment d'animosité contre Héraclès, la Déjanire sénéquienne commence par une invocation menaçante, qui appelle contre le héros l'aide de son ennemie la plus fidèle, Junon. L'audace du dramaturge latin se manifeste ici, dans cette libre interprétation du caractère créé par Sophocle. Loin de ménager une gradation qui mènerait Déjanire de la découverte de son infortune à une colère dévastatrice – ce qui constituerait déjà une révolution par rapport à l'antécédent grec –, Sénèque modifie d'entrée le personnage, qui se définit par un état de *furor* d'autant plus violent qu'il n'a pas été préparé. La Déjanire de Sénèque est ainsi l'un des nombreux avatars de ces héros et héroïnes de son théâtre qui préfèrent se livrer à la folie du *furor* plutôt qu'aux caprices du destin ; elle fait partie de ce personnages sénéquiens qui « franchissent les limites de l'humanité et se métamorphosent en héros monstrueux » parce qu'ils ont décidé de « combattre [leur] malheur en demandant à la folie, le *furor*, les forces nécessaires »[12]. Le théâtre latin abandonne ici l'ironie tragique mise en œuvre par Sophocle pour lui préférer une vision plus tonique mais tout aussi désastreuse du drame humain.

9. Jacqueline de Romillly, *La Tragédie grecque, op. cit.*, chap. III : « *Sophocle, ou la tragédie du héros solitaire* », p. 104.
10. *Les Trachiniennes*, vers 1136.
11. Sénèque, *Hercule sur l'œta*, vers 256-258.
12. Sénèque, *Théâtre complet*, préface de Florence Dupont, p. 8.

D'après Sénèque, l'irruption du *furor* dans la maison d'Héraclès est donc concomitante de l'entrée d'Iole. Il faudrait toutefois chercher l'origine de cette surprenante relation entre *furor* et captive dans la sauvagerie attachée à cette dernière, selon l'analyse de Charles Segal : « la jeune Iole, emmenée dans la maison comme s'il s'agissait d'un mariage légitime, est « sous le joug »[13] ; cette métaphore indique habituellement la domestication de la vierge « non encore attelée » qu'on perçoit comme participant du « sauvage » jusqu'à ce qu'elle soit « domptée » ou civilisée par le mariage ; mais dans le contexte de l'*oikos* et en relation avec cette intrusion d'un corps étranger, l'image « désigne plutôt le dangereux monde animal de l'arrière-plan mythique »[14]. Dans cette perspective, l'entrée de la captive dans l'*oikos* a pour conséquence immédiate une perturbation radicale des valeurs civilisatrices défendues par le héros à l'extérieur, à l'intérieur par l'épouse ; c'est dans cette perspective encore que Charles Segal propose de traduire le terme Ἐρινύς du vers 895 par le mot « Furie », choisissant d'insister ainsi sur la proximité avec les figures monstrueuses qui émanent des Enfers . Pour autant, on ne saurait ignorer la valeur du terme ainsi employé par le Chœur pour élucider la signification de l'épisode : Héraclès a finalement été atteint par les flèches de Nessos, au-delà du rapt d'Iole, au-delà de l'acte de Déjanire. La polysémie que recouvre sans doute le terme Ἐρινύς met en abyme le destin d'un héros perdu par ses amours, en même temps qu'elle démontre la fatalité attachée à ses pas, au-delà de ses succès répétés. La captive peut alors être considérée, symboliquement, comme l'une des expressions de cette fatalité. Iole rejoint Cassandre.

***

Représentations modernes de la domina : Hercule mourant, *un cas transitoire*

L'interprétation proposée par Rotrou inaugure la mise en scène moderne de l'ἀγών entre l'épouse et la captive. A ce titre, la pièce apporte à notre enquête des enseignements de taille ; c'est pourquoi nous nous arrêterons ici sur son examen, bien qu'elle ne figure pas dans notre corpus. L'action débute tardivement par rapport à celle des *Trachiniennes* : Rotrou abandonne toute la phase préparatoire dans laquelle Déjanire apprenait son infortune, pour délivrer cette information dès l'exposition, en utilisant sur scène l'évidence du tableau[15]. L'action repose entièrement sur la rivalité entre Déjanire et Iole, une rivalité ressentie uniquement par l'épouse, puisque Iole est elle-même engagée auprès d'Arcas, nouveau venu dans la distribution des rôles. Si, dans *Les Trachiniennes*, les récits modifiaient progressivement les personnages du héros

---

13. *Ibid.*, vers 536.
14. Charles Segal, *La Musique du Sphinx, poésie et structure dans la tragédie grecque*, p. 72.
15. Le tableau évoqué est celui qui présente Hercule aux pieds d'Iole, et que notre propos a déjà rencontré.

et de sa captive, c'est en revanche le caractère de Déjanire qui fait les frais de la transformation dans la version moderne. Là où Sophocle montrait une épouse égarée et cherchant à son infortune une solution qui ne soit pas « déraisonnable » – μάταιον[16]–, Rotrou se complaît dans la peinture d'une femme livrée à la fureur. Celle qui faisait l'objet, chez Sophocle, d'une « condamnation erronée »[17] parce que ses intentions étaient pures, ne se soucie pas chez Rotrou d'encourir un juste châtiment pour ses forfaits. Le dramaturge moderne la dépouille d'ailleurs des attributs qui donnaient au personnage sa dimension pathétique, en particulier sa maternité : Hyllos n'apparaît pas dans la distribution choisie par Rotrou. Privée de son statut d'épouse et non plus mère comme sur la scène antique, le personnage de Déjanire est ainsi construit dans la négation de ce qui la fait femme. Dès sa première apparition, son discours est celui de la fureur : « Je paraîtrai ta femme à ta confusion ; /Ta vie, en la fureur dont j'ai l'âme enflammée, /Trouve un pire lion que celui de Némée... »[18]. La référence aux travaux d'Hercule n'est pas anodine : Déjanire s'ajoute d'elle-même à la liste des monstres que le héros a dû combattre, et le motif tératologique traverse toute la pièce, rythmée par les *fureurs* de Déjanire. Rotrou abandonne la rigueur du drame de Sophocle pour céder à une esthétique de la métamorphose, qui occupe tout le discours de Déjanire, et notamment cette invocation vengeresse à Junon :

> « O Junon ! perds ce traître, envoie un monstre ici,
> Qui, te satisfaisant, me satisfasse aussi.
> S'il est quelque serpent, horrible, épouvantable,
> Capable d'étouffer ce vainqueur redoutable,
> Et qu'à cette action tu puisses provoquer,
> Qu'il vienne, qu'il paraisse, et qu'il l'aille attaquer.
> Ou, s'il n'est point de monstre assez fort pour ta haine,
> Fais-moi capable d'être et son monstre et sa peine :
> Change, si tu peux tout, ma figure, et rends-moi
> Telle qu'on peint l'horreur, et la rage, et l'effroi... »[19]

La figure du monstre caractérise toute la scène, marquée par cinq récurrences du terme que relaient en outre les évocations de « serpent »[20], d'« hydre », de « lion », de « Cerbère » et de « Parque ».

---

16. *Les Trachiniennes*, vers 587 – l'adjectif μάταιος, α,ον est ailleurs employé par Sophocle pour désigner la qualité de ce qui est « sans raison » (vers 863), « orgueilleux » (vers 565) ; Eschyle, quant à lui, l'emploie à plusieurs reprises pour souligner l'impiété – références citées par Bailly. La μάτη désigne en outre la folie et la sottise.

17. Jacqueline de Romilly, *La Tragédie grecque, op. cit.*, p. 95.

18. Rotrou, *Hercule mourant*, I, 2, vers 140-142.

19. Rotrou, *Hercule mourant*, II, 2.

20. L'allusion à la figure du serpent est évidemment nourrie de la mythologie qui entoure le personnage d'Hercule, depuis sa naissance jusqu'à la confrontation à l'Hydre de Lerne. Elle trouve un prolongement intéressant dans la suite de la tirade, où Déjanire appelle à sa propre métamorphose :

Vel si ferae negantur, hanc animam, precor,
Converte in aliquod - quodlibet possum malum
Hac mente fieri.   .../...

Cette interprétation moderne du rôle de Déjanire se nourrit de la version latine de l'*ἄτη*, le *furor* dont Sénèque développe la vision tragique dans son théâtre. Chez Rotrou, le monstre qu'elle appelle et dans lequel elle se projette est la version extériorisée de son affliction devenue colère, de cette « peine / Horrible, épouvantable, incroyable inhumaine »[21] qu'elle peint à Luscinde. Les mêmes termes qualifient ainsi le serpent évoqué au début de la scène et le sentiment qu'elle éprouve. *Commoda effigiem mihi parem dolori* (« Donne-moi la forme de ma douleur »)[22], priait Déjanire qui, chez Sénèque, appelait déjà contre Alcide un monstre à figure de serpent, lorsqu'elle priait Junon en entrant en scène :

> *Si qua fecundum caput*
> *palude tota vastior serpens movet,*
> *ignara vinci, si quid excessit feras*
> *immane dirum horribile, quo viso Hercules*
> *avertat oculos, hoc specu immenso exeat.*

> (« Si quelque serpent plus large qu'un marais entier meut sa tête féconde, ignorant de la défaite, si quelque chose a déjà dépassé les animaux sauvages, quelque chose d'assez énorme, d'assez effrayant, d'assez horrible pour qu'à sa vue Hercule détourne les yeux, que cette chose sorte de son antre prodigieux. »)[23]

Le tableau de Déjanire en monstre puise également à un héritage plus ancien : dès l'*Agamemnon*, Eschyle, par l'intermédiaire de Cassandre, profilait la figure du monstre derrière le personnage de Clytemnestre :

> « Et le chef de la flotte, le destructeur de Troie ne sait pas ce que l'odieuse chienne, dont la voix longuement dit et redit l'allégresse, sournoise puissance de mort, lui prépare pour son malheur ! Telle est son effronterie ! Femelle tueuse du mâle, je vois en elle... De quel monstre odieux - dragon à deux têtes, Skylla gîtée dans les rochers, fléau des marins - devrai-je emprunter le nom pour donner celui qu'elle mérite à cette mère en furie, sortie de l'Enfer, qui contre tous les siens ne respire que guerre sans trêve. »[24]

Ainsi l'*Agamemnon* évoquait déjà dans l'épouse la figure monstrueuse à laquelle se trouve confrontée la captive : Clytemnestre est monstrueuse pour le crime qu'elle s'apprête à commettre contre son époux, vengeance d'un meurtre plus ancien ; Déjanire chez Rotrou prend des traits similaires pour venger la perte de son pouvoir au sein de sa maison. Le théâtre moderne croise ainsi deux mythes, celui d'Agamemnon et celui d'Hercule, pour édifier le personnage de l'épouse que bafoue l'introduction de la captive dans le palais[25].

(« Et même si tu ne trouves pas ce monstre parmi les bêtes
Prends ma vie et métamorphose-moi
Telle est ma prière
Avec ce que j'ai dans le cœur
Tu peux fabriquer tous les fléaux que tu veux »)
21. *Ibid.*
22. Sénèque, *Hercule sur l'œta*, vers 265-266 – trad. citée, p. 232.
23. Sénèque, *Hercule sur l'œta*, vers 258-262 – trad. cit., p. 232.
24. Eschyle, *Agamemnon*, vers 1227-1236.
25. L'effroi provoqué par Médée chez Euripide, elle aussi confrontée aux secondes noces de son époux, n'est sans doute pas étranger à la peinture d'un tel déchaînement sur la scène moderne.

Dans l'interprétation qui naît ainsi à la croisée des mythes, la captive apparaît à la fois comme l'élément déclencheur du *furor* monstrueux et sa victime potentielle : Cassandre est tuée en même temps que son vainqueur, et toute captive risque le même destin. Par un effet de transfert, la captive que le héros introduit dans sa maison devient l'esclave[26] de son épouse ; car c'est elle, la maîtresse du palais, qui devient l'autorité régnante sur le destin de la princesse désormais retenue dans son domaine.

***

La domina furiosa *: succès d'un caractère*

Dans *Théodore* comme dans *Rodogune*, Corneille exploite l'exemple ainsi fourni par Rotrou d'une « reine » – ou d'une figure assimilée par sa fonction – dont la présence d'une captive dans sa maison déclenche les foudres. Dès la première scène de *Théodore*, Placide évoque le courroux de Marcelle, fâchée de voir sa fille dédaignée par le prince épris de la captive éponyme : « Elle tonne, foudroie, et pleine de fureur, / Menace de tout perdre auprès de l'Empereur »[27]. Et quoique Placide traite avec ironie l'irritation de Marcelle – « je ris de sa colère », affirme-t-il[28] –, elle n'en est pas moins, ainsi énoncée dans l'exposition, une donnée essentielle de l'action à venir. Dans *Rodogune*, la rivalité de la reine avec sa captive est de nature plus primitive, au sens où elle est davantage conforme au modèle antique dans lequel la captive est, ou a été, la seconde épouse du roi. Aussi Cléopâtre, même après la disparition du roi, désigne-t-elle Rodogune comme une rivale, à laquelle il faut à tout prix interdire l'accès au trône. « Je hais, je règne encor... »[29] : l'affirmation de la reine est menaçante, autant par son caractère lapidaire que par la juxtaposition des deux propositions, qui formulent avec une saisissante brièveté les deux composantes essentielles de son caractère : la haine et le pouvoir. La sincérité de cette formulation, facilitée par la forme monologuée de la tirade, révèle le machiavélisme de la reine ; face à elle, et considérée comme une « rivale »[30], Rodogune ne peut être qu'en danger. La disparition du roi aggrave encore cette situation : la situation de transfert, qui fait passer la captive du pouvoir du vainqueur à celui de son épouse, est ici réalisée à l'extrême ; et lorsque Cléopâtre adresse à Rodogune encore absente cette injonction jovienne : « tremble pour toi-même. Tremble, te dis-je... »[31], l'intensité dramatique atteint déjà un sommet.

---

26. Cf. *introduction* : les lexiques concurrents de la captivité et de l'esclavage pour qualifier la situation de la captive.

27. *Théodore, vierge et martyre*, I, 1, vers 65-66.

28. *Ibid.*, vers 66.

29. *Rodogune, princesse des Parthes*, II, 1, vers 411.

30. *Ibid.* vers 419 : Rodogune, après avoir été désignée par une première périphrase : « cette même ennemie », est fictivement interpellée par cette apostrophe : « imprudente rivale ».

31. *Ibid.*, vers 424-425.

Dans *Théodore* comme dans *Rodogune*, la reine ou son avatar est présentée comme la source d'une énergie dévastatrice, dont le mobile principal est la haine, et l'objet le « sang » de la captive. Cléobule, confident de Placide, met en garde Théodore contre cette avidité de Marcelle :

> « Il peut vous y[32] pousser, si vous n'y prenez garde ;
> D'un œil envenimé Marcelle vous regarde,
> Et se prenant à vous du mauvais traitement
> Que sa fille à ses yeux reçoit de votre Amant,
> Sa jalouse fureur ne peut être assouvie
> A moins de votre sang, à moins de votre vie. »[33]

La volonté de Marcelle prend rapidement le pas sur le reste de l'action, et le désir de vengeance qui l'anime à l'égard de Théodore s'étend à son entourage parmi lequel il croît à une vitesse exponentielle ; car pour atteindre la captive, Marcelle n'épargne personne, et le dénouement voit la disparition non seulement de Théodore, mais encore de Didyme qui l'accompagnait et de Placide, qui se suicide. Le récit de Stéphanie rapporte le meurtre perpétré par Marcelle :

> « Ayant fait avancer l'une et l'autre victime,
> D'un côté Théodore, et de l'autre Didyme,
> Elle lève le bras, et de la même main
> Leur enfonce à tous deux un poignard dans le sein. »[34]

Le geste de Clytemnestre connaît ici l'une de ses résurgences modernes ; la reine, animée de jalousie, manie elle-même le poignard contre la princesse vassale.

Le sang de la captive est également réclamé par Cléopâtre à ses fils, lorsqu'elle les entretient de sa succession. Dans une argumentation dont la subtilité rappelle la rhétorique développée par Clytemnestre à la fin de l'*Agamemnon*, la reine présente le meurtre de son époux comme une conséquence des actions de Rodogune – avant de continuer, en réclamant de ses fils la vengeance du forfait :

> « Ainsi vous me rendrez l'innocence et l'estime,
> Lorsque vous punirez la cause de mon crime.
> De cette même main qui vous a tout sauvé,
> Dans son sang odieux je l'aurais bien lavé.
> Mais comme vous aviez votre part aux offenses,
> Je vous ai réservé votre part aux vengeances,
> Et pour ne plus tenir en suspens vos esprits,
> Si vous voulez régner, le trône est à ce prix. »[35]

Cléopâtre joue sur la polysémie attachée au terme de sang, mais sans y mettre pour autant aucune ambiguïté : au sang de la succession elle substitue celui du meurtre, qui déterminera le droit d'aînesse pour l'accession au trône.

---

32. Théodore a terminé la tirade précédente par l'évocation de son « cercueil », au vers 410.
33. *Théodore*, II, 2, vers 409-416.
34. *Ibid.*, V, 8, vers 1803-1806.
35. *Rodogune*, II, 3, vers 637-642.

L'argumentation de la reine dépouille l'image du sang de sa valeur vitale, énergique, pour l'investir au contraire d'un sens mortel : ce n'est plus le sang de la naissance mais celui versé par le meurtre qui doit légitimer la succession, et le déroulement de l'histoire en devenir. Si la volonté de Cléopâtre est réalisée, le temps ne procèdera donc plus de la vie mais de la mort ; son déroulement sera lié à la disparition plutôt qu'à l'apparition.

Mères l'une et l'autre, Marcelle et Cléopâtre distribuent la mort autour d'elles, répétant le geste de Clytemnestre[36]. La monstruosité procède de cette inversion dans l'ordre naturel des choses. Le personnage maternel est ici dénaturé et horrifiant, fascinant de détermination ; et le dénouement de chacune des pièces apporte un point d'orgue à la progression de la monstruosité dans les caractères de Marcelle et de Cléopâtre. Corneille, dont les deux tragédies se succèdent sur le théâtre, ne se prive pas de reprendre dans le dénouement de *Rodogune* le tableau de la meurtrière expirante – le récit de Stéphanie n'épargne aucun détail ni quant au meurtre perpétré par Marcelle, ni dans la relation de son propre suicide :

« Lors même dans la mort conservant son audace,
Elle tombe, et tombant elle choisit sa place,
D'où son œil semble encore à longs traits se soûler
Du sang des malheureux qu'elle vient d'immoler. »[37]

La fin du récit fige le regard de Marcelle dans une expression menaçante et horrifiante. La même insistance sur le regard caractérise le tableau de Cléopâtre expirante sous l'effet du poison qu'elle s'est elle-même administré :

« Seigneur, voyez ses yeux
Déjà tout égarés, troubles et furieux,
Cette affreuse sueur qui court sur son visage,
Cette gorge qui s'enfle. Ah, bons Dieux, quelle rage ! »[38]

La description apparente la reine mourante à la Gorgone, telles que la décrivent Pierre Vidal-Naquet et Jean-Pierre Vernant : « Sur le visage du possédé le délire frénétique, que les Grecs appellent Lussa, l'Enragée, applique le masque de Gorgô. Les yeux se révulsent, les traits se déforment, la langue saillit hors de la bouche, les dents grincent… »[39] Par respect des bienséances, Cléopâtre sort de scène pour mourir, mais ce dernier tableau décrit par Rodogune achève ainsi de peindre le personnage sous des traits monstrueux qu'il partage avec la figure de Gorgone.

La représentation de Marcelle et de Cléopâtre dans leurs derniers instants propage la destruction par la puissance de cette « mort dans les yeux », selon

---

36. La figure de Médée réapparaît dans *Rodogune*, lorsque Cléopâtre, cette « seconde Médée » tue son fils Séleucus. C'est en effet par cette périphrase que Corneille désigne Cléopâtre dans sa dédicace à Monseigneur le Prince.
37. *Théodore*, V, 8, vers 1839-1842.
38. *Rodogune*, V, 4, vers 1805-1808.
39. Jean-Pierre Vernant et Pierre Vidal-Naquet, *Mythe et tragédie*, II, *Textes à l'appui* / série histoire classique, La Découverte, Paris, 1986, réed. 1995 – chap. 2 : « Figures du masque en Grèce ancienne », p. 31.

l'expression que Jean-Pierre Vernant applique à la Gorgone et qu'il explicite par un portrait détaillé du monstre : « D'emblée et en elle-même Gorgô produit un effet d'épouvante parce qu'elle se donne à voir (…) comme un prodige (τέρας), un monstre (πέλωρ), en forme de tête (κεφαλή), terrible et effrayante (à regarder et à entendre) (δεινή τε σμερδνή τε), d'une face à l'œil terrible (βλοσυρῶπις), lançant un regard d'épouvante (δεινὸν δερκομένη) »⁴⁰. Parmi les « trois puissances divines majeures » représentées par des masques cultuels, Jean-Pierre Vernant et Pierre Vidal-Naquet ont montré que celui de la Gorgone était manifestement chargé d'une signification mortifère : « son faciès grimaçant, (…) c'est la mort inéluctable dont l'attente glace les cœurs, qui paralyse et pétrifie »⁴¹.

A cette figure s'ajoute celle de la Kère, qui concentre sur elle la peur de l'Autre et l'épouvante de la Mort, « entité féminine [...] noire, sombre, méchante, horrible, exécrable – qui représente la mort comme force maléfique s'acharnant sur les humains pour les détruire, assoiffée de leur sang, les avalant pour les engloutir dans cette nuit où le destin veut qu'ils se perdent »⁴². C'est à cette « puissance de mort » que la captive est ainsi confrontée lorsqu'elle pénètre dans la maison de son vainqueur et tombe sous le pouvoir de la maîtresse de maison.

Aucun des drames du corpus qui représentent le duel entre la captive et la maîtresse n'échappe en fait à cette métamorphose qui touche l'épouse depuis l'*Agamemnon* d'Eschyle ; mais le procédé se développe sur la scène moderne : alors que dans le théâtre antique la monstruosité de la reine apparaît comme une donnée de base, que l'action révèle au dénouement comme on lève un voile, sur la scène moderne la reine *devient* peu à peu monstrueuse, et le tableau final apporte le terme, le résultat d'un processus de déformation qui constitue peut-être l'essentiel de l'action. La force de Corneille notamment est de ménager, dans *Théodore* et *Rodogune*, le développement de ce processus, par étape, depuis la colère dont on se rit⁴³ jusqu'au masque final, celui d'une gorgone mortifère pour le présent et l'avenir. En provoquant le suicide de Placide, Marcelle entame en effet la descendance de Valens ; et Cléopâtre en mourant souhaite à Antiochus et Rodogune « un fils qui [lui] ressemble »⁴⁴. Dix ans après Rotrou, Corneille reprend le motif de la métamorphose de la reine en

---

40. Jean-Pierre Vernant, *La Mort dans les yeux, figures de l'Autre en Grèce ancienne*, Artémis, Gorgô, Textes du XXᵉ siècle, Hachette, Paris, 1985, p. 40.
41. Jean-Pierre Vernant et Pierre Vidal-Naquet, *Mythe et tragédie, op. cit.*, II, p. 29.
42. Jean-Pierre Vernant, *L'individu, la mort, l'amour. Soi-même et l'autre en Grèce ancienne*, Folio histoire, Gallimard, Paris, 1989 – « Figures féminines de la mort en Grèce », p. 132.
43. Car les fils de Cléopâtre s'illusionnent d'abord, comme Placide, sur la portée de l'acrimonie de la reine ; Antiochus tente lui-même de se rassurer par le recours à l'icône maternelle conforme à la doxa :
« Je conserve pourtant encore un peu d'espoir,
Elle est mère, et le sang a beaucoup de pouvoir,
Et le sort l'eût-il fait encore plus inhumaine,
Une larme d'un fils peut amollir sa haine. » – *Rodogune*, II, 4, vers 725-728.
44. *Rodogune*, V, 4, vers 1824.

monstre, mais pour étendre le processus à l'ensemble de la pièce. L'exposition de la captive à ce monstre est la conséquence directe de son introduction dans le palais, en tant que butin rapporté du champ de bataille par son vainqueur ; et si le « maître » de la captive est initialement le héros qui l'a emportée, cette autorité lui est enlevée *de facto* par l'épouse, la reine, au territoire de laquelle la princesse est confiée. L'intérêt est d'abord esthétique : « mettre un monstre sur le théâtre, c'est le dépeindre dans son extrême monstruosité afin de susciter la stupéfaction du spectateur – *l'admiration*, disait [Corneille] en ce sens – devant une telle démesure »[45]. Il est également dramatique, parce qu'il manifeste une progression dans le statut de la captive, insiste sur la dégradation extrême de sa situation et l'inscrit dans un schéma dialectique, via l'ἀγών déjà évoqué et qui peut s'entendre de manière moralisante : la peinture de la maîtresse en monstre projette la captive du côté du bien, tandis que la *maison* apparaît comme le terrain dangereux d'un affrontement entre ange et démon.

II
Formes de la monstruosité

Extensions apportées à la figure du monstre : le cas de Mariane

Le recours à la tératologie n'est cependant pas réservé aux personnages féminins, même si les occurrences les concernent le plus souvent. Dans le discours de Mariane, Hérode est ainsi comparé à un monstre, que ses traits rapprochent des figures évoquées chez Rotrou ou Corneille ; l'appétit du sang est l'une de ces caractéristiques, que souligne Mariane dès son entrée en scène, au début de l'acte II, dans une formule redondante : « Il en veut à mon sang, il en veut à ma race... »[46]. A plusieurs reprises dans la suite de la scène, le discours de Mariane désigne le roi par un adjectif substantivé, « l'inhumain », qui annonce, selon une gradation semblable à celle que Corneille mettra plus tard en œuvre, la terminologie tératologique. Le terme apparaît dans l'apostrophe qu'adresse Mariane à l'Echanson d'Hérode, chargé de formuler le chef d'accusation dans le simulacre de procès où comparaît la reine : « Monstre issu de l'Enfer pour nuire à l'innocence, / Oses-tu bien mentir avec tant d'assurance ? »[47]. L'apostrophe est indirecte et l'insulte sera renvoyée peu après par Hérode qui recourt au même registre lorsqu'il accuse Mariane :

« Ah ! Cerbère têtu, fatal à ma Maison,
Tu sais bien contre moi produire du poison :
Mais inutilement ta bouche envenimée,
Jette son aconit contre ma renommée... »[48]

---

45. Georges Forestier, *Passions tragiques et règles classiques,* chap. VIII : « Psychologies tragiques : la dialectique des passions et des caractères », p. 287.
46. *La Mariane,* II, 1, vers 392.
47. *Ibid.*, III, 2, vers 795-796.
48. *Ibid.*, vers 821-824.

L'association de la femme au serpent est un topos que Tristan ne se prive pas d'exploiter ; l'argument pioche dans la mythologie, et l'application d'un vocabulaire tératologique à la reine est circonstanciée et galvaudée par la colère d'Hérode, qui l'utilise aussi envers l'Eunuque chargé de veiller sur la reine, accusé de trahison et caractérisé à cette occasion comme un « monstre sans jugement... »[49] – le renouvellement de la comparaison annule à ce moment l'analogie entre le monstre et la reine, désignée au vers suivant comme « le trésor le plus rare ».

En revanche, le rapprochement entre une telle figure et Hérode habite le discours de Mariane dans l'ensemble du drame. Il est celui qui a tué Aristobule, le frère de Mariane qu'elle compare à « un clair Soleil levant adoré de la Cour »[50]. L'opposition entre le soleil et la nuit parcourt tout ce récit de Mariane, et inscrit sa captivité comme un enfermement dans les ténèbres. Toute l'évocation du jeune frère prématurément perdu, repose sur cette opposition entre la lumière et l'obscurité, incarnée respectivement dans Aristobule et Hérode. Le lexique de la lumière traverse le portrait du premier :

> « A peine il arrivait en son quatrième lustre,
> Et l'on voyait en lui je ne sais quoi d'illustre,
> Sa grâce, sa beauté, sa parole et son port
> Ravissaient les esprits dès les premiers abords. »[51]

Plus loin, le jeune homme est assimilé au soleil, par une forme de métonymie assez naturellement amenée par l'emphase qui l'a précédée :

> « ...Et ce Tyran cruel en conçut tant d'envie
> Qu'il fit soudain trancher le beau fil de sa vie :
> Ce clair Soleil levant adoré de la Cour
> Se plongea dans les eaux comme l'astre du jour... »[52]

Le caractère poétique d'une image à succès ne suffit pas à voiler ce qu'elle doit à ses précédentes utilisations ; l'une de celles-ci plonge dans le mythe apollinien, tel qu'apparu dans *Iphigénie en Tauride*. Le parallèle entre cette pièce et *La Mariane*, repérable à cette image, se prolonge dans le lien qui unit la reine à son frère – un lien qu'elle amplifie jusqu'à l'assimilation: « Il était de mon poil, il avait mon visage, / Il était ma peinture, ou j'étais son image »[53]. La quasi-gémellité de Mariane et d'Aristobule se superpose ainsi à celle d'Iphigénie et d'Oreste, l'une et l'autre construites dans l'aura du mythe solaire.

Mariane serait alors une Iphigénie dont Thoas aurait tué le frère, un Thoas qu'elle aurait peut-être dû épouser. Sans pousser trop avant une comparaison

---

49. *Ibid.*, III, 4, vers 1070.
50. *Ibid.*, II, 1, vers 421.
51. *Ibid.*, II, 1, vers 103-406.
52. *Ibid.*, vers 419-422. Ses sources ont inspiré Tristan pour cette image ; Jacques Scherer cite à ce propos le P.Caussin dans *Le Politique malheureux* : « ce beau Soleil qui s'était levé avec tant d'éclat et d'applaudissements se coucha dans les ondes pour n'en ressortir jamais que les pâleurs de la mort sur son visage. »
53. *Ibid.*, vers 407-408.

qui ignore la différence de contexte – ne serait-ce que la diversité des religions qui inspirent l'une et l'autre actions –, on retiendra cependant la puissance de l'image qui confère à Hérode sa dimension la plus horrifiante : il est celui qui a fait disparaître le soleil... Que Mariane soit la captive d'un monstre infernal, c'est le sens de son discours ; mais, à la différence d'Iphigénie, elle ne peut attendre une libération par le frère solaire ; par rapport à la captive grecque retenue en terre barbare, Mariane se situe dans un *après*, confrontée à une situation sans espérance – celle-là même qui inspirait ses plaintes à la princesse argienne, alors qu'elle croyait son frère mort :

> O mes femmes, voyez, je suis comme abîmée en de tristes lamentations, en des chants que réprouvent les muses, en des plaintes sans lyre (...) Car je pleure la mort de mon frère. (...) Je succombe et j'expire ! La maison paternelle n'est plus ! »[54]

Les derniers mots de la condamnée, avant son supplice, font ressurgir l'image, alors qu'elle s'adresse à un Hérode cette fois absent :

> « Et toi, monstre cruel, âme dénaturée,
> Qui de sang innocent es toujours altérée,
> Puisque ta cruauté ne saurait se fléchir,
> Je m'en vais te verser de quoi te rafraîchir,
> Pour étancher ta soif, et pour finir mes peines,
> Je m'en vais te donner tout le sang de mes veines ;
> Bois-le, Tigre inhumain... »[55]

La tirade distingue l'appétit du sang comme la caractéristique essentielle du monstre auquel Mariane compare Hérode. L'économie qui caractérise par ailleurs le discours de la reine dans l'ensemble de la pièce donne à la récurrence du lexique tératologique dans son langage une vigueur particulière. Le texte se nourrit de cette analogie entre l'oppresseur et un monstre ; une fois encore, la situation de captivité expose la captive à la gloutonnerie d'un monstre. Toutefois la pièce présente à cet égard une double particularité : d'une part, le monstre et le « maître » sont la même personne – il n'y a donc pas ici d'effet de transfert, comme dans les drames précédemment observés ; d'autre part, la monstruosité est l'apanage d'un personnage masculin. La conjonction de ces deux particularités fait porter sur le personnage d'Hérode une ironie par l'hiatus entre la figure qu'il présente au début de la pièce – le héros vainqueur qui a épousé sa captive – et celle du monstre oppresseur, que cette même captive se plaît à dépeindre ; Hérode est à lui seul les deux termes de sa maison, à la fois celui qui y place sa prisonnière et le monstre qui la persécute. C'est dans les abysses de cet hiatus de plus en plus béant que sombrera finalement sa raison.

A cet égard, le dénouement de *La Mariane* est également original. S'il peut arriver que la captive meure effectivement sous les coups du monstre qui la persécute, ce dénouement n'est pas le seul possible ; en revanche, dans toutes

---

54. Euripide, *Iphigénie en Tauride*, vers 143-153.
55. *La Mariane*, IV, 5, vers 1336-1341.

les pièces envisagées, *La Mariane* est la seule dont le personnage apparenté au monstre ne disparaisse pas physiquement. Le choix de Tristan respecte évidemment une cohérence historique ; mais il est également le signe de l'intérêt primordial accordé au débat intime et permet de mener à son terme ce tableau d'un *tyran tyrannisé*, selon l'expression de Georges Forestier qui note la singularité du personnage d'Hérode « dans toute la tradition tyrannique »[56]. La constatation du Capitaine des Gardes consacre une forme de disparition qui s'apparente à la mort, et souligne la défaite finale du *monstre* : « La force lui défaut, et le teint lui pâlit, / Il est évanoui, portons-le sur un lit »[57] : en substituant la folie à la mort, le dramaturge manifeste l'ampleur du combat intérieur dont la pièce fait l'objet – « Je me suis efforcé de dépeindre au vif l'humeur de ce Prince sanguinaire », note Tristan dans l'*Avertissement*[58].

***

Andromède *ou la monstruosité circonscrite*

L'*Andromède* permet à Corneille de transposer sur le mode iconographique le motif de la captive exposée au monstre. La situation est évoquée non plus métaphoriquement, mais représentée sur scène dans le respect du texte ovidien, qui lui-même doit à une *Andromède* perdue d'Euripide. L'exposition de la vierge apparaît comme le terme de la succession qui a mené la captive depuis sa cité vaincue jusqu'à l'affrontement au monstre. La princesse est prisonnière sans dépendre d'un vainqueur ; cette captivité ne débouche pas sur une situation d'esclavage, et sa représentation est réduite à une confrontation directe avec un monstre, convoqué par la volonté des Dieux. L'exposition d'Andromède est un sacrifice consenti par le roi son père pour sauver le royaume – les termes associés à l'évocation de ce danger rappellent le lexique qui qualifiait la fureur de Déjanire chez Rotrou :

> « Songez donc mieux qu'un père à ces *affreux* ravages
> Que partout de ce monstre épandirent les *rages*,
> Et n'en rappelez pas *l'épouvantable horreur*... »[59]

L'injonction de Céphée à Phinée prépare l'apparition du monstre, dont l'effet dramatique doit beaucoup à cette gradation – Corneille réinvestit ici le procédé par ailleurs éprouvé dans les drames précédents. Le même lexique de l'horreur et de l'inadmissible revient ainsi à un rythme de plus en plus soutenu dans les actes II et III, au fur et à mesure qu'approche la menace – et notamment dans les stances d'Andromède :

> « Affreuse image du trépas
> Qu'un triste honneur m'avait fardée,

56. *Passions tragiques et règles classiques*, chap. VIII : « Psychologie tragique : la dialectique des passions et des caractères », p. 288.
57. *La Mariane*, V, 3, vers 1801-1082.
58. *Théâtre du XVIIe siècle*, *op. cit.*, t. II, p. 264.
59. *Andromède*, II, 4, vers 718-720.

Surprenantes horreurs, épouvantable idée,
Qui tantôt ne m'ébranliez pas,
Que l'on vous conçoit mal quand on vous envisage
Avec un peu d'éloignement ! »[60]

Le champ lexical de l'épouvante qui s'appliquait tout à l'heure au monstre est ici associé à la mort à venir, et crée une adéquation entre la figure et l'effet qu'elle produit : l'exposition au monstre ravive dans l'effroi qu'elle provoque l'horreur qui s'attache en général à l'évocation de la mort. L'exposition de la captive, innocente vierge que l'on s'apprêtait à marier, au monstre qui émane des Enfers, donne à voir le rapprochement contradictoire de la vie et la mort, eux-mêmes représentés sous des formes extrêmes.

Comme dans le discours des autres pièces, une des caractéristiques essentielles du monstre, outre l'épouvante qu'il suscite, est son appétit sanguinaire, mentionné par Cassiope lorsqu'elle propose de se substituer à sa fille dans le sacrifice : « Détournons sa fureur dessus une autre proie, / Heureuse si mon sang la pouvait assouvir ! »[61]. La voracité du monstre est encore évoquée par Andromède après sa libération, lorsqu'elle reproche à Phinée de n'en être pas l'auteur : « Vous consentirez qu'un monstre me dévore... »[62] – le discours de la princesse évoque dans toute la scène son exposition au monstre, qui trouve ici une seconde expression dramatique. Junon, enfin, promet à Phinée venu l'implorer une résurgence de la figure, lorsqu'elle appelle le courroux de « la noire Alecton, / Du fond des Enfers déchaînée »[63]... L'héroïsme de Persée est quant à lui démontré par le renversement que produit sa victoire : il est celui qui fait couler le sang du monstre – pour l'indignation des Néréides qui se considèrent « du sang de [leur] monstre encore toutes teintes » : « Le sort qui jusqu'ici nous a donné le change, / Immole à ses beautés le monstre qui nous venge »[64]. Situé par son apparition au centre de la pièce, à l'acte III, le monstre occupe ainsi l'ensemble du discours dramatique, qu'il alimente autant dans les deux premiers actes, où il est appréhendé, que dans les deux derniers où sa disparition motive un changement de légitimité.

La fortune poétique de cette figure doit beaucoup sans doute aux descriptions héritées d'Ovide, dont les *Métamorphoses* fournissent des récurrences que la tragédie reprend à son compte[65]. Le monstre est un être essentiellement défini par ses dimensions extraordinaires et son caractère hybride. Au chant IV

---

60. *Ibid.*, III, 1, vers 790-795.
61. *Ibid.*, III, 2, vers 923-924.
62. *Ibid.*, IV, 3, vers 1194.
63. *Ibid.*, IV, 5, vers 1326-1331.
64. *Ibid.*, III, 4, vers 1006-1007.
65. Outre la bête surgie des flots pour dévorer Andromède au chant IV, on notera également le « taureau armé de cornes, qui, se dressant jusqu'à la poitrine au milieu des airs légers, vomit une portion de la mer par ses naseaux et par sa large gueule », tandis qu'il se déchaîne contre Hippolyte et ses compagnons. Ovide. *Métamorphoses,* vers 511-513 :

corniger hinc taurus ruptis expellitur undis
pectoribusque tenus molles erectus in auras
naribus et patulo partem maris evomitore. – traduction de Georges Lafaye. Folio. Gallimard.

des *Métamorphoses*, il est ainsi doté d'un poitrail (« *pectoris* »)[66], d'un « dos couvert de coquilles arrondies » (« *terga cavis super obsita conchis* »)[67], d'« une queue mince comme celle d'un poisson » (« *tenuissima cauda... in piscem* »)[68] ... La figure procède ainsi d'un « brouillage systématique de toutes les catégories que le monde organisé distingue et qui, en ce visage, se mêlent et interfèrent »[69]. Hybride dans sa forme, le monstre l'est également dans ses significations, car il est un symbole : symbole de la culpabilité de Cassiope dans l'*Andromède* – et « figure de la contradiction »[70] dans la *Phèdre* racinienne qui lui donnera de nouvelles lettres de noblesse : « ce monstre-là est l'essence même du monstrueux, c'est-à-dire qu'il résume dans sa structure biologique le paradoxe fondamental de Phèdre ; il est la force qui fait irruption hors de la profondeur marine, il est celui qui fond sur le secret, l'ouvre, le ravit, le déchire, l'éparpille et le disperse »[71]. Grâce à Persée, le monstre d'*Andromède* n'a pas le temps d'exercer toutes ces vertus, mais il garde celle de révéler le caractère des protagonistes du drame dans lequel il intervient. A lui seul, il concentre aussi bien le danger encouru par Andromède que l'héroïsme de Persée. Dans cette pièce à vocation délibérément ornementale, le monstre est ainsi le pivot autour duquel peut s'articuler le drame. Sa figure permet à Corneille de résoudre le problème technique posé par le double argument, et de restituer « l'unité de péril » prônée par le dramaturge dans le *Discours des trois Unités*, le troisième des *Discours* de 1660 : « l'unité d'action consiste (...) en l'unité de péril dans la tragédie, soit que son héros y succombe, soir qu'il en sorte »[72]. L'exposition au monstre d'Andromède captive a beau n'être que temporaire, elle n'en est pas moins l'événement qui conditionne tout le drame, construit sur un schéma inverse des précédents : la princesse est d'abord exposée au monstre avant de tomber sous l'autorité du vainqueur ; de surcroît, ce héros est celui qui la libère, et non celui qui l'enchaîne. Elle peut l'épouser sans encourir de rivalité, puisque tout danger a désormais été écarté. Andromède est donc une captive sans « maître ».

III
Le processus d'aggravation

Trois formes de soumission

Une succession chronologique et logique fait ainsi passer la captive par différents états, chacun d'eux fournissant la base d'un ou plusieurs drames :

---

66. *Ibid.*, vers 708.
67. *Ibid.*, vers 724-725.
68. *Ibid.*, « Figures féminines de la mort en Grèce », p. 132. *ibid.* vers 726-727.
69. Jean-Pierre Vernant et Pierre Vidal-Naquet, *Mythe et tragédie, op. cit.*, II, p. 30.
70. Roland Barthes, *Sur Racine, Points Seuil*, Seuil, Paris, 1963 - p. 115.
71. *Ibid.*
72. Corneille, *Œuvres complètes*, Seuil, Paris, 1963, p. 841.

- dans un premier temps, les captives sont représentées immédiatement après la défaite, sur le lieu même où s'est déroulée la guerre ; elles y sont confrontées – et avec elles le spectateur – à la fois au spectacle de la destruction et à la perspective d'un départ proche, en compagnie de vainqueurs dont l'autorité est d'autant plus effrayante qu'elle se fait laconique et distante ;

- à la suite de ce voyage, les captives parviennent sur le territoire du vainqueur ; la confrontation du héros et de sa captive est la situation la plus paradoxale, puisqu'elle en vient généralement à s'inverser, sous la force de la plus malicieuse divinité du panthéon gréco-romain, également déité primordiale : Eros ;

- mais cet état génère une troisième situation, où la captive, introduite contre son gré dans la maison, y est reçue comme un corps étranger que l'épouse légitime s'emploie à éliminer. S'engage alors un conflit dont les forces échappent au héros, évincé, et libèrent des énergies primordiales : du déséquilibre intime provoqué par l'entrée de la captive dans la maison ressurgit le chaos. Cette résurgence est symboliquement évoquée par l'irruption de figures monstrueuses, suscitées verbalement ou bien réellement représentées : par l'effet des images, la troisième situation croise donc l'état de la captive exposée au monstre.

Convoqué par le divin, le monstre en est l'obscure émanation. Etymologiquement, il fait partie des signes envoyés par les dieux, au même titre que les prodiges et les présages ; Michel Meslin met l'accent sur la diversité lexicale que la langue latine applique à ces manifestations divines : « alors qu'en grec, seul le mot *téras* est en fait employé, le latin précise cette notion par les termes *d'omen*, de *monstrum*, *d'ostentum*, de *prodigium* (…) Le *monstrum* est toute chose qui sort de l'ordinaire, un phénomène hideux qui viole l'ordre naturel des choses (…) l'étymologie rattache ce terme au verbe *moneo* et fait donc du *monstrum* un avertissement donné par les dieux sous l'aspect d'un être ou d'un objet extranaturel »[73]. Par l'intermédiaire de cette figure ressurgit donc sur scène la présence d'un divin à la volonté duquel la captive est directement exposée. La captivité politique confrontait les prisonnières à des vainqueurs de type ouranien ; ici, c'est à une émanation du monde chthonien que la captive est offerte, victime expiatoire dans tous ces cas de figure : si le théâtre peut se concevoir comme la métaphore du monde, les personnages de captives, quelles que soient les conditions de leur situation, sont contre leur gré en relation avec le divin… Cette relation les place sous le signe du sacrifice et leur confère une forme de sacralité.

La troisième situation comporte donc deux versions, consécutives à la mise en captivité : l'esclavage et l'exposition. Les deux situations peuvent être concomitantes ou dissociées ; mais si l'esclavage est un état permanent, l'exposition est en revanche temporaire. Aussi la première situation peut-elle entrer dans les données d'un caractère – ou la rébellion que cette situation provoque chez le personnage, ainsi de Mariane – tandis que la seconde apparaît comme un accident, un événement dramatique. La première est d'essence tandis que

---

73. Michel Meslin, *L'Homme romain, des origines au Ier siècle de notre ère, Historiques*, Ed. Complexe, Hachette, 1978 - p. 79.

la seconde est d'action, et la captivité n'a pas la même valeur sur le plan dramatique selon qu'elle provoque l'esclavage ou l'exposition. Ajoutons enfin que cette relation entre ces deux situations et la captivité est offerte *de facto* par sa récurrence dans les traitements dramatiques, mais que l'esclavage peut, lui, exister en-dehors de la situation de captivité, lorsque son origine n'est pas mentionnée.

***

Sacralité de la captive : le cas d'Iphigénie

La captivité sacrée, lorsqu'elle est déclarée comme telle et non plus implicite, constitue un cas marginal dans le théâtre antique. L'*Iphigénie en Tauride* est en effet l'une des pièces les plus mystérieuses d'Euripide, et donne à la captivité la qualité d'une énigme. Les études consacrées au théâtre grec antique mettent souvent en valeur la dimension rationnelle du théâtre d'Euripide, qui, engagé dans l'actualité et la politique, « substitue souvent au spectacle de la souffrance, des argumentations intellectuelles à propos des thèmes à la mode »[74]. Souvent conçue comme un théâtre d'idées, l'œuvre d'Euripide peut aussi présenter une dimension mystique, qui se retrouve dans l'*Iphigénie en Tauride*. La situation d'Iphigénie est elle-même problématique et mystérieuse ; si elle n'est pas captive, elle n'est pas non plus libre, et dépend d'une double volonté : celle du roi Thoas, dans le pays duquel elle a été transportée ; et surtout celle d'Artémis, qui l'a amenée en Tauride pour la soustraire au glaive paternel. Le fait est rappelé par Iphigénie dans la lettre qu'elle confie à Pylade : Ἄρτεμις ἔσωσέ μ' (« Artémis m'a sauvée »)[75]. Lorsqu'elle relate une seconde fois cet événement, Iphigénie insiste sur la dimension salvatrice de l'acte d'Artémis, avec laquelle elle entretient ainsi une relation ambiguë : elle lui doit la vie et par conséquent elle en est la prêtresse ; sa divinité protectrice lui inspire d'ailleurs une crainte sacrée[76] ; dans le même temps, elle est liée à la déesse par une relation exclusive qui la sacralise et unit son destin à celui de la statue – la prêtresse et l'objet de son culte sont l'une et l'autre protégées par une règle que la Coryphée rappelle à l'intention d'Oreste : « Etranger, il n'est pas permis, comme tu le fais, de profaner notre prêtresse et de souiller, en y portant la main, ses voiles intangibles »[77] ; de même, Iphigénie mentionne peu après l'autre aspect de cette règle, lorsque Oreste lui demande qui portera la statue : « Moi : j'ai seule le droit d'y toucher, en effet... »[78]. Une proximité essentielle unit donc Iphigénie et la statue, toutes deux représentantes de la divinité Artémis, et cette proximité constitue à la fois une contrainte et une protection. Artémis est l'autorité souveraine devant laquelle Iphigénie, sans être exactement une captive, doit cependant s'incliner.

---

74. Jacqueline de Romilly, *La Modernité d'Euripide*, PUF Ecrivains, Paris, 1986 – p. 117.
75. *Iphigénie en Tauride*. vers 784.
76. *Ibid.*, vers 37.
77. *Ibid.*, vers 798-799.
78. *Ibid.*, vers 1045.

Par ailleurs, sur la terre de Tauride, la fille d'Agamemnon est également placée sous l'autorité politique du roi des lieux – « Ici, un roi barbare règne sur des barbares... »[79]. L'autorité de Thoas sur Iphigénie est limitée par la protection sacrée que son culte dispose autour de la prêtresse ; elle est de nature politique, en conflit momentané avec l'autorité religieuse, dont Athéna vient rétablir la prédominance à l'épilogue : « Où vas-tu, roi Thoas, où veux-tu les poursuivre ? Ecoute mes discours. Ce sont ceux d'Athéna. Arrête ta poursuite, et cesse de presser les flots de ton armée »[80]. L'autorité de Thoas est donc très relative, et trompée par la ruse dont fait preuve Iphigénie pour ménager sa fuite et celle de ses compagnons. La portée en est d'ailleurs amoindrie par le peu d'amplitude dont est doté le rôle de Thoas, roi barbare dont la défaite face à la μῆτις grecque est peut-être une caresse au public athénien. En tout cas, le pouvoir de Thoas n'est guère reconnu que par le chœur des captives, dont Athéna demande finalement au roi la libération.

L'autorité qui s'exerce sur le personnage d'Iphigénie est donc aussi ambiguë que sa situation, qui confine à la captivité sans être jamais définie comme telle. La soumission dont elle doit faire preuve à l'égard de la divinité, et contre laquelle elle ne se rebelle jamais d'ailleurs, peut s'envisager comme une représentation exacerbée et poétique de l'allégeance des humains à l'égard du divin. *Iphigénie en Tauride*, proche des *Bacchantes* à bien des égards, porterait ainsi un message dont la forme dramatique est peut-être empruntée à certains mystères – l'enlèvement de la statue apparaît comme un acte cultuel, autant que le dépècement dont Penthée fait les frais à la fin des *Bacchantes*. On ne peut sur ce sujet qu'émettre des hypothèses, l'Antiquité ayant farouchement conservé le secret de ses cérémonies occultes... Toutefois, même si l'on se refuse à adhérer à une lecture mystique de l'*Iphigénie en Tauride*, on reconnaîtra que la situation du personnage éponyme recouvre une dimension paradigmatique : comme Penthée, comme aussi les personnages de captives ailleurs envisagés, la situation de la princesse argienne évoque avec sagesse la soumission à laquelle les humains sont contraints à l'égard du divin. Là encore, ou là plus qu'ailleurs, la situation de captivité est en étroite relation avec la *religio*, au sens étymologique du terme : le lien qui relie les hommes aux dieux.

79. *Ibid.*, vers 31-32.
80. *Ibid.*, vers 1435-1437.

CHAPITRE III
Situation de la captivité dans le temps et l'espace

A cette étape de l'étude, on peut considérer qu'un caractère de captive se définit à la fois par sa place dans la distribution et sa position au sein des rapports de forces qui structurent l'action. Il faut ajouter à ces données définitoires les paramètres qui concernent la situation des captives dans l'espace et dans le temps. Là encore, c'est le discours qui renseigne cette localisation, et qui témoigne d'un souci constant : celui de circonscrire la captivité dans un espace-temps extrêmement défini. Les exigences de la représentation scénique peuvent justifier une telle attention ; mais il y entre aussi l'une des spécificités d'un caractère constamment marqué par la contrainte.

I
Mises en scène de la nostalgie

Le refus du présent

Les pièces considérées ouvrent toutes sur la description d'un temps révolu : si le tragique se nourrit souvent de la catastrophe, celle-ci s'est déjà produite lorsque s'engage l'action représentée. Au début des *Troyennes*, le chant d'Hécube met en évidence la révolution subie, et le ton de la déploration convient à l'évocation d'une situation statique, qui correspond à un *après* – l'action est terminée quand les divinités du prologue apparaissent au spectateur, la tragédie se développe sans rien modifier de la situation préétablie :

> « Il n'est plus ici de Troie ni de reine de Troie. La fortune change, résigne-toi.(...) Hélas ! hélas ! que de sujets de larmes en ce malheur où je perds ma patrie, mes enfants, mon époux ! Faste magnifique de mes aïeux, que cet écroulement montre bien ton néant (ὡς οὐδὲν ἄρ' ἦσθα) ! »[1]

L'accumulation des privatifs dans le discours marque la perte subie et le caractère moribond du drame qui commence. La tirade d'Hécube se conclut d'ailleurs sur une surprenante négation de la geste dramatique, remettant en cause jusqu'à la nécessité du Chœur dont le chant est devenu superflu : « C'est la musique qui reste aux malheureux dans les désastres où doit se taire le chant

---

1. *Les Troyennes*, vers 99-101.

des chœurs »[2]. Cette première tirade d'Hécube marque la pièce à venir d'une vacuité qui confine à l'absurde ; le drame s'annonce comme une vaste déploration du malheur présent, défini par la privation des fastes passés – la reine s'abandonne volontiers à leur évocation : « j'ai envie de célébrer ce que fut mon bonheur »[3]. On peut considérer la pièce comme une dénonciation de la guerre ; mais elle propose aussi une interprétation particulièrement moderne chez Euripide de la situation tragique, considérée comme un *métadrame* puisqu'il se déroule après l'action *stricto sensu*: le dramaturge choisit ici de disjoindre le dramatique du tragique ; et dans ce contexte, la captive apparaît comme le caractère privilégié, le protagoniste désigné pour représenter un monde désormais révolu.

Euripide ouvre ainsi la scène tragique à un cortège de fantômes, personnages errant dans l'indéfinition de leur sort. Dans ce contexte, l'irruption de Cassandre apporte une version paroxystique de cette perte du sens et des repères ; au chant de déploration adopté par les captives, elle substitue un péan d'allégresse. Interprété par son entourage comme un délire bachique – elle est βαχχεύουσα[4] d'après la Coryphée, « en délire » –, le chant de Cassandre met en évidence la perte du sens qui caractérise l'univers représenté et rend cette perte horrifiante, alors que le thrène d'Hécube la présentait avant tout comme un thème pathétique. Le chant d'hyménée, qui vient célébrer la vie au cœur d'un monde moribond, manifeste par contraste l'horreur de cette agonie, et donne à ressentir l'absurdité d'un univers qui a perdu tout repère – un univers où les vierges consacrées sont conduites au mariage, où les plus grandes reines sont asservies, où les fils de héros sont précipités du haut des remparts qui auparavant les protégeaient... Le chant de Cassandre procède de la même grammaire rigoureuse qui marque cet univers où chaque chose s'est inversée. Plus qu'un « monde de désordres »[5], c'est un monde de *l'envers* qui se donne à voir sur la scène des *Troyennes*.

En ce sens, Sénèque poursuit dans l'esprit l'œuvre d'Euripide – raison pour laquelle son texte nous intéresse à nouveau. Lorsque, dans l'*Hercule sur l'œta*, Iole trouve une voix, le spectateur la découvre toute à l'évocation de son deuil, dont elle se pare avec lyrisme lors de sa première apparition ; *Thessala Siren* (« Sirène thessalienne »)[6], la princesse captive se définit par ce deuil qu'elle déclare surpasser toute affliction : *formam lacrimis aptate meis* (« Donnez-moi le corps de mon deuil »)[7], supplie-t-elle, appelant elle-même à la métamorphose. L'une des originalités introduites par Sénèque dans cette réécriture du drame sophocléen est l'évocation du passé d'Iole ; au récit de Lichas qui mentionnait la lutte acharnée d'Héraclès contre la cité d'œchalie, le poète latin substitue l'évocation plus immédiate de cette défaite :

---

2. *Ibid.* vers 120-121.

3. *Ibid.* vers 472-473.

4. *Ibid.*, vers 341.

5. Jacqueline de Romilly, *La Modernité d'Euripide*, p. 22 : « une chose est sûre : c'est que le monde d'Euripide, contrairement à celui de ses prédécesseurs, mais comme celui de plusieurs de nos contemporains, est un monde de désordres. ».

6. Sénèque, *Hercule sur l'œta*, vers 190.

7. *Ibid.*, vers 194.

Vidi, vidi miseranda mei
Fata parentis
Cum letifero stipite pulsus
Tota iacuit sparsus in aula :
Pro, si tumultum fata dedissent,
quotiens, genitor,
quaerendus eras !

(« J'ai vu
C'était horrible et pitoyable
J'ai vu mourir mon père
Un coup de massue l'avait étendu mort
Il gisait dans la cour du palais
Le corps éclaté
Si l'histoire t'avait gratifié d'une sépulture
Combien de débris aurais-je dû ramasser
Pour les rassembler dans ta tombe »)[8]

La violence subie par les siens est inhérente au personnage d'Iole, qui oppose à ce passé plus que dramatique la passivité de son deuil : *mea me lacrimas fortuna rogat* (« je n'ai d'autre avenir que les larmes »)[9]. La captive de Sophocle était murée dans le silence, celle de Sénèque se déclare privée d'existence par une violence dont elle porte et revendique le souvenir. L'une et l'autre n'existent que par le témoignage qu'elles portent de leur passé – ce que le Chœur reproche d'ailleurs à la captive dans l'œuvre latine : *Quid regna tui clara parentis / proavosque tuos respicis amens ?*[10]. Le verbe *respicere* souligne l'attitude de la captive, absente à son présent car exclusivement tournée vers son passé : la nostalgie, conçue comme souffrance plus que comme désir, est le trait de caractère essentiel de la captive telle que Sénèque la met en scène, cette présence-absence au monde qui irrite son entourage.[11]

On retrouve dans le théâtre moderne pareilles allusions à un monde disparu, que laissent encore apercevoir les stigmates de sa grandeur passée. Les personnages de captives en sont des témoins privilégiés, voire des μάρτυρες, aux sens à la fois actif et passif de ce terme. Car les captives permanentes sont les représentantes d'un règne révolu dont elles se plaisent d'ailleurs à rappeler la gloire – Mariane, chez Tristan, définit son attitude par le rappel de son ascendance : « Je sors de trop d'aïeux qui portaient des Couronnes / Pour avoir la pensée et le front différents, / Et devenir Esclave en faveur des Tyrans »[12].

---

8. Sénèque, *Hercule sur l'œta*, vers 207-211 – traduction citée. p. 228.

9. *Ibid.*, vers 217.

10. *Ibid.*, vers 225-226 – Nous nous écartons ici de la traduction proposée par Florence Dupont pour mettre en évidence le verbe *respicere*.

11. Chez Eschyle déjà, l'attitude irrite son entourage qui lui manifeste son incompréhension – ainsi le Chœur taxe Cassandre de folie, et retrouve les termes par lesquels Clytemnestre commentait l'attitude de Cassandre dans l'*Agamemnon* : « Elle est folle à coup sûr et elle obéit au délire, si, arrachée d'hier à sa ville conquise, elle ne sait porter le mors » – Eschyle. *Agamemnon*, vers 1064-1066.

12. *La Mariane*, II, 1, vers 364-366.

Même discours de Théodore qui, confrontée à Marcelle, n'hésite pas à rappeler les « rois dont [elle] est descendue », et justifie son attitude par cette ascendance : « Et si Rome et le temps m'en ont ôté le rang, / Il m'en demeure encor le courage et le sang »[13]. Semblable argument est encore invoqué par Rodogune lorsque au nom de « sa naissance » et du « sang tout généreux » de ses ancêtres, elle se refuse à implorer les princes, dans le monologue de l'acte III[14] ; confrontée à la nécessité d'entrer dans l'action, Rodogune en appelle aux fantômes du passé, aux repères d'un monde disparu dont elle porte seule le témoignage et par conséquent la responsabilité :

> « Sentiments étouffés de colère et de haine,
> Rallumez vos flambeaux à celles de la Reine,
> Et d'un oubli contraint rompez la dure loi,
> Pour rendre enfin justice aux mânes d'un grand roi,
> Rapportez à mes yeux son image sanglante… »[15]

L'évocation du monde révolu occupe le discours des captives « permanentes » ; refuge ou argument à valeur incantatoire, il peut être un mobile pour son action, mais il faut alors que la captive se libère du joug reçu : la détermination de Rodogune passe par la décision de rompre d'elle-même ses chaînes : « Je brise avec honneur mon illustre esclavage »[16]. Cette décision audacieuse, unique parmi les personnages de captives permanentes, prouve l'antinomie essentielle qui éloigne la situation de captivité de l'action : absente au temps, la captive est murée dans une passivité qui lui interdit toute participation au drame, autrement que comme mobile ou enjeu.

Les personnages de captives partagent donc une dimension achronique, formulée dans un « *ne…plus* » fondamental – le Chœur rappelle cette loi à Andromaque dans la pièce qu'Euripide a consacrée à cette captive, qui ne dispose d'aucune arme pour lutter contre l'acrimonie d'Hermione :

> « Connais ton sort et l'extrémité où tu es. Vas-tu t'en prendre à ta maîtresse ? Toi, fille d'Ilion, vas-tu lutter avec la fille des rois de Sparte ? (…) Vainement le chagrin dévore ton corps défiguré. Quand les maîtres commandent, à quoi bon résister ? Ils sont forts. Ils sauront t'atteindre, toi qui n'es plus rien (οὐδὲν οὖσα). »[17]

L'aporie dans laquelle se trouve plongée Andromaque se définit par une absence de statut, qui lui interdit toute action : elle existe, certes, mais dans une passivité totale qui lui interdit toute évolution. C'est pourquoi le registre de la privation est récurrent pour définir ces situations de captivité. Iphigénie le rappelle chez Euripide lorsqu'elle se caractérise elle-même comme ἄγαμος, ἄτεκνος, ἄπολις, ἄφιλος (« sans époux, sans enfants, sans patrie, sans amis »)[18]. Si tous les personnages tragiques sont effectivement définis par leur

13. *Théodore, vierge et martyre*, II, 4, vers 504-506.
14. *Rodogune, princesse des Parthes*, III, 3, vers 847-848.
15. *Ibid.*, vers 855-859.
16. *Ibid.*, vers 880.
17. Euripide, *Andromaque*, vers 126-134, trad. Marie Delcourt-Curvers.
18. Euripide, *Iphigénie en Tauride*, vers 220 – le rythme remarquable du vers contribue à mettre en valeur cette caractéristique du sort de la princesse.

passé, le drame qui les met en scène les inscrit dans une évolution généralement conforme à une *fabula* préexistante ; mais les personnages de captives
sont les seuls à être figés dans le temps, emmurés dans leur passé. La captive
se définit par cette immobilisation dans le temps – elle est celle qui a cessé
d'être, suspendue entre une existence qui *n'est plus* la sienne et une mort qu'on
lui refuse. Le temps agit lui aussi comme une force coercitive.

***

Situations de résilience : la captivité temporaire

Les pièces qui mettent en scène des reines menacées par la captivité, mettent aussi en scène leur résistance à cette négation. La représentation du monde
se rapproche alors de l'univers troyen représenté par Euripide car l'action est
à nouveau située dans un *après* : après la déchéance, après la bataille. Au début
de la *Sophonisbe*, Mairet effleure cette situation : le roi Syphax, qui voit arriver la fin de son règne, s'apprête à livrer une dernière bataille dont l'issue
n'est guère secrète – le réquisitoire qu'il adresse à son épouse dès l'incipit utilise le registre de la privation que l'on trouvait déjà dans le discours d'Hécube
à son entrée en scène :

> « Sans tes mauvais conseils, à qui j'ai voulu plaire
> Et de qui ma ruine est le juste salaire,
> On ne me verrait pas détruit comme je suis,
> Ni l'esprit aveuglé d'un nuage d'ennuis ;
> (…)
> Mais quoi ? m'ayant perdu de gloire et de bonheur,
> Il te restait encore à me perdre d'honneur »[19]

Le lexique de la déchéance et l'accumulation des négations achèvent d'assimiler la situation du roi à un dénouement catastrophique ; l'action de
Sophonisbe est elle-même justifiée concurremment par son amour pour
Massinisse et sa volonté d'échapper à un sort d'ores et déjà désespéré. Elle prolonge ainsi le discours de Syphax par un tableau plus désastreux encore, invo-
quant cette ruine comme prétexte à son action à l'égard du prince numide :

> « Sire, vous voyez trop à quelle extrémité
> Les armes des Romains vous ont précipité :
> Votre Empire perdu, votre ville assiégée,
> Et l'armée ennemie à nos portes logée,
> De nos meilleurs soldats nos courages faillis,
> Nos dehors emportés, nos remparts assaillis… »[20]

Le lexique de la chute détermine tout ce tableau ; placé au tout début de la
pièce, celui-ci constitue non seulement la base de l'argumentation développée
par la reine mais l'exposition qui condamne toute l'action à venir : l'ultime

---

19. *Sophonisbe*, I, 1, vers 19-26.
20. *Ibid.*, vers 85-90.

bataille, près d'être livrée, est déjà perdue ; la portée prophétique du discours de Sophonisbe fait du présent un passé et du monde dans lequel elle se débat un univers obsolète. Mairet observe cependant une certaine prudence : la disparition du monde est encore indicielle dans l'exposition.

Dryden, quant à lui, abandonne totalement cette prudence dramatique lorsqu'il met en scène la cour d'Alexandrie. L'action d'*All for Love* débute après la défaite d'Antoine et de Cléopâtre en Grèce, alors que tout est désormais perdu[21]. Le tableau sur lequel s'ouvre la pièce montre avec évidence la situation critique dans laquelle est plongée l'Egypte au début du drame : Sérapion décrit un Nil en fureur, évoque le déluge avec des accents ovidiens :

> *"...Men and beasts*
> *Were borne above the tops of the trees that grew*
> *On th'utmost margin of the wtaer-mark.*
> *Then, with so swift an ebb the flood drove backward*
> *It slipped from underneath the scaly herd :*
> *Here monstrous phocae panted on the shore ;*
> *Forsaken dolphins there, with their broad tails,*
> *Lay lashing the departing waves ; hard by'em,*
> *Sea-horses floundering in the slimy mud*
> *Tossed up their heads, and dashed the ooze about'em."*

(« ...Hommes et bêtes étaient transportés au sommet des arbres qui avaient cru sur les rives les plus éloignées de l'eau. Alors, quand le reflux mit fin à un si violent déluge, apparut des profondeurs un troupeau squameux : ici des phoques monstrueux haletaient sur le rivage ; là gisaient des dauphins abandonnés, fouettant de leurs larges nageoires les vagues décroissantes ; tout près d'eux, des chevaux marins se débattant dans la vase boueuse, secouaient la tête, et se précipitaient dans le limon. »)[22]

Le tableau d'un désarroi animal consécutif à la crue prodigieuse du Nil tient lieu d'exposition symbolique ; la description développe sur le mode poétique le thème de l'inversion, largement exploité dans la suite du drame. La déchéance à venir est d'ores et déjà inscrite dans cette évocation d'un prodige qui touche à l'essence même de l'Egypte, son fleuve. Puis, par une transposition du fait sur le plan humain, la suite de l'acte montre Antoine accablé, prostré, semblable à ces chevaux marins qui se débattent dans la fange. L'exposition joue ainsi sur un registre plus émotionnel que factuel ; le drame s'instaure après l'événement proprement dramatique, et s'annonce d'emblée comme la narration des soubresauts qui marqueront l'agonie d'un monde en perdition. Dryden retrouve ici le radicalisme audacieux à l'œuvre dans *Les Troyennes* d'Euripide : l'action qu'il représente se situe de même dans un *métadrame*.

La temporalité s'en trouve changée : à une perspective chronologique qui rangerait les actions d'après leur succession, se substitue une forme de suspension du temps : dans ce drame post-événementiel, toute action est désormais

---

21. Cette situation a été évoquée en première partie.
22. *All for Love*, I, vers 1-15. Ce passage suit immédiatement celui que nous citions dans la première partie de notre développement.

vaine. Dryden développe cette représentation perplexe du temps en adoptant pour le déroulement du drame une construction simplement binaire, dont l'effet de balancier, très régulier, suggère *in fine* l'immobilité effarante du drame et la vanité de personnages qui s'appliquent à ignorer leur propre mort. Toute la pièce est en effet construite sur les hésitations d'Antoine : prostré au début du drame, il est pris d'un sursaut d'énergie à la fin de l'acte I ; à l'acte II, il finit par céder aux arguments de Cléopâtre et retrouve une position de soumission, préférant à la gloire l'amour de sa souveraine : « *Give, you Gods, / Give to your boy, your Caesar / This rattle of a globe to play withal...* » (« Donnez donc, dieux, donnez ce hochet à votre favori, à votre César, pour qu'il s'amuse : un globe terrestre... »)[23]. A la fin de l'acte III cependant, Antoine s'en remet aux volontés d'Octavie, revient sur sa décision à l'acte IV sans pour autant vouer une totale confiance à Cléopâtre, accusée d'infidélité par le camp romain. La déroute d'Antoine, définitive à l'acte V, apparaît comme la conséquence logique de cette série de revirements. La régularité exaspérante de ceux-ci manifeste la réduction de toute temporalité à un présent qui n'est plus que l'expression fantomatique du passé, et que n'anime aucune perspective d'avenir : Antoine n'est plus le grand général romain qui pouvait effrayer Octave, mais un homme pris d'oscillations ; Cléopâtre n'est plus la reine séductrice décrite par Plutarque, mais une amante inquiète... Et le monde, près de tomber au pouvoir d'Octave, n'intéresse plus les représentants d'un ordre césarien désormais révolu. La construction dramatique infligée par Dryden à son drame est en réalité une déconstruction, la mise en œuvre d'une achronie fondamentale ; aussi Antoine adopte-t-il lui-même des attitudes caractéristiques des personnages de captives[24] : l'originalité de sa position provient de son engluement dans une situation qui n'aurait dû échoir qu'à Cléopâtre, après la défaite d'Actium.

II

Le resserrement de l'espace

Le désir d'ailleurs

Les différentes formes de captivité ont donc en commun cette suspension que nous proposons d'appeler *achronie* par une extension du privatif régulièrement appliqué aux captives. Cet état est à l'origine de l'aporie qu'elles subissent, puisque la contrainte de non-existence qui les détermine leur interdit toute action – y compris celle qui permettrait leur libération. Lorsque Iole chez Sénèque évoque le fantasme de sa métamorphose en oiseau, elle rend ainsi compte de l'extrême fragilité de son sort :

> *cur mea nondum capiunt volucres*
> *bracchia plumas ?*

---

23. *Ibid.*, II, vers 442-444.
24. Cet aspect sera abordé dans une troisième partie.

felix, felix, cum silva domus
nostra feretur
patrioque sedens ales in agro
referam querulo murmure casus
volucremque Iolen fama loquetur.

(« Pourquoi n'ai-je pas des ailes à la place des bras
Et des plumes sur le corps ?
Quel bonheur
Quel bonheur d'avoir la forêt pour demeure
D'être un oiseau dans les champs de mon père
Pour murmurer sans fin mes malheurs
Les gens raconteraient l'histoire d'Iole
Devenue oiseau »)[25]

L'appel à la métamorphose va de pair ici avec le désir d'un ailleurs, représenté chez Sénèque par la forêt ou le champ, espaces sauvages dont l'ouverture contraste avec la clôture de l'*oikos*. Ce rêve occupe le discours des captives presque autant que l'évocation de leur passé ; concurremment à l'immobilisation dans un présent qui les prive d'existence, les captives déplorent leur ancrage dans un espace qui leur est étranger. Le Chœur de l'*Iphigénie en Tauride* exprime par exemple cette nostalgie non plus temporelle mais spatiale : « Ah ! que ne puis-je parcourir l'éclatante carrière où s'avance le char enflammé du Soleil, arrêter sur mon dos mes ailes frémissantes, lorsque je planerai sur ma propre demeure »[26].

Le désir d'ailleurs correspond de manière évidente à la formulation d'un malaise, qui se concentre sur l'espace, perçu au présent comme une contrainte. Aussi ce thème est-il particulièrement pathétique, en ce qu'il donne à ressentir la douleur de celle qui le chante : « pressés par les menaces et par la souffrance, les personnages d'Euripide souhaitent constamment s'enfuir et échapper au monde qui les entoure », note Jacqueline de Romilly[27] dont l'étude montre le succès du thème : Hermione s'y abandonne dans *Andromaque*, Polymestor dans *Hécube*, Héraclès ou encore Créuse, dans *Ion*... La plainte nostalgique n'est donc pas réservée aux captives ; elle est un moyen pour le personnage qui s'épanche de manifester l'aporie ; les captives, marquées par la faiblesse consécutive à leur dégradation et souvent éloignées de leur contrée d'origine, ne peuvent qu'exprimer une telle nostalgie, nourrie d'une assimilation entre le passé et cette terre qu'elles convoitent. Et lorsque Phèdre appelle à un ailleurs, chez Euripide puis chez Racine, c'est en partie sa captivité à Vénus – à son propre désir – qu'elle exprime : « Dieux ! que ne suis-je assise à l'ombre des forêts ! / Quand pourrai-je, au travers d'une noble poussière, / Suivre de l'œil un char fuyant dans la carrière ? »[28]. Inscrits dans la réalité scénique ou bien fantasmés dans un hors-scène idéal, les lieux apportent au discours des captives une illustration de leur sort. Les espaces liés à la captivité

---

25. Sénèque, *Hercule sur l'œta*, vers 201-206 – trad. cit., p. 228.
26. Euripide, *Iphigénie en Tauride*, vers 1137-1142.
27. Jacqueline de Romilly, *La Modernité d'Euripide. op. cit.* p. 99.
28. Racine. *Phèdre*, I, 3, vers 176-178.

présentent d'une pièce à l'autre des récurrences qui permettent de les envisager comme des caractéristiques de cette situation dramatique, voire des signes capables d'expliciter sa portée sémantique.

***

Espaces médiatiques de la captivité

L'entrée en scène d'une captive est quelquefois assurée par un véhicule ; c'est le moyen d'un premier contact avec l'espace dans lequel elle pénètre. C'est Eschyle qui, dans l'*Agamemnon*, précise pour la première fois les modalités selon lesquelles la captive entre en scène : Cassandre apparaît sur un char en compagnie de son vainqueur, selon une didascalie interne portée par le discours de Clytemnestre : ἔϰβαιν᾽ ἀπήνης τῆσδε (« va, descends de ce char »)[29]. Le modèle ainsi offert par Eschyle est repris par Euripide dans *Les Troyennes*, lorsque Andromaque paraît sur un char grec. La Coryphée insiste sur cette situation, qu'elle augmente de son interprétation :

> « Hécube, vois-tu venir Andromaque, transportée sur un char étranger (πορϑμενομένην)? (...) Où te conduit-on, malheureuse épouse, assise au haut de cette voiture à côté des armes d'airain d'Hector et d'autres dépouilles prises à la Phrygie ? »[30]

La situation d'Andromaque sur un char vainqueur rappelle tragiquement la mort d'Hector, dont la dépouille fut traînée par Achille. Par ailleurs, cette position la réifie très nettement : elle y paraît non seulement avec son fils, mais parmi les dépouilles d'Hector, figurant ainsi comme un témoin supplémentaire de sa défaite, au catalogue des éléments qui composent le butin grec.

Piédestal à la gloire des vainqueurs, le char se caractérise en outre par sa mobilité, que souligne le Chœur des Troyennes: le verbe πορϑμεύειν, alors conjugué à la voix passive, signifie selon Bailly « passer quelqu'un d'un bord à un autre, transporter sur l'autre rive » – le πορϑμός désigne à l'origine un trajet par eau. L'emploi de ce verbe opère ainsi une contraction entre deux éléments du destin d'Andromaque devenue captive : d'une part, sa figuration au tableau grec, d'autre part la traversée maritime à laquelle elle sera contrainte pour rejoindre le territoire de Néoptolème. Le drame de la princesse captive ne se dissocie pas de ce départ, que le discours mentionne avec insistance – les premiers mots d'Andromaque expliquent sa position sur le char et mentionnent par conséquent l'arrachement à sa terre : « nos maîtres, les Grecs, m'emmènent »[31] ; le vers met nettement en évidence la relation entre la soumission et le déplacement pour une captive que désigne un pronom réduit à sa forme la plus brève... Le char apparaît dans ce contexte comme la représentation métonymique du vainqueur, et le symbole de sa puissance.

---

29. Eschyle, *Agamemnon*, vers 1039.
30. Euripide, *Les Troyennes,* vers 568-574.
31. *Ibid.*, vers 577.

C'est sous cette forme qu'il est également présent dans le discours dramatique moderne ; l'image est renouvelée par l'histoire romaine et la mémoire des triomphes : le général sur son char, remontant la *via sacra* en tête du cortège formé par les vaincus et son armée devient un motif topique, qui nourrit l'iconographie autant que le discours dramatique. Car « le triomphe est une cérémonie extrêmement pittoresque qui, de tout temps, a frappé les imaginations » ; Pierre Grimal énumère avec précision les membres de ce cortège, dans l'ordre de la procession : magistrats et sénateurs, joueurs de cor, porteurs chargés des dépouilles enlevées à l'ennemi, victimaires conduisant les animaux destinés au sacrifice ; puis viennent « les principaux captifs, chargés de chaînes. Longtemps la coutume voulut qu'ils fussent exécutés, en prison, pendant la célébration du sacrifice ; il est fort probable qu'à l'époque primitive ils étaient immolés publiquement à Jupiter, mais [...] il arriva de plus en plus fréquemment que l'on conservât la vie aux prisonniers illustres »[32]. Les récits de triomphes véhiculés par la littérature latine nourrissent l'imaginaire moderne – *Iugurtha Sullae vinctus traditur*[33] : la petite phrase de Salluste, à la fin de la *Guerre de Jugurtha*, alimente par exemple la représentation d'une captivité aussi grandiose que pathétique. L'histoire de Vercingétorix connaît la même fin tragique relatée par Dion Cassius, qui évoque la reddition du héros en des termes pathétiques :

> « Lorsque le calme revint, il ne prononça pas un mot, mais tomba à genoux, les mains tendues. Beaucoup éprouvèrent de la pitié, au souvenir de sa fortune passée, et à la vue de son sort présent. Mais César lui reprocha cela précisément sur quoi il comptait le plus, opposant son hostilité présente à son amitié passée et montra que son offense en avait été plus grande. Il n'eut donc pas pitié de lui mais le fit enchaîner et plus tard, après l'avoir envoyé à Rome pour le triomphe, mettre à mort. »[34]

Le récit privilégie en Vercingétorix une dimension pathétique qu'alimentent les caractéristiques de la captivité : le sentiment de pitié éprouvé par l'entourage, le déplacement dans l'espace, les chaînes et le caractère transitoire d'une situation qui précède immédiatement la mise à mort.

Sur les scènes modernes, la perspective de cette captivité, associée à l'humiliation qu'il y aurait à figurer au triomphe, hante l'imaginaire des reines menacées par la puissance romaine. L'une de ses premières représentations en langue française expose les affres d'une reine « qui libre veut mourir pour ne mourir captive » : la *Cléopâtre captive* de Jodelle, jouée en février 1553 devant la Cour, connaît un important succès et ouvre la voie à ces personnages de reines dont l'action tout entière est motivée par la perspective du triomphe romain, dotée d'une force répulsive extrême : dès le début d'un drame qui commence également après la bataille d'Actium, Cléopâtre annonce en effet

---

32. Pierre Grimal, *La Civilisation romaine*, p. 142.
33. « Jugurtha chargé de chaînes est conduit à Sylla », Salluste, *Bellum Jugurthinum*, 113. L'image, à la gloire de Rome, est encore évoquée au paragraphe suivant : *Iugurtham Romam vinctum adduci* (« Jugurtha enchaîné fut conduit à Rome ») – *Ibid.*, 114.
34. Dion Cassius, XL, 41.

son suicide pour éviter l'humiliation de figurer au triomphe du vainqueur.[35] Toute la pièce expose les débats qui entourent cette mort annoncée dès l'acte I, et que veut prévenir Octavien, déterminé à traîner Cléopâtre en son triomphe. Formulée à l'acte II, la décision impériale est déjouée par la reine, qui, à force de manœuvres dilatoires, obtient à l'acte III un sursis qu'elle met à profit pour se suicider, à l'acte IV ; sa mort fait l'objet de la déploration qui occupe tout l'acte V. Ce déroulement correspond à la définition minimale que R.C. Knight a proposé de la tragédie : « *A dramatic action in which personages above the common have to react to a situation above the common, in that it involves a danger usually of death* »[36]. Cette définition, délibérément généralisatrice, implique de situer dans l'écart ces pièces qui mettent en scène des reines dans leur volonté d'échapper au triomphe romain ; car la captivité y est présentée comme un danger plus redoutable que la mort, échéance inévitable cependant, selon le choix de son vainqueur ou de la victime. Le char du Romain victorieux symbolise donc ce danger et apparaît moins comme le véhicule qui conduira la captive vers un destin d'abnégation, comme c'était le cas chez les Tragiques grecs, que comme le terme d'un chemin d'opprobre que le personnage se doit absolument d'éviter.

Cette appréhension du triomphe romain est récurrente dans le discours que Mairet prête à Sophonisbe : lorsqu'elle redoute l'issue de la bataille qui oppose Syphax à Massinisse au début de l'acte II, elle interprète les volontés de celui-ci :

« Je ne puis ignorer qu'à ce même moment (...)
Ce jeune conquérant ne songe et ne travaille
A joindre ma couronne au gain d'une bataille
Et qu'il ne fût ravi de m'avoir en ses mains,
Pour servir de trophée aux triomphes romains »[37]

Le terme revient dans un emploi polysémique, lorsque la reine craint que « Rome ait l'avantage / De triompher en [elle] de l'honneur de Carthage »[38] – Massinisse lui-même, avant de rencontrer la reine, ne se prive pas de l'envisager comme le plus bel ornement de son triomphe[39]. Mais c'est à l'acte IV que le discours représente le plus concrètement une Sophonisbe enchaînée au char de son vainqueur, dans un tableau pathétique destiné à fléchir le cœur de Massinisse : « Ne souffrez pas qu'un jour votre femme enchaînée / Soit dans

---

35. Jodelle, *Cléopâtre captive*, vers 55.
36. « Une action dramatique dans laquelle des personnages exceptionnels doivent réagir à une situation exceptionnelle, qui implique un danger généralement mortel. » – R.C. Knight, *A minimal définition of the seventeeth-century tragedy, French Studies*, Octobre 1956, in *La Tragédie au XVIIe siècle*, dir. Jacques Morel, *Littératures classiques,* Klincksieck, Paris, 1992, p. 306.
37. *Sophonisbe,* II, 1, vers 357-362.
38. *Ibid.*, II, 3, vers 575-576.
39. *Ibid.*, III, 1, vers 655-658 :
   « Outre que cette reine en beautés nonpareille
   Doit de notre triomphe accomplir la merveille
   Qui sans cet ornement sera défectueux,
   Et rendra moins brillant vos actes vertueux. »

un Capitole en triomphe menée »[40]. Et la dernière expression réapparaît enfin à l'acte V, quand Sophonisbe exige de Massinisse l'exécution de sa promesse[41]. L'évocation de la captive traînée à Rome par le char du vainqueur traverse ainsi tout le drame ; le triomphe est un avatar du char que l'on trouvait dans les drames grecs : à la localisation objective de la captivité se substituent la solennité d'une scène maintes fois appréhendée, et l'expression du sentiment qui s'y attache. Le discours dramatique s'éloigne ainsi de l'objet pour expliciter l'une des conséquences de la captivité : l'humiliation.

Le triomphe constitue en même temps un argument fondamental : sa seule évocation devient un topos rhétorique autant que dramatique, dont la signification répulsive légitime les actions de la reine qui l'invoque – ainsi de Cléopâtre dans *All for Love*, qui se refuse à accepter la clémence d'Octave quand Iras la lui remontre :

> « *Yield me to Caesar'pride ?*
> *What, to be led in triumph through the streets,*
> *A spectacle to base plebeian eyes ;*
> *While some dejected friend of Antony's,*
> *Close in a corner, shakes his head, and mutters*
> *A secret curse on her who ruined him ?*
> *I'll none of that.* »

> (« Moi, me plier à l'orgueil de César ? Quoi ! pour être conduite en triomphe à travers les rues, spectacle offert aux regards de la plèbe – tandis qu'un compagnon désabusé d'Antoine, tapi dans un coin, secouera la tête, et murmurera de secrètes imprécations contre celle qui a causé sa ruine ? Jamais ! »)[42]

Cléopâtre dresse un tableau plus précis du triomphe auquel elle se refuse ; l'évocation fait entrer virtuellement sur la scène un arrière-plan dramatique qui présente une Cléopâtre captive en contrepoint de la reine soucieuse d'affirmer sa liberté. Si le char n'est pas expressément mentionné, il fait partie de cette action virtuelle, et le souvenir d'Andromaque juchée sur un char grec alimente le champ des *imagines* qui peuplent le discours dramatique moderne. Se retrouve dans le langage dramatique du XVIIe siècle, un autre char, lui aussi métonymique d'un vainqueur irrésistible – dans la plainte fameuse de Phèdre, qui désire « Suivre de l'œil un char fuyant dans la carrière » : Phèdre se rêve dans le cortège de ce char, se fantasme dans la position d'une captive ligotée à l'attelage de son vainqueur. L'image introduit un érotisme discret, inhérent à la situation de la captive que le héros entraîne dans son sillage.

Dans *Les Troyennes*, le navire apparaît comme un avatar du char. Lorsqu'elle évoque le mouvement qui la conduira de Troie vers la Grèce, Andromaque mentionne le navire sur lequel on l'emmène : « Maintenant (...) un vaisseau me conduit (ναυσθλοῦμαι δ'ἐγὼ) en Grèce, captive destinée au

---

40. *Ibid.*, IV, 1, vers 1123-1124.
41. *Ibid.*, V, 3, 1553-1554 : « Plutôt qu'être captive en triomphe menée, / Donnez-moi le présent que vous m'avez promis. »
42. *All for love*, V, vers 419-428.

joug de l'esclave »[43]. Hécube prolonge ce propos par une évocation assez étendue des péripéties rencontrées en mer, pour conclure sur l'analogie entre la
mer et le destin, « vague de malheur soulevée par les dieux »[44]. Le rapport
entre la captivité et la mer, d'abord reçu comme une évidence pratique, acquiert
ainsi une portée symbolique : la situation de captivité comporte une précarité
analogue à celle encourue par les marins. La mer représente dans le monde
antique une menace constante car « elle est danger, surprise, péril brusque,
même sur des chemins familiers »[45] ; embarquer sur un navire revient à affronter ce danger, et la captivité des Troyennes, réduites à cette obligation, trouve
ici l'une de ses expressions les plus dramatiques.

Au contraire, la fonction du navire est libératrice dans l'*Iphigénie en
Tauride* : c'est un navire qui amène Oreste et Pylade sur les rivages de la
Tauride, où le Bouvier et ses compagnons les prennent pour des marins nau-
fragés (ναυτίλους δ'ἐφθαρμένους)[46] ; au dénouement, le même équipage,
augmenté d'Iphigénie et de la statue, s'embarque à nouveau sur un vaisseau
qui restituera Iphigénie à la terre civilisée. Le chemin qu'elle parcourt présente une double particularité : d'une part elle est libérée par le navire, qui
devient donc un vecteur positif, doté d'épithètes valorisantes – εὐπρύμνου
νεώς, « nef à la belle poupe »[47] –, alors que les personnages de captives l'ap-
préhendaient comme le médiateur de leur déchéance ; d'autre part, le navire est
ici une alternative à une autre forme de déplacement d'Iphigénie, arrivée en
Tauride par une voie mystérieuse, probablement céleste : « par l'éther brillant »[48], de même que la statue d'Artémis, « statue tombée du ciel », διοπετὲς
ἄγαλμα[49]. Dans cet univers symbolique, qui distingue l'*Iphigénie en Tauride*,
le navire sur lequel Oreste ramène en Grèce son précieux fardeau prend lui-
même un caractère sacré. Il pourrait ainsi s'envisager comme un objet rituel

---

43. *Les Troyennes*, vers 677-678.
44. *Ibid.*, vers 695-696 : « Moi de même, je reste muette et je me soumets sans parler, ne
pouvant vaincre. »
45. Fernand Braudel, *La Méditerranée, l'espace et l'histoire*, rééd. Champs, Flammarion,
Paris, 1999, p. 59.
46. *Iphigénie en Tauride*, vers 276.
47. *Ibid.*, vers 1000.
48. *Ibid.*, vers 29.
49. *Ibid.*, vers 977-978. Le ciel constitue une préoccupation constante dans l'ensemble du
drame, parallèlement au sort des Atrides dont il faut à terme restaurer la maison. Le Chœur met
en évidence le lien entre le monde ouranien et la maison argienne par cette constatation hermétique : « Voici que le soleil a changé sa carrière, déplacé l'œil sacré du jour… ». Dans la note
apportée à ce passage, Henri Grégoire rappelle le lien légendaire qui unit la maison d'Atrée et le
soleil ; le chant du Chœur fait également intervenir, une nouvelle fois, la figure apollinienne, par
cette mention du soleil. Il est difficile de penser cette référence uniquement comme un ornement
mythologique, dans un discours dramatique qui relie constamment l'action représentée et le ciel,
οὐρανός. Apollon envoie Oreste pour sauver la statue de sa sœur Artémis, tâche dont le héros ne
s'acquittera qu'en sauvant sa propre sœur, Iphigénie. Le parallèle entre le couple ouranien formé
par les enfants de Létô et le couple terrestre reformé par Oreste et sa sœur trouve une nouvelle
confirmation dans l'omniprésence d'οὐρανός dans le discours. Et lorsque Oreste proclame, au
dénouement : « Je ramène ma sœur après l'avoir perdue » – *ibid.*, vers 193-195 : le propos pourrait convenir à Apollon.

dans une cérémonie apollinienne ; le symbole ne surprendrait guère chez le peuple hellène, attaché à la mer et soucieux d'en conjurer le danger. La pièce est le drame d'une libération tandis que *Les Troyennes* représentent une mise en captivité : les deux pièces obéissent naturellement à un schéma inverse ; les mêmes objets dramatiques, articulations de l'action, servent ainsi une fin contraire. Mais, si le message est inversé, le lexique, lui, reste inchangé : il existe toujours une relation entre la captivité et le navire, même si tous les navires ne conduisent pas au même port. Au-delà de ce lien, le poète fait à nouveau intervenir le thème de la transition : comme le char, le bateau est le véhicule temporaire qui mène d'une situation à une autre contraire. Lorsqu'il représente un personnage de captive sur l'un des ces véhicules, le drame saisit un instantané du changement survenu dans une destinée, au moment précis et très limité dans le temps où s'opère ce revirement.

*****

Un espace intermédiaire : le rivage

La transition établie par le char ou le navire correspond symboliquement au passage de l'état libre à l'état captif – ou inversement –, et pratiquement au franchissement d'un espace, en général la mer, pour parvenir au lieu même de la captivité. La scène représente ainsi différents lieux, selon la situation de la captive : soit le personnage attend son départ, et il se trouve alors sur un rivage ; soit il est parvenu à destination, et entre dans un monde étranger au sien, pour pénétrer ensuite dans l'espace fermé de l'*oikos*.

Le rivage constitue effectivement un espace fondateur dans le drame de la captivité : c'est là que les Troyennes attendent l'échéance de leur sort, et qu'Iphigénie guette l'arrivée de voyageurs grecs qui pourront l'informer sur sa patrie. Dans *Les Troyennes*, la représentation de l'espace reste allusive : la proximité de la mer est signalée par l'intervention de Poséidon au prologue, et par la mention fréquente et menaçante des navires grecs – Talthybios rappelle à Hécube, par exemple, l'imminence de leur départ :

> « Hécube, un seul vaisseau, ses rameurs à leurs bancs, attend encore ici : avec le restant du butin échu au fils d'Achille, il va naviguer (ναυστολεῖν) vers les côtes de Phthiotide. Néoptolème lui-même a déjà pris la mer... »[50]

La scène comporte au deuxième plan les tentes dans lesquelles sont consignées les captives, et en arrière-plan Ilion, dont Hécube voit brûler les toits au dernier épisode : « Ilion n'est qu'une clarté ; le feu embrase les toits de Pergame, et la ville, et la crête des remparts »[51]. L'espace représenté par la scène rejoint ainsi l'histoire des captives : d'abord habitantes de Troie, puis enfermées dans les tentes avant d'être emmenées à bord des vaisseaux grecs. Le premier plan reste quant à lui marqué par l'indétermination qui caractérise ce moment de

---

50. Euripide, *Les Troyennes*, vers 1123-1125.
51. *Ibid.*, vers 1295-1297.

transition relaté par le drame. L'unique élément de sa définition réside en effet dans cette situation entre les murs de la cité qu'on incendie et la mer au-delà de laquelle commencera l'esclavage. L'espace représenté par l'*Iphigénie en Tauride* s'organise de manière similaire : le front de scène représente le temple d'Artémis, que la prêtresse désigne également comme sa demeure : « En attendant rentrons dans ce palais où j'habite, et qui est le temple d'Artémis »[52]. L'arrière-plan, qui semble unique dans cette pièce, désigne symboliquement la fonction du personnage éponyme, de même que les tentes représentées dans *Les Troyennes* signalent la captivité comme le thème du drame. Il est difficile de préciser ce que les personnages peuvent voir de la scène, et cependant la mer est constamment présente dans le discours. Mer hostile, « Inhospitalière », comme est désignée la mer Noire : « j'habite ce séjour entouré des sauvages forêts de la mer Inhospitalière » (Ἀξείνου πόντου), précise Iphigénie[53] ; et lorsque la Coryphée annonce le Bouvier, elle signale la proximité de la mer puisqu'il arrive de la côte marine – ἀκτὰς θαλασσίους[54]. Le récit qui narre ensuite l'arrivée d'Oreste et de Pylade, a pour cadre un paysage marin et ouvre ainsi une perspective virtuelle pour toute l'action – les noms et la description qui accompagnent cette évocation sont suffisamment précis pour que le discours fasse naître un véritable décor, un hors-scène vivant :

> « Nous étions à conduire nos troupeaux, qui habituellement pâturent dans les bois, dans la mer qui circule entre les Symplégades ; il y avait là une déchirure creusée dans le rocher par les assauts répétés de la houle, offrant un abri aux pêcheurs de coquillages. »[55]

Un paysage marin occupe également l'imaginaire évoqué par le Chœur, concurremment à l'espace céleste ; son chant ravive l'évocation de la mer Noire, mentionnée cette fois pour ses caractéristiques :

> « Sombre, sombre est l'azur des flots, à la rencontre des deux mers, par où le taon d'Argos s'est envolé dans la mer Inhospitalière, chassant Io de la terre d'Europe vers la terre d'Asie… »[56]

Les fortes connotations attachées à cet espace particulier que représente la mer Noire pour les Grecs enrichissent l'évocation. Le cadre entre dans les caractéristiques du personnage éponyme, et si la princesse argienne n'est jamais désignée dans les termes comme une captive, elle n'en est pas moins en relation directe avec la mer dont la proximité est maintes fois mentionnée, comme dans *Les Troyennes*.

---

52. Euripide, *Iphigénie en Tauride*, vers 65-66.
53. *Ibid.*, vers 218-219 ; Henri Grégoire rappelle à ce sujet que l'expression Ἄξενος πόντος est la forme primitive du nom de la mer noire, transcription du mot iranien qui signifie χυανους, noire ou bleu sombre.
54. *Ibid.*, vers 236.
55. *Ibid.*, vers 260-263. Le terme ὑλοφορβούς qu'Henri Grégoire traduit par les « sylvestres troupeaux », pose un problème de traduction en qualité d'hapax legomenon. Nous proposons ici une traduction développée, pour rendre compte de la précision avec laquelle Euripide s'attarde sur cette description d'un paysage maritime.
56. *Ibid.*, vers 392-397. Trad. Henri Grégoire.

L'espace marin, souvent désigné pour le péril qu'il représente, constitue lui-même un espace de transition ; c'est en empruntant les routes de la mer que les personnages féminins représentés dans ces deux pièces d'Euripide passeront non seulement d'un statut à un autre, mais d'un monde à l'autre. Une barrière de taille sépare en effet l'univers dont la captive est originaire et celui où elle se rend. Dotée de cette violence qui la caractérise dans la plupart de ces évocations, la mer manifeste en particulier le danger qu'il y a à passer d'un univers dans l'autre – du monde civilisé au monde sauvage, barbare. L'une des représentations communes du monde dans l'Antiquité repose en effet sur cette opposition fondamentale entre les Grecs et les Barbares, « idée enracinée dans la conscience grecque dès le Ve siècle avant J.-C. », et qui « a détourné la plupart des Grecs de s'intéresser au monde extérieur pour lui-même, sauf à en rapporter quelques anecdotes piquantes ou curiosités monstrueuses »[57]. Cette division concerne également l'espace représenté par la scène : soit il s'agit du monde civilisé tandis que la barbarie correspond à un arrière-plan virtuel évoqué par le discours ; soit, plus rarement, la scène représente un univers dont la barbarie est soulignée par l'évocation du monde civilisé. Dans les deux cas, la barbarie apparaît comme une représentation nécessaire dont l'évocation permet de définir le civilisé, ancre son identité – et rassure le spectateur grec. Car tout groupe humain « se définit par rapport à ce qui est autre que lui : le chaos, l'informe, le sauvage, le barbare »[58] : la représentation de l'espace assure la permanence de cette frontière toujours frémissante avec l'Autre.

Dans ce contexte, le personnage de la captive est toujours l'élément rapporté du monde virtuel, en décalage donc avec l'espace dramatique. Lorsque Cassandre pénètre sur la terre argienne, ses interlocuteurs l'envisagent comme un être un peu sauvage : elle est « l'étrangère » dans l'injonction adressée à Clytemnestre par Agamemnon : « Accueille avec bonté cette étrangère (τὴν ξένην) »[59] ; le terme est également employé par le Chœur, qui explicite sa connotation par le recours au lexique de la sauvagerie : « L'étrangère aura besoin, ce semble, d'un interprète clair. Ses manières sont celles d'une bête (ϑηρὸς) que l'on vient de capturer »[60]. La question du langage concentre l'idée de barbarie ; les propos du Chœur à l'égard de Cassandre sont explicites : « Si elle n'a pas un langage inconnu de barbare (ἀγνῶτα ϑωνὴν βάρϐαρον), comme l'hirondelle, j'essaierai volontiers de faire entrer dans son cœur les

57. Maurice Sartre et Alain Tranoy, *La Méditerranée antique, IVe siècle av. J.-C./ IIIe siècle ap. J.-C.*, *Cursus*, Armand Colin, Paris, 1990, p. 93.

58. Jean-Pierre Vernant, *L'individu, la mort, l'amour. Soi-même et l'autre en Grèce ancienne*, *Folio histoire*, Gallimard, Paris, 1989 – « Trois idéologies de la mort ». p.105. Il n'est pas indifférent que se rencontrent dans ce propos la barbarie et le chaos, rencontré par ailleurs dans le contact entre la captive et sa maîtresse. Plus largement, la situation de captivité apparaît dans une relation étroite quoique antagoniste avec chacune des catégories évoquées ici par l'auteur ; et, pour l'hypothèse d'une portée tropique de cette même situation, il n'est pas indifférent que le propos de Jean-Pierre Vernant que nous citons ici se conclue ainsi : « De manière analogue, chaque société doit affronter cette altérité radicale, cette extrême absence de forme, ce non-être par excellence que constitue le phénomène de la mort ».

59. Eschyle, *Agamemnon*, vers 950-951.

60. *Ibid.*, vers 1062-1063.

avis de la raison »[61]. Le silence observé par Cassandre face à la reine est inter-prété comme un signe de cette appartenance au monde barbare.

Avec *Les Troyennes*, Euripide introduit une perspective différente, puisque les personnages éponymes sont issus de l'autre rive de l'Egée et appartiennent à ce monde désigné comme barbare par Clytemnestre et son entourage. La pièce se rapproche des *Perses* d'Eschyle pour le choix de ses protagonistes, situés en terre d'Asie[62]. Mais une différence fondamentale distingue à cet égard les trois textes : dans *Les Perses*, la distinction entre les mondes barbare et civilisé s'impose par nature mais sans la valeur péjorative que le discours de Clytemnestre lui confère dans l'*Agamemnon* ; Euripide, quant à lui, écarte du discours des *Troyennes* le registre de la barbarie, comme si la notion, jusqu'alors admise *de facto*, devenait relative ; l'affaire est d'ailleurs réglée au détour d'une expression d'Hécube, lorsqu'elle évoque ses enfants : « Aucune femme, troyenne, grecque ou barbare, ne pourrait se vanter d'en avoir enfanté de pareils »[63]. Par cette énumération, Euripide écarte tout possibilité d'envisa-ger Troie comme une cité barbare ; en revanche, les Grecs peuvent mériter ce terme lorsqu'ils se conduisent mal – Andromaque ne se prive pas de l'em-ployer lorsqu'elle se sépare de son fils, condamné par les vainqueurs : « O Grecs, inventeurs de supplices barbares »[64].

Il faut donc distinguer entre deux emplois du terme « barbare » : l'un introduit une distinction identitaire et non connotée, reçue comme telle par le public antique ; l'autre en revanche, plus moderne, confère à ce terme une por-tée sémantique plus inquiétante, connotée péjorativement, en relation avec la monstruosité – les Grecs sont barbares lorsqu'ils jettent un enfant du haut des murailles troyennes ; Ulysse est un monstre dans la langue d'Hécube – « le sort me fait l'esclave d'un être abominable et perfide, d'un ennemi du droit, d'un monstre sans loi »[65]. La barbarie passe ainsi du côté de celui qui oppresse, et devient l'un des écueils contre lesquels se heurte la captive.

Dans l'*Iphigénie*, Euripide insiste à plusieurs reprises sur l'association entre la barbarie et la Tauride – dès le prologue, la princesse énonce cette carac-téristique du cadre dans une expression redondante déjà signalée : « un roi bar-bare règne sur des barbares » (ἀνάσσει βαρβάροισι βάρβαρος)[66]. Parce

---

61. *Ibid.*, vers 1050-1052.

62. Cette situation dramatique n'exclut pas toutefois, dans le texte d'Eschyle, le rappel du fossé identitaire qui sépare la Perse de la Grèce – lorsque la reine raconte son rêve prémonitoire, elle ne remet pas en cause cette distinction, qui apparaît de ce fait d'un emploi neutre :

« J'ai cru voir venir à moi deux femmes magnifiquement vêtues, l'une parée à la mode perse, l'au-tre à la mode dorienne, toutes deux surpassant de loin les femmes d'aujourd'hui, à la fois par leur taille et par leur beauté sans tache. C'étaient deux sœurs du même sang ; mais elles habitaient, l'une la Grèce, l'autre la terre barbare. ») - Eschyle. *Les Perses*, vers 181-187, trad. Emile Chambry.

63. Euripide, *Les Troyennes*, vers 477-478.

64. *Ibid.*, vers 764 – la suite de la tirade opère un rétablissement diplomatique après la for-mulation de cette accusation que le public d'Euripide pouvait mal ressentir : Andromaque, men-tionnant Hélène, la peint en « démon funeste à tant de barbares et de Grecs » (vers 771).

65. *Ibid.*, vers 283-284 – Le nom δάκος désigne exactement selon Bailly un « animal qui mord, une bête sauvage, un monstre ». Il s'agit donc d'une monstruosité non de nature, mais de comportement.

66. Euripide, *Iphigénie en Tauride*, vers 31.

qu'elle se situe au-delà de l'Hellespont, la Tauride est en outre conçue comme l'espace de l'altérité, un lieu situé aux antipodes du monde civilisé. Le discours évoque à plusieurs reprises l'opposition entre l'espace de l'origine et celui de la captivité, ainsi connotés. Ignorant qu'Oreste est son frère, Iphigénie situe la sœur qu'il mentionne dans une contrée éloignée, « loin de ces terres barbares » (μαϰϱὰν γὰϱ βαϱβάϱου [...] χϑονός.)[67] ; la lettre qu'elle adresse à son frère le prie de la ramener en Argolide, loin de cette « contrée barbare », ἐϰ βαϱβάϱου γῆς[68] ; même le roi Thoas formule cette caractéristique du lieu – ἐν βαϱβάϱοις[69]... Cette dernière intervention conduit à voir la barbarie attachée à la Tauride comme un élément de son identité ; le mot porte en effet la formulation de l'altérité qui l'éloigne fondamentalement de la Grèce. Mais il n'est pas sans impliquer le danger et l'isolement, qui renforcent le caractère dramatique de la situation d'Iphigénie, lorsqu'elle remontre à son frère les périls qu'il encourrait à fuir :

> « Aurai-je quelque chance, trouverai-je un moyen de te faire échapper à ce peuple, à la mort, vers la patrie argienne ? (...) Sera-ce par la voie de terre, non point par quelque nef, grâce à tes pieds rapides ? Tu côtoieras la mort, s'il te faut cheminer par des tribus barbares (βάϱβαϱα ϑῦλα), et par d'affreuses routes ! Mais bien long sera le voyage si tu t'enfuis par mer, par le passage étroit des Roches Cyanées ! »[70]

L'angoisse exprimée par Iphigénie met sur le même plan le danger présenté par la mer et celui qu'il y aurait à traverser les terres barbares. Pour la première fois le discours juxtapose les deux espaces qui fournissent le cadre de la captivité, située aux confins de deux écueils mortels. Plus encore que celle des *Troyennes*, la scène d'*Iphigénie en Tauride* représente de manière concomitante les deux termes de cette situation. Si le rivage évoqué dans les deux drames est un espace de transition, c'est entre deux dangers mortels qu'il s'étend : la barbarie en amont, la mer en aval. Le cadre dramatique de la captivité donne à ressentir l'inconfort existentiel lié à cette situation.

Le théâtre moderne témoigne des résurgences de cette représentation de l'espace, autant que des connotations qui lui sont attachées. Nous savons que la monstruosité est un thème récurrent dans le discours que Mariane tient à l'égard d'Hérode ; la barbarie en apparaît comme le corollaire. Dans le discours de Mariane, la seule mention de « ce barbare » suffit à désigner Hérode[71]. L'accusation essentielle que recouvre cette désignation repose sur une antithèse fondamentale, dont la reine développe ensuite les termes :

> « Il est temps désormais que le Ciel me sépare
>   D'avecque ce barbare,
> Son humeur et la mienne ont trop peu de rapport ;
> La vertu respirant parmi l'odeur du vice
>   Eprouve le supplice
> Du vivant bouche à bouche attaché contre un mort. »

---

67. *Ibid.*, vers 629.
68. *Ibid.*, vers 775.
69. *Ibid.*, vers 1174.
70. *Ibid.*, vers 876-891.
71. *Ibid.*, IV, 2, vers 1258.

Plus que jamais, le registre de la barbarie sert l'expression d'une altérité complète, liée à l'oppression subie par la captive. Hérode lui-même reprend ce lexique à son compte au dernier acte :

« Avoir ôté la vie à des beautés si rares,
Ô rigueur inconnue aux cœurs les plus barbares !
Un Sarmate inhumain ne pourrait l'exercer,
Un Scythe sans horreur ne pourrait y penser.
Quel fleuve, ou quelle mer sera jamais capable
D'effacer la noirceur de ce crime exécrable ? »[72]

Le registre de la barbarie cesse alors de désigner un espace pour ne plus adopter qu'une acception péjorative ; là encore, le discours dramatique moderne reprend à l'héritage grec des termes dont il occulte la dimension objective – liées à des *realia* désormais étrangères – pour n'en conserver que la valeur abstraite.

Dans ce contexte sémantique nouveau, le rivage continue de représenter un espace limite entre la civilisation et la barbarie, entre le connu et l'inconnu ; de sa représentation antique découle une distinction fondamentale pour le devenir des personnages de captives et de leur discours. Espace plane, défini par un arrière et un avant-plans que le spectateur devine d'après le regard des acteurs, le rivage introduit ainsi une division horizontale du monde, dont il représente d'une certaine façon la finitude. Mais il trouve aussi une autre version plus adaptée à la captivité éphémère : le rocher. Le personnage d'Andromède est indissociable en effet de cet élément du décor marin qui définit un espace extérieur à celui des mortels, effrayant par son altérité, et menaçant dans sa proximité avec les Enfers.

L'exposition de la princesse la confronte au danger de la métamorphose. Corneille reprend et développe le texte d'Ovide dans la didascalie initiale de l'acte III de son *Andromède* ; le paysage y est davantage décrit, pour répondre aux exigences de la scène, qui de jardin devient rivage grâce à « l'artifice de l'ouvrier » :

« Les myrtes et les jasmins qui le composaient sont devenus des rochers affreux, dont les masses inégalement escarpées et bossues suivent si parfaitement le caprice de la nature, qu'il semble qu'elle ait plus contribué que l'art à les placer ainsi des deux côtés du théâtre (…) Les vagues s'emparent de toute la scène, à la réserve de cinq ou six pieds qu'elles laissent pour leur servir de rivage ; elles sont dans une agitation continuelle, et composent comme un golfe enfermé entre ces deux rangs de falaises ; on en voit l'embouchure se dégorger dans la pleine mer… »

La transformation cède au goût de l'époque pour le merveilleux, et Corneille reconnaît dans l'*Argument* avoir surtout recherché dans la pièce « l'éclat et la diversité du spectacle ». Le paysage qui apparaît ainsi se caractérise par la violence, et se construit dans l'antithèse au jardin d'Andromède auparavant repré-

---

72. *Ibid.*, V, 2, vers 1559-1564 – Jacques Scherer précise en note que « les Sarmates et les Scythes, qui vivaient nord de la mer Noire, sont pour l'Antiquité classique des exemples habituels de peuples barbares. »

senté – le contraste entre les deux tableaux met en évidence l'antinomie entre la princesse et le rocher auquel elle est désormais attachée, dans un tableau oxymorique.

Se retrouvent également des aspects communs à d'autres paysages liés à la situation de captivité : non seulement le rivage, mais aussi la fermeture de l'espace, avec l'aménagement d'un « golfe ». Certes, l'espace scénique impose ici ses limites qui peuvent déterminer ce dessin ; mais la géographie ainsi mise en place permet de redoubler la captivité d'Andromède, attachée à un rocher lui-même enfermé dans une anse. La configuration concentrique réapparaît dans cette organisation pour illustrer le tragique de la situation : la captivité, ainsi montrée au sein de plusieurs cercles qui la définissent, en paraît d'autant plus irréversible. Le Chœur redouble le spectacle par un discours à valeur déictique : « La voilà que ces vents achèvent d'attacher / En infâmes bourreaux, à ce fatal rocher »[73]. Et lorsque Cassiope en appelle aux tritons pour secourir sa fille, elle dote ce même rocher d'une valeur monumentale :

« Les tritons amoureux, malgré leurs Néréides,
Devraient déjà sortir de leurs grottes humides,
Aux fureurs de leur monstre à l'envi s'opposer,
Contre ce même écueil eux-mêmes l'écraser,
Et de ses os brisés, de sa rage étouffée,
Au pied de ton rocher t'élever un trophée. »[74]

La reine souhaite ici la métamorphose du rocher en monument, au sens étymologique du mot : ce qui fait mémoire. Ainsi placé sur le rivage, le rocher s'instaure comme une autre version de la limite, de la frontière entre deux ordres – et entre deux temps s'il devient monument.

Toutefois, si le rivage marque une division horizontale du monde, séparant par exemple le monde civilisé du monde barbare, le rocher est davantage inscrit dans la verticalité ; la mise en scène moderne introduit alors un nouveau langage dans la représentation de l'espace. Dès le récit d'Ovide, cette dimension est essentielle, d'abord parce qu'Andromède est décrite du point de vue de Persée, qui chevauche Pégase dans les airs : *gentibus innumeris circumque infraque relictis / Aethiopum populos Cepheaque conspicit arva*. La traduction de ce passage par Georges Lafaye met en évidence la situation en surplomb de Persée, position simplement mentionnée par l'adverbe *infra* dans le texte latin : « Il avait déjà laissé autour de lui et *derrière*[75] lui des nations innombrables, lorsque ses regards tombent[76] sur les peuples de l'Ethiopie et sur les champs de Céphée ». Un peu plus loin dans le récit, Ovide signale encore cette position lorsqu'il montre l'émotion amoureuse éprouvée par Persée : *paene suas quatere est oblitus in aere pennas* (« il oublie presque de battre les

73. *Andromède*, III, 1, vers 782-783.
74. *Ibid.*, scène 2, vers 886-891.
75. La traduction passe sous silence, à ce moment-là, le caractère céleste du voyage de Persée – « en-dessous de lui », dit Ovide exactement, trad. cit., p. 157.
76. Ici en revanche, la traduction précise la situation de Persée, tandis que le latin insistait seulement sur la dimension globalisante de son regard : *conspicit*.

airs de ses ailes »)[77]. Chez Corneille, cette organisation verticale de l'espace est très souvent mentionnée, et doit à la position du personnage de Persée en *deus ex machina*. La didascalie initiale de la scène 3 instaure ainsi une division ternaire de l'espace, dont chaque partie est associée à des protagonistes du drame : en haut, le héros ; sur le rivage – espace intermédiaire – Cassiope et son entourage ; exposée au rocher, Andromède. Le discours redouble à nouveau la didascalie, avec le même effet déictique – cette fois, c'est Timante qui mentionne le spectacle à Cassiope : « Voyez par quels chemins on secourt Andromède. / Quel héros, ou quel dieu sur ce cheval ailé... »[78]. Et l'intervention de Persée est elle-même accompagnée d'une didascalie qui insiste encore sur sa position : « Persée, en l'air, sur le Pégase ». A la fin de la scène, consacrée à son combat contre le monstre, le héros manifeste sa victoire et sa supériorité en s'élevant à nouveau dans les airs – une didascalie étoffée règle ce tableau, qui précise notamment que « Persée revole en haut sur son cheval ailé ».

L'organisation de l'espace, ainsi permise par les machines, impose une verticalité constante manifestée notamment par les regards des acteurs lors de leurs échanges – notamment entre Cassiope et Persée, dont la position consacre évidemment l'apothéose. L'étude que Françoise Siguret a consacrée au succès iconographique du mythe d'Andromède aux XVIe et XVIIe siècles, voit dans cette représentation de l'espace un écho de la distribution. Cette relation entre espaces et rôles confirme la dimension archétypale du mythe : trois actants sont mis en scène – le héros, la vierge et le monstre – dans trois lieux visibles – le ciel, la terre et l'eau : « ces lieux pourraient bien être ceux, invisibles de l'esprit, associant quelque part en nous, l'idée, la parole et le désir »[79]. L'apparition de Persée manifeste également une antithèse avec le rocher auquel Andromède est exposée : la mobilité constante de Persée contraste avec l'inertie minérale.

La position de survol fait en outre du héros un personnage céleste, identité consécutive à son ascendance jovienne, tandis que le rocher est ancré dans le sol. L'opposition ainsi construite fait de l'un l'émanation de l'univers ouranien tandis que la pierre apparaît comme une excroissance de l'univers chthonien. Dans la version ovidienne du mythe, la présence de Méduse aux pieds d'Andromède confirme cette excursion du monde d'en-bas sur l'espace occupé par les mortels. Au chant IV des *Métamorphoses*, Méduse réapparaît pour clore l'épisode de la lutte contre le monstre – avec cohérence puisque Persée est le vainqueur de la Gorgone et donc attaché à sa figure :

ipse manus hausta victrices abluit unda,
anguiferumque caput dura ne laedat harena,
mollit humum foliis natasque sub aequore virgas
sternit et inponit Phorcynidos ora Medusae.   .../...

---

77. Ovide, *Métamorphoses*, IV, vers 677 – trad. cit. p. 157.
78. *Andromède*, III, 3, vers 927-929.
79. Françoise Siguret, « *La figure d'Andromède, du maniérisme au baroque. Problématique d'un corpus* », in *Images de l'Antiquité dans la littérature française : le texte et son illustration*, p. 107.

virga recens bibulaque etiamnum viva medulla
vim rapuit monstri tactuque induruit huius
percepitque novum ramis et fronde rigorem.

(« Persée puise de l'eau dont il lave ses mains victorieuses et, craignant que le dur gravier ne blesse la tête couronnée de serpents, il étend sur le sol des feuillages mœlleux, amasse une couche de tiges légères, nées sous les eaux, et y dépose la tête de Méduse, fille de Phorcys. »)[80]

L'invention du corail n'apparaît pas chez Corneille, contraint par l'économie dramatique. Mais l'iconographie a retenu ce voisinage de Méduse et d'Andromède, qui confirme le rapport dans le mythe entre le minéral et le vivant. La tête de la Gorgone est présente dans les représentations antiques – ainsi d'une peinture pompéienne, d'un camée de l'époque impériale, d'une lampe romaine[81]... Dans l'Europe moderne, cette présence varie de forme mais conserve une place importante. La représentation de l'épisode par Mignard, en 1679, conserve par exemple la présence de Méduse aux pieds d'Andromède ; l'utilisation de la perspective permet même de la représenter sur un plan inférieur à celui sur lequel se trouvent les personnages, plus près du monde souterrain. L'organisation du tableau reprend la division tripartite de l'espace, avec une part égale attribuée au ciel et à la terre, tandis que la majeure partie de l'espace, au centre, est consacrée aux humains. Plus tôt dans le siècle, Joachim Wtewael explicite l'allusion aux Enfers par la représentation de squelettes répartis aux pieds d'Andromède – le tableau manifeste par ailleurs une grande fidélité au récit ovidien.

Le rocher auquel est attachée Andromède constitue donc un avatar du rivage où il surgit, et dont il a la dimension transitoire ; il est en outre indissociable de la captive, qu'il risque à tout moment de contaminer de sa minéralité[82]. Aussi Andromède, par ses chaînes, est contrainte à demeurer dans la suspension : entre *ouranos* et *chthôn* ; et entre l'âme – au sens étymologique d'*anima*, souffle de vie, mouvement –, et la pierre, symbole d'inertie et de fixation dans le temps et l'espace. Encore une fois, la captive est tiraillée entre des états antithétiques et essentiels ; elle occupe dans l'espace une place médiane et intenable, et chacun de ces espaces déjà envisagés, le rivage, le rocher, est indissociable de la situation de crise que le drame met en scène.

***

La fermeture de l'espace : formes de l'étouffoir

Loin des rivages, il est encore un espace défini pour la captivité, qui se transmet depuis les premières pièces du corpus jusqu'aux productions

---

80. Ovide, *Métamorphoses*, IV, vers 740-746 – trad. cit..

81. Peinture pompéienne. Naples, 8996, LIMC, 104 ; camée, LIMC, 118 ; lampe, Cambridge, LIMC, 120.

82. Le rapprochement entre la captive et le minéral est une expression métaphorique dont la richesse nécessitera un développement ultérieur, notamment lorsque l'étude s'attardera sur les formes de la mise en scène (troisième partie).

modernes : l'*oikos*, espace dramatique par excellence, où se concentrent les tensions. Sa représentation diffère entre les scènes antique et moderne : l'*oikos* est un espace évoqué mais non représenté dans le premier cas, tandis que la mise en scène moderne pénètre au contraire à l'intérieur du *palais*, choisissant de donner en spectacle un intérieur fantasmé dans le texte antique. Or c'est dans cet espace mystérieux que la captive est invitée à entrer, dès son arrivée, puisque l'*oikos* étranger est le lieu d'un statut nouveau, qu'elle endosse à partir du moment où elle en franchit le seuil. Ainsi Clytemnestre invite Cassandre à « inaugurer le joug » – l'expression est du Chœur : *καίνισον ζυγόν*[83] – en pénétrant dans le palais :

> « Toi aussi, entre à l'intérieur : c'est à toi, Cassandre, que je parle. Puisque Zeus, dans sa clémence, t'a mise dans notre palais pour prendre part à nos ablutions, debout avec de nombreux esclaves près de notre autel domestique, descends de ton char et dépose ton orgueil. »[84]

Cette tirade de Clytemnestre constitue l'une des évocations d'un intérieur soustrait aux regards du spectateur : il est ici défini dans son caractère familial[85] et sacré. Plus loin, Clytemnestre développe cet aspect, en pratiquant l'équivoque : « Je n'ai pas le loisir de m'attarder ici à la porte. Déjà, devant le foyer, au centre de la maison, les brebis sont rangées pour être immolées »[86].

Le double langage, que Clytemnestre manie en experte dans l'ensemble du drame, révèle ici l'ambiguïté liée à l'intérieur de la maison, en particulier à son *mesomphalos*, son « nombril » et peut-être son essence. Cet espace peut s'envisager comme la représentation métaphorique de l'univers féminin. Charles Segal signale par exemple, à la suite de Jean-Pierre Vernant, l'interprétation symbolique possible de l'*oikos* : « Ces espaces intérieurs font partie de l'*oikos*, mais ils sont aussi caractéristiquement féminins, pareils à une matrice, l'espace primitif où le mâle dépend entièrement de la femelle, l'obscurité close et mystérieuse de la matrice avant la vie et l'obscurité du monde souterrain après la vie »[87]. Ainsi, lorsque Iole entre dans la maison de Déjanire, c'est un « fond destructeur et dangereux »[88] qu'elle intègre, un espace doté des « pouvoirs de la vie et de la mort, de la matrice et du monde souterrain, de l'obscurité de l'origine de la vie et de sa fin dans l'obscurité inconnue de l'Hadès »[89]. Au cœur de l'*oikos* réside ainsi pour la captive un danger servi par

---

83. Eschyle, *Agamemnon*, vers 1071.

84. *Ibid.*, vers 1035-1039 ; la traduction est ici celle d'Emile Chambry : elle met particulièrement en évidence le mouvement imposé par Clytemnestre à Cassandre, de l'extérieur vers l'intérieur.

85. Le terme est ici utilisé au sens hérité de l'étymologie latine : la *familia*, qui comprend les membres consanguins et les esclaves.

86. Eschyle, *Agamemnon*, vers 1055-1057 – trad. cit..

87. Charles Segal, *La Musique du Sphinx, poésie et structure dans la tragédie grecque*, *Textes à l'appui*. Ed. La Découverte, « ». Paris. 1987 – traduit de l'anglais par C. Malamond et M.-P. Gruenais, 142.

88. *Ibid.*

89. *Ibid.*, p. 143. La présence récurrente du monstre au sein du palais confirme sur la scène moderne le pressentiment antique.

le secret qui caractérise cet espace. Son entrée dans la maison, nécessité imposée par la loi du vainqueur, aboutit à son retrait dans un espace clos, fermé aux
regards. Lorsque Andromaque constate dans *Les Troyennes* : « je serai esclave
dans la maison des meurtriers des miens »[90], elle évoque avec angoisse également cette immersion dans un espace *a priori* hostile.

Le lexique qui désigne la maison intégrée par la captive comporte des
désignations variés : le plus souvent, le grec parle de *domos*, terme générique
qui désigne d'après Bailly « toute construction », maison ou palais ; mais dans
les *Trachiniennes*, Déjanire utilise un autre terme : « Qu'on la conduise dans
le palais (στέγας) »[91]. Le terme στέγη semble doté d'une connotation plus
forte car il désigne un espace caractérisé par la clôture, voire l'enfermement.
Lorsque Electre l'emploie chez Sophocle, c'est en particulier pour signaler sa
réclusion : « je vais pleurer dans un coin (κατὰ στέγας) »[92] ; la connotation
est encore plus lourde dans l'*Antigone*, pour laquelle le mot στέγη désigne le
caveau dans lequel Créon la condamne à l'enfermement :

> « enfermez-la moi dans son tombeau de roc, ainsi que je l'ai dit. Et puis laissez-
> la là, seule, à l'abandon, qu'elle y doive, à son gré, ou mourir tout de suite, ou
> vivre sous la terre de la vie du tombeau (στέγῃ). »[93]

Le substantif hérite du verbe στέγω dont le premier sens, celui de *couvrir*,
dérive ensuite vers l'idée de *cacher* et d'*enfermer*. Cette perception est
sensible dans *Les Troyennes* de Sénèque, lorsque Andromaque s'écrie : *En
intuere, turba quae simus super, / tumulus, puer, captiva : cedendum est malis.*
(« Regarde ce qui reste de nous : un tombeau, un enfant, une captive ; force est
de céder aux malheurs »)[94]. Et c'est bien ainsi que la captive ressent la maison
dans laquelle elle est contrainte d'entrer : un espace clos, hermétique, qui
confine au tombeau – espace assez conforme à son statut, et à l'état de non-
être auquel elle est parvenue depuis la défaite de sa cité.

Le théâtre moderne restitue d'autant mieux cette impression d'enfermement qu'il pénètre dans le palais, installant chaque drame dans un huis-clos
propice à l'explosion de la violence. La mise en scène évolue dans ce sens au
XVIIe siècle, comme le note Jacques Scherer : « La tendance générale est à la
concentration, et au retranchement impitoyable des décors inutiles à l'action
ou nuisibles à l'unité de lieu (…) En 1640, le procédé permet, pour la première fois dans la tragédie, de réduire le lieu de l'action à une seule salle d'un
palais ou d'une maison »[95]. L'unité de lieu permet une exploitation nouvelle de

---

90. *Les Troyennes*, vers 660.
91. *Les Trachiniennes*, vers 329. employé dans la langue grecque avec une fréquence de
0.36/10000, alors qu'elle est de 2.55/10000 pour le mot δόμος. Le terme semble plus rare et
davantage connoté : d'après les tableaux de fréquence établis par Lidell, le terme est στέγη.
92. Sophocle, *Electre*, vers 283-284.
93. Sophocle, *Antigone*, vers 885-890 – trad. Paul Mazon.
94. Sénèque, *Les Troyennes*, vers 508-509. A ce moment de la pièce, Andromaque veut
cacher son fils dans le tombeau d'Hector pour le soustraire à la vindicte grecque.
95. Jacques Scherer, *La Dramaturgie classique en France, op. cit.* – deuxième partie,
chap. 1 : « la mise en scène et l'unité de lieu », p. 189. 1976.

la situation de captivité : le spectateur entre cette fois dans l'*oikos* ; le trouble qu'y jette la présence d'une captive est dorénavant donné en spectacle, et l'impression d'enfermement devient d'autant plus vivace que le spectateur, en sympathie avec le personnage de la captive, peut éprouver visuellement la fermeture de l'espace dans lequel elle est contrainte de se mouvoir.

Cette clôture de l'espace est toutefois plus manifeste dans le discours que dans les didascalies. A la représentation du palais s'ajoutent en effet des circonstances qui, de l'intérieur ou de l'extérieur, font de ce lieu un espace confiné. L'état de siège favorise ainsi naturellement l'enfermement des personnages dans leur espace – Sophonisbe se projette déjà dans la situation de captive lorsqu'elle représente à Syphax sa « ville assiégée » et « l'armée ennemie à [ses] portes logée »[96]. La fermeture de l'espace, resserré par la menace extérieure, est révélatrice de l'impuissance. Dans *All for Love*, Dryden présente une situation similaire, qui n'est pas celle d'un siège, mais d'un repli stratégique – Alexandrie et le palais de Cléopâtre constituent le seul espace fréquentable pour Antoine et la reine, après leur défaite d'Actium. L'Egypte est ainsi ressentie par le général romain comme l'espace où, reclus, il a accepté de se fermer au monde – situation qu'il évoque dans des propos teintés de reproche à l'intention de Cléopâtre : *I went to Egypt with you /And hid me from the business of the world, / Shut out enquiring nations from my sight...* (« Je suis venu te rejoindre en Egypte, et me suis soustrait des affaires du monde, écartant de ma vue les nations trop curieuses... »)[97]. Au sein même de l'Egypte, le palais de Cléopâtre représente un enfermement plus grand encore ; mais l'extrême de ce processus est atteint par la reine elle-même, lorsque après son entrevue avec Octavie, elle aspire à un repli dans les profondeurs du palais : « *Conduct me to some solitary chamber, / And draw the curtains round...* » (« Mène-moi dans quelque chambre solitaire et tire les rideaux tout autour... »), demande-t-elle à Alexas[98]. Estimant que son affrontement à Octavie s'est soldé pour elle par un échec, Cléopâtre s'instaure elle-même en captive – « *s'encaptive* » – par l'évocation de cet espace à la fois retiré et fermé par les tentures.

Celles-ci entrent dans l'évocation d'un décor oriental, qui contribue à définir l'étrangeté de la reine ; elles rappellent également les tentures derrière lesquelles se dissimule Sophonisbe pour mourir – la princesse se fait transporter dans sa chambre nuptiale après avoir bu le poison[99], espace ensuite découvert par Massinisse sur la proposition de Caliodore :

> « Si votre Majesté désire qu'on lui montre
> Ce pitoyable objet, il est ici tout contre ;
> La porte de sa chambre est à deux pas d'ici,
> Et vous le pourrez voir de l'endroit que voici,
> En levant seulement cette tapisserie. »[100]

---

96. *Sophonisbe*, I, 1, vers 87-88.
97. *All for Love*, II, vers 276-279.
98. *Ibid.*, III, vers 478-479.
99. *La Sophonisbe*, V, 5.
100. *Ibid.*, V, 7, vers 1733-1737.

Le procédé est transitoire dans l'évolution qui conduit la représentation tragique vers l'unité de lieu : les tapisseries offrent des « facilités » qui permettent en effet de « ruser avec l'unité de lieu, de chercher des biais pour ne l'observer que d'une façon globale et de présenter un lieu qui, comme l'action, fût un, mais non simple »[101]. L'espace représenté s'enrichit ainsi d'un arrière-plan supplémentaire qui se déchiffre comme une perspective sur le lieu le plus profond du palais. Les tapisseries manifestent la clôture de cet espace, mais donnent aussi à ressentir l'étouffement vécu par le personnage qui se dissimule derrière elles – aucun élément du décor n'est ainsi plus doté d'une dimension sensorielle en accord avec son acception sémantique.

La chambre dans laquelle se réfugient Sophonisbe ou Cléopâtre est le lieu le plus profond du palais, l'espace le plus intime ; le dévoilement osé par le metteur en scène qui soulève les tapisseries sur le corps de Sophonisbe est certainement générateur d'une émotion intense pour le spectateur, et comparable à celle que devait éprouver le public grec lorsque s'ébranlait l'eccyclème[102]. Le motif fait fortune, comme en témoigne son exploitation par Racine : si la chambre peut apparaître comme la rémanence de « l'antre mythique, (…) lieu invisible et redoutable où la puissance est tapie »[103], elle est également l'antichambre des Enfers, le lieu où la reine captive ou qui craint de le devenir, se retire pour se donner la mort. Lieu de silence, la chambre exerce une prédestination. Les premiers mots de Phèdre évoquent cet espace secret dont elle sort :

> « N'allons point plus avant. Demeurons, chère Œnone.
> Je ne me soutiens plus : ma force m'abandonne.
> Mes yeux sont éblouis du jour que je revoi,
> Et mes genoux tremblants se dérobent sous moi. »[104]

Phèdre évoque son enfermement en même temps qu'elle invoque la mort ; comme la Cléopâtre de Dryden, elle exprime ainsi le sentiment de sa défaite, et s'installe d'elle-même dans une captivité qui anticipe la mort.

Cet espace obtus et secret n'est pas sans rappeler les tentes dans lesquelles sont retenues les captives de guerre, et qui constituent par exemple le décor des *Troyennes* d'Euripide, tel que le mentionne le texte du prologue prononcé par Poséidon : « Les Troyennes exclues du tirage au sort sont réunies dans les tentes que voilà (ὑπὸ στέγαις) et forment la part réservée aux chefs de l'armée… »[105]. Le terme στέγη réapparaît ici, investi d'une réalité autre, la tente, que sa configuration autant que sa fonction réunissent aux autres réalités déjà aperçues, le palais et le tombeau. Tous trois sont en effet des espaces dans lesquels la captive est forcée d'entrer, et dont la fermeture constitue le point com-

---

101. Jacques Scherer, *La Dramaturgie classique en France*, p. 182.
102. L'eccyclème est cette « plate-forme située dans l'axe de la porte de la baraque et portée sur des roues, qui « roule » à l'extérieur une partie de l'espace intérieur » – P. Delmont et A. Lebeau, *Introduction au théâtre grec antique*, p. 52.
103. Roland Barthes, *Sur Racine*, Points Seuil, Seuil, Paris, 1963, p. 10.
104. Racine, *Phèdre*, I, 1, vers 153-156.
105. *Les Troyennes*, vers 32-34 – trad. cit..

mun, autant que leur proximité avec la mort. Espace aussi dans lequel le vainqueur ne saurait pénétrer sans encourir un danger extrême : Polymestor n'aurait jamais dû entrer dans la tente des captives à l'invitation d'Hécube[106]. La
violence inouïe du récit de Polymestor témoigne du péril encouru à entrer dans
le lieu clos où sont enfermées les captives. La narration commence par l'évocation du secret et se termine sur l'aveuglement de Polymestor, condamné à la
cécité, autre version de l'enfermement. Les captives transmettent leur sort au
Grec dont elles se vengent ainsi ; la tente, espace clos dissimulé aux regards,
est le lieu de cette contamination. Paradoxalement, dans cet épisode unique
d'une vengeance exercée par des captives antiques, celles-ci acquièrent une
puissance antinomique de leur statut ; mais c'est une puissance négative, qui
transmet non plus la vie – toutes ces femmes sont des mères, au moins en puissance –, mais la mort. Les caractéristiques de la captivité s'avèrent contami-
nantes, en particulier l'obscurité, préfiguration d'un enfermement infernal.

Dans le théâtre moderne, cet enfermement trouve encore d'autres ressources pour s'exprimer. La clôture de l'espace représenté, inhérent à l'établissement de règles de plus en plus strictes, est accru par la présence d'espions
qui interdisent toute latitude aux personnages définis par une captivité permanente. Dina, la suivante de Mariane, rappelle ainsi les contraintes qui pèsent
sur son discours : « Madame, parlez bas »[107]. Elle explicite peu après cette
injonction par une description du palais :

> « Madame, le Palais est tout plein d'espions
> Qui veillent jour et nuit dessus vos actions ;
> Depuis un certain temps Salomé tient à gages
> Pour cet office seul, des filles et des Pages,
> Sans cesse à votre porte ils viennent écouter
> Quels sont tous vos propos, qu'ils lui vont rapporter »[108] ;

et la scène se termine par ce constat de Dina, qui donne l'alarme et annonce
la persécution de Mariane par l'entourage d'Hérode :

Dina :   « O Cieux ! je tremble toute !
Mariane : Pourquoi ?
Dina :   Tout est perdu, Salomé nous écoute.
            Que je hais ces esprits méchants et curieux. »[109]

---

106. Le long récit d'Hécube témoigne du danger alors encouru à pénétrer l'intérieur féminin – Euripide, *Hécube*, vers 1148-1171, trad. Marie Delcourt-Curvers, p. 455-456.

  « …Seul avec mes enfants, elle me fait entrer dans la baraque, nul ne devant connaître son secret.
Je m'assieds à mon aise au milieu du lit. En grand essaim, qui à gauche, qui à droite, comme autour
d'un ami, les jeunes Troyennes s'installaient, et vantaient le travail des tisseuses d'Edonie (…) Puis
soudain, rompant cet entretien des plus paisibles, les voilà qui tirent, je ne sais comment, des couteaux
de leurs robes, et qui enfrappent mes enfants. D'autres, comme au combat, ensemble saisissent mes
bras, mes jambes et les maintiennent. J'aurais voulu secourir mes enfants ; mais, si je levais la tête, elles
se cramponnaient à mes cheveux ; quand je tentais de dégager mes bras, la masse des femmes m'en
empêchaient, infortuné ! Pour finir, suprême souffrance, elles s'en prirent, horreur ! à mes yeux. Leurs
épingles transpercent mes pauvres prunelles, en font couler le sang… »

107. *La Mariane*, II, 1, v.361.

108. *Ibid.*, vers 369-374.

109. *Ibid.*, vers 472-473.

Dans la scène suivante, qui l'oppose à Salomé, Mariane lui remontre la « contrainte » à laquelle la soumet cette présence des Espions ; leur mention répétée redouble l'effet d'enfermement hérité à la fois de la représentation de l'espace et de la situation de Mariane : le palais devient pour la captive un étouffoir, où même son discours est entravé.

De plus, à l'acte IV, scène 2, la didascalie représente Mariane *en prison*, au terme d'un processus qui, peu à peu, a vu se resserrer l'espace de sa captivité. La prison représente l'un des recours les plus fréquents pour le théâtre de l'époque, lorsqu'il veut accroître sa force pathétique ; décrit par La Mesnardière, l'espace apparaît évidemment comme la forme la plus explicite d'enfermement : « La noirceur et l'obscurité éclairées d'un rayon de feu et d'une lumière sombre rendront la prison effroyable, pour ce que l'intention du poète dans la plupart des tragédies est d'émouvoir la compassion pour les personnages captifs, et que plus ces lieux sont horribles, plus ils touchent le spectateur par un sentiment de pitié »[110]. Assez souvent mise en scène, la prison représente ainsi un point d'orgue dans l'évolution pathétique du drame, et le degré le plus élevé de la captivité. L'épouse d'Hérode voit en outre dans sa réclusion une fermeture liée au temps : « Ce jour s'en va borner la longueur de ma vie./ Je vois bien que l'envie /Travaille puissamment à creuser mon tombeau… »[111]. Le discours met en place une analogie entre le temps et l'espace qui confirme la dimension achronique déjà observée pour les personnages de captives : l'enfermement correspond à une suspension du temps, et le lieu de la clôture est limitrophe de l'espace infernal auquel conduit la captivité. La situation de Mariane évoque à cet égard celle d'Antigone, précédemment mentionnée. Le rétrécissement de l'espace ainsi manifesté redouble l'action ; la captive est prise dans une évolution qui, par une série de cercles concentriques, l'amène à un espace de plus en plus resserré, frontalier des Enfers – un *mundus* dont la présence se découvre au cours de l'action.

Roland Barthes voit dans les personnages des captives raciniennes une part d'ombre qui les rend désirables pour le tyran : « Tout fantasme racinien suppose – ou produit – un combinat d'ombre et de lumière. L'origine de l'ombre, c'est la captivité. Le tyran voit la prison comme une ombre où se plonger et s'apaiser. […] Partout, toujours, la même constellation se reproduit, du soleil inquiétant et de l'ombre bénéfique »[112]. Racine multiplie en effet ces personnages de captives permanentes qui, dissimulées dans les replis des palais, concentrent le désir du héros ou du tyran. Leur présence récurrente dans son œuvre, plus tardive que les pièces examinées ici, témoigne de l'évolution subie et de la fortune du thème qui confronte effectivement le personnage de la captive avec l'ombre, sans qu'il n'exprime cette fois aucune révolte : « la triste Aricie »[113] paraît définitivement résignée à son sort, qu'elle

---

110. La Mesnardière, *Poétique*, chap. XIX – cité par Jacques Scherer, *La Dramaturgie classique en France, op. cit.*, p. 167.

111. *La Mariane*, IV, 2, vers 1245-1247.

112. Roland Barthes, *Sur Racine*, p. 24.

113. Ainsi se désigne d'elle-même la captive inventée par Racine pour séduire Hippolyte – *Phèdre*, V, 1, vers 1333 : « Partez, séparez-vous de la triste Aricie », conseille-t-elle à Hippolyte, dans un ultime sursaut de résignation.

évoque peu[114]. L'adéquation entre la captivité et l'ombre, ici décrite comme un fait acquis, est en réalité le produit d'une évolution qui depuis les rivages de Troie enferme de plus en plus profondément les personnages de captives ; l'évolution littéraire reproduit dans le temps ce que chaque drame accomplit avec entêtement au sein de son déroulement : l'enfermement de la captive, expérimenté jusqu'à l'enfouissement. Chez Racine, la captivité a cessé d'être une situation évolutive : la captive est désormais installée dans un espace tout proche du monde chthonien, personnage fragile sans cesse confronté à la vindicte du tyran dont elle contrarie le désir.

---

114. Le personnage d'Aricie est traité comme un personnage secondaire ; sa situation est donc rarement évoquée pour elle-même, à l'exception de la première scène de l'acte II, dans lequel elle retrouve les accents familiers de la captive pour évoquer sa situation – vers 421-428 :

« Reste du sang d'un roi, noble fils de la Terre,
Je suis seule échappée aux fureurs de la guerre.
J'ai perdu, dans la fleur de leur jeune saison,
Six frères… (…)
Tu sais, depuis leur mort, quelle sévère loi
Défend à tous les Grecs de soupirer pour moi… »

CHAPITRE IV
Perspectives symboliques

Les aspects définitoires de la captivité incitent à lire cette situation à divers degrés ; car elle est à la fois un élément du spectacle, auquel elle apporte une dimension pathétique certaine, une illustration d'une conception géographique et transcendantale du monde, et l'image de fragilités humaines régulièrement confrontées aux limites reçues de l'existence. De ses représentations continuellement passives, la captivité tire paradoxalement une dimension essentielle profonde, dont l'énergie consiste à porter ailleurs le sens du spectacle. Les perspectives sémantiques ainsi reconnues ne puisent pas dans un discours dramaturgique centré sur la captivité ; elles naissent plutôt de la convergence des données qui en nourrissent la représentation. Bien souvent confinées à des rôles secondaires ou subordonnés, les captives portent moins le sens en elles-mêmes qu'elles ne le médiatisent ; elles transmettent des significations et des angoisses essentielles dont elles sont un moment les dépositaires. Aussi peut-on les considérer dans une dimension symbolique, issue de la rencontre entre les réalités du spectacle et des obsessions proprement tragiques.

Quatre de ces préoccupations sont ainsi médiatisées par les représentations de captives : l'image d'un *limen* entre l'humanité et l'inconnu, le parcours humain tel que le magnifie la geste héroïque, le rapport à la mort et la relation au destin. Quatre voies d'exploration que nous essaierons d'envisager comme telles, et que notre ambition ne consiste nullement à définir, tâche sans doute mieux accomplie par le philosophe.

I

La position liminaire de la captivité
et ses conséquences sémantiques

Sur les plans actantiel et spatio-temporel, les situations des captives présentent une similitude fondamentale : la position intermédiaire. On a vu déjà que cette caractéristique ne définissait pas nécessairement la part active prise par tel ou tel personnage de captive dans le drame, mais la situation qu'elle subit, dont elle souffre, et qui s'apparente à l'indéfinition : la captive est toujours placée sur une frontière, en un lieu, un temps, un rapport limitrophes ; et la ténuité de ce *limen* conditionne l'inconfort tragique de sa situation. Rappelons aussi les données essentielles de cette position : le pouvoir dont elle dépend présente des caractéristiques qui l'apparentent à des forces ouraniennes ou chthoniennes[1] ; le temps dans lequel se situe sa captivité est lui-même mal défini, marqué par une absence de perspective qui provoque souvent une suspension chronique ; enfin, les différents lieux dans lesquels se meut la captive, dans lesquels il arrive aussi qu'elle se meure, ont tous une fonction de *seuil*, dont le franchissement équivaut à un passage essentiel – passage de la mer, symbolique de la séparation entre monde civilisé et monde barbare ; ou bien entrée dans *l'oikos*, enfouissement dans une profondeur étrangère et hostile. Le rivage ou *l'oikos* trouvent des avatars dramatiques et extrêmes dans les lieux d'exposition que sont, pour une captivité temporaire, le rocher ou le tombeau. Le décor traduit ainsi de manière visuelle et évidente ce que la temporalité ou les rapports de forces donnent à ressentir : la situation médiane de la captive, vécue comme une suspension entre personnages, temps, espace.

Captivité et transition

L'anthropologie s'est intéressée à ces situations « à la frange » qui caractérisent des personnages tels que le proscrit ou le suppliant. Victor Turner note ainsi qu'« ils menacent l'ordre ancien, mais [...] créent aussi une espèce d'espace libre où les anciens éléments peuvent être redistribués en nouvelles combinaisons, ou de nouvelles conditions peuvent être imaginées pour remplacer les anciennes »[2]. Pour Charles Segal, la proposition de Turner définit la situation du personnage tragique, contraint à des « situations de frontière créées par la tragédie ».

Toutefois, si la captive peut être investie de ce caractère tragique par sa position liminaire, on ne saurait en revanche lui attribuer d'emblée la production d'un nouvel ordre. Médiane, elle n'est pas médiatrice, ou alors tardivement – quelle part faut-il accorder à Cléopâtre et Rodogune dans l'instauration d'un ordre nouveau à Antioche ? Et encore Rodogune est-elle, de toutes les captives permanentes, celle qui prend à l'action la part la plus active. Même Théodore, dont le martyre contribue à l'instauration d'un ordre chrétien, édifie le monde qu'elle quitte sans le modifier radicalement – si *Polyeucte* se termine sur la célébration d'un ordre nouveau, tout autre est la conclusion de la *Théodore* :

> « Non, non, j'ai tout perdu, Placide est aux abois.
> Mais ne rejetons pas une espérance vaine,
> Portons-le reposer dans la chambre prochaine,
> Et vous autres, allez prendre souci des morts,
> Tandis que j'aurai soin de calmer ses transports. »[3]

---

1. La situation est encore aggravée lorsque les deux forces pèsent également sur la captive : c'est ce qui se produit dans le cas fréquent du transfert, qui conduit la captive de la puissance ouranienne du héros au pouvoir souterrain et obscur de son épouse.

2. Victor Turner est cité par Charles Segal, *La Musique du Sphinx*, *op. cit.*, p. 66.

3. La conclusion de *Polyeucte* (1640-1641), également prononcée par le roi, est en effet tout autre :

> « Nous autres, bénissons notre heureuse aventure,
> Allons à nos martyrs donner la sépulture,
> Baiser leurs corps sacrés, les mettre en digne lieu,
> Et faire retentir partout le nom de Dieu. »

Les propos de Valens manifestent davantage le retour à un ordre ébranlé que sa disparition au profit d'un ordre nouveau.

On ne saurait compter sur la captive pour provoquer une révolution ; car sa situation est avant tout définie par un état de faiblesse, héritée de la représentation antique et accentuée par sa féminité. Même Cassandre ou Iphigénie, bien que princesses consacrées, ne sauraient échapper à leur condition. Tout au plus peuvent-elles œuvrer dans cette direction, dans un effort que l'action d'un autre personnage devra concrétiser. Si la captive se situe comme le héros « sur une frange », c'est davantage la patience[4] que la réaction qui définit son rôle[5].

Malmenée par la situation médiane qui la caractérise en partie, la captive est très inconfortablement installée par le drame dans la *transition*. Les personnages de captives font ainsi l'expérience décrite par Charles Segal : « dans toute la tragédie grecque, des systèmes de polarité couplée – mortel et divin, mâle et femelle, homme et bête, cité et nature inculte – opèrent à l'intérieur de la trame dense du langage et de l'intrigue pour inclure non seulement le monde intérieur affectif de tel personnage ou de tel spectateur, mais aussi l'ensemble de la société dans ses rapports multiples à l'ordre naturel et à l'ordre surnaturel »[6]. La notion abordée dans ce propos s'inspire évidemment de l'analyse straussienne, qui conçoit le mythe selon cette bipolarité universelle, et tout particulièrement dans l'opposition entre nature et culture : *nomos* et *phusis*. La première émane de l'univers de la *polis* et de l'Olympe ; elle caractérise le sexe mâle et s'exprime notamment dans la *dikè*. La seconde résulte au contraire du « pouvoir insaisissable des dieux », illustre la puissance des divinités chthoniennes et évoque notamment « le monde menaçant des femmes »[7]. A la suite de cette analyse, Charles Segal envisage des groupes de polarités à vertu structurante : l'est et l'ouest, le barbare et le grec (le civilisé), le désordre et l'ordre[8], le bestial et l'humain[9].

Cette bipolarité caractérise la situation des personnages de captives : elles se trouvent à l'intersection des axes fondamentaux qui structurent la représentation de l'univers : par le pouvoir qui s'exerce sur elles, elles sont soumises à la fois au monde d'en-haut et au monde d'en-bas, suspendues entre la vie et la mort, entre *ouranos* et *chthôn* ; tous les lieux qu'elles occupent sont à la frontière du civilisé et du sauvage, de l'espace construit et connu et de

---

4. Le terme s'entend étymologiquement bien sûr.
5. Nous aurons plus tard l'occasion d'aborder les infléchissements que les dramaturges successifs ont imaginés pour remédier à cette patience : cf. troisième partie.
6. Charles Segal, *La Musique du Sphinx, op. cit.* p. 59.
7. *Ibid.*
8. Nous avons vu que ces notions étaient fondamentales dans la formulation des schémas dramatiques, en particulier celle qui touche à l'ordre de la maison.
9. Charles Segal montre ainsi qu'Œdipe, chez Sophocle, apparaît à l'intersection d'une hiérarchisation verticale et horizontale : au point le plus haut, Œdipe est en effet le roi, mais au point le plus bas, il est le bouc émissaire ; la crise tragique le situe au cœur de la cité, du palais, de l'humanité, en même temps qu'elle l'expulse dans la nature sauvage, le relègue dans l'espace de la montagne, dévolue au règne bestial – de même pour Agamemnon, Héraclès, Penthée chez les tragiques antiques, ou pour Lear ou Hamlet à l'époque moderne... Ces héros incarnent tous les pôles antithétiques dont l'existence structure la représentation de l'univers.

l'univers barbare et inconnu, mystérieux. Leur immobilisation à l'intersection de ces deux axes formule l'aporie tragique et illustre la situation de crise telle que peut l'appréhender la pensée qui s'organise selon cette conception du monde.

***

La captivité en confluence

En ce sens, les personnages de captives semblent rejoindre les figures des héros tragiques pour illustrer cette définition du tragique proposée par Charles Segal : « A la différence du rituel, la tragédie ne souligne pas le processus de transition binaire réglé d'une étape de la vie à une autre, mais la position inter-médiaire ; la marginalité, la juxtaposition des contraires qu'embrasse la vie du héros. Sa situation tragique tient à la coïncidence destructrice des pôles extrêmes »[10]. Cependant, une différence fondamentale entre le héros et la cap-tive réside dans le rapport à cette bipolarité : car si le héros réunit ces extrêmes dans son caractère même – Œdipe est à la fois ouranien et chthonien, Héraclès est fils de Zeus et bestial en même temps –, la captive se situe entre ces extrêmes mais ne se caractérise pas par leur contradiction. D'Eschyle aux dra-maturges modernes, les personnages de captives se définissent par une absence essentielle au monde qui les garantit de cette dimension paradoxale – la captive est *celle qui a cessé d'être*, dès lors qu'elle a endossé son masque de captive, comme l'a montré l'étude de son rapport au temps.

Cette situation lui permet, notamment dans le cas de la captivité perma-nente, de se révéler : Iphigénie ne perd pas son identité en Tauride mais est contrainte de la dissimuler sous le rôle de la prêtresse ; la scène de la recon-naissance l'autorise à révéler cette donnée inchangée de son caractère, et à soulever les chaînes qui la fixaient jusqu'alors :

> « J'ai en moi, et j'avais, avant ton arrivée, le désir de revoir Argos, et toi, mon frère ! Et je veux, comme toi, te tirer de ces peines (μεταστῆσαι πόνων), et, sans garder rancune à qui voulut ma mort, relever la maison paternelle en ruines. »[11]

La répétition du verbe *thélein*[12] marque le sursaut d'Iphigénie qui recouvre l'énergie en même temps que l'identité dont sa pseudo-captivité la privait. Le théâtre moderne multiplie les sursauts de ce genre – Mariane, Théodore, Rodogune, bien que définies par une captivité permanente, soulèvent leurs chaînes lorsque la situation l'exige, au nom d'une identité irrévocable : Mariane refuse d'emblée que « [son] cœur se démente »[13] ; Théodore jure devant Marcelle

---

10. *Ibid.*, p. 60.
11. *Iphigénie en Tauride*, vers 989-993.
12. On peut traduire le verbe par le français « vouloir » ou « consentir », bien que cette pro-position ne puisse s'imposer que par défaut. Jean-Pierre Vernant, notamment, a montré l'équi-voque attachée à la catégorie de la volonté chez les Grecs ; nous aurons plus loin l'occasion de revenir sur cette controverse liée à la traduction des verbes grecs θέλειν et βούλεσθαι.
13. *La Mariane*, II, 1, vers 359.

une foi chrétienne, exprimant en même temps la liberté intrinsèque à son personnage lors même qu'elle feint la soumission face à sa maîtresse :

> « Je veux vous satisfaire, et sans aller si loin,
> J'atteste ici le Dieu qui lance le tonnerre,
> Ce monarque absolu du ciel et de la terre,
> Et dont tout l'univers doit craindre le courroux,
> Que Placide jamais ne sera mon époux.
> En est-ce assez, Madame ? Etes-vous satisfaite ? »[14]

L'insolence du dernier vers proclame une liberté souveraine, également affirmée par Rodogune. La force de ces personnages tient à cette revendication d'une identité indélébile et résistante à la situation de captivité – l'assurance dont témoigne ici Rodogune manifeste assez combien cette notion de liberté intérieure est en effet reçue du public : « De la paix qu'elle rompt je *ne* suis *plus* le gage, / Je brise avec honneur mon illustre esclavage, / J'ose *reprendre* un cœur pour aimer et haïr... »[15]. Le lexique de la révolution occupe tout ce passage, au sens où Rodogune, par ce sursaut, estime rétablir une situation préexistante qui la définit mieux que son état présent.

Si la captive réunit des pôles contraires, ce sont ceux qui caractérisent son identité passée et actuelle, sa liberté révolue et les chaînes présentes. Les deux aspects coexistent dans son caractère, différent par là même de celui des servantes et confidentes ; cette coexistence est assurée par la mémoire dans le cas de la captivité permanente, ou par l'anticipation lorsque la scène représente des reines dans l'appréhension de chaînes que la défaite rend inéluctables.

Cette coexistence dans le même personnage de deux éléments antithétiques est toutefois unique dans la caractérisation de la captive ; toutes les autres oppositions binaires précédemment envisagées sont effectivement réunies autour d'elle, contribuent à la situer mais de l'extérieur. Les personnages de captives ne sont pas la proie de débats intérieurs ; le dilemme ne fait pas partie des drames qui les agitent. Située à l'intersection de polarités essentielles qui structurent sans doute la conception occidentale du monde, la captive souffre d'une forme externe du tragique. C'est pourquoi elle peut être délivrée. C'est pourquoi aussi elle illustre le tragique d'une autre manière que les rois dont il a été question précédemment – car ce n'est pas Mariane mais Hérode qui porte le tragique, exprimé par une confusion intense qui occupe tout le dernier acte ; de même pour Cléopâtre face à Rodogune, ou Marcelle face à Théodore.

II

La captive et la fortune : dimension métaphorique du rôle

Située entre des pôles extrêmes, la captive n'occupe ni l'un ni l'autre. La position intermédiaire qui la caractérise exprime autrement ce que la tempo-

---

14. *Théodore*, I, 4, vers 538-543.
15. *Rodogune*, III, 3, vers 875-881.

ralité révélait : l'espace dans lequel sont placés les personnages de captives existe comme décor mais est symboliquement intenable, si resserré entre les extrêmes qu'il est trop ténu pour être habitable. Les forces contraires qui font pression sur cet espace le contraignent à un resserrement progressif, qui, à terme, provoque ou l'enfouissement ou la fuite. L'*atopie* qui marque ainsi le personnage de la captive rejoint l'*achronie* qui la caractérisait déjà, et confirme l'importance du registre de la privation lorsqu'on cherche à le définir.

Mais ce personnage trouve aussi une autre fonction dans cette situation intermédiaire et paradoxale. La simplicité même de ce caractère qui ne fait pas l'objet d'un débat intérieur, qui consent sous la contrainte à dissimuler son identité mais ne l'oublie pas, incline à chercher ailleurs le sens induit par sa situation – et en particulier du côté du héros. Dans tous les drames qui représentent une captive, celle-ci est en effet attachée à un vainqueur dont l'autorité a déjà été examinée ; prolongement involontaire de ce personnage, sa propre situation exprime visiblement le malaise intérieur éprouvé par le héros, en proie à un véritable déchirement entre les pôles dont il a été question.

L'exemple d'Iole

Le personnage d'Iole offre une illustration de cette fonction : son arrivée annonce celle d'Héraclès à Trachis ; elle est donc, dans un premier temps, source de réjouissance pour Déjanire. Devant le cortège des vaincues, l'épouse d'Alcide applaudit à la gloire remportée par son époux, et à l'imminence de son retour :

> « Je vois, mes amies ; mes yeux veillent et ce cortège ne leur a pas échappé. Et je dis au héraut si longtemps attendu : « Sois en joie, si toi-même nous apportes un message de joie. » »[16]

Mais Iole représente également le désir illégitime d'Héraclès, et donc l'un des termes d'une division qui affecte le héros : d'un côté, l'ordre, figuré par Déjanire, l'épouse ; de l'autre, le désordre, incarné contre son gré par Iole. En outre, par un enchaînement fatal, c'est par Iole que le Centaure Nessos exerce à terme sa vengeance posthume contre Héraclès – vengeance servie bien involontairement par la captive et Déjanire. Iole, personnage silencieux et hiératique, rend visible le déchirement subi par le héros, cette tension intérieure qui le conduira de l'invincibilité au bûcher.

La captive est ici l'expression de ce malaise essentiel, la version phénoménale d'une tension intérieure aux effets irréversibles. Son rôle est symbolique, de même que le drame, qui n'est en effet ni « la tragédie domestique d'une maison condamnée », ni la « tragédie personnelle d'un homme et d'une femme que leurs vies ont entraînés dans des directions opposées », mais « la tragédie des valeurs civilisées se désintégrant dans la poussée des forces violentes qui toujours les menacent de l'extérieur et de l'intérieur »[17]. Iole, per-

---

16. Sophocle, *Les Trachiniennes*, vers 225-228. La traduction de Paul Mazon restitue l'allégresse de Déjanire en imprimant au vers le rythme saccadé du péan.
17. Charles Segal, *La Musique du Sphinx, op. cit.*, p. 68.

sonnage muré dans le silence, est moins un trophée que l'objet-témoin du désir d'Héraclès, la révélation de sa défaite imminente devant le bestial. La scène qui représente Iole sur le seuil de la maison est donc centrale dans le drame, non seulement pour sa structure[18] mais parce que cette position de la captive, éphémère et liminaire, manifeste l'hésitation d'Héraclès entre l'épouse et l'amante ravie, entre le poli et le sauvage ; le franchissement du seuil apporte une expression métaphorique du basculement opéré par le héros, fils de Zeus poursuivi toute sa vie par le sauvage et qui cède alors à sa pression.

C'est pourquoi l'entrée des captives dans le palais s'interpose entre le récit mensonger de Lichas et celui du Messager, lequel débute ainsi :

> « Commence par rester et attends un moment. Il faut que tu apprennes, mais en dehors d'eux, à qui tu ouvres là ta porte, et que, des faits dont on ne t'a rien dit, tu saches tout ce que tu dois savoir. Je les connais, moi, et parfaitement. »[19]

La révélation que Déjanire s'apprête à subir coïncide donc avec l'entrée d'Iole dans l'*oikos*. Le langage va confirmer ce qu'induit la présence de la captive ; il explicite une information déjà délivrée, mais encore hermétique. Le désordre qui menace alors l'*oikos* résulte de cette tension subie par Héraclès ; et Iole, dans ce contexte, apparaît comme la projection de ce qui ruine intérieurement le héros.

***

Iphigénie en Tauride *ou l'heureuse confirmation*

Le personnage d'Iphigénie assume également cette fonction métaphorique à l'égard d'Oreste. Dès le prologue, son discours dénonce une contradiction fondamentale entre son masque et sa véritable identité : d'une part, elle est prêtresse d'Artémis en terre barbare ; d'autre part, elle est la fille d'Agamemnon, dont la survivance est encore méconnue : τοῦ δ'ἔφυν ἐγώ, / τῆς Τυνδαρείας θυγατρὸς Ἰφιγένεια παῖς (« née d'Agamemnon et de la Tyndaride, je suis Iphigénie »)[20]. Le premier rôle exige d'elle d'« immoler tous les Grecs qui débarquent » en Tauride – θύω γὰρ (...) ὃς ἂν κατέλθῃ τήνδε γῆν Ἕλλην ἀνήρ.[21] Cette fonction sacrificielle place Iphigénie devant l'obligation du meurtre répété de ses congénères, et manque de la conduire au fratricide – écueil qu'elle évite de peu, et que le discours mentionne au moment de la reconnaissance :

Iphigénie : ...le sort m'accable de maux...
Oreste : Que serait-ce si tu avais tué ton frère ?...
Iphigénie : J'ai honte de ma triste audace ! O frère, j'ai failli commettre un acte affreux !
Peu s'en fallut que tu périsses d'une mort impie, déchiré par mes mains.[22]

---

18. cf. première partie.
19. *Ibid.*, vers 335-338 – trad. cit.
20. Euripide, *Iphigénie en Tauride*, vers 4-5 – trad. cit.
21. *Ibid.*, vers 38-39.
22. *Ibid.*, vers 865-872.

Les gestes du culte sont ainsi soumis à une double interprétation qui conduit à les concevoir soit comme un signe d'allégeance à Artémis, soit comme un meurtre d'autant plus grave qu'il touche à la famille. La contrainte qui pèse sur Iphigénie apparaît comme la projection du malaise d'Oreste, tandis que la révélation de son identité donne à son frère la possibilité d'accéder à la rédemption.

L'épisode de la reconnaissance permet en effet à Iphigénie de soulever le masque qui lui pèse et de se définir désormais comme la sœur d'Oreste ; ce faisant, elle écarte le risque du meurtre et restaure la pureté au sein de la famille des Atrides : « Ainsi je pourrais écarter ma main de ton sang, et sauver ma maison »[23] – la succession maudite qui affligeait jusqu'ici la famille d'Agamemnon est suspendue par cette reconnaissance. Tandis qu'Iphigénie est ainsi débarrassée du masque qui lui faisait frôler le risque du meurtre familial, Oreste est lui-même libéré de la folie qui l'oppressait : le prochain récit du bouvier contera non plus l'accès de démence du prince, comme c'était le cas au début du drame, mais le comportement héroïque grâce auquel il libère sa sœur. Dans un contexte très différent des *Trachiniennes*, la captive ici représentée par Euripide extériorise également le paysage intérieur au héros tragique : la double identité d'Iphigénie, qu'elle revendique dès le prologue, peut s'entendre comme la version métaphorique de la dichotomie qui déchire Oreste – le masque de la prêtresse sacrifiante correspondrait ainsi au matricide perpétré par ce dernier. Les deux rôles marquent le frère et la sœur d'une double sacralité : l'une divine, l'autre meurtrière[24]. Et sitôt que la prêtresse se départit de cette sacralité pour revenir à une fonction familiale qui la banalise et l'humanise, le meurtrier quitte l'isolement qui le caractérisait, et, délivré de l'hystérie consécutive à la dissolution intérieure, assume la fonction de chef de famille en libérant sa sœur. L'épilogue prononcé par Athéna achève de le restaurer dans cette identité : « emmène donc ta sœur loin de ce pays, ô fils d'Agamemnon »[25]. La libération de la captive a permis la restauration d'un ordre intime.

***

Fonction métaphorique des captives permanentes sur la scène moderne

On retrouve cette fonction métaphorique chez certaines captives modernes, essentiellement dans les situations de captivité permanente ; toutefois, le rôle désormais plus touffu accordé à ces personnages de captives complique une approche que la simplicité antique rendait plus évidente.

---

23. *Ibid.*, vers 994-995 – une traduction plus littérale est préférable ici pour mettre en valeur le rôle d'Iphigénie dans la double restauration de la pureté et de la maison. Henri Grégoire a choisi d'insister dans la traduction de ce passage sur les valeurs véhiculées par le discours de la protagoniste : « Ainsi, ma main restera pure de ton sang, et mon foyer sera sauvé ! »
24. Le matricide isole Oreste dans le cercle sacré qui circonscrit le criminel souillé par son acte.
25. *Ibid.*, vers 1473-1474.

De Sophocle à Rotrou, Iole continue par exemple d'illustrer fortement la faiblesse d'Héraclès ; mais l'énigme de sa présence avait déjà été entamée par Sénèque, chez lequel Iole, dotée de parole, élucidait le sens de sa captivité à la fin de sa première tirade :

> *saeve decor formaque mortem*
>> *paritura mihi,*
> *tibi cuncta domus concidit uni,*
> *dum me genitor negat Alcidae*
> *atque Herculeus socer esse timet.*
>> *Sed iam dominae texta petantur.*

> (« J'étais belle
> Ma beauté fit mon malheur
> Ma beauté sera la mère de ma mort
>> Pour ma seule beauté
> Toute ma famille est morte
> Mon père m'a refusée à Hercule
> Il ne voulait pas s'allier à lui
>> Hercule lui faisait peur »)

Cette déclaration, qui précède l'entrée d'Iole dans la maison et l'apparition de Déjanire, place l'action sur un autre plan. Par cet ordre d'apparition, Sénèque privilégie le personnage de la captive sur celui de la reine, et lui attribue dans le tragique une part qu'elle ne détenait chez Sophocle que de manière latente. Face à elle, Déjanire incarne non plus l'un des pôles qui exerçaient une attraction sur Héraclès, la dimension civilisée, mais un pôle répulsif ; tout entier à la mise en scène du *furor*, le dramaturge délaisse ce qui chez Sophocle faisait de Déjanire l'incarnation de la *dikè* ouranienne. Sa fureur, son délire, la placent désormais du côté des forces obscures : Déjanire est devenue un personnage de l'ombre. Partagé entre cette épouse malséante et une captive qui incarne son désir, Héraclès est ainsi livré aux forces chthoniennes, et non plus déchiré entre deux pôles contraires. Son dernier combat est une descente aux Enfers, et le bûcher sur lequel il s'immole l'antidote apporté à l'invasion ténébreuse.

Chez Tristan, Mariane retrouve la fonction antique, compliquée là aussi par le déploiement de son caractère. Par essence, elle est un personnage paradoxal[26], et la mise en scène de sa double identité explicite non seulement son personnage mais celui d'Hérode. Comme Iphigénie, Mariane porte un masque sur un autre – celui de la reine sur celui de la captive. Cette superposition des rôles entraîne la confusion mentale du roi, liée à un mariage établi sur l'erreur : Hérode aime l'épouse et appréhende la captive, qui ne peut en effet que le haïr de sa victoire – inversement, il désire la captive, et appréhende la vindicte de l'épouse, dans un schéma qui le met en conformité avec l'aventure d'Hercule. Ainsi, tantôt Mariane est apostrophée par Hérode comme un « Cerbère têtu, fatal à [sa] maison », tantôt, à peu d'intervalle, désignée comme un « objet

---

26. Sur le plan de l'interprétation rhétorique déjà envisagée dans la première partie, Mariane incarne le paradoxe.

rare et charmant »[27]. La double identité de Mariane impose un double rôle à Hérode, qui le reconnaît lui-même, allant jusqu'à annoncer le passage de l'un à l'autre : « La qualité de Roi cède à celle d'Amant ». Il élucide ensuite la portée de cette double fonction :

> « Ma justice pouvait à mes lois te soumettre,
> Mais mon affection ne le saurait permettre :
> Je me sens trop touché de tes moindres douleurs,
> Je trouve que mon sang coule parmi tes pleurs,
> J'interromps cet arrêt, car ma colère extrême
> Te faisant ton procès, me le fait à moi-même... »[28]

Tristan retrouve dans cette expression de la douleur d'Hérode la tension antique entre les deux pôles déjà envisagés : la justice – δίκη – et le désir – ἔρος. L'attention portée par le dramaturge à la psychologie de son personnage l'amène à expliciter ce qui déchirait déjà Héraclès chez Sophocle.

La dimension paradoxale de Mariane tient à sa double identité : sa captivité définit son rôle, au sens dramaturgique du terme ; mais elle est, par cette situation même, l'expression métaphorique du débat intérieur dans lequel Hérode perd finalement la raison.

Dans une lecture inspirée de *l'Orestie*, Jean Rohou attribue le délire du roi dans l'acte V « aux remords d'Hérode, qui le conduisent jusqu'à la folie »[29]. Tout le lexique du remords associé à celui de la confusion confère à Mariane, *a posteriori*, un rôle d'édification – Hérode remet en cause les formes même d'un pouvoir qu'il a assis sur la violence. Et cependant, au-delà de cette douloureuse anamnèse, le cerveau d'Hérode est perturbé par l'effacement des pôles structurants que sont *dikè* et *éros*. En perdant Mariane, son époux est confronté à leur disparition : par ce meurtre, Hérode a attenté à la fois à la justice, puisqu'il a condamné une innocente, et à son désir, dont il a fait disparaître l'objet. Le drame se résout dans cette implosion des forces ; le délire d'Hérode se distingue par là de la « furie » qui l'étreignait auparavant, dans l'aveuglement de la jalousie, et qu'il évoque d'ailleurs dans un moment de lucidité : « Et troublé toutefois d'une aveugle furie,/ Je t'ai vraiment traitée avecque barbarie »[30] ; cette fureur-là était une plongée dans la sauvagerie. En revanche, le délire manifesté à l'acte V naît de l'aporie provoquée par la perte de tout repère intérieur, tandis que le discours célèbre l'apothéose de Mariane et consacre sa victoire :

---

27. *La Mariane*, III, 2, vers 821 et vers 893.
28. *Ibid.*, vers 895-900.
29. Jean Rohou, *La Tragédie classique, op. cit.* p. 157. C'est effectivement dans les termes du repentir que le roi exprime son malaise :
> « Ah ! Narbal, je commence à m'en ressouvenir ;
> Cet objet affligeant revient pour me punir ;
> (...)
> Erreurs qui me causez des remords si sensibles,
> Procédés violents, vous m'êtes trop visibles,
> Et faites trop bien voir à mes sens confondus,
> Dans les maux que j'ai faits, les biens que j'ai perdus. » – *La Mariane*, V, 3, vers 1753-1762.
30. *Ibid.*, vers 1787-1788.

« Merveille de beauté ! rare exemple d'honneur,
Qui t'envolant là-haut y portes mon bonheur,
Chaste hôtesse du Ciel, cher sujet de mes plaintes,
Ne t'imagine pas que mes douleurs soient feintes... »[31]

Par opposition, Hérode est rejeté au Chaos, qui ne correspond plus à la tension entre des pôles contraires, mais à l'indéfinition provoquée par l'effacement de tout repère, y compris de ces mêmes pôles. Le délire d'Hérode explicite cette ultime perte par une projection de son trouble sur l'univers, lorsqu'il reproche à son entourage la mort de Mariane :

« Cruels, dans cette perte à nulle autre seconde,
Vous deviez faire entrer celle de tout le monde,
Enlever l'Univers hors de ses fondements,
Et confondre les Cieux avec les Eléments,
Rompre le frein des Mers, éteindre la lumière,
Et remettre ce Tout en sa masse première. »[32]

Par sa captivité, Mariane incarne à la fois le droit opprimé et le désir d'Hérode ; sa disparition destructure l'univers mental du roi.

***

Le chaos et le double : Rodogune horribilis

Comme les captives précédemment évoquées, Rodogune endosse une identité double : princesse soumise à Cléopâtre, elle fut aussi la seconde épouse de Séleucus, le roi défunt. Cette situation très particulière, avec laquelle Corneille effleure le scandale de la polygamie, fait de Rodogune une sorte de double de Cléopâtre ; celle-ci a obtenu un pouvoir fragile, hérité de sa primauté dans les noces régaliennes, et remis en question non seulement par la majorité que les jumeaux viennent d'atteindre, mais par le danger que l'un d'eux n'épouse Rodogune. La tentation du double menace continûment la captive, qui approche à l'extrême ce péril lorsqu'elle demande aux princes la tête de leur mère. Corneille brouille ici l'image de la captive dont la pureté avait été préservée jusqu'ici. Mais cette audace n'est pas impertinence ; au contraire, le dramaturge la réinvestit ainsi d'une autre fonction, moins édifiante mais tout aussi déictique, celle qui consiste à représenter le malaise vécu par le héros – figure dédoublée dans le cas de *Rodogune*.
La gémellité, thème fondateur du drame, confronte ces frères, par ailleurs unis, à l'indéfinition de leur ordre de naissance : cette situation rend la « couronne incertaine », problème signalé par Laonice à l'incipit – l'adjectif[33]

---

31. *Ibid.*, vers 1793-1796.
32. *Ibid.*, vers 1691-1696.
33. Le terme est chargé d'un sens fort, hérité de son origine latine : *incerta* est notamment la lumière infernale, dans l'évocation que Virgile propose du monde souterrain, au chant VI de *l'Enéide.*

signale le trouble qui règne à la cour de Syrie. Si elle ne provoque pas de conflit entre les frères, la gémellité est cependant la source de cette confusion ; or elle est redoublée, en une version malsaine, par le couple antinomique que forment la reine et la captive. L'antithèse entre la mère et l'amante provoque d'abord chez les jumeaux un déchirement intérieur, clairement exprimé par Antiochus notamment après que Cléopâtre a exigé de ses fils la tête de Rodogune :

> « Je vois bien plus encor : je vois qu'elle est ma mère,
> Et plus je vois son crime indigne de ce rang,
> Plus je lui vois souiller la source de mon sang.
> J'en sens de ma douleur croître la violence,
> Mais ma confusion m'impose le silence,
> Lorsque dans ses forfaits sur nos fronts imprimés
> Je vois les traits honteux dont nous sommes formés »[34].

Mais c'est la requête de Rodogune qui sème chez les jumeaux le plus grand trouble. Séleucus formule lui-même, dans la scène suivante, le scandale de la gémellité avérée entre la reine et sa captive : « Une âme si cruelle / Méritait notre mère, et devait naître d'elle »[35]. Ainsi dédoublée entre son rôle de captive, qui la pare d'une séduisante faiblesse, et l'image miroir qu'elle offre de Cléopâtre, Rodogune offre la représentation la plus audacieuse du dilemme qui s'est emparé des jumeaux.

La mise en abyme de la gémellité dans le drame offre une illustration unique du débat intérieur qui s'empare des jumeaux et manque de les plonger dans le chaos ; il faut la mort de Séleucus pour rompre l'enchaînement catastrophique issu de cette gémellité galopante.

***

Fonction métaphorique de la captivité temporaire

Lorsque la captivité est envisagée comme une situation éphémère, une fonction similaire investit les personnages de captives qu'elle concerne. Mais de même que la situation d'exposition simplifie la situation de captivité, de même la métaphore y est plus facilement lisible. Théodore et Andromède peuvent être ici rapprochées, car l'une et l'autre font l'expérience de l'exposition.

La première est conduite dans une tente à soldats, dont elle est délivrée juste avant que le péril encouru ne prenne effet ; avant cet épisode, le spectateur lui connaît un amant déclaré et malheureux, et un amour qu'elle garde secret[36]. Or c'est Didyme qui lui évite le martyre, tandis que Placide reconnaît son impuissance devant le héros :

---

34. *Ibid.*, II, 4, vers 712-718.
35. *Ibid.*, III, 5, vers 1051-1052.
36. Théodore a avoué cet amour secret : « Didyme, que sur tous je tâche d'éloigner, / Et qui verrait bientôt sa flamme couronnée / Si mon âme à mes sens était abandonnée... », confesse-t-elle à Cléobule lors de sa première scène – II, 2, vers 390-392.

« Ta courageuse adresse à ses divins appas
Vient de rendre un secours que leur devait mon bras,
Et lorsque je me laisse amuser de paroles,
Tu t'exposes pour elle, ou plutôt tu t'immoles... »[37]

L'épisode met ainsi en évidence la faiblesse de Placide, en même temps qu'il consacre dans l'abnégation le couple formé par Théodore et Didyme, chastes géniteurs d'un ordre nouveau.

Corneille exploite une configuration semblable dans *Andromède* : la libération de la princesse par Persée non seulement consacre l'apothéose du héros, mais démontre aussi les limites de Phinée. L'exposition d'Andromède au rocher a permis à Persée de manifester son héroïsme et a légitimé, par voie de conséquence, le change amoureux ; sur un plan tragique, cette évolution des sentiments entérine ce que l'exposition au monstre a démontré : les limites de Phinée, rival malheureux d'un héros dont il ne partage pas la nature semi-divine. Aussi le prince rappelle-t-il à Andromède l'impuissance à laquelle son humanité même le condamne : « Que pouvais-je de plus, ayant vu pour Nérée /De vingt amants armés la troupe dévorée ? »[38]. Plus loin dans la scène, Phinée oppose encore aux reproches de son amante ses « bras impuissants »[39]. L'expression fait écho à la scène centrale, dans laquelle Cassiope voulait, « de [ses] bras impuissants... »[40], porter secours à sa fille exposée.

Cette mère éplorée partage avec Phinée la faiblesse inhérente à la condition humaine, que démontrent deux figures rhétoriques : l'antithèse et l'évidence. La première oppose Phinée au « fils de Jupiter », dont l'identité se révèle dans l'action avant d'être formulée par Ammon, à l'acte IV : « Savez-vous que Persée est fils de Jupiter ? »[41]. L'évidence advient, elle, de la représentation d'Andromède attachée au rocher : figure d'hypotypose, l'image est démonstration de cette faiblesse humaine transcrite à la fois par la faute de Cassiope et par la lâcheté de Phinée. Comme dans la *Théodore*, la libération de la captive met en évidence la défaite du personnage jusque-là pressenti comme le héros, au profit d'un autre dont l'avènement coïncide avec la mise en place d'un nouvel ordre. Dans ce processus, le spectacle de la captive enchaînée est indissociable de la faiblesse attachée à l'essence humaine, tandis que sa libération souligne la force du bras soutenu par le divin.

Les chaînes de la captive symbolisent ici la faiblesse humaine et sa situation apparaît là encore comme l'expression métaphorique du trouble héroïque, de cette déchirure de l'être entre des pôles adverses. Cette tension réside dans une aspiration au divin que vient contrarier la faiblesse inhérente à la nature humaine. Là encore, les pôles contraires concentrent des forces émanant soit d'*ouranos*, soit de *chthôn*, espaces structurants de l'univers représenté. Par conséquent, la captivité offre du déchirement qu'éprouve le héros une repré-

---

37. *Ibid.*, IV, 5, vers 1461-1464.
38. *Andromède*, IV, 3, vers 1218-1222.
39. *Ibid.*, vers 1251.
40. *Ibid.*, III, 2, vers 919-920.
41. *Ibid.*, IV, 4, vers 1296.

sentation iconographique ; dans la dichotomie qui la caractérise constamment se perçoit la division de la conscience. La mise en captivité, ou la situation qu'elle a fait naître, est un événement dramatique, comme l'a fait apparaître l'analyse des structures ; mais si l'on admet avec Henri Gouhier qu' « un événement est tragique [...] par ce qu'il signifie » et que « cette signification est tragique lorsqu'elle introduit le signe d'une transcendance »[42], alors la captivité temporaire est bien un événement tragique. Plus généralement, elle est une version métaphorique d'une tension essentielle. A ce titre, la situation de captivité est un phénomène tragique.

III

La captivité et la mort

La situation de captivité, ainsi caractérisée par la notion de *seuil*, touche de ce fait à deux catégories de natures distinctes : la mort et le destin. La première est considérée par Henri Gouhier comme une catégorie proprement dramatique, tandis que la seconde touche au tragique précisément parce qu'elle est une forme de transcendance[43]. Pour introduire cette notion, Henri Gouhier développe le propos opposé par Racine à la nécessité de la mort en tragédie : « Ce n'est point une nécessité qu'il y ait du sang et des morts dans une tragédie ; il suffit que l'action en soit grande, que les acteurs en soient héroïques, que les passions y soient excitées, et que tout s'y ressente de cette tristesse majestueuse qui fait tout le plaisir de la tragédie ». La situation de captivité entretient en revanche une relation constante avec la mort, relation établie sous trois formes relatives aux trois moments qui caractérisent le personnage tragique : le passé, le présent et l'avenir.

Confrontation de la captive à la mort

La mort est en effet inscrite dans le passé de la captive. Iphigénie offre l'exemple d'une proximité extrême avec la mort, puisque les siens la croient défunte. Oreste rappelle ce fait dans l'échange qui précède immédiatement la reconnaissance :

Iphigénie :   Hé quoi ? Ne dit-on rien d'une fille immolée ?
Oreste :   Rien (Οὐδείς), sinon qu'elle est morte et ne voit plus le jour. »[44]

Plus souvent, c'est à la mort des leurs que sont confrontées les captives, mort inscrite dans l'ascendance ou, plus grave, dans la descendance. Hécube et

42. Henri Gouhier, *Le Théâtre et l'Existence. Philosophie de l'esprit*, chap. II : « le tragique », p. 34.
43. « Il y a tragédie par la présence d'une transcendance : il y a drame par la présence de la mort. » – Henri Gouhier. *Le Théâtre et l'Existence*, chap. II : « le tragique », p. 34.
44. *Iphigénie en Tauride*, vers 564-565.

Andromaque font chacune dans *Les Troyennes* l'expérience de cette mort qui touche à leur progéniture. La particularité de cette expérience, qui la rend d'autant plus effarante, est son inscription dans un passé ou un futur proches : Hécube apprend en cours de pièce que sa fille Polyxène a été tuée ; Andromaque doit également affronter la mort imminente d'Astyanax. La menace, constante, entretient évidemment le pathétique qui nourrit la pièce, ainsi dans l'ouverture de la tirade d'Andromaque : « O mon cher enfant, unique, tu vas mourir sous la main ennemie, abandonnant ta mère infortunée »[45]. En outre, la mort de l'enfant parachève la destruction totale de la cité dont les princesses sont emmenées en captivité ; du même écroulement procède à la fois la mort des hommes et des enfants, et la captivité des femmes. Les deux situations sont donc corollaires.

Sénèque reprend cette idée pour la développer davantage encore lorsqu'il place dans la première tirade d'Iole l'évocation de la mort de ses parents – ce passage, déjà cité[46], se poursuit par la description de la mort du frère : *potuine tuam spectare necem / nondum teneras vestite genas / necdum forti sanguine, toxeu ?* (« Comment ai-je pu regarder ta mort, Toxée, et non plus contempler tes tendres joues au teint vif, au sang vigoureux ? »)[47]. L'évocation amplifie la dénonciation de la violence attachée à la guerre ; Sénèque poursuit ainsi l'œuvre d'Euripide, dont il retrouve les accents pour évoquer l'enfance. Le sentiment de scandale suscité par la mort d'un enfant est augmenté chez les deux dramaturges par le tableau de son corps, dans une évocation dont la sensualité vient contredire l'immobilité mortelle – Andromaque rappelle pour sa part « la suave odeur [du] corps » de son fils[48].

La captivité des femmes va ainsi de pair avec cette expérience répétée de la mort, répandue autour d'elles et qui les menace éventuellement. La Cassandre de l'*Agamemnon* apporte le premier exemple de cette imminence, vécue en connaissance de cause et même annoncée par la captive-devineresse : « C'est elle, la lionne à deux pieds qui couchait avec le loup, en l'absence du noble lion, qui va me tuer, malheureuse »[49]. Chez Corneille, Andromède est confrontée au spectacle de sa propre mort, dramatiquement et symboliquement offert par le monstre, figure infernale émanant du monde souterrain ; et les stances de la princesse développent ce thème sur le mode lyrique : « L'attente de la mort de tout mon cœur s'empare / Il n'a qu'elle à considérer »[50].

---

45. *Les Troyennes*, vers 740-741. Notre traduction a ici pour but de restituer la structure du propos d'Andromaque, dont la douleur est également perceptible aux effets d'opposition.

46. Ce passage a été cité à propos de la situation de la captive dans le temps – p. 79.

47. Sénèque, *Hercule sur l'œta*, vers 212-214 – Pour cette traduction, nous considérons que l'adjectif *forti* est distribué sur les noms *vestite* et *sanguine*, deux ablatifs de qualité. Cette construction repose évidemment sur l'opposition entre *necem* et l'allusion développée à la vie de l'enfant, dans les deux vers qui suivent. Par là, l'évocation retrouve la structure antithétique qui marquait le propos d'Andromaque à son fils (cf. supra).

48. *Les Troyennes*, vers 758.

49. *Agamemnon*, vers 1258-1260 – trad. Emile Chambry, GF, Paris, 1964.

50. *Andromède*, III, 1, vers 800-805.

Dans le sillage de Sénèque, le théâtre moderne transpose l'épisode de l'exposition au monstre en confrontant la captive à une maîtresse de maison devenue Gorgone[51].

***

La captivité et la sur-vie

Cette expérience essentielle pose la question de la survivance, car la captive qui a assisté à la mort des siens est confrontée à la « seule expérience véritable, celle de [son] attitude devant la mort de l'autre »[52]. Le caractère insoutenable de cette situation conduit les personnages de captives à développer une rhétorique commune aux théâtres antique et moderne, qui repose sur un argument central : la mort est préférable à la captivité. Si Cassandre s'effraie, chez Eschyle, de la mort à venir[53], Euripide inaugure, dans *Les Troyennes*, ce qui deviendra un topos lié à la situation de captivité : après avoir explicité son chant, et dévoilé le sort réservé à la maison des Atrides, Cassandre concentre la situation dans une formule où se retrouve le motif du tombeau nuptial : « je veux m'unir dans l'Hadès à mon fiancé »[54]. Son argumentation repose sur le rôle qu'elle s'attribue dans le désastre à venir, parce qu'elle se considère investie d'une mission de vengeance. La convocation de la mort est consécutive à un enchaînement dramatique dont elle adopte l'énergie.

Pour Hécube en revanche, le désir de mourir naît de la désespérance :

« Pourquoi me relevez-vous ? dans quelle espérance ? Guidez les pas que Troie jadis a vus si fiers, et qui aujourd'hui sont ceux d'une esclave. Menez-moi où j'aurai de la paille pour m'étendre et une pierre pour reposer ma tête ; c'est là qu'affaissée je veux me laisser mourir en me consumant dans les larmes. »[55]

La situation de captivité est ici présentée comme une privation d'espérance, qui légitime la perte d'énergie et l'appel à la mort.

Mais c'est Andromaque qui établit le rapport le plus direct entre la capti-

---

51. L'analyse de *Théodore* et de *Rodogune* a déjà pu mettre en évidence les termes de cette transformation, consécutive au transfert d'autorité que la captive subit en pénétrant dans *l'oikos*.

52. Henri Gouhier, *Le Théâtre et l'Existence. Philosophie de l'esprit, op. cit.*, p. 78.

Ibid., p. 78.

53. Le don prophétique de Cassandre ne prive pas son discours d'une dimension pathétique certaine, chez Eschyle :

Ἰὼ, ἰὼ ταλαίνας
κακόποτμοι τύχαι· τὸ γὰρ ἐμὸν θροῶ
πάθος ἐπεγχέασα.
Ποῖ δή με δεῦρο τὴν τάλαιναν ἤγαγες ;
οὐδὲν ποτ'εἰ μὴ ξυνθανουμένην. Τί γάρ ;

(« Hélas ! hélas ! infortunée, quel affreux destin ! c'est mon propre malheur que je clame et que je verse aussi dans le cratère. Pourquoi m'as-tu conduite ici, malheureuse, sinon pour y mourir aussi ? autrement, pourquoi ? »)

54. *Les Troyennes*, vers 445. trad. cit.

55. *Ibid.*, vers 505-509.

vité et la mort et développe l'argument selon lequel la seconde est préférable à la première. Elle l'énonce clairement au début d'une longue tirade : « Selon moi, la non-existence (*Tò μὴ γενέσθαι*) est égale à la mort (*τῷ θανεῖν*), et la mort vaut mieux qu'une vie de douleur »[56]. La formulation rhétorique de cette double proposition lui confère une clarté qui permet de l'envisager aussi comme la thèse dramaturgique[57]. Le discours d'Andromaque reprend à Hécube le thème de la désespérance pour justifier son désir de mourir, et la préférence accordée à la mort sur la captivité.

Le théâtre moderne investit cette thèse d'une perspective autre, qui doit notamment à l'interprétation de Sénèque : Iole modifie quelque peu l'argument qui conduit une captive à désirer la mort :

> *Quid vestra queror fata, parentes,*
> *quos in tutum mors aequa tulit ?*
> *Mea me lacrimas fortuna rogat...*

> (« Pourquoi pleurer sur votre sort, à vous mes parents que la mort égale à tous a placés en sécurité ? C'est plutôt mon sort à moi qui appelle les larmes... »)

Le théâtre moderne reprend en partie cette conception de la mort comme l'ultime apaisement aux souffrances humaines. Un double héritage légitime donc ce topos : mieux vaut mourir que vivre en captive. Ainsi lorsque, dans *La Conquête de* Grenade, Almahide vient sur scène en captive, c'est pour revendiquer le désir de mourir : « *Ah, Esperanza, what for me remains / But Death ; or, worse than Death, inglorious Chains !* » (« Ah, Esperanza, que me reste-t-il maintenant, sinon la mort ? ou bien, ce qui est pire que la mort, des chaînes déshonorantes ? »)[58]. Ce désir se trouve ainsi paré des attributs de la grandeur.

$$***$$

Les chaînes du déshonneur

C'est en effet la perspective du déshonneur attaché à la situation de captivité qui motive le désir de mourir chez la reine que sa défaite condamne. Sophonisbe chez Mairet fait ainsi promettre à Massinisse de ne pas souffrir qu'« un jour, [sa] femme enchaînée / Soit dans un Capitole en triomphe menée »[59] ; la reine disparaît ensuite de la scène pendant un laps de temps assez long ; sa présence est alors évoquée en arrière-plan par une lettre qui vient rappeler sa promesse à Massinisse :

---

56. *Ibid.*, vers 636-637.
57. Andromaque développe longuement ensuite son point de vue, qu'elle étaye de la comparaison avec le sort de Polyxène, la seule captive tuée avant le départ :
   « Ne sont-ils pas moindre que les miens , les maux qu'entraîne pour Polyxène la mort qui te fait pleurer ? J'ai perdu jusqu'au bien qui reste à tous les humains, l'espérance, et je ne m'abuse pas de la pensée d'avoir quelque joie dans l'avenir... » – *Ibid.*, vers 679-683.
58. *La Conquête de Grenade*, première partie, III, vers 293-294.
59. *La Sophonisbe*, IV, 1, vers 1123-1124.

> « Si rien ne peut fléchir la rigueur obstinée
> De ceux que mon courage a faits mes ennemis,
> Plutôt qu'être captive en triomphe menée,
> Donnez-moi le présent que vous m'avez promis. »[60]

La dignité de la princesse apparaît dans cette requête, mise en valeur par la répétition du propos, par les différentes voies qu'il emprunte, et par le retrait de la scène qui marque le personnage entre ces deux occurrences. La grandeur alors manifestée par le personnage rejaillit sur ses précédentes actions : si elles pouvaient apparaître auparavant comme les manœuvres d'une intrigante, elles sont éclairées, *a posteriori*, par cette exigence de dignité. Au premier acte en effet, Syphax avait reproché à son épouse une lettre ambiguë adressée à Massinisse – l'image de la princesse s'en trouvait entachée ; en revanche, la deuxième lettre de Sophonisbe éclaire la première d'un jour nouveau. Car cette seconde missive, adressée au même destinataire, restaure la dignité de son auteur : ce qui semblait jusqu'alors un aveu d'ordre érotique, apparaît désormais comme un combat pour l'honneur. La reine par sa mort triomphe des griefs qui la ravalaient : *dikè* l'emporte sur éros. C'est peut-être en cela que la *Sophonisbe* de Mairet maintient plus d'ambiguïté que celle de Corneille, résolument répulsive.

Semblable réhabilitation s'exerce également pour la reine égyptienne. La cause de Cléopâtre, chez Dryden, est pourtant plus difficilement défendable, tant elle est souvent accusée d'avoir corrompu Antoine, et d'avoir ainsi attenté à la gloire de Rome, dont le lieutenant de César était un parangon. Lorsque, à l'acte V, Alexas vient représenter à Antoine le désespoir de Cléopâtre, il tente une première fois cette réhabilitation :

> « she could not bear
> *To be accused by you, but shut herself*
> *Within her Mounment : looked down, and sighed ;*
> *While, from their unchanged face, the silent tears*
> *Dropped, as they had not leave, but stole their parting.*
> *Some undistinguished words she only murmured ;*
> *At last, she raised her eyes ; and with her such looks*
> *A dying Lucrece cast... »*

(« elle n'a pu supporter d'être l'objet de vos accusations et s'est enfermée dans son tombeau ; elle a baissé les yeux, a soupiré, tandis que sur son visage immobile s'écoulaient des larmes silencieuses, comme sans autorisation, furtivement. Elle a murmuré pour elle-même quelques mots indistincts ; enfin elle a levé les yeux, et avec un regard que dut avoir Lucrèce en mourant... »)[61]

Le tableau est virtuel, puisque Cléopâtre n'a pas encore attenté à ses jours ; Alexas cherche ici à attendrir Antoine... Mais il anticipe aussi le geste final de Cléopâtre, qui se tue au dénouement pour éviter la captivité que la mort d'Antoine rend inéluctable. Par une contraction que n'aurait sans doute pas permise l'idéologie du XVIIᵉ siècle français, le texte de Dryden réunit dans une

60. *Ibid.*, V, 3, vers 1351-1354.
61. *All for Love*, V, vers 220-227.

même victoire l'honneur et l'amour : le discours de Cléopâtre en mourant explicite ce rapprochement :

> « *Already, Death , I feel thee in my veins ;*
> *I go with such a will to find my lord*
> *That we shall quickly meet.*
> *(…) - Caesar, thy worst ;*
> *Now part us, if thou canst.* »

> (« Déjà je sens ton emprise dans mes veines, Mort ; ma volonté d'aller rejoindre mon seigneur est si forte que nous nous retrouverons bientôt. (…) - César, à toi la pire part ; sépare-nous maintenant, si tu le peux. »)[62]

Le commentaire de Cléopâtre sur sa propre mort associe surtout les notions d'amour et de volonté : la reine affirme sa liberté par son suicide, en opposition au sort que lui réservait César. L'héroïsme du geste dément la passivité attachée à la situation de captivité, face à laquelle la mort est définitivement préférée.

***

La mort transcendée : la perspective chrétienne

La vision la plus énergique de la mort, dans son opposition à la captivité, se rencontre dans les drames qui revendiquent une perspective chrétienne. *Mariane* et *Théodore* en fournissent l'exemple, car chacune, à une place différente, tient sur sa propre fin un discours qui s'apparente au chant de victoire. Les stances de Mariane montrent ainsi comment elle passe du désespoir consécutif à son enfermement à l'espérance de la mort, dans une vision transcendée par la foi :

> « Auteur de l'Univers, souveraine puissance,
> Qui depuis ma naissance
> M'as toujours envoyé des matières de pleurs,
> Mon âme n'a recours qu'à tes bontés divines.
> Au milieu des épines,
> Seigneur, fais-moi bientôt marcher dessus des fleurs. »[63]

La prière de Mariane élève le personnage au-dessus du débat qui l'opposait à Hérode, face auquel elle apparaît comme la représentation allégorique de la Vertu opprimée par le Vice. La mort est présentée comme une apothéose, qui libère le personnage des « liens si durs et si pesants » auxquels la contraignait son existence terrestre, sous la coupe du tyran. Le délire d'Hérode à l'acte V conforte le spectateur dans cette interprétation : par un jeu sur les images, la captive dans la mort atteint l'univers céleste, tandis que son vainqueur est livré aux ténèbres émanant du monde souterrain. Comme dans *Sophonisbe* ou *All for*

---

62. *Ibid.*, vers 491-499.
63. *La Mariane*, IV, 2, vers 1262-1268.

Love, la mort de la captive, « à la fois contrainte et volontaire »[64], marque à terme la victoire remportée sur l'oppresseur.

Cette qualité propre à la mort de la captive n'est pas commune à celle des autres personnages. Chez Corneille, l'action de *Théodore* en fait la démonstration. La pièce est en effet la seule, depuis l'*Agamemnon* antique, dans laquelle l'oppresseur disparaît ainsi que sa captive. A l'acte V, Théodore réclame à Didyme la préséance dans l'accès « au seul bien où [elle] aspire », c'est-à-dire « le droit de mourir », « l'honneur du martyre »[65]. Comme dans le discours de Mariane, cette mort est évoquée en termes d'apothéose par Théodore, qui entend ainsi aller « au ciel (...) prendre son rang »[66], et accéder à la « gloire » de la béatitude – Théodore cite à l'appui de son argumentation l'exemple d'Agnès, sauvée par Dieu[67]... Dans la scène suivante, elle vient de son propre chef s'exposer à la vindicte de son bourreau : « Madame, je vous viens rendre votre victime »[68], et Marcelle elle-même, s'étonnant de la véhémence montrée par la princesse et par Didyme pour réclamer la mort, lui reconnaît à son insu un caractère lumineux bien éloigné de la représentation infernale : « ...Elle semble à tous deux porter le diadème, / Vous en êtes jaloux comme d'un bien suprême »[69].

Le tableau de la mort de Marcelle, à la scène 8, est en revanche construit dans l'antithèse de cette mort réservée au martyre : la métamorphose, déjà observée[70], de la maîtresse de maison en monstre furieux, construit l'opposition entre le cheminement du personnage et celui de la captive : la mort de cette dernière est consécration et démonstration de liberté, tandis que celle de la maîtresse est le paroxysme atteint dans le déchaînement des forces furieuses. Dans l'expérience de la mort s'inverse le rapport entretenu auparavant avec les espaces ouranien et chthonien : l'exercice de son autorité apparentait le puissant au monde supérieur, tandis que tous les éléments définissant la condition de la captive la montraient dans une proximité dangereuse avec le monde d'en-bas. Mais la mort renverse ce rapport, qui jette aux Enfers les bourreaux et transporte les victimes dans les sphères célestes en les idéalisant. Le dénouement de *Théodore* a des couleurs d'apocalypse.

Andromaque chez Euripide préférait la mort à la captivité, parce qu'elle y voyait le terme de ses douleurs ; Théodore revendique le martyre pour accéder au séjour céleste. La première était motivée par la désespérance, la seconde par l'espérance. La perspective chrétienne infléchit extrêmement le discours antique, dont il reprend cependant un topos essentiel : la captivité entretient une relation constante avec la mort, qui lui est préférable. La concomitance de

64. *Ibid.*, IV, 5, vers 1316.
65. *Théodore*, V, 5, vers 1623-1624.
66. *Ibid.*, vers 1634.
67. Corneille mentionne par cette allusion une autre pièce à thème hagiographique, la tragédie de *Sainte Agnès* de Troterel (Rouen, 1615).
68. *Théodore*, V, 6, vers 1655.
69. *Ibid.*, vers 1676-1677.
70. Pour la métamorphose de la maîtresse de maison en Gorgone, voir : 21- *Représentations de l'autorité*.

l'une et de l'autre semble démontrer une parenté qui rend la situation de captivité d'autant plus effrayante. Cette proximité se manifeste dans le discours des captives comme un débat constant entre les deux situations – débat qui peut aussi s'entendre comme l'expression rhétorique et dramatique d'une interrogation sur l'existence.

IV
La captivité et le destin

La proximité entre la captivité et la mort met en jeu une autre notion, qui domine le paysage tragique et concerne la notion de destin. Le terme est polysémique et exige la plus grande prudence dans son emploi. La présence du destin dans le tragique n'est plus à démontrer ; Gustave Lanson, par exemple, définit l'essence du tragique comme « le jeu souvent ironique d'une force, incompréhensible, divine, qui confond l'homme et l'écrase »[71]. La périphrase dénote la prudence ; car il y a danger à parler du destin dans la tragédie, tant la notion est ambiguë.

Le lexique du destin

Le champ lexical du destin témoigne à lui seul de sa complexité : destin, sort, fortune – s'ils ne sont pas équivalents, ces termes recouvrent le même concept. La langue grecque emploie volontiers le terme *tuchè* lorsqu'elle veut l'exprimer, mais sa traduction est elle-même sujette à caution. Bailly propose une définition générale de ce terme par la périphrase : « ce que l'homme obtient » – définition proposée en relation avec le verbe τυγχάνειν ; à partir de cette proposition, applicable à une situation, le mot *tuchè* recouvre des acceptions diverses, selon qu'il a une connotation religieuse ou non, méliorative ou péjorative... On le traduira ainsi, selon le contexte, par « fortune », « sort », « vicissitudes », « bonheur » ou « malheur », « destin » – la liste n'est pas exhaustive. Henry George Liddell et Robert Scott ont établi à 3/1000 la fréquence de ce terme dans la langue grecque, pour lequel ils proposent cinq axes sémantiques : la fortune – équivalent de *fortuna* en latin ; les événements ou le hasard, qui peuvent être l'expression d'une volonté divine, *daimôn* – *eventus* ; le sort – *sors* ; le bonheur – *prosperitas* ; et un cinquième sens qui rejoint la *moira*, laquelle n'a pas d'équivalent en latin.

La fréquence de ce terme dans la langue grecque témoigne par ailleurs de la modernité du concept, produit d'une évolution postérieure à Homère et qui se poursuit tout au long du Ve siècle antique. Chez les Tragiques, cette fréquence dépasse nettement le chiffre mentionné et varie dans le sens d'une progression ascendante : le seul terme *tuchè* se retrouve chez Eschyle avec une fré-

---

71. Gustave Lanson, *Esquisse d'une histoire de la tragédie française*, Champion, Paris, 1927.

quence de 13.71/1000 ; elle est seulement de 6.97/1000 chez Sophocle, mais
l'emporte chez Euripide avec un taux de 15.11/1000, ce qui paraît témoigner
à la fois des préoccupations du dramaturge et de sa conception du spectacle tragique, comme mise en scène des vicissitudes rencontrées par l'être humain.

Ces variations dans la fréquence du terme sont symptomatiques d'une
évolution sur le plan sémantique. Jacqueline de Romilly a rappelé combien la
tragédie grecque interroge en permanence la condition humaine, avec ce sentiment incontournable qu'un déterminisme pèse[72] : « cette notion de limites inhé-
rentes à la condition humaine était toujours présente dans la tragédie grecque.
Elle s'y manifestait sous des formes différentes, mais l'esprit était le même.
Et c'est sans doute ce qui explique que l'on ait souvent traduit ce sentiment en
parlant de fatalité »[73]. L'illustration de cette notion met en évidence l'évolution
qu'elle connaît d'un auteur à l'autre, et qui isole Euripide de ses aînés. Le terme
daimôn est en effet plus fréquent chez Eschyle, qui reconnaît ainsi la toute-
puissance divine ; Sophocle ne doute pas non plus de la souveraineté du destin, dont les victoires sont éclatantes – *daimôn* est encore le terme le plus prisé
pour désigner cette conception du sort marquée par la nécessité et le déterminisme. En revanche, Euripide renouvelle la notion et emploie le plus souvent le
terme *tuchè*, insistant davantage sur le désordre qui affecte la condition humaine,
soumise aux caprices de la fortune. Jacqueline de Romilly voit dans cette innovation l'un des aspects de la modernité introduite par le dernier des tragiques
grecs connus, car « les dieux sont toujours là dans le théâtre d'Euripide. Mais
l'ordre n'y est plus »[74] ; et les retournements du sort, que l'homme sophocléen
doit à la loi des « grandes alternances », sont désormais l'indice de « purs
désordres »[75]. Dans *Hécube*, Polymestor tire par exemple de son aventure une
conclusion qui pourrait s'entendre comme un programme philosophique : « Les
dieux bouleversent tout de fond en comble et introduisent le désordre
(ταραγμὸν), pour se faire adorer de nous à la faveur de notre ignorance »[76] ;
enfin l'idée se trouve encore formulée par Iphigénie lorsqu'elle accueille Oreste
et Pylade, étrangers que la mer a jetés sur les rivages de la Tauride :

> « Qui peut prévoir au juste les destins (Τὰς τύχας) d'un mortel ? Toujours, la
> volonté des dieux prend des voies ténébreuses, et personne ne sait le malheur qui
> l'attend : car le sort (ἡ τύχη) le dérobe à notre connaissance. »[77]

Cet infléchissement conceptuel est significatif d'une conception perturbée du
monde. La part qu'y prennent les dieux est sujet de débat : pour Jacqueline de

---

72. Cette conception ne se rencontre pas dans l'univers homérique, sur lequel ne semble pas
peser de déterminisme.

73. Jacqueline de Romilly, *La Tragédie grecque*, *op. cit.* – chap. 3 : « Le tragique et la fatalité », p. 169.

74. Jacqueline de Romilly, *La Modernité d'Euripide*, *op. cit.* p. 25.

75. *Ibid.*, p. 27.

76. Euripide, *Hécube*, vers 958-960. Dans l'*Hélène*, c'est le Chœur qui commente la notion
de *taragmos*, devenue indissociable de celle de *tuchè* : « [L'homme] voit les dieux agir dans un
sens et un autre, par caprices, revirements, décrets inattendus. » – *Hélène*, vers 1140-1143 – trad.
Marie Delcourt-Curvers, *Folio*, Gallimard.

77. *Iphigénie en Tauride*, vers 475-478 – trad. Henri Grégoire, Belles Lettres.

Romilly, ce théâtre manifeste la disparition de la « croyance en un ordre trans-cendantal »[78], manifestant par là sa modernité[79]. Pour Anne Lebeau et Paul Delmont, « le poète ne songe pas à nier l'existence [des dieux], ni leur puis-sance, souvent terrifiante ; mais ces dieux, tels que la mythologie traditionnelle les représente, ne peuvent garantir ni la justice ni le bonheur. Le monde, avec ou sans les dieux, reste pour l'homme inintelligible »[80]. Le débat toujours vivace autour de la religion d'Euripide, dans lequel il serait hors de propos d'entrer ici, manifeste de lui-même le trouble dans lequel est plongé le monde tel que le représente le dramaturge.

***

La captive et la faute

Le développement des caractères de captives à la fin du Ve siècle doit beaucoup à cette innovation conceptuelle ; c'est pourquoi aussi le traitement dramaturgique de la captivité diffère de Sophocle à Euripide. Dans le monde sophocléen, où les coups du sort sont déterminés par les dieux, la *tuchè* appa-raît comme un élément cosmique au sens où elle participe à l'ordre universel. Ainsi le proclame le Coryphée pour conclure *Antigone* : « La sagesse est de beaucoup la première des conditions du bonheur. (…) Les orgueilleux voient leurs grands mots payés par les grands coups du sort… »[81]. La *tuchè* est asso-ciée à une éthique ; elle apparaît comme l'instrument de la justice divine.

Dans ce contexte, les victimes de ces coups du sort sont chargées au préa-lable d'une culpabilité qui leur attire effectivement cette vindicte divine. La situation de captivité chez Sophocle n'est donc pas dissociable d'une faute préalable (ἁμάρτημα). Lorsque Antigone descend au tombeau, elle est res-ponsable de cette situation : son chant est pathétique, mais son enfermement n'en demeure pas moins le résultat de sa rébellion. Tout son entourage – et le public – salue son courage en même temps qu'il le réprouve[82] ; sans remettre en question le bien-fondé de la révolte d'Antigone, Sophocle constate la faute commise contre l'ordre politique. La situation de captivité est donc envisagée comme la conséquence cohérente d'un certain comportement.

Le silence d'Iole dans *Les Trachiniennes* peut être soumis à différentes interprétations ; c'est d'ailleurs le propre du silence… Mais en traitant allusi-

---

78. Jacqueline de Romilly, *La Modernité d'Euripide*, *op. cit.*, p. 35.

79. La notion même de modernité est débattue, lorsqu'elle s'applique à la tragédie qui, selon Bernard Dort, est morte de la perte de toute transcendance et de l'absence de fatalité au XXe siècle. », in *Encyclopaedia Universalis*, art. « tragédie ». Si les deux points de vue s'accordent, ce serait alors pour reconnaître l'absence d'un tragique réel chez Euripide.

80. Anne Lebeau et Paul Delmont, *Introduction au théâtre grec antique*, *op. cit.*, p. 148.

81. Sophocle, *Antigone*, vers 1347-1352, trad. Paul Mazon.

82. Paul Delmont et Anne Lebeau ont noté ce désaveu général, exprimé notamment par le chœur : « parce que tu es allée jusqu'au bout de ton audace, tu as heurté brutalement, mon enfant, le haut piédestal où siège la Justice… ta passion n'avait pris conseil que d'elle-même, elle t'a per-due. » (v. 853-855 et 875) – *Introduction au théâtre antique*, *op. cit.*, p. 113.

vement de sa captivité, le dramaturge met en cause la relation entre la princesse et son malheur. Car, dans le théâtre de Sophocle, le pathétique n'exclut pas la faute : celui qui est à plaindre est souvent le plus coupable. La pièce pose le problème de la culpabilité, celle de Déjanire et celle d'Héraclès ; et, dans ce contexte, la captivité pose celui de la rétribution : au terme d'une chaîne qui commence au meurtre de Nessos, Iole est l'un des maillons vecteurs de la faute primordiale, coupable bien que non responsable. Tel Œdipe.

Chez Euripide, où la conception de la *tuchè* est profondément différente, la captivité est toute prête à en devenir une illustration privilégiée, sans qu'interfère cette fois la question de la responsabilité. Cette situation, qui fait passer un personnage du rang royal à l'état d'esclave, est la manifestation la plus frappante de la puissante *tuchè*[83]. Les premières paroles d'Hécube dans *Les Troyennes* élucident la signification de la captivité[84] : cette situation apparaît comme une illustration privilégiée du choc renouvelé qui résulte des paradoxes auxquels est livré le monde. Les personnages de captives, suspendus, comme on l'a vu, entre cosmos et chaos, n'en sont donc ni responsables ni coupables. Leur innocence est une des innovations apportées par Euripide : si la captivité manifeste la force de *tuchè*, celle qui la subit est victime d'un enchaînement auquel elle n'a pas participé. Là se rencontre peut-être l'une des manifestations de l'absurde perçu par Jacqueline de Romilly dans l'œuvre d'Euripide[85] ; les personnages de captives, telles qu'elles sont représentées dans *Les Troyennes*, en sont, elles, la représentation privilégiée.

***

Evolution sémantique de la captivité : une leçon tragique

Dans cette perspective, la construction dramatique illustre cette labilité du destin que Bochetel appelle par exemple « l'incertaine et lubrique instabilité des choses temporelles »[86]. Jacqueline de Romilly n'hésite pas à dresser le parallèle entre scène et existence lorsqu'elle affirme que « le théâtre d'Euripide [...] vit de vrais retournements ; et [que] les coups de théâtre y deviennent des coups du sort »[87]. Le terme de « retournement » en évoque un autre, que les traducteurs d'Aristote utilisent quelquefois, et qui ouvre le champ d'un lexique

---

83. Le renversement brutal d'une situation à l'état opposé, ne connaît guère d'équivalent à cet égard que dans les accès de folie qui atteignent quelquefois les héros tragiques.

84. Hécube prononce ces vers que nous venons de citer, et qui donnent effectivement le ton à une pièce qui traite autant du destin que de la mise en captivité.

85. « les mots se succèdent et se multiplient pour dire l'incertitude, l'incohérence, l'absurdité de ce qui arrive aux hommes », in Jacqueline de Romilly. *La Modernité d'Euripide, op. cit.*, p. 29. Lorsqu'elle évoque son sort, Hécube défend son innocence : « à cause du mariage d'une seule femme, que de maux j'ai soufferts et je souffrirai encore ! » – *Les Troyennes*, vers 498-499, trad. Léon Parmentier.

86. Bochetel dans une *Epître au Roi*, en tête d'une traduction de l'*Hécube* d'Euripide, en 1550, *op. cit.*.

87. Jacqueline de Romilly, *La Modernité d'Euripide, op. cit.*, p. 32.

caractéristique de la tragédie. Au cœur du drame, on trouve ainsi cette notion de « renversement », ou de « revirement », au nouement – « d'où [provient] le renversement vers le bonheur ou vers le malheur »[88]. Le verbe μεταβαίνειν est de sens neutre et caractérise uniquement un mouvement, celui qui consiste à « passer d'un endroit à un autre ». Corneille observe cette même neutralité dans le discours *De la Tragédie*, lorsqu'il traduit μεταβάλλειν par les verbes « tomber et passer » : « un homme fort vertueux (…) tombe de la félicité dans le malheur… » ou « un méchant homme passe du malheur à la félicité ». La traduction de ce même verbe par les substantifs « revirement » ou « renversement », relève d'une conception humaniste de la tragédie, restaurée au XVIe siècle pour remontrer aux rois la précarité du sort humain. Une connotation métaphysique vient ainsi modifier le caractère dramaturgique du terme original, et entérine le parallélisme entre la construction d'une tragédie et sa dimension symbolique. Le « renversement » est alors l'expression même du « définement de fortune » que Peletier du Mans ajoute à la liste des événements proprement tragiques.[89] Les théoriciens du XVIe siècle répètent à l'envi cette vocation de la tragédie à montrer les caprices dont est capable la Fortune.[90]

C'est ainsi que la captivité retrouve à cette époque une dimension symbolique qui la propulse au premier rang des arguments dramatiques modernes. Lorsque Massinisse s'adresse pour la première fois à Sophonisbe, il emploie le terme « infortune » pour désigner un sort qu'il élucide ensuite : la captivité de la princesse est la voie choisie par « le Destin, pour montrer qu'il [la] hait » ; Massinisse fait donc preuve d'*hybris* lorsqu'il formule cette promesse : « j'aurai soin en tout cas / (…) qu'on vous traite en reine, et non pas en captive »[91]. La situation de Sophonisbe est ainsi interprétée comme la conséquence d'une Fortune contraire, l'expression d'un « triste sort », selon une expression du personnage éponyme[92] qui retrouve pour se plaindre les accents pathétiques des captives d'Euripide ou des déplorations familières au théâtre de la Renaissance : « Captive, abandonnée, au milieu des ennuis, / Le cœur gros de soupirs et les yeux pleins de larmes… »[93]. La situation de captivité est donc une péripétie et non le résultat d'une intrigue. Le théâtre moderne préfère la conception d'Euripide à celle de Sophocle. L'épouvante l'emporte sur la cohérence .

Semblable représentation se retrouve dans *La Mariane*. Salomé la première désigne par une périphrase le sort de Mariane : « Vous avez *des malheurs dont vous n'êtes pas digne* »[94]. Ainsi formulée par une bouche ennemie, l'expression est dépourvue de compassion et illustre d'autant plus cette relation

---

88. Aristote, *Poétique*, 18, 1455b, p. 69. – trad. Barbara Gernez.
89. Peletier du Mans, *Art poétique*, 1555 : « la matière d'icelle[la tragédie] sont occisions, exils, malheureux définement de fortune ».
90. Jean Rohou cite un grand nombre de ces propos dans *La Tragédie classique* : « L'art poétique de la tragédie humaniste » - *op. cit.*, p. 61-62.
91. *La Sophonisbe*, III, 4, vers 753-760 et 765-767.
92. *Ibid.*, vers 892.
93. *Ibid.*, vers 874-875.
94. *La Mariane*, I, 2, vers 480.

entre la captivité et le destin. L'injuste exercice du *fatum* rappelle la dissociation opérée par Euripide entre la chute et la faute : la captive subit un revers de fortune qu'aucune faute ne légitime, et son sort en est d'autant plus effrayant. Le discours de Mariane proclame une innocence absolue, qui rend sa condition encore plus pathétique – « Je n'ai d'aversion que pour l'horreur du crime », déclare-t-elle à Salomé qui l'accuse de conspirer[95]. Hécube plaidait cette même innocence chez Euripide ; désormais, la captive moderne en est dispensée : l'innocence est devenue un corollaire de la captivité, une donnée qui permet à Tristan d'opposer Mariane à Hérode, c'est-à-dire la pureté au désir et à la culpabilité.

Outre Manche, cette conception fait florès. Parmi les différentes formes de captivité auxquelles Dryden recourt dans *La Conquête de Grenade*, les personnages concernés sont presque tous des exemples d'innocence : Almahide la première, captive d'Almanzor, met en valeur son irresponsabilité dans le malheur qui la touche. Benzayda également revendique son innocence, autant que celle d'Ozmyn, son compagnon de captivité, lorsqu'ils comparaissent devant les souverains espagnols – Benzayda répond aux accusations proférées par Abdalla : « *In Love, or Pity, if a Crime you find ; / We two have sin'd above all humane kind.* » (« Si vous voyez un crime dans l'amour ou la compassion, alors nous avons tous deux péché contre l'humanité entière »)[96]. Seul le personnage de Lyndaraxa contredit l'usage : sa mise en captivité est la conséquence de ses intrigues ; mais elle est aussi la seule captive condamnée à mort, ce qui confirme sa marginalité dans cet univers héroïque où doit triompher le Bien : Lyndaraxa est le mal qui ronge l'Alhambra.

***

L'innocence menacée

Le théâtre de Pierre Corneille interroge à deux reprises l'innocence de la captive car, pour *Théodore* comme pour *Rodogune*, la mise en scène de la captive et du danger encouru, infléchit la représentation courante.

Dans le cas de Théodore, la position du personnage éponyme est mentionnée à plusieurs reprises par le terme de « sort » – le mot « destin » n'apparaît pas dans le lexique de la pièce, le dramaturge lui préférant sans doute ce terme polysémique, dans lequel entrent à la fois les notions d'état, de situation, et de fatalité. Cette situation s'aggrave au cours du drame, puisque la princesse est exposée non à la mort, mais au supplice de la prostitution. La captivité de Théodore est donc une atteinte à sa pureté ; et, même si elle s'avère finalement préservée, la mort recouvre dans ces conditions une dimension rédemptrice, qui permet à la captive d'échapper à l'obscénité de son sort. La captivité a donc failli être l'occasion d'un avilissement contradictoire avec l'image de l'innocence.

---

95. *Ibid.*, vers 503.
96. *La Conquête de Grenade*, seconde partie, I, vers 103-104.

Dans le cas de *Rodogune*, la rédemption n'est pas un choix possible, et la mort ne saurait offrir d'échappatoire. Car le monde représenté est un monde sans dieux, qui ne comporte donc pas d'arrière-plan transcendant. Rodogune, confrontée à une Cléopâtre constamment menaçante, la combat avec ses propres armes. Le dramaturge installe ici une autre forme d'angoisse qui naît de la dimension interchangeable des rôles. Certes, la captive enchaînée à son destin et confrontée au monstre est innocente, mais il s'en est fallu de peu qu'elle ne prenne la place du monstre... L'horreur ressentie par les jumeaux lorsque Rodogune lève le voile sur ses intentions et propose de se donner à celui qui sera pour elle capable de matricide, est le sentiment qu'éprouve le public à la représentation d'une humanité envahie sans recours par le mal. En ce sens, *Rodogune* est certainement la pièce la plus moderne de Corneille.

V
Captivité et condition humaine

Associée au destin, la captivité peut donc se lire comme une image de la condition humaine. Ce rapprochement peut à double titre paraître abusif, d'abord parce qu'il promet à tort une vision panoramique de la condition humaine par le biais de la tragédie, ensuite parce qu'on ne saurait assimiler cette dernière à une réflexion de type métaphysique. « Sur des milliers de tragédies écrites depuis l'Antiquité, rappelle Georges Forestier, un tout petit nombre seulement – pas même celles que la postérité a retenues – sont de nature à offrir effectivement une réflexion sur l'existence humaine »[97]. Aussi notre interrogation est-elle proprement poétique et non métaphysique ; elle part de l'hypothèse que l'examen peut déceler dans la création poétique la référence à des interrogations qui en dépassent le sujet, la tragédie offrant naturellement cette perspective par l'effet de la stylisation qui lui est intrinsèque.

La captivité en symboles

La situation récurrente de captives dans le temps, l'espace et la distribution invite ainsi à une lecture symbolique de ces personnages. Malgré l'évolution subie entre les différents états dramatiques de cette situation, ils offrent en effet de nombreux points communs avec la représentation de l'humanité, envisagée dans ses contours le plus généraux et les plus topiques – notamment : la relation à la transcendance, le rapport au temps, la confrontation à la mort, le poids du destin, l'exposition au revers de fortune. La captivité apparaît notamment comme la métaphore de la contrainte subie par les mortels, dont le poète des *Troyennes* donne par exemple une représentation dénuée d'optimisme et absolument tragique. Comme le répète Talthybios, la soumission est pour les captives la seule conduite à tenir, et la leçon vaut sans doute pour le genre

---

97. *Passions tragiques et règles classiques*, *op. cit.*, conclusion, p. 305.

humain, si l'on accepte le transfert métaphorique d'une catégorie dramatique à un ordre essentiel... Admettre que la captivité, entre autres fonctions, comporte une dimension tropique où l'on peut apercevoir une projection de l'humanité, c'est investir alors le drame vécu par la captive d'une qualité symbolique. Deux versions sont données de ce drame :

Lorsque la captive est le principal protagoniste du drame, son action est définie par la révolte. La problématique sous-jacente qui s'impose alors au spectateur réside dans la possibilité de ce sursaut, imaginé sur un plan symbolique comme la geste d'une humanité tentant d'échapper à son destin. Dans ce cas, deux recours sont envisagés par ces mises en scène de la captivité : la captive est libérée par un héros salvateur, que la perspective chrétienne investit d'une dimension christique dans le théâtre moderne ; ou bien, et cette deuxième version apparaît comme le prolongement de la précédente, la captive est libérée grâce à l'intercession du divin – le modèle antique est offert par Euripide avec *Iphigénie en Tauride*, tandis que le théâtre moderne, d'inspiration chrétienne, imagine des avatars au divin, quand il ne réinvestit pas des figures anciennes : ainsi du héros divinisé au dénouement de l'*Hercule mourant*, qui, lors de sa dernière apparition, ordonne la libération d'Iole dans un discours que son apothéose consacre.

Lorsque la captive est un personnage secondaire – situation qui correspond aux premières apparitions du rôle, et qui réapparaît étrangement dans les dernières, notamment chez Racine –, sa présence fonctionne comme le rappel d'un lien indéfectible entre la condition humaine et le destin. Le personnage de captive est alors la preuve souvent silencieuse, et vivante, du déterminisme à l'œuvre dans toute action humaine. Première dans l'ordre chronologique de ces apparitions, Cassandre est la captive prophétesse, capable donc de rappeler l'action du destin. Iole, figure silencieuse et hiératique, immobilisée au cœur des *Trachiniennes*, incarne et révèle non seulement le désir d'Héraclès, mais le destin qui pèse sur l'action de Déjanire, et la condamne d'ores et déjà à l'échec.

***

Le héros, sa captive, et le Commandeur

La dimension symbolique invite cependant à inverser le regard sur la distribution des rôles. L'étude des personnages de captives implique naturellement de placer ceux-ci, même artificiellement, au centre du drame. A partir du moment où l'on envisage pour ce rôle une dimension symbolique, la lecture suit naturellement une orientation inverse ; car c'est de la captive vers les autres personnages que se diffuse alors le sens. Cette propagation est toutefois unilatérale : elle touche principalement le héros, c'est-à-dire le personnage masculin, qu'il soit ou non le détenteur direct de l'autorité sur la captive. Les drames antiques induisent déjà cette signification : Agamemnon ramène Cassandre à Argos ; Agamemnon meurt sous les coups de sa femme. La coïncidence des deux faits, qui n'est pas de nature consécutive, invite à une lecture symbolique de leur concomitance : le roi des rois, au cœur de son triomphe et par lui, encourt un danger mortel ; l'exécution de cette menace apparaît comme la version ironique de sa gloire. Selon cette logique, le personnage de la captive, symbole de sa victoire, est par là-même le symbole de sa perte – l'allégorie de son destin.

Une fonction similaire revient à Iole dans les *Trachiniennes* : son entrée dans le palais coïncide, comme on a déjà pu le constater, avec la mise en danger d'Héraclès. Toute la geste d'Alcide est d'ailleurs empreinte d'une dimension tragique, du moins à partir de sa victoire sur le Centaure, puisque la vengeance de ce dernier pèse sur l'avenir du héros. L'irruption d'Iole marque, à son corps défendant, le réveil de cette vengeance, dont l'intention est restée tapie tout le temps qu'Héraclès remportait des victoires successives. Chronologiquement et symboliquement, l'entrée de la captive à Trachis met un terme à la geste héroïque en venant rappeler, telle un Commandeur, l'autorité impérieuse du Destin.

Euripide développe encore l'idée dans les *Troyennes*, et la dimension allégorique permet, nous semble-t-il, d'élucider la structure étrange de cette pièce. Une double perspective est ouverte dans le drame : d'un côté les dieux, Poséidon et Athéna, dont le double discours initie la pièce ; de l'autre, les captives, qui apprennent tour à tour l'identité de leurs maîtres respectifs. Leur soumission contrainte célèbre la grandeur des vainqueurs – grandeur qui les investit d'une dimension ouranienne, comme on l'a vu ; le discours divin, au contraire, signale la fragilité de cette grandeur en annonçant, dès l'ouverture, les catastrophes qui menacent ces mêmes vainqueurs : « Je veux réjouir Troie, mon ancienne ennemie, et infliger aux Grecs un douloureux retour. », déclare Athéna[98]. Or, passé le prologue, rien dans le déroulement du drame, à part bien sûr l'intervention de Cassandre, ne semble entériner cette déclaration. Certes, l'évocation des malheurs qui attendent les marins grecs lors de leur voyage de retour ajoute au pathétique de la situation qui attend les captives : il est beaucoup question de leur embarquement sur les navires grecs, tout au long du drame. Mais cette récurrence du thème marin dans le discours est précisément le seul élément qui crée une cohérence entre le prologue et le corps de la pièce. Lorsque, dans le Prologue, Athéna demande à Poséidon son alliance et donc son aide pour se venger des Grecs, le dieu marin lui répond par une évocation des périls que ceux-ci encourront : « Je bouleverserai les eaux profondes de la mer Egée. Les rivages de Myconos, les récifs de Délos, et Scyros, et Lemnos, et le promontoire de Capharée recevront les cadavres d'innombrables victimes. (…) attends que la flotte grecque ait délié ses câbles »[99]. Or les derniers mots de la pièce mentionnent les vaisseaux grecs dans cette conclusion d'Hécube : « Allons, membres tremblants, mettez-vous en marche. C'est le cruel voyage qui commence mes jours de servitude » – tandis que le Chœur répond : « Ah ! malheureuse cité ! Allons, dirigeons nos pas vers les vaisseaux grecs »[100]. Le propos fait donc écho au

98. *Les Troyennes*, vers 65-66.
99. *Ibid.*, vers 88-94.
100. *Ibid.*, vers 1328-1332 – derniers vers du drame.

prologue[101], et les lamentations finales sont soumises à triple réception : Hécube déplore le malheur de la captivité, le Chœur la victoire des Grecs, tandis que le spectateur, averti par le prologue, entend aussi l'annonce des malheurs que ces derniers s'apprêtent à affronter.

Ainsi apparaît un réseau sémantique et métaphorique qui unit la notion de destin et la situation de captivité. Le fait qu'une captive prenne ce rappel en charge dans le corps du texte n'est pas anodin. Car, à son insu, la reine déchue évoque le sort de son vainqueur : lorsqu'elle montera à bord de son navire, avec elle s'embarquera le malheur, version du destin tragique. Cassandre quant à elle explicite l'allégorie, qu'elle revendique même : « Où est le vaisseau du chef ? où dois-je m'embarquer ? Guette sans tarder le vent pour tes voiles ; c'est une des trois Erinyes qu'avec moi tu vas emmener de ces lieux »[102]. Avec les captives, c'est leur destin que les Grecs embarquent à leur insu, le danger encouru que formulent les dieux et leur prophétesse, mais que le mortel n'entend pas[103].

***

Perspectives allégoriques

Le théâtre moderne reprend cette dimension symbolique, qu'il exploite et amplifie : elle devient alors un topos. Chez Mairet par exemple, le renversement du destin advient par la captive – tout au moins est-il provoqué par son spectacle. Chez Dryden, la rencontre entre Almanzor et Almahide devenue sa captive suit un fonctionnement similaire : le spectacle de la captive confond d'amour son vainqueur. Toutefois, dans *La Conquête de Grenade*, le héros semble plus conscient du danger encouru et exprime son effroi : « *I me pleas'd and pain'd since first her eyes I saw / As I were stung with some Tarentula.* » (« Je suis enchanté et affligé depuis la première fois que j'ai vu ses yeux, comme si j'avais été mordu par une tarentule »)[104]. Tout le propos d'Almanzor consiste ensuite à refuser cet amour autant qu'il le déclare ; aussi romanesque soit-elle, sa terreur est également inspirée par l'évolution pressentie de son destin – « *I change yet more* »[105] (« je change encore plus »), reconnaît-il, avouant ainsi ne plus maîtriser son avenir.

---

101. Entre le prologue et cet épilogue, le discours d'Hécube apporte un écho récurrent à l'annonce de Poséidon ; le début de son discours explicite le rapport entre la mer et le destin : « Vogue au gré du courant, vogue au gré du destin ; n'oppose pas au flot la barque de ta vie ; vogue au gré des hasards ». Un peu plus tard, elle évoque les dangers de la navigation, dans un passage déjà cité : « si la violence de la mer déchaînée dépasse toute mesure, [les marins] cèdent à la destinée et s'abandonnent au courant des flots. » – vers 688-693.

102. *Ibid.*, vers 455-457.

103. C'est l'une des données qui font de cette pièce une véritable tragédie, et non l'oratorio qu'y voit Jean-Paul Sartre. Voir à ce sujet la controverse exposée par Nicole Loraux dans *La Voix endeuillée, Essai sur la tragédie grecque*, NRF Essais, Gallimard, Paris, 1999 – p. 31 et suivantes.

104. *La Conquête de Grenade*, première partie, III, vers 328-329.

105. *Ibid.*, vers 324.

De même, l'alliance mal assortie d'Hérode avec Mariane exerce une action néfaste sur le roi qu'elle conduit à la folie. La captive incarne ici une autre version des forces obscures, liées au destin : comme Cassandre, elle est l'Erinye, et tout particulièrement après sa mort, lorsque son fantôme vient heurter la raison de son époux. Hérode lui-même élucide le sens de la présence de Mariane à ses côtés :

> « Dans ma condition je serais trop heureux,
> Si je n'étais pressé d'un tourment amoureux,
> D'un feu continuel, d'une ardeur sans mesure,
> Qui tient incessamment mon âme à la torture :
> Ou si je pouvais vaincre une sévérité
> Qui s'oppose au courant de ma prospérité. »[106]

Le lexique hérité de la tradition amoureuse croise ici celui qui anime l'évocation antique des Érinyes. La captive peut en revanche être associée à une restauration. Le cas a été observé pour l'*Iphigénie en Tauride* et se retrouve sur la scène moderne, notamment dans *Rodogune* : la princesse représente le trophée associé à la couronne, et symbolise par conséquent le destin royal. Embrasser Rodogune, c'est embrasser le métier de roi.

Même si la captive n'est pas nécessairement l'élément par lequel l'ordre est renversé, sa présence s'observe donc toujours à la périphérie de ce bouleversement. Ainsi, dès l'*Agamemnon* d'Eschyle, elle en est le premier témoin. Dans les pièces du théâtre moderne, la pression qu'elle exerce sur le présent s'accentue, et participe activement au renversement d'un ordre auquel, par essence, elle n'adhère pas. Sa présence peut être plus discrète, elle distille néanmoins la prophétie sourde du bouleversement à venir. Il y a ainsi deux captives dans la *Phèdre* de Racine : la première l'est de Vénus, et montre tous les signes de la captivité ; l'autre, Aricie, est victime d'une contrainte politique : sa présence à la Cour est institutionnelle et ne semble pas poser problème. Créée par Racine, Aricie peut apparaître comme un personnage accessoire, dont la principale vertu serait d'attirer au prince la sympathie du public : grâce à elle, Hippolyte se défait de son agressivité légendaire à l'égard du sexe faible ; c'est vers elle qu'il se tourne lorsque le trouble envahit le palais. La démarche dépasse le degré galant attendu de la salle : il ne s'agit pas tant d'opposer la virginité à l'érotisme de Phèdre, que de dresser un temps contre un autre, un futur fécond au présent malsain de la cour de Trézène – et par là, le prince se propose également de rétablir les codes du passé :

> « Je vous cède, ou plutôt je vous rends une place,
> Un sceptre que jadis vos aïeux ont reçu
> (…)
> Athènes dans ses murs maintenant vous rappelle.
> Assez elle a gémi d'une longue querelle… »[107]

En rétablissant Aricie dans ses droits, Hippolyte projette de rétablir un ordre général, malmené par la conquête de Thésée. Epouser Aricie, c'est retourner à

---

106. *La Mariane*, I, 3, vers 205-210.
107. *Phèdre*. II. 2. Vers 494-501.

un ordre ancien et légitime – le projet a la même valeur que les noces d'Hyllos et Iole voulues par Héraclès. Dans les deux cas, un héros est à l'origine, par sa vertu exceptionnelle mais en même temps iconoclaste, d'un bouleversement de l'ordre ; la captive, vestige du passé, en est la garante ; l'épouser, la rétablir dans ses droits, c'est rendre au pouvoir sa légitimité.

***

Déterminisme ou coup du sort ?

Le destin chez Euripide était *tuchè*, « coup du sort », « renversement » ; dans les drames antiques comme dans les plus récents, les personnages de captives apparaissent liés à cette notion car leur présence coïncide avec le revers de fortune subi par le héros, pour son malheur ou son bonheur. Passive le plus souvent, la captive agit cependant comme le révélateur de ce « revirement » ; elle est l'expression phénoménale d'un mouvement souterrain dont l'antériorité dépasse nettement son existence.

Dans le rapport à la culture grecque, c'est avec la *moira* que la captive semble entretenir la plus grande proximité. Les caractéristiques de son personnage correspondent en effet à chacune des définitions de ce terme par Bailly : elle est « la part, la portion », celle qui est « assignée à chacun », ce qui symboliquement représente « le sort, la destinée ». Et sans avoir l'inflexibilité ni le ton impérieux de la Moira divinisée dans le panthéon grec, elle n'en apparaît pas moins comme l'expression allégorique du sort ; son personnage permet la mise en scène symbolique de cette transcendance sans laquelle il n'est pas de tragique, selon Henri Gouhier : « cette *Moira* qui se joue des précautions humaines, voilà la transcendance. Elle introduit dans l'action un nouveau terme situé au-delà du monde sensible où elle se déroule et des volontés que manifeste « l'animal raisonnable »[108] ». La confrontation du héros à sa captive peut ainsi se lire comme la représentation de l'homme face à son destin. Sans prétendre à une lecture univoque du type de la captive, on ne peut qu'être frappé par cette résurgence de son association avec le destin. L'interprétation sénéquienne des *Trachiniennes* incite davantage encore à emprunter cette voie : dans l'*Hercules œtaeus*, Iole est enceinte d'Héraclès ; par un processus dont la monstruosité s'hérite d'une inversion *vie/mort*, le héros, en fécondant le ventre de sa captive, a initié le mouvement qui le mène à sa propre fin : il a fécondé son propre destin. « La confrontation de l'âme humaine avec la Fortune est l'un des thèmes centraux du stoïcisme de Sénèque »[109] : Le Destin, dans la conception sénéquienne, est envisagé comme une « destinée particulière, personnelle, à laquelle [l'âme] ne pourra échapper » : « Le personnage la porte en lui, et cette destinée est inextricablement liée à ce que nous appelons son *caractère*, et qui est plutôt une *Moira* »[110]. Une Moira dont la captive est une pro-

---

108. *Le Théâtre et l'Existence*, *op. cit.*, chapitre II, première partie : « Tragique et transcendance » – p. 35.
109. *Ibid.*
110. *Ibid.*

jection extériorisée et spectaculaire, une version caractérisée dont l'existence conditionne l'évolution du héros.

Ainsi, dans le théâtre de Racine, les personnages masculins attachent à leur cou la pierre qui les noiera dès lors qu'ils se lient à une captive. Pyrrhus meurt pour s'être épris d'Andromaque ; Britannicus pas plus que Néron ne survit pas à la fréquentation de Junie – le premier perd la vie, le second la raison ; en courtisant « la triste Aricie », Hippolyte courtise son destin... La relation entre les deux termes de la proposition n'est ni événementielle ni consécutive, mais symbolique. La captive incarne sur scène le destin échu au héros. A moins d'être devineresse, cette fonction métaphorique lui échappe autant qu'au héros ; le spectateur, lui, l'élucide au croisement des discours et des héritages. La figure initiale de Cassandre continue de rayonner longtemps après qu'elle s'est tue.

TROISIÈME PARTIE

LA CAPTIVITÉ EN SPECTACLE

Jusqu'alors, l'étude a fait apparaître des points communs entre différents personnages nommés, que peut rapprocher la similitude approximative de leurs situations. Ces poins communs reposent, rappelons-le, sur trois critères dramatiques : la place de chaque captive dans l'action représentée ; l'exercice de son rôle dans la distribution ; enfin, son rapport au temps et à l'espace. En outre, il faut noter le caractère paradoxal de la position des captives en tragédie : à la fois médianes et liminaires, douées d'une présence aussi dense qu'absente, elles sont caractérisées par la privation. Ainsi Déjanire ne peut ignorer Iole, pas plus que le Chœur, pas plus que le spectateur : elle est l'épine plantée au cœur du drame, et cependant son rôle y reste marginal. Personnage ravalé et cependant dévastateur, la captive pose question : elle se tait, mais elle est là – pour quoi faire ?

La question participe à l'inconfort ressenti par le spectateur d'une tragédie, et met en jeu la dimension scénique du personnage. Car on peut à ce stade formuler une hypothèse sur la représentation : à chacun des caractères est liée une attitude afférente à sa situation. « Le domaine du théâtre n'est pas psychologique, mais plastique et physique » : la revendication d'Antonin Artaud[1] replace la question de la mise en scène au centre de l'étude théâtrale. Et la captivité appartient au spectacle dramatique ; sa mise en scène implique notamment que soit représenté le corps de la captive, médiatisé par celui de l'acteur autant que par les attributs liés à la situation de captivité.

Mettre des captives en scène place le dramaturge face à des difficultés profondes dont le texte dramatique témoigne en s'imposant des choix radicaux : soit le discours occulte le corps de la captive, devenu objet tabou ; soit il en explicite chaque attitude, au risque de réduire le caractère au corps qui le représente – l'ensemble de ces attitudes peut alors apparaître comme une grammaire dans sa vertu signifiante. Cette alternative est visible dès les drames antiques, sur lesquels pesait pourtant la double contrainte du masque et de la limitation du nombre des acteurs. Iole chez Sophocle n'est en effet qu'une effigie, dont l'apparition est subordonnée aux autres rôles de l'acteur qui en porte brièvement le masque. Et la scène moderne, bien qu'affranchie de telles contraintes, reprend les attitudes inventées par les textes antiques.

Ces attitudes sont aisément repérables car toujours commentées par un discours qui fonctionne comme une didascalie interne permanente ; c'est cette parole des autres personnages sur la captive qui en explicite la situation, en par-

---

1. Antonin Artaud, *Le Théâtre et son Double*, [Gallimard, 1964], *Folio Essais,* Gallimard.

ticulier au moment où elle va entrer en scène. Le procédé est ainsi inauguré par Eschyle dans l'*Agamemnon* : nous avons vu que le Roi des rois, en présentant sa captive à Clytemnestre, officialisait la présence de celle-ci sur la scène et dans le drame[2]. Euripide reprend le procédé, qui devient donc usage. Au prologue, c'est le dieu Poséidon qui assume cette annonce : « Si quelqu'un veut contempler une grande infortune, il peut voir ici Hécube, couchée devant cette porte »[3]. A la différence de ses prédécesseurs, Euripide fait de la captive un spectacle ; son corps est mentionné et sa posture dotée d'une résonance morale : l'attitude d'Hécube est le symptôme non seulement de sa situation mais aussi de son état mental. La mise en scène évolue : le corps de l'acteur est mis à contribution pour porter une signification qui complète le discours, l'anticipe éventuellement. Il acquiert ainsi une dimension illustrative.

L'émergence d'un discours sur le corps de l'acteur et sur sa dimension objective contribue largement à faire de la captivité un spectacle. C'est donc à la représentation du corps des captives que seront consacrées les pages qui suivent.

---

2. « Accueille avec bonté cette étrangère (…), celle-ci est une fleur choisie dans l'amas du butin et dont l'armée m'a fait don. », énonce Agamemnon à l'intention de son épouse. Eschyle, *Agamemnon*, vers 950-955, trad. Emile Chambry, GF. C'est seulement après cette présentation que la reine s'adresse à Cassandre. Semblable procédé se retrouve dans *Les Trachiniennes* : l'une des missions de Lichas est d'introduire Iole et l'ensemble des captives dans le palais ; cette introduction est justifiée par un récit, qui s'étend du vers 249 au vers 290.

3. Euripide, *Les Troyennes*, vers 36-37, trad. Léon Parmentier, Belles Lettres.

CHAPITRE I

Mises en scène du corps :
les attitudes des captives

Les premiers textes à mettre en scène des personnages de captives explicitent peu la représentation du corps. La parcimonie du texte sophocléen au sujet d'Iole participe ainsi à rendre ce personnage d'autant plus énigmatique : elle est présente sur une centaine de vers environ, soit pendant un douzième du drame ; puis elle entre dans le palais, pour ne plus jamais en ressortir. Le discours la mentionnera ensuite, mais elle ne reparaîtra pas. De son corps enfin, il n'est jamais question. Et pourtant, Iole est la première captive mise en scène en tant que telle.

I
La captive antique au centre des regards

La révélation du sacré : Iole

Muette et immobile, Iole demeure figée derrière un masque qui agit autant comme une contrainte scénique que comme une aggravation du mystère attaché à ce personnage. Aucune précision n'est apportée sur ce corps, vers lequel convergent pourtant tous les regards[1]. C'est d'abord le Chœur qui attire l'attention de la reine autant que des spectateurs : « vois donc, ma chère, le spectacle qui, devant toi, s'offre là, en clair, à tes yeux »[2]. Déjanire obtempère à cette injonction ; le thème occupe également la première place dans son discours : « Je le vois, mes amies, ce cortège ; mes yeux veillent et ce cortège ne leur a pas échappé »[3]. Les captives attirent donc naturellement l'attention générale : leur présence révèle la victoire d'Héraclès, et il entre dans la fascination qu'elles exercent celle que le héros s'attire à chacune de ses prouesses.

D'autre part, le tableau qu'elles forment manifeste la chute d'une cité, éveille en chacun, dans ce monde antique politiquement heurté, l'angoisse constante de la défaite. Déjanire exprime cette obscure fascination pour le mal-

---

1. Dès que le cortège des captives entre en scène, le champ lexical du regard envahit le discours.

2. Sophocle, *Les Trachiniennes*, vers 222-224, trad. Paul Mazon, Belles Lettres.

3. *Ibid.*, vers 225-226.

La captivité en spectacle

heur : « une étrange pitié (οἶκτος δεινὸς) me pénètre, mes amies, quand je vois ces malheureuses (ταύτας ὁρώσῃ δυσπότμους) »[4]. Lichas mentionne lui-même cette attitude de la reine face aux captives, « ces femmes sur qui s'attache [son] regard »... Il est vraisemblable, d'après cette remarque, que Déjanire a gardé les yeux rivés sur les captives tout au long de son récit, drainant ainsi l'attention du spectateur vers le point focal de la scène : Iole. On peut expliquer cette attitude par l'intuition ou l'entendre, à ce moment de l'épisode, comme l'attraction pour son contraire : la reine, auréolée par la gloire de l'époux, serait fascinée par le spectacle radical de la déchéance. S'exercent là deux sentiments, « de respect et d'aversion, de désir et d'effroi », qui, selon Roger Caillois, révèlent par leur coexistence dialectique la présence du sacré[5].

Ainsi placée au centre des regards comme au centre du discours, Iole n'est un personnage que par cette convergence. Elle tire de cette position une dimension à la fois paradoxale et prémonitoire : Déjanire fascinée par le malheur de la jeune fille est fascinée déjà par son propre malheur – mais sans le savoir. La relation symbolique entre la captive et le destin est ici confirmée dans le discours de la reine qui fait preuve à cet instant d'une lucidité prophétique :

> « O Zeus de la Déroute, puissé-je ne jamais te voir venir ainsi sur mes propres enfants ! Ou, si tu dois leur faire quelque mal, que ce ne soit pas du moins de mon vivant ! J'éprouve tant d'angoisse à voir ici ces femmes (δέδοικα τάσδ᾽ ὁρωμένη) ! »[6]

Or l'attitude d'Iole ne peut qu'alimenter ce trouble : en vain Déjanire sollicite-t-elle une participation de la captive à l'échange – « Tu peux te confier à moi, pauvre jeune femme... »[7]. Le mutisme dans lequel s'enferme sa destinataire épaissit l'énigme, tandis que l'entourage en est réduit aux conjectures – Lichas propose ainsi d'y voir la pudeur de la princesse avilie, au « cœur toujours lourd de cette dure épreuve »[8]... Sur le plan de la représentation, la fierté que Déjanire a constatée dans le maintien d'Iole et qui lui attire son respect, laisse imaginer une attitude figée, toute dans la verticalité de l'acteur.

Ainsi figée dans une raideur muette, le corps d'Iole évoque l'art de la statuaire. Son immobilité illustre sa fixation dans le temps et l'espace, qui de concept devient phénomène ; elle confère en outre au personnage un hiératisme qui tient à cette rigidité et à l'énigme qu'elle soulève. D'abord objet du désir héracléen dans un temps antérieur au drame et qui le justifie, la captive

---

4. *Ibid.*, vers 298-300. Plus loin, même détrompée sur la véritable identité d'Iole, Déjanire reviendra sur cette première impression : « cette fille a ému ma pitié dès que je l'ai vue », vers 463-464.

5. Roger Caillois commente l'attraction exercée par une force sacrée : « Toute force tend à se dissocier : son ambiguïté première se résout en éléments antagonistes et complémentaires auxquels on rapporte respectivement les sentiments qu'inspirait sa nature foncièrement équivoque. » – Roger Caillois, *L'homme et le sacré*, Folio Essais, Gallimard, [1939]1950, 2 : « L'ambiguïté du sacré », p. 48.

6. Sophocle, *Les Trachiniennes*, vers 303-306, trad. Paul Mazon, Belles Lettres.

7. *Ibid.*, vers 320.

8. ἀλλ᾽ αἰὲν ὠδίνουσα συμφορᾶς βάρος (« le cœur toujours lourd de cette dure épreuve... ») – *ibid.*, vers 325.

est ainsi muée en son contraire : un être au corps absent et sacralisé par cette absence même. Aussi, lorsqu'au dernier épisode, Héraclès intime à Hyllos l'ordre d'épouser Iole, ce dernier s'insurge-t-il : « Est-ce à toi de m'apprendre l'impiété, père ? »[9]. Pour le jeune prince, cette impiété tient à la responsabilité d'Iole dans la mort de Déjanire – la princesse est donc une ennemie ; mais cette répulsion s'explique aussi par la sacralisation de la captive, devenue, par sa représentation au deuxième épisode, un être intangible, frappé de l'interdiction qui s'attache au sacré – car, Roger Caillois le rappelle, « les mêmes interdits qui préservent de la souillure, isolent la sainteté et protègent de son contact »[10]. La réussite magistrale de Sophocle en ce qui concerne le personnage d'Iole tient à l'investissement sémantique de l'attitude suscitée par une contrainte précise et uniquement lié à la représentation : le masque momentanément porté par un acteur dont ce n'est pas le rôle.

Nulle part ailleurs que dans *Les Trachiniennes* n'est portée à ce degré l'immobilité d'un personnage que son malheur a ancré dans un espace-temps définitivement statique. Hiératique, fascinante, énigmatique, Iole a tout de la statue placée au centre des cérémonies antiques : statue de la douleur, représentation allégorique de la *moira*, image aussi de l'irréversible entendu comme fixation dans le temps et l'espace. Sophocle sacralise la captive, en même temps qu'il dote son personnage d'une profondeur mystérieuse... Tout autour d'Iole s'agite le langage, fallacieux et donc vide de sens – la présentation de la captive par Lichas et son récit de la geste herculéenne seront bientôt démentis. L'immobilité silencieuse observée par la captive pendant tout ce récit apporte en réalité une réfutation ironique au message délivré ; la statue vers laquelle convergent les regards, manifeste par sa seule présence l'erreur dans laquelle le langage s'est installé, et par là en dénonce la vacuité. « Le langage est en échec, la sculpture, muette, le montre » : ce propos de Michel Serres[11] trouve ici une résonance profonde.

***

L'effroyable bacchanale : Cassandre

La mise en scène d'Iole par Sophocle, ainsi grandie par une fixité parfaite, confère au personnage une valeur modélisatrice. Si elle hérite assurément du personnage de Cassandre tel qu'Eschyle l'a mis en scène dans l'*Agamemnon*, la représentation de Sophocle prend parti là où hésitait son prédécesseur. Chez ce dernier en effet, Cassandre a deux attitudes successives : tout le temps de l'échange entre le Roi des rois et son épouse, elle demeure à l'arrière-plan, sur le char princier, probablement figée dans une attitude imputée à sa fierté – « descends de ce char et ne fais plus la fière », lui enjoint Clytemnestre dès que l'attention se porte sur la captive. La fixité semble ainsi caractériser la première posture scénique de Cassandre dans le drame.

9. *Ibid.*, vers 1245.
10. Roger Caillois, *L'Homme et le sacré, op. cit.*, p. 53.
11. Michel Serres, *Statues* [éd. F. Bourin] Flammarion, Paris, 1989, p. 111.

Une forme de sacralité entoure également le personnage de Cassandre, au moins parce qu'elle est prophétesse d'Apollon. Mais au contraire d'Iole qui ne déroge pas à la raideur hiératique de son attitude, Cassandre se révèle, dans un deuxième temps, extrêmement mobile, provoquant alors le désarroi de son entourage. A deux reprises en effet, le Chœur lui a ordonné de descendre du char[12] ; entre ces deux injonctions, il semble que Cassandre se doit débattue, comme le suggère ce commentaire du Coryphée : « elle a les manières d'une bête que l'on vient de capturer ». Et Clytemnestre reprend l'observation à son compte pour déprécier Cassandre : « Elle est folle à coup sûr et elle obéit au délire, si, arrachée d'hier à sa ville conquise, elle ne sait porter le mors, sans exhaler sa fougue en écume sanglante »[13]. Cette attitude, qui apparente Cassandre à une ménade, est unique. Sans transition, la captive passe ici d'une posture figée, doublement hiératique car le char joue le piédestal, à un déchaînement physique qui l'apparente au sauvage. Dans cette irruption du règne animal peut se lire le rapport constant des Atrides à la sauvagerie : univers omophage, représenté encore par un roi doublement sacrilège et une reine qui bientôt va le tuer, « une maison abhorrée des dieux, complices de maux innombrables, meurtres de parents, têtes coupées, un abattoir humain au sol trempé de sang »[14]. Par son agitation, Cassandre dénote, au sein d'une cour déjà chancelante, la sauvagerie qui menace d'y ressurgir. A qui sait la lire, la frénésie de la captive est l'indice de l'événement tout prêt à se produire et cependant ignoré de tous.

Sur un plan proprement scénique, son déchaînement offre par ailleurs une violente antithèse avec la fixité qui la caractérisait jusqu'alors. La statue ne s'anime pas progressivement, mais passe brutalement à la manifestation d'une énergie inattendue. La rébellion de Cassandre face à ses futurs bourreaux, qu'elle est seule à pouvoir identifier ainsi, apparaît comme le sursaut d'une énergie vitale, une révolte contre la mort. Car descendre du char, c'est marcher au tombeau, dans le drame de la princesse troyenne. De toutes les captives antiques, elle est la seule que sa situation condamne à une mort certaine ; elle est également la seule à manifester ce déchaînement furieux qui l'apparente dans les textes à une bacchante. La concomitance des deux faits introduit entre eux un rapport de causalité : l'imminence de la mort explique, en partie au moins, la furieuse énergie déployée par Cassandre. Une énergie qu'elle manifeste encore chez Euripide, et qui devient, avec cette reprise, une caractéristique de Cassandre et un élément de plus dans la distinction entre la concubine consacrée et les autres captives[15] : « Prends part au chœur, mère, entre dans la danse, tourne et, dans la ronde, cadence tes pas aux miens pour me plaire ». L'attitude de Cassandre prête généralement à interprétation, tant elle diffère de celles qui caractérisent les captives. Dans la didascalie qu'il ajoute au texte, Léon Parmentier souscrit à la conception d'une Cassandre réellement égarée dans son délire : « elle croit qu'elle célèbre son hyménée devant le temple

---

12. [grec-1-p. 343]
13. _Ibid._, vers 1064-1067.
14. Eschyle, _Agamemnon_, vers 1090-1092, trad. Emile Chambry.
15. _Ibid._, vers 332-334.

d'Apollon... » (Belles Lettres. éd.cit. p. 41). Le verbe « croire » est ici contestable et nous lui préférerions « feindre ». Car l'attitude de Cassandre, sous des dehors furieux, s'explique en fait par un dessein raisonné et inspiré, justifié par sa prophétie. A partir du vers 353, elle s'en explique à sa mère : « c'est une épouse plus funeste qu'Hélène qu'aura en moi l'illustre roi des Achéens, Agamemnon. Je le ferai périr et je ruinerai à mon tour sa maison... »[16]. L'attitude de Cassandre est nourrie d'ironie, celle-là même qui touche au destin d'Agamemnon, tué par sa femme et son amant lors de son victorieux retour. A partir du vers 365, Cassandre élucide davantage encore son attitude et déclare sortir de son délire pour mieux dénoncer l'absurdité de cette guerre que les Grecs ont endurée « pour une seule femme »[17]. Elle justifie ainsi, à rebours, le comportement adopté lors de son entrée en scène, comportement dont l'absurdité fait écho à celle de la guerre.

Il est aisé d'entendre le poète s'exprimer ainsi par l'intermédiaire de son personnage, notamment dans le contexte historique des *Troyennes*. Jacqueline de Romilly a montré cette relation entre Euripide et l'actualité, et relevé notamment son engagement contre la guerre : « en intellectuel qu'il était, il a lancé alors des digressions, des protestations contre la guerre. Avec une liberté rare, il les a souvent dirigées tout droit, en fonction de l'actualité, à son public qui vivait les mêmes expériences ». Le déchaînement de Cassandre est également source d'un scandale qu'Euripide met en scène avec insistance : sa gestuelle frénétique contraste avec l'abattement d'Hécube et accentue le tragique grinçant de la situation : le spectateur assiste à une caricature grotesque du bonheur en même temps qu'à un violent réquisitoire : le scandale provoqué est celui-là même de la captivité, de cette négation absolue qu'elle impose à sa victime – négation du bonheur, de tout prolongement de la vie.

Un rapport dialectique oppose ainsi l'agitation frénétique et la prostration : la première est une lutte contre la seconde, une résistance à cette immobilisation inhérente à la captivité. Le déchaînement s'empare brutalement de la captive au moment où elle entre dans la maison de ses vainqueurs pour y « faire l'épreuve du joug »[18] : il est la transcription physique, scéniquement sensible, du poids mental des chaînes. L'attitude de Cassandre est unique parce qu'extrême ; mais la coexistence dans *Les Troyennes* de captives abattues ou frénétiques ouvre la gamme des postures significatives de la captivité.

L'une et l'autre attitudes ont en outre pour conséquence d'isoler la captive. Nous avons vu ce que la rigidité d'Iole avait d'hiératique ; le déchaînement de Cassandre produit le même effet par un procédé pourtant inverse. Cependant, cette seconde attitude ne se transmettra pas sur la scène moderne. Car cette fureur est tout à la fois celle de la ménade et celle de la vierge, que la pensée grecque antique considère comme un animal non encore dompté. Il s'agit donc là de deux *imagines* non retenues par l'héritage. La scène moderne en retiendra un aspect cependant : le dépouillement.

Car au cours de sa transe, Cassandre se dévêt :

_____

16. *Ibid.*, vers 357-358.
17. *Ibid.*, vers 368.
18. Eschyle, *Agamemnon*, vers 1071.

« c'est Apollon lui-même qui me dépouille de cet habit fatidique, après s'être complu à me voir bafouée, sous cette parure, unanimement et follement, par mes amis et mes ennemis. »[19]

L'habit repoussé est celui de la prophétesse, et le geste du dépouillement est une préparation au sacrifice dont elle sait être la prochaine victime. En outre, la sacralité de l'habit a été détruite par le concubinage consécutif à la captivité : le quitter revient ainsi à dénoncer le sacrilège et la situation qui l'a autorisé. La nudité est donc la version physique du scandale et de la privation caractéristiques de la captivité.

La transe survit mal sur la scène moderne ; et pourtant, la Phèdre de Racine, offre un exemple saisissant et rare de cette bacchanale impudique. Chez Euripide, elle soulevait ses vêtements lors d'une brève bacchanale dont elle émergeait ensuite avec effroi : « J'ai déliré (ἔμανην), un dieu m'a frappée de vertige (ἔπεσον δαίμονος ἄτῃ), infortunée... / Vieille mère, remets le voile sur ma tête »[20]. L'adaptation moderne perd la dimension religieuse du geste, mais conserve cette représentation du dévoilement : « Que ces vains ornements, que ces voiles me pèsent ! », soupire la Phèdre racinienne[21]... Son attitude évoque le délire de Cassandre : chez les deux personnages, le dévoilement manifeste autant un désir de vérité – l'une et l'autre s'apprêtent à révéler une vérité monstrueuse – que l'oppression subie[22]. La captivité de Phèdre est cette fois symbolique : c'est Eros, ou Vénus, qui la tient enfermée, sa captivité est psychologique. Il nous paraît intéressant cependant de constater comment le recours à des *topoi* liés au thème de la captivité confère au personnage principal un sens, parmi d'autres sans doute. La récurrence de ces *topoi* installe progressivement ce sens au cœur du drame. En outre, le repérage de ces *topoi* au cœur d'un texte qui ne porte pas, par ailleurs, sur la captivité, laisse apercevoir l'évolution dans la production tragique, qui reprend, assume et réinvestit les *topoi* pour les intérioriser. La captivité devient à cet endroit une condition psychologique, et non plus sociale. Il y a ainsi deux captives dans Phèdre : une captive conforme à la tradition tragique, Aricie, témoin d'un temps révolu du théâtre, et une captive moderne, dont la condition a été intériorisée sans rien perdre, pour autant, de son impact dramatique.

Lorsqu'il conçoit la mise en scène de *Phèdre*, Jean-Louis Barrault analyse la requête de la reine comme un caprice ; c'est toutefois un « caprice » signi-

---

19. *Agamemnon*, vers 1269-1272.
20. *Hippolyte porte-couronne*, vers 241-243 – trad. Marie Delcourt-Curvers.
21. Racine, *Phèdre*, I, 3, vers 158.
22. La captivité de Phèdre est cette fois symbolique : c'est Eros, ou Vénus, qui la tient enfermée, sa captivité est psychologique. Il nous paraît intéressant cependant de constater comment le recours à des *topoi* liés au thème de la captivité confère au personnage principal un sens, parmi d'autres sans doute. La récurrence de ces *topoi* installe progressivement ce sens au cœur du drame. En outre, le repérage de ces *topoi* au cœur d'un texte qui ne porte pas, par ailleurs, sur la captivité, laisse apercevoir l'évolution dans la production tragique, qui reprend, assume et réinvestit les topoi pour les intérioriser. La captivité devient à cet endroit une condition psychologique, et non plus sociale. Il y a ainsi deux captives dans Phèdre : une captive conforme à la tradition tragique, Aricie, témoin d'un temps révolu du théâtre, et une captive moderne, dont la condition a été intériorisée sans rien perdre, pour autant, de son impact dramatique.

fiant, qui rappelle le sursaut désespéré de Cassandre, la première captive tragique. La métonymie transpose dans les voiles cette sensation de pesanteur qui s'attache à la captivité et s'apparente à la fixité. Michel Serres attribue au tragique même ce raidissement du personnage, comme encombré de son destin :

> « La reine peinte et pompeusement parée, sur qui pèsent de vains ornements et voiles, importunée par la main qui a noué ses cheveux assemblés sur le front, perd la souplesse fine de l'expression et sa vivacité gestuelle : plus que lente, s'arrête, fixe, idole pétrifiée par la cosmétique ; alors la vie, affligée, vibre sous la raideur du masque tragique et proteste une dernière fois avant la mort, devant le soleil, au souvenir d'un rêve. »[23]

Cette raideur imprimée au personnage de Phèdre rappelle l'immobilisation de Cassandre sur le char du vainqueur, ou la fixité d'Iole au seuil de Trachis : Phèdre figée a la fixité d'une captive antique. Ainsi, au terme d'une évolution qui porte l'image en symbole, la statuaire d'un côté, l'animalité de l'autre, ressurgissent dans les attitudes de la damnée qui porte les stigmates de la captivité telle qu'elle fut initialement représentée.

D'une manière générale, la gestuelle des premières captives est marquée par l'excès : dans le mouvement ou dans son absence, cette caractéristique met en évidence l'inconfort fondamental qu'éprouve une captive dans sa relation à l'espace scénique. Car une captive ne se représente pas, elle s'élude.

***

Du masque à la statue : Iphigénie

Avec l'*Iphigénie en Tauride*, Euripide retrouve les thèmes associés de la statuaire et du sauvage dans la situation de captivité. En premier lieu, la relation entre Iphigénie et Artémis réactive le thème de la sauvagerie, inscrite dans la virginité de la déesse comme de la princesse, et dans la représentation sacralisée du monde sauvage. Car Artémis est « la Chasseresse, la Coureuse des bois, la Sauvageonne, la Sagittaire qui abat de ses traits les bêtes sauvages »[24]... En outre, parmi toutes ces représentations, celle de Tauride reste l'avatar le plus éloigné de la culture grecque car, « étrangère, barbare, sauvage et sanguinaire », elle est la divinité d'« un peuple qui se situe aux antipodes de la Grèce »[25]. La mise en scène confirme la relation identitaire entre Iphigénie et cette Artémis-là : les signes de la sauvagerie se repèrent dans la gestuelle évoquée par la princesse argienne, lorsqu'elle décrit le sort auquel son frère vient d'échapper – « Tu as manqué périr d'une mort scandaleuse, déchiré par mes mains »[26]. L'évocation est excessive puisque Iphigénie ne procède pas elle-même au sacrifice, mais n'en assume que la partie rituelle – elle l'explique par

23. Michel Serres, *Statues, le second livre des fondations*, op. cit., p. 186.

24. Jean-Pierre Vernant, *La Mort dans les yeux, figures de l'Autre en Grèce ancienne, Artémis, Gorgô*, Textes du XXᵉ siècle, Hachette, Paris, 1985, p. 15.

25. *Ibid.*, « Des marges au monstrueux », p. 25.

26. Euripide, *Iphigénie en Tauride*, vers 870-872.

ailleurs ; le raccourci est toutefois efficace, tant pour sa valeur pathétique que pour l'équivalence ainsi établie entre la déesse et sa prêtresse, réunies dans la sauvagerie.

L'analogie entre les deux personnages se retrouve dans la fixité, seconde thématique attachée à la représentation de la captivité. Car c'est une statue qu'Oreste doit enlever, sur ordre d'Apollon : « le dieu m'envoya prendre ici la statue (ἄγαλμα) tombée du ciel »[27]. Cette information est suivie d'une exégèse assumée par Iphigénie qui envisage l'enlèvement conjoint de la statue et d'elle-même : « Sans doute, s'il se peut en même temps envisager que tu emportes la statue et m'emmènes à bord d'un navire à belle proue, ce sera là un bel exploit »[28]. Dans la suite du texte, le terme de *brétas* qui désigne selon Bailly une statue de bois, une grossière idole, se substitue au mot *agalma* qui signifie essentiellement une représentation, une image : la dimension matérielle de l'objet l'emporte alors sur sa signification symbolique. La statue est désormais moins à voir, à reconnaître, qu'à enlever, comme la sœur qui lui est associée. Le récit du Bouvier, cité plus loin, confirme à cet égard la réification momentanée de la princesse argienne, dans un processus symptomatique de la captivité. Si le reste du discours ne mentionne pas le corps d'Iphigénie et ne permet guère d'envisager ses attitudes, cette économie est compensée par l'allusion constante à la statue, qui confirme son association à Artémis en même temps que sa situation de captive.

II
Reprises modernes des mises en scènes antiques

Les bienséances contre le déchaînement

Parmi les exemples offerts par les textes antiques, le théâtre moderne privilégie la représentation figée de la captivité, tandis que disparaît presque totalement la version bacchante. Pour des raisons en partie liées aux exigences de la bienséance, le délire de Cassandre et le dénudement afférent sont proscrits de la scène moderne. Le dramaturge se doit d'adapter celle-ci au goût et à la sensibilité des spectateurs, car, rappelle Marmontel, « si les mœurs [antiques] étaient choquantes pour [notre temps], en les peignant sans les adoucir, on aura manqué aux bienséances... Ainsi, pour mieux observer la décence et les bienséances actuelles, on est souvent obligé de s'éloigner des convenances[29], en

---

27. *Ibid.*, vers 977-978, trad. Henri Grégoire, Belles Lettres.
28. *Ibid.*, vers 999-1001 – La traduction proposée ici s'efforce de mettre en évidence les procédés par lesquels le grec associe, avec une insistance difficile à rendre, la statue et Iphigénie ; la crase et l'accumulation des élisions au vers 1000 renforcent cet effet d'assimilation. Henri Grégoire insiste davantage, par sa traduction, sur la dimension héroïque des actes présumés d'Oreste, en les juxtaposant : « Sans doute, si tu peux réussir, à la fois, à ravir la statue, à m'enlever moi-même sur ta nef à belle poupe, l'exploit est beau. », Belles Lettres.
29. Convenances définies par Marmontel dans ce même passage : « Lorsqu'on a fait parler et agir un personnage comme il aurait agi et parlé dans son temps, on a observé les convenances ».

altérant la vérité »[30]. Les drames étudiés ici sont particulièrement concernés par cette exigence formulée dès 1555 dans l'*Art Poétique* de Pelletier du Mans, et qui passe au premier plan des préoccupations dramaturgiques dans les années 1630. Se produit alors cette « crise de conscience morale » que Jacques Scherer a repérée dans le théâtre pré-classique, en cette fin du règne de Louis XIII où « les bienséances commencent à paraître une condition nécessaire de l'accord de l'auteur avec son public »[31].

Cette exigence peut expliquer le choix des dramaturges entre les deux attitudes qu'Eschyle et Sophocle avaient prêtées à leurs captives ; elles ne suffisent cependant pas à l'expliquer. Dans cette évolution entre aussi très certainement l'influence prépondérante de l'héritage sénéquien. Lorsque le dramaturge latin met en scène Cassandre dans sa version d'*Agamemnon*, toute son attitude est interprétée dans sa relation avec l'enthousiasme apollinien, et non plus par rapport à sa situation de captive. Ce qu'il entrait de sauvage dans l'attitude de la princesse troyenne est évincé de la scène latine ; et le discours sur son corps se fait beaucoup plus économe : son geste de révolte contre Apollon lui est gardé, mais elle n'ôte plus alors que ses bandelettes – au lieu de l'habit dont elle se dépouillait : *Sed cur sacratas deripis capiti infulas ?* (« Pourquoi veux-tu arracher les bandelettes sacrées de ta tête ? »)[32], l'interroge le Chœur. Par la suite, il est dit que son corps est pris d'une trémulation consécutive à l'enthousiasme apollinien : *Silet repente Phœbas et pallor genas / creberque totum possidet corpus tremor…*(« Soudain la prophétesse d'Apollon se tait, une pâleur envahit ses joues, un tremblement convulsif s'empare de tout son corps »)[33]. Par cette description précise, le dramaturge latin satisfait certainement la curiosité du public latin, privé de bacchanale par décret sénatorial et cependant confrontée dans ses lectures à cette étrangeté du monde grec… Même la rébellion intrinsèque au personnage de Cassandre sur la scène

---

30. Marmontel, *Eléments de Littérature*, cité par Jacques Scherer in *La Dramaturgie classique en France*, III, chap. 2 : les bienséances, p. 384.

31. Jacques Scherer, *La Dramaturgie classique en France*, III, chap. 2 : les bienséances, p. 384-385 – *op. cit.*

32. Sénèque, *Agamemnon*, vers 693, trad. Florence Dupont.

33. *Ibid.*, vers 710-711. l'attitude de Cassandre est ici soumise à un examen clinique de la part du Chœur, qui la décrit dans la relation constante avec Apollon :

stetere uittae, mollis horrescit coma,
anhela corda murmure incluso fremunt,
incerta nutant lumina et uersi retro
torquentur oculi, rursus immoti rigent.
nunc leuat in auras altior solito caput
graditurque celsa, nunc reluctantis parat
reserare fauces, uerba nunc clauso male
custodit ore maenas impatiens dei.

(« Ses bandelettes se sont dressées, sa souple chevelure se hérisse ; à bout de souffle son cœur frémit d'un murmure étouffé ; incertain, son regard vacille tandis que, révulsés, ses yeux roulent dans leurs orbitent, pour à nouveau se figer, immobiles. Alors elle lève vers les cieux une tête plus haute qu'à l'ordinaire, et marche altière ; alors elle se prépare à ouvrir une bouche qui résiste encore à parler ; alors elle retient les mots entre ses lèvres mal fermées, ménade rebelle à son dieu. » (vers 712-719)

grecque, est ici attribuée à cet enthousiasme, et n'a plus rien à voir avec sa captivité[34].

Sujet de curiosité pour la *cavea* latine, la bacchanale ne s'exporte pas sur la scène moderne ; et cette justification du déchaînement propre à Cassandre met définitivement un terme à l'alternative qui caractérisait la représentation antique des captives. L'attitude préconisée par Sophocle l'emporte désormais : la mise en scène moderne de la captive la confirme dans l'immobilité, d'autant plus que le discours sur le corps s'amenuise pour les raisons précédemment évoquées. La *Théodore* de Corneille est l'exploitation la plus extrême de cette rigidité. Dès le début de la pièce, le personnage éponyme est figé dans une immobilité que son attitude ne laisse pas de relever : Placide note chez elle, dès la première scène, une « froideur contrainte »[35] ; Cléobule lui reproche « cette insensible humeur qu'aucun objet ne touche »[36], Valens se jure de « [rabattre] cette fière constance »[37]… Dans la rigidité de Théodore entre la fierté de la captive sophocléenne ; mais la posture est récupérée par l'idéologie moderne, et le vers de Placide qui la dépeint fait à cet égard fonction de sommaire : « Toute ingrate, inhumaine, inflexible, chrétienne »[38]. Cette immobilité de cœur et de corps est ainsi justifiée par la vertu chrétienne, qui contraint la princesse à affronter le martyre d'une âme résolue :

> « Soit que vous contraigniez pour vos Dieux impuissants
> Mon corps à l'infamie ou ma main à l'encens,
> Je saurai conserver d'une âme résolue
> A l'époux sans macule une épouse impollue. »[39]

L'attitude hiératique d'Iole se retrouve ainsi dans Théodore, et l'attitude topique de la captive antique s'accorde en toute cohérence avec l'*imago* chrétienne : sa situation prédispose le personnage à une posture que la foi martyre conforte.

Théodore présente en outre, quoique brièvement, cette relation dialectique observée chez Cassandre entre la fixité et le déchaînement. Le contraste est évoqué, mais extérieurement au personnage, lorsque Paulin évoque la fuite de la princesse hors de la tente à soldats, « l'œil bas, le pied timide et le corps chancelant »[40]. Le tremblement évoque celui de Cassandre enlevée à elle-même… Mais c'est ici l'unique évocation de ce corps par ailleurs éludé. Encore est-elle aussi virtuelle que brève, et démentie par Cléobule dès la scène suivante : « Sous l'habit de Didyme elle-même est sortie »[41]. Le pied chancelant

---

34. Agamemnon lui-même recourt à cette explication pour justifier le discours surprenant qu'elle lui tient à l'épisode suivant : *Hanc fida famuli turba, dum excutiat deum, / retinete ne quid impotens peccet furor.* (« Troupe fidèle de serviteurs, tant que le dieu la possède, retenez-la de peur que sa fureur irrépressible ne la conduise à quelque violence. ») – *ibid.*, vers 800-801, trad. Florence Dupont.

35. Corneille, *Théodore, vierge et martyre*, I, 1, vers 128.

36. *Ibid.*, II, 1, vers 356.

37. *Ibid.*, II, 5, vers 615.

38. *Ibid.*, III, 5, vers 999.

39. *Ibid.*, III, 1, vers 777-780.

40. *Ibid.*, IV, 3, vers 1277-1281.

41. *Ibid.*, IV, 4, vers 1332.

était donc celui du héros, l'attitude était feinte, Corneille recule après l'audace. Car sur le plan des bienséances, cette inversion momentanée du féminin et du masculin ainsi que son thème mettent le drame à la limite du recevable[42]. Cette brève allusion à une agitation de type bacchant ne suffit cependant pas à expliquer l'échec de la pièce. Selon Corneille, celui-ci doit essentiellement à l'immobilité de Théodore, « caractère […] entièrement froid : elle n'a aucune passion qui l'agite […] Aussi, pour en parler sainement, une vierge et martyre sur un théâtre n'est autre chose qu'un Terme qui n'a ni jambes ni bras, et par conséquent point d'action »[43]. Il est frappant de voir ressurgir dans cette analyse l'image de la statue, par l'allusion au buste du dieu Terme qui surmontait les bornes des champs. La scène moderne s'est libérée de l'alternative et pétrifie ses captives, posant à la représentation un véritable défi.

***

La sensualité du marbre

Le bannissement de toute sensualité dans la représentation explique la parcimonie dont souffre le discours moderne sur le corps des captives. L'économie est particulièrement sensible chez Tristan, qui élude toute représentation du corps de Mariane, alors que son époux et geôlier perd toute raison par désir d'elle. D'Iole, elle a tout à la fois la fixité et la hauteur, notées par Salomé dans une formulation assez proche de celle que Corneille prêtait à Placide : « Superbe, dédaigneuse, au courage invincible… »[44]. Cette remarque remédie à la rareté des informations touchant aux attitudes de Mariane et permet de l'imaginer dans une fixité complète. Seul un récit d'Hérode la représente virtuellement dans un autre état, lors d'une vision où les yeux de Mariane « étincelaient d'une juste colère »[45]. Mais, comme pour Théodore, il s'agit là d'un fantasme, dont le mérite est de mettre en évidence la raideur caractéristique du personnage.

L'étude du manuscrit fait apparaître cependant un état préalable du texte, où le corps tenait une place plus importante. Hérode y reprochait notamment sa négligence à l'Eunuque chargé de veiller sur la reine : « T'avais-je pas commis à me garder des pommes / Dont l'abord devait être inaccessible aux hommes ? »[46]. L'affermissement des bienséances explique la disparition de la métaphore dans l'édition de 1637 ; mais il est également remarquable que toute allusion à l'attrait sensuel exercé par Mariane sur le roi soit éludée, bien qu'elle

---

42. Jacques Scherer note à propos de la *Théodore* que « [sa] hardiesse dans le choix de ce sujet a dépassé celle de son temps », in *La Dramaturgie classique en France*, p. 410, *op. cit.*. Corneille reconnaît l'échec de sa pièce dans l'Epître dédicatoire en tête de l'Edition de 1646, et l'explique en partie par cette hardiesse : « la modestie de notre scène a désavoué, comme indigne d'elle, ce peu que la nécessité de mon sujet m'a forcé d'en faire connaître ».

43. Corneille, *Préface*, 1660, Pléiade, p. 272.

44. Tristan L'Hermite, *La Mariane*, II, 2, vers 527.

45. *Ibid.*, II, 5, vers 673-676.

46. Cité par Jacques Scherer, *op. cit.*, p. 406.

fût à la fois et de son propre aveu « sujet de [ses] pensers, objet de [ses] désirs »[47]. Le sein de la reine n'est évoqué qu'au moment de sa mort, dans le récit de Narbal – « Puis elle offrit sa gorge et cessa de parler »[48] –, ou dans l'au-delà – le délire d'Hérode lui offre la vision d'une Mariane en majesté, avec « un tour de sang dessus sa gorge nue »[49]... Contre toute attente, c'est donc après sa mort que le discours restitue à Mariane un corps doté de ses attributs sensuels, c'est-à-dire après le martyre qui la délivre.

De son vivant, Mariane n'est évoquée par le roi et son entourage que comme un *rocher*. Tristan fait ainsi ressurgir la figure de Niobé dans le discours de Salomé : « Quel plaisir prenez-vous de chérir une roche, / Dont les sources de pleurs coulent incessamment ? »[50]. La question fait apparaître cette dimension paradoxale qui caractérise la captive, définie à la fois par le désir qu'elle inspire et la froideur qu'elle affiche. Hérode lui-même reprend l'image à son compte : « Si le divin objet dont je suis idolâtre, / Passe pour un rocher, c'est un rocher d'albâtre, / Un écueil agréable »[51]. La situation de captivité paraît donc effectuer une métamorphose qui fige le sang et pétrifie la chair. La récurrence de la métaphore minérale pour caractériser l'attitude de la captive intervient ainsi avec une régularité sans faille qui autorise à la considérer comme un topos. Au sein de la représentation scénique, la captive est cet objet pétrifié contre lequel achoppent le discours et l'action des autres protagonistes. Investie d'une « hauteur » que son attitude arbore davantage encore sur la scène moderne, le personnage de la captive apparaît plus que jamais comme la statue dressée au cœur de la *cella* : elle conserve ainsi cette position que Sophocle avait conférée à Iole, corps immobile placé au centre des regards et des discours.

*****

Andromède au rocher

La relation métaphorique entre l'élément minéral et la situation essentielle de la captive trouve dans le drame d'Andromède une évidente confirmation. Le rocher est cette fois un objet constitutif du mythe, sur les plans narratif et iconographique. On trouve chez Corneille une exploitation appuyée du motif[52]. Toutes les informations apportées par la didascalie étant redoublées par le discours, par deux fois le texte mentionne que les vents « attachent [Andromède] au pied d'un [...] rocher » qualifié de « fatal » par le Chœur[53].

---

47. *Ibid.*, V, 3, vers 1773.
48. *Ibid.*, V, 2, vers 1550.
49. *Ibid.*, V, 3, vers 1765.
50. *Ibid.*, I, 3, vers 268-269.
51. *Ibid.*, I, 3, vers 271-273.
52. Exploitation peut-être commune au texte d'Euripide, dont ne nous sont malheureusement parvenus que des fragments.
53. Corneille, *Andromède*, III, 1, vers 782-783 : « La voilà que les vents achèvent d'attacher, / En infâmes bourreaux, à ce fatal rocher ».

A la différence des autres captives évoquées, la minéralité est ici extérieure au caractère d'Andromède : elle est une circonstance, non un élément de son attitude en scène. Conçue selon son auteur comme un divertissement, l'Andromède extériorise la métaphore, qui devient ainsi un élément iconographique.

Et cependant, la minéralité reste attachée à la princesse, même après sa libération : le cadre de l'acte IV, où seront célébrées ses noces avec Persée, présente un péristyle et des statues de marbre blanc. Certes, le caractère ornemental d'un tel décor sied à l'intention générale de la pièce comme à son époque ; mais il assure aussi une continuité entre l'épisode de la captivité et celui du mariage. La pierre y apparaît dans l'un et l'autre, rocher abrupt dans le premier, marbre poli dans le second : le rocher est à un milieu hostile et sauvage ce que le marbre est à un espace cultivé. Ce dernier matériau est le signe d'une action civilisatrice : son apparition achève de rassurer le spectateur en manifestant la victoire définitive de la cité sur le sauvage, de l'homme ouranien sur le monstre infernal ; dans un acte consacré au mariage, il rappelle également cette domestication de la vierge, issue du monde sauvage[54]. Dans la métamorphose de la pierre se lit ainsi le devenir de la princesse, captive puis jeune épousée.

D'après les fragments qui restent de son *Andromède*, Euripide avait établi l'analogie entre la captive et le rocher : « Quel est ce rivage battu par les flots ? Et cette statue de jeune fille taillée à même le rocher, œuvre d'un artisan adroit ? »[55]. La première apparition de la princesse dans le récit ovidien la

---

54. De même, le geste de libération accompli par Persée peut être mis en relation avec le mariage ; c'est ce que signale Luciano Canfora lorsqu'il étudie l'iconographie liée au mythe d'Andromède : « Persée délivrant Andromède, motif de prédilection de la peinture pompéienne puis de la peinture classique européenne. Le héros défait les liens de la jeune fille. Parfois c'est Eros lui-même qui les délie. Le geste appartient aussi au rituel du mariage – car en Grèce ancienne le marié « délie la ceinture » de la jeune épousée – et relève d'une symbolique fort répandue qui veut que la jeune fille attende, recluse et passive, l'arrivée du prince charmant qui la tirera de son sommeil ou de son engourdissement. On comprend mieux désormais pourquoi Andromède, victime totalement impuissante, devait à tout prix être ligotée. » –Luciano Canfora, *Histoire de la littérature grecque d'Homère à Aristote*, p. 150.

55. Euripide, *Andromède*, fragment 125, Nauck. Corneille ne conserve de ce passage qu'une allusion discrète : sa prudence tient autant à l'intention divertissante, suivant laquelle son personnage doit se garder d'atteindre une dimension tragique, qu'à la superposition de significations variables parce qu'empruntées à des sources très diverses. Marc Fumaroli a notamment montré comment l'interprétation chrétienne avait totalement infléchi la lecture des *Métamorphoses* d'Ovide – dont Corneille s'inspire lorsqu'il met Andromède en scène. A partir du XIIIᵉ siècle court en effet en Europe, sous des formes diverses, un *Ovide moralisé*, dont l'influence est prépondérante sur l'exégèse ovidienne : « l'*Ovide moralisé* français et la *Bible des poètes* dont les interprétations concordent, semblent avoir fait autorité sur l'ensemble des commentateurs européens d'Ovide » – *L'Ecole du silence, le sentiment des images au XVIIᵉ siècle*. La « métamorphose » du poème d'Ovide en emblèmes, dans l'Europe du XVIᵉ siècle, « marque durablement la « réception » de l'œuvre » – p. 249. Françoise Siguret avait auparavant signalé, lors d'un colloque tenu en 1991, l'interaction entre la figure d'Andromède et celle de Saint Sébastien dans de nombreuses œuvres picturales européennes du XVIᵉ siècle : « Ces figures ne sont-elles pas toutes des variations sur le corps désirable du Christ, victime parfaite liée au poteau de flagellation ou clouée sur la Croix par la violence monstrueuse des hommes ? » - art. « *La figure d'Andromède : du maniérisme au baroque. Problématique d'un corpus* », p. 1030-1112.

montre également attachée au rocher : *quam simul ad duras religatam brac-chia cautes / vidit Abantiades, nisi quod levis aura capillos / moverat et tepido manabant lumina fletu, / marmoreum ratus esset opus* (« Le descendant d'Abas la voit enchaînée par les bras à de durs rochers (si une brise légère n'eût agité les cheveux de la jeune fille et si une tiède rosée de larmes n'eût coulé de ses yeux, il l'aurait prise pour une statue de marbre) »)[56]. La syntaxe exprime par l'enclave le lien inextricable qui unit Andromède au rocher ; et la comparaison avec la statue renforce l'analogie minérale entre le personnage et le paysage. La statuaire antique a d'ailleurs exploité ce thème : un relief romain du Capitole montre par exemple la délivrance d'Andromède comme un véritable arrachement à la pierre :

> « Persée, dont le corps se détache sur un fond lisse, appartient à un autre espace que celui d'Andromède qu'il paraît arracher au rocher. Les plis ondulés de son vêtement épousent encore la roche rugueuse d'où elle descend. Mais son bras, soutenu par la main de Persée, avance, traité en ronde-bosse, comme revenant dans une autre dimension »[57].

Pour Luciano Canfora, cette assimilation de la jeune fille à la pierre est d'autant plus naturelle que « pour les Anciens, la statue est à la fois le paradigme de l'inerte […] et du mouvement »[58] : effroi paralysant, beauté offerte au spectacle, immobilisation par contrainte, approche d'une mort horrible, Andromède a toutes les raisons de se voir statufiée »[59] – toutes les raisons plus une, à savoir cette situation de captivité qui décidément s'exprime par la minéralité.

***

Les larmes de Niobé

Cette immobilité sans concession représente pour le dramaturge un défi scénique : une captive sur un théâtre est cet être qu'il faut dans le même temps doter de vie et priver de mouvement. Un écueil que les mises en scène contournent uniment en insistant sur l'unique manifestation corporelle qui ne contredise pas ces exigences : les larmes. C'est pourquoi la déploration est une attitude commune aux personnages de captives, et, à cet égard encore, le texte antique joue un rôle modélisateur.

Le récit de Lichas insiste en effet sur les larmes d'Iole : « ...elle pleure (δακρυρροεῖ), la malheureuse, sans répit, depuis le jour qu'elle a quitté sa ville dispersée aux vents »[60] ; une attitude aussitôt justifiée par le messager : « Si son sort est cruel, il lui donne du moins droit à quelque indulgence »[61]. Le

---

56. Ovide, *Métamorphoses*, IV, vers 672-675, trad. Georges Lafaye.
57. Description de Luciano Canfora in *Histoire de la littérature grecque d'Homère à Aristote*, p. 147. CF. Lexikon Icongraphicum Mythologicae Classicae, Zurich, 1981.
58. *Op. cit.*, p. 225, note 12.
59. *Ibid.*, p. 144.
60. Sophocle, *Les Trachiniennes*, vers 326-327, trad. cit.
61. *Ibid.*, vers 327-328.

propos installe d'emblée Iole dans une fonction pathétique, que les personnages de captives conserveront par la suite, de manière indéfectible. En outre, l'association de l'immobilité et des larmes convoque allusivement sur la scène, et dans l'imaginaire des spectateurs antiques, la figure de Niobé, telle que la décrit Homère dans l'*Iliade*[62]. Dans l'*Hercule sur l'Œta*, Sénèque élucide l'analogie entre sa captive et Niobé par le recours aux motifs de la description homérique : *Me vel Sipylum flebile saxum / Fingite, superi* (« Figez-moi, dieux souverains, en rocher pleurant au Sipyle... »)[63]. D'Homère à Sénèque en passant par le théâtre de Sophocle, l'intertextualité rehausse le pathétique et la poésie de l'image, de ce *flebile saxum* qui résume à lui seul l'attitude de la captive. Car cette vie qui se dégage avec peine de la fixité et du minéral caractérise un personnage généralement voué à la déploration : le flot irrépressible des larmes permet de donner vie à une captive menacée par la pétrification ; il est ainsi le moyen de préserver son existence scénique.

Dès le prologue, le texte des *Troyennes* installe Hécube dans cette posture de déploration : « Que de larmes elle verse (δάκρυα χέουσα πολλά) et combien de sujets elle a de pleurer ! »[64] – l'expression est textuellement empruntée à la description homérique de Niobé[65]. Cette attitude est présentée comme la seule décente pour une captive ; selon Hécube, elle résulte de la privation qui caractérise son statut : « Que de sujets de larmes en ce malheur où je perds ma patrie, mes enfants, mon époux ! »[66]. La déploration est ainsi la manifestation contrainte et redondante de l'impuissance, et convient seule à la captivité, définie à la fois par l'aporie, l'achronie et l'atopie. Le Chœur rappelle ainsi la justification essentielle de ces larmes, « douces pour ceux qui endurent les malheurs », comme le sont « des thrènes les plaintes, et le chant de l'affliction » – « Combien douces sont les larmes pour ceux qui endurent les malheurs, et des thrènes les plaintes, et le chant de l'affliction ! »[67]. Le thrène trouve ici sa fonction dramatique, et la captive son mode d'expression privilégié.

---

62. « Et maintenant, au milieu des rochers et des montagnes désertes, sur le Sipylos, où sont les retraites des nymphes divines qui dansent autour de l'Akhélôios, bien que changée en pierre par les Dieux, elle souffre encore. » – Homère, *Iliade*, chant XXIV, vers 614-617 – trad. Leconte de Lisle.

63. Florence Dupont choisit d'élucider l'allusion dans la traduction qu'elle propose pour ce passage : « Dieux du ciel / Faites de moi une roche pleureuse, / Une Niobé dans les montagnes turques », in Sénèque, *Théâtre complet*. La signification attachée au mythe de Niobé impose cependant la prudence quant au rapprochement entre cette figure et Iole : car Niobé s'est rendue coupable à l'égard des dieux et vit au travers de sa métamorphose la punition que lui a attirée sa faute ; il n'en est pas de même d'Iole, victime d'un destin qui l'écrase autant qu'il lui échappe.

64. Euripide, *Les Troyennes*, vers 37, trad. cit.

65. Homère, *Iliade*, chant XXIV, vers 613 : L'expression δάκρυα χέουσα est textuellement empruntée au passage de l'*Iliade* qui concerne Niobé, cité plus haut : ἥ δ'ἄρα σίτου μνήσατ', ἐπεὶ κάμε δάκρυ χέουσα. (« Et cependant Niobé se souvenait de manger, lorsqu'elle était fatiguée de pleurer ») – chant XXIV, vers 613. Trad. Leconte de Lisle.

66. Euripide, *Les Troyennes*, vers 105-106, trad. cit.

67. *Ibid.*, vers 607-608 – Nous avons choisi de traduire ces deux vers pour mettre en évidence le chiasme ménagé par le poète, effet d'insistance sur cette énumération ; la traduction de Robert Pignarre rend cependant au texte toute sa lisibilité : « Quelle douceur trouvent les malheureux aux larmes, aux thrènes gémissants et aux chants de douleur ! »

A cet égard, l'apparition de Cassandre produit une cacophonie immédiate, puisque l'accompagne le chant joyeux de l'hyménée : « Hymen, ô Hyménée, Hymen ! Prends part au chœur ! »[68]. Le scandale suscité par son attitude provient de cette manifestation sonore de l'indécence qui caractérise Cassandre dès son entrée en scène. Seule Hécube, déjà mise en scène par Euripide dix ans avant *Les Troyennes*[69], approchait semblable indécence en tendant un piège à Polymestor. Lorsque Agamemnon vient auprès de la vieille reine chercher confirmation du fait, son propos manifeste moins la désapprobation que la surprise : « Que dis-tu ? Toi, tu as accompli cet acte, comme il le dit ? Toi, Hécube, tu as eu la hardiesse de manifester cette inconcevable audace ? »[70]. Le vers présente une redondance que la traduction tente de rendre ici : le verbe τλάω peut en effet se traduire selon Bailly par l'expression générale « prendre sur soi, se charger de » ; à partir de là, il peut prendre un sens passif, celui de « supporter, souffrir », qui le rapproche de πάσχειν, et un sens actif, notamment lorsqu'il est construit avec un accusatif, comme ici : « prendre la force de ». Ce double sens convient au caractère de la captive, en général réduite à la passivité, et qui, rarement, en sort pour endosser un rôle extérieur à son caractère ; l'indécence est alors signalée par le terme ἀμήχανον, dont le suffixe privatif prédispose à cette accointance momentanée entre la situation de captivité et l'acte de défi. Le texte confirme ainsi, en le commentant, le caractère exceptionnel et contradictoire de l'acte commis dans le contexte de la captivité.

Ces attitudes restent marginales et toujours signalées comme inconvenantes. Euripide confirme d'ailleurs dans *Les Troyennes* sa fidélité à cette représentation. Le premier chant de la reine troyenne annonce un thème récurrent dans la pièce : l'évocation de leur impuissance par les captives. La pièce exerce même une forme de radicalisation dans la représentation de la captivité : les pleurs y constituent désormais un élément indispensable de l'attitude en scène des captives. Jacqueline de Romilly a déduit de leur fréquence dans le théâtre euripidéen une attention particulière du dramaturge pour le spectacle du pathétique ; ce souci se repère à l'existence de scènes « dans lesquelles l'action proprement dite s'interrompt pour laisser la place à un déchaînement gratuit du sentiment, cette fois poussé à l'extrême »[71]. Les larmes sont l'unique réponse à l'aporie et accompagnent à ce titre les morceaux lyriques prisés par le public. Euripide dévoile une partie de son attention lorsqu'il prête ce propos à Hécube : « C'est la musique qui reste aux malheureux dans des désastres où doit se taire le chant des chœurs »[72]. La déploration entre pour une part importante dans le spectacle, et les captives sont naturellement prédisposées à son expression :

---

68. *Ibid.*, vers 331-332.
69. *Hécube* serait datée de 424, tandis qu'on accepte généralement la date de 415 pour *Les Troyennes*.
70. Euripide, *Hécube*, vers 1094-1095.
71. Jacqueline de Romilly, *La Modernité d'Euripide*, PUF Ecrivains, Paris, 1986, p. 77.
72. Euripide, *Les Troyennes*, vers 120-121. trad. Léon Parmentier.

« ô l'abondant ruissellement des larmes (πολλαὶ δακρύων λιβάδες) qui tombaient sur mes joues, lorsqu'à l'effondrement des tours je marchai vers les navires ennemis, équipés de rames et de lances... »[73]

Le Chœur *d'Iphigénie en Tauride* confirme ainsi la relation topique entre larmes et captivité : il faut qu'une captive pleure sur un théâtre.

Le théâtre moderne reprend la proposition à son compte, avec cependant quelques nuances liées à la nature de la captivité – puisque la dramaturgie moderne exploite davantage la captivité temporaire. Lorsqu'elle est ainsi limitée dans le temps et interprétée comme un épisode dramatique, la situation fait l'objet d'une insistance qui justifie notamment le recours aux larmes. Ainsi chez Mairet, lorsque Sophonisbe voit entrer Massinisse en vainqueur, elle verse des larmes destinées à le fléchir : elle l'invoque « par ces sacrés genoux de [ses] larmes lavés »[74], et s'entête dans cette attitude : « Non, Seigneur, que mes pleurs n'obtiennent ma demande »[75] ; et de commenter sa propre attitude par un discours redondant, répétition du tableau offert au prince numide comme au spectateur, pour évoquer « l'état où [elle est] » : « Captive, abandonnée, au milieu des ennuis, / Le cœur gros de soupirs et les yeux pleins de larmes »[76]... Que le mot « larmes » rime avec « charme » au vers suivant, nous aurons l'occasion d'y revenir ; ce qui frappe ici, c'est la récurrence des larmes dans le propos de Sophonisbe, qui fait intervenir le thème dans trois répliques presque successives. Mairet exploite la dimension pathétique de la scène en reprenant à son compte le lien entre larmes et captivité.

Une scène similaire se retrouve chez Dryden, dans *La Conquête de Grenade* – scène dont le déroulement offre des rapprochements constants avec la scène III4 de *La Sophonisbe*. Encore voilée, Almahide ne décline pas d'abord son identité à Almanzor, mais préfère insister sur sa position ; le recours à l'article défini confirme le caractère topique de la situation : *Turn, mighty Conqu'ror, turn your Face this way, / Do not refuse to hear the wretched pray.* (« Tourne, puissant Conquérant, tourne tes regards dans cette direction, ne refuse pas d'entendre la malheureuse qui te supplie »)[77]. Dès la réplique suivante, Almahide reprend sur le thème de l'affliction – à la question brutale d'Almanzor : « Qu'ai-je affaire de cette femme ? », la reine élève le propos : *That of th'afflicted to the Deity* (« Ce que la Divinité a affaire de l'affligé »)[78]. Toute l'attitude de la captive se concentre dans cette affliction.

---

73. *Ibid.*, vers 1106-1110. Nous proposons ici une traduction littérale de ces cinq vers, afin de rendre compte du lexique de la chute, récurrent dans ce passage ; son utilisation, aussi bien pour décrire le mouvement des larmes (ἔπεσον) que pour évoquer la défaite irréversible de la cité (ὄλλυμι signifie *détruire*, ce qui correspond pour des tours à leur effondrement) trace un lien de cause à effet entre la destruction et les larmes, expression convenue de la disparition du monde auquel appartient la femme désormais captive.

74. Mairet, *La Sophonisbe*, III, 4, vers 846.

75. *Ibid.*, vers 851.

76. *Ibid.*, vers 874-875.

77. Dryden, *La Conquête de Grenade*, première partie, vers 308-309.

78. *Ibid*, vers 310.

Chez Mariane, captive permanente, les larmes constituent également un motif récurrent. Dina, sa suivante, lui en fait le reproche dès son entrée en scène : « Votre teint composé des plus aimables fleurs / Sert trop longtemps de lit à des ruisseaux de pleurs »[79]. L'attitude, chez Mariane, est toutefois concurrente d'une autre, empreinte de fierté ; lorsque la sentence lui est prononcée, « elle n'exprima point de sentiments timides, / Ses yeux restèrent secs parmi cent yeux humides »[80]. L'attitude l'isole de son entourage, la distingue des autres captives, y compris de celle qu'elle fut. La constance de Mariane dans le supplice met en relief la complexité du personnage et corrobore la dimension paradoxale déjà observée dans son caractère : princesse réduite en esclavage, Mariane pleure sa situation ; reine, elle arbore la fierté que son rang lui confère. Dans cette attitude entrent de la dignité d'Iole et une ambiguïté qui sème le trouble sur son statut. L'absence de larmes dans l'ultime moment de sa vie impose une nouvelle lecture de ce dénouement : celle qui refusait la captivité de son âme tout en admettant celle de son corps, revendique la mort la libération de tout son être. Mariane cesse de pleurer lors du supplice : elle refuse de mourir en captive. Tristan renouvelle ici la représentation d'une captive, et pratique l'écart : la « constance » devient un défi ; la captive entre dans l'insolence.

La rigidité de Théodore chez Corneille, voire de Rodogune qui jamais ne fléchit, peut apparaître comme l'héritage radicalisé de cette mise en scène voulue par Tristan. Le personnage de la captive permanente se retrouve figée dans une attitude inébranlable ; ses pleurs se raréfient. Le rocher s'est tari, sous la double influence de la pudeur et de l'intention édifiante que sert la tragédie.

III

Mises en scène de la passivité

Les attitudes topiques de la captive, la rigidité et les larmes, manifestent la passivité qui s'attache à sa situation. Immobile, la captive retrouve son statut ancien d'objet ; en larmes, elle confirme sa situation – sa parole alors n'est pas agissante, mais sert le constat d'une situation que la captive ne peut modifier. Par la déploration, elle entérine son état, le consacre dans son inéluctabilité. En pleurant sa captivité, elle *se représente* en captive et, sur une scène, cette représentation la caractérise ; elle est objet plus que sujet de son propre discours. Et les mises en scène exploitent la représentation de cette passivité.

L'enlèvement de la captive

C'est pourquoi, au point le plus extrême de la captivité, l'enlèvement est une conséquence logique qui met en évidence la progressive annulation du

---

79. Tristan L'Hermite, *La Mariane*, II, 1, vers 437-438.
80. *Ibid.*, V, 2, vers 1491-1492.

sujet. La situation de captivité trouve d'ailleurs une issue naturelle dans cet enlèvement : elle en sort définitivement entérinée ou conjurée.

Les Troyennes d'Euripide sont ainsi invitées, au dernier épisode, à gagner les navires grecs qui les emmèneront sur leur terre d'esclavage. L'embarquement est vécu comme un enlèvement, rendu sensible par l'emploi de la voix passive : ἀγόμεϑα, φερόμεϑ′ («On nous emmène, on nous emporte… »)[81]. Le moment correspond à l'acmè de la captivité. Pour Iphigénie au contraire, l'épisode est une libération : son frère la délivre ainsi de la Tauride et de sa captivité sacrée. Le récit du bouvier attire l'attention sur cette représentation réifiée d'Iphigénie, lors d'un processus d'autant plus étonnant que la princesse a tiré les ficelles de l'action pendant la majeure partie du drame. Au dénouement, qui se déroule pourtant selon ses instructions, elle change de fonction pour devenir l'objet qu'on emporte, le double charnel de la statue divine :

> « Là-dessus, un grand flot ayant porté la nef vers la côte, la [vierge] eut peur de s'avancer dans l'eau. Oreste la chargea sur son épaule gauche. Il descendit en mer, il bondit sur l'échelle et déposa sa sœur dans la nef bien pontée, sa sœur, avec l'objet tombé du ciel, l'image de la fille de Zeus ! »[82]

L'enlèvement est symbolique à plus d'un titre : il évoque les pratiques matrimoniales et notamment les traditions de l'époque homérique où « le jeu des échanges matrimoniaux [obéit] à des règles très simples et très libres, dans le cadre d'un commerce social entre grandes familles nobles […] ; commerce où les femmes jouent un rôle de biens précieux, comparables à des *agalmata* »[83]. Cette conception survit dans le statut juridique de la femme à l'époque classique, statut caractérisé par leur éternelle immaturité légale[84].

Ce statut implique une passivité du féminin dans un monde d'hommes ; en même temps, il peut apparaître comme l'effort constant fourni par ce même monde pour canaliser une race – γένος – dont les débordements l'effraient. Claude Mossé rappelle notamment que le mythe de Pandore fonde une partie de cette conception d'un féminin parent des forces obscures : « Du côté de l'homme, la culture et la civilisation, la guerre, la politique, la raison, la lumière ; du côté de la femme, la nature, la sauvagerie, les activités domestiques, la démesure, la nuit »[85]. Dans ce contexte, l'enlèvement de la femme

---

81. E. *Les Troyennes,* vers 1310.

82. Euripide, *Les Troyennes,* vers 1379-1385, trad. Léon Parmentier.

83. Jean-Pierre Vernant, *Mythe et Société en Grèce ancienne, Mythe et société en Grèce ancienne,* [*Textes à l'appui.* Maspero, 1974, Rééd. *Fondations,* La Découverte, Paris, 1988] *Points,* Seuil - « Le mariage », p. 62.

84. « Les femmes dans leur totalité étaient tenues pour d'éternelles mineures. Au même titre que les enfants, les étrangers et les esclaves, elles demeuraient en marge de la communauté, indispensables certes pour en assurer la reproduction mais sans droit aucun », rappelle Claude Mossé *in La Femme dans la Grèce antique,* Albin Michel, Paris, 1983. p. 40.

85. *Ibid.,* p. 98. On se souvient aussi de la misogynie de Sémonide d'Amorgos, dont l'*Iambe des femmes* recense dix types de femmes – parmi lesquels un seul échappe à la vindicte du poète, la *mélissa,* « l'épouse vertueuse à laquelle toutes les autres servent de repoussoirs. » – *Greek Elegy and Iambus.* Lœb Classical Library. Vol. II. p. 217. Harvard University Press[1931] 1993. Les dix

est l'acte décisif qui permet au héros de retrouver à la fois le chemin de la civilisation et la maîtrise de son propre destin. L'objectivation de la femme, alors envisagée comme un trophée, autorise son enlèvement et permet la victoire sur ces forces obscures qui sous-tendent le tragique ; dans ce processus, la femme adopte une passivité qui rassure le monde viril et permet le rétablissement de son ordre.

***

L'effacement du corps

Le théâtre moderne ne renie pas tout à fait cette conception d'un féminin dont la passivité concurrence le *furor* hérité de Sénèque : la difficulté à régir son destin caractérise la femme dans les représentations dramatiques du XVIIᵉ siècle, et le propos prêté par Racine à Mathan, au sujet d'Athalie, ne laisse aucun doute sur la pérennité de l'*impotentia muliebris* : « Elle flotte, elle hésite ; en un mot, elle est femme »[86]. La « faiblesse » féminine constitue donc un topos résistant ; et lorsque se produit le déchaînement incontrôlable propre à certains caractères tragiques, le scandale surgit aussi de cette contradiction avec la *doxa*, c'est-à-dire avec l'image d'un féminin souvent réduit à l'impuissance.

L'enlèvement est un événement propre à illustrer ce topos. Il est cependant rare, puisque moins chargé de significations que dans l'Antiquité. Corneille s'y autorise dans l'*Andromède*, en le justifiant par l'intention poétique. L'épisode nourrit le spectacle grâce aux machines qui permettent de « détacher cette princesse, et [de] la reporter par-dessus les flots jusqu'aux lieux où ils l'avaient apportée au commencement » de l'acte III[87]. Dans ce double déplacement de la captive, le dramaturge met en place une nouvelle poétique du corps.

Car le corps féminin, lorsqu'il était objectivé, n'était présenté par la scène moderne qu'allongé dans la rigidité de la mort. Une pudeur bienséante retient là aussi la représentation d'un corps soumis qu'on peut emporter. Il faut donc que Sophonisbe soit morte pour que l'on parle de son corps, dans une pièce qui pourtant joue sur la puissance de ses attraits. Elle est ainsi offerte aux larmes de Massinisse selon la didascalie initiale de la scène ultime : « Plainte de Massinisse sur le corps de Sophonisbe »[88]. Le processus d'objectivation s'est accompli par la mort ; et bien que le trépas s'inscrive dans le prolonge-

---

types de femmes ainsi recensées ont successivement figure de truie, de renarde, de chienne, de femme de terre, de femme de mer, d'ânesse, de chatte, de jument, de guenon et d'abeille – aucune n'étant exempte de critique : Τήν τις εὐτυχεῖ λαβών· / κείνῃ γὰρ οἴῃ μῶμος οὐ προσιζάνει. (« Quelqu'un a-t-il le bonheur d'en garder une, à celle-là seulement ne s'attache aucune raillerie. »).

86. Racine, *Athalie*, III, 3.

87. Corneille, *Andromède*, III, 3 – la didascalie succède au combat de Persée contre le monstre.

88. Mairet, *La Sophonisbe*, V, 8.

ment de la captivité, le dramaturge ne franchit pas alors le pas qui assimile la captive à un objet. Avec *Andromède* en revanche, Corneille, autorisé par l'iconographie ovidienne, opère cette assimilation et retrouve la conception antique de la captivité en même temps qu'il se permet une focalisation sur le corps de son héroïne.

Le fait reste rare cependant : on l'a dit, les bienséances imposent à la mise en scène du corps des règles strictes et imposent la prudence aux dramaturges. Le corps de la captive subit les conséquences de cette rigueur dans les modalités de sa représentation, d'autant que tout enlèvement l'interprète comme trophée, donc objet de désir. L'économie observée dans le discours sur le corps, qui rend celui-ci comme absent du texte s'il ne l'est de la scène, accompagne la résignation de la captive ; et cette attitude révèle à la fois la faiblesse du personnage et son retrait du monde. L'enlèvement change de modalité : c'est la captive elle-même qui se soustrait aux regards. Ainsi Cléopâtre, lorsqu'elle reconnaît sa défaite contre Octavie à l'acte IV d'*All for Love*, refuse tout mouvement à son corps, qu'elle confie à d'autres mains et souhaite figer dans une immobilité cadavérique :

> *Lead me, my Charmion ; nay, your hand too, Iras :*
> *[…] Conduct me to some solitary chamber,*
> *[…] There I till death will his unkindness weep :*
> *As harmless infants moan themselves asleep.*

(« Conduis-moi, ma bien-aimée Charmion ; et donne-moi aussi la main, Iras […]. Menez-moi dans quelque chambre retirée. [...] Là je pleurerai jusqu'à la mort sa cruauté – et m'endormirai au milieu de mes plaintes, comme les enfants innocents. »)[89]

Cette prière rappelle celle qu'Hécube adressait à ses servantes dans *Les Troyennes* :

> « Menez-moi où j'aurai de la paille pour m'étendre et une pierre pour reposer ma tête ; c'est là qu'affaissée je veux me laisser mourir en me consumant (κατασξανθεῖσα) dans les larmes (δακρύοις). »[90]

La proximité entre les deux passages est telle qu'elle fait du second une citation du premier. Les deux tirades reprennent en outre les différentes attitudes observées dans les représentations de captives : l'enlèvement, les larmes, la faiblesse de l'enfance, et la fixité progressive du corps dans le voisinage de la mort. Ces attitudes, ici réunies comme en sommaire, constituent les *topoi* qui caractérisent la mise en scène des captives, tout au moins dans les drames qui observent à cet égard une économie parcimonieuse du discours. La mise en scène qui recourt à ces *topoi* répond ainsi à une première tendance et interprète la captivité sous l'angle de la passivité et de la résignation.

---

89. Dryden, *All for Love*, IV, vers 475-483.
90. *Les Troyennes*, vers 506-509. Trad. Léon Parmentier.

IV

Les gestes de la captive

A la réserve jusqu'ici observée dans l'attitude des captives, s'oppose ailleurs une gestuelle très développée qui présente un langage concurrent au discours verbal. Au contraire de ces captives immobiles, murées dans la résignation, d'autres adoptent ce langage du corps qui les fait entrer dans l'action, voire dans la réaction face à leur situation. Avec *Les Troyennes* et pour la première fois dans le corpus grec tel qu'il nous est parvenu, Euripide fait de la captivité un drame en accordant une attention soutenue à la gestuelle de ses personnages. La partition scénique ainsi établie dans le déroulement du drame conditionne nombre de mises en scène ultérieures. A cet égard encore, le texte d'Euripide est donc déterminant.

L'affaissement du corps

Il a déjà été question de la prostration d'Hécube, non seulement figée mais gisante. Le texte ne cesse de mentionner cette attitude qui définit la protagoniste dès sa première apparition : « voici Hécube, couchée (*κειμένη*) devant ces portes »[91]. Hécube explique elle-même cette position que le discours mentionne à maintes reprises :

> « Oh, pauvre de moi, mes membres effondrés sous la rigueur du sort, gisante (*ὡς διάκειμαι*), le dos étendu sur cette une couche dure, hélas ! ma tête, pitié ! mes flancs... »[92]

L'usage du génitif établit directement la relation entre le moi et ce corps : les souffrances physiques extériorisent la peine éprouvée. Jacqueline de Romilly considère la récurrence du verbe *κεῖσθαι* dans la pièce comme l'expression favorite de la souffrance : « L'âge, joint à la souffrance, précipite à terre les personnages d'Euripide ; et le pathétique de leur faiblesse est ainsi mis en pleine lumière »[93]. On ne saurait lier l'importance de ces deux facteurs dans l'attitude d'Hécube ; mais sa spécificité va au-delà car, si les vieillards de tragédie ont une démarche chancelante – tel Œdipe à Colone –, ils ne tombent pas. L'affaissement complet du corps reste propre à Hécube dans *Les Troyennes*, comme dans le drame qui porte son nom.

Cet affaissement est exactement lié à la situation de captivité. Lorsque la reine n'est pas allongée sur la scène, elle occupe une autre fonction, celle de

---

91. Euripide, *Les Troyennes*, vers 37.
92. *Ibid.*, vers 112-116.
93. Elle met en relation l'affaissement d'Hécube dans les pièces qui la représentent et ce propos du vieil Amphitryon dans *Héraclès*, qui « ne peut plus brandir la lance » et que « ses amis du chœur ont peine à déplacer » : « Ne fatiguez pas en vain vos membres et vos pieds alourdis par l'âge... Prends les mains et le vêtement de celui dont le pied débile reste en arrière. Vieillard, guide les pas du vieillard. » – Euripide, *Héraclès*, vers 119 sqq. in *La Modernité d'Euripide*, *op. cit.*, chap. II : « Un théâtre de la souffrance », p. 86.

spectatrice. Car Hécube dans *Les Troyennes* est tout à la fois le paradigme de la captivité et sa spectatrice privilégiée. La pièce est en effet rythmée par les apparitions de ses filles ou belles-filles que l'on emmène en esclavage, tandis que, à la même cadence, tombe le corps d'Hécube. Elle s'effondre par exemple lorsque sort Cassandre, après l'explosion de son délire bachique – alors la Coryphée rappelle à l'ordre le chœur des servantes :

> « Gardiennes de la vieille Hécube, ne voyez-vous pas que votre maîtresse, sans un cri, tombe là étendue ? Saisissez-la donc. Allez-vous, cruelles, abandonner votre vieille reine ainsi gisante ? Relevez son corps. »[94]

Hécube elle-même résiste à l'injonction et justifie son attitude par sa pertinence avec la situation : « voilà qui convient à ce que je souffre, à ce que j'ai souffert, à ce que je souffrirai encore »[95] – vers 467-468. Dans la suite de sa tirade, Hécube évoque son passé ; elle reste alors couchée sur le sol, dans une attitude qui rappelle la vanité de cette prospérité révolue. L'affaissement de la reine agit aussi ironiquement.

La vieille reine utilise en effet le lexique de la chute pour narrer son histoire : « le sort le plus malheureux s'est abattu [sur moi]($προσέπεσον$) »[96]. Dans l'ensemble de la pièce, ce lexique s'applique aussi aux deux événements qui ont provoqué la situation de captivité : la mort du roi et la défaite de la cité. Ainsi, le prologue crée lui-même l'analogie entre la position d'Hécube et la fin de Priam, « tombé, frappé à mort, contre les marches de l'autel de Zeus »[97]. L'affaissement d'Hécube répète ainsi dans le vivant ce qu'ont vécu les remparts de Troie : « Adieu donc, ville jadis fortunée, adieu, bel appareil de tes remparts ! Si Pallas, fille de Zeus, n'avait pas voulu ta ruine ($διώλεσε$), tu serais encore debout sur tes fondements »[98]. L'invocation ouvre la pièce : le prologue mentionne d'abord la chute de Priam, puis l'affaissement de la vieille reine, enfin l'écroulement des remparts. Le lexique de la chute et de la perte traverse ainsi les cinquante premiers vers de la pièce et tisse un réseau analogique entre l'époux, la cité qu'il gouvernait, et la captive qui leur survit[99].

Le reproche adressé par Cassandre à sa mère renforce d'ailleurs cette contiguïté entre les événements et le spectacle du corps d'Hécube : « …toute aux larmes et aux gémissements, tu ne fais que pleurer mon père mort et ma chère patrie »[100]. La reine, elle, revendique cette attitude et refuse à ses sui-

---

94. *Ibid.*, vers 462-465.

95. *Ibid.*, vers 467-468.

96. *Ibid.*, vers 290-291.

97. Euripide, *Les Troyennes*, vers 16-17, trad. Léon Parmentier, Belles Lettres.

98. *Ibid.*, vers 45-47, trad. cit.

99. Le rapport analogique entre l'histoire de l'époux et l'attitude de la captive qui lui survit se manifeste plus loin lorsque survient Andromaque, debout sur un char : cette posture rappelle la fin d'Hector, humilié par le char d'Achille. Elle évoque en outre la défaite de la cité, vaincue par un autre char monstrueux – ce « long char aux quatre roues, dont la funeste entrée a fait d'[elle], hélas ! une captive de la Grèce » – *ibid.*, vers 515-517. Cette description est chantée par le Chœur avant que n'entre Andromaque, « transportée sur un char étranger » : la proximité des deux véhicules construit l'analogie entre la captive et sa cité.

100. *Ibid.*, vers 315-317. Trad. cit.

vantes le droit de la redresser : « Pourquoi me relevez-vous (ὀϱϑοῦτ) ? »[101]. Le verbe utilisé est particulièrement expressif : d'après Bailly, ὀϱϑοῦν signifie « redresser ce qui est courbé ou ployé » ; on le trouve volontiers associé à une maison ou à une ville – pour illustrer ce sens, il cite l'expression πόλις ὀϱϑουμένη (2. 60), qu'il propose de traduire par : « une ville prospère ». Au vers 993 de l'*Iphigénie en Tauride*, la princesse éponyme souhaite également « relever la maison paternelle » : πατϱῷον ὀϱϑῶσαι. Le verbe a encore un sens plus abstrait qui concerne le droit, la réputation ou l'honneur : son champ sémantique donne toute sa portée au propos d'Hécube qui, par ce lexique, dénonce à la fois l'irrégularité et l'indignité de la situation – la sienne et celle de Troie.

L'analogie persiste jusqu'à la fin du drame : alors que Troie s'écroule dans les flammes, Hécube sort brutalement de sa torpeur pour courir s'y jeter, estimant que « [sa] gloire est de mourir dans l'embrasement de [sa] patrie »[102]. Dans ce dénouement virtuel – Talthybios survient à temps pour empêcher l'accomplissement du sacrifice –, Hécube s'assimile complètement à sa cité, dont elle souhaiter épouser la fin. Le cheminement poétique élaboré au cours de la pièce aboutit à cette métamorphose du personnage d'Hécube, qui, de reine de Troie, est ainsi devenue l'un de ses avatars.

L'héritage euripidéen est à cet égard sensible chez Sénèque. Au début de ses *Troyennes*, le discours d'Hécube déploie largement le lexique de la verticalité : « Elle est tombée / L'œuvre sublime des dieux / La puissante colonne de la puissante Asie / Troie s'est écroulée »[103]. Contrairement à son prédécesseur, Sénèque mentionne peu les attitudes d'Hécube ; en revanche, il personnifie Troie lors même qu'il la présente en plein écroulement : « Pergame blessée à mort / S'est couchée… »[104]. La personnification révèle un état avancé de l'assimilation de la captive et de la cité : l'une et l'autre sont désormais confondues dans une même posture.

En opposition à l'affaissement, le vainqueur est « debout / Ivre de rage, assoiffé de vengeance » et « suit des yeux la lente chute d'Ilion »[105]. La concomitance des deux descriptions dans le texte approfondit l'analogie en créant une opposition dialectique entre vainqueur et vaincue ; elle confère également une dimension sexuée à la cité défaite, définie par l'horizontalité tandis que le vainqueur se caractérise par une attitude verticale : l'allusion installe ce couple dramatique qui se retrouve à l'époque moderne dans les multiples confrontations entre captives et vainqueurs… La réécriture latine des *Troyennes* propose ainsi une lecture du texte grec : l'allégorie suggérée par le premier est reprise et accentuée par son successeur, tandis qu'un lexique commun, celui de la chute, sert de fil rouge à cette émergence.

***

---

101. *Ibid.*, vers 505.
102. Euripide, *Les Troyennes*, vers 1282-1283, trad. Léon Parmentier, Belles Lettres.
103. Sénèque, *Les Troyennes*, trad. Florence Dupont, éd. cit.
104. *Ibid.*
105. *Ibid.*

Les gestes du deuil

L'attention nouvelle accordée par Euripide à la gestuelle lui confère une dimension sémantique propre et donne ainsi une résonance particulière au spectacle de théâtre qui, pour être moins pur peut-être, n'en apparaît que plus original dans le paysage dramatique grec. D'une manière générale, la conception du spectacle chez Euripide considère la gestuelle comme un prolongement redondant du discours. L'une des expressions physiques les plus manifestes de la captivité concerne notamment le deuil. A plusieurs reprises, le texte des *Troyennes* mentionne ces gestes révélateurs de leur affliction – Hécube évoque ainsi ses « cheveux rasés en signe de deuil » et « sa tête lamentablement ravagée »[106]...

La mort des hommes troyens est la justification la plus immédiate de cette attitude, que les captives adoptent également quand elles apprennent le nom de leurs maîtres. Ainsi, lorsque Talthybios annonce à Hécube qu'elle échoit à Ulysse, la reine renouvelle les gestes du deuil : « meurtris ta tête rasée, déchire avec tes ongles tes deux joues ! »[107]. Cette « poétique de la douleur »[108] distingue le théâtre euripidéen dont l'originalité repose en partie sur « ce renforcement du pathétique qui tend à multiplier les spectacles de souffrance »[109]. L'évolution du thème chez Sénèque confirme le retentissement de cette innovation en amplifiant l'expression du deuil. Dans une longue tirade d'ouverture, Hécube pleure ainsi tout ensemble la chute de Troie, la mort des siens et la captivité des femmes ; la manifestation du deuil fait l'objet, à la fin de cette tirade, d'un appel à un déchaînement rituel :

Lamenta cessant ? Turba, captivae, mea,
Ferite palmis pectora, et planctus date,
et justa Tojae facite...[110]

« Mais vous ne pleurez pas, tristes captives, compagnes de mes malheurs ! Frappez vos seins, gémissez, célébrez les funérailles de Troie... »

L'appel est entendu par le Chœur, qui donne alors libre cours à l'émotion et se réclame de sa propre expérience – *Non rude vulgus lacrimisque novum / Lugere jubes* (« Tu commandes un peuple de pleureuses endurcies... »)[111]. Hécube renchérit en étendant à tout le corps les gestes de l'affliction :

Solvite crinem : per colla fluant
Mœsta capilli tepido Trojae
Pulvere turpes : paret exsertos
Turba lacertos : veste remissa
Substringe sinus, uteroque tenus
Pateant artus...   .../...

---

106. Euripide, *Les Troyennes*, vers 141-142, trad. Léon Parmentier.
107. *Ibid.*, vers 279-280.
108. L'expression est de V. di Benedetto, *Teatro e societa*, p. 224-238, et citée par Jacqueline de Romilly in *La Modernité d'Euripide*, p. 108, *op. cit.*.
109. *Ibid.*, p. 73.
110. Sénèque, *Les Troyennes*, vers 63-65, trad. Eugène Greslou.
111. Sénèque, *Les Troyennes*, vers 63-65, trad. Florence Dupont.

« Cheveux dénoués
Nuques souillées par la cendre tiède de Troie
Préparez-vous au deuil !
Robes arrachées
Nues jusqu'au ventre et les bras sans entraves
Préparez-vous ! »[112]

Le théâtre moderne perdra l'expressivité débordante de la représentation latine, liée aux *realia* de son contexte ; mais la captive continuera d'utiliser le lexique du deuil pour exprimer la souffrance liée à sa situation.

D'autant que la gestuelle est signifiante : elle rappelle la relation de contiguïté, presque de familiarité, entre la captivité et cette mort qu'il est impossible de mettre en scène mais qui exerce une fascination constante sur les spectateurs. La signification a été voulue par Euripide : certains gestes la révèlent, notamment ceux qui s'inscrivent dans un rituel, tel que le décrit la reine à la fin du drame : « j'approche du sol mes membres flétris, et de mes deux mains je frappe la terre »[113]. Ainsi s'adresse Hécube à ses enfants défunts, « au-delà de la mort » selon les mots du Chœur[114] ; l'attitude donne une autre signification à l'affaissement de la reine : la proximité du corps avec le sol confirme la relation entre le personnage vivant et le monde des morts.

Lorsque Hécube prend à témoin de ses malheurs l'ombre de Priam[115], la scène est une citation du passage des *Perses* où Atossa, reine d'un peuple vaincu, convoque l'ombre de son époux. L'invocation n'a pas le même retentissement puisque l'ombre de Priam n'apparaîtra pas ; et cependant les deux scènes manifestent la relation privilégiée entre la reine veuve et l'univers chthonien. Cette relation entre le féminin et le monde souterrain est de nature traditionnelle dans le monde grec, d'autant plus que la religion, comme le rappelle Claude Mossé, est le « seul domaine où la femme de naissance légitime se trouvait réellement intégrée à la vie de la cité » : « la femme, gardienne du foyer domestique, était par là même un acteur important de la religion privée »[116]. Les gestes accomplis appartiennent donc à un féminin lié au monde souterrain de manière institutionnelle ; entre ce féminin, la captivité et la mort apparaît ainsi un réseau de relations naturellement tissées par la coutume et reprises par la tragédie. Les gestes d'Hécube sont ceux que la tradition prête aux femmes ; la situation de captivité leur donne de surcroît leur résonance poétique.

L'insistance permanente sur l'affliction d'une captive ouvre une voie à cette représentation de l'au-delà, et contribue ainsi à l'efficacité du spectacle. La gestuelle agit ainsi comme l'un des éléments qui révèlent la dimension symbolique de la captivité ; ses combinaisons créent la grammaire qui guide le spectateur vers une signification immédiate et un effroi sans doute délectable.

***

---

112. *Ibid.*, vers 84-89, trad. Florence Dupont.
113. Euripide, *Les Troyennes*, vers 1305-1306. Trad. Léon Parmentier.
114. Euripide, *Les Troyennes*, vers 1304.
115. *Ibid.*, vers 1313-1315.
116. Claude Mossé, *La Femme dans la Grèce antique, op. cit.*, appendice III : « Les femmes et la religion », p. 152.

La captive suppliante

Cette relation au religieux se retrouve également dans l'attitude de la supplication. C'est la posture adoptée par le Chœur des Troyennes lorsqu'il répond à la vieille Hécube en prière : « A mon tour, mettant le genou à terre, j'évoque des enfers mon malheureux époux »[117]. Le genou en terre est ici un geste de déférence à l'intention des morts ; d'une manière plus générale, il caractérise le suppliant – ἱκέτης – dont c'est en effet la position privilégiée.

L'attitude est elle-même topique en tragédie. Dans *Les Suppliantes*, Euripide décrit l'attitude consacrée, où se retrouvent également les gestes du deuil :

« De ma voix par l'âge affaiblie,
Je te supplie, ô vénérable, tombée à tes genoux,
De racheter nos fils et de nous les rendre !
[…] Regarde avec pitié mes pleurs,
Mes pâles joues ridées déchirées par mes ongles ! »[118]

Lorsque, dans *Andromaque*, Hermione envisage avec effroi sa défaite, elle s'interroge avec angoisse : « De quel dieu me faut-il, suppliante, embrasser la statue ? Faut-il tomber esclave aux genoux d'une esclave ? »[119]. Le geste est avant tout celui de la prière ; il est aussi la transcription physique de la soumission et convient donc tout particulièrement au personnage tombé en captivité. Hermione prévient d'ailleurs sa rivale du sort qui l'attend après ses propres noces avec Néoptolème : « Tu devras ramper humblement, à genoux devant moi »[120]. Et Sénèque reprend l'idée au texte grec lorsqu'il prête à Andromaque cette recommandation formulée à l'intention d'Astyanax : « Tu es captif / Un prisonnier vit à genoux »[121]… La prosternation manifeste donc l'humilité qui doit caractériser les hommes lorsqu'ils s'adressent aux dieux, et les esclaves lorsqu'ils sont confrontés à leurs maîtres. Elle est une démonstration de faiblesse, qui peut revêtir le caractère d'un rituel dans le contexte religieux et qui, dans tous les cas, s'accorde avec la situation de captivité, indissociable de cette faiblesse.

Un réseau de significations permet ainsi la circulation du sens du dramatique au religieux : le théâtre d'Euripide représente la captive à terre, en constante relation avec le sol, prostrée dans un affaissement qui illustre sa situation ; mais ce contact lui-même peut être intégré à une cérémonie rituelle qui révèle le lien entre le vivant et le monde souterrain : la fréquentation du sol est aussi fréquentation des morts. La mise en scène imaginée par Euripide confirme à la fois la relation de la captivité à l'univers chthonien et sa dimension sacrée.

117. *Les Troyennes*, vers 1307-1309, trad. Léon Parmentier.
118. Euripide, *Les Suppliantes*, vers 42-44, trad. M. Delcourt-Curvers.
119. Euripide, *Andromaque*, vers 859-860, trad. Marie Delvourt-Curvers.
120. *Ibid.*, vers 165.
121. Sénèque, *Les Troyennes*, vers 800 sqq., trad. Florence Dupont.

V

Le corps désiré : l'ombre d'Hélène

Le théâtre moderne doit beaucoup à la mise en scène euripidéenne de la captivité. S'y retrouve notamment l'attitude de la supplication, indice de soumission devenu univoque puisque le caractère rituel s'est perdu dans le changement d'idéologie religieuse.

La scène classique s'inspire tout particulièrement de l'attitude d'Hélène dans *Les Troyennes*. Confrontée à Ménélas qui lui promet l'esclavage, elle plaide sa cause à genoux, conformément donc à une captive : « Je suis à tes genoux ; cesse de m'imputer un mal qui vient des dieux ; ne me tue pas, pardonne »[122]. Cependant, la personnalité d'Hélène confère à son attitude une autre connotation : la séductrice, pour un moment captive, cherche moins à se rapprocher du sol en un geste rituel qu'à attendrir son époux. Et c'est cette dimension brièvement accordée par la scène antique à la génuflexion que le théâtre moderne reprend et généralise.

Ainsi, chez Mairet, Sophonisbe adopte aussitôt la position de la suppliante lorsqu'elle voit surgir Massinisse en vainqueur : « Nous vous en conjurons, mes disgrâces et moi [...] Par ces sacrés genoux de mes larmes lavés »[123]. La princesse explicite l'intention liée à la posture dans laquelle elle s'entête malgré les objurgations de son vainqueur : « Non, Seigneur, que mes pleurs n'obtiennent ma demande »[124]. Massinisse adoptera plus tard la même attitude face à Scipion, la décrivant en des termes semblables pour requérir la liberté de son épouse : « Par ces mains que je baise, et ces pieds que j'embrasse... »[125] ; on lui répond le même « Levez-vous » que celui qu'il avait adressé à Sophonisbe à l'acte III : les deux scènes sont construites en écho. Toutefois, l'effet de la génuflexion n'est pas le même : la Carthaginoise fléchit son vainqueur dans la première scène, tandis que la requête de Massinisse demeure non avenue. Il semble que la posture gagne en efficacité lorsqu'elle est déclinée au féminin.

Dans la scène parente de *La Conquête de Grenade*[126], Almahide adopte également l'attitude de la suppliante. La didascalie qui inaugure cette rencontre restitue à la princesse maure la position de la princesse carthaginoise : *Almanzor returns ; she falls at his feet...* (« Almanzor se retourne ; elle tombe à ses pieds »)[127]. Comme Sophonisbe, Almahide entame une prière : *I beg your grace* (« Je mande votre pitié »)[128]. Dryden choisit en revanche de prolonger l'effet produit par la position de la princesse : un long échange s'ensuit entre

122. *Les Troyennes*, vers 1042-1043.
123. Mairet, *La Sophonisbe*, III, 4, vers 841 / 846.
124. *Ibid.*, vers 851.
125. *Ibid.*, IV, 3, vers 1284.
126. Il a déjà été question de cette parenté, qui porte à envisager le texte de Dryden comme une citation de celui de Mairet.
127. Dryden, *La Conquête de Grenade*, première partie, acte III.
128. *Ibid.*, vers 318.

elle et son vainqueur, sans qu'il ne l'invite à se relever. Almanzor au contraire commente par-devers lui le tableau que lui offre sa captive ainsi agenouillée – et dévoile en même temps l'intention dramaturgique : *A suppliant beauty cannot be denied* («On ne saurait rien refuser à une beauté en prière »)[129]. Voilà enfin reconnu l'intérêt de la posture : le geste de soumission est désacralisé ; il devient une arme victorieuse pour une captive dont la puissance érotique est désormais admise.

Il est intéressant à cet égard de voir comment Tristan ménage les deux aspects lorsqu'il montre Mariane à genoux : l'attitude est présentée comme un effet de sa religion, et n'a pas pour intention d'apitoyer un vainqueur qu'elle dédaigne. Encore cette position n'est-elle pas représentée en scène mais rapportée par Narbal lorsqu'il restitue les derniers instants de la reine :

> « Etant sur l'échafaud,
> Elle joignit les mains, leva les yeux en haut,
> Conjurant à genoux la divine Puissance
> De rendre manifeste à tous son innocence. »[130]

Une savoureuse ambiguïté est ainsi ménagée : Mariane suppliciée adopte l'attitude sacrée ; mais cette posture n'est pas dépourvue d'un attrait érotique d'autant plus certain que le récit s'adresse à Hérode. La fin du récit prolonge l'équivoque, lorsque, après avoir rapporté les dernières paroles de la martyre, Narbal a ce vers sommaire : « Puis elle offrit sa gorge et cessa de parler »[131]. Le mouvement de la reine au seuil de la mort confère à sa position une séduction qui n'échappe pas d'ailleurs à Hérode – sa première réaction est pour déplorer d'« avoir ôté la vie à des beautés si rares »[132]. On a constaté déjà l'extrême parcimonie du discours à l'égard du corps de Mariane, parcimonie accrue par les corrections de Tristan ; le dramaturge s'autorise toutefois cette ultime référence à un érotisme sous-jacent dans l'ensemble de la pièce. Et c'est à l'attitude de supplication qu'il confie cet effet qui, pour être unique, doit en être plus puissant.

Malgré la rareté des didascalies et autres indications voulues par les dramaturges, la mise en scène révèle l'évolution imprimée à la représentation des captives, peu à peu valorisées dans leur dimension iconographique. Sur les théâtres antique et moderne, la captive s'agenouille toujours, mais, au temps de Mairet, on est loin de l'invocation aux morts : si le monde chtonien peut encore être sensible dans le voisinage de la captivité, d'autres forces l'emportent lorsqu'elle s'agenouille une captive. Eros le dispute aux forces souterraines.

De cette interprétation moderne, la posture antique acquiert une fonction dramatique. Emu par le spectacle de la captive agenouillée, le vainqueur fléchit à son tour. Chez Mairet, Massinisse exprime son trouble en notant le renversement de la situation : « Dieux ! faut-il qu'un vainqueur expire sous les coups / De ceux qu'il a vaincus ? Madame, levez-vous »[133]. Dans ce renverse-

---

129. *Ibid.*, vers 365.
130. Tristan L'Hermite, *La Mariane*, V, 2, vers 1529-1532.
131. *Ibid.*, vers 1550.
132. *Ibid.*, vers 1559.
133. Mairet, *La Sophonisbe*, III, 4, vers 849-850.

ment des forces entre le vainqueur et sa captive, l'injonction a valeur d'une prière ; et le Numide en viendra vite à l'aveu de sa défaite... Par la génuflexion, la captive fléchit son vainqueur et infléchit le cours du drame : *Ev'n while I speak and look, I change yet more ; / And now am nothing that I was before.* (« Alors même que je parle et que je vous regarde, je subis un changement plus grand encore ; et plus rien maintenant ne reste de ce que je fus »)[134], reconnaît Almanzor. Le même effet se rencontre dans *La Mariane* : après que Narbal a peint la reine en son supplice, Hérode éprouve un sursaut de passion qui induit le remords, puis la folie, et accorde à la martyre une victoire posthume : « Comment, je vis encore, et Mariane est morte ? »[135], s'exclame Hérode dans une tirade qui enfle jusqu'à un appel au chaos où s'entend l'écho ténébreux du Golgotha : « Que leur Temple orgueilleux parmi ces mouvements, / Se treuve renversé jusqu'en ses fondements »[136]. La poétique antique croise l'idéologie chrétienne ; la victoire de Mariane est entière sur les plans dramatique et métaphysique. Et c'est par l'exercice de la soumission qu'elle atteint ce degré de puissance.

Le paradoxe n'est opérant que pour les personnages féminins, et lié de ce fait au pouvoir de séduction exercé par la captive. Car l'homme qui se met à genoux signe en revanche son arrêt définitif : Massinisse ne fléchit pas Scipion qui rétorque à son geste que « rien ne peut changer cet immuable arrêt »[137]. Chez Rotrou par exemple, la représentation d'Hercule aux genoux d'Iole manifeste la suspension de la geste héroïque et l'imminence de sa mort : l'attitude illustre le paradoxe du vainqueur vaincu par sa captive. Le théâtre de Sophocle suggérait déjà cette ironie ; la scène moderne la représente.

Dryden joue du topos lorsqu'il met Antoine en scène dans *All for Love*. Lors de sa première apparition, la didascalie dissipe toute équivoque sur sa position : *having thrown himself down*. Le général romain retrouve cette posture à la fin du drame après un suicide échoué : alors qu'il appréhende l'arrivée d'Octave, il choisit une position dont il escompte le salut :

> *If he should find me living, and suspect*
> *That I played booty with my life ! I'll mend*
> *My work ere they can reach me.*

(« Si jamais il me trouve vivant, et soupçonne que j'ai joué son butin contre ma vie! Je vais rectifier mon œuvre avant qu'ils puissent m'atteindre. »)[138]

La didascalie explicite ensuite cette déclaration un peu obscure : *Rises upon his knees* (« il tombe à genoux »). Mais l'attitude d'Antoine est trompée : c'est Cléopâtre qui entre en scène avec ses suivantes ; c'est donc devant elle que le général se trouve ainsi « affaissé ». L'un des présupposés du drame, selon lequel Antoine est captif de la reine égyptienne et de ses charmes occultes, trouve ici une illustration de choix. Dans ce réinvestissement du topos sur un

---

134. Dryden, *La Conquête de Grenade*, première partie, III, vers 334-335.
135. Tristan L'Hermite, *La Mariane*, V, 2, vers 1572.
136. *Ibid.*, vers 1629-1630.
137. Mairet, *La Sophonisbe*, IV, 3, vers 1294.
138. Dryden, *All for Love*, V, 352-354.

personnage masculin se retrouve l'ironie à l'œuvre chez Rotrou : il n'est pas dans la vocation d'un héros de s'attirer la pitié. Le héros captif est méprisé, tandis qu'on désire la captive à genoux.

La mise en scène moderne de la captivité ne lui prête pas d'autre attitude que la génuflexion, héritée de l'antique et chargée d'une dimension nouvelle. Si la position est d'abord le signe de la soumission, elle offre en outre au personnage qui y recourt la possibilité d'une réaction. Si l'on accepte de traiter cette génuflexion comme un acte dramatique, au contraire des autres attitudes répertoriées, il faut en outre la considérer comme la position la plus active de toutes celles qui caractérisent la captive. Le théâtre grec autorisait différentes attitudes de rébellion à ses personnages de captives – complot fomenté par Hécube chez Euripide, bacchanale de Cassandre... Toutes disparaissent de la scène moderne. En fait, des attitudes antiques n'en subsistent que deux : l'affaissement, manifestation de la défaite ; et la génuflexion devant le vainqueur, attitude de soumission. Mais alors que les révoltes antiques ne modifiaient aucunement le sort des captives, la prosternation est à l'origine d'un renversement qui seul permet une libération.

L'enchaînement est topique – en témoigne sa reprise outre Manche – et induit une modification essentielle de la relation entre la captive et son vainqueur : inexploitée sur la scène antique, cette confrontation passe au premier plan des représentations modernes. Le vainqueur conquiert la captive ; la captive séduit (*se ducit*) le vainqueur : les deux événements exercent sur l'action des mouvements contraires qui la nourrissent et constituent une partie de sa tension. Eros a fait son entrée sur scène : le pathétique n'est plus le seul ingrédient de la captivité, désormais envisagée dans une autre perspective. Le thème tragique, dont la gravité ne saurait être remise en cause, cède parfois aux œillades de la galanterie.

CHAPITRE II
La part du discours

La part du discours accordée à chacune des captives dans le drame qui la fait apparaître est un autre élément déterminant dans la construction scénique du personnage. Dès ses premières mises en scène, la captive apparaît dans un rapport complexe au discours, que peuvent aussi bien caractériser l'*absence*, l'*excès*, et toujours l'*ambiguïté*. La diversité des attitudes prêtées par Eschyle et Sophocle à leurs captives, invite à interroger ce rapport entre captivité et langage : Cassandre et Iole sont toutes deux confrontées à la reine qui les accueille sur leur terre de captivité, toutes deux présentées en trophée par un roi victorieux ou par son messager ; et cependant, elles adoptent l'une et l'autre deux attitudes dans lesquelles l'usage du langage est significatif de leur statut.

I
L'invasion du silence

Un silence minéral

Cassandre, la première des captives antiques que nous connaissions, pose déjà problème à son entourage par la manière étrange dont elle use du langage – étrangeté d'abord imputée à la barbarie de ses origines[1]. A bien des égards, la rencontre entre Clytemnestre et Cassandre est fondatrice, et la progression de la scène mérite à ce titre une minutieuse observation.

L'échange avec la captive s'engage mal ; Clytemnestre le souligne en prenant soin de lui préciser : « C'est à toi, Cassandre, que je parle »[2]. L'attitude de Cassandre semble hermétique, puisque le Chœur lui notifie à nouveau sa position de destinataire, à la fin de la tirade de Clytemnestre : « C'est à toi qu'elle vient de parler et en termes clairs »[3]. Le mutisme dans lequel s'obstine la captive prête lui-même à interprétation : le Chœur l'attribue au barrage de la langue : « L'étrangère aura besoin, ce semble, d'un interprète (Ἑρμηνέως) clair »[4] ; l'hypothèse fait contrepoids au grief d'orgueil qui pèse sur Cassandre

---

1. Nous avons déjà eu l'occasion d'aborder la question de la barbarie dans l'étude de l'espace : cf. 2ᵉ partie.
2. Eschyle. *Agamemnon*, vers 1035, trad. Emile Chambry.
3. *Ibid.*, vers 1047.
4. *Ibid.*, vers 1062-1063.

du fait de son mutisme. Clytemnestre imagine d'emblée cette signification et enjoint à la Troyenne de « déposer son orgueil »[5]. Elle souligne elle-même que le fait de lui adresser la parole est une concession à son rang, une preuve de bonne volonté :

> « Si elle n'a pas un langage inconnu et barbare, comme l'hirondelle, je veux bien essayer en lui parlant de faire entrer la persuasion dans son cœur. »[6]

Et lorsque, face au mutisme de Cassandre, Clytemnestre se prend d'impatience, elle rappelle encore la bonne volonté dont elle a fait preuve, et la relation entre le langage et le rang : « Je ne m'abaisserai pas à lui parler davantage »[7]. Parler, c'est tenter d'admettre l'autre dans son univers, témoigner de son hospitalité, et surtout se mettre pour le temps du discours au même rang que son interlocuteur. Au contraire, le mutisme observé par Cassandre la range dans la marge, du côté des extrêmes : extrême de l'animalité – « ses manières sont celles d'une bête qu'on vient de capturer »[8] ; extrême de la folie – « elle est folle à coup sûr... » (Ἦ μαίνεταί γε...)[9] ; extrême de l'orgueil (*hybris*)[10]. Cette dernière interprétation est savoureuse de la part de Clytemnestre et trouve une place de choix dans un drame tout entier consacré à l'*hybris*. Mais les trois hypothèses sont elles-mêmes fondatrices quant à l'usage que la captive peut faire du discours, et du silence.

Aucun dramaturge n'a donné de ce silence une version plus aboutie que Sophocle dans *Les Trachiniennes*. Si le mutisme d'Iole s'explique par la répartition des rôles sur un nombre limité d'acteurs, il n'en acquiert pas moins au fil de la scène une résonance qui fait sa puissance dramatique. Pendant tout l'échange entre Lichas et Déjanire, au deuxième épisode, Iole demeure en effet muette. Contrairement à celle de Cassandre dans *Agamemnon*, cette attitude ne fait l'objet d'aucun jugement. Tout au plus Lichas en observe-t-il la constance : « Elle aura bien changé si sa langue se délie ; un mot, elle n'a pas proféré un seul mot ! »[11]. La remarque, formulée sur un ton neutre, constate l'échec de Déjanire qui ne parvient pas plus que Clytemnestre à communiquer avec la captive de son époux.

Cependant, si la reine d'Argos décidait finalement d'ignorer l'attitude de la captive troyenne en lui renvoyant son mépris, l'épouse d'Hercule exprime au contraire son respect pour la jeune princesse : « Laissons-la donc en paix. Qu'elle entre sous ce toit avec le moins de déplaisir possible, et qu'à ses chagrins présents je n'aille pas moi-même en ajouter un à mon tour... »[12]. Le propos ne manifeste pas seulement l'indulgence ; il entérine la victoire paradoxale

---

5. *Ibid.*, vers 1039.
6. *Ibid.*, vers 1050-1052.
7. *Ibid.*, vers 1068.
8. *Ibid.*, vers 1063.
9. *Ibid.*, vers 1064.
10. Lorsque Cassandre parle, à la fin du drame, c'est en prophétesse et non plus en captive. Son discours ne remet donc pas en cause l'efficacité de cette scène initiale.
11. Sophocle, *Les Trachiniennes*, vers 322-324, trad. Robert Pignarre.
12. *Ibid.*, vers 330-332. Trad. Paul Mazon.

d'Iole qui oppose le mutisme à la curiosité de Déjanire. Car la reine a accumulé les questions sur son identité :

> « Dis-moi, infortunée, mêlée à ces jeunesses, qui es-tu ? Es-tu fille ou as-tu déjà des enfants ? (…) Tu dois être de noble maison, en tout cas. Lichas, de quelle famille est-elle issue ? Quels sont ses parents ? Ne me cache rien. »[13]

Tandis que Lichas élude les questions de Déjanire, celle-ci les réitère : « [Appartient-elle]A la famille royale, peut-être ? N'y avait-il pas une fille d'Eurytos ? (…) N'as-tu pas appris son nom par une de ses compagnes ? »[14]. Lichas éludant toujours, elle se tourne à nouveau vers la captive, qu'elle tente de mettre en confiance : « Tu peux te confier à moi, pauvre jeune femme. Tu ne peux qu'aggraver ton malheur en nous cachant qui tu es »[15]. En vain ; finalement Déjanire lui enjoint, avec l'indulgence qu'on sait, d'entrer dans sa maison. Ce faisant, elle reconnaît une double défaite : d'une part, elle admet et excuse une captive qui, appelée à devenir son esclave, se refuse à lui obéir en gardant ainsi le silence face à ses questions pourtant insistantes ; d'autre part, elle lui ouvre l'accès à sa maison, bien que son origine lui soit toujours cachée. Elle autorise ainsi que le secret et le mystère se répandent au sein de l'*oikos*.

L'irruption du Messager, qui survient juste après que le cortège des captives est entré dans le palais, souligne cette incohérence : « il faudrait que tu apprennes, mais en-dehors d'eux, à qui tu ouvres là ta porte, et que, des faits dont on ne t'a rien dit, tu saches tout ce que tu dois savoir »[16]. Mais la connaissance survient trop tard : Déjanire a perdu la partie dès lors qu'elle a accepté le silence et la désobéissance, et surtout sa propre ignorance. Détrompée, elle ne pourra que reconnaître sa défaite :

> « Hélas ! infortunée, en quel ennui me voilà donc ! A quel désastre aurai-je ouvert ma porte, et sans m'en douter, malheureuse ! (…) Je suis atterrée de ce que j'entends. »[17]

La question de l'identité de la captive occupe quasiment tout le deuxième épisode du drame, et s'étend sur deux cents vers, depuis le premier mensonge de Lichas jusqu'au moment où il reconnaît la vérité – « maintenant tu sais tout ». La dissimulation du premier messager et le silence d'Iole ont à part égale alimenté la confusion quant à l'identité de la jeune fille ; l'apparition du second messager change en débat ce qui d'abord était question ; la révélation finale en fait un problème, le « nœud » du drame. La reine entre dans la confusion en même temps que la captive dans sa maison : le silence alimente un mystère qui nuit à l'exercice vertueux de la raison ; celui de la captive alimente le réseau de mensonges qui entoure Déjanire, de Lichas au centaure, et la prend dans ses rets aussi sûrement que la tunique étreindra Héraclès.

Un rapport problématique au discours sous-tend ainsi l'ensemble de la pièce, qui présente le drame du langage et de sa relation à la vérité : ballottée

---

13. *Ibid.*, vers 308-312. Trad. Robert Pignarre.
14. *Ibid.*, vers 316.
15. *Ibid.*, vers 320-321.
16. *Ibid.*, vers 335-337. Trad. Robert Pignarre.
17. *Ibid.*, vers 375-378.

de mensonge en silence, la reine perd sa propre identité, se méconnaît dans son action pour s'être méprise dans le moyen[18]. Hyllos survient pour entériner le doute que Déjanire a ainsi formulé quant à sa propre identité : « je ne sais ce que j'aimerais le mieux, ou te voir morte, ou *qu'un autre t'appelât sa mère...* »[19]. La remarque du Coryphée à la fin du drame manifeste une forme de contagion du silence : « Quoi ! tu te retires sans dire un mot (σῖγ᾽) ! Songe que ton silence (σιγῶσα) donne des armes à ton accusateur »[20]. Le mutisme d'Iole était sa seule force ; celui de Déjanire formule en revanche l'aveu de sa défaite.

L'exploitation rigoureuse et symétrique du silence par le dramaturge des *Trachiniennes* donne à la pièce une dimension fondatrice dans la construction des rôles de captives. Il y a d'abord dans l'expérience du silence, en particulier sur une scène de théâtre, un risque majeur : parler, c'est agir ; se taire, c'est risquer de mourir... Dans cette relation se retrouvent deux des caractéristiques déjà envisagées de la captivité : le rapport au seuil, à la limite dont la ténuité garantit la dimension tragique du rôle, et la relation constante avec la mort[21]. Le silence d'Iole apparaît ainsi comme la traduction scénique la plus naturelle de sa situation, et le corollaire de l'immobilité.

***

Résonances du silence

L'irruption du silence constitue en outre une profonde mise en cause du discours. Les Trachiniennes offrent là encore un exemple fondateur, dans le développement de cette dialectique entre le tu et le dit : face au messager qui énonce le mensonge, la captive incarne une vérité muette, sous-entendue. Déjanire sent d'ailleurs intuitivement l'existence de cet implicite, qu'elle tente de percer à jour : l'insistance avec laquelle elle questionne la jeune femme et le messager sur son identité manifeste la tension que ce pressentiment suscite. Le tu, vérité interdite, constitue ainsi une forme d'hypotexte[22] que le spectateur connaît et qui nourrit le drame. Ce dernier naît ainsi de la confrontation permanente, au cœur du spectacle, entre deux discours : l'un proféré et erroné, énoncé par les personnages en scène ; l'autre, tacite, connu du spectateur mais ignoré de certains protagonistes, dénoncé par la présence de la captive sans que

---

18. « Si j'allais me découvrir criminelle... », pressent-elle au début du quatrième épisode. *Ibid.*, vers 666-667, trad. de Robert Pignarre : en substantivant l'action de Déjanire par le terme de « criminelle », Robert Pignarre met en évidence cette évolution involontaire de son identité.

19. *Ibid.*, vers 734-736. A la fin de l'épisode, il lui dénie à nouveau cette partie de son identité : « Ce nom auguste de mère, il n'est pas légitime de s'en prévaloir quand on n'a pas un cœur de mère. » – vers 817-818. trad. cit.

20. *Ibid.*, vers 813-814, trad. cit.

21. cf. 2e partie.

22. Le terme est utilisé ici dans un sens étymologique : « ce qui est sous le texte » ; les connotations techniques que lui ont apportées les analyses de Gérard Genette ne sont pas sollicitées dans cet emploi.

cette dénonciation ne prenne un effet immédiat – car elle est associée à l'impuissance, autre caractéristique attachée à la situation de captivité. Le silence de la captive invalide donc le discours et révèle au spectateur cette distance ironique entre l'explicite et l'implicite. Sophocle joue ici sur le même ressort inconfortable qui fonde le spectacle de l'*Œdipe-Roi*, et touche à l'essence même de la tragédie antique, ce « lieu de tension entre la période orale et la période écrite de la culture grecque »[23], « monde divisé entre illusion et vérité »[24]. La tragédie pose la question de la vérité et du rapport entre le langage et le monde ; elle en vient, par nature, à l'interroger comme une surface visible désormais envisagée dans son opacité[25]. Le rôle de Déjanire dans cette dialectique entre le tu et le dit dénote en outre une relation privilégiée du féminin à l'opaque. Entre Iole silencieuse et le messager disert, l'épouse d'Héraclès pressent l'équivoque, peut-être à cause de cette « tendance dans la littérature grecque à relier l'écriture à l'espace caché, dangereux et tout intérieur du désir féminin, au discours silencieux qui peut devenir discours de duplicité et renverser l'autorité du roi et du père »[26]. On retrouve ici la bipartition sexuée du monde qui alimente l'analyse structuraliste : l'explicite se situerait ainsi du côté du masculin, tandis que le sous-entendu, le caché, le sens intime serait naturellement porté par le féminin.

Quoique schématique, cette répartition du sens entre en cohérence avec la division de l'espace : Iole, porteuse d'une vérité tenue secrète, d'un hypotexte générateur de la tension dramatique, est aussi la captive qui en pénétrant dans la maison, c'est-à-dire dans l'espace de l'intime, y sème la confusion et, à terme, la mort. Le discours tacite qui la caractérise, et que Sophocle porte à son acmè dans *Les Trachiniennes*, tient à la double caractéristique d'Iole : sa féminité et la situation de captivité. Le silence est donc une caractéristique de la captive en scène ; loin d'être vide, il interroge le discours des autres personnages, révèle une tension entre ce qui est dit et ce qui existe, crée au sein du spectacle une vacuité qui met en évidence l'hiatus dans lequel s'engouffre l'équilibre du monde.

L'attente insatisfaite de Déjanire face à Iole manifeste aussi l'appréhension de cette béance désormais creusée, exprimée par des mots nécessairement imprécis : « une étrange pitié, mes amies, me pénètre, quand je vois là ces malheureuses... »[27]. L'*oiktos*, déjà mentionné dans la relation entre la reine et la captive, prend ici une autre dimension, celle du miroir. Car, face à Déjanire,

23. Charles Segal, *La musique du Sphinx, poésie et structure dans la tragédie grecque*, *Textes à l'appui*, Ed. La Découverte, Paris. 1987 – traduit de l'anglais par C. Malamond et M.-P. Gruenais, p. 16.
24. *Ibid.*, p. 31.
25. « le poème révèle un monde caché qui ne devient visible que lorsque nous nous penchons sur les mots... » – *ibid.*, p. 27. Et Sophocle partage là une inquiétude commune à la production tragique antique : « Les trois grands Tragiques se préoccupent tous dans une certaine mesure des pouvoirs et des faiblesses du langage, de sa capacité d'instruire et de tromper... » – *ibid.*, p. 39.
26. *Ibid.*, p. 28.
27. Sophocle, *Les Trachiniennes*, vers 298-299, trad. Robert Pignarre.

la captive représente une situation potentielle, qui deviendra réalité après l'échec de son action : lorsqu'elle mesure son crime involontaire, l'épouse d'Héraclès se replie dans le silence en même temps que dans la chambre où elle se donne finalement la mort. L'attitude silencieuse qu'elle adopte alors manifeste le renversement de sa situation, signalé par le Chœur dans ce propos déjà cité : « Songe que ton silence donne des armes à ton accusateur ». L'espace et l'attitude apparaissent ainsi étroitement liés : ils offrent l'un et l'autre une version spectaculaire de la relation entre l'intime et le tacite, deux notions que le drame attache à la situation de captivité.

Au terme de la cérémonie tragique, le spectateur perçoit enfin une mise en cause générale du sens, un renversement dont la perfection dénonce une absurdité universellement répandue : le personnage le plus faible du drame, celui qui n'est même pas doué de parole, est l'élément par lequel la reine devient une captive, et le roi une victime sur le bûcher sacrificiel de sa propre victoire. Le mutisme d'Iole dresse le mur contre lequel viennent se heurter tous les discours tenus par les personnages de Trachis – suivant un schéma que redouble Déjanire lorsqu'elle se refuse à répondre à Hyllos. Dans un poème où la parole est par nature action, la seule action opérante est réalisée par l'unique personnage muet : le drame accable les caractères ; la tragédie manifeste la déroute du discours.

La représentation des *Troyennes* par Euripide semble *a priori* briser cette loi du silence : les captives y parlent, avec d'autant plus de verve qu'elle sont plusieurs et qu'elles occupent le premier plan de l'action. Cette mise en scène constitue donc une rupture dans l'histoire qui concerne les représentations de la captivité ; mais Euripide use de précautions renouvelées qui en atténuent l'effet. La parole des captives est d'abord à peine humaine – le prologue leur attribue une expression indistincte : « Des milliers de leurs cris plaintifs (πολλοῖς κωκυτοῖσιν) les captives font retentir le Scamandre »[28].

Après cette première restriction, le dramaturge interroge régulièrement dans le drame la légitimité de la parole qu'il prête aux captives. Car le malheur n'a pas de langage... Lorsqu'il vient annoncer à Andromaque la mise à mort de son enfant, Talthybios, bien que détenteur de la parole officielle, reconnaît « ne pas savoir comment adoucir les malheurs qu'[il va] lui annoncer »[29]. La précaution rhétorique permet bien sûr, grâce à la prétérition, d'accentuer le suspense et la gravité de l'annonce ; elle tisse également une relation de cause à effet entre le malheur et le silence. C'est pourquoi aussi Hécube recommande le mutisme à Andromaque : « ...devant la multitude de mes misères, je reste muette et je me soumets sans parler (ἄφθογγος), ne pouvant

---

28. *Les Troyennes*, vers 28 – trad. Léon Parmentier.

29. *Ibid.*, vers 718. Il mentionne à deux reprises cette difficulté – « Comment énoncer cette parole ? », s'exclame-t-il au ver 713. Pour cette citation et celle du vers 713, nous nous éloignons volontairement de la traduction de Léon Parmentier pour mettre en évidence le champ lexical du discours, omniprésent dans ces deux répliques de Talthybios.

vaincre la vague de malheur soulevée par les dieux »[30]. L'inefficacité de la parole légitime le silence. Le registre de la privation réapparaît en outre dans la composition du mot ἄφϑογγος : la captive est sans voix, de même qu'elle était sans espace ni avenir ; elle retrouve dans le silence une donnée essentielle de son caractère.

Euripide justifie donc, *a posteriori*, le mutisme d'Iole : l'inefficacité de la parole, mais aussi la prudence invitent au silence. Le messager des Grecs le rappelle à Andromaque en l'invitant « à ne pas lancer d'imprécations contre les Achéens » :

> « Si tu tiens quelque propos qui excite la colère de l'armée, cet enfant n'aura pas de tombeau et n'obtiendra point de pitié. Si tu te tais et si tu t'accommodes de ton sort (Σιγῶσα δ'εὖτε τὰς τύχας κεκτημένη), tu ne laisseras pas sans sépulture le corps de ton fils. »[31]

Le silence est une marque de la soumission imposée à la captive.

Dans ce contexte, la parole des captives doit être constamment légitimée puisqu'elle est tout à la fois impossible au sens propre et nécessaire à l'existence du drame. C'est le défi d'Euripide, qui prête donc à Hécube cette introduction paradoxale de son propre discours : « Que dois-je taire ? Que ne dois-je pas taire (σιγᾶν) ? »[32]. La double interrogation porte à la fois sur le contenu du discours et sur sa légitimité : Hécube vient de se soulever de terre, et secoue pour la première fois dans le drame les stigmates de sa situation. Elle sort du silence pour s'adresser au spectateur ; le dramaturge se doit de le justifier, d'autant que son discours ne doit pas apparaître comme un amoindrissement de sa captivité, effet qui invaliderait le spectacle lui-même.

Aussi la prière est-elle donnée comme première vocation à cette parole : « Il est séant d'invoquer les dieux quand nous sommes aux prises avec l'infortune »[33] ; cette fonction incantatoire va de pair avec l'attitude de suppliante (ἱκέτης) souvent adoptée par les personnages de captives. La fonction lyrique du langage peut également le justifier. La première tirade d'Hécube se termine par cet argument, déjà cité mais qui donne ici sa place au discours de la captive, tout en limitant sa portée : « C'est la musique qui reste aux malheureux dans des désastres où doit se taire le chant des chœurs »[34]. Le langage se trouve ainsi justifié par le spectacle : il y détient une fonction illustrative, et ne saurait avoir d'incidence sur l'action. Prière et plainte correspondent en effet à deux usages d'une parole inefficace, lyrique mais non poétique au sens étymologique du terme[35]. Euripide en appelle en outre au goût de ses contemporains pour la rhétorique et apporte une troisième justification à cette parole toujours illégitimement détenue par une captive. Le secours de l'art oratoire est

---

30. *Ibid.*, vers 694-696.
31. *Ibid.*, vers 733-737.
32. *Ibid.*, vers 110. Nous maintenons ici la répétition du verbe, afin de mieux rendre compte de l'aspect paradoxal que cette ouverture présente.
33. *Ibid.*, vers 470-471.
34. *Ibid.*, vers 120-121.
35. Nous faisons ici référence à la notion de fabrication, de création, en lien avec le verbe ποιεῖν.

alors nécessaire pour justifier la mise en scène iconoclaste d'une captive *parlante* ; aussi un long développement vient-il interrompre le chant lyrique et accréditer la critique souvent adressée au théâtre euripidéen d'« un véritable désaccord entre la recherche du pathétique et le développement de réflexions intellectuelles »[36]. Toutefois, rappelle Jacqueline de Romilly, rhétorique et pathétique, loin de se contrarier, sont « alliés, non seulement dans la structure dramatique à laquelle ils collaborent, mais dans la philosophie même qui soustend toute l'œuvre »[37]. La veuve d'Hector rappelle ainsi cette fonction du langage pour introduire son discours, à l'intention d'Hécube et du spectateur : « Ecoute des paroles qui mettront un baume dans ton cœur »[38]. La dimension rhétorique, manifeste dans toute la tirade qui suit, retrouve la fonction pathétique ; en aucun cas, la construction du discours n'a pour but de modifier le destin des personnages.

La parole accordée aux captives, sous quelque forme que ce soit, n'est donc pas action. En outre, elle ne peut s'écouler librement qu'en l'absence du maître. Car lorsque survient celui-ci, la captive doit demander l'autorisation de parler. Aussi Hélène en fait-elle la requête auprès de Ménélas : « M'est-il permis d'argumenter à mon tour ? »[39]. Après un premier refus[40], Ménélas accorde la parole à Hélène sur le conseil d'Hécube, qui, habilement, revendique le même droit à la parole : « Ecoute-la, Ménélas, s'il ne lui faut que cette satisfaction avant de mourir, et accorde-moi la parole pour lui répliquer » – τοὺς ἐναντίους λόγους[41]. Ménélas souscrit finalement à la double requête, mais conserve la possibilité de suspendre ce même droit ; il interrompt ainsi Hécube, lorsque son discours ne lui agrée plus : « Tais-toi, vieille » (Παῦσαι, γεραιά)[42]. L'épisode entier repose sur une joute oratoire entre les deux captives. Et cependant, elle est encadrée et jalonnée de précautions qui soulignent le caractère exceptionnel du discours tenu par une captive et rappellent, *a contrario*, la relation essentielle entre sa captive et le silence.

Cette relation doit à la féminité : car il est l'attitude qui convient à la femme sage – et l'attitude contraire à la grande majorité des femmes[43].

---

36. Jacqueline de Romilly, *La Modernité d'Euripide*, op. cit., chap. IV : « Le pathétique et les débats d'idées », p. 155. F. Nietzsche filait quant à lui la métaphore pour rendre compte de ce caractère apparemment contradictoire du texte d'Euripide : « Aussi le drame euripidéen est-il une chose tout ensemble froide et brûlante, capable aussi bien de glacer que d'enflammer. ». *La naissance de la tragédie*. 12. cit. par Jacqueline de Romilly, p. 157.
37. *Ibid.*, p.177.
38. *Ibid.*, vers 635.
39. *Ibid.*, vers 903.
40. La demande est d'abord repoussée par Ménélas : « Je suis venu pour te tuer, et non pour raisonner. » – οὐκ ἐς λόγους *Ibid.*, vers 905.
41. *Ibid.*, vers 906-908.
42. *Ibid.*, vers 1046.
43. Claude Mossé rappelle à ce propos la représentation de la femme dans les poèmes homériques : « la femme est (…) un être inférieur. Son domaine reste l'oikos et es travaux domestiques, et l'on vite fait de l'y renvoyer lorsqu'elle prétend donner un avis. » – *La Femme dans la Grèce antique*, op. cit., deuxième partie : « Les représentations de la femme dans l'imaginaire des Grecs », p. 97.

Andromaque, modèle de l'épouse, rappelle cette donnée de son bonheur conjugal : « Ma langue était silencieuse et mon visage serein en présence de mon époux »[44]. La captive est ainsi doublement incitée au silence - parce qu'il convient à la femme sage, et parce qu'il est en outre appelé par la situation de captivité, qui impose une soumission conjoncturelle. Autant que la captive, c'est donc le silence qu'il faut mettre en scène : chaque prise de parole justifie ou récuse les fonctions du langage, successivement répertoriées et examinées au fil du texte. Le spectacle doit tenir l'équilibre à partir d'un enjeu paradoxal : faire parler celle qui doit se taire.

S'il existe chez Euripide un intérêt pour la rhétorique, on trouve aussi chez lui un questionnement constant sur le discours, sur son fonctionnement et sur sa valeur. Sophocle s'interrogeait sur la validité du langage dans son rapport à la vérité ; Euripide en questionne le bien-fondé. Chez l'un et l'autre, la mise en scène de captive(s) ouvre par excellence le champ de ce questionnement, car la captivité y est silence. La mettre en scène ne peut être qu'un défi au théâtre, nécessairement nourri par le langage et ses différentes formes d'existence: il devient alors nécessaire d'interroger le langage pour prévenir l'échec dramaturgique – celui qu'on risquerait à trop représenter le silence ou bien à prêter aux personnages, en l'occurrence des captives, un discours irrecevable par le spectateur. Loin de rompre avec la représentation sophocléenne, Euripide prend acte de l'héritage reçu, pour l'interroger et amplifier une réflexion commune aux dramaturges et aux philosophes grecs. En ce qui concerne plus précisément le personnage de la captive, il ressort plus que jamais contraint au silence ; et cette contrainte même entre dans sa dimension tragique. Car la captive, être de théâtre travaillé de parole, est vouée au mutisme ; son discours est prédestiné à l'extinction et invalidé par son essence propre.

***

Le retour du pathétique : les stances

Le théâtre moderne reprend à son actif cette relation problématique entre langage et captivité. Le pathétique vient là encore au secours de la captive, qui y retrouve une première justification de sa parole. Son discours offre alors un terrain favorable au développement des stances, ce morceau attendu du public moderne. Ainsi, malgré la rigidité qui caractérise les attitudes de Mariane, Tristan ne représente pas une captive inébranlable et ce type de parole contribue largement à attirer à la reine la sympathie de son auditoire – le chant de Mariane est un chant du cygne :

> « Ce jour s'en va borner la longueur de ma vie.
> Je vois bien que l'envie
> Travaille puissamment à creuser mon tombeau,
> Et que la cruauté du Tyran qui m'opprime   .../...

---

44. *Ibid.*, vers 654-655.

Ne me suppose un crime
Que pour avoir sujet d'en commettre un nouveau... »[45]

Les stances prennent le relais des larmes, dont la constatation récurrente ne suffit plus à la composition du protagoniste : le lyrisme est nécessaire pour lui attirer la pitié du spectateur, et confirmer une fragilité que sa « constance » risque par ailleurs de contrarier. Les stances relaient ainsi le discours dramatique par le lyrisme dans la mesure où « elles se présentent comme l'expression d'un moi souffrant, irrésolu, inquiet ou rêveur »[46].

La proférion lyrique accompagne en effet l'acmè de la captivité, alors que Mariane est en prison ; son chant rappelle à ce titre celui d'Antigone descendant au tombeau – le passage atteint ce sublime dépouillé dont Sophocle a le secret :

« Voyez-moi, citoyens du pays de mes pères, suivre ici mon dernier chemin. Voyez-moi donner un dernier regard à l'éclat du soleil. Puis tout sera fini. Hadès, chez qui s'en vont dormir tous les humains, m'emmène vivante aux bords de l'Achéron, sans que j'aie eu ma part aux chants d'hyménée ; sans qu'aucun hymne ne m'ait saluée devant la chambre nuptiale : l'Achéron seul m'est promis pour époux. »[47]

Les stances de Mariane retrouvent cette opposition fondamentale entre l'existence terrestre et le monde des morts. Mais le sens de cette opposition s'inverse : la vie terrestre est marquée pour la reine par l'obscénité de son union avec Hérode, ce « vivant bouche à bouche attaché contre un mort », tandis que le monde céleste est un lieu idyllique : « Seigneur, fais-moi bientôt marcher dessus des fleurs »[48]. Là encore, l'interprétation chrétienne infléchit l'héritage sans en modifier les termes. Par ailleurs, l'inversion rhétorique entre la vie et la mort trouve dans les stances une expression finie, grâce à « la symétrie de leurs formes »[49] ; et sur ce même terrain de l'opposition au monde se croisent ainsi la captivité et une forme d'expression qui complète ou supplante, par le discours, la mise en scène de personnages en larmes. Le pathétique connaît là une expression privilégiée ; les caractéristiques de la captivité y sont confirmées.

---

45. Tristan L'Hermite, *La Mariane*, IV, 2, vers 1245-1250. Les stances de Mariane sont en effet constituées de cinq strophes, chacune dotée d'une unité grammaticale et sémantique : Mariane constate d'abord sa captivité en même temps qu'elle exprime la liberté de son « cœur » ; elle déplore ensuite sa mort prochaine, dans la strophe citée ci-dessus ; dans une troisième, elle affirme sa détermination à accueillir fermement le supplice ; elle se réjouit ensuite d'être séparée d'Hérode, et d'un commerce qu'elle réprouve ; enfin, elle adresse une prière au divin. L'ensemble suit une progression rhétorique et déjà un mouvement d'apothéose, puisque le discours procède du constat de la captivité, enfermement dans la matière terrestre, à l'appel au divin, tandis que la mort a été transcendée dans les strophes centrales.
46. Georges Forestier, *Introduction à l'analyse des textes classiques*, *Eléments de rhétorique et de poétique du XVIIe siècle*, *128*, Nathan Université, Paris, 1993.
47. Sophocle, *Antigone*, vers 806-816. trad. Paul Mazon.
48. *La Mariane*, IV, 2, vers 1262 ; 1368.
49. Jacques Scherer, *La Dramaturgie classique en France*, *op. cit.*, p. 292.

Aussi retrouve-t-on des stances lorsque Corneille représente la captivité d'Andromède : l'acte III s'ouvre à la fois sur le spectacle de la princesse attachée au rocher et sur son chant, qui apporte à la représentation de ses souffrances un soutien tout à la fois lyrique et pathétique :

« Surprenantes horreurs, épouvantable idée,
    Qui tantôt ne m'ébranliez pas,
Que l'on vous conçoit mal quand on vous envisage
    Avec un peu d'éloignement ! »[50]

Le rivage dont on a détaché Andromède évoque le rivage lucrétien, celui sur lequel il fait meilleur être lorsque sévit la tempête... De surcroît, le dramaturge dédouble la perspective introduite par le poète : le spectateur est par nature « sur le rivage », c'est-à-dire dans la salle, protégé de l'agitation scénique par l'effet secondaire des feux de la rampe ; sa position est celle de l'observateur épicurien. Mais l'adhésion sympathique provoquée par le texte conduit le spectateur à franchir brièvement l'espace qui le sépare de la souffrance pour s'y projeter, et endosser à son tour, mentalement, l'agitation du personnage souffrant. Les stances favorisent ce transfert, d'abord parce qu'elles correspondent à un moment de pause dramatique unique dans le déroulement d'une pièce, ensuite parce qu'elles sont tout entières consacrées à l'évocation d'une émotion qui, pour n'être pas violente, n'en est que plus persuasive[51].
    La construction des stances révèle l'effet recherché, qui doit beaucoup à l'art oratoire ; le chant d'Andromède suit une progression thématique similaire à celle qui structure le discours de Mariane en prison. La captive commence par évoquer l'horreur de sa situation. La deuxième strophe est ensuite consacrée à l'expression de la privation et de la suspension inhérentes à la situation de captivité:

« Ici seule, et de toutes parts
A mon destin abandonnée,
Ici que je n'ai plus ni parents ni Phinée,
Sur qui détourner mes regards,
L'attente de la mort de tout mon cœur s'empare... »[52]

Le thème de la mort occupe la même place que dans les stances de Mariane qui constatait : « Ce jour s'en va borner la longueur de ma vie »[53]. La troisième strophe prononcée par Andromède, plus rhétorique, joue sur un paradoxe implicite : la peur de la mort suscite l'envie même de mourir : « Mon âme traînante, abattue, / N'a qu'un moment à vivre, et ce moment me tue »[54].

---

    50. *Andromède*, III, 1, vers 792-795.
    51. « ...les déplaisirs, les irrésolutions, les inquiétudes, les douces rêveries, et généralement tout ce qui peut souffrir à un acteur de prendre haleine, et de penser à ce qu'il doit dire ou résoudre, s'accommode merveilleusement avec leurs cadences inégales, et avec les pauses qu'elles font faire à la fin de chaque couplet. » Lorsque Corneille décrit ainsi les stances, en 1660, dans l'*Examen* de sa pièce, la faveur jusqu'alors portée aux stances décroît ; le dramaturge défend alors un procédé unique dans son efficacité pathétique en même temps que rhétorique.
    52. *Andromède*, III, 1, vers 800-804.
    53. *La Mariane*, IV, 2, vers 1245.
    54. *Andromède*, III, 1, vers 811-812.

Andromède comme Mariane en appellent ensuite à une mort prochaine, dont elles attendent la délivrance : « Laisse-moi sortir de la vie »[55], supplie la princesse, tandis que la reine chez Tristan parait décider du moment de sa mort.

La dernière strophe prononcée par Andromède appelle au *détachement* par rapport au monde pour apaiser ses souffrances et son appréhension. Comme dans les stances prêtées par Tristan à sa reine, cette cinquième strophe retrouve la fonction incantatoire essentielle au discours des captives antiques. Le propos s'élargit et s'adresse à un destinataire universel : Mariane invoque son dieu, « Auteur de l'Univers, souveraine puissance... »[56] ; Andromède se sent victime offerte à la vindicte du monde en général : « C'est assez que tout l'univers / Conspire à faire mes supplices... »[57]. Le ton de la prière est cependant différent, car si Mariane réalise dans sa captivité un sommet de sainteté que concrétise l'apothéose à la fin de son discours, Andromède atteint au degré le plus extrême de la souffrance. La conclusion des stances témoigne ainsi de l'intention dramaturgique : là où Mariane suscitait l'admiration du spectateur, la princesse appelle la pitié. Aussi sa prière est-elle nettement plus teintée de regret que celle de la reine – l'évocation des « délices » de l'amour contraste avec la mort proche pour mieux renforcer le sentiment de pitié que tout le personnage d'Andromède s'applique à susciter. Chez Tristan L'Hermite, le spectateur parvient au terme des stances à l'adoration de Mariane, devenue dans son discours l'avatar d'une Vierge en majesté – « fais-moi bientôt marcher dessus des fleurs »[58] ; chez Corneille, le spectacle se concentre sur la souffrance, que rien ne transcende mais que tout, au contraire, vient renforcer. Andromède au rocher est avant tout évoquée dans sa chair et son humanité, et les stances, quoique construites sur une progression thématique proche de celles de Mariane chez Tristan, aboutissent à un effet contraire : le ton n'est plus à l'apaisement, mais à l'expression paroxystique de la souffrance. Si l'*Andromède* repose sur un thème mythologique, le propos en est profondément humain ; elle doit peut-être aussi à la vocation spectaculaire du drame et à cette exploitation délectable de la souffrance.

Toutefois, l'intervention de Cassiope rompt brutalement l'harmonieux mouvement des stances à l'issue de la cinquième strophe, et médiatise la dimension insoutenable de la souffrance ainsi exprimée : « Me voici, qui seule ai fait le crime, / Me voici, justes Dieux, prenez votre victime... »[59]. L'intervention de la mère est commune aux deux drames : Alexandra, la mère

---

55. *Andromède*, III, 1, vers 828.
56. *La Mariane*, IV, 2, vers 1263.
57. *Andromède*, III, 1, vers 830-831.
58. *La Mariane*, IV, 2, vers 1268. Cette perspective ouverte sur une transfiguration de Mariane est ensuite confirmée au dénouement, dans la dernière vision d'Hérode :
    « Mais j'aperçois la Reine, elle est dans cette nue,
    [...]
    Elle s'élève au Ciel pleine de Majesté,
    Sa grâce est augmentée ainsi que sa beauté.
    Des esprits bienheureux la troupe l'environne,
    L'un lui tend une Palme, et l'autre une Couronne... » - V, 3, vers 1763-1768.
59. *Andromède*, III, 2, vers 834-835.

de Mariane, survient peu après la scène de la prison pour tenir un discours dont les termes approchent ceux de Cassiope chez Corneille : « On te mène égorger, innocente victime, / Tu vas donc au supplice et n'as point fait de crime... »[60]. Mais là s'arrête le rapprochement : car tandis que la mère d'Andromède appelle sur elle le châtiment réservé à sa fille, c'est pour sa propre sauvegarde que prie Alexandra : « O grand Dieu ! je t'invoque au cœur de ma misère. / Veuille prendre la fille et conserver la mère »[61]. Le propos est emprunté à Flavius Josèphe, mais la seule fidélité ne suffit pas à expliquer la reprise : par l'opposition qu'elle manifeste entre le caractère de Mariane et celui d'Alexandra, cette prière concourt à isoler le personnage éponyme d'une Cour dont tous les membres, sans distinction, sont englués dans la veulerie. De cette opposition, Mariane ressort d'autant plus sanctifiée. Un effet similaire ressortit de l'intervention de Cassiope à la fin des stances d'Andromède : là aussi, le personnage de la mère est dévalorisé, et la fille sort grandie de la différence ainsi soulignée avec sa mère[62]. Au-delà de cette sacralisation de la princesse martyre, l'intervention de la mère renforce inévitablement le caractère pathétique de la scène. Avec une maladresse toute humaine, Cassiope exprime son désarroi et tente de dérouter la colère des Dieux ; dans une pièce où l'impuissance humaine, également manifestée par la passivité de Phinée, occupe l'arrière-plan thématique de l'action, l'intervention de la mère contribue à mettre en relief la souffrance éprouvée par la captive. Sans doute guidée par le « souci du naturel »[63], la rupture brutale des stances manifeste la priorité accordée au pathétique, aux dépens de la dimension rhétorique abandonnée aussitôt que mise en œuvre.

On ne saurait voir dans les stances ni un apanage de la captivité, ni une forme privilégiée de sa représentation. Tout d'abord, seules deux pièces dans notre corpus prêtent des stances à des personnages féminins en situation de captivité. D'autre part, le succès rencontré par cette forme d'écriture théâtrale dans la période concernée, dépasse largement la seule situation de captivité, et il serait également erroné d'y voir une forme féminine d'expression théâtrale. Toutefois, force est de constater l'existence de traits caractéristiques communs entre cette forme d'expression théâtrale et la captivité. Car les stances correspondent avant tout à une « pause » dans l'évolution dramatique ; leur forme originale crée dans l'ensemble de la pièce un moment de suspension, une halte qui convient par là même à la situation de captivité, assimilable, on l'a vu, à la suspension du personnage dans un espace-temps intermédiaire et extrême-

---

60. *La Mariane*, IV, 4, vers 1285-1286.

61. *Ibid.*, vers 1301-1302.

62. La tirade de Cassiope, qui ouvre la scène 2, adopte très rapidement un ton blasphématoire dont Andromède souligne ensuite l'insolence : « Qu'espérez-vous, Madame, à force de blasphèmes ? » – *Andromède*, III, 2, vers 855.

63. Jacques Scherer note, dans la continuité de la réflexion menée par Corneille sur le sujet des stances, ce souci du naturel qui conduit les dramaturges à élaborer différents moyens pour les fondre dans l'ensemble du discours dramatique : « le souci du naturel, qui interrompt les stances ou les prolonge par un monologue en alexandrins, peut aussi les dissoudre en les faisant évoluer vers une versification librement variée... ». *op. cit.*, p. 294.

ment ténu. Si le croisement entre cette forme d'expression et la situation de captivité s'avère occasionnel, ce sont davantage des caractéristiques communes qu'une mode éphémère qui le légitiment : les stances offrent ainsi une représentation discursive de la captivité. Elles héritent du chant antique, dont elles sont l'adaptation la plus proche tant le discours s'y trouve dépouillé de toute incidence dramatique. Le pathétique en est l'essence, de même que les captives apportent au drame un des principales sources de cette pitié nécessaire au spectacle tragique.

Ainsi les stances, bien que limitées d'emploi, peuvent soutenir par le discours une attitude marquée par la rigidité et les larmes. A la différence de ces postures cependant, les stances ne concernent qu'un moment bref, qui correspond également à un paroxysme dans le drame comme dans la captivité : Mariane chez Tristan, Andromède chez Corneille s'abandonnent à ce moyen d'expression au moment où la captivité se resserre et s'inscrit plus précisément dans l'imminence de la mort. Dans une situation déjà dramatique, les stances manifestent l'appréhension de la menace, et donc sa proximité ; dans la mesure où elles ne sont pas censées exprimer de sentiment violent, elles manifestent la résignation du locuteur. Dans le contexte du supplice, manifesté physiquement par des barreaux ou par des liens, les stances sont l'expression patiente de la souffrance – l'expression formalisée de la passion. La captive qui pleure son sort est davantage objet que sujet de son discours, car sa parole n'est pas action, mais constat d'un sort qu'elle se refuse à modifier à partir du moment où elle se met à le pleurer. Par l'expression de son chagrin, elle entérine sa situation, la consacre dans son inéluctabilité. En pleurant sa captivité, elle se représente en captive, se construit en spectacle au sein de son propre discours, et, sur une scène, cette représentation est elle-même caractérisation.

***

La part du silence sur la scène moderne

Le recours aux stances ne résout pas, loin s'en faut, le problème de la relation entre captivité et langage. Le théâtre moderne restaure par là une des fonctions du langage tel que la captive pouvait en user dans l'Antiquité. Toutefois, cet usage lui-même se problématise sur la scène moderne car la part du discours attribuée à chaque captive est relative à la gravité de sa situation.

La répartition des discours dans les pièces du corpus français permet de rapprocher les pièces qui présentent une captive permanente : pour chacune d'elle en effet, la proportion du discours accordée au personnage de la captive est inférieure à un cinquième du total – entre 15% pour Marianne et 19% pour Rodogune. Cette faiblesse peut surprendre, compte tenu de l'éponymie détenue par les personnages ainsi dotés ; cependant, elle apparaît davantage justifiée par leur statut : Sophonisbe, princesse de Carthage d'abord libre et qui devient progressivement captive, dispose d'une proportion plus importante que les captives permanentes. La situation de captivité, lorsqu'elle est ainsi une donnée fondamentale du caractère, induit une moindre participation de celui-ci au texte qui le met en scène.

D'autre part, le tableau fait apparaître une répartition significative du rapport des forces. Mariane est ainsi le personnage le plus écrasé et le plus isolé : Hérode occupe la moitié du discours, et son entourage même en détient une proportion légèrement supérieure à celle dont son épouse est dotée. L'oppression subie est ainsi manifestée par la parcimonie du discours de la reine[64]. Théodore chez Corneille détient une part analogue du discours (15%), mais elle est soutenue par ses amants. La répartition des forces fait ainsi apparaître une construction binaire, de nature dialectique : le texte est partagé équitablement entre le « camp » de Marcelle et celui de la princesse éponyme, conformément à la mise en scène de la rivalité entre les deux personnages féminins. Les rôles masculins se répartissent le discours dans le sillage de cette bipolarité. Au contraire de *La Mariane*, le drame de Corneille s'inscrit davantage dans une logique de résistance, manifestée par cette répartition binaire du discours.

Avec *Rodogune*, le dramaturge récidive, tout en affinant une construction peut-être trop rigoureuse. La pièce hésite entre les deux structures précédentes, et la dominante est accordée par le choix des jumeaux[65] : les princes restaient-ils dans l'entourage de Cléopâtre, la proportion des discours rejoignait celle qui prévalait chez Tristan ; en revanche, leur choix en faveur de Rodogune avantage celle-ci, qui recouvre alors la parole tandis que la reine rétablit l'équilibre en tuant Séleucus. La répartition du discours entre les personnages manifeste la construction triangulaire de ce drame, et l'oscillation constante du pouvoir entre la reine et la captive. La même organisation tripartite prévaut dans l'*Andromède* : d'un côté le groupe des parents et rois, de l'autre l'amant officiel de la princesse, sur un troisième axe, la princesse elle-même. Les Dieux et surtout Persée déséquilibrent cette proportion et la font basculer au détriment de Phinée.

Dans l'ensemble de ces pièces, la proportion équivalente de discours accordé à la captive confirme le caractère problématique de la relation entre le langage et la situation de captivité. L'évolution de cette proportion au cours de chaque drame fait en outre apparaître la difficulté qui frappe la captive lorsqu'elle veut prendre la parole. Elle est assez manifeste, par exemple, dans *La Sophonisbe* de Mairet : le drame, qui met en scène une déperdition progressive de son pouvoir par la princesse, lui accorde, d'acte en acte, une part de plus en plus restreinte du discours. La vogue de la tirade[66], qui marque

---

64. La disproportion confirme ce que faisait déjà apparaître l'étude des présences en scène (cf. première partie).

65. L'exacte équivalence entre la proportion attribuée à chacun d'eux est par ailleurs troublante puisque chacun dispose rigoureusement de 37.5% du discours.

66. La « tyrannie de la tirade » a été notamment identifiée par Jacques Scherer : « Une autre caractère est commun à toutes les grandes scènes classiques. Les personnages s'y expriment presque toujours par d'assez longues tirades. Un discours y répond à un autre discours et, sauf dans des formes d'écriture particulières (…), le dialogue est rarement coupé et se présente plutôt par grandes masses, même dans les cas où l'émotion devrait le dissocier. » - Jacques Scherer. *La Dramaturgie classique en France*, *op. cit.*, deuxième partie, chap. 3 : « *Les formes de la scène* », p. 225.

l'époque de sa représentation, confère naturellement aux propos du personnage une pesanteur qui peut rendre moins sensible cette déperdition progressive[67]. L'ensemble du drame est cependant marqué par un effacement continu
de la princesse, de la scène comme du discours. L'amenuisement de ses forces
et la dégradation de sa situation se manifestent par cette aphasie progressive,
concomitante de l'évolution du personnage vers la mort. La contiguïté entre
celle-ci et la captivité se donne à entendre dans l'extinction progressive du discours. *La Mariane* suit une progression similaire, quoique les stances faussent
quelque peu la proportion du texte à l'acte IV. Mise à part cette parole inefficace, on observe le même amenuisement progressif du discours.

　　Corneille reprend à son compte cette répartition d'une parole conditionnée par la situation du personnage qui la profère. Théodore est ainsi progressivement réduite au silence, d'acte en acte. Elle est parfois muette face à
Marcelle, notamment à la scène 3 de l'acte II, et toujours en-deçà lorsque la
scène les confronte[68]. L'acte IV réduit la princesse à l'absence comme au
silence : c'est l'épisode de sa mise en captivité dans la tente à soldats. Enfin,
elle n'occupe qu'une part minime des propos tenus à l'acte V, et s'incline plus
encore face à Marcelle dans la scène 6 : elle n'y prononce que onze vers, contre
quarante-six dévolus à la maîtresse des lieux. La pièce met ainsi en évidence
la relation entre parole et pouvoir, qui exclut naturellement du discours le personnage contraint à une situation de captivité.

　　La construction de l'*Andromède* révèle encore l'interaction entre parole et
pouvoir. L'acte III, qui représente en effet la princesse en captive, est aussi
l'acte où elle s'exprime le moins. Comme pour Mariane, sa parole prend essentiellement la forme de stances ; celles-ci retranchées, il ne reste à Andromède
qu'un accès minimal à une parole active. Sur ce plan notamment, l'acte III
contraste avec le suivant, dans lequel la princesse prononce plus d'un tiers du
discours ; or elle a recouvré sa liberté, a changé d'amour et doit épouser le fils
d'un dieu ; l'évolution qui la fait passer de la situation de captivité au statut
de demi-déesse, trouve une expression significative dans sa présence au discours. En revanche, l'acte V qui met en scène la rivalité de Persée et Phinée
laisse peu de place aux propos d'Andromède : dans cet acte consacré au combat viril, la princesse retrouve une dimension objective – elle est le trophée que
se disputent les deux héros ; son discours s'en trouve à nouveau diminué.
L'évolution fait encore apparaître l'économie qui pèse sur le langage dans la
construction de ces drames : la parole est action ; elle relève du sujet. Dans la
mesure où la captivité met un personnage en situation d'objet, celui-ci se trouve
privé de cette parole. L'aphasie manifeste la réification du personnage contraint
à cette situation. La pesanteur du silence est relative au poids de l'étau.

---

　　67. Ainsi la première rencontre de Sophonisbe et Massinisse se déroule au rythme de
longues tirades que s'adressent les deux protagonistes, et cela bien que la princesse soit en position de captive.
　　68. A la scène suivante, Marcelle prononce soixante-douze vers, Théodore cinquante-cinq :
l'autorité de la première se marque dans la prééminence de son discours.

II
Sémantique du silence

Etre et parler

Le rapport entre captivité et silence devient une donnée dont le drame se joue pour faire apparaître, paradoxalement, une « nouvelle » captive. Il faut retourner un moment à l'œuvre d'Euripide pour sentir s'échafauder ce rapport entre captivité et silence, que le théâtre moderne reprend ensuite et problématise. Parce qu'il est ambigu, le caractère d'Iphigénie offre un exemple paradigmatique de ce rapport entre la situation dramatique et la parole. La protagoniste prononce ainsi plus de la moitié du texte de l'*Iphigénie en Tauride* ; en revanche, dans le récit du bouvier, elle est un moment muette. Ce moment correspond à son enlèvement par Oreste. Bien qu'elle soit d'abord représentée en sujet agissant, les discours se croisent sans qu'elle intervienne dans la suite du récit – c'est le moment où les Barbares cherchent à retenir la princesse qu'Oreste veut enlever :

> « Nous (…), nous nous efforçâmes d'arracher à la poupe élégante les deux rames du gouvernail, à travers l'ouverture. Et ces mots se croisaient : « Pourquoi voulez-vous fuir, en emportant d'ici l'image de la prêtresse ? Pourquoi ? Toi, qui es-tu, et de quelle origine, pour enlever ainsi, en fraude, cette femme ? » Lui répondait : « Je suis Oreste, sache-le, le fils d'Agamemnon, frère d'Iphigénie. Je ramène ma sœur après l'avoir perdue. » Nous autres n'en serrions que plus fort l'étrangère, et voulions la contraindre à nous suivre vers toi… »[69]

La mise en abyme du discours par le récit met en évidence le retrait d'Iphigénie : le texte la représente en objet, son silence manifeste son statut[70]. Deux propos sont ensuite rapportés par le Bouvier : le premier émane du navire grec et célèbre une victoire incomplète sur les Barbares :

> « Matelots de la nef hellénique, prenez les rames, blanchissez les flots marins d'écume ; car nous avons conquis ce qui nous avait amenés à franchir la mer inhospitalière des Symplégades. »[71]

Alors, seulement après cette déclaration qui lui rend son statut de princesse argienne, Iphigénie recouvre la parole pour à nouveau intercéder auprès de la divinité : « La fille d'Agamemnon, debout, pria (ηὔξατ')… »[72]. La proposition qui introduit son discours prend soin de restituer sa véritable identité à la princesse, rendue à un statut libre qu'elle revendique et pour lequel elle intercède : « Ô fille de Léto, sauve ta prêtresse, emmène-la en Grèce, loin de cette terre

---

69. *Ibid.*, vers 1354-1365. trad. Henri Grégoire.
70. De même, l'enlèvement proprement dit se produit sans un mot de sa part :
   « Là-dessus, un grand flot ayant porté la nef vers la côte, la [vierge] eut peur de s'avancer dans l'eau. Oreste la chargea sur son épaule gauche. Il descendit en mer, il bondit sur l'échelle, et déposa sa sœur dans la nef bien pontée… ») – *Ibid.*, vers 1379-1383.
71. *Ibid.*, vers 1386-1388.
72. *Ibid.*, vers 1398.

barbare... »[73]. Iphigénie recouvre ainsi dans le même temps son être-sujet et la parole.

Le problème du rapport de la captive au langage se retrouve sur la scène moderne : la situation de soumission et l'aporie qui caractérisent la captive menacent toujours de la réduire au silence, variante dramaturgique de la mort. Aussi l'alternative entre silence et langage est-elle particulièrement exploitée sur la scène moderne. *La Mariane* de Tristan en est sans doute l'exemple le plus abouti. Dès la première apparition de la reine éponyme, le silence est présenté comme l'apanage nécessaire de la captivité : aux propos de Mariane, Dina multiplie les mises en garde : « Madame, parlez bas »[74] ; dans un palais hostile, le discours de la captive la met en danger :

> « Madame, le Palais est tout plein d'espions
> Qui veillent jour et nuit dessus vos actions ;
> (...) Sans cesse à votre porte ils viennent écouter
> Quels sont tous vos propos... »[75]

Tout en se refusant au silence, Mariane ne nie pas qu'il soit une contrainte impliquée par la situation de captivité – contrainte qu'elle refuse au nom d'une liberté intérieure hautement revendiquée : « Si mon corps est captif, mon âme ne l'est pas : / Je laisse la contrainte aux serviles personnes... »[76]. Parler, c'est pour Mariane refuser la captivité, affirmer une liberté que sa situation politique dément.

Le langage est l'arme dont elle peut user contre Hérode, pour s'affranchir de son pouvoir : lorsque Salomé lui demande si elle a l'intention d'aller trouver le roi, elle ne cache pas l'agressivité dont elle souhaite parer son discours : « Oui, j'y vais de ce pas, / Lui tenir un discours qui ne lui plaira pas »[77]. Tout l'usage qu'elle fait du discours dans l'ensemble de la pièce est conditionné par cette conception, qui plombe ses silences autant que ses propos. La rareté de ses apparitions confère en soi une gravité particulière à chacune de ses prises de parole. Ainsi, à la scène 4 de l'acte II, qui pour la première fois fait paraître ensemble Hérode et Mariane, le roi la chasse de sa chambre dans un éclat de voix ; la tirade est un soliloque : la captive se tait. A la scène suivante,

---

73. *Ibid.*, vers 1398-1400. Nous nous éloignons ici de la traduction d'Henri Grégoire, qui explicite davantage les prépositions : « Ô fille de Létô, sauve-moi, moi qui suis ta prêtresse, et fais-moi, *délivrée* des barbares, *rentrer* en Grèce ». Le traducteur met en évidence un sens qui nous convient par ailleurs : il choisit de présenter Iphigénie comme une captive de la Tauride, et tranche ainsi une ambiguïté que nous souhaitons en revanche, et malgré notre sujet, conserver. Iphigénie est contrainte en Tauride ; en revanche, elle ne présente réellement les caractéristiques de la captive que dans l'épisode de l'enlèvement dont il a été question ci-dessus. L'interruption de son discours à ce moment confirme le passage par une captivité rendue, alors seulement, explicite.

74. *La Mariane*, II, 1, vers 361.
75. *Ibid.*, vers 369-374.
76. *Ibid.*, vers 362-363.
77. *Ibid.*, II, 2, vers 521-522. Le manuscrit présente une variante de ce vers : « Lui tenir des propos qui ne lui plairont pas. » Le passage au singulier donne plus de gravité et de cohérence à la fois au « discours » que Marianne s'apprête à adresser à Hérode.

Hérode explique cependant l'origine de son courroux : « Elle m'a dit des mots si fort injurieux... »[78]. L'allusion au discours tenu par la captive sous-tend la colère du roi. Le spectateur n'a pas assisté à l'échange, tenu dans l'intimité de la chambre ; l'implicite rejoint ici l'intime, et alimente là aussi une forme d'hypotexte : les propos de Mariane ont nourri chez le roi une colère qui le conduira ensuite à agréer l'idée du complot et à condamner la captive[79].

En outre, la force de la reine opprimée réside dans la double maîtrise du discours et du silence. Dans le premier mouvement de la scène qui les confronte, Hérode accuse Mariane, qui répond par l'attaque. Puis le ton change : le roi se ravise et supplie ; alors le discours de la reine se fait plus parcimonieux : le silence est son arme la plus puissante. Hérode lui reproche de ne pas s'expliquer : « Ce propos est obscur, je ne saurais l'entendre »[80] ; son adversaire se refuse cependant à plus d'éclaircissement : « Ne perdons point de temps en discours superflus »[81]. Mariane s'assure par le silence une victoire d'autant plus certaine qu'elle provient d'une double origine. L'attitude lui permet de s'instaurer en captive et non plus en épouse ; elle lui renvoie ainsi l'image contraire à celle qu'il souhaitait lui donner de lui-même : il se voulait amant, elle le fige dans une position de tyran dont elle s'instaure comme la principale victime. C'est l'un des paradoxes de Mariane que de décider elle-même de sa captivité. Le dernier propos d'Hérode entérine la position qu'elle a ainsi choisie et manifestée par la raréfaction de son discours : « Conduis-la dans la tour, et ne la quitte pas »[82].

L'usage que Mariane fait du langage dans l'ensemble de cette scène et de la pièce est capital dans une évolution à laquelle Hérode ne peut finalement que souscrire. La captivité, d'abord récusée par Mariane, finalement provoquée, voire revendiquée, dirige contre le roi une condamnation irréversible : en lui renvoyant l'image inverse à celle qu'il projetait de lui-même, Mariane provoque la confusion totale de son univers mental. Tout l'acte V sera consacré à cet égarement du moi manifesté par Hérode :

---

78. *Ibid.*, II, 5, vers 676.
79. Lors de l'ultime confrontation qui les oppose l'un à l'autre à l'acte III, Hérode rappelle encore l'outrage reçu, et en adresse à Mariane de constants reproches : « ces piquants propos » (III, 2, vers 773), « l'ingrate en sa défense /Ne saurait proférer un mot qui ne m'offense. » (vers 775-776). Au fil de ces reproches, Mariane se trouve comparée à un serpent : « ...ta bouche envenimée / Jette son aconit contre ma renommée. » L'image, d'origine biblique, joue sur une inversion du personnage sacré de Mariane, envisagé un moment comme une incarnation du Mal – le terme de « blasphèmes » (vers 827), également utilisé par Hérode pour qualifier les propos de son épouse, entérine l'assimilation, nourrie du rapport entre le féminin, le serpent et le démon, dont l'un des attributs est la capacité à dispenser le discours malfaisant... Ce jeu sur les images dessert finalement Hérode auprès du spectateur, qui perçoit l'injustice de l'assimilation, d'autant qu'il est prévenu par sa culture en faveur de l'héroïne. Le roi se retrouve dans la fonction que lui attribuait Mariane au début de l'acte II : il apparaît comme l'être malfaisant dont l'action provoque l'obscurcissement de la lumière – cf. 2e partie.
80. *Ibid.*, III, 2, vers 940.
81. *Ibid.*, vers 941.
82. *Ibid.*, vers 998.

« Trouverai-je un refuge au centre de la terre,
Où mon crime se trouve à couvert du tonnerre,
Où je me puisse voir sans peine et sans effroi,
Où je ne traîne point mon enfer après moi. »[83]

Avec *La Mariane* se trouve ainsi représentée l'une des formes les plus abou-
ties de l'association entre la thématique du silence et la situation de captivité.
Se taire est parfois l'unique ressource pour continuer d'être.

***

L'art de la retraite

D'une manière générale, une situation de captivité complète est donc liée
à une attitude silencieuse. A partir de cette règle de base, qu'on peut envisager comme un comportement topique, les personnages de captives usent du
langage ou du silence pour manifester le sens qu'elles donnent à leur situation.
Deux attitudes caractérisent ainsi le rapport au langage : certaines reines entrent
en silence ; certaines captives sortent du silence. Le mouvement est toujours
une rupture avec l'attitude passée ; se taire ou se mettre à parler, sont des attitudes liées à une interprétation de sa propre situation par la captive. Il s'agit
moins là de dire que de proférer, et d'accéder ainsi à une autre degré d'existence.

Nous avons pu constater que le discours de Mariane, toujours offensif,
est le moyen par lequel elle affirme une liberté d'âme contraire à sa situation ;
lorsqu'elle choisit le silence, c'est en revanche pour se mettre en scène en tant
que captive. Le jeu est suffisamment maîtrisé par la reine pour en faire apparaître l'ironie, dont l'usage valide encore, s'il en était besoin, le rapport entre
captivité et silence. Chez Corneille, Rodogune change également de statut au
gré de ses prises de parole. Peu diserte dans le premier acte, elle est muette au
second, tout entier consacré à la menace que Cléopâtre formule à son endroit.
En revanche, son discours occupe presque la moitié de l'acte III, qu'elle ouvre
même par un monologue – situation de parole unique pour une captive. Elle y
exprime la décision de rompre son silence en même temps que sa captivité, et,
comme Mariane, elle change ainsi la donne dramatique :

« Sentiments étouffés de colère et de haine,
Rallumez vos flambeaux à celle de la Reine,
Et d'un oubli contraint rompez la dure loi… »[84]

Le procédé reproduit, dans un contexte tout autre, l'action de *Théodore* qui, en
se déclarant chrétienne, affirme devant Marcelle sa liberté spirituelle[85]. Dans
la perspective chrétienne, l'emprisonnement et le châtiment reçu de Rome sont
les éléments grâce auxquels le martyr peut témoigner de sa foi, donc de sa

83. *La Mariane*, V, 2, vers 1567-1570.
84. *Rodogune*, III, 1, vers 855-857.
85. *Théodore*, II, 4, vers 565 sqq.

liberté. Dans le drame païen, Rodogune en parlant s'achemine également vers une restauration de son statut : elle deviendra la nouvelle reine d'Antioche. L'une et l'autre accèdent ainsi à un rang éclatant, et libre ; l'une et l'autre y sont parvenues en rompant le silence précédemment observé dans le contexte de la captivité.

En revanche, d'autres personnages reconnaissent leur défaite en s'enfermant dans le silence : l'attitude, inaugurée par Déjanire dans *Les Trachiniennes*, se retrouve sur la scène moderne. Lorsqu'elle a perdu l'espoir de jamais échapper à la captivité face au pouvoir romain, Sophonisbe choisit ainsi le silence en même temps que la mort. L'effacement progressif de son personnage est d'abord marqué par la lettre que Massinisse reçoit d'elle, à l'acte V. Sophonisbe est absente depuis cinq scènes lorsque cette lecture vient réactiver son existence dramatique ; en même temps, le différé imposé à sa parole manifeste la déperdition de son pouvoir. Elle-même souligne ensuite sa défaite en imposant le silence à ses confidentes, lors d'ultimes recommandations :

> « Je vous commande donc, comme votre maîtresse,
> De contenir si bien la douleur qui vous presse
> Que vos pleurs ni vos cris ne déshonorent pas
> La gloire qui doit suivre un si noble trépas. »[86]

Le silence doit accompagner la dignité que Sophonisbe souhaite conserver dans la défaite ; il est aussi concomitant de la mort, et envahit le discours tandis que cette dernière progresse en scène. Sophonisbe a la même expression que Mariane pour évoquer sa mise à mort, conséquence de sa captivité : « ne perdons plus en *discours infertiles* / Le temps qu'il faut donner aux effets plus utiles »[87]. Enfin, la mort est évoquée dans une périphrase où entre à nouveau le thème du langage : « Mais la Parque dans peu me fermera la bouche »[88].

Le silence auquel se contraint Sophonisbe va de pair avec l'enfermement dans un espace clos, intime, celui de la chambre : « portez-moi sur ma couche... »[89]. L'usage du langage rejoint ici encore celui de l'espace dans la représentation de la captivité[90]. Pour revoir la reine, il faudra en effet soulever la « tapisserie » qui sépare l'espace intime de l'espace officiel[91]. La texture même de la tapisserie conforte l'impression de silence : elle recouvre le corps de la reine, en même temps qu'elle manifeste l'étouffement de sa parole. En s'enfermant dans l'espace intime, comme Iole dans *Les Trachiniennes*, Sophonisbe a reconnu l'inéluctabilité de sa captivité, s'est contrainte au silence, et a trouvé la mort. L'homélie prononcée par Massinisse sur le corps de son épouse accorde une large place à l'expression de ce silence définitif :

---

86. *La Sophonisbe*, V, 5, vers 1665-1668.
87. *Ibid.*, vers 1673-1674 – Mariane usait d'une expression similaire pour conclure sa confrontation avec Hérode : « Ne perdons point de temps en *discours superflus* ». III, 2, vers 941.
88. *Ibid.*, vers 1685.
89. *Ibid.*, Vers 1686.
90. Cf. 2° partie : *Ancrages de la captivité*.
91. « Ce pitoyable objet, il est ici tout contre (...) / Et vous le pourrez voir de l'endroit que voici, / En levant seulement cette tapisserie. » – *La Sophonisbe*, V, 7, vers 1734-1737.

286 La captivité en spectacle

« Vive source autrefois d'amour et d'éloquence,
Où la mort maintenant a logé le silence,
Belle bouche, beaux yeux, de tant d'attraits pourvus,
(...)
Vous avez donc perdu ces puissantes merveilles
Qui dérobaient les cœurs et charmaient les oreilles ? »[92]

Les formes du silence confirment ainsi la contiguïté entre la captivité et la mort.

L'*All for Love* de Dryden se souvient sans doute de la relation entre captivité, silence et espace intime : en se retirant, Cléopâtre confirme sa défaite face à Octavie[93]. Dans ce mouvement de repli, le silence est également symbolisé par des « rideaux » : « *Conduct me to some solitary chamber, / And then draw the curtains round...* » (« Mène-moi vers quelque chambre solitaire, et là, tire les rideaux alentour... »)[94], demande-t-elle à sa suivante. A ce moment-là, elle parle d'attendre la mort, non de se la donner, et se promet au silence : « *leave me to myself, to take alone my fill of grief.* » (« laisse-moi à moi-même, que je boive ma peine jusqu'à la lie. »)[95]. L'attitude est redondante puisque, à l'acte V, elle se replie à nouveau, dans une attitude ainsi décrite par Alexas : « *She could not bear to be accused by you ; but shut herself within her monument* » (« Elle n'a pu supporter votre suspicion ; elle s'est renfermée dans son tombeau »)[96] ; le verbe polysémique – *to shut* – utilisé par Alexas souligne le double sens de cet enfermement, lié au mutisme autant qu'à une retraite physique.

***

Le silence de Phèdre

Par conséquent, le rapport entre la captive et le silence dote d'une signification propre chacune de ses prises de parole : par le mutisme, elle entérine sa situation, s'y résigne ou s'en réclame ; au contraire, le discours permet de recouvrer une forme de liberté, ou tout au moins de l'affirmer à l'encontre des apparences. Le langage est alors une transgression par rapport à un interdit reçu de l'héritage antique. Sur la scène moderne, ce rapport entre captivité et silence est surtout à l'origine de ruptures qui soulignent l'insolence du personnage concerné. Le langage devient pour la captive le moyen par lequel elle peut combattre l'oppression exercée par le tyran.
    A la fin de l'ère tragique classique, l'utilisation du motif par Racine confirme sa validité, en même temps qu'il nous permet de retrouver l'assimi-

92. *Ibid.*, V, 8, vers 1785-1790.
93. Nous avons déjà pu observer la signification de ce geste en étudiant l'espace lié à la captivité : cf. 2° partie : *Ancrages de la captivité.*
94. *All for Love*, III, vers 478-479.
95. *Ibid.*, vers 480-481.
96. *Ibid.*, V, vers 220-222.

lation échafaudée par le poète entre son héroïne et une captive. Prisonnière de Vénus, Phèdre oscille en effet entre deux attitudes : le mutisme quasi total, ou, au contraire, la déclaration à tendance blasphématoire. Le silence d'abord observé est le signe d'un « mal qu'elle s'obstine à taire »[97], d'entrée mentionné par Théramène et qui fait sa nourrice se perdre en conjectures : « Elle meurt dans mes bras d'un mal qu'elle me cache »[98]. Racine reprend à ses prédécesseurs la réflexion sur le silence, en lien avec une situation de captivité : son mutisme est le signe de sa captivité amoureuse ; parler serait une transgression, mais non plus héroïque. Phèdre est entrée en silence pour échapper à sa faute et parce qu'elle est captive de sa passion. Si elle le prolonge, elle mourra, car le mutisme, comme la captivité, est voisin de la mort ; mais si elle le brise, elle assume la culpabilité inhérente à son désir, en même temps qu'elle affirme sa liberté. Pour l'épouse de Thésée, exister en rompant un silence que sa nourrice qualifie d'« inhumain »[99], c'est être coupable – « Tu frémiras d'horreur si je romps le silence », affirme-t-elle à sa confidente. Et, lorsqu'elle cède aux prières de celle-ci, son discours retrouve les hésitations d'Hécube à sa première apparition dans *Les Troyennes* : « Ciel! que vais-je lui dire ? Et par où commencer ? »[100]. Peu à peu, au fil de l'aveu, le mutisme précédemment observé est explicité :

> « Mes yeux ne voyaient plus, *je ne pouvais parler*
> Je sentis tout mon corps et transir et brûler.
> Je reconnus Vénus et ses feux redoutables,
> D'un sang qu'elle poursuit tourments inévitables. »[101]

Le silence apparaît alors comme l'un des effets produits par la victoire de Vénus. L'aveu vient ensuite aggraver sa situation : la liberté qu'elle a voulu retrouver en parlant s'est muée en culpabilité ; elle entre ainsi dans une autre forme de captivité – « je n'ai que trop parlé.(…) J'ai dit ce que jamais on ne devait entendre »[102], regrettera-t-elle ensuite. Toutes les prises de parole de Phèdre se situent dans cette logique de l'excès, qui l'éloigne du schéma d'une captivité associée à l'innocence pour l'enfoncer dans celui de la transgression. En devenant sans permission une captive loquace, Phèdre présente une version oxymorique de son personnage, et l'oxymore, qui touche ici à l'essence du caractère, est lui-même expression de l'aporie. Par son suicide enfin, elle se reconnaît définitivement vaincue, comme en son temps Sophonisbe. Comme la princesse carthaginoise encore, sa mort est la seule échappatoire à une captivité dont aucun héros n'est venu la sauver. Le recours subtil au schéma de la captivité permet au dramaturge de construire une action dont le spectateur peut

---

97. *Phèdre*, I, 1.
98. *Ibid.*, I, 2.
99. *Ibid.*, vers 227.
100. *Ibid.*, Nous avons mentionné l'introduction paradoxale de son propre discours par Hécube, première captive à briser le silence : Τί με χρὴ σιγᾶν ; τί δὲ μὴ σιγάν ; (« Que dois-je taire ? Que ne dois-je pas taire ? »)
101. *Ibid.*
102. *Ibid.*, III, 1, vers 740-742.

suivre le déroulement au fil de ses héritages. L'association entre la captivité et le silence trouve quant à elle, dans cette exploitation symbolique, une confirmation de sa validité.

III

Ruptures du silence : la captive face à son vainqueur

Le procès d'Hélène

Les scènes de confrontation entre une captive et son vainqueur s'inscrivent dans l'écart par rapport à cette représentation de la captivité. Dans le corpus tragique antique tel qu'il nous est parvenu, ce type de rencontre n'a d'exemple que dans *Les Troyennes*, lorsque Hélène est amenée devant Ménélas. Encore cette confrontation s'effectue-t-elle en présence d'une tierce personne, Hécube. L'épisode présente les caractéristiques d'un jugement, dans lequel la captive est en position d'accusée : « M'est-il permis du moins de donner mes raisons (λόγῳ) pour prouver que ma mort serait une injustice ? »[103]. La scène 2 de l'acte III de *La Mariane* présente des similitudes avec cette comparution d'Hélène devant Ménélas. Comme la princesse grecque, Mariane est accusée d'avoir trahi son époux – « Ton piège est découvert, ta mine est éventée »[104] – et taxée d'insolence par Hérode : « Au lieu de s'excuser l'ingrate en sa défense / Ne saurait proférer un mot qui ne m'offense »[105]. Le grief rappelle celui de la vieille Hécube qui reprochait à Hélène son indécence, et lui représentait l'attitude convenable à sa situation : « C'est humiliée, vêtue de haillons, tremblante d'effroi, la tête rasée à la scythe, que tu devais venir ici... »[106]. La description présente des caractéristiques communes avec la représentation antique des captives ; elle illustre également la culpabilité de la Spartiate.

Hécube tient le rôle de procureur dans cette scène à la tournure judiciaire ; elle est pour Ménélas ce que son entourage est à Hérode – « Mes amis, prononcez ce qu'ordonnent les lois / Contre les attentats qui regardent les Rois »[107], ordonne le Roi à ses sujets. Et comme Hécube dans *Les Troyennes*, c'est la mort de la captive accusée que requiert l'entourage du maître. Salomé prononce alors la sentence – « C'est trop peu qu'une mort pour sa punition. »[108] – retrouvant les mots d'Hécube : « Couronne la Grèce de gloire, en tuant cette femme comme ton honneur le réclame, et établis pour toutes les autres cette règle que la mort punit celle qui trahit son époux »[109]. Enfin les deux scènes

---

103. *Les Troyennes*, vers 903-904. Trad. Léon Parmentier.
104. *La Mariane*, III, 2, vers 760.
105. *La Mariane.* III, 2, vers 775-776.
106. *Ibid.*, vers 1025-1027.
107. *La Mariane*, III, 2, vers 833-834.
108. *Ibid.*, vers 838.
109. *Les Troyennes*, vers 1030-1032.

connaissent une conclusion commune, prononcée par le maître : « son supplice frappera de terreur [l']engeance impudique [des femmes] »[110]. La configuration dramatique diffère fondamentalement bien sûr, mais la reprise est intéressante, notamment pour l'ambiguïté qu'elle confère à Mariane, personnage aux facettes contradictoires.

L'équivoque s'étoffe encore lorsque Tristan recourt au thème galant. Il creuse alors l'écart avec le modèle euripidéen, qui ne pouvait disposer de cette ressource. La couleur de la scène change lorsque Hérode, délaissant sa fonction, s'interpose en amant entre son épouse et ses juges :

« Au point que mon courroux était le plus aigri,
Sur le cours de ses pleurs mon cœur s'est attendri.
Il semble que l'Amour qui se rend son complice
Déchire le bandeau que porte ma Justice... »[111]

La scène entière est ainsi construite sur l'entrelacs de deux tendances : le procès et la déclaration amoureuse, alternative en apparence conduite par Hérode mais en réalité dominée par Mariane. Car la pitié qu'elle inspire se révèle un charme puissant. Abandonnant un moment le verbe haut dont elle usait comme d'une arme pour défier son vainqueur, elle s'attarde sur l'évocation du sort de ses enfants :

« Si je me plains encore d'un arrêt si sévère,
C'est à cause que j'ai des sentiments de mère ;
Je laisse des enfants, et m'afflige pour eux... »[112]

La didascalie mentionne le geste dont Mariane accompagne son propos : « Elle se porte un mouchoir sur les yeux. » Le tableau de sa faiblesse exerce sur Hérode une séduction incoercible : c'est en captive que Mariane séduit son vainqueur. Le passage par cet épisode dans la scène constitue une péripétie qui maintient la tension dramatique, et une action topique pour le théâtre moderne.

***

Amore captivae victor captus

La Sophonisbe de Mairet fournit à cet égard une scène d'anthologie, lorsque la princesse éponyme, devenue captive, rencontre Massinisse, son vainqueur. La séduction exercée par la captive provoque une inversion du rapport des forces, sensible entre le début et la fin de sa réponse à la harangue de

---

110. *Ibid.*, vers 1058-1059.
111. *La Mariane*, III, 2, vers 877-880. Une assez large proportion de la scène (un quart exactement) voit le roi déclarer allégeance auprès de son épouse et captive : « Je me sens trop touché de tes moindres douleurs, / Je trouve que mon sang coule parmi tes pleurs... » – *ibid.*, vers 895-896.
112. *Ibid.*, vers 867-869.

Massinisse. A l'hommage au vainqueur, que la princesse apostrophe sur le ton de l'invocation pour ouvrir sa tirade : « ô vainqueur magnanime »[113], succède l'aparté de Phénice, qui ponctue la fin de son discours et, signale la supériorité acquise par la princesse : « Ma compagne, il se prend »[114]. Le commentaire de la confidente confirme le renversement de la relation entre le vainqueur et sa captive. Au déploiement progressif de la séduction, le dramaturge préfère la mise en scène d'un changement radical souligné par de tels apartés et par cette exclamation de Massinisse : « Ô Dieux ! que de merveilles / Enchantent à la fois mes yeux et mes oreilles ! »[115]. La scène est certes conforme dans la lettre au texte de Tite-Live[116] mais surtout saisissante de brièveté dramatique. Le bouleversement est tel qu'il menace la tonalité de la scène, pour satisfaire sans doute au goût d'un public sensible aux échanges galants.

Jacques Scherer qualifie d'« étonnante » cette scène « où Massinisse, entré en vainqueur dans le palais de Sophonisbe, est si bien séduit par la captive qu'il lui propose de l'épouser sur-le-champ »[117]. Sensible à l'humour qui traverse la scène, Voltaire est sévère à son égard :

> Mairet « fut le premier en France qui non seulement fit une pièce régulière, (…) mais qui connut le langage des passions, et qui mit de la vérité dans le dialogue. (…) L'auteur tombe dans un vice tout contraire : c'est la naïveté et la familiarité, qui ne sont convenables qu'à la comédie. Cette naïveté plut alors beaucoup. La première entrevue de Sophonisbe et de Massinisse charma toute la cour. La coquetterie de cette reine captive, qui veut plaire à son vainqueur, eut un prodigieux succès. On trouva même très bon que de deux suivantes qui accompagnaient Sophonisbe dans cette scène, l'une dît à l'autre, en voyant Massinisse attendri : « Ma compagne, il se prend. » Ce trait comique était dans la nature (…) aussi cette pièce resta plus de quarante années au théâtre. »[118]

Mairet n'a pas craint la distanciation induite par les apartés et la concentration. Sans doute cette démarche permettait-elle de satisfaire au goût du public en même temps qu'elle lui permet d'illustrer dans toute son efficacité cet événement inouï : la péripétie induite par une captive.

A la suite de Mairet, Dryden construit une scène similaire dans *La Conquête de Grenade* : comme Massinisse, le prince maure se prend d'amour pour sa captive, au cours de la scène.

---

113. *La Sophonisbe,* III, 4, vers 771.
114. *Ibid.*, vers 811.
115. *Ibid.*, vers 811-812.
116. Tite-Live, *Histoire romaine*, livre XXX : « Cette princesse était parfaitement belle et en la fleur de son âge ; de sorte que comme elle lui serrait les mains, en le priant de lui promettre qu'elle ne serait point livrée aux Romains, et que déjà son discours approchait plus des caresses que des prières, non seulement il en eut pitié, mais comme les Numides sont naturellement enclins à l'amour, le vainqueur se laissa prendre par les charmes de sa prisonnière » – *amore captivae victor captus*. Traduction de Pierre du Ryer, 1659.
117. Jacques Scherer, *La Dramaturgie classique en France*, *op. cit.*, deuxième partie, chap. IV : « Les formes de la scène : formes fixes », p. 262.
118. Voltaire, *Dictionnaire philosophique*, art. « Exagération ». On notera la rigueur des critiques voltairiennes à l'égard du théâtre classique. En témoigne la condamnation sans détour de *Rodogune* dans *L'Ingénu*.

Dans chacun des drames, cette scène constitue à elle seule un épisode, point central autour duquel le drame bascule. Le schéma général de la scène est similaire : la captive commence par faire l'éloge de son vainqueur – l'apostrophe « *Mighty Conqu'ror* »[119] fait écho à la formule de Sophonisbe : « ô vainqueur magnanime »[120], repris ensuite dans une expression proche : « ô vainqueur débonnaire »[121]. L'une et l'autre s'attardent un moment à vanter les mérites du vainqueur : la princesse carthaginoise insiste sur la « vertu » du prince numide et sur la faveur dont il jouit auprès de la Fortune ; Almahide concentre le compliment en trois vers, et le transpose en prière :

> « *So may your Arms success in battels find :*
> *So may the Mistris of your vows be kind,*
> *If you have any ; or, if you have none,*
> *So may your Liberty be still your own.*"

(« Puisse votre bras rencontrer le succès dans les batailles ; puisse votre amante, s'il en est une, bien recevoir vos vœux ; ou, si vous n'en avez pas, puissiez-vous conserver votre liberté. »)[122]

Dans les deux discours, le compliment permet à la captive d'opposer le sort du vainqueur et le sien propre. Sophonisbe glisse ainsi, dans la deuxième partie de sa tirade, vers la représentation de sa propre situation : son autoportrait en captive s'étend sur une vingtaine de vers, et occupe ainsi une proportion égale de son discours, par rapport à l'éloge du vainqueur : « Je plains seulement le malheur de ma vie... »[123]. On a vu qu'Almahide insistait quant à elle sur la tristesse de son sort.

L'une et l'autre captives présentent ensuite leur requête au vainqueur. Invitée par Massinisse à la formuler, Sophonisbe énonce le problème qui gouverne l'ensemble du drame – et qui, dès ce moment, pèse sur le dénouement : « ...ou que jamais le Tibre / ne me reçoive esclave, ou que meure libre »[124]. Contrainte d'exposer sa demande à un vainqueur pressé, Almahide, après hésitations, requiert finalement la protection d'Almanzor contre les abus auxquels une captive est généralement exposée : « *I fear the insolence of Victory : / As you are Noble, Sir, protect me then, / From the rude outrage of insulting men.* » (« Je crains l'insolence qui suit une victoire : vous qui êtes noble de cœur, Seigneur, protégez-moi du violent outrage que pourraient me causer des soldats impudents »)[125]. Bien que leurs motivations soient différentes, l'une et l'autre captive se placent ainsi sous la protection de leur vainqueur, alléguant la faiblesse inhérente à leur situation. C'est pourquoi Sophonisbe insiste à plusieurs reprises sur sa captivité, et entrelace son discours de son évocation récur-

119. *La Conquête de Grenade*, première partie, III, vers 308.
120. *La Sophonisbe*, III, 3, vers 771.
121. *Ibid.*, vers 791.872.
122. *La Conquête de Grenade*, première partie, III, vers 312-315.
123. *La Sophonisbe. Ibid.*, vers 800.
124. *Ibid.*, vers 839-840.
125. *Ibid.*, vers 369-371.

rente. Le premier tableau de sa captivité dresse ainsi une évocation sommaire où se retrouvent les thèmes attachés à la représentation antique de la captivité :

> « Et je plains seulement le malheur de ma vie,
> Qui m'est d'autant plus dur que, m'ayant tout ôté,
> Espérance, repos, fortune, liberté,
> Pour faire de tout point mon destin pitoyable,
> Il m'ôte le moyen de me rendre croyable. »[126]

La privation générale, le pathétique, l'illégitimité du discours : toutes ces caractéristiques de la captivité se retrouvent dans ce tableau initial, qui fonde le discours de Sophonisbe ; puis l'évocation se fera récurrente – il sera encore question du « déplorable état de [sa] condition », de l'infortune de « la veuve de Syphax »[127]... Plus que jamais, le discours redouble le spectacle, par un procédé que reprendra Corneille à l'acte III d'*Andromède*[128] : l'insistance est ainsi nettement portée sur le tableau offert par la captive, susceptible de provoquer la pitié du vainqueur comme celle des spectateurs.

La puissance du vainqueur est évoquée concurremment car son tableau contribue à cette représentation insistante de la captive par elle-même. Alors même qu'elle reconnaît son pouvoir, elle s'offre en victime contrainte, jusqu'à mentionner allusivement mais avec quelque crudité l'autorité physique dont peut user le vainqueur – l'allusion puise là encore dans la représentation antique de la captivité féminine : « Je sais qu'usant des droits de maître et de vainqueur, / Vous pouvez me traiter avec toute rigueur... »[129]. L'ensemble de la scène est ainsi focalisé sur le tableau que Sophonisbe offre d'elle-même, par le discours et l'attitude.

La rencontre entre Almahide captive et Almanzor est plus brève ; la princesse maure est donc plus économe dans l'évocation de sa propre captivité, et ne la mentionne qu'une fois : « *I know I am your Captive, Sir* »[130]. Il s'agit là d'un simple rappel, sans la qualité descriptive que lui conférait le discours de Sophonisbe : la captivité n'est pas ici le point focal. Le discours porte bien davantage sur l'évocation du vainqueur : plutôt que de rappeler la misère de sa situation, Almahide met en évidence l'effroi qu'elle éprouve à considérer le visage d'Almanzor – elle a interrompu la formulation de sa requête pour exprimer sa crainte :

> « *You would lay by those terrours of your face.*
> *Till calmness to your eyes you first restore*
> *I am afraid, and I can beg no more.* »

---

126. *Ibid.*, vers 800-804.

127. *La Sophonisbe*, vers 913 et 915.

128. Nous avons constaté déjà ce redoublement du spectacle par le discours dans l'*Andromède* : cf. 31. « Attitudes des captives ».

129. *Ibid.*, vers 921-922.

130. *La Conquête de Grenade*, première partie, III, vers 345.

(« Déposez, je vous prie, l'expression de terreur répandue sur votre visage. Tant que le calme n'y sera pas revenu, je serai effrayée et ne pourrai poursuivre ma prière. »)[131]

A plusieurs reprises, Almahide formule cette crainte : « *Your voice, Sir, is as killing as your sword.* » (« Votre voix, Seigneur, a le tranchant de votre épée »)[132] ; dans la difficulté qu'elle éprouve à construire un discours, elle retrouve l'un des attributs de la captive : « *Where should I finde the heart to speak one word ?* » (« Où trouverai-je le courage de prononcer un seul mot ? »)[133]. C'est la représentation du vainqueur qui confère à cette captive sa dimension pathétique, et non plus la sienne propre. Et cependant, la mise en scène ne manque pas d'humour, malgré le sentiment exprimé : la terreur que le visage de son vainqueur inspire semble rapidement relayée par l'appréhension qui s'en empare devant la puissance du sexe opposé, ce « fléau, doux instrument de destruction du genre humain » (« *You bane, and soft destruction of mankind* »)[134]. Ainsi, le héros s'effraie de sa captive en même temps qu'il la terrorise.

A la fin de la scène, chacun des deux héros salue sa captive devenue son amante, et marque la dépossession de soi-même par l'effet de l'amour. Dans les deux cas, l'image du spectre est alors utilisée pour manifester l'émotion ressentie : « Adieu, vous voyez trop en mon visage blême / Que m'arracher de vous, c'est m'ôter à moi-même »[135], déclare Massinisse avant de partir, tandis qu'Almanzor salue par la même image le départ d'Almahide : « *She gœs ; and I, like my own Ghost appear : / It is not living, when she is not here.* » (« Elle part ; et moi, je semble mon propre fantôme : mon être n'a pas de vie quand elle n'est pas ici »)[136]. Cependant, chez Mairet, c'est Sophonisbe qui reste en scène, tandis qu'Almahide la quitte chez Dryden : la différence d'intention dramaturgique est perceptible dans cette nuance, et cela malgré les similitudes de déroulement. Mairet peint une captive dans sa faiblesse, alimentant cette représentation des *topoi* mis en place par les textes antiques ; Dryden met en évidence un héros dont la captive elle-même souligne la valeur et l'exception. La perspective épique justifie cet infléchissement de l'orientation galante d'abord conférée par Mairet à une scène qui reste d'anthologie.

***

La captive ravissante

Le plus souvent, le discours est l'occasion de donner la captive en spectacle, aux yeux du héros comme à ceux de la salle : chacune de ses prises de parole s'accompagne d'une gestuelle qui concurrence le discours, et l'em-

131. *Ibid.*, vers 319-321.
132. *Ibid.*, vers 325.
133. *Ibid.*, vers 324.
134. *Ibid.*, vers 316.
135. *Ibid.*, vers 951-952.
136. *Ibid.*, vers 425-426.

porte sur lui par son efficacité pathétique. Les yeux noyés de larmes, agenouillée devant son vainqueur, tendue dans l'espoir de voir sa requête accep-
tée, la captive offre le spectacle le plus susceptible de provoquer la pitié et la
séduction.

Chez Mairet, les suivantes de Sophonisbe l'encouragent à tenir un discours dont la longueur lui permettra de mettre ses charmes en valeur :

> « C'est pourtant maintenant qu'il se faut assurer,
> Et lui tirer des traits qu'il ne puisse parer.
> Sitôt qu'il entrera, faites-lui la harangue
> Que la nécessité vous mettra sur la langue,
> Et dont les doux regards et les soupirs fréquents
> Fassent les plus beaux traits et les plus éloquents.
> Au reste un jeune esprit facilement s'engage
> Par la douceur des yeux, du geste et du langage. »[137]

L'énumération fait clairement apparaître la part réservée au discours : celui-ci
est un soutien pour la mise en scène de la captive, qui tout au long d'une tirade
est au centre des regards. Son langage focalise sur elle l'attention de son vainqueur, et des spectateurs, également attendris. Car joint à l'attitude convenue
précédemment évoquée, le discours permet la représentation de la captive
comme dans un tableau, dont seule une tirade justifie la mise en place : l'attitude de la captive aux pieds de son vainqueur présente naturellement les caractéristiques du « ravissement », tel qu'on peut le voir dessiné dans les gravures
de l'époque. Le discours de la captive détient ainsi une fonction médiatique :
le tableau que permet l'énonciation donne au vainqueur l'occasion et le temps
de constater les charmes de son interlocutrice, provoquant par là même l'infléchissement décisif de son attitude et de ses sentiments.

Ce discours, dont l'habileté rhétorique, finalement convenue, compte
moins que sa déclamation, tient ainsi un rôle décisif et paradoxal. Illicite dans
la mesure où une captive est originellement tenue au silence, il provoque en
outre un déplacement du sens : d'abord politique, l'échange se fait amoureux.
La scène fait glisser l'action de la cité à l'intime. La transgression opérée par
la captive dès lors qu'elle prend la parole pour influer sur l'action – et non pour
un lamento –, se repère aux conséquences de son discours : la confusion et
l'indétermination envahissent une scène où coexistent désormais le politique
et l'intime, la place royale et la chambre, le masculin et le féminin.

Par la voix de la captive, l'intime déborde ainsi les limites de la coulisse ;
ce qui était caché et tu, désormais se voit et s'entend, envahit même l'espace.
Aussi, après cette scène fondamentale, Scipion et Lélie ne cessent-ils de constater l'impuissance politique du prince numide :

> « Mais quand une belle âme a perdu la raison,
> Ce remède est sans force, ou n'est plus de saison ;
> Ce qu'a fait Massinisse est si déraisonnable
> Qu'à peine mon esprit le treuve imaginable,

---

137. *La Sophonisbe*, III, 3, vers 729-736.

Et marque en sa raison un tel dérèglement
Qu'il porte son excuse en son aveuglement. »[138]

Le discours compare ensuite Sophonisbe à Hélène, et entérine ainsi le parallélisme entre deux personnages dont le discours et l'apparence sont également à craindre. Plus largement, est en danger tout vainqueur qui permet à une captive de l'approcher sans intermédiaire.

La règle avait été édictée par Hécube et le chœur des *Troyennes*, lorsqu'elles mettaient en garde Ménélas confronté à Hélène : (« à sa vue, fuis ; crains que le désir d'elle ne te reprenne (Ὁρῶν δὲ τήνδε φεῦγε). Elle captive le regard des hommes (Αἱρεῖ γὰρ ἀνδρῶν ὄμματ᾽ ...)... »)[139]. Le Chœur étendait ensuite cette mise en garde d'Hécube au discours d'Hélène : « Elle parle bien, tout en étant malfaisante » (λέγει καλῶς κακοῦργος οἶσα·)[140] – la concomitance du talent rhétorique et de la malfaisance, deux caractéristiques d'Hélène, est mise en évidence par le participe présent grec, οἶσα, qui ancre la nocivité de la reine dans son existence propre. Elle intervient en captive, et c'est en captive qu'elle crée le trouble, fléchit son vainqueur, effraie tout l'auditoire. Le danger est ancré dans son discours, du fait même de cette situation qui la produit en scène sous l'apparence de la faiblesse et de l'innocuité. Sa parole est transgression, de même que celle de Sophonisbe.

Semblable caractéristique s'applique également à la Cléopâtre de Dryden. Dans un sursaut romain, Antoine tente de juguler l'ascendant de la reine égyptienne en lui intimant le silence : «*favour me with silence*» (« Faites-moi le plaisir de garder le silence »)[141]. La demande est formulée lors de la première rencontre en scène d'Antoine et Cléopâtre, mais après que l'acte I a largement exposé la faiblesse du général romain à l'égard de la reine ; demander le silence à cette dernière, c'est tenter de la mettre en situation de captive, et donc reprendre le pouvoir ; c'est légitimer aussi cette rencontre que Rome voit comme une transgression : Antoine est un moment l'émissaire d'une puissance à laquelle l'Egypte est désormais asservie... Peine perdue cependant : la demande arrive après que le vainqueur a déjà cédé. Comme à son habitude dans toute cette pièce, Dryden se joue des *topoi* qu'il cite mais pour les prendre tous à rebours... Nul autre drame, cependant, ne manifeste aussi nettement cette confusion des plans qui pervertit l'action après qu'une captive a un peu trop longuement discouru devant son vainqueur. Le processus de dévirilisation dramatisé par Dryden et dénoncé par Ventidius – « *she has quite unmanned him* » (« Elle l'a pour ainsi dire dépouillé de sa virilité »)[142] – apparaît comme l'expression la plus audacieuse de cette confusion générale à laquelle peut participer le discours d'une captive.

---

138. *La Sophonisbe*, IV, 2, vers 1149-1154.
139. *Les Troyennes*, vers 891-892, trad. Léon Parmentier.
140. *Ibid.*, vers 967-968.
141. *All for Love*, II, vers 255.
142. *Ibid.*, I, vers 176.

IV

Mises en scène de l'ambiguïté

La captive voilée

Qu'elle soit réduite au silence, ou bien caractérisée par un discours trans-gressif, l'attitude d'une captive comporte par essence une ambiguïté propre à provoquer la confusion. L'équivoque est illustrée par un objet associé à la mise en scène de la captivité : le voile, attribut du féminin en général, et de la cap-tivité en particulier. Ce rapprochement a déjà été envisagé à propos de Cassandre et de son attitude en scène. Il s'agissait alors du rapport entre le voile et les chaînes, de l'image d'un tissu qui pèse, entrave... Mais le lien sym-bolique qui unit la captivité et le voile passe également par le discours ; la même Cassandre, chez Eschyle cette fois, explicite l'association lorsqu'elle choisit d'élucider ses prophéties : « Maintenant l'oracle ne se montrera plus à travers un voile comme une jeune épousée »[143]. Cassandre utilise le terme *kalumma*, qui désigne généralement tout ce qui sert à couvrir, envelopper, cacher – en particulier le voile de la femme. A la différence du *péplos*, qui peut également désigner le voile dont se parent les femmes, le *kalumma* est d'abord ce qui cache, tandis que le *péplos* est d'abord ce qu'on a tissé et brodé. Dans le propos de Cassandre, le terme est ainsi employé comme une méta-phore de l'ambiguïté : le sens doit être dévoilé pour être perçu. Mais la méta-phore devient aussi jeu de scène : joignant le geste à la parole, la prophétesse quitte son vêtement près l'exécution du meurtre annoncé : « Voyez : c'est Apollon lui-même qui me dépouille de cet habit fatidique, après s'être com-plu à me voir bafouée, sous cette parure, unanimement et follement, par mes amis et mes ennemis »[144]. Le vêtement apparaît dans tout cet épisode comme l'image de l'entrave subie par Cassandre, aussi bien dans l'exercice de la pro-phétie, jamais crédible, que dans sa situation ; l'enlever, se dénuder, c'est indi-quer un moment unique de vérité, d'élucidation du sens. Le voile est donc un motif complexe, lié au statut de la prophétesse et à sa féminité, mais aussi métaphore de l'opacité.

A la suite d'Eschyle, les dramaturges reprennent le motif dans sa relation avec la captivité. L'accessoire n'est cependant pas constant : il est peu proba-ble notamment qu'Iole entre couverte d'un voile sur la scène des *Trachiniennes*, puisque Déjanire constate sa beauté. En revanche, le motif réapparaît dans l'*Iphigénie en Tauride*, dont le texte mentionne les voiles de la prêtresse : ils en matérialisent la sacralité, ce que révèle la Coryphée à Oreste : « Etranger, il n'est pas permis, comme tu fais, de profaner notre prêtresse et de souiller, en y portant la main, ses voiles (πέπλοις) intangibles... »[145]. Cette précaution est énoncée juste avant la scène de la reconnaissance, et sera évacuée dès lors

---

143. *Ibid.*, I. Eschyle, *Agamemnon*, vers 1178.
144. *Ibid.*, vers 1256-1261.
145. *Iphigénie en Tauride*. vers 798-799.

qu'Iphigénie aura été convaincue par Oreste : « Moi, je serre en mes bras celle qu'on croyait morte : les pleurs, les sanglots de joie mouillent ta paupière et la mienne ! »[146]. Oreste a été autorisé à soulever les voiles : ce n'est plus la prêtresse mais la sœur qu'il touche alors. Iphigénie est désormais affranchie de son isolement sacré. Le geste qui consiste à soulever le voile présente en outre deux autres résonances : il intervient lorsque la reconnaissance a eu lieu, lorsque la vérité a été établie[147] ; et cette reconnaissance implique à terme la libération d'Iphigénie, que son frère arrachera à la terre de Tauride, où elle était retenue et figée dans une sacralité contrainte, pour la rendre à son pays et au temps.

L'association du voile à la captivité, au féminin et à l'ambiguïté se retrouve dans le corpus moderne. Le mouchoir que Mariane « se porte sur les yeux »[148] est une variante du motif : le geste intervient au terme de la seule tirade consacrée par la reine à la déploration : le mouchoir soutient le pathétique, et entérine le malheur auquel la captivité condamne Mariane et sa descendance. Comme le voile, le mouchoir révèle en outre une féminité à laquelle Hérode, ému, ne résiste pas : le motif soutient ici le propos et l'attitude, et contribue à mettre en évidence la dimension pathétique que la captive éplorée ne manque jamais d'introduire sur un théâtre. Le geste de Mariane marque également l'interruption de son discours : la longue réplique d'Hérode la contraint ensuite au silence ; et elle-même, par la suite, ne proférera plus que des propos sibyllins. Entre le geste révélé par la didascalie et l'ambiguïté affectée ensuite par Mariane, la concomitance rappelle le voile jeté à la fois sur la captive et sur son discours.

Corneille propose une autre variante du motif lorsque Paulin narre à Placide le supplice de Théodore, échappée de la tente à soldats – le narrateur croit alors avoir vu sortir Didyme, tandis qu'il s'agissait de Théodore :

« Ses cheveux sur son front s'efforçaient de cacher
La rougeur que son crime y semblait attacher,
Et le remords de sorte abattait son courage,
Que même il n'osait plus nous montrer son visage... »[149]

Les cheveux ont rempli la fonction du voile, qui dissimule l'identité de la captive : le motif réapparaît dans sa double relation à la captivité et à la vérité. L'ambiguïté qu'il assure est ici de nature dramatique.

C'est chez Dryden cependant que le voile réapparaît sous sa forme exacte : captive d'Almanzor dans l'un des épisodes de *La Conquête de Grenade*, Almahide se présente voilée, comme le précise la didascalie : « *She falls at his feet being veyld.* » (« Elle tombe à ses pieds, couverte d'un voile »)[150]. Elle ne

---

146. *Ibid.*, vers 831-833.
147. Iphigénie elle-même a recours au voile, ici le *péplos*, lorsque, audacieusement, elle conseille à un Thoas perplexe de « protéger [son] visage d'un voile » (πέπλον ὀμμάτων προθέσθαι.) – « se voiler la face », fermer les yeux... Ce propos sibyllin permet à la princesse d'avouer son mensonge en même temps qu'elle le formule. *Iphigénie en Tauride*, vers 1218.
148. *La Mariane*, III, 2, vers 876-877.
149. *Théodore*, IV, 3, vers 1277-1280.
150. *La Conquête de Grenade*, première partie, III.

se découvre dans la scène qu'au moment de présenter sa requête à son vainqueur, lors même que son discours doit gagner en efficacité dramatique.

Là encore, le voile est lié à la situation de captivité et au silence : parler, énoncer clairement, c'est lever le voile – au sens propre. La synthèse est opérée par Racine : « Que ces vains ornements, que ces voiles me pèsent ! »[151]. Phèdre vient de paraître pour la première fois, et prononce le vers inaugural d'une scène dans laquelle elle se révélera ; sa plainte exprime un désir de vérité, la nécessité de sortir du silence.

Métaphore de l'ambiguïté et du mutisme, le voile pèse symboliquement sur la captive comme les chaînes sur Andromède. Le motif est un attribut spécifiquement féminin. La *Théogonie* d'Hésiode consacre ainsi une longue description au voile dont est parée Pandore lors de sa création : « La déesse aux yeux clairs, Athéna, la ceignit, la para d'un vêtement éblouissant de blancheur ; de la tête aux pieds, elle l'enveloppa, de ses mains, d'un voile (καλύπτρην) savamment brodé – une merveille pour les yeux ! »[152]. Le mythe est développé dans *Les Travaux et les Jours* : Athéna apprend à Pandore le tissage : la femme saura créer le voile, instrument à usage multiple derrière lequel elle peut se dissimuler, parer, susciter le fantasme, voire tuer. Ainsi Clytemnestre qui, après avoir répandu le tissu pourpre sous les pas de l'époux, « a pris dans le piège d'un voile (ἐν πέπλοισιν) le taureau aux cornes noires »[153]. Le Chœur reprendra l'idée dans une formule qui souligne le caractère néfaste de ce voile, « ce tissu d'araignée »[154]. Le voile meurtrier, c'est aussi la tunique envoyée par Déjanire à Héraclès, le *péplos* qui devait être érotique et se révèle mortifère.

Considéré avec ses variantes, le motif manifeste la relation lisible entre le féminin, l'intérieur et la mort. Toutes ces notions entretiennent par ailleurs une proximité récurrente avec l'obscurité et le silence, de même que les tentures et les tapisseries. Aussi peut-on considérer ces éléments de décor comme des avatars du voile. Accessoires et décors, tous répètent à l'envi la relation de la captive au discours : cette parole étouffée, le tu celé, dangereux.

***

Le tu, l'ambigu et le féminin

Dans le redoublement de l'espace ainsi divisé par la tenture ou le voile, et dans la tension qui s'instaure entre un extérieur dominé par le pouvoir mas-

---

151. *Phèdre*, I, 3, vers 158.
152. Hésiode, *Théogonie*, vers 573-575, trad. Annie Bonnafé, *Rivages poche*, Petite bibliothèque, Paris, 1993.
153. Eschyle, *Agamemnon*, vers 1125-1128.
154. *Ibid.*, vers 1493. Le thème de la toile traverse toute la pièce : tapis tendu sous les pas du roi, voile dans lequel la reine le prend pour l'abattre. Le tissu manié par Clytemnestre apparaît comme la version négative et néfaste de la toile tissée par Pénélope : celle-ci est symbole et garantie de sa fidélité ; celle-là est l'outil par laquelle la reine tue l'époux de retour. L'une et l'autre toile ont été tissées en prévision de ce retour ; l'une et l'autre sont l'apanage d'une féminité aux visages divers, voire contradictoires.

culin et un intérieur d'essence féminine, la part du fantasme trouve une latitude qui s'exprime dans le secret et l'ambiguïté. La captive qui apparaît voilée aux pieds de son vainqueur, telle Almahide dans *La Conquête de Grenade*, pose à sa curiosité une énigme qui ouvre la voie au désir. Sous ses différentes variantes, le voile indique en outre le non-dit, le convoque en concurrence au discours. Celée dans un espace dont l'intimité est maintenue par le tissu – voile, tenture, tente – ou exprimée par le silence, la captive a ainsi rapport au sens caché du monde. Iole, murée dans le silence puis intégrée à l'espace secret du palais, représente la vérité cachée d'Héraclès, l'envers de son triomphe ; de même pour Cassandre, qui accompagne l'entrée triomphale d'Agamemnon en Argos pour finalement célébrer sa chute animale ; Mariane dévoile encore la confusion infernale à laquelle est livré un roi qui se voulait grand ; et, plus symboliquement, Iphigénie aussi délivre une vérité politique, celle de la Tauride, terre barbare mais qui recèle en son sein l'hellénisme qu'incarne la prêtresse exilée. L'analogie touche essentiellement la catégorie des captives permanentes, celles qui apparaissent dans le sillage du vainqueur dont elles révèlent la vanité. Le drame accomplit à cet égard une maïeutique dont la captive est l'instrument : au dénouement, les spectateurs sont confrontés à l'émergence d'un sens d'abord insoupçonné, et dont l'existence invite à interroger le monde. Cette vérité est difficile à reconnaître, et si la captive la porte, souvent à son insu, elle le fait à l'ombre du silence ou de l'ambiguïté.

Parce qu'elle est femme, la captive porte le voile, c'est-à-dire dispose de l'ambiguïté, qu'elle sait en effet manier comme une arme. Ainsi Thoas, le barbare, n'est pas certain de bien comprendre la prêtresse d'Artémis : toute la scène qui le confronte à Iphigénie est une représentation de cette ambiguïté du langage. Il tente faiblement de se défendre contre l'obscurité du sens, par une brève injonction : « Parle plus clairement »[155]. La scène moderne reprend cette injonction du vainqueur à sa captive. Massinisse, par exemple, commente le discours de Sophonisbe par l'aveu de sa propre perplexité : « Ce discours cache un sens que je ne puis entendre »[156]. La princesse obtempère alors et choisit d'élucider un discours affermi par l'énigme : « Ce discours toutefois est facile à comprendre... »[157]. Le vers introduit une tirade dans laquelle la princesse requiert le respect de son vainqueur, et à l'issue de laquelle elle obtient de sa part une demande en mariage – sa liberté. La manœuvre est commune à Iphigénie et Sophonisbe, *mutatis mutandis* : l'interlocuteur obtient l'élucidation du discours, au moins en apparence ; la captive, par cette démonstration de sa bonne volonté, s'attire la bienveillance du personnage qui détient sur elle le pouvoir, pour finalement s'en libérer. La libération du sens permet à la captive de recouvrer sa liberté.

---

155. *Iphigénie en Tauride*, vers 1162. Cette scène qui confronte Iphigénie à Thoas s'étend du vers 1152 au vers 1221. L'injonction surgit rapidement dans le début de cette rencontre, et toute l'habileté de la princesse argienne consistera à faire semblant d'obtempérer alors que son discours demeure trompeur – tandis que Cassandre consentait à un éclaircissement réel de son discours. Ainsi Iphigénie remporte la victoire sur Thoas, mis en confiance par cette preuve apparente de bonne volonté.

156. *La Sophonisbe*, III, 4, vers 911.

157. *Ibid.*, vers 912.

Dans ces deux cas, le drame présente une version dynamique de la captivité, conçue comme une situation réversible. Plus souvent, l'implicite mène à la catastrophe. Ainsi de *La Mariane* qui propose une version fatale de la captivité : le discours de Mariane, chargé d'ambiguïté et de propos retenus, ne fait l'objet d'aucune élucidation ; au contraire, toute la scène qui la confronte à Hérode procède à une opacité progressive du sens : accusée d'adultère et de trahison, Mariane s'offusque d'abord – « Osez-vous m'accuser de ces crimes frivoles ? »[158] –, préfère ignorer l'accusation et son accusateur – « Ce témoignage faux est digne du supplice, / Mais pour t'en garantir mon juge est ton complice[159] » –, et finalement choisit l'ambiguïté, que lui reproche Hérode : « Ce propos est obscur, je ne saurais l'entendre »[160]. Mariane oblitère alors définitivement le sens de son discours : « Crois tout ce que tu dis et tout ce que tu penses »[161]. L'extrême puissance de ce vers, confortée par sa construction monosyllabique, fige l'ambiguïté en renvoyant Hérode au doute. A la suite de cette déclaration, Mariane est conduite dans une prison qui matérialise cet obscurcissement général du sens. La captive est incarcérée tandis que son geôlier sombre dans la folie. De ces deux actions parallèles, dont l'une peut finalement apparaître comme la version extériorisée de l'autre, la captive ressort finalement victorieuse puisque sanctifiée par son martyre dans la perspective chrétienne ; le roi, en revanche, l'esprit abîmé dans un égarement total, subit une défaite radicale et devient ce « prince pitoyable »[162] évoqué par Narbal dans une dernière tirade. Si l'ambiguïté n'est pas l'apanage de la captive, pas plus qu'elle ne l'est du personnage féminin, elle entretient cependant un rapport privilégié à l'une et à l'autre. Elle est de surcroît l'instrument dramatique privilégié de la réversibilité.

L'entrée d'une captive dans l'action, ou sa prise de parole, correspond ainsi à une transgression de la loi attachée à l'essence de son caractère. Aussi cet exercice n'est-il que rarement libre ; et l'ambiguïté opacifie ses propos comme le voile la recouvre quand elle se prosterne aux pieds du vainqueur. Le premier motif est abstrait et attaché au texte, le second matériel et visible à la représentation ; aucun d'eux n'est univoque ni exclusif de la situation de captivité. En revanche, les deux motifs apparaissent de manière récurrente dans la mise en scène de celle-ci, dans l'expression active de la situation liminaire qui caractérise la captivité au féminin.

---

158. *La Mariane*, III, 2, vers 768.
159. *Ibid.*, vers 799-800.
160. *Ibid.*, vers 940.
161. *Ibid.*, vers 980.
162. *Ibid.*, V, 3, vers 1805.

CONCLUSION

Si l'étude a fait apparaître les différents personnages de captives représentées dans les tragédies comme les avatars d'un même type, celui-ci reste improbable à plusieurs titres. Et l'on ne saurait conclure sans s'interroger sur les significations attachées à un caractère qui, pour être récurrent, n'en demeure pas moins ancré dans une situation liminaire, voire marginale.

Dans le contexte antique, la représentation d'Hécube enchaînée au rivage de Troie relève du défi. Car Euripide succède à des aînés pour lesquels la captive n'était qu'un masque, une entité murée dans le silence et l'immobilité, une figure fantomatique instrument de l'intrigue. Comment représenter activement un rôle qui n'était auparavant que prétexte à l'action ? Comment passer d'Iole muette, dont un tritagoniste endossait passagèrement le costume, à une protagoniste que sa captivité n'empêcherait pas d'exister ? Et, au-delà de l'héritage, comment proposer à un public habitué à considérer la captive comme un objet, une reine enchaînée et cependant sujet de son propre discours ? A l'aporie intrinsèque au caractère, Euripide répond par une réécriture : Hécube est une Atossa dont la situation se serait aggravée. Mais en 415, le contexte a évolué et dans une situation politique instable, l'attention accordée aux vaincus est l'occasion d'une protestation véhémente qui s'inscrit dans les débats de la cité. Euripide prend le risque, joue le va-tout d'un dramaturge démocrate, élève un discours d'autant plus véhément que sa reine s'effondre : toute à son affaissement et à cette longue plainte des Troyennes, Hécube chante l'entrée du genre dans la réalité, et sa désacralisation. On le voit, la représentation de cette captive-là est plus qu'un défi : c'est une incongruité.

Plus surprenant encore : le rôle persiste sur la scène moderne. Certes, la reprise est protégée par le principe classique de l'imitation. Mais le « jeu sur le connu » ne suffit pas à expliquer le retour d'un rôle devenu anachronique. La tragédie peut continuer de représenter rois et reines, luttes pour le pouvoir, passions nées des relations entre ces personnages : le XVIe et le XVIIe sont familiers de ces formes politiques et des intrigues qui leur sont associées. En revanche, la captive a disparu des *realia* du temps ; à la différence des autres caractères, elle est hors contexte. Son rôle n'a de sens que par référence à une époque lointaine, et à des coutumes totalement révolues. Et pourtant, c'est une captive que représente Jodelle lorsqu'il restaure le genre, et les *Troyennes* d'Euripide sont parmi les textes dramatiques les plus traduits par la Renaissance. Il faut donc que le public de ce temps ait trouvé dans ce personnage l'expression de ses préoccupations, au présent de son époque.

L'intérêt dépasse en effet l'anecdotique. Et loin d'apparaître comme une facilité de l'imitation, un instrument dramatique dont ne sauraient se passer les drames empruntés aux sources antiques, le rôle prend de l'ampleur, se multiplie tout en conservant des caractéristiques immuables. Car c'est bien d'une captive qu'il s'agit, singulière et générique, définie par tous les paramètres que cette étude s'est efforcée de mettre en relief : une présence malaisée parce que revendiquée comme une absence au monde ; la contrainte à l'aphasie ou à une parole uniquement pathétique, sans aucune efficacité dans un monde où « parler, c'est agir » ; une immobilité proche de la statuaire ; une position constamment à la frange ; une existence dont la densité tient à la constante menace de sa disparition... La scène classique est aspirée et inspirée par le paradoxe d'un caractère impossible.

L'évolution de la captive sur la scène moderne est ainsi marquée par un défi dramaturgique : représenter une captive, c'est proférer ce qui ne peut se dire. En jouant sur les caractéristiques définies par la matière antique et sans en modifier l'essence, les dramaturges classiques se livrent au jeu de l'imitation dans ce qu'il a de transgressif – rupture avec leur époque, confrontation aux règles du genre. Plus que dans un affranchissement nettement déclaré, c'est peut-être dans ce jeu plus ou moins ironique de l'imitation que réside l'intérêt de la captive en terme de représentation. Et c'est là aussi qu'elle devient un indice puissant de la modernité. Deux transgressions marquent en effet cette évolution. L'une initie le retour du rôle : Jodelle dote son caractère d'une volonté – Cléopâtre « libre *veut* mourir pour ne mourir captive » : le chiasme indique la dialectique qui anime le rôle, mais surtout met en évidence un verbe essentiel qui va permettre à la scène moderne d'animer la statue. La seconde de ces transgressions en procède : peu à peu, la captive s'individualise, et la dimension dialectique de son rôle trouve une expression privilégiée dans la confrontation au vainqueur. Parce qu'elle séduit Massinisse, Sophonisbe infléchit l'action. La captive est devenue un caractère parce qu'elle est active. De ce fait, elle trouve une seconde existence, que la tragédie antique effleurait : chez les dramaturges grecs, la captive s'affligeait d'entrer dans le lit de son vainqueur ; la captive moderne joue de cette perspective. Elle devient ainsi un vecteur de l'érotisme sur la scène moderne.

Ainsi se renouvelle l'attrait exercé par le type, qui comportait en ses avatars les plus anciens une potentialité que la scène classique ne se prive pas d'exploiter. Les paramètres du caractère la prédisposent en effet à devenir un fantasme, ne serait-ce que par le caractère fantomatique de sa présence. Sujet constamment sur le point d'être objectivé, la captive suscite le désir qu'alimente son caractère évanescent. Il faut saisir le fantôme. Hérode en éprouve l'expérience jusqu'à la folie... Si la captive participe à l'exercice de la catharsis, c'est par l'excitation que son personnage provoque.

Dans l'intensité dramatique de cette rencontre entre un vainqueur et sa captive, et au-delà de sa dimension érotique, entre un peu de l'effroi éprouvé par Enée face à Didon, aux Enfers. La fascination exercée par la captive sur son entourage est un des principes repris par le théâtre moderne à la tragédie antique. Le malaise éprouvé par Déjanire lorsqu'elle se trouve confrontée à Iole tient, on l'a vu, au vertige qu'inspire la contemplation du malheur absolu. De là provient la dimension métaphysique que la captive hérite de ses représentations antiques. Marquée par la privation, elle offre le spectacle d'une condition humaine souffrante, dont elle apparaît, à ce stade, comme la quintessence. Aussi la florescence de ses avatars se situe-t-elle toujours à des périodes troublées, dans des contextes où l'inquiétude politique redouble l'angoisse métaphysique. Et lorsque la captive sort de sa passivité, elle offre le spectacle d'une résistance vaine au poids de l'existence – aussi son combat ne peut-il être victorieux.

En dépit de ses caractéristiques profondes, ou par leur réunion, la captive est une figure de lutte : son existence est déterminée par une résistance constante ; et c'est cette résistance même qui la distingue de l'esclave. Andromaque chez Euripide n'est plus une captive ; chez Racine, elle est un fleuron du type. La résistance assure à la captive la légitimité de son rôle et l'identité de son caractère : elle se définit par le refus de ce qui ne saurait être nié, le refus de l'acceptation quand son objet même est incontournable. Sa résistance est donc nécessairement sans effet, tout au moins pour sa condition. Car ce que la scène moderne a accordé à la captive, c'est la possibilité d'entraîner son entourage dans son néant. Massinisse, Hérode, Antoine : la valeur ne saurait endiguer cette contamination. La force a changé de camp : le héros déçoit, la captive inquiète. La représentation moderne dénonce le recul de l'idéologie face au constat de l'impuissance.

BIBLIOGRAPHIE

A- Corpus

1- Théâtre antique

Théâtre grec

ESCHYLE, *Agamemnon*. Budé. Les Belles Lettres. Paris. Tome II. Texte établi et traduit par Paul Mazon. (1re éd. 1925 ; 2e éd. 1935) Treizième tirage revu et corrigé 2002.

SOPHOCLE, *Les Trachiniennes*. Budé. Les Belles Lettres. Paris. Tome I. Texte établi par Alphonse Dain et traduit par Paul Mazon. Septième tirage revu et corrigé par Jean Irigoin. 1994.

EURIPIDE, *Les Troyennes* et *Iphigénie en Tauride*. Budé. Les Belles Lettres. Paris. Tome IV. Texte établi et traduit par Léon Parmentier et Henri Grégoire. Neuvième tirage. 1990.

Remarque : Editions de poche également consultées :

- ESCHYLE, *Théâtre complet*. Traduction, notices et notes par Emile Chambry. [1964. Garnier Frères. Paris] GF- Flammarion.

- SOPHOCLE, *Théâtre complet*. Traduction, préface et notes par Robert Pignarre. [1964. Garnier Frères. Paris] GF- Flammarion.

- EURIPIDE, *Tragédies complètes*. Tomes I et II. Texte présenté, traduit et annoté par Marie-Delcourt Cuvers. Gallimard. 1962. Folio.

Théâtre latin

SENEQUE : *Agamemnon. Tragédies*. II. Texte établi et traduit par F. R. Chaumartin. [1999]. Les Belles Lettres. Paris. *Les Troyennes. Tragédies*. I. Texte établi et traduit par F. R. Chaumartin. [1996]. Les Belles Lettres. Paris.

SENEQUE (PSEUDO-) : *Hercule sur l'œta. Tragédies*. III. Texte établi et traduit par F. R. Chaumartin. [1999]. Les Belles Lettres. Paris.

Remarque : Editions consultées pour la traduction :

- SENEQUE, *Théâtre complet*. Vol. I et II. *Le Spectateur français*. Imprimerie Nationale Editions. Traduction, préface et notice de Florence Dupont. Paris. 1995.

- *Tragédies de Sénèque*. II. trad. Eugène Greslou. Bibliothèque latine-française publiée par C.L.F. Panckoucke. BNF. Paris. 1995.

2- Théâtre moderne

Théâtre français

- *Théâtre du XVIIe siècle*. Tomes I et II. Textes choisis, établis, présentés et annotés par Jacques Scherer. Bibliothèque de la Pléiade. NRF. Gallimard. 1975.

- Tome I : MAIRET Jean de, *La Sophonisbe* (p. 669-729).

- Tome II : L'HERMITE Tristan, *La Mariane* (p. 261-329) – le tome II a également été établi par Jacques Truchet.

- CORNEILLE Pierre, *Œuvres complètes*. Tome II : *Rodogune, princesse des Parthes* (p.191-266) ; *Théodore, vierge et martyre* (p.267-343) ; *Andromède* (p.441- 545). Textes établis, présentés et annotés par Georges Couton. Bibliothèque de la Pléiade. NRF. Gallimard. 1984.

Théâtre anglais

DRYDEN John : - *The Conquest of Granada by the Spaniards*. *The Works of John Dryden*. Tome XI. University of California Press. Berkeley. Los Angeles. London. 1978.

- *All for Love*. Edité et introduit par Trevor R. Griffith. Drama Classics. Nick Hern Books. London. 1998.

Le texte de Dryden est cité tel que dans les éditions anciennes : les archaïsmes ont donc été respectés.

Remarque : à ce corpus défini s'ajoutent des œuvres plus ponctuellement envisagées, notamment :

- ROTROU. *Hercule mourant*. *Théâtre complet* II. STFM. 1999.

- RACINE, *Phèdre*. Théâtre de Racine. Ed. Georges Forestier. Pléiade. Gallimard. Paris. 1999.

B- Lectures pour la période antique

ARISTOTE, *La Poétique*, Les Belles Lettres. Coll. « Classiques en poche ». Traduction, introduction et notes de Barbara Gernez. 2e tirage. Paris. 2002.

BALDRY H.C., *Le Théâtre tragique des Grecs*, [Chatto and Windus LTD, Londres, 1971 - François Maspero, Paris, 1975] traduit de l'anglais par Jean-Pierre Darmon, Agora, Presses Pocket.

BERNAND André, *La Carte du tragique. La géographie dans la tragédie grecque*, CNRS. 1998.

BRUNEL Pierre, *Théâtre et cruauté ou Dionysos profané*, Bibliothèque de l'Imaginaire, Librairie des Méridiens, Paris, 1982.

CANFORA Luciano, *Histoire de la littérature grecque d'Homère à Aristote*, *La mesure des choses*. Desjonquères – traduit de l'italien par D. Fourgons, Paris, 1994 : *Storia della letteratura greca*, Roma-Bari.

DUCHEMIN Jacqueline, *L'agon dans la tragédie grecque, Etudes anciennes*, Les Belles Lettres, 1968.

DUPONT Florence, *Les Monstres de Sénèque*, Belin, Paris, 1995.

FESTUGIÈRE André-Jean, *Essence de la tragédie grecque*, Aubier, 2001.

FINLEY Moses I., *The World of Odysseus*, The Viking Press Inc. publishers, New York, 1954 et 1977, *Le Monde d'Ulysse*. [Librairie F. Maspero, 1969 et 1978] - traduit de l'anglais par C. Vernant-Blanc et M. Alexandre, Ed. La Découverte, Seuil, Paris, 1983 et 1986.

GIRARD René, *La Violence et le* Sacré, Grasset, Paris, 1972.

Lectures antiques de la tragédie grecque, Actes de la table ronde du 25.11.1999, Université Jean Moulin (Lyon), *Centre d'études et de recherches sur l'Occident romain,* Nouvelle série, N° 22, 2001.

LORAUX Nicole, *La voix endeuillée. Essai sur la tragédie grecque, NRF Essais,* Gallimard Editions, Paris, 1999.

LORAUX Nicole, « Héraklès : le surmâle et le féminin », *Revue française de Psychanalyse,* N° 4, 1982.

MESLIN Michel, *L'Homme romain, des origines au Ier siècle de notre ère,* Coll. *Historiques,* Ed. Complexe, Hachette. 1978.

MEZZADRI Bernard, « L'inquiétante modernité de la tragédie grecque », *Revue Europe,* Janvier-février 1999, p. 3-5.

MOSSE Claude, *La Femme dans la Grèce antique,* Albin Michel, Paris, 1983.

MOSSE Claude, *La Grèce archaïque d'Homère à Eschyle, Points,* Seuil, 1984.

PAYA Farid, *La tragédie grecque. De la lettre à la scène, Les voies de l'acteur,* L'Entretemps, 2000.

ROMILLY Jacqueline de, *La Tragédie grecque, Quadrige,* PUF, Paris, 1970, 6e éd. 1997.

ROMILLY Jacqueline de, *Problèmes de la démocratie grecque,* Agora, Hermann, 1975.

ROMILLY Jacqueline de, *La Modernité d'Euripide,* PUF Ecrivains, Paris, 1986.

ROMILLY Jacqueline de, *Le Temps dans la tragédie grecque, Nouvelles,* Vrin, Paris, 1995.

SEGAL Charles, « Mariage et sacrifice dans *Les Trachiniennes* de Sophocle », *Antiquité classique,* N° 44, 1975.

SEGAL Charles, *La Musique du Sphinx, poésie et structure dans la tragédie grecque, Textes à l'appui.* Ed. La Découverte, Paris. 1987 – traduit de l'anglais par C. Malamond et M.-P. Gruenais.

VERNANT Jean-Pierre et VIDAL-NAQUET Pierre, *Mythe et tragédie en Grèce ancienne,* I, [Maspero. 1972] La Découverte Poche, Paris, 2001.

VERNANT Jean-Pierre et VIDAL-NAQUET Pierre, *Mythe et tragédie,* II, *Textes à l'appui /* série histoire classique, La Découverte, Paris, 1986, rééd. 1995.

VERNANT Jean-Pierre, *Mythe et société en Grèce ancienne,* [*Textes à l'appui.* Maspero, 1974, Rééd. *Fondations,* La Découverte, Paris, 1988] *Points,* Seuil.

VERNANT Jean-Pierre, *La Mort dans les yeux, figures de l'Autre en Grèce ancienne, Artémis, Gorgô, Textes du XXe siècle,* Hachette, Paris, 1985.

VERNANT Jean-Pierre, *L'individu, la mort, l'amour. Soi-même et l'autre en Grèce ancienne,Folio histoire.* N° 73, Gallimard, Paris, 1989.

WILAMOVITZ-MŒLLENDORF Ulrich von, *Qu'est-ce qu'une tragédie attique ? Introduction à la tragédie grecque* [1889], trad. fr. par A. Hasnaoui, Les Belles Lettres, Paris, 2001.

C- Lectures pour la période moderne

L'Age du Théâtre en France, Eds David Trott et Nicole Boursier, Edmonton, Academic Printing and Publishing, 1988.

ADAM Antoine, *L'Age classique (I. 1624-1660, / Pierre Clarac, L'Age classique (II. 1660-1680))*, Arthaud. Paris, 1968.

ADAM Antoine, *Histoire de la Littérature du XVIIe siècle, Bibliothèque de l'évolution de l'humanité*, Albin Michel, Paris, 1997 [1re éd. Domat, 1948-1956].

ADEN John, *The Critical Opinions of John Dryden, A Dictionary*, compiled and edited by J. Aden, Vanderbilt University Press, Nashville, 1963.

Les Arts du spectacle au théâtre (1550-1700), Sous la direction de M.-F. Wagner et C. Lebrun-Gouanvic, Champion, 2001.

ARTAUD Antonin, *Le Théâtre et son Double*, [Gallimard. 1964], *Folio Essais*, Gallimard.

D'AUBIGNAC (Abbé d'), *La Pratique du théâtre, Sources classiques*, Honoré Champion, rééd. 2001 par Hélène BABY.

BACKES Jean-Louis, *La Littérature européenne, Belin Sup Lettres*, Belin, Paris, 1996.

BACKES Jean-Louis, *Racine, Ecrivains de toujours,* Seuil, Paris, 1999.

BARBEAU Anne T., *The Intellectual Design of John Dryden's Heroic Plays*, Yale University Press, New Haven and London, 1970.

BARRAULT Jean-Louis, *Mise en scène de Phèdre*, *Points*, Seuil, Paris, [1946] 1972.

BARTHES Roland, *Sur Racine, Points Seuil*, Seuil, Paris, 1963

Images de l'Antiquité dans la littérature française : le texte et son illustration, Actes du colloque Paris XII, 11 et 12 avril 1981. Textes rassemblés par BAUMGARTNER E. et HARF-LANCNER L. Presses de l'ENS Ulm, Paris.

BRUNETIERE Ferdinand, *Les Epoques du théâtre français (1636-1850)*, Hachette, 1892.

BUTLER Martin, *Theatre and Crisis, 1632-1642*, Cambridge University Press, 1984.

Cahiers de la Comédie-Française (Les), N° 21, automne 1996 (consacré à Corneille), POL.

CAILLOIS Roger, *L'homme et le sacré*, *Folio Essais*, Gallimard, [1939]1950.

CAILLOIS Roger, « Corneille », in *Europe*, nos 540-541, avril-mai 1974, EFR, Paris.

CLARK William S., « The Sources of the Restoration Heroic Play », RES, 4, janvier 1928, p. 49-63.

Corneille : Cinna, Rodogune, Nicomède, Sous la dir. de Pierre Ronzeaud, Patrick Dandrey, Georges Forestier, *Littératures classiques*, N° 32, SLC, 17.01.1998.

CORNEILLE Pierre, *Trois Discours sur le poème dramatique*, Ed. Bénédicte Louvat et Marc Escola. Garnier Flammarion, Paris, 1997.

DELMAS Christian, *Mythologie et mythe dans le théâtre français (1650-1673)*, Droz, Genève, 1985.

DIMITRIA Macri, *La Figure du conquérant dans la tragédie de l'Antiquité à l'époque romantique*, Presses Universitaires du Septentrion, 1998.

« *Dramaturgies, Langages dramatiques* », Mélanges Scherer, Ed. Martine de Rougemont, Nizet, Paris, 1986.

DRYDEN John, *Of Heroïque Plays*, essai joint à la publication de *The Conquest of Granada*.

FORESTIER Georges, *Essai de génétique théâtrale. Corneille à l'œuvre, Collection d'esthétique*, n° 59. Klincksieck, Paris, 1996.

FORESTIER Georges, *Corneille. Le sens d'une dramaturgie, Les livres et les hommes*, SEDES, Paris, 1998.

FORESTIER Georges, *Passions tragiques et règles classiques. Essai sur la tragédie française, Perspectives littéraires*, PUF, Paris, 2003.

FORSYTH Elliott, *La Tragédie française de Jodelle à Corneille (1553-1640). Le thème de la vengeance*, Nizet, Paris, 1962 - rééd. Champion, Paris, 1994.

FROST William, *John Dryden, Dramatist, Satirist, Translator*, Ams Press, New York, 1917.

FUMAROLI Marc, *Héros et Orateurs*, Droz, Genève, 1996.

FUMAROLI Marc, « La Querelle du théâtre au XVIIe siècle », *Cahiers de Médiologie*, N° 1, avril 1996.

FUMAROLI Marc, *L'Ecole du silence. Le sentiment des images au XVIIe siècle, Champs*, Flammarion. 1994 - Rééd. 1998.

GOUHIER Henri, *Le Théâtre et l'Existence, Philosophie de l'esprit*, Aubier, éd. Montaigne, Paris, 1952.

HEGEL, *Esthétique,* Tome II, trad. Charles Bérard, revue et complétée par Benoît Timmermans et Paolo Zaccaria, Livre de Poche, 1997.

HALL J.-M., *John Dryden : A Reference Guide*, Boston, 1984.

HARTH P., *Contexts of Dryden's Thought*, University of Chicago Press, Chicago, 1968.

Histoire générale illustrée du théâtre, Sous la direction de Lucien Dubech. 5 Vol, Librairie de France, 1932.

HOPKINS D., *John Dryden*, Cambridge University Press, 1986.

HORN-MONVAL Madeleine, *Répertoire bibliographique des traductions et adaptations françaises du théâtre étranger du XVe siècle à nos jours,* Paris, 1958.

HUGUES Derek, *Dryden's Heroic Plays*, The Macmillan Presse LTD, Hong Kong, 1981.

JEFFERSON D.W., « The Significance of Dryden's Heroic Plays », in *Restoration Drama. Modern Essays in Criticism*, dir. LOFTIS J., Oxford University Press, New York, 1966.

KINTZLER Catherine, « Métaphysique et théâtre classique : une psychologie rationnelle », *La Métaphore* (revue), n° 2, p. 85-95, 1994.

KNIGHT R.C., *A minimal définition of the seventeeth-century tragedy, French Studies,* Octobre 1956, *La Tragédie au XVIIe siècle,* Sous la dir. de Jacques Morel, *Littératures classiques,* N° 16, Klincksieck, Paris, 1992.

KNIGHT R.C., *Racine et la Grèce*, [Boivin. 1950] Nizet, Paris, 1974.

La Veuve captive dans la tragédie classique, G. Revaz, Revue d'histoire littéraire de France, n° 2. 02.05.2001, PUF, Paris, 2001.

LA MESNARDIERE Jules Pilet de, *La Poétique,* [A. de Sommaville. 1639] réimpress. Slatkine, Genève. 1972.

LA TAILLE Jean de, *De l'Art de la Tragédie, Saül le furieux, La Famine ou les Gabéonites,* éd. Elliott Forsyth, STFM, Paris, 1968.

LANSON Gustave, *Esquisse d'une histoire de la tragédie française,* Champion, Paris, 1927.

LEBEGUE Raymond, *La Tragédie française de la Renaissance,* [Bruxelles. 1944] SEDES, Paris, 1954.

LEBLANC Pierre, *Les écrits théoriques et critiques français des années 1540-1561 sur la tragédie,* Nizet. Paris, 1972.

Corneille : Cinna, Rodogune, Nicomède, dir. P. Ronzeaud, P. Dandrey, G. Forestier, *Littératures classiques,* n° 32, 17.01.1998.

LOFTIS J., *Restoration Drama. Modern Essays in Criticism,* Oxford University Press, 1966.

LOUGH John, *Seventeenth-Century French Drama : The Background,* Oxford, Clarendon, 1979.

LOUVAT Bénédicte, *La poétique de la tragédie classique,* SEDES, Paris, 1997.

LYONS John D., *Kingdom of Disorder. The Theory of Tragedy in Classical France,* West Lafayette (Indiana), Purdue University Press, 1999.

MAIRET Jean de, *La Silvanire : Préface en forme de discours poétique, Théâtre du XVIIe siècle,* I, p. 479-488, Textes choisis, établis, présentés et annotés par Jacques Scherer, Bibliothèque de la Pléiade, NRF, Gallimard, Paris, 1975.

MOREL Jacques (sous la direction de), *La tragédie, Littératures classiques,* n° 16, 1992.

MOREL Jacques (sous la direction de), *La tragédie,* Armand Colin, Paris, 1964.

NETTLETON George H., « Dryden and the Heroic Drama », in *English Drama of the Restoration and the Eighteenth Century,* New York, 1914.

NICOLL Allardyce, *A History of English Drama,* 1660-1900, 4e éd. Cambridge, 1961.

NICOLL Allardyce, « Origins and Types of the Heroic Tragedy », *Anglia,* 44 (1920).

PAVIS Patrice, *Dictionnaire du théâtre, Messidor, Ed. sociales,* Paris, [1980] 2e éd. 1987.

PELETIER DU MANS Jacques, *L'Art poétique* (1555), in *Traités de poétique et de rhétorique de la Renaissance,* Le Livre de Poche, Paris, 2001.

PENDLEBURY Bevis J., *Dryden's Heroic Plays : A Study of the Origins,* London, 1923.

RAPIN (le P.), *Réflexions sur la poétique de ce temps et sur les ouvrages de Poètes anciens et modernes* (1674), E.T. Dubois éd. (pour l'édition de 1675), Droz, Genève, 1970.

REGNAULT François, *La Doctrine inouïe : dix leçons sur le théâtre classique français,* Hatier, Paris, 1996.

RIGAL Eugène, *Alexandre Hardy et le théâtre français à la fin du XVIe siècle et au commencement du XVIIe siècle,* [1889] Slatkine, Genève, 1970.

RIGAL Eugène, *De Jodelle à Molière, Tragédie, comédie, tragi-comédie*, [1911] Slatkine, Genève, 1969.

RIGAL Eugène, « De l'établissement de la tragédie en France », *Revue d'art dramatique*, 15.01.1982, Paris.

ROHOU Jean, *La Tragédie classique, Anthologie* SEDES, SEDES, Paris, 1996.

ROPER Alan, *Dryden's Pœtic Kingdoms*, London, 1965.

SCHERER Jacques, *La Dramaturgie classique en France*, Nouvelle édition, Nizet, Saint-Genouph, 2001.

SCHERER Jacques, *Théâtre et anti-théâtre au XVIIᵉ siècle*, Oxford, Clarendon, 1975.

SCHERER Colette et Jacques, *Le Théâtre classique*, Presses Universitaires de France, Paris, 1987.

SIGURET Françoise, *L'œil surpris. Perception et représentation dans la première moitié du XVIIᵉ siècle*, [*PFSCL*/Biblio 17, Paris-Seattle-Tübingen, 1985] Klincksieck, Paris, 1993.

TASSE le [TORQUATO TASSO], *Discours de l'Art poétique, Discours du Poème héroïque*, Trad. Françoise Graziani, Aubier, Paris, 1997.

THUILLIER Jacques, Art. « La mythologie à l'âge baroque », In *Les mythes grecs au figuré*, Edition sous la direction de Stella Georgoudi et Jean-Pierre Vernant, *Le temps des images*, Gallimard, Paris, 1996.

TOMLINSON Philip, « *Le personnage de Cléopâtre chez Mairet et Corneille* », *Revue du XVIIᵉ siècle*, n° 190 (48ᵉ année, n° 1), p. 67-75.

TRUCHET Jacques, *La Tragédie classique en France, Littératures modernes*, PUF, Paris, [1975] 2ᵉ éd. 1989.

VOLTAIRE, *Dictionnaire philosophique*, Art. « *Exagération* », Folio, Gallimard, Paris.

Les Tragédies de Sénèque et le théâtre de la Renaissance, CNRS, Paris, 1973.

ÜBERSFELD Anne, « Introduction thématique », Editorial d'introduction au numéro, *Sémiotique appliquée*, n° 3, mai 1997, University of Toronto.

WINN James-Anderson, *John Dryden and his world*, Yale University Presse, New Haven and London, 1987.

ZWICKLER S. N., *Politics and Language in Dryden's Pœtry. The Arts of Disguise*, Princeton University Press, 1984.

D- **Appuis méthodologiques**

BACKES Jean-Louis, *L'Impasse rhétorique. Eléments d'une théorie de la littérature*, *Perspectives littéraires*, PUF, Paris, 2002.

BRUNEL Pierre, *Dictionnaire des mythes littéraires*, Editions du Rocher, Paris, 1988.

CASCARDI J. Anthony, *Subjectivité et modernité, L'interrogation philosophique*, PUF, Paris, 1995.

HUGO Victor, *William Shakespeare*, [1865], *Nouvelle Bibliothèque Romantique*, Flammarion, Paris, 1973.

LEVI-STRAUSS Claude, *Anthropologie structurale, Agora*. Pocket, Plon, Paris, [1958] 1974.

MARINO Adrian, *Comparatisme et théorie de la littérature*, PUF Ecriture, Paris, 1988.

MOLINIE Georges, *Dictionnaire de rhétorique*, [Librairie Générale Française, 1992] Le Livre de Poche, Paris, 16007.

Revue « *Corps écrit* », *L'Allégorie*, N°18, PUF, Paris, Juin 1996.

REBOUL Olivier, *Introduction à la rhétorique*, PUF, Paris, 1991

TROUSSON Raymond, *Thèmes et mythes. Questions de méthode, Arguments et Documents*, Ed. de l'Université de Bruxelles, 1981.

ÜBERSFELD Anne, *Les termes clés de l'analyse du théâtre*, Seuil, Paris, 1996.

ÜBERSFELD Anne, *Lire le théâtre*, [Ed. sociales, Paris, 1977] Belin, 1995.

ÜBERSFELD Anne, *Lire le théâtre. II (L'Ecole du spectateur)* [Messidor. Paris. 1981] Belin, 1995.

INDEX

279, 280, 282, 283, 284, 285, 288, 289,
297, 299, 300

P

Phèdre, 9, 14, 17, 26, 77, 136, 137, 160,
172, 176, 190, 192, 225, 238, 239, 286,
287, 298, 308

R

Rodogune, 27, 30, 36, 42, 48, 49, 50, 51,
59, 61, 62, 76, 82, 86, 87, 88, 89, 90,

109, 142, 151, 152, 153, 154, 168, 196,
198, 199, 205, 206, 210, 220, 221, 225,
250, 278, 279, 284, 290, 308, 310

S

Sophonisbe, 10, 33, 34, 35, 37, 42, 52, 53,
54, 55, 59, 61, 62, 76, 77, 79, 93, 94,
95, 96, 97, 98, 129, 130, 131, 132, 134,
135, 136, 139, 169, 170, 175, 176, 189,
190, 211, 212, 213, 219, 249, 252, 260,
261, 278, 279, 280, 285, 286, 287,
289, 290, 291, 292, 293, 294, 295, 299

TABLE DES MATIÈRES

Enrichissement typographique
achevé d'imprimer par :
IMPRIMERIE DE LA MANUTENTION
Mayenne
Août 2008 – N° 239-08

Dépôt légal : 3ᵉ trimestre 2008

TABLE OF CONTENTS

Part III: Application of Xenophon's Theory of Social Education in His Literary Composition

ACKNOWLEDGEMENTS

This small work, based on my PhD dissertation finished in Department of Classics, University of Edinburgh in 2013, cannot be completed without the help of many people. First of all, I express my profound gratitude to my PhD programme supervisors, Prof. Douglas Cairns and Prof. Andrew Erskine, for their careful correction and valuable advice for my thesis. I should also thank my former supervisor, Prof. Xiaoling Guo in Beijing Normal University as well as Prof. Shaoxiang Yan in Capital Normal University of Beijing, whose support and recommendation enable me to do my PhD programme in University of Edinburgh. Besides, I am very grateful to the Chinese Scholarships Council and the University of Edinburgh, whose funding covers my tuition fee as well as my living expenses, so that I can finish my PhD programme in Edinburgh much more easily.

Special thanks must also be given to Mr. Christopher Strachan, Dr. Lisa Hau, Dr. Sandra Bingham, Mr. John Houston as well as editors of *Journal of Cambridge Studies*. Mr. Strachan proofread the whole draft patiently and gave me a lot of guidance and encouragement to help me improve my ancient Greek and English since I came to University of Edinburgh. Dr. Hau kindly sent me her PhD thesis on ancient Greek historiography for reference. Dr. Sandra Bingham took part in the first and second annual reviews of my dissertation and provided lots of valuable advice for me. Mr. Houston, my landlord in Edinburgh, also proofread my early chapters and carefully corrected the English grammar mistakes in this work. And the editors of *Journal of Cambridge Studies* offered me a chance to publish an article based on Part 3, Chapter 2 of this work and provided some good advice for its later revision.

I dedicate this little book to my wife Xixi and my new-born son Luca.

EDITIONS

As one of the most important and popular writers in classical age, most of Xenophon's works are available in almost all the four major modern series of classical texts.

BT (Bibliotheca Scriptorium Graecorum et Latinorum Teubneriana) offers Xenophon's works edited by Gemoll, Hude and other scholars in around 1910. The older edition of BT prepared by German scholar G. Sauppe is the basis of almost all later academic editions of the ancient Greek texts of Xenophon, and is still adopted by Loeb Classical Library. The major drawback of the latest Teubner edition is that it is compiled by many hands and many volumes of it are already out of print and not always easily available in libraries.

The Budé edition offers original texts of a few works of Xenophon, including the *Anabasis*, *Oeconomicus* and *Memorabilia*, usually with quite accurate and highly praised French translation, brief critical apparatus and full notes. The edition is still incomplete. Generally speaking it is conservative and does not make much crucial correction of former standard Greek texts.

Up to now, the standard edition of Xenophon's complete works is still that of Oxford Classical Texts, prepared by E.C. Marchant from 1900 to 1920. This edition is complete with brief critical apparatus, and is widely accepted and used for academic studies.

For the English translation, one of the most popular editions is that of Loeb Classical Library, translated by C.L. Brownson, E.C. Marchant and other scholars in early twentieth century. Most of these books adopt the old edition of the Greek text prepared by G. Sauppe, which is in need of correction itself. The translation is not always accurate and is occasionally quite old in language style. For example, Sarah Pomeroy points out that E.C. Marchant translates γύναι as 'my dear' instead of the more proper address 'wife' in the translation of *Oeconomicus* according to the common usage in English at his time, which lends the original word affective quality it does not have at all and may prevent us from finding out some information for gender studies in ancient texts. In 1989, Loeb Classical Library published a revised edition of Xenophon's works. They are not thoroughly reworked but offer some useful corrections on certain texts of translation and notes made by John Dillery and G.W. Bowersock.

Apart from the four major series above, certain separate editions and commentaries on Xenophon's individual works are more up-dated and therefore noteworthy, including Pomeroy's *Xenophon, Oeconomicus, A Social and Historical Commentary* (1994), with a new English translation from E.C. Marchant's OCT text; A.J. Bowen's *Xenophon,* Symposium, *with an Introduction, Translation and Commentary* (1998); and Michael Lipka's *Xenophon's* Spartan Constitution, *Introduction, Text, Commentary* (2002) with both new Greek texts produced by study of manuscripts and a new English translation.

In my book, I will use E.C. Marchant's OCT texts and the English translation of LCL (with slight corrections when necessary) for citation as a general rule. For certain individual works with new text or translation, the most recent edition is preferred if it is academic and widely accepted.

Texts and Translations of Xenophon's Works Used in this Thesis

Xenophon, *Opera Omnia*, Marchant, E., ed., Oxford Classical Texts, Oxford & New York, Oxford University Press
    Tomus I, *Historia Graeca*, 2008 (reprinted).
    Tomus II, *Commentarii, Oeconomicus, Conuiuium, Apologia Socratis,* second edition, 1921.
    Tomus III, *Expeditio Cyri,* second edition, 2008 (reprinted).
    Tomus IV, *Institutio Cyri*, 1910.
    Tomus V, *Opuscula*, 2005 (reprinted).
Xenophon, *Works*, Loeb Classical Library, London & Cambridge, Massachusetts, Harvard University Press
    Vol. I, *Hellenica*, Books 1-4, Brownson, C., tr., 1989.
    Vol. II, *Hellenica*, Books 5-7, Brownson, C., tr., 1989.
    Vol. III, *Anabasis*, Brownson, C., tr., Dillery, J., rev., 1989.
    Vol. IV, *Memorabilia, Oeconomicus, Symposium, Apology*, Marchant, E. and Todd, O., trs., 1989.
    Vol. V, *Cyropaedia*, Books 1-4, Miller, W., tr., 1989.
    Vol. VI, *Cyropaedia*, Books 5-8, Miller, W., tr., 1989.
    Vol. VII, *Scripta Minora*, Marchant, E., tr., Bowersock, G., rev., 1989.
Xenophon*, Symposium, with an Introduction, Translation and Commentary*, Bowen, A., ed./tr. ./comm., Warminster, 1998.
Xenophon, *Spartam Constitution, Introduction, Text, Commentary,* Lipka, M., ed./tr. ./comm., Berlin & New York, 2002.
Xenophon, *Oeconomicus, A Social and Historical Commentary,* Pomeroy, S., ed./tr./comm., Oxford, 1994.

Citation of other classical writers is generally taken from the texts of the most standard editions available, and the translations in LCL with some necessary corrections. As the English translations of Plato edited by John M. Cooper (1999, Indianapolis/Cambridge) and of Aristotle edited by Jonathan Barnes (in two volumes, 1984, Princeton) are of high quality and influential, I choose them instead of the Loeb translations for citation. All abbreviations for ancient authors and texts adopted in this thesis generally follow the examples listed in *The Oxford Classical Dictionary*, Hornblower, S., Spawforth, A. and Eidinow, E., eds., fourth edition, Oxford & New York: Oxford University Press, 2012.

Full bibliographical detail of modern papers and monographs is provided in the bibliography.

INTRODUCTION

As a prolific writer of the fourth century B.C., Xenophon offers modern scholars valuable clues for the study of ancient Greek history, philosophy and literature. His *Hellenica* and *Anabasis* provide basic materials for us to reconstruct historical events taking place in Xenophon's lifetime; his Socratic writings are the most important documents on Socrates' life and thought besides the works of Plato and Aristotle; and his *Agesilaus*, *Oeconomicus* and *Cynegeticus* are taken as examples and prototypes of later literary genres of biography, agricultural writing and practical manual. Nevertheless, in modern scholarship since the nineteenth century, Xenophon has seldom received serious treatment in his own right, and his thought has generally been considered to be unoriginal and unsystematic. This attitude is also reflected in modern scholars' ignorance or negative evaluation of Xenophon's role in the history of thought on education.

In 1948, Henri-Irénée Marrou published his *Histoire de l'éducation dans l'antiquité*. In this classic monograph on the great educators of the ancient western world, Xenophon's name is not even in the list. In Marrou's eyes, Xenophon's works have little to do with education, and they only deserve to be cited occasionally for the study of other great figures in this area, for example Homer,[1] Lycurgus,[2] Socrates[3] and certain sophists.[4] The only works in his corpus relevant to education are his three technical manuals.[5] But they can only prove that Xenophon advocated a type of physical training for traditional aristocrats, which had become conservative and out-of-date in his time. In short, Marrou believes that Xenophon is at most a marginal and minimal figure in the history of Greek thought on education; and his idea of physical training, if it can be taken as a type of educational thought at all, is unoriginal and conservative, and therefore contains very little value in itself.

In *Greek Education, 450-350 B.C.* published in 1964, Frederick A.G.

---

[1] H. Marrou, *Histoire de l' éducation dans l'Antiquité* (Paris: Editions Du Seuil, 1948), 35.

[2] Marrou, *Histoire de l' éducation dans l'Antiquité*, 41, 46.

[3] Marrou, *Histoire de l' éducation dans l'Antiquité*, 60.

[4] Marrou, *Histoire de l' éducation dans l'Antiquité*, 90.

[5] Marrou, *Histoire de l' éducation dans l'Antiquité*, 71.

Beck partly amends Marrou's neglect of Xenophon's contribution in Greek
thought on education, and incorporates a brief section (roughly 8 pages) to
discuss Xenophon's own ideas. The title chosen for this section,
"Education as Social Habituation",[6] shows that Beck already notices that
the type of education Xenophon advocates is not confined to school
education. He also vaguely realises that Xenophon's *Cyropaedia* and some
other works contain an intention to educate through great examples.[7]
Nevertheless, the whole section is full of harsh critique of Xenophon as a
disappointing author on education.[8] In Beck's opinion, the *Cyropaedia*
discusses only the education of princes[9] and represents a superficial
understanding, which takes education as "the acquisition of certain basic
skills necessary for the defence of the homeland, as well as the
development of socially correct habits in and through typical social
situations".[10] He complains that in Xenophon's scheme "there is no hint of
what is actually regarded as cultural education — no reading, no writing,
no study of literature or mathematics". Therefore, Beck's attitude towards
Xenophon is in essence not greatly different from Marrou's. Although
Beck admits that Xenophon's contribution to educational theory is not
confined to his three manuals on physical training only, he still believes
that what Xenophon discusses beyond that topic is superficial and contains
little value; and Xenophon's neglect of cultural education is incompatible
with the common concept of education in the twentieth century A.D.
(which focuses on teaching young children to read and write as well as
introducing cultural knowledge of humanities and natural science to
youths in a high school or university) and is therefore a foolish and
inexcusable fault.

However, a contemporary German classicist, Werner Jaeger, depicts a
very different image of Xenophon as a valuable writer on education in his
Paideia; die Formung des griechischen Menschen, published in 1933-
1947. In his view, "all Xenophon's books are more or less dominated by
the desire to educate",[11] and his *Cyropaedia* and *Spartan Constitution* are
very important works on education. Jaeger points out that if we take the
term "education" in its strict sense, we would assert that only the first few

---

[6] F. Beck, *Greek Education, 450-350 B.C.* (London: Methuen, 1964), 244.
[7] Beck, *Greek Education, 450-350 B.C.*, 249.
[8] Beck, *Greek Education, 450-350 B.C.*, 244, 252.
[9] Beck, *Greek Education, 450-350 B.C.*, 249.
[10] Beck, *Greek Education, 450-350 B.C.*, 249.
[11] W. Jaeger, *Paideia: the Ideals of Greek Culture*, Vol. III, *The Conflict of Cultural Ideas in the Age of Plato* (Oxford: Blackwell, 1945), translated by G. Hignet, 159.

chapters in those two works are relevant to it.[12] But Xenophon actually understands the term in a much broader sense, which also covers the content of the remaining parts of the *Cyropaedia* and the *Spartan Constitution*, namely the supervision of adult life.[13] Although Jaeger's account of Xenophon is also short and basically narrative, he points out that Xenophon as an educator and theorist on education is much more important in Greek history than what Marrou and Beck supposed him to be.

In my opinion, the difference between the two views of Xenophon's status is determined by the different approaches adopted by the three scholars. For Marrou and Beck, the standard by which to judge the value of ancient authors is the established system of modern education; and their aim is to explain how ancient doctrines contribute to build up our understanding of cultural education and justify modern educational practice. For Frederick Beck, his choice of the period 450-350 B.C. as the object of his research is due to his view that it is "perhaps the most important period in the whole history of education"[14] and still has great impact on the age we live in. In that sense, Xenophon's discussion of the elevation of human virtue and the maintenance of social customs should be neglected as a heterodoxy, because it has little to do with intellectual education carried out in modern schools and universities, which is supposed to be shaped by other influential thinkers living in this key period, for example sophists, Socrates and Plato, but not by Xenophon. On the other hand, though as Clara Park and E. Harrison have already pointed out, Jaeger's work also has serious shortcomings and ceased to be influential after his lifetime: his general view of classical culture is profoundly influenced by biased ideology, as he exaggerates the greatness of the past;[15] and his original German text is obscure and sometimes difficult to understand.[16] Nevertheless, following the strict discipline of German philology, his study of Greek education starts from discussion on ancient Greeks' understanding of παιδεία and ἀρετή, which shows that he attempts to understand education in ancient Greek cultural context from the very beginning of his research. As Clara Park comments, Jaeger "did

---

[12] Jaeger, *Paideia: the Ideals of Greek Culture*, Vol. III, *The Conflict of Cultural Ideas in the Age of Plato*, 167.

[13] Jaeger, *Paideia: the Ideals of Greek Culture*, Vol. III, *The Conflict of Cultural Ideas in the Age of Plato*, 167.

[14] Beck, *Greek Education, 450-350 B.C.*, 7.

[15] C. Park, "At Home in History: Werner Jaeger's *Paideia*," *The American Scholar* 52 (1983): 379.

[16] E. Harrison, "Jaeger's *Paideia* in English," *The Classical Review* 54 (1940): 32-33.

not simplify the past, nor did he sentimentalize it. He insisted, as only a
true historian can, that we see it in its own terms and not ours, and
cautioned against the easy game of drawing contemporary parallels".[17] In
the passage on Xenophon's role in Greek education, he also pays enough
attention to the social background which produced Xenophon's ideas.[18]
Therefore, he can clearly see that what Xenophon talks about is παιδεία in
his mind as well as in contemporary cultural context, and would not totally
neglect these valuable materials due to modern bias. In my opinion,
Werner Jaeger's approach in this aspect is relatively more historical and
more reliable, and his principle should be adopted as a fundamental
starting point for new research on Xenophon's contribution on ancient
Greek education.

From 1989 to 1993, three noteworthy English-language monographs
on Xenophon's most important work on παιδεία, the *Cyropaedia*, were
published in succession, including James Tatum's *Xenophon's Imperial
Fiction: On the Education of Cyrus* (1989), Bodil Due's *The Cyropaedia,
Xenophon's Aims and Methods* (1989) and Deborah Levine Gera's
Xenophon's Cyropaedia, Style, Genre and Literary Technique (1993).
Tatum first argues that the *Cyropaedia* is not a marginal work in
Xenophon's corpus, as most former scholars believed, because "no other
work he [Xenophon] wrote is so compendious, none is so evocative of his
other writings'.[19] He also realises that Xenophon's doctrine in this work
contains an element of religious education,[20] and it is closely related to
Xenophon's other writings, such as his *Oeconomicus, Anabasis, Spartan
Constitution, Memorabilia* and perhaps also *Hellenica*.[21] Generally
speaking, Tatum takes the *Cyropaedia* as Xenophon's blueprint of a
fictional and utopian political model, in which moral and religious
education of Socratic style plays a crucial role. Bodil Due adopts an
approach similar to that of Werner Jaeger and recognises that Xenophon
uses παιδεία in its wider sense,[22] so that the *Cyropaedia* on the whole is
precisely a work on the "upbringing and education of Cyrus the Elder".[23]

---

[17] Park, "At Home in History: Werner Jaeger's *Paideia*," 379.
[18] Jaeger, *Paideia: the Ideals of Greek Culture*, Vol. III, *The Conflict of Cultural
Ideas in the Age of Plato*, 159.
[19] J. Tatum, *Xenophon's Imperial Fiction: On the Education of Cyrus* (Princeton:
Princeton University Press, 1989), 40.
[20] Tatum, *Xenophon's Imperial Fiction: On the Education of Cyrus*, 31.
[21] Tatum, *Xenophon's Imperial Fiction: On the Education of Cyrus*, 58.
[22] B. Due, *The Cyropaedia, Xenophon's Aims and Methods* (Aarhus &
Copenhagen: Aarhus University Press, 1989), 15.
[23] Due, *The Cyropaedia, Xenophon's Aims and Methods*, 14.

The aim of Xenophon's composition of the *Cyropaedia* is to make his readers "learn from the example of Cyrus what it takes to become a good ruler", so that the disastrous and immoral scene he depicts in the opening passage should be avoided.[24] Deborah Gera studies the image of Cyrus the Great and suggests that it is partly based on the prototype of Socrates.[25] She points out that there are three kinds of Socratic influences shown in the *Cyropaedia*: "personal traits shared by Socrates and Cyrus, issues and events related to Socrates' trial and final days which are incorporated into the work, and didactic, dialectical conversations".[26]

In my opinion, the almost simultaneous birth of these three books on the same work of Xenophon shows both sides of the coin. First of all, it demonstrates that our view of Xenophon before 1989 is generally unsatisfactory and sometimes quite confusing, because even down to that age, scholars still shared little consensus on the very nature of the *Cyropaedia*, one of Xenophon's longest and most important works. James Tatum believes that it presents an ideal political regime; Bodil Due argues that its aim is educational; and Gera obviously takes it as a fictional literary work. And all these three authors still have to make an apology for Xenophon in their opening passages in order to justify that the *Cyropaedia* does deserve to be treated seriously as a valuable work in itself. In the second place, the publication of these three works is a landmark for the study of Xenophon as an important writer on education. In my view, their diverse opinions on the nature of the *Cyropaedia* are all partly right. The work is political, educational as well as philosophical. It takes up a central position in all those of Xenophon's extant works that are relevant to moral education and deserves to be studied seriously.

In 2011, Vivienne Gray published her latest monograph, *Xenophon's Mirror of Princes, Reading the Reflections*. In this work, Gray compares all extant writings of Xenophon relevant to leadership, and concludes that "Xenophon has a universal definition of the leader's functions whenever they occur".[27] She summarises former scholarship on Xenophon's presentation of leadership, especially those works on Xenophon's "negative" depiction of ideal leaders (which Gray labels as "dark reading").[28] Finally, Gray argues that Xenophon is "a literary artist worth analysing" and "an innovator in

---

[24] Due, *The Cyropaedia, Xenophon's Aims and Methods*, 17.

[25] D. Gera, *Xenophon's* Cyropaedia, *Style, Genre and Literary Technique* (Oxford: Clarendon Press, 1993), 26-131.

[26] Gera, *Xenophon's* Cyropaedia, *Style, Genre and Literary Technique*, 27.

[27] V. Gray, *Xenophon's Mirror of Princes, Reading the Reflections* (Oxford: Oxford University Press, 2011), 44.

[28] Gray, *Xenophon's Mirror of Princes, Reading the Reflections*, 54-62.

his adaptations of previous literature, in his engagement with the reader in his overt evaluations, in his creation of his own formulaic scenes, in the theory of viewing and the theory of irony and of allegory, in his development of narrative devices such as the epilogue and in his use of irony".[29] She further points out that these literary contributions are closely related to the images of power appearing in a series of his works, among which no passage "can be read without cross-reference to passages of similar type in his other works".[30]

Although Vivienne Gray's research on Xenophon takes a literary perspective and treats leadership rather than education, it has a lot in common with Jaeger's work on παιδεία and ἀρετή, as well as Bodil Due's study of the *Cyropaedia* as a work on education in the wide sense. Therefore, Gray's work also contributes to the study of Xenophon as a writer on education by confirming his originality as an author, as shown in his creative adaptation of literary heritage and his consistency as a thinker, as shown in the consistent image of the ideal leaders depicted in his various extant works. Her monograph justifies and provides a solid foundation for future research on Xenophon's thought on παιδεία.

In sum, from Henri-Irénée Marrou and Werner Jaeger to Bodil Due and Vivienne Gray, the development of scholarship generally shows three features. First of all, in the area of educational thought, the image of Xenophon has been elevated from that of a marginal and unoriginal writer to that of a systematic and creative thinker, whose main interest and chief contribution lies in his interpretation of morality and leadership. In the second place, researchers have gradually abandoned the method of imposing modern concepts and requirements of education on the term παιδεία that Xenophon discusses in his works; instead, they attempt to interpret Xenophon's doctrine in his own context by clarifying the meaning of relevant ancient Greek vocabulary (Werner Jaeger), the aim of his composition in its contemporary background (Bodil Due), the source and prototype of his model (Deborah Gera), and his personal understanding of political power (Vivienne Gray). Thirdly, scholars' interest in Xenophon's contribution to Greek educational theory has been diverted from his practical guidance on physical training in his three manuals to his design of moral education carried out by ideal leadership, which is chiefly shown in his *Cyropaedia* but also exists in most of his other writings in a corresponding way. This breakthrough indicates that it is already possible (and necessary) to treat Xenophon as an independent

---

[29] Gray, *Xenophon's Mirror of Princes, Reading the Reflections*, 372.
[30] Gray, *Xenophon's Mirror of Princes, Reading the Reflections*, 372.

and important contributor to the history of ancient Greek educational thought, and to interpret the systematic theory shown in all of his extant works thoroughly.

The aim of my work is to analyse Xenophon's thought on moral education, the key point of παιδεία in Xenophon's extant writings. In Xenophon's eyes, παιδεία not only deals with the teaching of writing and calculating, poetry and music, but contains a much broader meaning. It is life-long and social, being similar to the Persian educational system (the *Cyropaedia*); it is philosophical and focuses on the pursuit of ἀρετή and εὐδαιμονία in a philosophical sense for all suitable people[31] living in the society (the *Hiero* and the *Memorabilia*); it is also political, as it must be carried out by competent leaders (the *Cyropaedia* and the *Agesilaus*) under a satisfactory πολιτεία (the *Cyropaedia* and the *Spartan Constitution*); yet it is not confined to the political sphere only and is extended by Xenophon into domestic and economic life (the *Oeconomicus* and the *Poroi*) and applied for his literary composition in innovative genres (the *Oeconomicus*, the *Agesilaus* and the *Cynegeticus*). In sum, it is a core issue which dominates the composition of most of Xenophon's extant writings and deserves to be treated seriously.

By interpreting Xenophon's doctrine on moral education, I shall show that Xenophon is not an unoriginal and uncritical author who copies arbitrarily from Plato, Isocrates and other contemporary or earlier writers, as many students supposed him to be. On the contrary, he managed to create a systematic theory, and consciously presented and developed it in his extant corpus. In the *Cynegeticus*, Xenophon claims that "my aim in writing has been to produce sound work that will make men not sophistical,

---

[31] In his extant works, Xenophon does not precisely confine the scope of application of his theory of moral education. Nevertheless, it is evident that certain people, who are evil in nature in Xenophon's eyes, cannot be educated for the better. Such examples include undisciplined mercenary soldiers in the *Anabasis*, slaves in the *Cyropaedia* and the *Oeconomicus*, and Critias and Alciabides, who only deal with Socrates for political purposes. In my opinion, the scope of application for moral education in Xenophon's context might be similar to his understanding of the title "καλὸς κἀγαθός", which frequently appears in Xenophon's description of ideal moral characters. In contrast to Thucydides, Plato and Aristotle, Xenophon seems to be prepared to use this term in a purely moral sense (see K. Dover, *Greek Popular Morality in the Time of Plato and Aristotle* (Oxford: Blackwell, 1974), 44) and in a much broader way. In the same way, people with all kinds of backgrounds (Greek/barbarian, male/female, wealthy/poor) who are morally educable, may be educated and even educate others, as Cyrus the Younger, Ischomachus' wife and Socrates in Xenophon's works illustrate.

but wise and good (καίτοι γέγραπταί γε οὕτως, ἵνα ὀρθῶς ἔχῃ, καὶ μὴ σοφιστικοὺς ποιῇ ἀλλὰ σοφοὺς καὶ ἀγαθούς). For I wish my work not to seem useful, but to be so, that it may stand for all time unrefuted." (Xen. *Cyn.* 13.7; see also Thuc. 1.22.4) Judging from this claim and his critique of sophists in the following passage (Xen. *Cyn.* 13.8-9), I believe that Xenophon, like Plato, Isocrates, Aristotle and many other writers of the fourth century B.C., has a conscious intention to pursue philosophical education in his writings,[32] which is even reflected in the *Cynegeticus*, a work on hunting skill that has little to do with ethical education at first glance. The very same principle is also adopted in most of his other writings and remains consistent and recognisable albeit developed to a greater extent, as we can see in later chapters. Xenophon's theory of moral education also contributes to his invention of prototypes of new literary genres on βίος and οἰκονομία, which ensures his lasting influence on the history of literature. Therefore, I believe that the analysis of Xenophon's theory of moral education can help in our evaluation of Xenophon's original contribution to the history of Greek educational thought and his impact on the development of ancient Greek literature.

For this research, the key points of my approach are as follows. First, instead of borrowing modern understandings and principles of education to evaluate Xenophon's ideas and suggestions, I shall try to follow closely his own use of key terms, such as παιδεία, ἀρετή and καλὸς κἀγαθός. Second, in Xenophon's extant corpus, I shall choose his *Cyropaedia* as the core text on moral education, as it is, in my opinion, Xenophon's masterpiece on that subject, and explains his relevant theory most thoroughly and systematically. In the third place, I shall take account of Xenophon's other philosophical and historical writings, thereby avoiding the traditional but harmful scholarly practice of treating his philosophical works in isolation from his historical ones.[33] In my view, the whole corpus of Xenophon is indivisible. His works generally follow the same principle but also show the development of the author's thought and his adaptation of the system in particular situations. What is more, one of the most attractive features of Xenophon is his prolific output and the range of literary forms to which he contributed, including "Hellenic history, campaign record, biography, encomium, Socratic dialogues, constitutional

---

[32] F. Pownall, *Lessons From the Past: The Moral Use of History in Fourth-Century Prose* (Ann Arbor: The University of Michigan Press, 2004), 3.
[33] F. Hobden and C. Tuplin, ed. *Xenophon: Ethical Principles and Historical Enquiry* (Leiden: Brill, 2012), 1-2.

analysis, encomic treatise and training manuals".[34] Therefore, we can only fully recognise Xenophon's value and contribution as a systematic author on moral education by examining his extant corpus as a whole.[35]

The first part of this work discusses the background which produces Xenophon's theory of moral education. Xenophon's thought mainly comes from two sources. The first of them is (in his eyes) the confused, corrupt political situation of the contemporary Greek world. According to his account in the *Hellenica*, the peace and happiness of Greek people were destroyed by their internal strife and the external interference of Persia. Political disorder and the collapse of established social rules caused the corruption of social morality and much brutal, impious behaviour. Among the contemporary powers in Xenophon's world, Athens, Sparta and Persia were all in decline and failed to provide examples of a successful constitution which could unite the disrupted Greek world and re-establish a suitable social morality that would lead people to happiness; powerful and ambitious individual leaders were active in political and military affairs during this time, yet they were also disappointing owing to their own lack of virtue. Therefore, Xenophon had to turn to ages past to find his ideal models of leadership (the reign of Cyrus the Great and Lycurgus) and create an innovative, utopian leadership to carry out his design of moral education.

The second source of Xenophon's thought on moral education comes from Socrates. As a great teacher and hero in Xenophon's mind, Socrates stimulated his interest in the study of morality and leadership; the accusation against Socrates and the need to make apology for both Socrates and Xenophon himself as a follower of Socrates helped to shape the images of heroes in Xenophon's other works, who are always extremely pious and beneficial to the people they deal with.

Part Two, the core of my work, studies Xenophon's theory of moral education. I would argue that Xenophon's *Cyropaedia* is a work on παιδεία in the author's own context. This type of education is moral, social and philosophical. It must be carried out by ideal leaders such as Cyrus the Great and Lycurgus, while it declines inevitably after these heroes' death. The ideal political leader in Xenophon's mind is pious, just, wise, diligent, generous, and in most cases thrifty; and he is also able to help his subjects achieve those virtues and lead them to harmony and happiness in a philosophical sense. In order to carry out this type of social education in a

[34] Hobden and Tuplin, ed. *Xenophon: Ethical Principles and Historical Enquiry*, 1.
[35] M. Tamiolaki, "Virtue and Leadership in Xenophon: Ideal Leaders or Ideal Losers?" In *Xenophon: Ethical Principles and Historical Enquiry* (Leiden: Brill, 2012), edited by F. Hobden and C. Tuplin, 563.

dark and highly dangerous political situation, the ideal leader's willingness to suffer all kinds of labours and his firm control of power must be secured. Therefore, Xenophon uses rhetorical skill in his *Hiero* to persuade his readers to believe that just kingship can also bring happiness in a philosophical sense for the monarch himself, while tyranny is the true source of all kinds of worries and pains for tyrants. What is more, certain dark arts of government, which must be considered immoral and cruel by modern standards, are tolerated and even praised in Xenophon's works, as long as their final aim is moral and positive. Xenophon's concept of παιδεία is highly political, but is sometimes also economic. In the *Oeconomicus* and the *Poroi*, a work composed in his old age, Xenophon provides a supplement to his educational theory in economic terms by arguing that the ability to obtain and make good use of wealth is in itself a kind of ἀρετή, because wealth is a reliable insurance of peace and happiness in social life.

Part Three treats the application of Xenophon's theory of moral education in his literary works. His *Agesilaus* displays similar educational principles to the *Cyropaedia* and shows Xenophon's effort to make the positive influence of heroes on social morality everlasting by providing after their death a record of their monumental achievements and daily behaviour during their lifetime; while his *Oeconomicus* attempts to introduce successful experience in political and military affairs into the domestic sphere, and to establish guidelines for arranging private life well by borrowing from his theory of social education. As prototypes of the biography and agricultural writing which flourished in Hellenistic and Roman ages, Xenophon's *Agesilaus* and *Oeconomicus* exert a great and lasting influence on later literary composition in antiquity.

PART I:

BACKGROUND OF XENOPHON'S THOUGHT ON MORAL EDUCATION

The background of Xenophon's thought contains many elements, for example the influence of contemporary writers (Plato, Isocrates) and his unique experience in Persia and Sparta. This part only focuses on two aspects, which are most important for and relevant to moral education. Chapter 1 interprets Xenophon's view of the world he lived in as a historian of contemporary affairs; Chapter 2 analyses the influence a of Socrates and the lasting mark he made on Xenophon's literary composition.

CHAPTER ONE

XENOPHON'S VIEW OF HIS TIME

In most cases, a very valuable clue for analysing the background of a writer's composition and thought is his/her life experience. A writer's social status, the role he/she played in the events he/she describes, and even certain daily habits and other elements of private life can be helpful for later scholars to understand his/her works and views. Nevertheless, the application of this research method to the study of Xenophon is not often advantageous and sometimes can even cause trouble and confusion.

The main reason for this phenomenon is that the information we have about Xenophon's life is extremely scarce and uncertain. We do not know the dates of Xenophon's birth and death.[1] Édouard Delebecque believes that Xenophon was born in 426 B.C.,[2] but his view is not universally accepted. J.K. Anderson, the author of an influential modern biography of Xenophon, suggests that we can place Xenophon's birth "a little after 430 B.C.".[3] However, even adopting Anderson's guess, which is already inexact and uncertain in itself, as a basis, we still do not know how long Xenophon lived and where and when he died.[4] We can only satisfy ourselves with the rough conclusion that Xenophon was born in the early 420s, and perhaps died in 355/4 B.C, which allows him time to finish his last extant work, the *Poroi*, in which he mentions the Social War (Xen. *Vect.* 4.40.) taking place from 357 to 355 B.C.[5] Yet we still have to face the challenge on the reliability of this date as well as the authenticity of Xenophon's authorship of the *Poroi* raised by the record of the ancient biographer Diogenes Laertius, who consults the work of Ctesiclides of Athens and claims that Xenophon passed away in 360/359 B.C. (Diog. Laert. 2.56.)

---

[1] E. Badian, "Xenophon the Athenian," in *Xenophon and His World, Papers from a Conference Held in Liverpool in July 1999* (Stuttgart: Franz Steiner Verlag, 2004), edited by C. Tuplin, 40.

[2] É. Delebecque, *Essai sur la vie de Xénophon* (Paris: Klincksieck, 1957), 24.

[3] J. Anderson, *Xenophon* (London: Duckworth, 1974), 10.

[4] Badian, "Xenophon the Athenian," 38.

[5] For further discussion, see Part 2, Chapter 4 of this book.

In the case of Xenophon's life experience we do know some basic facts. Xenophon is an Athenian and names himself a disciple of Socrates. He served in the mercenary army of Cyrus the Younger, took part in the expedition to Babylon, and shared the commandership in the retreat from central Persia to Asia Minor. Later he served in Agesilaus' army as an Athenian exile and passed his later years in Corinth. However, quite a lot of detail in this summary, which might be of great importance for modern students on Xenophon, is either lacking or in dispute. Xenophon never names himself in the *Hellenica*.[6] He does so in the *Anabasis*, yet most information presented in that work focuses on the expedition alone. Therefore, modern scholars have to use Diogenes Laertius' biography,[7] which is very short and must contain certain mistakes, to reconstruct Xenophon's life experience. Unfortunately, Diogenes obviously does not possess a reliable biographical tradition on Xenophon's life either.[8] His report offers little that is new, so that Wilamowitz-Moellendorff even suggests that almost all of Diogenes' biography is more or less based on Xenophon's own works.[9] Although his claim may be considerably exaggerated[10] and is no longer believed nowadays, it remains true that efforts aiming to discover information on Xenophon's life from Diogenes' short and inaccurate biography are often proved to be frustrating.

Some other scholars try to obtain information by scrutiny of Xenophon's extant corpus. Martin Dreher attempts to clarify the case in

---

[6] Anderson, *Xenophon*, 146.

[7] H. Breitenbach, "Xenophon von Athen," in *Paulys Realencyclopädie der classischen Altertumswissenschaft*, Vol.9A.2 (Stuttgart: J.B. Metzler, 1967), edited by K. Ziegler, 1571.

[8] Badian, "Xenophon the Athenian," 33.

[9] U. Wilamowitz-Moellendorff, *Antigonos von Karystos* (Berlin: Weidmannische Buchhandlung, 1881), 330-335; Badian, "Xenophon the Athenian," 36.

[10] As Badian points out, Wilamowitz-Moellendorff's study, for example his understanding of the influence of Dinarchus' speech on Diogenes Laertius, is based on "a favourite secret mark recognised only by a few chosen German scholars", therefore his conclusion is a mixture of "truth, possibility and error". Please see Badian, "Xenophon the Athenian," 36-38. The very basis of Wilamowitz-Moellendorff's supposition is that Diogenes Laertius' biography of Xenophon was copied from a lost work by Demetrius of Magnesia (1st century B.C.); while the latter's biography of Xenophon was in its turn derived from a court speech by Dinarchus written in the last third of the fourth century B.C. (M. Lipka, ed. Xenophon: *Spartan Constitution*, Introduction, Text and Commentary (Berlin & New York: Walter de Gruyter, 2002), 3) with much fictional addition. However, this complex hypothesis of literary transmission is no longer widely accepted in recent academic researches.

Athens which resulted in Xenophon's exile,[11] and suggests that it took place in 395/394 B.C.[12] Marta Sordi puts forward a hypothesis that Xenophon published the first part of the *Anabasis* in Sicily,[13] and that he had been invited by Dionysius I to Syracuse to lead a mercenary army.[14] These researches are innovative and suggestive, but are at the same time quite subjective and not universally accepted, therefore cannot offer solid and convincing evidence on Xenophon's life.

After realising how poor the historical evidence on Xenophon's life is, it is easy to understand why H.R. Breitenbach spends only eight pages talking about Xenophon's life in his ambitious and classic introduction to Xenophon written for the *Paulys Realencyclopädie der classischen Altertumswissenschaft* in 1967, which takes up nearly 500 pages in total and aims to be complete. And even those eight pages[15] are still full of uncertain conjectures and hypotheses. In short, it would be very difficult for us to find useful information from materials on Xenophon's life to explore the background of the formation and development of his thought without high controversy, as these documents are insufficient and not of good quality themselves.

Another common approach to the study of a prolific writer is to establish a firm chronological order of all his/her extant writings and to analyse the trace and turning points of the development of the writer's ideas. This is also an almost impossible task for Xenophon's corpus. In the case of the *Hellenica*, some scholars believe that Books I-II and Books III-VII (the opinions on the exact cut-off point between the two parts are diverse) were written in different periods owing to differences in their method and manner, but there is no mark indicating the time of composition of the first two mysterious books.[16] Most of Xenophon's minor works, for example his *Spartan Constitution*, cannot be dated with any certainty.[17] In 1928, Theodor Marschall published his dissertation *Untersuchungen zur Chronologie der Werke Xenophons*, in which he

---

[11] M. Dreher, „Der Prozeß gegen Xenophon," in *Xenophon and His World, Papers from a Conference Held in Liverpool in July 1999* (Stuttgart: Franz Steiner Verlag, 2004), edited by C. Tuplin, 55.

[12] Dreher, „Der Prozeß gegen Xenophon," 63.

[13] M. Sordi, "Senofonte e la Sicilia," in *Xenophon and His World, Papers from a Conference Held in Liverpool in July 1999* (Stuttgart: Franz Steiner Verlag, 2004), edited by C. Tuplin, 71.

[14] Sordi, "Senofonte e la Sicilia," 77.

[15] Breitenbach, "Xenophon von Athen," 1571-1578.

[16] Badian, "Xenophon the Athenian," 46.

[17] Badian, "Xenophon the Athenian," 48.

attempts to fix the chronological order of Xenophon's whole corpus[18] by the combination of philological and historical methods. But as he admits himself, the method he adopts is insecure and subjective.[19] Although he is quite confident when he claims that "im ganzen glaube ich ein festes Schema für die zeitliche Abfolge einer Reihe von Xenophons Schriften gefunden zu haben", [20] neither his method nor his conclusions are universally accepted by later scholars on Xenophon, and the problems of the chronological order of most of Xenophon's works remain unsolved.

In sum, our knowledge about Xenophon's life, including the dates of his birth and death, his life experience and the chronological order of his works, is extremely poor. Before we start any serious exploration of the background of Xenophon's thought on moral education, it is very important to realise this basic fact first. We must always keep in mind that any research based on information on Xenophon's life may lead to controversy, for the evidence is usually not universally accepted from the very beginning. Unfortunately, such confusions caused by the abuse of biographical evidence are not uncommon in Xenophontic scholarship. For example, J.K. Anderson claims that Xenophon belonged to a "post-war generation" and was hardened to violent death.[21] In my opinion, this seems to be contradictory to the sympathy shown in the *Hellenica* towards people suffering from disasters of wars and cannot be proved from a historical point of view, because we know too little about Xenophon's personal experience during the Peloponnesian War in his childhood. J.K. Anderson and Sarah Pomeroy believe that Xenophon's *Oeconomicus* is a record of his memory of Athenian domestic life in his youth[22] and reflects the economic structure of a normal οἶκος in Athens.[23] These hypotheses are still possible. But when they go further to suppose that the location of this οἶκος is in Scillus,[24] where the Spartan king Agesilaus bestowed land and property on Xenophon,[25] the prototype of Ischomachus' wife in this work

---

[18] T. Marschall, *Untersuchungen zur Chronologie der Werke Xenophons* (München: Lehmaier, 1928), 8.

[19] Marschall, *Untersuchungen zur Chronologie der Werke Xenophons*, 17.

[20] Marschall, *Untersuchungen zur Chronologie der Werke Xenophons*, 101.

[21] Anderson, *Xenophon*, 49-50.

[22] Anderson, *Xenophon*, 11.

[23] S. Pomeroy, "Slavery in the Greek Domestic Economy in the Light of Xenophon's *Oeconomicus*," in *Xenophon* (Oxford: Oxford University Press, 2010), edited by V. Gray, 33.

[24] S. Pomeroy, ed. Xenophon: *Oeconomicus* (Oxford: Clarendon Press, 1994), 5.

[25] C. Tuplin, "Xenophon, Sparta and the *Cyropaedia*," in *The Shadow of Sparta* (London & New York: Routledge for the Classical Press of Wales, 1994), edited by A. Powell and S. Hodkinson, 264-266.

is Xenophon's own wife Philesia, [26] and Xenophon's basic motive in composing the *Oeconomicus* is to turn away from harsh and disappointing politics to the peaceful private realm,[27] I believe they are actually guilty of over-interpretation and abuses of evidence regarding Xenophon's personal life. We know almost nothing about Xenophon's household and his wife Philesia, and there is no convincing cause to connect these elements to the content of the *Oeconomicus*. In my opinion, instead of showing Xenophon's despair of politics, the intention of the *Oeconomicus* is to adopt his successful experience in public affairs into the private sphere and make use of Xenophon's theory of moral education in daily life, as the third part of my work shows.

Certain misuses of Xenophon's biographical materials also reflect a traditional bias regarding Xenophon's talent and moral character and are therefore harmful to the objectivity of academic research. For instance, in E.M. Soulis' *Xenophon and Thucydides* completed in 1972, the author claims that Xenophon enters the area of historiography without any particular historical knowledge and his motive is merely self-glorification.[28] In Soulis' view, Xenophon is "a conceited lover of display, a hypocritical teacher of morality, an insincere historian, a flatterer of the strong men, a seeker of glory and apostate of his country, a self-centred individual".[29] His praise of Epaminondas in the final chapters of the *Hellenica* is revenge upon his former patrons, namely Agesilaus and the Spartans, who failed to reward him for his flattery.[30] Such a man "could not have been sincere in any sector of his life".[31] Once we realise the paucity of reliable evidence on Xenophon's life, we can easily see the bias and error in Soulis' comments. We have very little evidence beyond Xenophon's corpus to analyse his character and personal experience. And Soulis' negative image of Xenophon must ultimately come from subjective bias and unproved conjectures. In my opinion, up to now, the study of Xenophon's life still cannot offer sufficient and reliable evidence for us to understand the background of Xenophon's system of moral education. Therefore it is necessary to find an alternative approach.

In this chapter, I plan to study the background of Xenophon's theory of moral education by analysing his views on and attitudes towards contemporary events and figures of the world he lived in. My approach

---

[26] Anderson, *Xenophon*, 174.
[27] Pomeroy, ed. Xenophon: *Oeconomicus*, 5.
[28] Soulis, *Xenophon and Thucydides* (Athens: ΚΛΑΠΑΚΗΣ, 1972), 16.
[29] Soulis, *Xenophon and Thucydides*, 189.
[30] Soulis, *Xenophon and Thucydides*, 189.
[31] Soulis, *Xenophon and Thucydides*, 53.

involves using Xenophon's *Hellenica* as the basic document, supplemented by additional historical information we can safely conclude that Xenophon must know. In my opinion, this approach can be justified for the following two reasons.

First of all, though the *Hellenica* is not a perfect work of political and military history, it is an invaluable and first-hand document reflecting Xenophon's own attitude to many affairs taking place in his time. Three of Xenophon's works on history, namely the *Hellenica*, the *Anabasis* and the *Agesilaus* deal with events and figures of Xenophon's own time. Among these three writings, the scope of the *Hellenica* is indisputably the broadest. Although we cannot be sure that Xenophon did take part in most of the events he narrates [32] – owing to lack of biographical information as discussed above – it is at least certain that the description in the *Hellenica* reflects the contemporary Greek world in Xenophon's eyes. Vivienne Gray convincingly proves that Xenophon's narrative system in the *Hellenica* is consistent [33] and unified. [34] The geographical sphere of the events in the first two books is still limited to the eastern Aegean and Attica, but in the following five books it is expanded to the whole eastern Greek world, including Asia Minor, the Peloponnese, Macedonia and Corcyra. [35] In this sense, Paul Cartledge justly points out that Xenophon should have called the *Hellenica* "A History of My Times", which is the title adopted for the translation in the Penguin Classics series. [36] What is more, Xenophon's *Hellenica* is not simply a record of facts; it also shows the author's effort to find out causes and explanations of contemporary events. [37] For the study of Xenophon's thought, the *Hellenica* offers a precious document recording his understanding of what happened in his lifetime; [38] and it can be of great help for our study of Xenophon's idea of moral education, because as a moralist and philosopher, Xenophon naturally thinks about history in terms of the good and bad that men perform. [39]

---

[32] W. Henry, *Greek Historical Writing, A Historiographical Essay Based on Xenophon's* Hellenica (Chicago: Argonaut, 1967), 33.

[33] V. Gray, *The Character of Xenophon's* Hellenica (London: Duckworth, 1989), ix.

[34] V. Gray, "Continuous History and Xenophon, *Hellenica* 1-2.3.10," *The American Journal of Philology* 112 (1991): 227-228.

[35] Henry, *Greek Historical Writing, A Historiographical Essay Based on Xenophon's* Hellenica, 11.

[36] P. Cartledge, *Agesilaos and the Crisis of Sparta* (London: Duckworth, 1987), 61.

[37] J. Riedinger, *Étude sur les* Helléniques, *Xénophon et l'histoire* (Paris: Les Belles-Lettres, 1991), 245.

[38] J. Dillery, *Xenophon and the History of His Times* (London: Routledge, 1995), 3.

[39] Dillery, *Xenophon and the History of His Times*, 249.

In the second place, the *Hellenica*'s incompleteness and its striking omission of important historical events should not be neglected.[40] The first two books are very concise and sometimes inaccurate;[41] while the remaining five books generally focus on affairs within the Peloponnese,[42] though their geographical scope is broader. The serious omissions throughout the *Hellenica* are hard to explain. One plausible explanation is that Xenophon deliberately passes over certain events as not deserving of mention,[43] as he claims in 4.8.1 himself. But obviously it is not the whole truth. For instance, one of the most striking omissions of the *Hellenica* is that it fails to record the foundation of the second Athenian Alliance,[44] which is described by Cawkwell to be not only amazing, but "a scandal".[45] Nevertheless, this omission is by no means due to Xenophon's ignorance or bias,[46] as later references to the alliance, such as 5.4.60-6 and 6.5.1 clearly show that Xenophon knows of its existence and its importance. Xenophon also fails to show his readers a complete picture of the Theban hegemony,[47] which no Greek writer would consider to be unimportant; nor does he mention the Greek mercenary army's expedition with Cyrus the Younger against the Persian king, in which he took part and whose leadership he shared during the retreat, as another historical work of his, the *Anabasis* shows. A thorough study of the cause of these omissions, as well as the attitude of Xenophon and other classical writers to historiography, is of course beyond the task of this book. What I plan to do to compensate for the shortcomings of the *Hellenica* as a reflection of Xenophon's view of his time is to draw historical details from other ancient writers, for example Thucydides, Diodorus of Sicily, Nepos and Plutarch, as long as I have good reason to believe that Xenophon must

---

[40] C. Hamilton, "Sparta," in *The Greek World in the Fourth Century, from the Fall of the Athenian Empire to the Successors of Alexander* (London & New York: Routledge, 1997), edited by L.A. Tritle, 43-44.

[41] Anderson, *Xenophon*, 62.

[42] J. Buckler, *The Theban Hegemony, 371-362 B.C.* (Cambridge, Massachusetts & London: Harvard University Press, 1980), 263; Gray, *The Character of Xenophon's* Hellenica, 179; S. Hornblower, "Sources and Their Uses," in *The Cambridge Ancient History*, second edition, Vol. VI (Cambridge: Cambridge University Press, 1994), edited by D.M. Lewis, J. Boardman and M. Ostwald, 4.

[43] P. Rhodes, *Alcibiades* (Barnsley: Pen & Sword Military, 2011), 72-73.

[44] R. Meiggs, *The Athenian Empire* (Oxford: Oxford University Press, 1972), 401; G. Cawkwell, "The Foundation of the Second Athenian Confederacy," *The Classical Quarterly* 23 (1973): 47.

[45] Cawkwell, "The Foundation of the Second Athenian Confederacy," 57.

[46] Gray, *The Character of Xenophon's* Hellenica, 178.

[47] Gray, *The Character of Xenophon's* Hellenica, 179.

know these historical events, though he chooses not to record them in his *Hellenica*.

I. The Greek World Presented in Xenophon's *Hellenica*

a. Disorder and Confusion

The first feature of the Greek world displayed in the *Hellenica* is disorder and confusion. In modern scholarship, there is a tendency, as the works of Christopher Jones and Mogens Herman Hansen show, to amend the negative image of Greek world in the fourth century B.C. depicted by Xenophon and other contemporary writers.[48] But we still have to keep in mind that Xenophon must consider, perhaps subjectively, the history he recorded in the *Hellenica* as a particularly bloody and confusing period.[49] According to the statistics of Joseph M. Bryant, Xenophon records nearly forty cases of civil discord in his *Hellenica*.[50] The narrative of the *Hellenica* starts from the middle of the Peloponnesian war, (Xen. *Hell.* 1.1.1) and ends with another brutal war at Mantinea in which "while each party claimed to be victorious, neither was found to be any better off, as regards either additional territory, or city, or sway, than before the battle took place" (Xen. *Hell.* 7.5.27). And, as Xenophon comments himself, "there was even more confusion and disorder in Greece after the battle than before (ἀκρισία δὲ καὶ ταραχὴ ἔτι πλείων μετὰ τὴν μάχην ἐγένετο ἢ πρόσθεν ἐν τῇ Ἑλλάδι)" (Xen. *Hell.* 7.5.27). Even in most modern scholars' eyes, Xenophon's complaint is fully understandable. As John Dillery explains:

> Seldom before in the history of the Greek world had power proved so labile. Two hegemonies had fallen, and the third, that of Thebes, was soon to give way to Macedon, and all this in less than fifty years. Warfare was almost a constant feature of life during the period. Cities seemed continually to realign themselves in a series of alliances and confederations, and in place of cities new ways of concentrating power even came into being in certain areas. The world of the independent and aggressive polis was not to last for long.[51]

---

[48] M. Hansen, *The Athenian Democracy in the Age of Demosthenes, Structure, Principles and Ideology* (Oxford: Blackwell, 1991), translated by J. Crook, 24.

[49] Dillery, *Xenophon and the History of His Times*, 3.

[50] J. Bryant, *Moral Codes and Social Structure in Ancient Greece, A Sociology of Greek Ethics from Homer to the Epicureans and Stoics* (Albany: State University of New York Press, 1996), 238.

[51] Dillery, *Xenophon and the History of His Times*, 4.

Xenophon witnessed and experienced most of the dramatic changes in Greek political order listed above. In 404 B.C., Xenophon, who was still a youth, saw the final collapse of the Athenian Empire and the surrender of Athens, his fatherland and "the centre of Greece and the whole inhabited world" (Xen. *Vect.* 1.6). In 372/371 B.C. and in his fifties, he experienced the fall of the Spartan hegemony he served, which was believed to have lasted for almost 500 years (Diod. Sic. 15.50.2) but was suddenly overthrown by Thebes. During these dramatic political changes, other small Greek poleis tried their best to secure their own interests and gave a series of performances of betrayal and compromise, unfaithfulness and ungratefulness, which must seem to be distasteful in Xenophon's eyes. After the defeat of the Athenian fleet in Syracuse in 413 B.C., many of her allies, including Byzantium, immediately revolted to the Lacedaemonians (Diod. Sic. 13.34.1-2; Plut. *Vit. Per.* 24.1). But in the following few years from 413 to 408 B.C. Byzantium surrendered to Athens and Lacedaemon in succession again, yet Anaxilaus, her chief leader responsible for the betrayal, was finally acquitted by Spartan generals, as even Spartans themselves consider it a normal thing to protect the polis' own interest regardless of diplomatic treaties (Xenophon, *Hell.* 1.3.18-19). As a result of the struggle among Sparta, Athens and Thebes, the established constitutions of small Greek poleis were frequently overthrown and civil wars or revolts broke out in many cities. The Lacedaemonians tried to establish oligarchy in other poleis, while Athens generally supported democracy in her allied cities (Thuc. 3.82.1-8). According to Aeneas Tacticus, serious revolts broke out in Argos, Heracleia Pontica, Corcyra and Chios during this period (Aen. Tact. 11.3-15). Even the Athenians themselves once tried to give a reformation to their democratic constitution in 411 B.C. (Thuc. 8.67.1-70.2; Diod. Sic. 13.34.2), but soon restored the traditional order after a naval defeat in the following year (Thuc. 8.97.1-98.4; Diod. Sic. 13.38.1-2). In 371 B.C., civil war among the Arcadians destroyed their dream of organising a league and resulted in their invasion by Sparta (Diod. Sic. 15.59.1-4). Xenophon also records the civil strife between two Elean parties, which finally led to external interference by the Arcadians in 365 B.C. (Xenophon, *Hell.* 7.4.15-16). Inner discord and tension seem to have become a universal phenomenon in the Greek world Xenophon lived in. Xenophon's attitude to these behaviours must be extremely negative, as he highly praises the faithfulness of Agesilaus (Xen. *Ages.* 1.1.13) and Phliasians (Xen. *Hell.* 7.2.17; 7.3.1) in his work. However, such glorious deeds were very rare in Xenophon's time.

In his *Citizen and Self in Ancient Greece*, Vincent Farenga discusses the existence of "anxiety of civic collapse" in early fourth century B.C,[52] which, in my opinion, must have influenced Xenophon's world view and historical composition. In the background of such disorder and confusion, Xenophon frequently expressed his feeling as a "rootless individual"[53] in his extant writings, for example the *Anabasis*.[54] This feeling must have accompanied him all his life. The outbreak of the Peloponnesian War destroyed his peaceful childhood;[55] he left Athens after her defeat in the war and served in the mercenary army of Cyrus the Younger. After two years of the famous long march, he returned to Asia Minor, where the expedition started, and was still at a loss about what he should do, just as at the moment he went to consult the Delphic oracle following the advice of Socrates before the expedition (Xen. *An.* 3.1.4-10). The Athenian government banished him for some reason[56] and put his teacher, Socrates to death. Then he served the Spartans, the bitterest enemy of his fatherland, and perhaps spent his last years in Corinth after hearing the sad news that his son Gryllus fell fighting for Athens in the battle against Thebes at Mantinea in 362 B.C. According to his view of the contemporary political situation and his personal feeling, such a world cannot create a safe, peaceful and just environment for Greek people to lead a moral, happy and glorious life. They had to live in mutual suspicion and lacked any sense of security, as Aeneas Tacticus describes:

Ἐν δὲ μὴ ὁμονοούσῃ πόλει καὶ ὑπόπτως πρὸς ἀλλήλους ἐχόντων χρὴ προνοοῦντα εὐλαβεῖσθαι τὰς μετ' ὄχλου ἐξόδους ἐπὶ θεωρίαν λαμπάδος καὶ ἱπποδρομίας καὶ τῶν ἄλλων ἀγώνων ὅσαι γε ἱεροποιίαι πανδημεὶ ἐκτὸς τῆς πόλεως καὶ σὺν ὅπλοις πομπαὶ ἐκπέμπονται, ἔτι καὶ περὶ τὰς πανδήμους νεωλκίας καὶ τὰς συνεκφορὰς τῶν τελευτησάντων· ἕνι γὰρ καὶ ἐν τοιῷδε καιρῷ σφαλῆναι τοὺς ἑτέρους.

In a city in which harmony is wanting and where the citizens are mutually distrustful, you must exercise foresight and caution about the crowds that go out to see a torch-race, horse-racing, or any other contests — whenever

---

[52] V. Farenga, *Citizen and Self in Ancient Greece* (Cambridge: Cambridge University Press, 2006), 349.
[53] J. Ma, "You Can't Go Home Again: Displacement and Identity in Xenophon's *Anabasis*," in *Xenophon* (Oxford: Oxford University Press, 2010), edited by V. Gray, 515.
[54] Ma, "You Can't Go Home Again: Displacement and Identity in Xenophon's *Anabasis*," 518.
[55] Anderson, *Xenophon*, 17-18.
[56] Detailed discussion can be found in Dreher, „Der Prozeß gegen Xenophon." 55-63.

that is, there are sacred rites in which the entire people engage outside the city, and processions that issue from the city under arms —; also about the public hauling up of ships and the obsequies of the dead. For it is possible on such an occasion for one faction to be overthrown. (Aen. Tact. 17.1, trans. Illinois Greek Club)

Here Aeneas Tacticus simply intends to give advice to generals in charge of city defence. But his narrative also reveals the misfortune Greeks suffered at that time. In a society without order and concord, even daily entertainments and festival celebrations, which were supposed to be joyful and holy, can be dangerous and disastrous for citizens. In Xenophon's eyes, such kinds of disorder and discord are chief causes of the moral corruption, weakness, and all kinds of disasters of the Greek world, as the following passages will show.

b. Large-scale Slaughters and Endless Violence

According to Diodorus' narrative, Xenophon's age was the period in which the greatest sea-battle (battle of Arginusae in 406 B.C.) (Diod. Sic. 13.98.5) and the greatest massacre (slaughter in Argos in 370/69 B.C.) (Diod. Sic. 15.57.3) among Greeks took place. At the time of the Athenian expedition against Syracuse, the execution of mutual prisoners is already nothing new among Greeks (Diod. Sic. 13.26.1), and the defeated Athenians and their allies suffered the same miserable destiny (Diod. Sic. 13.33.1). After that the mutual hatred among Greek opponents became more and more brutal and horrible. On this subject, Xenophon's ironical narrative of the aftermath of the sea-battle of Aegospotami in the *Hellenica* is quite noteworthy.

When Lysander gathered the allies to discuss the treatment of Athenian prisoners, many people began to accuse the Athenians over their former crimes against fellow Greeks: the Athenians used to threaten to cut off the right hand of every man taken alive; once they also threw the captured crews of Corinthian and Andrian triremes overboard. Therefore the Spartans and their allies finally decided to put all Athenian prisoners to death and cut the throat of Philocles, the very person who threw overboard Andrians and Corinthians before (Xen. *Hell.* 2.1.31-32). At the same time, when the news of the defeat was sent to Athens, "during that night no one slept, all mourning, not for the lost alone, but for more for themselves, thinking that they would suffer such treatment as they had visited upon the Melians, colonists of the Lacedaemonians, after reducing them by siege, and upon the Histiaeans and Scionaeans and Toronaeans and Aeginetans and many other Greek peoples." (Xen. *Hell.* 2.2.3)

Here Xenophon's critical attitude to the affair is rather explicit. Athenians received the punishment they deserved for their former maltreatment of Greek prisoners. While by taking revenge, Lacedaemonians and their allies committed another crime and sowed seeds of new hatred among Greeks, and so they caused further disasters in the Greek world in the near future. As a result, the suffering of the Greek people continued, as the Lacedaemonians did not desire that the Athenians should ever gain strength and tried to arrest Athenian exiles everywhere (Diod. Sic. 14.6.1-3). In 371 B.C., Agesilaus openly insulted the Thebans owing to their mutual hatred and indirectly caused the conflict between Lacedaemon and Thebes and the collapse of Spartan hegemony (Xen. *Hell.* 6.3.19-20).

At the same time, the struggle among great powers also brought disasters to smaller Greek states, including their own allies. As Diodorus comments, the power politics Athens and Sparta played and their selfish ambitions were "open for all to see" (Diod. Sic. 12.75.4). In the *Constitution of the Athenians*, the so-called "Old Oligarch" severely criticises Athenian policy towards her allies in late fifth century B.C. He points out that Athenians kept their allies in poor and weak conditions on purpose (Xen. [*Ath. pol.*] 1.14); and while "each Athenian should individually control the resources of their allies" (Xen. [*Ath. pol.*] 1.15), the allies "should have only what is enough to survive on, and should continue to cultivate the land, but without being able to plot revolt" (Xen. [*Ath. pol.*] 1.15). Xenophon must to some extent share the view of the Old Oligarch, for he also indirectly criticises the injustice of the Athenians towards their allies in the second Athenian Alliance (Xen. *Vect.* 1.1). In Xenophon's view, excessive exploitation of her friends must be taken as a disgrace and crime done by Athens, which marks the decline of moral standards in his time.

It is quite safe to conclude that Xenophon must hate and be tired of the internecine strife of Greeks. From time to time, the figures in the *Hellenica* also complain about it. When Agesilaus had to retreat from Asia Minor to reinforce his fatherland, his own soldiers were more willing to remain in Asia than to undertake a campaign against Greeks (Xen. *Hell.* 4.2.5). And Xenophon also arranges for the Theban envoy, Callistratus, to put an ironical question to Spartans: "we all know that wars are forever breaking out and being concluded, and that we — if not now, still at some future time — shall desire peace again. Why, then, should we wait for the time when we shall become exhausted by a multitude of ills, and not rather conclude peace as quickly as possible before anything irremediable happens?" (Xen. *Hell.* 6.3.15)

c. Interference of External Enemies

In Xenophon's *Hellenica*, the existence of the Persian Empire is like a huge shadow throughout the whole period his narrative covers. It always menaces the freedom and security of the Greek world. In the opening passages Xenophon points out that the economic assistance of Pharnabazus (Xen. *Hell.* 1.1.24-25) and Cyrus the Younger (Xen. *Hell.* 1.5.1-3) was of great importance for Sparta's final success in the Peloponnesian War. Nevertheless, Persia was not simply a supporter of Sparta. Tissaphernes' real policy was to control the diplomatic situation so that "no single Greek state should become strong, but all be kept weak through constant quarrelling among themselves" (Xen. *Hell.* 1.5.9). While Agesilaus won a series of victories in Asia Minor and began to challenge Persia's authority, the Persian King immediately distributed fifty talents of gold to Greek states (*Hell.Oxy.* 7.2) in order to mobilise them to make war upon the Lacedaemonians (Xen. *Hell.* 3.5.1-2). In 387 B.C., the Peace of Antalcidas (Xen. *Hell.* 5.1.31) ensured Persia's firm control of the Greek cities in Asia Minor. Although Xenophon claims that the treaty was favourable to Sparta (Xen. *Hell.* 5.1.36), he must also be aware that the peace was actually another diplomatic victory of Persia and disgrace for the Greek world, as the Athenians and Thebans were reluctant to accept it but were forced to (Diod. Sic. 14.110.3-4), and the general opinion on the treaty must be extremely negative, as Isocrates' *Panegyricus* (Isoc. *Paneg.* 177-178) and Lysias' *Olympic Oration* (Lys. 33.3, 33.5, 33.8) show. The external interference of Persia kept the eastern Greeks under slavery and the mainland in confusion; while in the western Greek world, Sicily was being invaded and plundered by the army of Carthage (Diod. Sic. 13, 54.1-63.6).

The external interference is relevant to the morality of the Greek world in two respects. First, the success of Persian power politics showed that the contemporary Greeks were lacking in the spirit of Panhellenism, which Xenophon takes as an important virtue in his ethical system in the *Agesilaus*. Second, the ever-increasing menace of foreign powers makes the inner strife and disorder of the Greek world appear to be more disgraceful and unbearable, and the need of correction more urgent.

d. Impiety of Greeks and Punishment of Gods

In Xenophon's eyes, beyond suffering from internal friction and external interference, an even more horrible menace the Greek world faces is the rage and punishment of the gods caused by Greeks' own impious behaviour.

Xenophon was a pious man who believed in divine justice.[57] According
to Diogenes Laertius, he was "pious, fond of sacrificing, capable at
discerning sacred matters and extremely devoted to Socrates" (Diog. Laert.
2.56). Though Xenophon does not often comment on the violation of
sacred rules that he describes in the *Hellenica*,[58] judging from his other
extant texts, it is still clear that he believed that the gods would punish the
impious mortals (Xen. *Hell.* 5.4.1; *An.* 3.1.21-23; *Ages.* 1.13). In the
Hellenica, we can find quite a lot of behaviour that is offensive to the gods.
In 5.4.1, Xenophon reports that the Lacedaemonians who captured the
acropolis of Thebes and therefore broke their holy oaths immediately
received the punishment they deserved. Nevertheless, the instant reactions
of gods towards impious behaviour are generally uncommon. In most
cases, such deeds can temporarily go unpunished; but it does not mean, in
Xenophon's eyes, they could keep going on without any costs in the end.
After the Thirty had established their tyranny in Athens, Theramenes was
dragged away from the altar while calling upon gods and men to witness
the violence and was then executed in 404 B.C. (Xen. *Hell.* 2.3.55-56). In
Elis, the arrogant Spartan king Agis broke into Olympia by force, offered
sacrifices to Olympian Zeus, and then went on to plunder the city of Elis
in 398 B.C. (Xen. *Hell.* 3.2.26). In Asia Minor, the Persian general
Tissaphernes violated the oaths which he had sworn in negotiation with
Agesilaus in 396 B.C.(Xen. *Hell.* 3.4.6). In Corinth in 392 B.C., some
plotters from Argos, Athens and Boeotia deliberately picked the last day of
the Euclea, a religious festival, to carry out a massacre, so that they would
"catch more people in the market-place" and kill them (Xen. *Hell.* 4.4.2-4).
Again in Olympia, in 364 B.C., when Arcadians and Pisatans were holding
the Olympic Games in Olympia (having captured it from the Eleans), the
Eleans attacked Olympia (Xen. *Hell.* 7.4.28-29) and pursued the enemy to
the space between the senate house and the temple of Hestia (Xen. *Hell.*
7.4.31), and they later cancelled all titles of champions in that "non-
Olympian Games (Ἀνολυμπιάς)." (Paus. 6.22, 2-3) While taking
possession of Olympia, the leaders of the Arcadians also made use of the
sacred treasures without fear (Xen. *Hell.* 7.4.33). After the battle of
Aegospotami in 405 B.C., Lysander and Agis violated the oaths which the
Lacedaemonians had sworn by the gods to the Athenians, and proposed to
destroy Athens root and branch (Paus. 6.22, 2-3). And Dionysius I, the

---

[57] L. Hau, *The Changeability of Fortune in Greek Historiography – Moralizing
Themes and Techniques from Herodotos to Diodoros of Sicily* (PhD dissertation,
University of London, 2007), 175.
[58] F. Pownall, "Condemnation of the Impious in Xenophon's *Hellenica,*" *The
Harvard Theological Review* 91 (1998): 251.

tyrant of Syracuse, also plundered a holy temple full of dedications in Tyrrhenia when he needed money (Diod. Sic. 15.14.3-4). All these events taking place in Xenophon's lifetime must be judged as guilty and intolerable by the historian's own moral and religious standards.

What results would these impious deeds lead to in Xenophon's opinion? Perhaps we can find the answer at the very end of the *Hellenica*. After describing the brutal scene of the battle of Mantinea (it is quite noteworthy that this episode "contains the greatest number of references to the divine"[59] in the *Hellenica*), Xenophon comments:

Νενικηκέναι δὲ φάσκοντες ἑκάτεροι οὔτε χώρᾳ οὔτε πόλει οὔτ᾽ ἀρχῇ οὐδέτεροι οὐδὲν πλέον ἔχοντες ἐφάνησαν ἢ πρὶν τὴν μάχην γενέσθαι· ἀκρισία δὲ καὶ ταραχὴ ἔτι πλείων μετὰ τὴν μάχην ἐγένετο ἢ πρόσθεν ἐν τῇ Ἑλλάδι.

While each party claimed to be victorious, neither was found to be any better off, as regards either additional territory, or city, or sway, than before the battle took place; but there was even more confusion and disorder in Greece after the battle than before (Xen. *Hell.* 7.5.27).

Vivienne Gray observes that the choice of this battle as the end-point of the whole *Hellenica* reflects Xenophon's view as a philosopher; and in Xenophon's belief the undecided situation after the battle shows that the gods were holding the balance in the Greek world.[60] I partly agree with her view. But I want to point out that for Xenophon, who firmly believes in the connection between piety and divine grace,[61] such a balance must be the gods' punishment of the impious Greeks. Although every Greek state expected the battle of Mantinea to be decisive,[62] and everyone tried to gain the victory by force and trickery, the will of gods did not let any of their hopes come true.[63] And in consequence of their guilt, the Greeks would continue to be beset by confusion, disorder[64] and crime.

---

[59] Pownall, *Lessons From the Past: The Moral Use of History in Fourth-Century Prose*, 92.

[60] Gray, *The Character of Xenophon's* Hellenica, 179-180.

[61] G. Herman, *Morality and Behaviour in Democratic Athens, A Social History* (Cambridge: Cambridge University Press, 2006), 318.

[62] Dillery, *Xenophon and the History of His Times*, 19-20.

[63] Bryant, *Moral Codes and Social Structure in Ancient Greece, A Sociology of Greek Ethics from Homer to the Epicureans and Stoics*, 233; Hau, *The Changeability of Fortune in Greek Historiography – Moralizing Themes and Techniques from Herodotos to Diodoros of Sicily*, 213.

[64] Riedinger, *Étude sur les* Helléniques, *Xénophon et l'histoir*e, 31.

In sum, as a political leader devoted to the principle of order,[65] a military general in favour of Panhellenism, a pious moralist who believed in the gods and supreme virtue, Xenophon must consider the Greek world he lived in to be a mess and full of crimes and faults. His description of it in the *Hellenica* is negative and even somewhat pessimistic. In his view, a social and moral education, which is highly political, must be carried out in order to save the contemporary Greek world from its crimes.

II. Absence of Ideal Regime in Xenophon's Contemporary World

Therefore, from the narrative of the *Hellenica* and other historical facts that Xenophon must know we can conclude his general view of the Greek world he lived in. It was a world full of inner strife, external threat, impious and immoral behaviour; and two main causes of the situation were political discord among Greek poleis and the interference of the Persian Empire. In that case, it is reasonable to expect Xenophon would pin his hope on one of the existing Greek powers, supporting her to unite all Greek states, expel Persian interference and establish lasting peace and social justice. That was just what Xenophon's contemporary, the Athenian orator, Isocrates, did. In his *Panegyricus*, he proposed that Athens and Sparta should lead the Greek world and build up an alliance against the Persians (Isoc. *Paneg.* 185); and in his late years he turned his hope towards Macedonia (Isoc., *To Philip*, 154), another rising power in the Greek world. However, as we shall see in later chapters, the examples Xenophon chooses to explain his theory of moral education are mostly taken from the past: the ancient Persian Empire set up by Cyrus the Great, the legendary Spartan lawgiver Lycurgus, the conversation between the tyrant Hiero and the poet Simonides on the island of Sicily, a perhaps fictional[66] Athenian householder Ischomachus, and so on. In other words, the models of Xenophon's moral education are in most cases utopian and have little to do with existing constitutions and figures. Nevertheless, the use of these examples does not mean that Xenophon is a conservative writer who always studies and appreciates the past. Instead, Xenophon's political thought not only represents the trend of his time, but also shows his distinctive and innovative features.[67] In my opinion, Xenophon's

---

[65] Xen. *Oec.* 8.3; Dillery, *Xenophon and the History of His Times*, 38.
[66] A different view can be found in Pomeroy, ed. Xenophon: *Oeconomicus*, 259-260.
[67] R. Brock, "Xenophon's Political Imagery," in *Xenophon and His World, Papers*

choice was actually influenced by his negative view on the existing powers in his time.

We have Diodorus' overview of the political situation of the eastern Mediterranean world in 380/379 B.C. from a perspective of 300 years later. According to his description, there were three main powers standing at this time. Sparta controlled the mainland of Greece; Dionysius I enjoyed hegemony on Sicily; and Persia held Asia Minor; while the latter two "paid court to the Spartan overlordship and sought alliance with them" (Diod. Sic. 15.23.3-5) and Thebes was about to rise. The political map in Xenophon's mind might have been slightly different. Obviously he pays relatively less attention to Sicily; and he also dislikes Thebes.[68] Persia serves as an interferer in Greek affairs behind the curtain; and his main attention in the *Hellenica* focuses on Athens, his fatherland, and the Peloponnesus, the place he lived in during his later years. On the other hand, in his view, neither contemporary Athens nor Sparta offers a satisfactory example of good government, which would be suitable to carry out his proposal of social education.

a. Capricious Athenian Democracy

In the case of Athens, Xenophon inherited, in his first two books of the *Hellenica*, the critical attitude against Athenian democracy of Thucydides. Xenophon ironically describes the dramatic change in the Athenian people's attitude to Alcibiades, an able general and the hope of Athens in the last phase of the Peloponnesian War. When he came back from exile in 407 B.C., Alcibiades at first did not even dare to disembark and looked to his close friends to protect his safety (Xen. *Hell.* 1.4.18-19); but as his apology before the Council and the Assembly was successful, nobody dared to question him anymore because the Assembly "would not have tolerated it" (Xen. *Hell.* 1.4.20). Then Alcibiades was immediately proclaimed commander-in-chief with absolute authority. However, when Alcibiades suffered loss in the battle of Notium, the Athenians suddenly became angry and sent ten generals to replace him (Xen. *Hell.* 1.5.16-17). Then Alcibiades had to condemn himself to exile (Diod. Sic. 13.74.2-4) in order to shut himself off from the rage of the Athenian mob. Later, some Athenian generals won the battle of Arginusae but failed to rescue some

---

from a Conference Held in Liverpool in July 1999 (Stuttgart: Franz Steiner Verlag, 2004), edited by C. Tuplin, 256-257.

[68] Henry, *Greek Historical Writing, A Historiographical Essay Based on Xenophon's* Hellenica, 205; Riedinger, *Étude sur les* Helléniques, *Xénophon et l'histoire*, 190.

sailors on disabled vessels because of a heavy storm (Xen. *Hell.* 1.6.35). Those of them who chose to return to Athens were tried (Xen. *Hell.* 1.7.7) and wrongly condemned (Xen. *Hell.* 1.7.8) in an unlawful trial (Xen. *Hell.* 1.7.12-15) and were all put to death (Xen. *Hell.* 1.7.34). But soon the Athenians regretted their decision and punished the accusers of these loyal generals and victims (Xen. *Hell.* 1.7.34-35).

In his narrative, Xenophon's negative attitude towards the Athenian democracy at that time is quite clear.[69] He expressed his opinion in the charge of Euryptolemus that the Athenian Assembly was always agitated, unreasonable and inconsistent (Xen. *Hell.* 1.7.33). Such an unwise government cannot work well at critical moments, as the tragedy of the Sicilian expedition (Thuc. 7.68.3-4) and the final fall of Athens in the Peloponnesian War show. Xenophon would agree with the Old Oligarch's comment that there were two main drawbacks in the contemporary Athenian democracy: it was not reliable or just (Xen. [*Ath.pol.*] 2.17); and it was jealous of and hostile towards any prominent individuals (Xen. [*Ath.pol.*] 2.18). Xenophon always prefers order; and he also exalts heroes and his great teacher Socrates, who was put to death in Athens under the government of democracy. In that case, Xenophon must consider that the faults of disordered Athenian democracy were serious and inexcusable.[70] Though he loved his fatherland all his life and always took patriotism as a praiseworthy virtue (Xen. *Ages.* 2.1), he still holds a negative attitude to the constitution Athens adopted.[71]

b. Irresponsibility and Decline of Sparta

Xenophon once served Agesilaus and the Spartans in Asia Minor and in the war against Thebes (Diog. Laert. 2.51); and the fact that he favours Sparta in the *Hellenica* is undeniable.[72] His view of the Spartan constitution is generally positive (Xen. *Lac.* 1.1). In spite of that, Xenophon does not simply believe that a good constitution must lead to good government, a view which is reflected in his negative account of certain events relevant to Spartans in the *Hellenica*.

---

[69] Dover, *Greek Popular Morality in the Time of Plato and Aristotle*, 5.
[70] J. Roberts, *Athens on Trial: The Anti-democratic Tradition in Western Thought* (Princeton: Princeton University Press, 1994), 96.
[71] Roberts, *Athens on Trial: The Anti-democratic Tradition in Western Thought*, 73.
[72] Henry, *Greek Historical Writing, A Historiographical Essay Based on Xenophon's* Hellenica, 205; Riedinger, *Étude sur les* Helléniques, *Xénophon et l'histoire*, 123.

One explicit instance is his critical description of the government of the Thirty in Athens. With support from the Lacedaemonians, these thirty men established an oligarchy in Athens in 404 B.C., tried their enemies (Xen. *Hell*. 2.3.12), showed their contempt for justice and laws (Xen. *Hell*. 2.3.13), enslaved the Athenian people by force (Xen. *Hell*. 2.3.17-19; 2.3.30), extracted money from rich citizens (Xen. *Hell*. 2.3.21), banished virtuous Athenians (Xen. *Hell*. 2.4.20-21) from their fatherland (Xen. *Hell*. 2.4.2), and were finally overthrown by popular revolt (Xen. *Hell*. 2.4.24). Xenophon must know well that the oligarchy of the Thirty was established and controlled by the Spartans (Diod. Sic. 14.6.1-3); and readers of the *Hellenica* can also easily see that it was, though Xenophon does not point it out directly. He also indirectly blames the Spartans' selfishness in another passage. In 400 B.C., shortly after their victory in the Peloponnesian War, the Spartans were invited by the Ionians to protect them against the Persian general Tissaphernes (Xen. *Hell*. 3.1.3). The Spartans sent Thibron to help the Ionians. And Thibron also asked for three hundred cavalrymen from Athens (Xen. *Hell*. 3.1.4). But he was soon summoned back and then banished, because he was accused of "allowing his soldiers to plunder their friends" (Xen. *Hell*. 3.1.8). In Xenophon's eyes, such a deed against the spirit of Panhellenism must be taken as an immoral disgrace of Thibron himself and a proof of Spartan soldiers' selfishness; and he adopts an indirect and Socratic style to criticise the Spartan regime and its vulnerability to corruption in his *Hellenica*.[73] Therefore, we can see that Xenophon's attitude to Sparta is also not totally positive.

Another noteworthy example is Xenophon's narrative of the conspiracy of Cinadon (Xen. *Hell*. 3.3.5-11). Although the ephors managed to oppress the conspirators, Xenophon's close observation and detailed record of the whole affair clearly indicate that he must have realised that there were fierce conflicts and serious social problems within the Spartan society, which served as another obstacle to the government and development of Sparta and foretold its political crisis in the future.

A more decisive reason for Xenophon to exclude Sparta from the list of examples of ideal government must be the fact that Sparta had already lost its hegemony once and for all when Xenophon began to compose most of his works in his old age. As an experienced general, though Xenophon still praised the Spartans' perseverance (Xen. *Hell*. 6.4.16) and their victory (Xen. *Hell*. 7.1.30-32) after their defeat at Leuctra, he must have realise

---

[73] D. Gish, "Spartan Justice: The Conspiracy of Kingdom in Xenophon's *Hellenika*," *The Journal of Ancient Greek Political Thought* 26 (2009), 363.

that the hegemony of Sparta had passed. From then on, the Lacedaemonians never recovered their strength (Nep. *Vit. Ages.* 7.1) and were short of citizen soldiers (Diod. Sic. 15.63.1). They were even forced to turn to their bitterest former enemy, the Athenians for help before the battle of Mantinea (Diod. Sic. 15.63.2).

What is the cause of Sparta's decline? As a pious man, Xenophon naturally ascribes it to the will of the gods.[74] He hints in the *Hellenica* (Xen. *Hell.* 6.4.7-8) that it was through the Spartans' own actions that they lost the favour of the gods and incurred divine wrath.[75] Their loss at Leuctra was a punishment for their disgraceful seizure of the Cadmeia in time of peace.[76] This impiety is closely connected with the corruption of traditional Spartan morality. Xenophon comments in the *Spartan Constitution* as follows:

> If anyone asked me, whether I believe that the laws of Lycurgus still remain unchanged today, by Zeus, I could not state this with confidence any more. For I know that previously the Lacedaemonians preferred to live with each other at home with modest resources rather than to suffer corruption by flattery as harmosts in the cities. And I know that formerly they were afraid of being seen with money, while now some even pride themselves on its possession. I am aware that in the old days foreigners were expelled and living abroad was not permitted so that the citizens would not be led into self-indulgent ways by foreigners. By contrast, nowadays I know that those who are reputed to be the leading men are doing their best to continue to serve as harmosts abroad for the rest of their lives. There was a time when they cared to be worthy of leadership, now they take much more trouble to be rulers than to be worthy to rule. As a consequence, whilst in the past the Greeks used to go to Lacedaemon and ask them to take the lead against those they thought were doing wrong, now many call on each other to help prevent them from taking the lead again. So it is no surprise that they blame the Spartans for their blatant disobedience towards the god and the Lycurgan Laws (Xen. Lac. 14.1-7).

Xenophon's attitude here is quite clear. Sparta's loss of political hegemony starts from the corruption of her morality. When the Spartans no longer loved their fatherland, no longer lived in thrift, no longer upheld justice for the whole Greek world, no longer cared about the gods, their hegemony's collapse became fatal and unavoidable. Of course, it is not

---

[74] Hau, *The Changeability of Fortune in Greek Historiography – Moralizing Themes and Techniques from Herodotos to Diodoros of Sicily*, 179.
[75] Pownall, "Condemnation of the Impious in Xenophon's *Hellenica*," 257.
[76] G. De Ste. Croix, *Origins of the Peloponnesian War* (London: Duckworth, 1972), 162-163.

reasonable to expect that such a state would regain her former prestige and re-establish justice and all kinds of virtues which she lacked herself.

c. Moral Corruption of Persia

Xenophon's feelings towards Persia were mixed[77] and sometimes hard to distinguish.[78] In my opinion, his attitude to Persia is similar to his view of Sparta. On the one hand, he extols in his *Cyropaedia* the monarchy Cyrus the Great established and praises Cyrus the Younger[79] in the *Anabasis*. On the other hand, he also believed that contemporary Persians had lost the traditional moral virtues bequeathed by Cyrus the Great. According to Xenophon's description, the Persian king was a brutal and terrible man (Xen. *An.* 3.1.17-18); Persians in his time were impious towards the gods and their holy oaths (Xen. *An.* 3.1.21-23); their former virtues had already disappeared as they followed bad examples of incompetent kings after Cyrus the Great (Xen. *Cyr.* 8.8.5) so that they became "less reverent toward the gods, less dutiful to their relatives, less upright in their dealings with all men, and less brave in war than they were of old" (Xen. *Cyr.* 8.8.27).

In sum, Xenophon believed that none of the existing powers, namely Athens, Sparta and Persia, were admirable or worth imitating. His attitude to Thebes, another power active on the Greek mainland, must also be seen as, on the whole, negative.[80] The Athenian democracy was unreliable and hostile to heroes; Sparta and Persia possessed better constitutions, but both failed to establish good government because of a lack of virtue and virtuous political leaders. Therefore, a new kind of leadership must be devised to rescue the Greek world from crimes, disorders and all kinds of disasters.

---

[77] Hornblower, "Sources and Their Uses," 6.

[78] S. Hirsch, *The Friendship of the Barbarians, Xenophon and the Persian Empire* (Hanover & London: University Press of New England, 1985), 4.

[79] J. Luccioni, *Xénophon et le Socratisme* (Paris: Presses Universitaires de France, 1953), 144.

[80] In his extant works, Xenophon seldom gives positive comments on Thebes and even talks very little about her famous heroes, namely Epaminondas and Pelopidas. Because both Athens (his fatherland) and Sparta (the state Xenophon served) used to be bitter enemies of Thebes, Xenophon's silence to this hostile state is understandable.

III. Increasing Influence of Individual Politicians
and Generals in Xenophon's Time

A noteworthy phenomenon in Xenophon's time is that individual generals
and politicians are quite important and prominent, and play critical roles in
many political affairs. This seems to be universal across the Greek world.
In Athens, after escaping the trial of his personal enemies, Alcibiades went
to Sparta and successfully persuaded the Lacedaemonians to restart the
war against Athens (Thuc. 6, 89.1-93.4). When Athens was about to be
defeated, Alcibiades suddenly decided to return to his native city (Diod.
Sic. 13.37.2-3) and reversed the situation (Plut. *Vit. Lys.* 3.1). His continuous
successes made people believe that he was invincible (Plut. *Vit. Alc.* 35.2).
The activity of Alcibiades had a great influence on the fate of Athens in the
later phases of the Peloponnesian War. In Sparta, Brasidas started his
glorious military career at the beginning of the Peloponnesian War (Thuc.
2.25.2). He won a series of victories in northern Greece (Diod. Sic. 12,
67.1-68.6) and showed his brilliance in the sea-battle near Pylos (Thuc.
4.11.4). Thucydides praises Brasidas for being "the first Lacedaemonian
abroad who gained a reputation for being in all aspects a good man", and
he "left behind him a confident belief that the other Lacedaemonians also
were of the same stamp" (Thuc. 4.81.1-3). After his death the allies gave
him a glorious public burial; and the Amphipolitans "fenced in his
monument and have ever since made offerings to him as a hero, giving
honours and instituting games and yearly sacrifices" (Thuc. 5.11.1). After
Brasidas, another Spartan general, Lysander became famous in the whole
Greek world for his victory in the Peloponnesian War (Plut. *Vit. Lys.* 18.2).
The Samians even voted that their festival of Hera should be called
Lysandreia (Λυσάνδρεια) (Plut. *Vit. Lys.* 18.4). And Xenophon's own leader,
Agesilaus, became a third prominent Spartan general and "one of Sparta's
strongest kings" [81] after seizing power from Lysander (Plut. *Vit. Ages.* 7.4-
5; 8.1-4). In Thebes, "no general as able as theirs had yet been seen in
Greece, not even in Sparta".[82] Therefore, although the Thebans had won a
victory in Thessaly, they still believed that they were the loser because of
their loss of the excellent general Pelopidas (Diod. Sic. 15.81.1), who held
the office of Boeotarch in Thebes almost continuously.[83] Although Pelopidas

---

[81] P. Rhodes, *A History of the Classical Greek World, 478-323 B.C.* (Malden &
Oxford & Carlton: Blackwell, 2006), 205.
[82] A. Holm, *The History of Greece from Its Commencement to the Close of the
Independence of the Greek Nation* (London & New York: Macmillan, 1896),
translated by F. Clarke, 102.
[83] P. Stylianou, *A Historical Commentary on Diodorus Siculus Book 15* (Oxford:

died in a foreign country in the absence of wife, children and kinsmen as a commoner, his dead body was still escorted and crowned by lots of people and cities eager to show him honour (Plut. *Vit. Pel.* 34.3). And Epaminondas, another general of Thebes was even more prominent, because as Nepos comments, "before the birth of Epaminondas, and after his death, Thebes was subject constantly to the hegemony of others; but, on the contrary, so long as he was at the head of the state, she was the leading city of all Greece" (Nep. *Vit. Epam.* 10.4). And his glorious deeds even made Nepos believe that "this fact shows that one man was worth more than the entire body of citizens" (Nep. *Vit. Epam.* 10.4). Generally speaking, "in the judgement of antiquity, the Theban hegemony was entirely the work of Epaminondas and Pelopidas".[84]

At the same time, quite a few individuals in Greek states outside central Greece obtained supreme power and established tyranny, some of whom Xenophon must have known or at least heard of. First, Xenophon must know the political situation in Syracuse and the tyranny of Dionysius I.[85] Though Marta Sordi's hypothesis that Xenophon had served in Dionysius' mercenary army[86] might not be correct, his interest in Sicily can still be proved by his *Hiero*. Second, Dionysius I was quite active on mainland Greece. He sent horse teams to take part in the Olympic Games (Diod. Sic. 14.109.1-6); he invited Plato, the most prominent student of Socrates, to his court (Diod. Sic. 15.7.1); and he also sent choruses to Athens to perform a tragedy that he composed (Diod. Sic. 15.74.1). Therefore, Xenophon should have known well about Dionysius' deeds and government in Syracuse. In 406 B.C., Dionysius seized supreme power in Syracuse (Diod. Sic. 13, 94.4-95.1) and established a tyranny (Diod. Sic. 13.95.4-6) which was unrestricted[87] and lasted 38 years and had great influence on the Mediterranean world (Diod. Sic. 13.96.4). In northern Greece, the hegemony of Pherae was "the doing of one man".[88] Jason of Pherae, who is described by Xenophon as a charistmatic mercenary

---

Clarendon Press, 1998), on 81.4, 501.

[84] Buckler, *The Theban Hegemony, 371-362 B.C.*, 220.

[85] For Greeks' general knowledge and frequent contact with Dionysius in this historical period, see P. Rhodes and R. Osborne, ed. *Greek Historical Inscriptions, 404-323 B.C.* (Oxford: Oxford University Press, 2003), no. 10, no. 33, no. 34.

[86] Sordi, "Senofonte e la Sicilia," 77.

[87] N. Hammond, *A History of Greece to 322 B.C.* (Oxford: Clarendon Press, 1959), 473.

[88] J. Bury and R. Meiggs, *A History of Greece to the Death of Alexander the Great*, fourth edition revised (London: Macmillian, 1975), 366.

leader,[89] claimed supremacy in Greece (Diod. Sic. 15.60.1-2), a fact which received Xenophon's attention in the *Hellenica* (Xen. *Hell.* 6.1.4-12). In Asia Minor, Maussollos rose up and united six poleis into one big city.[90] And Clearchus, a student of Isocrates and Plato in Athens, also established a tyranny at Heracleia on the Black Sea and adopted many methods of government employed by Dionysius in Syracuse (Diod. Sic. 15.81.5). In short, Xenophon's time was an age of individual heroes, as Diodorus later summarised:

> For among the generation of Epaminondas were famous men: Pelopidas the Theban, Timotheus and Conon, and Chabrias and Iphicrates, Athenians all, and besides, Agesilaus, the Spartan, who belonged to a slightly older generation. (Diod. Sic. 15.88.2, trans. C. L. Sherman)

The rise of these famous military generals, as well as many other distinguished individuals in political and military spheres at this time was by no means a coincidence. The dramatic change of political situation weakened the power of old clans and established rules in many states; at the same time, frequent wars also offered good opportunities for military talents to establish their fame in the Greek world in their youth, and therefore made room for the success of individual heroes. It is quite noteworthy that the rise of these individuals often challenged the established authorities in their own poleis and offered the possibility of certain innovations and reform of the old society.[91]

In the fifth century Sparta, the ambitions of prominent individuals were always balanced and restricted by the council of elders and ancient Spartan customs. The ambitious king, Pausanias, had been brought to trial by the council of elders (Paus. 3.5.2) and was later killed by the ephors (Nep. *Vit. Paus.* 5.1-5). When his guilt was revealed, even his mother agreed that he deserved death (Nep. *Vit. Paus.* 5.3). After Brasidas' glorious death, the ephors honoured his mother because she "placed the fair name of her country above the fame of her son" (Diod. Sic. 12.74.2-4). This modesty and devotion to the fatherland seemed to disappear soon as time went on. When Callicratides was nominated as general of Spartan army, Lysander's friends refused to obey him because they were loyal only to Lysander (Xen.

---

[89] J. Davies, *Democracy and Classical Greece*, second edition (London: Fontana Press, 1993), 240.

[90] Strabo, 13.1.59; Davies, *Democracy and Classical Greece*, 244.

[91] F. Schachermeyr, *Griechische Geschichte mit besonderer Berücksichtigung der geistesgeschichtlichen und kulturmorphologischen Zusammenhänge* (Stuttgart: W. Kohlhammer, 1960), 218.

Hell. 1.6.4). When the Lacedaemonians sent their fleet to reinforce Chios, they made Aracus admiral and Lysander vice-admiral, but gave the actual power of commanding the navy to Lysander alone (Xen. *Hell.* 2.1.6-7). After seizing power from Lysander, the king Agesilaus also successfully won the support of the ephors and the council of elders (Plut. *Vit. Ages.* 4.2-4), and so could deal with political and military affairs according to his own will, even putting plotters to death without due process of law in an emergency, which had never been done before in the case of free Spartans (Plut. *Vit. Ages.* 32.6). In Athens, people disliked Alcibiades because he was "too powerful and too great to be content with a private station" and suspected him as a threat to democracy (Nep. *Vit. Alc.* 3.4-5); and Alcibiades is isolated in many ways from the Athenian *demos*.[92] In Thebes, Epaminondas could still make a prime contribution to the city's success when he was no longer a boeotarch (Diod. Sic. 15.71.6-7; Nep. *Vit. Epam.* 7.1-3). Once he also refused to obey the people's decree (Nep. *Vit. Epam.* 7.3-5) and extended his and other generals' offices by four months (Plut. *Vit. Pel.* 25.1) so that they could finish a vital battle. And all these accused generals were finally acquitted because of Epaminondas' fame and wisdom.

Living in such an age, Xenophon paid close attention to these distinguished individuals and used some of them as prototypes of the heroes in his works on moral education. Nevertheless, with the exception of Agesilaus (Nep. *Vit. Ages.* 1.1) and very few others,[93] Xenophon seldom praised the morality of these contemporary political leaders, because many of them were actually ambitious, short of virtues and caused more harm than good. For example, Alcibiades' character was mixed and he "never excelled either in faults or in virtues" (Nepos, *Vit. Alc.* 1.1). His extravagance, indifference, licentiousness and lack of self-control were evident (Nepos, *Vit. Alc.* 1.2-4); his fame was always a matter of dispute[94] and the harm he did to his fatherland was undeniable.[95] Again, Lysander's great reputation was gained "rather by good fortune than by merit" (Nepos, *Vit. Lys.* 1.1). He was the object of mockery in the comic poet Theopompus' work for his dishonest promise to the Greek world (Plutarch,

---

[92] S. Ferrario, "Historical Agency and Self-awareness in Xenophon's *Hellenica* and *Anabasis*," in *Xenophon: Ethical Principles and Historical Enquiry* (Leiden: Brill, 2012), edited by F. Hobden and C. Tuplin, 354.

[93] For example, Jason of Pherae, whom Xenophon "depicts with some sympathy and gives his death relative dignity". See Pownall (2004), 103.

[94] J. Hatzfeld, *Alcibiade, Étude sur l'histoire d'Athènes a la fin du Ve siècle* (Paris: Presses universitaires de France, 1951). 357.

[95] D. Kagan, *The Fall of the Athenian Empire* (Ithaca & London: Cornell University Press, 1987), 420.

Vit. Lys. 13.4-5); he was so cruel to his opponents that "the sole punishment that could satisfy his wrath was the death of his enemy" (Plutarch, *Vit. Lys.* 19.1). These evil characteristics caused the Lacedaemonians to be bitterly hated by all Greece because of him (Nepos, *Vit. Lys.* 1.3). Similarly, though Dionysius I had united the western Greeks to fight against Carthage's invasion (Diod. Sic. 14.46.1-4), his image in Xenophon's mind could not be positive. He was so hated by his subjects that he "was compelled by fear to wear an iron corselet under his tunic" (Diod. Sic. 14.2.2), and his leadership "led to the destruction of his allies and the enslavement of his fellow citizens" (Diod. Sic. 14.66.1-5). In sum, "Xenophon gives [in the *Hellenica*] numerous examples of characters induced to arrogance and overconfidence by good fortune, but none of characters who handle good fortune with moderation". [96] Such figures cannot offer proper choices for Xenophon to carry out his plan of social education.

On the other hand, in his narrative of the deeds of certain generals such as Callicratidas and Agesilaus, who were both able and virtuous, we can find some scenes totally different from the confusing and pessimistic situations Xenophon usually describes. In his opinion these distinguished leaders were the true hopes of Greek world's future. After overcoming many difficulties and capturing Methymna, Callicratidas showed the true spirit of Panhellenism that Xenophon advocated by setting all Methymnaean captives free and claiming that, while he was commander, no Greek should be enslaved if he could help it (Xen. *Hell.* 1.6.14-15). And Agesilaus, the hero of Xenophon's prose encomium, was also a glorious and exceptional figure in the *Hellenica*. While knowing his opponent Tissaphernes had broken his holy oath, he still kept his promise in order to win the favour of the gods (Xen. *Hell.* 3.4.11) and finally defeated his enemy (Xen. *Hell.* 3.4.20-25). After he had gained a series of victories in Asia Minor, his loyalty to his fatherland led him to restrain his ambition and he hurried back to rescue Sparta (Xen. *Hell.* 4.2.3). His kindness not only enriched his friends, but also benefited barbarians, such as Pharnabazus' son (Xen. *Hell.* 4.2.3). A historical figure such as this, a bit idealised though he may be, [97] is just what Xenophon is looking for. Only such leaders can help the Greek world to get rid of disorder and confusion, protect it against the interference of external enemies and re-establish social justice and morality.

The rise of distinguished political and military leaders was an

---

[96] Hau, *The Changeability of Fortune in Greek Historiography – Moralizing Themes and Techniques from Herodotos to Diodoros of Sicily*, 131.
[97] For detailed discussion, see Part 3, Chapter 1, especially Section 5 in it.

undeniable fact in Xenophon's time. For social morality this phenomenon was a double-edged sword. If the leaders are evil in nature, they can only create more disasters in the Greek world and break up the traditional order of society; but if they possess all the required virtues, they can also offer the best choice for Xenophon to carry out his plan of social reform and re-establishment of moral principles in society.

IV. Conclusion

In conclusion, I believe that Xenophon's view of the situation of his time, which is partly reflected in his *Hellenica* and partly summarised from contemporary historical events he must have known, comprises one important aspect of the background for the birth and development of his theory of moral education for the society he lived in.

Xenophon's description of his time is generally negative. It was full of disorder and immoral behaviour. It suffered the interference of the Persian Empire and faced the menace of enslavement, yet was still lacking the spirit of Panhellenism and weakened by mutual hatred and discord among different states. Xenophon's theory of moral education was an attempt to solve these urgent problems that the Greeks faced. It intends to be practical and is therefore less theoretical but relatively more straightforward than Plato's or Aristotle's political systems.

Xenophon expressed his disappointment with the government of all important existing powers in his times. He criticises the unreliability of Athenian democracy; he admires the ancient constitutions of Sparta and Persia but also points out their decline due to the corruption of social morality. As a result, Xenophon's examples for his moral education come mainly from the remote past or fictional scenes. This feature should not be simply taken as proof of Xenophon's conservatism, as it actually reflects Xenophon's effort to reform the world he lived in and abolish certain out-dated social rules, though he often disguised this real intention under the cover of ancient authorities and legendary figures.

Xenophon's time witnessed the rise of many powerful individual politicians and generals. These figures' influence on the Greek world largely depends on their own moral qualities. Based on this historical experience, Xenophon frequently emphasised in his works that a virtuous character of political leader possessing all required positive qualities, is the precondition for any effective social education in morality to be carried out.

CHAPTER TWO

INFLUENCE OF SOCRATES ON XENOPHON'S THOUGHT ON MORAL EDUCATION

Diogenes Laertius, a third-century A.D. biographer, preserves a story on the acquaintance of Socrates and Xenophon, which seems to have been widely known in antiquity:

> Xenophon, the son of Gryllus, was a citizen of Athens and belonged to the deme Erchia; he was a man of rare modesty and extremely handsome. The story goes that Socrates met him in a narrow passage, and that he stretched out his stick to bar the way, while he inquired where every kind of food was sold. Upon receiving a reply, he put another question, "And where do men become good and honourable? (ποῦ δὲ καλοὶ κἀγαθοὶ γίνονται ἄνθρωποι)" Xenophon was fairly puzzled; "Then follow me," said Socrates, "and learn." From that time onward he was a pupil of Socrates. (Diog. Laert. 2.48, trans. R. D. Hicks)

Regardless of its reliability, this anecdote reveals for us the relationship between Xenophon and Socrates in later generations' eyes: Xenophon considered himself a follower of Socrates from his youth on, and his aim in studying Socratic philosophy is to pursue virtue and to become a "good and honourable man (καλὸς κἀγαθός)". Therefore, it is natural that the moral philosophy of Socrates would leave an evident mark on Xenophon's own idea of moral education. But can we take Xenophon as a competent and loyal follower of Socrates? In many cases, modern scholars generally believe that this is quite doubtful.[1] The problem is not that Xenophon is dishonest or does not respect his teacher, but that he is not a qualified philosopher at all[2] and is not clever enough to grasp the essence of Socrates' teachings. On this issue Bertrand Russell's comment is typical:

---

[1] A. Delatte, *Le troisième livre des souvenirs Socratiques de Xénophon* (Liége: Faculté de philosophie et lettres, 1933), 123.
[2] M. Bandini, and L Dorion,. ed./tr., *Xénophon, Mémorables, Tome I, Livre I* (Paris: Les Belles Lettres, 2000), 90-91.

> Let us begin with Xenophon, a military man, not very liberally endowed with brains, and on the whole conventional in his outlook... There has been a tendency to think that everything Xenophon says must be true, because he had not the wits to think of anything untrue. This is a very invalid line of argument. A stupid man's report of what a clever man says is never accurate, because he unconsciously translates what he hears into something he can understand. I would rather be reported by my bitterest enemy among philosophers than by a friend innocent of philosophy.[3]

Perhaps Bertrand Russell's criticism is too harsh, as it would be unfair to call Xenophon "a stupid man". Nevertheless, anyone having compared Xenophon's and Plato's Socratic writings can easily realise that the former's philosophical talent must be far inferior to the latter's,[4] and Xenophon's understanding of Socrates' teachings is sometimes superficial and incorrect, as Bertrand Russell points out. In his *History of Greek Philosophy*, William Guthrie calls Xenophon "a gentleman in the old-fashioned sense of the term"[5] and considers that Xenophon's *Apology* is "of little or no independent value". [6] J.K. Anderson contends that Xenophon still deserves to be called a philosopher, yet points out at the same time that Xenophon's philosophy is "a mixture of practical common sense and traditional morality, combined with a piety that is too easily dismissed as foolish superstition, or the vain repetition of rituals".[7] In my opinion, Xenophon's lack of interest in profound philosophical doctrines is evident. For example, in his *Symposium* Xenophon touches on a core question in Socrates' ethical system: can virtue be taught at all? However, unlike his contemporary Plato, who offered thorough and excellent discussion on it in many of his important dialogues, Xenophon obviously failed to realise the importance of this question in Socrates' system of ethical philosophy, and makes his Socrates divert the topic by starting to commend an attractive dancing-girl (Xen. *Symp.* 2.5-7). The existence of such instances proves that the influence of Socratic ethical doctrines on Xenophon must be limited owing to the latter's poor understanding of philosophical issues.

Nevertheless, if Xenophon failed to learn from Socrates how to study philosophy, he still managed to remember some contents, styles and

---

[3] B. Russell, *A History of Western Philosophy* (London: G. Allen and Unwin, 1946), 102-103.

[4] A. Bowen, ed./tr., *Xenophon: Symposium* (Warminster: Aris & Phillips, 1998), 8.

[5] W. Guthrie, *A History of Greek Philosophy*, Vol. III (Cambridge: Cambridge University Press, 1969), 334.

[6] Guthrie, *A History of Greek Philosophy*, Vol. III, 340.

[7] Anderson, *Xenophon*, 2.

approaches of Socratic teaching, as well as what Socrates was like in his daily life. These two elements leave lasting marks in almost every work of the extant corpus of Xenophon and contribute to the formation of Xenophon's own system of moral education.

I. Recognisible Influence of Socratic Teachings on Xenophon[8]

[8] The influence of Socrates on Xenophon is relevant to an assessment of the reliability of both Xenophon's and Plato's reports of Socrates and therefore also relevant to the famous "Socratic question", which is extremely complex and highly controversial (L. Dorion, "Xenophon's Socrates," translated by S. Menn, in *A Companion to Socrates* (Chichester: Wiley-Blackwell, 2009), edited by S. Ahbel-Rappe and R. Kamtekar, 93), and cannot be adequately clarified by extant evidence once for all (T. Brickhouse, and N. Smith, *Socrates on Trial* (Oxford: Clarendon Press, 1989), 235) as only one part of the tradition on Socrates is consistent (A. Michelini, "Plato's Socratic Mask," in A. Michelini, ed., *Plato as Author: the Rhetoric of Philosophy* (Leiden & Boston: Brill, 2003)*,* 46). Generally speaking, modern scholars value Plato's record of Socrates in his early works more than that of Xenophon; therefore Plato's Socrates is usually treated as historical rather than literary (Michelini, "Plato's Socratic Mask," 45). Thomas C. Brickhouse and Nicholas D. Smith summarise that for the trial of Socrates, Plato's account is generally preferred, as he was present in the court, while Xenophon had to rely on second-hand materials (Brickhouse and Smith, *Socrates on Trial*, 6). Guthrie comments that Xenophon's *Symposium* is "an imaginative work" (Guthrie, A *History of Greek Philosophy*, Vol. III, 343); and he argues that Xenophon in his *Memorabilia* "is not concerned to fill in the historical, biographical or local background" (Guthrie, A *History of Greek Philosophy*, Vol. III, 346). Nevertheless, these opinions are more or less influenced by the great achievement Plato makes in the history of philosophy and theology, as well as the misleading bias that Xenophon is a foolish writer who cannot understand Socratic philosophy at all (Russell, *A History of Western Philosophy*, 102-103). From a historical view, there is still no convincing evidence to show why Plato's *Symposium* must be less "imaginative" in comparison to Xenophon's; while sometimes Plato's reports of Socrates are also problematic and contradictory. For instance, in my opinion, the charming and lengthy discourse of Socrates on soul before his death in the *Phaedo* is very rhetorical and too long to be recited accurately later by anyone, even though he or she was present, therefore is quite possible to be created or thoroughly reworked by Plato. What is more, Socrates' doctrine in Plato's later works developed significantly and became more abstract and theoretical (J. Skemp, *The Theory of Motion in Plato's Later Dialogues*, enlarged edition (Amsterdam: Hakkert, 1967), 1), which seems to suggest that Plato's purpose in composing his dialogues is not always to present Socrates' teaching word for word faithfully. In

a. Focus on Ethical Subjects

> Sed ab antiqua philosophia usque ad Socratem, qui Archelaum,
> Anaxagorae discipulum, audierat, numeri motusque tractabantur, et unde
> omnia orerentur quoue reciderent, studioseque ab is siderum magnitudines
> interualla cursus anquirebantur et cuncta caelestia. Socrates autem primus
> philosophiam deuocauit e caelo et in urbibus conlocauit et in domus etiam
> introduxit et coëgit de uita et moribus rebusque bonis et malis quaerere.

> But from the ancient days down to the time of Socrates, who had listened
> to Archelaus the pupil of Anaxagoras, philosophy dealt with numbers and
> movements, with the problem whence all things came, or whither they
> returned, and zealously inquired into the size of the stars, the spaces that
> divided them, their courses and all celestial phenomena; Socrates on the
> other hand was the first to call philosophy down from the heaven; and set
> her in the cities of men and bring her also into their homes and compel her
> to ask questions about life and morality and things good and evil. (Cic.
> *Tusc.* 5.4.10, trans. J. E. King)

The passage of Cicero cited above points out one of the most important
contributions of Socrates to ancient Greek philosophy: he managed to
divert philosophers' attention from physical and astronomical phenomena
to social morality and human life. Cicero's comment is justified by Plato
and Aristotle's accounts. In Plato's *Phaedo*, Socrates claims that he failed
in the study of material things, especially the teaching of Anaxagoras, and
therefore turned to the domain of ethics (Pl. *Phd.* 96e-100a). In the
Metaphysics Aristotle reports for us that "Socrates was busy himself about
ethical matters and neglecting the world of nature as a whole but seeking
the universal in these ethical matters" (Arist. *Metaph.* 987b1-3). He also
claims that in the time of Socrates philosophers' attention was diverted
from nature to "political science" and "virtues which benefit mankind"
(Arist. *Part. an.* 642a28-31). In this aspect in particular, it seems
Xenophon fully understood and approved of Socrates' doctrine. He tells us
in the *Memorabilia* that Socrates questioned the value of studies on
"heavenly phenomena" (Xen. *Mem.* 1.1.15), and decided to study the

---

that case, it is not proper to suppose that whenever Xenophon offers any
information beyond or contradictory to the evidence in Plato's corpus, it must be
wrong or fictional. In this book, I will not use Plato's dialogues as an absolute
standard to judge the reliability of the image of Socrates Xenophon creates in his
corpus arbitrarily. However, in quite a lot of specific detail, similar accounts in
Plato's early works will be cited as external evidence to support Xenophon's
narrative and to show the possibility how Socrates' thought and behaviour can
influence Xenophon.

issues listed below instead:

αὐτὸς δὲ περὶ τῶν ἀνθρωπείων ἀεὶ διελέγετο σκοπῶν τί εὐσεβές, τί ἀσεβές,
τί καλόν, τί αἰσχρόν, τί δίκαιον, τί ἄδικον, τί σωφροσύνη, τί μανία, τί
ἀνδρεία, τί δειλία, τί πόλις, τί πολιτικός, τί ἀρχὴ ἀνθρώπων, τί ἀρχικὸς
ἀνθρώπων, καὶ περὶ τῶν ἄλλων, ἃ τοὺς μὲν εἰδότας ἡγεῖτο καλοὺς
κἀγαθοὺς εἶναι, τοὺς δ᾽ ἀγνοοῦντας ἀνδραποδώδεις ἂν δικαίως κεκλῆσθαι.

His [Socrates'] own conversation was ever of human things. The problems
he discussed were, what is pious, what is impious; what is beautiful, what
is ugly; what is just, what is unjust; what is moderation, what is madness;
what is courage, what is cowardice; what is a polis, what is a statesman;
what is government, and is a governor; — these and others like them, of
which the knowledge made a "good and brave man", in his estimation,
while ignorance should involve justly the reproach of "slavishness". (Xen.
Mem. 1.1.15)

Besides testimonies offered by Cicero, Plato and Aristotle, Xenophon's
observation is also supported by later works of Seneca the Younger, Sextus
Empiricus, Aulus Gellius and Diogenes Laertius.[9] Therefore, there is no
good reason to doubt that Xenophon's interest on moral issues was to
some extent inspired by Socrates. In that sense, Xenophon proves that he
deserves to be called a follower of Socrates. He clearly realised that
human morality was the object of his teacher's study; and he tried to
achieve the same goal by putting forward creative advice on systematic
social education of morality in his own way. His method of study is more
political, historical and less philosophical; yet his final aim is identical to
that of Socrates. As my later chapters will show, his *Cyropaedia, Spartan
Constitution, Hiero, Poroi, Agesilaus* and *Oeconomicus* are all highly
relative to moral and ethical subjects. Therefore it is quite safe to conclude
that it is Socrates' philosophical teaching that directs Xenophon to turn his
attention to the study of moral issues.

A second possible impact of Socratic ethics on Xenophon was indirect
and was put into effect through his frequent citations from ancient Greek
poetry (Xen. *Mem.* 1.2.56) in his daily conversation. In his extant corpus,
Xenophon seldom mentions names and works of Greek poets; the only
exceptions are two of his works on Socrates (the *Symposium* and the
Memorabilia) and one dialogue in the "Socratic style" (the *Hiero*) similar
to Plato's works. In the former two writings, Homer's name is mentioned
repeatedly (Xen. *Symp.* 3.5, 4.6, 4.45; Xen. *Mem.* 2.6.11); other poets
Xenophon mentioned include Hesiod (Xen. *Mem.* 2.1.20), Theognis (Xen.

---

[9] Bandini, and Dorion,. ed./tr., *Xénophon, Mémorables, Tome I, Livre I*, 63.

Symp. 2.4) and Simonides.[10] In my opinion, this uneven distribution of citation from poets is by no means casual. As a soldier and military historian, Xenophon never shows in his other extant writings that he has a strong interest and an elegant taste in poetry like Plato and Aristotle. It is very likely that he got most of his knowledge on poetry through Socrates' conversations. He tells us that some members in Socrates' circle, for example Niceratus (Xen. *Symp.* 3.5), are expert in Homer's works, and one subject they discussed is kingship described in the *Iliad* (Xen. *Symp.* 4.6). It seems that Socrates and his friends were following the traditional Greek custom of exchanging verses during a symposium.[11] In Plato's *Republic*, though Socrates' opinion of poets is, overall, a negative one (Pl. *Resp.* 377a-396e), he still follows the same tradition of drawing analogy from ancient poetry (Pl. *Resp.* 383b; 546e-547a). This practice may have had an influence on Xenophon's understanding of his own role as corresponding to that of the poets in advising on moral issues.

What is more, serving as an advisor to kings and heroes was one traditional role of ancient Greek poets ever since the age of Hesiod.[12] In the opening part of the *Theogony*, Hesiod confirms his own role as an advisor to kings (Hes. *Theog.* 81-92) and claims that the Muses know both how to tell a lie which looks like truth and how to tell truth if they wish (Hes. *Theog.* 26-28). In Xenophon's age, Plato began to criticise poets, as they were only popular for their ability in imitation, not for their wisdom (Pl. *Resp.* 392b). But according to Xenophon's uncritical understanding of poetry and philosophy, he must have believed that the role of poets, which Socrates frequently mentioned in his conversations, corresponds to that of Socrates himself and is therefore respectable. In his *Memorabilia* Socrates once advised a general as follows:

> For what reason, think you, is Agamemnon dubbed "shepherd of the people" by Homer? Is it because a shepherd must see that his sheep are safe and are fed, and that the object for which they are kept is attained, and a general must see that his men are safe and are fed, and that the object for which they fight is attained, or, in other words, that victory over the enemy may add to their happiness? Or what reason can he have for praising

---

[10] Xen. *Hier.* 1.1. The influence of Socrates to Xenophn in this aspect is quite convincing, as all these poets mentioned here also appear in Plato's Socratic dialogues.

[11] Bowen, ed./tr., *Xenophon: Symposium*, 95.

[12] G. Rosati, "The Latin Reception of Hesiod," in *Brill's Companion to Hesiod* (Leiden & Boston: Brill, 2009), edited by F. Montanari, A. Rengakos, and C. Tsagalis, 369-374; P. Pucci, *Inno alle Muse* (Pisa & Roma: F. Serra, 2007), 106-107.

Agamemnon as "both a good king and a doughty warrior too"? Is it that he would be "a doughty warrior too" not if he alone were a good fighter, but if he made all his men like himself; and "a good king" not if he merely ordered his own life aright, but if he made his subjects happy as well? (Xen. *Mem.* 3.2.1-4)

Two points in this passage are noteworthy. First, the verses of ancient poets and their analogical way of expression are cited and adopted here as philosophical evidence; and Socrates' task is simply to clarify the meaning of Homer and to explain the correspodence between domestic and political affairs exhaustively. This tradition and rhetorical skill seem to be borrowed by Xenophon in his queen bee metaphor (Xen. *Oec.* 7.17-34) in the *Oeconomicus*, as Part 3, Chapter 2 of this book will show. Second, Socrates and Xenophon believe that the content of the verses cited offers advice to kings and generals on their proper behaviour. This is also a common feature in the works of later poets, such as Pindar, Simonides and Bacchylides. [13] In Xenophon's eyes, to give moral advice to political leaders in order to regulate their behaviour is the task of ancient poets and Socrates, and is also what he should do in his prose works. In the *Hiero*, Xenophon chooses to give moral admonition to a tyrant through the mouth of Simonides, a famous lyric poet of the previous generation. It is quite possible that this choice is not arbitrary, but reflects Xenophon's recognition of his own role as a moral advisor under the influence of Socrates' discourse on poetry.

In sum, Socrates' ethical philosophy greatly influenced Xenophon's idea on moral education. First, Socrates' teaching directed his interest to moral issues and encouraged him to focus his attention on human virtues and the relationship between individual and society in his mature works, for example the *Cyropaedia*. [14] Second, Socrates' teaching method (citing poems for philosophical purposes) allowed Xenophon to gain a basic understanding of the tradition of Greek poetry, and helped him confirm his own role as a moral advisor for monarchs and generals like his Simonides in the *Hiero*.

b. Attention to Art of Leadership in Public Life

Generally speaking, Xenophon's Socrates talks more about leadership than

---

[13] For detailed discussion on the use of the image of the shepherd in political philosophy, cf. R. Brock, *Greek Political Imagery from Homer to Aristotle* (London & New Delhi & New York & Sydney: Bloomsbury, 2013), 43-52.

[14] Luccioni, *Xénophon et le Socratisme*, 148.

Plato's Socrates does. Carol McNamara suggests that Xenophon intends to show to his readers that Socrates is a beneficial teacher of politics[15] who pays close attention to Athenian politics all his life. [16] Though this conjecture, in my opinion, cannot be fully attested yet,[17] the interest in political leadership of Xenophon's Socrates in the *Memorabilia* (especially his Book 3) is quite evident. Some of his arguments show similarity to Xenophon's own opinions in his other works on social education carried out by political leaders and indicate signs of inheritance of ideas. For instance, Xenophon's Socrates answered Aristippus' question on the burden of competent leaders (Xen. *Mem.* 2.1.17) by explaining to him that voluntary sufferings actually lead to ultimate happiness, (Xen. *Mem.* 2.1.18-20) just as Simonides argues in Xenophon's *Hiero*. In comparison to the image Plato establishes,[18] Xenophon's Socrates paid more attention to the economic prosperity of Athens[19] and told Glaucon that an able leader must always keep an eye on the city's revenue (Xen. *Mem.* 3.6.5-6) and food supply (Xen. *Mem.* 3.6.13-14), which reminds us of Xenophon's *Poroi* and the latter's emphasis on the economic foundation of his system of moral education. In the *Memorabilia* Socrates also expressed the idea that the laziness of servants is chiefly due to the fault of the master (Xen. *Mem.* 3.13.4), which is similar to Xenophon's view in the *Oeconomicus*, an atypical "Socratic writing" mainly reflecting Xenophon's own doctrine instead of that of Socrates. Furthermore, in Xen. *Mem.* 3.6.4-6, Socrates also suggests that competent Athenian leaders must make great efforts to increase the revenue of the state;[20] that idea is also expressed by Xenophon in his *Poroi* which is to be discussed in later chapters.[21] And in Plato's corpus, we can also find out that Socrates is a brave critic of Athenian politics (Pl. *Ap.* 30d-31c) and a keen observer of all types of existing political leadership (Pl. *Resp*, 497a ff; *Plt.* 259b). But on the whole, we

---

[15] C. McNamara, "Socratic Politics in Xenophon's *Memorabilia*," *The Journal of Ancient Greek Political Thought* 26 (2009): 242.

[16] McNamara, "Socratic Politics in Xenophon's *Memorabilia*," 223.

[17] One problem is that Xenophon's own feeling about Athenian democracy is complex and sometimes very negative. See Xen. *Hell.* 1.7.34-35.

[18] For instance, Pl. *Euthyd.* 280b-281a touches on but does not treat seriously the economic issues in contrast to Xenophon's *Poroi*, which, in my opinion, reveals Plato's and Xenophon's different interests and the different heritage they have acquired from .

[19] M. Bandini and L. Dorion, ed./tr., *Xénophon, Mémorables, Tome II,Iᵣₑ Partie, Livre II-III* (Paris: Les Belles Lettres, 2011), 312.

[20] P. Liddel, *Civic Obligation and Individual Liberty in Ancient Athens* (Oxford: Oxford University Press, 2007), 255.

[21] See Part 2, Chapter 4 of this book.

must admit that the content of Socrates' teaching on leadership is quite different and far less systematic than Xenophon's own theory of the same subject expressed in the *Cyropaedia* or the *Agesilaus*. This is not surprising, for Xenophon is actually an original thinker[22] who is able to develop his own theory from all kinds of literary traditions and his life experience, as we shall see in Part II and III of this book. In spite of that, I believe that two features of Socrates' thought on leadership still had an influence on Xenophon's later doctrine on social education of morality.[23]

First of all, Socrates confirmed that government is an art for kings and generals; this idea encouraged Xenophon to take competent leadership as an indispensable element of his social education. In the context of Plato's Socrates, an ideal political leader must be a philosopher as well (Pl. *Resp.* 487e-489c). Xenophon's Socrates says that kings and rulers are "not those who hold the sceptre, nor those chosen by lot, nor those who are assigned by the multitude, nor those who owe their power to force, or to deception; but those who know how to rule" (Xen. *Mem.* 3.9.10). In other words, true political leaders are those who master the art of government. He advised Dionysodorus to learn this art well before taking part in politics (Xen. *Mem.* 3.1.1-2), and patiently pointed out to him that generalship is not simply equal to tactics, but includes many higher requirements (Xen. *Mem.* 3.1.6). If a political leader does master these skills, everyone will be willing to turn to him for help in politics (Xen. *Mem.* 2.6.26), for "under all conditions human beings are most willing to obey those whom they believe to be the best" (Xen. *Mem.* 3.3.9). On the other hand, if the leader ignores them, he will always be punished when he makes mistakes (Xen. *Mem.* 3.9.12-13).

In the second place, in Socrates' doctrine, political leadership becomes something relevant to social morality.[24] In Plato's *Republic*, Socrates

---

[22] R. Waterfield, "Xenophon's Socratic Mission," in *Xenophon and His World, Papers from a Conference Held in Liverpool in July 1999* (Stuttgart: Franz Steiner Verlag, 2004), edited by C. Tuplin, 79.

[23] Because the dates of Xenophon's three (or four, counting the *Oeconomicus*) Socratic writings cannot be firmly established, we have no means to exclude the possibility that Xenophon's description of Socrates sometimes to a certain extent reflects his own discipline. Nevertheless, as Xenophon became Socrates' friend in his youth, his main role in their relationship must be mainly as a receiver; and the general accordance of Xenophon's depiction of Socrates with that of Plato, together with the difference between it and typical *fictional* images appearing in Xenophon's works give us no sufficient reason to question the reliability of Xenophon's narrative.

[24] Tamiolaki, "Virtue and Leadership in Xenophon: Ideal Leaders or Ideal Losers?" 583.

criticises that one of the most serious shortcomings of oligarchy and democracy is that they fail to maintain and improve social morality (Pl. *Resp.* 551a, 558c). Xenophon also states:

> Kingship and despotism, in his [Socrates'] judgment, were both forms of government, but he held that they differed. For government of men with their consent and in accordance with the laws of the state was kingship; while government of unwilling subjects and not controlled by laws, but imposed by the will of the ruler, was despotism. (Xen. *Mem.* 4.6.12)

In that context, the nature of political leadership obtains a moral sense. Whether it is lawful is determined by how the leader governs and the reaction of his subjects. Kingship is virtuous as it satisfies people's needs and leads them to happiness; while despotism which fails to satisfy its subjects must be evil in nature and should be overthrown. Therefore, the teacher of kingship should not only be an expert in military, diplomatic and economic affairs, but also become a moral philosopher like Socrates or Xenophon. Following that logic, Xenophon's Socrates claimed to Antiphon that he actually played a very important part in politics by taking pains to turn out as many competent politicians as possible (Xen. *Mem.* 1.6.15), which is exactly the greatest contribution a moral philosopher could make to the society he lives in.[25] In his opinion, the basis of beneficial generalship is selflessness[26] and concern of public welfare.[27] These ideas, though not being identical to Xenophon's own doctrine of social education on morality devised later, must have impressed him and encouraged him to think and study leadership from the standpoint of a moral teacher, and put forward and explain his own idea on the same subject in his *Cyropaedia*, *Oeconomicus* and other works.[28]

In short, Socrates' ideas on leadership offer certain arguments for Xenophon's system of social education. As we will see below, some of these features can also be attested by Plato's early works. Socrates' discourses emphasise the importance of the art of government and connect

---

[25] Of course, as Socrates' enemies accused (Xen. *Mem.* 1.2.12), Socrates failed to educate some notorious Athenian politicians, for example Critias and Alcibiades, well. Nevertheless, at least in Xenophon's opinion, this is due to the fact that these people did not really follow Socrates' doctrines but only want to make use of him (Xen. *Mem.* 1.2.13-16).

[26] B. Lorch, "Xenophon's Socrates on Political Ambition and Political Philosophy," *The Review of Politics*, 72 (2010): 195.

[27] Lorch, "Xenophon's Socrates on Political Ambition and Political Philosophy," 210-211.

[28] Delatte, *Le troisième livre des souvenirs Socratiques de Xénophon*, 49.

it to social morality, and inspired Xenophon's own thought on the same topic.

II. Apologetic Nature of Xenophon's Socratic Writings and Beyond

For the purpose of this work, if we confine our study to the two topics on the importance of moral subjects and leadership Socrates discussed in the passages of the *Symposium* and the *Memorabilia* cited above, I see no reason to question Xenophon's narrative that Socrates is interested in ethics and leadership, because this is well attested by external evidence from Plato (Pl. *Phd.* 96e-100a; *Resp.* 473c-e), Aristotle (Arist. *Metaph.* 987b1-3; *Part. An.* 642a28-31) and Cicero (Cic. *Tusc.* 5.4.10).[29] What is more, Socrates' method of discussing morality by citing poems and many of his arguments on leadership are generally different from Xenophon's shown in the latter's other extant writings; therefore, it is not quite plausible to suppose that Xenophon actually made up these discourses. Of course, due to his incorrect memory and poor understanding of philosophy, Xenophon's interpretation of Socrates' doctrine may contain some mistakes; but on the whole it is certain that Socrates did discuss moral issues and questions on leadership in his daily life, as Xenophon, Plato[30] and other classical writers reported for us.[31] Nevertheless, in another two points, namely Socrates' piety and his character as a perfect educator on morality, I believe that Xenophon's report must be exaggerated and rhetorical. This is due to the apologetic nature of his Socratic writings, which also had a great influence on his other works on the image of the perfect educator in social morality.

As a matter of fact, most extant works treating Socrates' life and his

---

[29] R. Simeterre, *Le théorie Socratique de la Vertu-Science selon les* Mémorables *de Xénophon* (Paris: P. Téqui, 1938), 16.

[30] In Plato's early Socratic works, the *Charmides* is on temperance; the *Lysis* is on friendship; the *Laches* is on courage; the *Symposium* is on love and many other moral topics; in all these works his Socrates chiefly treats ethical issues. And Plato's *Res Publica*, his masterpiece on politics, contains rich ideas on the management and development of all types of leadership (Pl. *Resp.* 544c-592b). Though the Socratic question remains unsolved, the general image of Socrates Plato depicts must be partly historical and offers supportive evidence on the possible impact of Socratic doctrine on Xenophon's version of moral education carried out by ideal leadership.

[31] Anderson, *Xenophon*, 20.

trial are essentially apologetic.[32] Plato's *Apology, Crito, Euthyphro, First Alcibiades* as well as some other dialogues are apologetic in nature;[33] and Xenophon's *Symposium, Apology* and *Memorabilia* are not exceptional either.[34] These apologetic works serve as a response to the sentence of Socrates to death by the Athenian jury[35] and other charges against him, for example in Aristophanes' *Clouds* and Polycrates' *"Accusation of Socrates".*[36] The charges against Socrates focused on two points. First, people believed that Socrates was impious (Pl. *Ap.* 18b-c; Ar. *Nub.* 226-234, 247-248, 367); second, they accused him of corrupting other people (especially youths) by his absurd and immoral doctrines (Pl. *Ap.* 23c; Ar. *Nub.* 816-817, 1476-1477). Although Xenophon did not embellish the image of Socrates in his works as much as Plato did,[37] the apologetic sense in defence of the two charges is still evident in his Socratic writings.[38] In the *Apology*, Xenophon is well aware that Socrates was convicted for "not believing in the gods worshipped by the state" (Xen. *Ap.* 11) and "corrupting the youth" (Xen. *Ap.* 25). Again, in the *Memorabilia*, he mentions the conviction of Socrates for his "rejecting the gods acknowledged by the state and bringing in strange deities" and "corrupting the youth" (Xen. *Mem.* 1.1.1). He states further in detail that his accuser denounced Socrates for despising the established laws (Xen. *Mem.* 1.2.9-11), associated with evil politicians such as Critias and Alcibiades (Xen. *Mem.* 1.2.12), and caused his companions to dishonour their fathers and other relatives or friends (Xen. *Mem.* 1.2.51-52). It is easy to see that the two charges are the central topics in the opening parts of Xenophon's *Apology* and *Memorabilia*,[39] and the remaining parts of the two works serve as defence against the two invalid accusations. In a third Socratic work of Xenophon, the *Symposium*, Philippus also questioned Socrates' impiety (Xen. *Symp.* 6.7) and his problematic philosophical doctrines, and was refuted by Socrates wisely and politely (Xen. *Symp.* 6.8-10). In sum,

---

[32] Brickhouse and Smith, *Socrates on Trial*, 2-10; Bowen, ed./tr., *Xenophon: Symposium*, 7.

[33] Brickhouse and Smith, *Socrates on Trial*, 6-7; Bandini, and Dorion,. ed./tr., *Xénophon, Mémorables, Tome I, Livre I*, 66-67.

[34] Bandini, and Dorion,. ed./tr., *Xénophon, Mémorables, Tome I, Livre I*, 65.

[35] V. Gray, "Xenophon's Defence of Socrates: The Rhetorical Background to the Socratic Problem," *The Classical Quarterly*, New Series, 39 (1989): 136.

[36] E. Marchant, ed. Xenophon: *Memorabilia* and *Oeconomicus* (London & Cambridge, Massachusetts: Harvard University Press), 1923, ix.

[37] Bandini, and Dorion,. ed./tr., *Xénophon, Mémorables, Tome I, Livre I*, 69.

[38] Bandini, and Dorion,. ed./tr., *Xénophon, Mémorables, Tome I, Livre I*, 93-94.

[39] Simeterre, *Le théorie Socratique de la Vertu-Science selon les* Mémorables *de Xénophon*, 7.

the refutation of false charges against Socrates dominates Xenophon's Socratic works. His intention of recalling Socrates' life and his teachings is to re-establish a positive image of his teacher for contemporary Greeks. He was eager to show his readers that, instead of the negative image created by Meletus and other accusers, Socrates was actually an extremely pious man and moral teacher helpful to everyone around him. Through his apologetic description, Socrates became a pious worshipper and an ideal educator in virtue, and therefore served as a prototype of other educators Xenophon describes in his works on public moral education.

In fact, the impact of the apologetic colour is not confined to Xenophon's Socratic works, but also influences the composition of his other writings. As W.E. Higgins observers, "in everything he [Xenophon] wrote, … the mark of Socrates can be seen".[40] As a pupil and admirer of Socrates, Xenophon would seldom lose any opportunity to show his readers that his teacher was a pious and virtuous man; and he, as a follower of Socrates, always commits himself to the study of virtue and morality. Modern scholars have already noticed that the piety of Cyrus the Great depicted in Xenophon's *Cyropaedia* is almost identical to that of Socrates in the *Memorabilia*,[41] even the condemnation of the latter reappears in a parallel example mentioned in the dialogue between Cyrus and Tigranes whose mentor had been unfairly executed for 'corrupting' him (Xen. *Cyr.* 3.1.38). And the voluntary labours discussed in the *Cyropaedia* (Xen. *Cyr.* 7.5.80) and the *Hiero* (Xen. *Hier.* 11.1-15) are developed from Socrates' idea expressed in the *Memorabilia*, 2.1.18.[42] Even in his historical works, Xenophon also frequently grasps certain opportunities to defend Socrates' and his own deeds.[43] The following passage from the *Anabasis* is quite representative:

> After reading the letter [of Proxenus] Xenophon conferred with Socrates, the Athenian, about the proposed journey; and Socrates, suspecting that his becoming a friend of Cyrus might be a cause for accusation against Xenophon on the part of the Athenian government, for the reason that Cyrus was thought to have given the Lacedaemonians zealous aid in their war against Athens, advised Xenophon to go to Delphi and consult the god in regard to this journey. So Xenophon went and asked Apollo to what one of the gods he should sacrifice and pray in order best and most successfully

---

[40] W. Higgins, *Xenophon the Athenian, The Problem of the Individual and the Society of the Polis* (Albany: State University of New York Press, 1973), 21.

[41] Bandini, and Dorion,. ed./tr., *Xénophon, Mémorables, Tome I, Livre I*, 50.

[42] Bandini and Dorion, ed./tr., *Xénophon, Mémorables, Tome II, 1re Partie, Livre II-III*, 146.

[43] Luccioni, *Xénophon et le Socratisme*, 129.

to perform the journey which he had in mind and, after meeting with good fortune, to return home in safety; and Apollo in his response told him to what gods he must sacrifice. When Xenophon came back from Delphi, he reported the oracle to Socrates; and upon hearing about it Socrates found fault with him because he did not first put the question whether it were better for him to go or stay, but decided for himself that he was to go and then asked the god as to the best way of going. "However," he added, "since you did put the question in that way, you must do all that the god directed." (Xen. *An.* 3.1.5-7)

Although this passage is nothing but a short episode, and Socrates only appears in the *Anabasis* as a minor figure, the apologetic elements are still fully incorporated here. First, Xenophon wished his readers to believe that both Socrates and Xenophon himself, the teacher and the pupil, are extremely pious men and respect Apollo and his oracles, as well as other traditional gods properly. Second, Socrates was a virtuous and wise man, who was always ready to offer help and good advice to youths like Xenophon. Only with the background of Socrates' trial kept in mind can we fully understand the intention of Xenophon's composition. Xenophon even made an apology of Socratic philosophy[44] indirectly in his manual on hunting:

Many others besides me blame the sophists of our generation — philosophers I will not call them — because the wisdom they profess consists of words and not of thoughts. I am well aware that someone, perhaps one of this set, will say that what is well and methodically written is not well and methodically written—for hasty and false censure will come easily to them. But my aim in writing has been to produce sound work that will make men not sophistical, but wise and good (καίτοι γέγραπταί γε οὕτως, ἵνα ὀρθῶς ἔχῃ, καὶ μὴ σοφιστικοὺς ποιῇ ἀλλὰ σοφοὺς καὶ ἀγαθούς). For I wish my work not to seem useful, but to be so, that it may stand for all time unrefuted. The sophists talk to deceive and write for their own gain, and do no good to anyone. For there is not, and there never was, a wise man among them; each of them is content to be called a sophist, which is a term of reproach among sensible men. So my advice is: Avoid the behests of the sophists, and despise not the conclusions of the philosophers; for the sophists hunt the rich and young, but the philosophers are friends to all alike: but as for men's fortunes, they neither honour nor despise them. (Xen. *Cyn.* 13.6-9)

---

[44] L. L'Allier, "Why Did Xenophon Write the Last Chapter of the *Cynegeticus*?" In *Xenophon: Ethical Principles and Historical Enquiry*, edited by F. Hobden and C. Tuplin, 477-497. Leiden: Brill, 2012, 486.

According to Socrates' accusers, the impious Socrates who corrupted the youth was a typical sophist. But it is clear that Xenophon is rejecting the charges here.[45] He hints to us that the school of Socrates has nothing in common with sophists, just as Socrates' claim in the *Memorabilia* shows (Xen. *Mem.* 1.6.13-14); and as a loyal follower of Socrates, his work is meant to make its readers "wise and good (σοφός καὶ ἀγαθός)". In that case, the very need to defend Socrates' reputation also encourages Xenophon to focus his study of moral education and make his research findings known all around the Greek world. He, as well as his teacher Socrates, is always a seeker of truth and virtue and the enemy of sophists and all kinds of evil doctrines. Their goal is to benefit the Greek people and pursue goodness and happiness for them through their research on human society.

Xenophon's need to make apology for Socrates in defence of the accusations against him produced a perfect image of an educator in morality in his Socratic writings. It is hard to know the date of composition of these works; but I believe the image of Socrates they describe must have already been borne in Xenophon's mind when he studied with Socrates and reflected upon his trial shortly after learning the news of his death. Therefore, it is safe to conclude that the idealised character of Socrates was shaped prior to other heroes in Xenophon's works composed in his old age; and this character may to some extent help to shape the idealised images in Xenophon's other extant works, for example Cyrus the Great (the *Cyropaedia*), Agesilaus (the *Agesilaus* and the *Hellenica*), Lycurgus (the *Spartan Constitution*), Simonides (the *Hiero*) and competent Athenian administrative officers (the *Poroi*),[46] in the sense that they are all pious, lawful heroes who are beneficial to others. Naturally, the first and most prominent feature of this figure is incomparable piety.[47] Xenophon's Socrates offers sacrifices constantly (Xen. *Mem.* 1.1.2-3); he believes that gods are beneficial to mankind and are all-knowing (Xen. *Mem.* 1.1.18); he always obeys traditional religious customs (Xen. *Mem.* 1.2.1); he respects the authority of the priestess at Delphi (Xen. *Mem.* 1.3.1; Xen. *An.* 3.1.5-7); he teaches his students that gods take care of both man's body (Xen. *Mem.* 1.4.11-12) and his soul (Xen. *Mem.* 1.4.13-14), and all wise and enduring human institutions, cities and nations are god-fearing and

---

[45] L. L'Allier, "Why Did Xenophon Write the Last Chapter of the Cynegeticus?" 488.

[46] Tamiolaki, "Virtue and Leadership in Xenophon: Ideal Leaders or Ideal Losers?" 580.

[47] Bandini, M. and Dorion, L. ed./tr., *Xénophon, Mémorables, Tome II, IIe Partie, Livre IV* (Paris: Les Belles Lettres, 2011), 227.

religious (Xen. *Mem.* 1.4.16); he suggests that the best way to show thanks to the gods is to obey their will in daily life (Xen. *Mem.* 4.3.15-17). In sum, piety is the first and foremost virtue for Xenophon's Socrates and all his other virtues are subordinate to his religious belief.

At the same time, in Xenophon's mind, Socrates' piety is not simply that of an ordinary god-fearing man. It is divine and somewhat supernatural in itself. A distinctive feature of Xenophon's *Apology* is that it claims that Socrates foresaw his death and chose it willingly according to the gods' arrangement (Xen. *Ap.* 1). He believed that, for his old age, death is more desired than life (Xen. *Ap.* 5); he understood well that gods wanted him to die (Xen. *Ap.* 7) and bestowed death on him as an extraordinary gift (Xen. *Ap.* 8-9). These acts and teachings are very similar to the supernatural behaviour of Cyrus the Great before he passed away (Xen. *Cyr.* 8.7.1-28). Xenophon's Socrates can often hear the voice of God indicating his duty in his head (Xen. *Ap.* 12-13); and he claimed that Apollo judged that he, like Lycurgus (as well as the image of Lycurgus in Xenophon's *Spartan Constitution*, see Xen. *Lac.* 15.9), far excelled the rest of mankind (Xen. *Ap.* 15). In that sense, the piety Xenophon attributes to Socrates is quite unusual and even mysterious. It bestows on Socrates (and a few other pious heroes in Xenophon's later works, for example Cyrus the Great and Lycurgus of Sparta) charisma, ability to foresee the future, and unparalleled and divine wisdom. This supernatural character reappeared in Xenophon's *Cyropaedia*, *Spartan Constitution* and *Agesilaus*, as we shall see in later chapters.

A second product of Xenophon's apologetic description is the character of Socrates as a great educator on morality. Generally, Xenophon's description of Socrates' moral character fits the conception of καλὸς κἀγαθός (Xen. *Symp.* 1.1), a traditional title used by aristocrats of Athens in the fifth century B.C.[48] In Plato's Socratic dialogues, the position of this term is marginal;[49] but it plays a central role in Xenophon's *Memorabilia*.[50]

---

[48] F. Roscalla, "Kalokagathia e Kaloi Kagathoi in Senofonte," in *Xenophon and His World, Papers from a Conference Held in Liverpool in July 1999* (Stuttgart: Franz Steiner Verlag, 2004.), edited by C. Tuplin, 115. It is quite noteworthy that the title "καλὸς κἀγαθός" is frequently used to describe both Socrates and his friends (Xen. *Mem.* 1.1.16, 1.2.2; Xen. *Symp.* 1.1) and other good leaders and citizens in Xenophon's corpus (Xen. *Hier.* 10.2-4; Xen. *Oec.* 3.11-12, 10.1; Xen. *Lac.* 7 (see J. Bordes, *Politeia dans la pensée grecque jusqu' à Aristote* (Paris: Les Belles Lettres, 1982), 179)), which seems to suggest close connection between Socrates and ideal social education in Xenophon's context.

[49] Roscalla, "Kalokagathia e Kaloi Kagathoi in Senofonte, " 117.

[50] Roscalla, "Kalokagathia e Kaloi Kagathoi in Senofonte," 119.

In Plato's extant works, this term only appears about sixty times; but it appears about eighty times in the corpus of Xenophon, which contains far fewer words in comparison to that of Plato.[51] Among these about eighty uses, thirty-three of them show up in Xenophon's Socratic writings (six times in the *Symposium* and twenty-seven in the *Memorabilia*).[52] In Xenophon's works, Socrates' education is primarily done by his own moral example.[53] In the *Memorabilia*, Xenophon refutes the accusation on Socrates' corruption of the youth by a thoroughgoing listing and defence of his virtues.[54] Apart from piety to the gods, the most important element ascribed to Socrates in Xenophon's *Memorabilia* is justice (δικαιοσύνη), which is also a key theme in his most important work on moral education, the *Cyropaedia*.[55] It is because other characteristics, such as bravery and intelligence, can be both positive and negative; but justice "can have no part in injustice at all" (Xen. *Symp.* 3.4 ; c.f. Pl. *Prt.* 331a-b.) in Xenophon's understanding of Socratic teaching. According to Xenophon, when Socrates was on the council of Athens, he refused to support the motion to convict Thrasyllus, Erasinides and their colleagues "in spite of popular rancour and the threats of many powerful persons" because it was illegal and unjust (Xen. *Mem.* 1.1.18). Xenophon summarises in the fourth book of his *Memorabilia*:

Ἀλλὰ μὴν καὶ περὶ τοῦ δικαίου γε οὐκ ἀπεκρύπτετο ἣν εἶχε γνώμην, ἀλλὰ καὶ ἔργῳ ἀπεδείκνυτο, ἰδίᾳ τε πᾶσι νομίμως τε καὶ ὠφελίμως χρώμενος καὶ κοινῇ ἄρχουσί τε ἃ οἱ νόμοι προστάττοιεν πειθόμενος καὶ κατὰ πόλιν καὶ ἐν ταῖς στρατείαις οὕτως ὥστε διάδηλος εἶναι παρὰ τοὺς ἄλλους εὐτακτῶν.

Again, concerning justice he [Socrates] did not hide his opinion, but proclaimed it by his actions. All his private conduct was lawful and helpful: to public authority he rendered such scrupulous obedience in all that the laws required, both in civil life and in military service, that he was a pattern of good discipline to all. (Xen. *Mem.* 4.4.1)

Another important virtue, which befits a moral philosopher like Socrates in particular, is self-control (σωφροσύνη). Xenophon reports for

[51] F. Bourriot, *Kalos Kagathos – Kalokagathia* (Hildesheim & Zürich & New York: Georg Olms Verlag, 1995), 287.
[52] Bourriot, *Kalos Kagathos – Kalokagathia*, 295.
[53] D. Morrison, "Xenophon's Socrates as Teacher," in *Xenophon* (Oxford: Oxford University Press, 2010), edited by V.J. Gray, 222-223.
[54] Morrison, "Xenophon's Socrates as Teacher," 195.
[55] G. Danzig, "Big Boys and Little Boys," *The Journal of Ancient Greek Political Thought* 26 (2009): 294.

us that Socrates was the strictest of men in control of his own passions and appetites and always followed the golden rule of moderation (Xen. *Mem.* 1.2.1); he disapproved of over-eating (Xen. *Mem.* 1.2.4) and only allowed a due portion of pleasure for himself in enjoyments such as eating, drinking and sexual desire (Xen. *Mem.* 1.3.14). He also kept in subjection the pleasure money brings (Xen. *Mem.* 1.5.6 ; c.f. Pl. *Chrm.* 159a-161b.).

In sum, in Xenophon's mind, Socrates' moral character is perfect and almost sacred. He is not only a virtuous man, but also worthy of being worshipped like the gods.[56] Such an excellent example cannot corrupt the youth, as his enemies slandered. On the contrary, everyone should seek for friendship with virtuous men like Socrates (Xen. *Symp.* 2.4), because, as Theognis says, "good men will teach you good; the bad will even destroy the sense you had" (Thgn. 35.1). In response to Socrates' accusers, Xenophon firmly insists that the school of Socrates values greatly the moral education of the youth, as he claims:

ὁμοίως δὲ καὶ τῶν ἀνθρώπων τοὺς εὐφυεστάτους, ἐρρωμενεστάτους τε ταῖς ψυχαῖς ὄντας καὶ ἐξεργαστικωτάτους ὧν ἂν ἐγχειρῶσι, παιδευθέντας μὲν καὶ μαθόντας ἃ δεῖ πράττειν, ἀρίστους τε καὶ ὠφελιμωτάτους γίγνεσθαι· πλεῖστα γὰρ καὶ μέγιστα ἀγαθὰ ἐργάζεσθαι· ἀπαιδεύτους δὲ καὶ ἀμαθεῖς γενομένους κακίστους τε καὶ βλαβερωτάτους γίγνεσθαι· κρίνειν γὰρ οὐκ ἐπισταμένους ἃ δεῖ πράττειν, πολλάκις πονηροῖς ἐπιχειρεῖν πράγμασι, μεγαλείους δὲ καὶ σφοδροὺς ὄντας δυσκαθέκτους τε καὶ δυσαποτρέπτους εἶναι, δι' ὃ πλεῖστα καὶ μέγιστα κακὰ ἐργάζεσθαι.

The most highly gifted, the youths of ardent soul, capable of doing whatever they attempt, if educated and taught their duty, will grow into excellent and useful men; for their good deeds are manifold and great. But untrained and untaught, these same would become utterly evil and mischievous; for without knowledge to discern their duty, they often put their hand to vile deeds; and through the very grandeur and vehemence of their nature, they are uncontrollable and intractable: therefore manifold and great are their evil deeds. (Xen. *Mem.* 4.1.4.)

Therefore, virtuous men like Socrates are extremely useful for youths and anyone around them (Xen. *Mem.* 4.1.1). Xenophon benefited greatly from his contact with Socrates, so that it is beyond his power to forget him or refrain from praising him constantly (Xen. *Ap.* 34). He also stresses, evidently much more than Plato, the influence of Socrates' moral character

[56] T. Pangle, "The Political Defence of Socratic Philosophy: A Study of Xenophon's *Apology of Socrates to the Jury*," *Polity* 18 (1985): 108.

on other people.[57] Although Plato's Socrates denies being anyone's teacher and sometimes questions sophists whether virtues can be taught at all, Xenophon's Socrates appears as an expert teacher on morality.[58] Because of his supernatural gift to foresee the future, many of his companions asked him for advice; and those who rejected his suggestions regretted it later (Xen. *Mem.* 1.1.4). What is more, Socrates is always accessible and always ready to help others, as he lived ever in the open and went to public promenades and training-grounds as well as the market-place (ἀγορά) to talk with people every day (Xen. *Mem.* 1.1.10). By doing this he "cured vices in many, by putting into them a desire for goodness, and by giving them confidence that self-discipline would make them good and honourable men (καλοὶ κἀγαθοί)" (Xen. *Mem.* 1.2.2). On the one hand, Socrates never openly professed to be a teacher of morality; but on the other hand, "by letting his own light shine, he led his disciples to hope that they would attain to such excellence through imitation of him" (Xen. *Mem.* 1.2.2-3). At the very end of his *Memorabilia*, Xenophon concludes Socrates' glorious image as a great educator in morality:

> All who knew what manner of man Socrates was and who seek after virtue (ἀρετή) continue to this day to miss him beyond all others, as the chief of helpers in the quest of virtue. For myself, I have described him as he was: so pious (εὐσεβής) that he did nothing without counsel from the gods; so just (δίκαιος) that he did no injury, however small, to any man; so useful (ὠφελεῖν) to bring the greatest benefits on all who dealt with him; so self-controlled (ἐγκρατής) that he never chose the pleasanter rather than the better course; so wise (φρόνιμος) that he was unerring in his judgment of the better and the worse, and needed no counsellor, but relied on himself for his knowledge of them; masterly in expounding and defining such things; no less masterly in putting others to the test, and convincing them of error and exhorting them to follow virtue and gentleness (καλοκαγαθία). To me then he seemed to be all that a truly good and happy man must be. But if there is any doubter, let him set the character of other men beside these things; then let him judge. (Xen. *Mem.* 4.8.11)

In conclusion, the influence of Socrates on Xenophon's system of social education chiefly lay in two aspects. In the first place, Socrates' study and teaching on human nature and leadership attracted Xenophon's attention to social education in morality carried out by competent political leaders; and certain of Socrates' arguments and methods were borrowed by Xenophon in his later works on moral education. In the second place,

---

[57] Morrison, "Xenophon's Socrates as Teacher," 226.
[58] Dorion, "Xenophon's Socrates," 95.

Socrates' death and the accusations against him induced Xenophon to make apology for his teacher and hero in his Socratic writtings as well as other works, so that he created a perfect image of the moral educator featured in his unparalleled piety and his positive influence on other people through his own virtuous moral example, which serves as a prototype of the heroes in Xenophon's *Cyropaedia, Spartan Constitution, Agesilaus, Oeconomicus*, and *Hiero*.

PART II:

A SYSTEMATIC THEORY OF MORAL EDUCATION FROM A SOCIAL PERSPECTIVE

In this part, I shall deal with the core content of Xenophon's thought on moral education. Chapter 1 treats the *Cyropaedia*, which is the most systematic work of Xenophon on that subject in my opinion; and I will compare it with Xenophon's writing on πολιτεία, namely the *Spartan Constitution*, to show the former's political nature. Nevertheless, Xenophon must have realised that such a highly idealised model is hard to put into practice if competent leaders either refuse to undertake such a rewardless task or fail to secure their own political power before carrying out moral education for their people. Therefore, Xenophon tries to resolve these two difficulties by rhetorical persuasion and making allowance for dark policies in his works. Chapter 2 analyses Xenophon's *Hiero* and its role to persuade tyrants to adopt his idea for their own happiness; Chapter 3 displays and discusses the dark side of Xenophon's ethical system. Finally, Chapter 4 studies the supplement of Xenophon's highly political model of moral education in his *Poroi* and *Oeconomicus*. On the whole, this part will show that Xenophon's thought on moral education is more profound and systematic than it was usually considered to be and deserves to be treated as a theory, though it is not always free of faults and contradictions.

CHAPTER ONE

NATURE AND ORIGIN OF XENOPHON'S *CYROPAEDIA*

I. Introduction

As the longest extant work of Xenophon, the nature of the *Cyropaedia* is always in dispute.[1] It treats almost every subject Xenophon discusses in his other works, such as leadership, philosophy, education, military techniques and Persian customs. In the late Roman Republic, readers already felt that this work was so complex that it needed certain explanations. In one letter to his younger brother, Cicero points out that the *Cyropaedia* is not history, but offers a model of righteous exercise of authority ("non ad historiae fidem scriptus sed ad effigiem iusti imperi") (Cic. *QFr.* 1.1.23).

We have no idea whether Quintus Cicero agreed with what his elder brother asserts. However, it is certain that most modern scholars do not think that this simple explanation is satisfactory, because the content of the *Cyropaedia* is so complex and varied that it cannot be oversimplified in such a way. Walter Miller points out in his preface to the translation of the *Cyropaedia* that "the *Cyropaedia* brings together and sums up the results of nearly all of Xenophon's literary activity."[2] Eighty years later, in her monograph on the *Cyropaedia*, Deborah Gera still has to admit that she is still uncertain about the nature and purpose of the very work she is studying.[3] Obviously such an admission is no endorsement of Xenophon's writing skills; for that is as much as to say what Xenophon writes is rather confusing for readers. And we would have to admit that if we can find no better way to understand Xenophon's intention. Even Bodil Due, a

---

[1] P. Carlier, "The Idea of Imperial Monarchy in Xenophon's *Cyropaedia*," in *Xenophon* (Oxford: Oxford University Press, 2010), edited by V. Gray, 327; Reichel (2010), 420.

[2] W. Miller, ed. Xenophon: *Cyropaedia*, Books I –IV (Cambridge, Massachusetts & London: Harvard University Press, 1914), x.

[3] Gera, *Xenophon's* Cyropaedia, *Style, Genre and Literary Technique*, 1.

steadfast defender of Xenophon's literary achievement, has to comment that "Xenophon does not present his reader with a fully developed or consistent philosophy. His ideology is made up from many different sources and he is inspired and repelled by many aspects of Athenian and Spartan ideas and values."[4]

Other scholars would not give up so easily. They hold the belief that as Xenophon spent much time and energy on this lengthy work, it must have a clear intention for him to do so; and if the purpose is not explicit, it must be hidden and open to guess. J. Luccioni considers that Xenophon's real purpose is to reunite the scattered Greeks against Persia;[5] Pierre Carlier even believes that Xenophon is attempting to guard against the Greek nation's future corruption after their successful conquest of Persia.[6] Nevertheless, as Bodil Due justly criticises, it is quite farfetched to imagine that Xenophon would choose Persia as his ideal model if his intention is to defeat and conquer Persia.[7] And the attitude towards Persia in Xenophon's *Cyropaedia* is very alien to his really pan-Hellenic work, namely his *Agesilaus*.[8] Paul Christensen supposes that the *Cyropaedia* can and should be read as a pamphlet on practical military reform with special relevance to the Spartan state,[9] and he only takes the disguise of Persia to make his writing better known.[10] And it is really interesting for us to find another scholar, V. Azoulay, who suggests just the opposite that Xenophon decides to write about Persia and Cyrus the Great because he has been disappointed and has lost interest in Sparta by then.[11] These two assumptions are not supported by solid proofs and neither is actually convincing.[12]

---

[4] Due, *The Cyropaedia, Xenophon's Aims and Methods*, 228-229.
[5] J. Luccioni, *Les idées politiques et sociales de Xénophon* (Paris: Publications de la Sorbonne, 1947), 203, 232, 305.
[6] Carlier, "The Idea of Imperial Monarchy in Xenophon's *Cyropaedia*," 366.
[7] Due, *The Cyropaedia, Xenophon's Aims and Methods*, 23.
[8] Delebecque, *Essai sur la vie de Xénophon*, 467.
[9] P. Christensen, "Xenophon's 'Cyropaedia' and Military Reform in Sparta," *The Journal of Hellenic Studies* 126 (2006): 47.
[10] Christensen, "Xenophon's 'Cyropaedia' and Military Reform in Sparta," 63.
[11] V. Azoulay, "The Medo-Persian Ceremonial: Xenophon, Cyrus and the King's Body," in *Xenophon and His World, Papers from a Conference Held in Liverpool in July 1999* (Stuttgart: Franz Steiner Verlag, 2004), edited by C. Tuplin, 153.
[12] For Christesen's view, Tuplin ("Xenophon, Sparta and the *Cyropaedia*", 1994) has already pointed out that the connection between Sparta and Persia in the *Cyropaedia* cannot be built up directly. In the case of Azoulay's hypothesis, we are still in want of evidence for Xenophon's later relationship to Sparta; and his supposition that Xenophon might feel disappointed with Sparta cannot be

In recent years, most researchers on Xenophon tend to derive their own theories on the basis of Cicero's idea, that the *Cyropaedia* is actually a work on politics and art of government. J. Farber sets forth that the theory presented in the *Cyropaedia* dominated the Hellenistic world in the following three centuries,[13] and it focuses on politics by discussing "the successful king of an empire".[14] W.R. Newell believes that the *Cyropaedia* discusses the fundamental possibilities of political life, and is in this respect very similar to Plato's *Laws* and Aristotle's *Politica*.[15] And Deborah Gera goes further by asserting that Xenophon wishes to ensure the work a place within the tradition of πολιτεία literature.[16]

Judging from the text of the *Cyropaedia* itself, the explanation that the work follows the tradition of πολιτεία literature is much more reasonable than most other hypotheses. However, there is still one more contradiction left, which is the inconsistency between the title and the text. If the subject of Xenophon's *Cyropaedia* is indeed political system and government, then why is the work titled "The Education of Cyrus" instead of "Constitution of Persia", as another πολιτεία literary output produced by Xenophon himself (the *Spartan Constitution*) and the two manuals on Athenian politics by Old Oligarch (Pseudo-Xenophon) and Aristotle (in dispute) do?

What makes the case even more troublesome is that the *Spartan Constitution*, another writing of Xenophon and the first work on its subject,[17] seems not to be a typical work on political organisation, though nobody would deny that it definitely belongs to the genre of πολιτεία literature. Jacqueline Bordes, one researcher on the genre of *politeia* in classical age, believes that on the one hand, Xenophon's *Spartan Constitution* shares a common character with other contemporary politeia works;[18] while on the other hand, it also shows many unique features in

---

supported by evidence in Xenophon's extant works other than his *Lac.* 14.1-7, in which he only mildly criticises the contemporary Spartans' corruption. But Sparta's image in Xenophon's *Hellenica* and *Agesilaus* is always positive, though not necessarily perfect.

[13] J. Farber, "The *Cyropaedia* and Hellenistic Kingship," *The American Journal of Philology* 100 (1979): 497.

[14] Farber, "The *Cyropaedia* and Hellenistic Kingship," 504.

[15] W. Newell, "Tyranny and the Science of Ruling in Xenophon's '*Education of Cyrus*'," *The Journal of Politics* 45 (1983): 889.

[16] Gera, *Xenophon's* Cyropaedia*, Style, Genre and Literary Technique*, 11.

[17] S. Rebenich, ed. Xenophon: *Die Verfassung der Spartaner* (Darmstadt: Wissenschaftliche Buchgesellschaft, 1998): 14.

[18] Bordes, *Politeia dans la pensée grecque jusqu' à Aristote*, 202-203.

comparison to the Old Oligarch's *Athenian Constitution*,[19] the *Athenian Constitution* ascribed to Aristotle and other extant fragments. In other words, the *Spartan Constitution* is an atypical work in the genre of *politeia*. Michael Lipka observes that the title Λακεδαιμονίων Πολιτεία is rather surprising, as what Xenophon discusses here are just "public affairs" in a very loose sense.[20] As a matter of fact, Xenophon spends most of the passages in this work explaining the Spartan system of education. The institutional structures to collect tax, to run the Council of Elders, and to deal with lawsuits seem not to be what Xenophon cares about, though they are of crucial importance in Aristotle's political works.

Up to now, our analysis on the very nature of the *Cyropaedia* is still confusing and full of problems, given that Xenophon deals extensively with political theory in a work purporting to be about the education of Cyrus while discoursing at length on educational matters in his *Spartan Constitution*. In my opinion, the key to solving the paradox is the particular understanding of "education" from a social perspective in Xenophon's mind. In scholarship, the relationship between the literary images of Persia and Sparta (not precisely the contents and objects of the *Cyropaedia* and the *Spartan Constitution*) has already been studied by Christopher Tuplin, who compared the two states in the context of Xenophon's treatment of them but drew a generally negative conclusion on their essential resemblance. In his opinion, it is by no means Xenophon's intention to depict ancient Persia as a duplication of Sparta in his age;[21] and some differences between these two regimes are quite evident.[22] Nevertheless, in my view, although Tuplin is quite right in stressing that Cyrus' Persia in Xenophon's *Cyropaedia* is not modelled on Sparta in reality, the similarity between these two states is still undeniable and reflects Xenophon's personal understanding of politics and education, which are closely connected in his context. In order to see that clearly, it is necessary for us to compare the content of the *Cyropaedia* and the *Spartan Constitution* in detail.

---

[19] Bordes, *Politeia dans la pensée grecque jusqu' à Aristote*, 166.
[20] Lipka, ed. Xenophon: *Spartan Constitution*, Introduction, Text and Commentary, 97.
[21] Tuplin, "Xenophon, Sparta and the *Cyropaedia*," 162.
[22] Tuplin, "Xenophon, Sparta and the *Cyropaedia*," 138-139.

II. The Cyropaedia and the Spartan Constitution Compared

Judging from the titles, we should expect that the *Cyropaedia* is a work on the education of Cyrus, while the *Spartan Constitution* discusses the political organisations and structures of Spartan government, which indicates that the two works should not share much in common. And in length, the *Spartan Constitution* is by no means comparable to the complex and varied *Cyropaedia*. Nevertheless, close examination of the contents shows that the two works treat a lot of common subjects, for example the obedience and piety, importance of self-control, physical training, moral supervision, public life, as well as the similar fates of the two hegemonies, though certain differences between the two works do exist.

a. Fostering of obedience

Obedience of subjects is the first and foremost aim Cyrus pursued in the *Cyropaedia*, which includes two important characteristics: piety to gods and reverence to the king. After the capture of Babylon, Xenophon reports that "Cyrus considered that the piety (εὐσέβεια) of his friends was a good thing for him, too; for he reasoned that when embarking on a voyage, people prefer to set sail with pious companions rather than with those who are believed to have committed some impiety. And besides, Cyrus reasoned that if all his associates were god-fearing men, they would be less inclined to commit crime against one another or against themselves, for he considered himself their benefactor." (Xen. *Cyr.* 8.1.25) Here we can see the author's intention is both educational and political. While piety can be justly seen as one important aspect of the aim of education Xenophon designs here, it also clearly serves a political purpose, because god-fearing subjects would not be a threat to Cyrus and his reign. For this reason, Cyrus tries his best to implant the idea of piety to his followers whenever an opportunity is offered. For example, the watchword Cyrus used in war was always "Ζεὺς σύμμαχος /σωτὴρ καὶ ἡγεμὼν" (Xen. *Cyr.* 3.3.58; 7.1.10). And after his soldiers won a victory, the first thing Cyrus asked them to do was "go to dinner, as men beloved of God and brave and wise; pour libations to the gods, raise the song of victory, and at the same time be on the lookout for orders that may come." (Xen. *Cyr.* 4.1.6) By this order, Cyrus successfully combined the reward of the victory, the blessing of gods, the military discipline and the reverence to his commandership together, and he chose to attribute the highest glory to god rather than himself. This is a wise combination of the education in morality and the art of governorship.

In the *Cyropaedia*, Cyrus also managed to secure the reverence of himself through his magic charisma.[23] Throughout the whole work one scene repeatedly appears: when Cyrus finished his lecture and asked for a better plan from his followers, those people would agree to adopt his idea without reservation (Xen. *Cyr.* 4.4.8). And if they did speak, we would hear praise of Cyrus instead of objection to him. "O my king," one of his relatives said, "for to me you seem to be a born king no less than is the sovereign of the bees in a hive.[24] For as the bees always willingly obey (πείθονται) the queen-bee and none of them deserts the place where she stays; and as not one fails to follow her if she goes anywhere else — so marvellous a yearning to be ruled by her is innate to them; so it seemed to me that men are also drawn by something like the same sort of instinct toward you." (Xen. *Cyr.* 5.1.24-25) Another follower of Cyrus, Tigranes also told Cyrus "you need never be surprised when I keep silence. For my mind has been disciplined not to offer counsel but to do what you command." (Xen. *Cyr.* 5.1.27) Therefore, the obedience of those subjects in front of Cyrus was absolute; yet it was not achieved by Cyrus' authority or suppression, but as the natural outcome of Cyrus' personal charismatic character.

How is that possible? Of course most modern readers would suppose the situation is oversimplified or even totally made up by Xenophon, yet Xenophon does seem to suggest that the effect may quite possibly be realised, at least in theory. His logic is clearly shown in the admonition of Cyrus' father to him:

> But there is another road, a short cut, to what is much better — namely, to willing obedience. For people only wish to obey the man which they

---

[23] By using the term "charisma", I am following the usage of Max Weber in his famous *Theory of Social and Economic Organization*, in which he describes "charisma" as "a certain quality of an individual personality by virtue of which he is set apart from ordinary men and treated as endowed with supernatural, superhuman, or at least specifically exceptional powers or qualities" (M. Weber, *The Theory of Social and Economic Organization* (London & New York: Collier-Macmillan, 1947), translated by A. Henderson and T. Paesons, 358). Of course, the use of Max Weber's term does not mean that I actually believe that Max Weber's influential idea must come directly from Xenophon's *Cyropaedia*; but I do think that the religious and supernatural features of leadership described by them seperately are similar and in many aspects correspondent.
[24] Further discussion of the queen bee metaphor will be given in Part 3, Chapter 2 of this book.

believe to be wiser than themselves. And you might recognise that this is so in many instances but particularly in the case of the sick: how readily they call in those who are to prescribe what they must do; and at sea how cheerfully the passangers obey the captain; and how earnestly travellers desire not to get separated from those who they think are better acquainted with the road than they are (ἐπὶ δὲ τὸ κρεῖττον τούτου πολύ, τὸ ἑκόντας πείθεσθαι, ἄλλη ἐστὶ συντομωτέρα. ὃν γὰρ ἂν ἡγήσωνται περὶ τοῦ συμφέροντος ἑαυτοῖς φρονιμώτερον ἑαυτῶν εἶναι, τούτῳ οἱ ἄνθρωποι ὑπερηδέως πείθονται. γνοίης δ᾽ ἂν ὅτι τοῦθ᾽ οὕτως ἔχει ἐν ἄλλοις τε πολλοῖς καὶ δὴ καὶ ἐν τοῖς κάμνουσιν, ὡς προθύμως τοὺς ἐπιτάξοντας ὅ τι χρὴ ποιεῖν καλοῦσι· καὶ ἐν θαλάττῃ δὲ ὡς προθύμως τοῖς κυβερνήταις οἱ συμπλέοντες πείθονται· καὶ οὕς γ᾽ ἂν νομίσωσί τινες βέλτιον αὐτῶν ὁδοὺς εἰδέναι, ὡς ἰσχυρῶς τούτων οὐδ᾽ ἀπολείπεσθαι θέλουσιν). (Xen. *Cyr.* 1.6.21)

According to the same logic, the political leader is perfectly capable of "educating" his subjects to be obedient by his own example, if he is competent himself and his reign is really beneficial to people. This is a typical way of Socratic thinking.[25] As a matter of fact, Xenophon does believe that Cyrus the Great unified the Persian Empire by educating his subjects to be obedient to himself, which is justly taken as his greatest merit above all. He reports to us that the charisma of Cyrus was so miraculous that "people obeyed Cyrus willingly, although some of them were distant from him a journey of many days, and others of many months; others, although they had never seen him, and still others who knew well that they never should see him. Nevertheless they were all willing to be his subjects (Κύρῳ γοῦν ἴσμεν ἐθελήσαντας πείθεσθαι τοὺς μὲν ἀπέχοντας παμπόλλων ἡμερῶν ὁδόν, τοὺς δὲ καὶ μηνῶν, τοὺς δὲ οὐδ᾽ ἑωρακότας πώποτ᾽ αὐτόν, τοὺς δὲ καὶ εὖ εἰδότας ὅτι οὐδ᾽ ἂν ἴδοιεν, καὶ ὅμως ἤθελον αὐτῷ ὑπακούειν)." (Xen. *Cyr.* 1.1.3) Through this confidence and obedience, Cyrus the Great secured the unity and safety of the whole Persian Empire (Xen. *Cyr.* 1.1.4). And Xenophon praises him in an almost encomiastic tone: "He ruled over these nations, even though they do not speak the same language as he, nor one nation the same as another; for all that, he was able to cover so vast a region with the fear which he inspired, that he struck all men with terror and no one tried to withstand him; and he was able to awaken in all so lively a desire to please him, that they always wished to be guided by his will." (Xen. *Cyr.* 1.1.5) Here again we see an intention both educational and political: the means Cyrus adopted is moral and educational, while his aim and the outcome are vividly political.

Instead of discussing in detail the relationship between an ideal king

---

[25] Cf. Brock, *Greek Political Imagery from Homer to Aristotle*, 150-152.

and his subjects in the manner of the *Cyropaedia*, the *Spartan Constitution* focuses on the effects of Spartan law on its people. The structure and narrative of the whole work is much simpler and more concise. However, the key points on Spartans' obedience comprise perfectly an outline of the corresponding texts in the *Cyropaedia*. Here the "supervisor (ὁ παιδονόμος)", respected as the educator of children (Xen. *Lac.*, 2.2), and the laws take place of Cyrus the Great. [26] And the legislator Lycurgus substitutes the role of gods and makes his will obeyed by people in the manner of legislation. It is quite significant that at the funeral the Spartan king should be respected (προτιμάω) like demigod (ὁ ἥρως), not ordinary man (ὁ ἄνθρωπος) (Xen. *Lac.* 15.9). Xenophon tells us that if Spartan boys fight against each other privately, "any passer-by is entitled to separate the fighting parties. And if anyone disobeys this arbitrator, the supervisor takes him to the ephors. And the ephors mete out severe punishment because they want to ensure that hostile feelings never prevail over obedience to the law (πείθεσθαι τοῖς νόμοις)" (Xen. *Lac.* 4.6). Therefore, we can see that the strict requirements on obedience in the *Spartan Constitution* are very similar and correspondent to those in the *Cyropaedia*.

b. Self-control

According to Xenophon's narrative in the *Cyropaedia*, though the charisma of the king himself is powerful and efficient in most situations, the virtue of self-control is still indispensable when his subjects are beyond his and anyone's supervision. Xenophon emphasises that by making his own self-control (σωφροσύνη) an example Cyrus the Great "disposed all to practice that virtue more diligently" (Xen. *Cyr.* 8.1.30). In Xenophon's opinion, it is beyond any doubt something manageable in moral education and it is Cyrus' duty to educate his people's self-control by his own behaviour. Because "when the weaker members of society see that one who is in a position where he may indulge himself to excess is still under self-control, they naturally strive all the more not to be found guilty of any excessive indulgence" (Xen. *Cyr.* 8.1.30). This kind of education may have striking positive effects on the morality of his subjects. Cyrus simply trained his associates "not to spit or to wipe the nose in public, and not to turn round to look at anything" (Xen. *Cyr.* 8.1.42), and

---

[26] In modern context, of course, the obedience to a single person and that to state authority, as well as citizens' obedience to their political leader and that of conquered people, must be quite different. But these themes show much less differences in the ancient imperial context. Therefore, Xenophon's combination of the disscussions of these topics should not be taken as his logical errors.

the result was that "there remains even unto this day evidence of their moderate fare and of their working off by exercise what they eat: for even to the present time it is a breach of decorum for a Persian to spit or to blow his nose or to appear afflicted with flatulence; it is a breach of decorum also to be seen going apart either to make water or for anything else of that kind." (Xen. *Cyr.* 1.2.16) Xenophon's description intends to show us that self-control can be taught through the example of a good leader to his followers, even in certain trivial detail of manners and behaviour.

At the same time, I believe that we also take notice that this kind of moral education also has a political aim. When Persians had firmly controlled the political power of the whole empire, Cyrus immediately emphasised to them the importance of self-control when they become masters themselves. He advised them, "Recognising all this, we ought to practice virtue even more than we did before we secured these advantages, for we may be sure that the more a man has, the more people will envy him and plot against him and become his enemies, particularly if, in another case, he draws his wealth and service from unwilling hands." (Xen. *Cyr.* 7.5.77) In another case he agitatedly questioned his followers:

ἐννοήσατε δὲ κἀκεῖνο τίνα πρόφασιν ἔχοντες ἂν προσιοίμεθα κακίονες ἢ πρόσθεν γενέσθαι. πότερον ὅτι ἄρχομεν; ἀλλ᾽ οὐ δήπου τὸν ἄρχοντα τῶν ἀρχομένων πονηρότερον προσήκει εἶναι. ἀλλ᾽ ὅτι εὐδαιμονέστεροι δοκοῦμεν νῦν ἢ πρότερον εἶναι; ἔπειτα τῇ εὐδαιμονίᾳ φήσει τις τὴν κακίαν [ἐπι]πρέπειν; ἀλλ᾽ ὅτι ἐπεὶ κεκτήμεθα δούλους, τούτους κολάσομεν, ἢν πονηροὶ ὦσι; καὶ τί προσήκει αὐτὸν ὄντα πονηρὸν πονηρίας ἕνεκα ἢ βλακείας ἄλλους κολάζειν;

What excuse should we offer for allowing ourselves become less deserving than before? That we are rulers? But, you know, it is not proper for the ruler to be worse than his subjects. Or that we seem to be more fortunate than before? Will anyone then maintain that vice is the proper ornament for good fortune? Or shall we plead that since we have slaves, we can punish them if they are bad? Why, what propriety is there in anyone's punishing others for viciousness or indolence, when he himself is also bad? (Xen. *Cyr.* 7.5.83-4)

In my view, these passages clearly indicate the relationship between the moral character of self-control and politics. Self-control helps masters to perform virtue even when they are alone or only among their own slaves, and it is just the respectable virtue that secures Persians their mastership and their authority as well as protecting them from the hostility and jealousy of their subjects or slaves. That logic is typical for Xenophon and reveals his general attitude to the relationship between moral education and the art of government.

A corresponding passage in the *Spartan Constitution* on boys' education also treats the subject of self-control:

> When they cease to be children and attain puberty, the other Greeks release them from the παιδαγωγός, set them free from their διδασκαλός; no one is in charge of them anymore, but they are allowed to live as they like. Lycurgus, however, instituted quite different customs from these too. Realising that men of this age are very high-spirited, that insolence predominates, and that the most intense physical desires beset them, he imposed on them much labour and contrived that they should have very little leisure. In addition, he laid it down that if anyone shirked these duties, he no longer had a share in civic rights. He ensured that not only the magistrates but also each one's relatives took care that the youths did not completely ruin their reputation in the city by their cowardice. Furthermore, since he wanted them to be imbued with a strong sense of respect, he ordered that even in the streets they should keep their hands under their cloaks, walk silently, turn around nowhere, and keep their eyes fixed [sc. on the ground] in front of their feet. In this way it was manifest that the male sex had greater powers of self-control (σωφροσνεῖν) than the female sex. To put it another way, you would be more likely to hear a stone statue speak than them, you would consider them to be shyer than the very pupils in their own eyes. And when they attend the common mess, you would have to be content to hear them speak only when spoken to. (Xen. *Lac.* 3.1-5)

A close observation would reveal interesting similarity of content as well as terms used between the passages on the same topic in the two works studied here. In the *Cyropaedia*, self-control turns out to be extremely important when Persians become masters of the whole empire. While in the *Spartan Constitution*, self-control is crucial when lads are released from their supervisors and become the masters of their own bodies. The moral education in the *Cyropaedia* serves political purpose and the political system in the *Spartan Constitution* secures a successful education.

c. Military Organisation and Physical Training

The incorporation of military organisation into social control is one noteworthy feature in the *Cyropaedia*. Through Chrysantas, a competent military general in Cyrus' army, Xenophon justifies this means by pointing out that military affairs are correspondent to other spheres in public life, "what city that is hostile could be taken or what city that is friendly could be preserved by soldiers who are insubordinate? What army of disobedient men could gain a victory? How could men be more easily defeated in battle than when each begins to think of his own safety? And what possible success could be achieved by those who do not obey their superiors? What state could be administered according to its laws, or what private establishments could be maintained, and how could ships arrive at their destination?" (Xen. *Cyr*. 8.1.2) These questions intend to argue that military discipline and organisation can be helpful and even indispensable in the arrangement of other public affairs.

Again, it is Cyrus the Great who turned Chrysantas' idea into reality. First of all, Cyrus borrowed the mode of military organisation to manage and centralise administrative functions. In the *Cyropaedia*. 8.1.14-15, Xenophon describes for us Cyrus' art of administrative organisation:

> As he [Cyrus] thus pondered how the business of administration might be successfully conducted and how he still might have the desired leisure, he somehow happened to think of his military organization: in general, the sergeants care for the ten men under them, the lieutenants for the sergeants, the colonels for the lieutenants, the generals for the colonels, and thus no one is uncared for, even though there be many brigades; and when the commander-in-chief wishes to do anything with his army, it is sufficient for him to issue his commands only to his brigadier-generals. On this same model, then, Cyrus centralised the administrative functions also. And so it was possible for him, by communicating with only a few officers, to have no part of his administration uncared for. In this way he now enjoyed more leisure than one who has care of a single household or a single ship.

Therefore, by simply communicating with a few officers, Cyrus would successfully manage all administrative affairs throughout the whole empire with "more leisure than one who has care of a single household or a single ship" (Xen. *Cyr*. 8.1.14-15).

In the second place, Cyrus also adopted hunting (one kind of military training) as one means of physical education (Xen. *Cyr*. 8.1.34), both for his followers and for himself, as any competent leader must be expert in the arts and pursuits of war (Xen. *Cyr*. 8.1.37). This idea is consistent to Xenophon's own suggestion in his *Cynegeticus*, in which he claims that "I charge the young not to despise hunting or any other schooling (παιδεία). For these are the means by which men become good in war and in all things out of which must come excellence in thought and word and deed."[27]

---

[27] Xen. *Cyn*. 1.18. Both the *Cyropaedia* and the *Cynegeticus* express the idea that hunting contributes to body exercise and is helpful to the state, which should be counted as a type of παιδεία. Frederick Beck takes it as the evidence of

In the polis described in the *Spartan Constitution*, we also find that the Spartan boys are organised and trained by very strict military and athletic discipline. The supervisor is allowed to punish the boys with whips and order each of them to wear one garment throughout the year. The boys are also required to endure hunger (Xen. *Lac.* 2.1-5). Similar to Cyrus' idea, the principle of Lycurgus also considers hunting as a noble occupation for youths, as he "made hunting the customary and noble pastime for men of this age group [youth], unless public duty prevented it" (Xen. *Lac.* 4.7). And even freeborn girls are asked to take part in physical training so that they may be able to bear healthy children in future (Xen. *Lac.* 1.4). All these measures show great similarity to the policies adopted in the *Cyropaedia*.

d. Supervision of Education and Public Morality

One innovative concept of Xenophon's is that the supervisors of basic education and public morality should possess high virtues themselves. In typical classical Athenian domestic life, the task of bringing up and educating children is usually taken by slaves, women and old men.[28] Therefore, almost no Athenian writers pay attention to the teachers of basic knowledge and manners except for Xenophon and Aristotle. This idea is vividly revealed in both the *Cyropaedia* and the *Spartan Constitution*. In the former, Xenophon expands the traditional sense of παιδεία and devises a systematic supervision for all-life moral education; while in the latter, Xenophon's attention largely focuses on παιδεία in the traditional sense, which means upbringing and education of children and youths. Nevertheless, very similar arts of moral supervison can still be found in Xenophon's idealised Persian and Spartan societies.

Through the words of Cyrus, Xenophon explains why base and vulgar men should not undertake the role of supervisors. He points out that "the base oftentimes finds a larger following of congenial spirits than the noble. For since vice makes her appeal through the pleasures of the moment, she has their assistance to persuade many to accept her views; but virtue, leading uphill, is not at all clever at attracting men at first sight and without reflection; and especially is this true, when there are others who

---

Xenophon's conservativeness (Beck, *Greek Education, 450-350 B.C.*, 249). Nevertheless, in my opinion, this idea fits Xenophon's innovative and broad understanding of education very well and serves as an indispensible element of his thought system, which should not be taken as something unoriginal or out of date.
[28] J. Christes, "Paidagogos," in H. Cancik and H. Schneider, ed., *Der neue Pauly, Enzyklopädie der Antike* 9 (Stuttgart & Weimar: J.B. Metzler, 2000), 150.

call in the opposite direction, to what is downhill and easy." (Xen. *Cyr.* 2.2.24. Cf. Hes. *Op.* 287-295. Xen. *Mem.* 2.1.28) In that case, the negative influence of a bad comrade (no matter whether he is the supervisor or simply an intimate friend) is disastrous and "we must weed out such men at any cost" (Xen. *Cyr.* 2.2.25). According to Xenophon's theory, the choice of supervisors for Cyrus' followers and subjects must be cautious. In fact, the best choice must be the parents and governors themselves. Cyrus spoke to the Persians as follows, "and as for our boys, as many as shall be born to us, let us educate them here. For we ourselves shall be better, if we aim to set before the boys as good examples as we can in ourselves, and the boys could not easily turn out bad, even if they should wish to, if they neither see nor hear anything vicious but spend their days in good and noble (καλὸς κάγαθός) pursuits." (Xen. *Cyr.* 7.5.86) On the other hand, the ultimate educator of these future parents is Cyrus himself, as the comment of Chrysantas showed, "Well, gentlemen, I have noticed often enough before now that a good ruler is not at all different from a good father. For as fathers provide for their children so that they may never be in want of the good things of life, so Cyrus seems to me now to be giving us counsel how we may best continue in prosperity." (Xen. *Cyr.* 8.1.1) In that sense, the duty of an ideal political leader is very similar to that of a responsible father.[29] Therefore, it is quite proper for Cyrus the Great to offer moral advice and supervision for his subjects.

In order to carry out strict supervision to control his subjects, Cyrus also employed a lot of helpers, who were called king's eyes and ears (ὀφθαλομοὶ καὶ ὦτα βασιλεώς). They secretly supervise the manner and morality of Cyrus' subjects, and make reports to Cyrus himself. Cyrus also tried his best to organise all his people to supervise each other, so that everyone would feel he is under the supervision at any location and any time, and therefore took care to pursue virtue as best as he can (Xen. *Cyr.* 8.2.10-12).[30]

Similarly, in the political system presented in the *Spartan Constitution*, the "supervisor (παιδονόμος)" (Xen. *Lac.* 2.10) of Spartan children and youths must be strict and responsible.[31] If he has to be absent, the boys would still not lack rulers. Because the supervisor must give authority to any citizen who chanced to be present in order that he would undertake the task of supervision temporarily (Xen. *Lac.* 2.10-11). The whole system of inspection is complete, strict, and even harsh, which represents something

---

[29] The father imagery is very important in Xenophon's political thought. See Brock, *Greek Political Imagery from Homer to Aristotle*, 31.

[30] Translation of the full text is available in Part 2, Chapter 3 of this book.

[31] Translation of the full text is available in Part 2, Chapter 3 of this book.

quite alien to general Greek concepts but going on well with Xenophon's
personal educational and political theory.

e. Emphasis on Public Life

In the *Cyropaedia*, Cyrus encouraged his subjects to take part in public life
as much as they can. For that purpose, he employed many supervisors to
maintain public order, as I have already described in the chapter above.
Beyond that, Cyrus the Great also made his own tent (σκηνή) big enough
to accommodate all people he might invite to dinner in one day, and
frequently treats his followers to dinner (Xen. *Cyr*. 2.1.30). In Cyrus'
opinion, these public symposiums also have one kind of educational
function, for "those who came would not be willing to do anything
dishonourable or immoral, partly because they were in the presence of
their sovereign and partly also because they knew that, whatever they did,
they would be under the eyes of the best men there" (Xen. *Cyr*. 8.1.16).
And if some people refused to come, Cyrus would suspect that they might
be "guilty of some form of intemperance or injustice or neglect of duty"
(Xen. *Cyr*. 8.1.16). And he would use every means to force the absent men
to join the public banquet next time (Xen. *Cyr*. 8.1.17-20).

It is quite interesting that we can find another tent in the *Spartan
Constitution*, this time it is a public mess tent (σκηνή) assigned by
Lycurgus, in order to ensure that even kings can have dinner together with
his people and take part in public life (Xen. *Lac*. 15.4). The reason for
doing this is also the same: the custom of preferring to stay at home to
participating in public life is considered to be responsible for a great deal
of misconduct (Xen. *Lac*. 5.2-3), while the attention to keeping their
behaviour proper and moderate in public is of great help in elevating the
morality of common people (Xen. *Lac*. 5.6-7). Old people continue to
participate, too; for Lycurgus required them to stand for election to the
Council of Elders (γεροντία), so that they would not neglect high
principles even in old age (Xen. *Lac*. 10.1). Again the contents of the
Cyropaedia and the *Spartan Constitution* share much in common.

f. The Same Destiny of the Two Powers

It is also noteworthy that both works we examine here have a short
epilogue (*Cyr*. 8.8; *Lac*. 14), in which the destiny of Persia and Sparta after
their great leaders' death is summarised. In scholarship there are heated

disputations around the authenticity of both texts.[32] In that case, I believe it is necessary to examine briefly the comments of previous scholars on *Cyropaedia* 8.8 first.

In the Loeb edition of the *Cyropaedia* prepared in 1914, Walter Miller believes that 8.8 is certainly a later addition. His foundation is that this chapter "spoils the perfect unity of the work". Nevertheless, because the so-called "addition" does appear in all manuscripts and former editions, he decided to leave it here but recommended the reader "to close the book at this point and read no further".[33] However, the confidence of Walter Miller is now proved to be too arbitrary, as few scholars nowadays would totally agree with his rather oversimplified conclusion.

Some researchers still suppose the same problems do exist. James Tatum thinks that the epilogue unreasonably shows that the whole system of Cyrus failed after his death, and can only represent the attitude of some anti-Persian writers instead of Xenophon.[34] But most scholars believe that the connection between 8.8 and former passages can be built up, both in text and in logic. Paula Sage argues that the narrative in 8.8.2 closely connects 8.8 to 8.7.[35] And Deborah Gera believes that Xenophon hints in the passages immediately preceding that the tragic end of the Persian Empire is already inevitable in the final years of Cyrus' reign,[36] as Cyrus turned from an ideal leader to a despot after the capture of Babylon.[37] And the text contains no problem at all from a linguistic view.[38] Bodil Due considers that the problem presented in 8.8 has already been stated in general throughout the whole work.[39] In sum, the general academic opinion today is that the *Cyropaedia* 8.8 was written by Xenophon.[40]

Similar cases and conclusions are also applicable to the *Spartan Constitution* 14, whose scholarship has been thoroughly discussed by Michael Lipka.[41] In short, doubt as to the authenticity of both *Cyropaedia*

---

[32] Due, *The Cyropaedia, Xenophon's Aims and Methods*, 16-20; Bordes, *Politeia dans la pensée grecque jusqu' à Aristote*, 165.

[33] W. Miller, ed. Xenophon: *Cyropaedia*, Books V-VIII (Cambridge, Massachusetts & London: Harvard University Press, 1914), 438-439.

[34] Tatum, *Xenophon's Imperial Fiction: On the Education of Cyrus*, 222.

[35] P. Sage, "Dying in Style: Xenophon's Ideal Leader and the End of the 'Cyropaedia'," *The Classical Journal* 90 (1995): 167-168.

[36] Gera, *Xenophon's* Cyropaedia, *Style, Genre and Literary Technique*, 286.

[37] Gera, *Xenophon's* Cyropaedia, *Style, Genre and Literary Technique*, 296-297.

[38] Gera, *Xenophon's* Cyropaedia, *Style, Genre and Literary Technique*, 300.

[39] Due, *The Cyropaedia, Xenophon's Aims and Methods*, 20.

[40] Due, *The Cyropaedia, Xenophon's Aims and Methods*, 16.

[41] Lipka, ed. Xenophon: *Spartan Constitution*, Introduction, Text and Commentary, 27-31. See also E. Marchant, ed. Xenophon: *Scripta Minora* (London &

8.8 and the *Spartan Constitution* 14 cannot be supported by any textual or manuscript evidence; it is rather subjective and is perhaps based on some misunderstanding of Xenophon's thought and the common literary tradition of ancient writers. In my view, the supposed change in narrative tone provides no adequate reason to doubt the authenticity of *Cyropaedia* 8.8 and *Spartan Constitution* 14. First, the idea of "the decline and fall" of morality and constitution is nothing strange among Greek writers. In Hesiod's *Works and Days*, we see clear sign of degeneration among the five generations created by Zeus (Hes. *Op.* 109-201). And in Plato's *Republic*, Socrates also explains why even the best constitution, namely "the Spartan one" would change from an ideal status into an inferior timocracy (Pl. *Resp.* 545d ff), and then from bad to even worse (Pl. *Resp.* 551a-579e). In that case, readers in ancient Greece would not feel it odd when they found Xenophon identifying a similar decline in Persian morality and in the Spartan constitution after the deaths of their respective heroes. In the second place, the difference between the former and present condition of Persia and Sparta may be common ground among classical Greeks. Aeschylus draws a vivid contrast between Cyrus the Great as well as other glorious Persian ancestral kings and the incompetent Xerxes in the *Persians* (Aesch. *Pers.* 765-783). Isocrates also praised the feat and fame of Cyrus the Great in the *Letter to Philip*, 66-67, while he depreciated Cyrus' offspring in his times in the *Panegyricus* (Isoc. *Paneg.* 144-153). And Plato expresses the same opinion in the *Laws* (Pl. *Leg.* 694a-696b). Perhaps Aeschines of Sphettus, another Socratic philosopher living at Xenophon's time, also praises Cyrus the Great in his lost work (see Aeschines Socraticus, fr. 33 (in Giannantoni)). But its content and whether it is about ideal leadership is unknown.There is no inconsistency in these remarks and no contemporary audience or reader would suppose so.[42] And it is also needless to say that the power of Sparta did decline after the Peloponnesian War, at least after her defeat by Thebes; while nobody at that time would wonder at a moralist like Xenophon attributing the cause of Sparta's decline to the corruption of morality. In sum, I believe it is quite safe to conclude that these two texts do present typical thoughts of Xenophon before further textual evidence appears. And the comparison above is helpful for us to recognise that the two works do contain more

---

Cambridge, Massachusetts: Harvard University Press, 1925). xxi-xxii; K. Chrimes, *The Respublica Lacedaemoniorum Ascribed to Xenophon* (Manchester: Manchester University Press, 1948), 3-17.

[42] N. Sandridge, *Loving Humanity, Learning, and Being Honored: The Foundations of Leadership in Xenophon's* Education of Cyrus (Cambridge, Massachusetts & London: Center for Hellenic Studies, 2012), 10.

similarities than what previous scholars realised before.

According to Xenophon's narrative, after Cyrus' death, "his children at once fell into dissension, states and nations began to revolt, and everything began to deteriorate." (Xen. *Cyr.* 8.8.2) The most important change is that Persians became no longer as pious and obedient as before; and the very reason is the kings and officers lost their sense of honour. In later days, not a single person trusts the governors, because "their lack of character is notorious" (Xen. *Cyr.* 8.8.3). The direct result was the morality Cyrus the Great set up fell apart, and "all the inhabitants of Asia have been turned to wickedness and wrong-doing" (Xen. *Cyr.* 8.8.5). And Xenophon comments himself here, "whatever the character of the rulers is, such also that of the people under them for the most part becomes".[43] Now every virtue in Cyrus' time declined inevitably. Persians became dishonest in money matters (Xen. *Cyr.* 8.8.6); they were addicted to wine (Xen. *Cyr.* 8.8.8-9); their bodies became weak (Xen. *Cyr.* 8.8.12) and effeminate (Xen. *Cyr.* 8.8.15); justice was neglected (Xen. *Cyr.* 8.8.13-14); military training was abandoned and the defence of the Persian Empire had to rely on Greek mercenaries (Xen. *Cyr.* 8.8.26). By these descriptions, Xenophon proves to us that the death of his hero brought an end to the education abruptly. These contents are not irrelevant to the key issue of the whole work, but explain the importance and central role of Cyrus the Great (the ideal leader) in the activity of moral education of the whole society.

Then what is the case in Sparta after Lycurgus' death? Xenophon writes, "if anyone asked me, whether I believe that the laws of Lycurgus still remain unchanged today, by Zeus, I could not state this with confidence anymore." (Xen. *Lac.* 14.1) That is because the morality of Spartans was also corrupted. The leading men preferred to live abroad than stay in their hometown (Xen. *Lac.* 14.4); people struggled among themselves

---

[43] Xen. *Cyr.* 8.8.5. This comment is crucial for our study here, which reveals Xenophon's basic attitude to the function of moral education through politics. The same idea also reappears in Xenophon's other works, such as his *Ages.* 10.2 and *Hier.* 11.11-12. Compared to other educational doctrines in his time, there are two innovative key points in Xenophon's system of moral education. First of all, the dominant educator must be a noble, rational and competent politician who governs and controls the whole society, which makes him different from women and servants (for example παιδαγωγός) who are responsible for moral education according to traditional Greek custom; in the second place, Xenophon's receivers of moral education can be people of any social status, including soldiers, labour workers, women and even some slaves and barbarians, which makes his theory distinctive and different from those of Plato, Aristotle and Isocrates (who mentions the importance of moral exemplification of political leaders in his *To Nicocles,* 31 but does not demonstrates the opinion systematically and in detail).

to seize power, while they did not care that they should be worthy to rule (Xen. *Lac.* 14.5); instead of asking Spartans to lead them as before, other Greeks tried their best to prevent corrupted Spartans from taking the lead again (Xen. *Lac.* 14.6). Although the situation of Sparta still seems to be better than Xenophon's Persia, the nature and the tendency of the developments show no differences at all.

g. Similar Nature: Ideal Leader Ruling according to Wise Law

In recent scholarship, the *Cyropaedia* is often depicted as a work on absolute monarchy governing without law. W.R. Newell points out that "at the heart of Xenophon's political thought is what we may term an experimental project for reforming tyranny into a tacit extra category — rule over willing subjects without law."[44] Quite a few scholars agree with that opinion. David Johnson believes that in the *Cyropaedia* Xenophon is to some extent critical of empire because it is run by a person instead of by law. [45] Christopher Whidden goes even further by supposing that Xenophon is "very sceptical and critical of empire".[46] In his view, the *Cyropaedia* presents two ways of government by political leaders (rule of despot and rule of lawgiver), but neither is successful.[47] The real intention of Xenophon is to contrast Cyrus with Socrates[48] and persuade readers to turn to his Socratic teachings presented in the *Memorabilia*, because philosophy is the only right method to carry out moral education. [49] However, as the section above indicates, Xenophon was far from alone in pointing out the contrast between the reign of Cyrus the Great and the later decline of the Persian Empire, a common theme among classical Greek writers, but this does not necessarily mean that Xenophon is critical of Cyrus' government itself. And the encomiastic tone adopted for Cyrus at the very opening of the *Cyropaedia* (Xen. *Cyr.* 1.1.1-3) shows nothing

---

[44] Newell, "Tyranny and the Science of Ruling in Xenophon's '*Education of Cyrus*'," 890-891.

[45] D. Johnson, "Persians as Centaurs in Xenophon's '*Cyropaedia*'," *Transactions of the American Philological Association* 135 (2005): 203.

[46] C. Whidden, "The Account of Persia and Cyrus' Persian Education in Xenophon's '*Cyropaedia*'," *The Review of Politics* 69 (2007): 540.

[47] Whidden, "The Account of Persia and Cyrus' Persian Education in Xenophon's '*Cyropaedia*'," 561-562.

[48] Whidden, "The Account of Persia and Cyrus' Persian Education in Xenophon's '*Cyropaedia*'," 549-550.

[49] Whidden, "The Account of Persia and Cyrus' Persian Education in Xenophon's '*Cyropaedia*'," 567.

compatible with Christopher Whidden's theory.

In my opinion, these suppositions misunderstand the content of Cyrus' moral education. It is imparted by a king to his subjects, yet that is the only similarity between Cyrus' mode and the so-called absolute monarchy. For the education described by Xenophon, three key elements are really indispensable: the educator must be an ideal leader; the people must be willing and obedient; and the education must be carried out according to wise law.

The long dialogue between Cyrus and his father reveals Xenophon's requirement of an ideal leader. He must be actually wise instead of seeming to be wise (Xen. *Cyr.* 1.6.22); he must "learn all that it is possible to acquire by learning" (Xen. *Cyr.* 1.6.23); he must surpass every one of his followers in endurance (Xen. *Cyr.* 1.6.25); and he must keep learning new experiences from history, from other wise men, and other states all his life (Xen. *Cyr.* 1.6.44-46). In order to become a competent leader, Cyrus made great efforts to improve himself. For example, during the conquest, Cyrus paid great attention and spent lots of time to make sure he could remember the names of all his followers, so that the generals and soldiers were all surprised at the good memory Cyrus showed when he called everyone by name as he assigned them their places and gave them their instructions, and therefore became more loyal to Cyrus (Xen. *Cyr.* 5.3.46-51). As Deborah Gera observes, the image of Cyrus is "virtually omnipresent in the *Cyropaedia*",[50] and his plans were always accepted willingly by his subjects without any opposition.[51] In fact, for Xenophon's purpose, only Cyrus the Great himself is indispensable for the task of education. Hundreds of persons appear in the *Cyropaedia*, yet only about ten of them play active roles in Xenophon's narrative.[52] Others seem to be no more than the shadows and echoes of Cyrus' will. And among those few persons playing active parts, only one figure called Cyaxares, the uncle of Cyrus, appears frequently throughout the whole work. Yet this man is the only member of Cyrus' family who is not a historical character.[53] He is fictional and therefore not indispensable. He only serves as a representative of Cyrus' personal will, helps to carry out Cyrus' education, but is by no means its ultimate foundation.

What is more, the quality of ideal leader is not only achieved by hard learning and working; the leader himself must be an inborn talent and even holy. According to Xenophon's narrative, when some Armenians went

---

[50] Gera, *Xenophon's* Cyropaedia, *Style, Genre and Literary Technique*, 280.
[51] Gera, *Xenophon's* Cyropaedia, *Style, Genre and Literary Technique*, 282.
[52] Due, *The Cyropaedia, Xenophon's Aims and Methods*, 53.
[53] Due, *The Cyropaedia, Xenophon's Aims and Methods*, 55.

home after meeting with Cyrus, "they talked, one of Cyrus' wisdom, another of his strength, another of his gentleness, and still another of his beauty and his commanding presence." (Xen. *Cyr*. 3.1.41) The charisma of Cyrus the Great is everlasting. Because "even to this day the barbarians tell in story and in song that Cyrus was most handsome in person, most generous of heart, most devoted to learning, and most ambitious, so that he endured all sorts of labour and faced all sorts of danger for the sake of praise" (Xen. *Cyr*. 1.2.1). He even possessed the supernatural ability to interpret the will of gods and therefore predicted his own death in advance (Xen. *Cyr*. 8.7.2). Only such an ideal king and almost an "Übermensch" can undertake the holy task of implanting values such like justice, gratitude, self-control, endurance and obedience, which he has already possessed himself since childhood, in his friends and soldiers and everyone around him.[54] On the one hand, in our eyes, the superhuman character of Cyrus the Great makes Xenophon's proposal of social reformation even harder to practise (for such kind of ideal heroes is not available anywhere in reality); on the other hand, in Xenophon's time and according to his description of Socrates, the existence of such figures is both credible and desirable.

Nevertheless, at the same time we must keep in mind that Cyrus the Great is not a tyrant; or at least Xenophon does not wish to depict him as an absolute monarch regardless of law. Here I would argue that in ancient Greek thought law (νόμος) comes from both gods and men, both ancestral customs and contemporary regulations.[55] In fact, in the *Works and Days*, one of the earliest ancient Greek works mentioning νόμος, Hesiod tells us that at first it is exactly Zeus who gives νόμος to human beings (Hes. *Op.* 276-280.). In his classical work, *Nomos and the Beginnings of the Athenian Democracy*, Martin Ostwald summarises thirteen senses of νόμος used in extant ancient Greek corpus,[56] and confirms that it contains a religious sense from very early times.[57] What is more, in Xenophon's context, the will of gods stands above the authority of secular laws. For instance, in the *Spartan Constitution*, all laws made by Lycurgus must not be published until they had been submitted to Delphi for approval (Xen. *Lac*. 8.5). And the economic proposals of Xenophon himself in his *Poroi* should also be sent to Dodona and Delphi for the gods' opinion as to see

---

[54] Due, *The Cyropaedia, Xenophon's Aims and Methods*, 106.
[55] H. Liddell and R. Scott, ed. *A Greek-English Lexicon* (Oxford: Clarendon Press, 1996), ninth edition, 1180.
[56] M. Ostwald, *Nomos and The Beginnings of the Athenian Democracy* (Oxford: Clarendon Press, 1969), 20-54.
[57] Ostwald, *Nomos and The Beginnings of the Athenian Democracy*, 40.

whether the arrangements would be truly beneficial (Xen. *Vect.* 6.2). In that case, we can safely conclude that the pious Cyrus must, in Xenophon's eyes, be a good king who obeys divine νόμος.

First of all, the *Cyropaedia* indicates frequently that Cyrus did show great respect to the laws of gods so that one early translator of the book, Maurice Ashley even believed that the *Cyropaedia* was on religious education.[58] In the *Cyropaedia*, the first thing Cyrus did before taking any important action was always to consult the gods and offer sacrifice (Xen. *Cyr.* 1.5.6; 6.2.40). After the capture of Babylon, Cyrus immediately called the magi and requested them to select sanctuaries and the first fruits of the booty for the gods (Xen. *Cyr.* 7.5.35). He showed his new subjects that he respected the will of god and the order of magi; and he "never failed to sing hymns to the gods at daybreak and to sacrifice daily to whatsoever deities the magi directed" (Xen. *Cyr.* 8.1.23). In these passages Xenophon mainly praises Cyrus' piety, but every reader would understand clearly that such a pious man must respect the law of gods and the admonition of magi perfectly well.

In the second place, Cyrus also does not always neglect secular laws. The very source of Cyrus' reign, the power of his father was strictly under the control of law. Although his father made himself "master of everything in Media", still "equality of rights is considered justice" in Persia (Xen. *Cyr.* 1.3.18). Cyrus' father was "the first one to do what is ordered by the State and to accept what is decreed, and his standard is not his will but the law" (Xen. *Cyr.* 1.3.18). As a matter of fact, Cyrus not only respected the established law, but also tried to improve his own virtue so that his character would be identical to law.[59] In his mind, a good ruler should become "a law with eyes" (Xen. *Cyr.* 8.1.21-22). And before his death, Cyrus also admonished his children, "… take what I say, therefore, as that which is approved by time, by custom, and by law" (Xen. *Cyr.* 8.7.10). The evidence clearly shows that Cyrus' education did not go against established laws at all. On the contrary, they are always consistent and sometimes identical; and we can suppose that some of Cyrus the Great's teaching in Xenophon's *Cyropaedia* must be derived from the requirement

---

[58] Tatum, *Xenophon's Imperial Fiction: On the Education of Cyrus*, 31.

[59] In my view, this idea is evident and predominant in the *Cyropaedia* and Xen. *Hier.* 11.11-15. Instead of making his own power absolute, an ideal political leader should ensure that his personal behaviour meets the requirement of established laws and the public expectation, in order to persuade and educate his subjects to follow the same legal regulations and common moral standard. The view that Xenophon's heroes transcend the rule of law misunderstands the author's original intention.

of laws of both gods and ancestral traditions in historical time.[60]

In contrast to the *Cyropaedia*, the focus of the *Spartan Constitution* is the positive effects of established laws on the Spartan people (Xen. *Lac.* 8.1-5), which is different from the case in Xenophon's Persian Kingdom. But it is quite easy to recognise that Lycurgus, a leader very similar to the image of Cyrus, always stands behind and operates the whole system. In the opening part Xenophon points out the achievement and contribution of Lycurgus rather straightforwardly:

> Once when I was pondering on the fact that Sparta, though having one of the smallest populations, became the most powerful and famous city in Greece, I wondered how this could have happened. However, once I had studied the institutions of the Spartans, I wondered no more. Indeed I admire Lycurgus, who gave the Spartans the laws in obedience to which they were outstandingly successful, and I regard him as an extremely wise man. For, not only did he not imitate the other cities, but by adopting customs quite different from the majority, he made his own native city exceedingly prosperous. (Xen. *Lac.* 1.1-2)

Therefore, Lycurgus played a very similar role in Sparta to that played by Cyrus in the Persian Empire. And he is the very creator and initiator of all the wise laws and institutions to be introduced in the rest of the work. Lycurgus also resembles Cyrus in keeping harmony with the officers around him. Cyrus' soldiers obeyed him without reservation; and in Sparta the Ephors exchange oaths on behalf of the state with the king (Xen. *Lac.* 15.7-8). Lycurgus and other competent kings in Sparta were also to some extent regarded as supernatural in that, at their funerals, they were honoured as demigods (Xen. *Lac.* 15.9).

In sum, the essence of government represented in the *Cyropaedia* and that found in the *Spartan Constitution* are almost identical. In the former, Cyrus the Great, an ideal king, accomplishes the task of the moral education of the whole society according to wise laws; in the latter,

---

[60] In classical scholarship, there is a tendency to deny absolutely the historicity of everything Xenophon incorporates in his *Cyropaedia* (Hirsch, *The Friendship of the Barbarians, Xenophon and the Persian Empire*, 61-62). However, as Steven W. Hirsch points out, it is unthinkable that Xenophon would bother himself to make up so much detailed information of Persia, in which some can be well attested by external evidence (Hirsch, *The Friendship of the Barbarians, Xenophon and the Persian Empire*, 63). In my opinion, Xenophon must know well from his experience and historical study that Persian ideology has the greatest respect for divine and human laws, therefore it is inappropriate to suppose that Xenophon would depict his hero Cyrus as a tyrant totally regardless of laws.

Lycurgus, a great legislator, regulates the behaviour of Spartan people and maintains the political stability and social morality through the laws he made himself. Yet both systems decayed and collapsed after the deaths of their creators.

h. Differences

In his article "Xenophon, Sparta and the *Cyropaedia*", Christopher Tuplin compares the images of Sparta and Persia in most of Xenophon's extant works and finds out that these two images share very few similarities in his *Memorabilia*, [61] *Symposium* [62] and *Agesilaus*; [63] while direct comparisons of the two are very few.[64] Nevertheless, as our analysis shows, the contents of the *Cyropaedia* and the *Spartan Constitution* share high similarity. Yet certain differences do exist. One major distinction is the attitude towards reward and punishment.

Rewarding friends is one important means for moral education in the *Cyropaedia*. Cyrus the Great believed that "the duties of a good shepherd and of a good king are much alike" (Xen. *Cyr*. 8.2.14). A good shepherd should make his flocks happy; therefore a good king should do the same for his people. In that consideration Cyrus "was ambitious to surpass all other men in attention to his friends" (Xen. *Cyr*. 8.2.14). What is more, the rewards are not arbitrarily given, but with a clear sense of education. Xenophon explains that Cyrus believed "if he always paid scrupulous regard to what was upright, others also, he thought, would be more likely to abstain from improper gains and to endeavour to make their way by upright methods" (Xen. *Cyr*. 8.1.26). That is also the best way to inspire others to respect virtue and refrain themselves from doing anything improper (Xen. *Cyr.* 8.1.27) as well as keep his subjects being obedient to him (Xen. *Cyr*. 8.1.29). The result was that "each strove to appear as deserving as he could in the eyes of Cyrus" (Xen. *Cyr*. 8.1.39).

On the other hand, in Xenophon's Sparta, the same result is achieved by the opposite method, namely severe punishment. For example, a coward would be looked down upon and even humiliated in almost all public situations. In a wrestling bout nobody wishes to be matched with him; in a chorus he is banished to an ignominious place; in the streets he must make way for others; in a banquet he should give his seat up even to a junior. If the coward does not do all these things, "he must submit to be

---

[61] Tuplin, "Xenophon, Sparta and the *Cyropaedia*," 128.
[62] Tuplin, "Xenophon, Sparta and the *Cyropaedia*," 128.
[63] Tuplin, "Xenophon, Sparta and the *Cyropaedia*," 132-133.
[64] Tuplin, "Xenophon, Sparta and the *Cyropaedia*," 132.

beaten by his betters" (Xen. *Lac.* 9.4-5). According to the report of Xenophon, Lycurgus was so severe that he not only punished people who did wrong, but also prescribed penalties for those who neglected to live as good a life as possible (Xen. *Lac.* 10.5).

Here we observe a sharp contrast. Actually, the rewards of Cyrus were extremely lavish. He rewarded his followers with "gifts and positions of authority and seats of honour and all sorts of preferment" (Xen. *Cyr.* 8.1.39), so that "though he far exceeded all other men in the amount of the revenues he received, yet he excelled still more in the quantity of presents he made" (Xen. *Cyr.* 8.2.7). However, in the world depicted in the *Spartan Constitution*, such rewards and wastes of wealth are not tolerable. Lycurgus even forbade freeborn citizens to have anything to do with business affairs and kept them living in thrift (Xen. *Lac.* 7.1-2). On the other hand, punishment as one means of education is mentioned in the *Cyropaedia* on only one or two occasions (Xen. *Cyr.* 8.1.17-18), and it is never as important there as in the Spartan system.

Another evident difference is that the understanding of the Greek term παιδεία seems to be quite diferent. In the *Spartan Constitution*, παιδεία seems to be chiefly adopted for children and youths following its traditional usage in ancient Greek cultural contexts; while in the *Cyropaedia*, as we will see soon in the following passages, παιδεία covers all one's life and influences an individual from birth till death.

Tuplin lists other potential differences between Cyrus' Persia and Lycurgus' Sparta in his paper, for instance the absence of the eccentric character of Sparta in Cyrus' empire.[65] In my opinion, these and similar slight divergences are quite understandable. After all, Xenophon did not produce everything in these two works out of his imagination, as Nadon supposes for the *Cyropaedia*, characterising the whole work as "a political theory";[66] and he never intends to advocate Sparta under the guise of a fictional Persia.[67] Of course the political and educational systems of Sparta and Persia are different and Xenophon's Greek readers must know that well. Therefore Xenophon had to respect historical truth and sacrifice his own utopian thought system, though on more occasions he did take advantage of the distance in time and space of the two states he chose to write about to obtain for himself a certain amount of freedom in composition.[68] And in the case of divergence of the usage of παιδεία in the

---

[65] Tuplin, "Xenophon, Sparta and the *Cyropaedia*," 138-139.
[66] C. Nadon, *Xenophon's Prince: Republic and Empire in the* Cyropaedia (Los Angeles & London: University of California Press, 2001), 1.
[67] Tuplin, "Xenophon, Sparta and the *Cyropaedia*," 135.
[68] Due, *The Cyropaedia, Xenophon's Aims and Methods*, 22.

Cyropaedia and the *Spartan Constitution* , it might be relevant to the composing consequence or intended audience of these two works, which are almost totally unknown for modern readers. Generally speaking, the similarity of contents in the *Cyropaedia* (on education) and the *Spartan Constitution* (on political structure) is predominant and striking; while their difference is secondary, marginal and relatively easy to explain. These similar features are not simply produced by the resemblance between Persia and Sparta as "natural pairs"[69] in Xenophon's mind (as such an idea is not quite evident in other works of Xenophon's corpus), but highly relevant to the close relationship between an ideal educational system and a successful political regime in Xenophon's concept.

On the other hand, we have to admit that the scope of the *Cyropaedia* is much broader than that of the *Spartan Constitution*. It talks about the romance of Panthea (Xen. *Cyr.* 4.6.11-7.3.16), experiences in hunting (Xen. *Cyr.* 1.4.8), military techniques (Xen. *Cyr.* 8.8.24), social manners in symposiums (Xen. *Cyr.* 4.5.4-8) — in brief, almost any collective behaviour performed in public. In conclusion, the *Cyropaedia* is an ambitious and huge work which contains all crucial topics Xenophon wishes to discuss in detail in his *Spartan Constitution* and also goes far beyond that.

III. Xenophon's Concept of Social Education

Of course, it should not be unexpected when we find that two works by the same writer show common features in logic, opinion and literary style. Yet when the analysis above seems to suggest that the *Cyropaedia* and Xenophon's work on πολιτεία, the *Spartan Constitution* do share a lot of things in common, the phenomenon turns out to be noteworthy and even surprising. Since the Roman Age, many writers have attempted to understand the *Cyropaedia* as a work on political constitution. Apart from Cicero's letter to his brother cited above, Diogenes Laertius also describes Plato and Xenophon as rivals on the same subjects (Diog. Laert. 3.34), and the *Cyropaedia* is compared by him with Plato's *Republic*. And Gellius suggests that it is Xenophon's critical response to the *Republic* (Gell. *NA.* 14.3.1-4). Though Diogenes Laertius' detailed description may be produced by later imagination, the political intention of Xenophon in this work presented by ancient critics can be partly historical. Among modern

---

[69] Tuplin, "Xenophon, Sparta and the *Cyropaedia*," 137-138. Another instance of parallel comparison of Lycurgus and Cyrus appears in Pl. *Ep.* 4, 320d (but the text's authenticity is highly suspected).

researchers, Bodil Due believes that "Xenophon's subject is the art of ruling or the relations between a ruler and his subjects".[70] In my opinion, Bodil Due's observation is very close to truth but still incomplete. Xenophon's *Cyropaedia* is a work on education, exactly as its title shows.

There is no reason to doubt the authenticity of the Greek title Κύρου Παιδεία, as it appears in all manuscripts preserved and in Diogenes Laertius' biography of Xenophon (Diog. Laert. 2.56). Still, Breitenbach argues that only Book I suits well for the title;[71] And Deborah Gera even believes that no passages except for 1.6.1-2.1.1 have anything to do with Cyrus' education at all.[72] However, in 1973, W.E. Higgins rightly observed:

> The entire life of Cyrus represents an ideal of action. Criticism that *Kyroupaideia* (*Cyropaedia*) is a misleading title, since only its first book concerns Cyrus' education, thus misses Xenophon's point, namely, that a proper *paideia* is an on-going process in which certain things are learned and done at certain times in accordance with the ability of an increasing maturity. It is decidedly not mere instruction for the young, if only because Xenophon sees no point at which a man can say he is finished with learning.[73]

Bodil Due also points out that such opinion misunderstands Xenophon, who actually uses the term of education in a wider sense.[74] My opinion is that Xenophon does use παιδεία in a wider sense, but the sense is actually even wider than what W.E. Higgins and Bodil Due supposed it to be.

First of all, the education Xenophon describes is a lifelong obligation. In the first book of the *Cyropaedia* he presents for us the Persian mode of education. In Persia, education is not a privilege or investment enjoyed by a minority, but something obliged by the force of law (Xen. *Cyr.* 1.2.2-3). There is a special place for such education, which is called ἐλεύθερα ἀγορά (Xen. *Cyr.* 1.2.3). According to Xenophon, "this agora [enclosing the government buildings] is divided into four parts; one of these belongs to the boys, one to the youths, another to the men of mature years, and another to those who are past the age of military service (διήρηται δὲ αὕτη ἡ ἀγορὰ [ἡ περὶ τὰ ἀρχεῖα] τέτταρα μέρη· τούτων δ' ἔστιν ἓν μὲν παισίν, ἓν δὲ ἐφήβοις, ἄλλο τελείοις ἀνδράσιν, ἄλλο τοῖς ὑπὲρ τὰ στρατεύσιμα ἔτη γεγονόσι)" (Xen. *Cyr.* 1.2.4). The law requires everyone to come daily to

---

[70] Due, *The Cyropaedia, Xenophon's Aims and Methods*, 207.
[71] Due, *The Cyropaedia, Xenophon's Aims and Methods*, 15.
[72] Gera, *Xenophon's* Cyropaedia, *Style, Genre and Literary Technique*, 50.
[73] Higgins, *Xenophon the Athenian, The Problem of the Individual and the Society of the Polis*, 54.
[74] Due, *The Cyropaedia, Xenophon's Aims and Methods*, 15.

their quarter of the agora to receive education (Xen. *Cyr*. 1.2.4). Each division is charged by twelve officers selected from the twelve Persian tribes (Xen. *Cyr*. 1.2.5). Boys learn justice and self-control there (Xen. *Cyr*. 1.2.6-8). When they are sixteen or seventeen years old, they are transferred to the quarter for youths (Xen. *Cyr*. 1.2.8). The tasks assigned to youths are to guard the city and to develop their powers of self-control (Xen. *Cyr*. 1.2.9). The officials of boys and youths would both be praised and honoured when their students won prizes in contests for youths (Xen. *Cyr*. 1.2.12). After another ten years they join the group of mature men and serve the army (Xen. *Cyr*. 1.2.12-13). When they are around fifty years old, they become "elders" and take charge of trying all sorts of public and private cases (Xen. *Cyr*. 1.2.13-14).

It is easy for us to recognise that this type of education is quite alien to the modern concept and is also very different from philosophical education in classical Athens.[75] It goes on all through life[76] and it is performed most of the time beyond the classroom. I prefer to term this kind of activity as "social education", as it is a lifelong task and touches almost every branch of public life. Therefore it is much easier for us to understand why the *Cyropaedia* is a work on education. What Xenophon discusses here is not education in the narrow sense, but one kind of social education, an improved version based on the Persian prototype described above.

In the second place, Xenophon's social education must be carried out by an ideal political leader. That is why he chooses to write about Cyrus the Great, for he was the most successful in "governing men" (Xen. *Cyr*. 1.1.6). In spite of that, Xenophon does not describe fully every detail of Cyrus' life, but only selects what Plutarch later calls "signs (σημεῖα)", like ancient writers of moral biographies often do.[77] In that sense, almost everything presented in the *Cyropaedia* suits the purpose of the author perfectly well.[78] In Xenophon's logic, as the nature of his education is public and social, only competent political leaders with perfect character and even supernatural talent, for example Cyrus the Great and Lycurgus, do have the responsibility, ability and enough power to carry it out. The content of this type of education is largely political; and the most important aim of a successful political constitution is to fulfil Xenophon's idea of social education. That is exactly why we would find the

[75] J. Reisert, "Ambition and Corruption in Xenophon's *Education of Cyrus*," *The Journal of Ancient Greek Political Thought* 26 (2009): 313.
[76] Higgins, *Xenophon the Athenian, The Problem of the Individual and the Society of the Polis*, 46; Due, *The Cyropaedia, Xenophon's Aims and Methods*, 15.
[77] Tatum, *Xenophon's Imperial Fiction: On the Education of Cyrus*, 102.
[78] Tatum, *Xenophon's Imperial Fiction: On the Education of Cyrus*, 146.

Cyropaedia and the *Spartan Constitution* share so much in common.

Last but not least, as a Socratic philosopher, the ultimate aim of Xenophon is the elevation of morality in the whole society. In my opinion, that is something important which Bodil Due fails to explain satisfactorily. Xenophon does not simply wish to provide some technical advice to a certain monarch or a manual on the art of government for politicians and generals. His final purpose is to establish one kind of perfect and original[79] morality by his education throughout the society. Therefore, the *Cyropaedia* is by no means a practical guide or pamphlet written for politicians. In this work Xenophon pays no attention to the art of collecting tax, managing public finance, trading with other states, choosing and examining subordinate officers, or how to raise good horses and produce powerful weapons. As a general and statesman himself, Xenophon must know clearly that these affairs are also crucial for practical management of leadership. But those things have little to do with his social education, and are even not key points in the functions of his ideal political constitution. On the other hand, some things not strictly political are relevant to social education, for example the nature of love and friendship, proper manners in a symposium and religious ceremonies, because these affairs serve the improvement of people's morality. That is why the *Cyropaedia* covers most main points of the *Spartan Constitution* and sometimes goes beyond that. The reason is that the requirement of Xenophon's social education covers and goes beyond the sphere of politics.

Of course, such an ambitious aim is not easy to achieve, as Xenophon points out himself in the introduction of the *Cyropaedia*:

> The thought once occurred to us that how many democratic governments have been overthrown by people who preferred to live under any constitution other than democracy, and again, how many monarchies and how many oligarchies in times past have been abolished by the people. We reflected, moreover, how many of those individuals who have aspired to absolute power have either been quickly deposed once for all; or if they hold their power, no matter for how short a time, they are objects of wonder as having proved to be wise and happy men. Then, too, we thought we had observed that even in private houses some people who had rather more than the usual number of servants and some also who had only a very few were quite unable to assert their authority over even those few, though nominally they are masters.
>
> Beyond that, we also reflected that cowherds are the rulers of their cattle, that grooms are the rulers of their horses, and that all herdsmen

---

[79] R. Seager, "Xenophon and Athenian Democratic Ideology," *The Classical Quarterly* 51 (2001): 391.

might properly be regarded as the rulers of the animals over which they are placed in charge. Now we noticed, as we thought, that all these herds obeyed their keepers more readily than men obey their rulers. For the herds go wherever their keeper directs them and graze in those places to which he leads them and keep out of those from which he excludes them. Moreover, they allow their keeper to enjoy the profits that accrue from them as he wishes. And then again, we have never known of a herd conspiring against its keeper, either to refuse obedience to him or to deny him the privilege of enjoying the profits. At the same time, herds are more intractable to strangers than to their rulers and those who derive profit from them. However, men are more ready to conspire against those whom they see attempting to rule over them than against anyone. Thus, as we meditated on this analogy, we were inclined to conclude that it is easier for men to rule over any and all other creatures than to rule over human beings. (Xen. *Cyr.* 1.1.1-3)

In my opinion, this passage offers an invaluable clue for us to understand the general intention of the composition of the *Cyropaedia*. It is a work on moral education as well as on political leadership,[80] and there is no wonder that ancient readers would compare it with Plato's *Republic*, as they do treat very similar subjects. The analogy of herdmen adopted here also reminds us of the metaphor of the shepherd in Plato's *Republic* 343b-345e, though the latter discusses justice of leadership instead of difficulty of government.[81] In Xenophon's view, it is more difficult to govern men than to rule any other creatures. That is not because the multitude has more physical strength than animals or their leaders, but because people have their own free wills and tend to rebel against any authority imposed on them. The ultimate solution of that can be only moral and philosophical. And Cyrus managed to accomplish that task. Xenophon reports that "by setting such an example Cyrus secured at court great correctness of conduct on the part of his subordinates, who gave precedence to their superiors; and thus he also secured from them a great degree of respect and politeness towards one another. And among them you would never have detected anyone raising his voice in anger or giving vent to his delight in boisterous laughter; but on seeing them you would have judged that they were in truth making a noble life their aim." (Xen. *Cyr.* 8.1.33) For Persian subjects, Cyrus the Great was not only their ruler, but their father; "for that name obviously belongs to a benefactor rather

---

[80] Sandridge, *Loving Humanity, Learning, and Being Honored: The Foundations of Leadership in Xenophon's* Education of Cyrus, 119.
[81] For further discussion on the metaphor of shepherd, see Brock, *Greek Political Imagery from Homer to Aristotle*, 143-153.

than to a despoiler" (Xen. *Cyr*. 8.2.9). Finally, it is quite impressive that the pessimistic mood expressed in the introduction is successfully reversed when we read the view of Pheraulas. In his opinion, man is "the best and most grateful of all creatures, since he saw that when people are praised by anyone they are very glad to praise him in turn; and when anyone does them a favour, they try to do him one in return; when they recognise that anyone is kindly disposed toward them they return his good-will; and when they know that anyone loves them they cannot dislike him; and he noticed especially that they strive more earnestly than any other creature to return the loving care of parents both during their parents' life-time and after their death; whereas he knew that all other creatures were both more thankless and more unfeeling than man." (Xen. *Cyr*. 8.3.49) In sum, it is not a bad thing that every subject has his own free will as long as human nature is kind and grateful. What is important is that the ruler should know how to direct their minds to a rational, peaceful and honest status. That is the achievement of the fictional Cyrus the Great. And it is also the utopian dream of the philosopher Xenophon.

IV. Origin of Xenophon's Educational Idea: Life Experience Reflected in His Other Major Works

In the literature of classical period, the image of ideal kingship is nothing uncommon. Evagoras in Isocrates' prose encomium *Evagoras*, Theseus in Sophocles' *Oedipus at Colonus*, and Hiero in Simonides' and Bacchylides' odes are all highly idealised lawful kings. Nevertheless, in that time, it seems that only Plato and Xenophon,[82] two followers of Socrates, are so ambitious as to suggest that one perfect political leader can undertake the huge burden of moral education of the whole society. As we have seen, the ideal image of Cyrus the Great, a perfect political leader, plays the decisive role in the procession of Xenophon's social education. He initiated and maintained the whole system of education; and the system fell apart with his death. Then what is the prototype of this figure? Is it really drawn from Persian historical documents and oral tradition, or simply copied and stolen from the image of philosopher king depicted by his "rival" Plato in *Republic*?

Maybe the date of the composition of the *Cyropaedia* can provide

---

[82] It seems that Aeschines of Sphettus (Aeschines Socraticus, fr. 33 (in Giannantoni)) and Antisthenes (Antisthenes, fr. 141 (= Athen. v 330c, in Giannantoni)) also wrote something about Cyrus. But its content and whether it is about ideal leadership is unknown.

some clues for us to answer the question. Unlike most of Xenophon's other writings, we can roughly date the composition of the *Cyropaedia*. Most scholars have agreed that it is written in the 360s[83] (about twenty years after the composition of Plato's *Republic*, with which it shares a lot of common features in ancient readers' eyes (Gell. *NA*. 14.3.1-4)) in the last years of Xenophon's life.[84] In that case, it is plausible to argue that Xenophon might be inspired by Plato's *Republic* in some way. Nevertheless, I believe that the image of Cyrus the Great must also partly come from Xenophon's own life experience, and it constitutes Xenophon's concluding reflections on contemporary history and his personal successes and failures.

In perhaps one of his earliest works, the *Anabasis*,[85] Xenophon introduces for us his leader, Cyrus the Younger, who perhaps serves as the first prototype of his remote ancestor, as Deborah Gera believes.[86] In Xenophon's view, Cyrus the Younger was a man "who was the most kingly and the most worthy to rule of all the Persians who have been born since Cyrus the Elder" (Xen. *An*. 1.9.1). He was outstanding in many aspects ever since childhood (Xen. *An*. 1.9.2). He showed himself pre-eminent in his attentions to all his friends to make them devoted to himself (Xen. *An*. 1.9.20). He distributed gifts generously as Cyrus the Great did in the *Cyropaedia* (Xen. *An*. 1.9.23).

Another prototype of Cyrus is Jason of Pherae,[87] a tyrant appearing in Xenophon's *Hellenica*. We are certain that Xenophon must be familiar with his deeds and believe that this figure was important in Greek history, as he pays great attention to him in his *Hellenica* (Xen. *Hell*. 6.1.4-9; 6.4.20-37). This tyrant had great power and enjoyed glorious fame (Xen. *Hell*. 6.1.4). He was strong in body and a lover of toil (Xen. *Hell*. 6.1.5-6). He rewarded his friends lavishly (Xen. *Hell*. 6.1.6). He preferred to secure the willing cooperation of those who had been his enemies rather than to compel their obedience by force (Xen. *Hell*. 6.1.7). He compared himself to the King of the Persians and Agesilaus and considered himself to surpass them (Xen. *Hell*. 6.1.12). Through his numerous alliances, Jason became the greatest man of his time and was not lightly to be despised by anyone (Xen. *Hell*. 6.4.28). Further, he maintained a pious attitude towards Apollo (Xen. *Hell*. 6.4.29-30), just as Cyrus had to Persian gods and magi.

A third prototype of Cyrus again comes from the *Anabasis*, which is Xenophon himself. When the leaders of the Greek mercenaries were

---

[83] Gera, *Xenophon's* Cyropaedia, *Style, Genre and Literary Technique*, 23.
[84] Anderson, *Xenophon*, 2.
[85] Due, *The Cyropaedia, Xenophon's Aims and Methods*, 205.
[86] Gera, *Xenophon's* Cyropaedia, *Style, Genre and Literary Technique*, 11.
[87] Due, *The Cyropaedia, Xenophon's Aims and Methods*, 186.

seized and executed, and the rest of the frustrated soldiers were left in the central area of the Persian Empire, far away from their hometown (Xen. *An.* 3.1.2), Xenophon received a holy dream (Xen. *An.* 3.1.11-12) and decided to lead other men in the long march. By overseeing military discipline, obeying the will of gods (Xen. *An.* 3.1.38-44), emphasising the importance of obedience and encouraging the spirit of Greek soldiers (Xen. *An.* 3.2.30-31), Xenophon managed to bring his fellows out of danger and accomplished a miracle in ancient military history. His methods are sometimes very similar to those Cyrus the Great adopted.[88]

The final figure moulding the shape of Cyrus is Xenophon's teacher Socrates. In this aspect Debora Gera has already done detailed and excellent research. She points out that Socrates is a real presence in the *Cyropaedia*.[89] He and Cyrus share common personal traits; certain events in the *Cyropaedia* relate to Socrates' trial and final days;[90] and the conversation between Cyrus and Chrysantas is very similar to dialogues in the *Memorabilia*.[91]

In sum, the image of Cyrus the Great comes from the most important acquaintances of Xenophon himself, and it might also be based on and further developed from some Socratic traditions, for example Plato's idea of the philosopher king in his *Republic*. The *Cyropaedia* is a summary of Xenophon's philosophical system as well as his life experience composed in his old age. As a "world citizen" of his age[92] who was born in Athens but spent thirty-six years in exile and used to travel to Persia, Sparta, Elis and Corinth,[93] Xenophon preserves his life-long experience and his reflections on the best possible political organisation and social education in his longest extant work, the *Cyropaedia*.

V. Conclusion

The *Cyropaedia* is one work very similar in appearance to the genre of πολιτεία literature. But the real subject of it is social education. This kind of education is applicable to people of all different age groups and every

---

[88] Besides, some elements of the *Cyropaedia* may come directly from Xenophon's military experience as a general, for example the importance of gods' favour (Xen. *Cyr.* 4.1.6 and *Eq. mag.* 1.1) and of the general (Xen. *Cyr.* 1.6.22-51 and *Eq. mag.* 2.5) in battles and the indispensibility of order (Xen. *Cyr.* 8.1.14-15 and *Eq. mag.* 1.15) and rewarding (Xen. *Cyr.* 8.2.14 and *Eq. mag.* 2.6).

[89] Gera, *Xenophon's* Cyropaedia, *Style, Genre and Literary Technique*, 26.

[90] Gera, *Xenophon's* Cyropaedia, *Style, Genre and Literary Technique*, 27.

[91] Gera, *Xenophon's* Cyropaedia, *Style, Genre and Literary Technique*, 115.

[92] J. Ferguson, *Utopias of the Classical World* (London: Thames & Hudson, 1975), 56.

[93] Delebecque, *Essai sur la vie de Xénophon*, 499.

branch of public life. The key figure to ensure the success of social education is an ideal political leader; in the case of the *Cyropaedia* that is Cyrus the Great, a perfect image mainly abstracted from Xenophon's own life experience. And the ultimate aim of the education is the elevation and improvement of the morality of the whole society in a philosophical sense.

Therefore, the *Cyropaedia* is by no means a minor work[94] or simply a story told for entertainment, though its influence on Hellenistic novels cannot be overestimated.[95] Its subject is both important and serious. It encapsulates the experience and thought of Xenophon in the final years of his life.

Unlike Plato's philosopher king, the fictional Cyrus the Great is a man of action.[96] He made mistakes in childhood occasionally but managed to achieve all virtues by learning; he conquered and educated his subjects; he even possessed supernatural ability to interpret the will of gods; and he played tricks when it was necessary (Xen. *Cyr.* 7.5.37-40; 8.1.17-20; 8.2.10-12). His success is based on his military victories and his control of political power. On the other hand, this ideal leader is first and foremost a virtuous and ethical man.[97] The final purpose of his education is both moral and philosophical.[98] All political, military, household leaders can benefit themselves by learning from his example.[99] He provides everything Ischomachus desires in *Oeconomicus*; he would succeed where Cyrus the Younger, Agesilaus and Epaminondas were defeated in reality;[100] he would educate the jury which put Socrates to death. In sum, "he would transform his world, rather than be destroyed by it".[101]

Nevertheless, in contrast to Plato as well as other utopian thinkers in later ages, Xenophon never dreamed that his models of Persian education and Spartan constitution would be everlasting. He does not bother himself to solve the difficulty which no monarchy before and after his time ever managed to settle. When a great king dies and is succeeded by somebody incompetent, when a good constitution enjoys too much glory and success and turns to be corrupted and conservative, the magnificent empire or perfect system declines and finally falls apart. In the same manner, when

---

[94] Tatum, *Xenophon's Imperial Fiction: On the Education of Cyrus*, 40.
[95] Reichel (2010), 438.
[96] Due, *The Cyropaedia, Xenophon's Aims and Methods*, 184.
[97] Due, *The Cyropaedia, Xenophon's Aims and Methods*, 19.
[98] Tamiolaki, "Virtue and Leadership in Xenophon: Ideal Leaders or Ideal Losers?" 563.
[99] Carlier, "The Idea of Imperial Monarchy in Xenophon's *Cyropaedia*," 330.
[100] Tatum, *Xenophon's Imperial Fiction: On the Education of Cyrus*, 58.
[101] Tatum, *Xenophon's Imperial Fiction: On the Education of Cyrus*, 58.

Xenophon's Cyrus and Lycurgus die, the systems they set up with great effort cease to exist.[102] Christopher Nadon concludes that Xenophon did see himself the weakness of all ancient political life[103] and the limitation of every existing regime in his time.[104] It might be too arbitrary to suppose Xenophon would have such a profound idea more than two thousand years ago. But in any case, as a general and statesman himself, Xenophon does have more practical considerations for his model of Utopia, as we shall see in later chapters.

---

[102] In scholarship, Pl. *Leg.* 694c-696b is sometimes taken as a response to Xenophon's *Cyropaedia*. Nevertheless, even if that supposition is true (for which we are in short of decisive evidence), Plato's critique is not to the point. From a historical and realistic perspective, Xenophon sees clearly that howerver powerful a hegemony is, it must suffer its decline in due time. This phenomenon only reflects the everlasting rule of human society and history, but has nothing to do with a monarch's family education of his children (which only comprises a very small proportion in the social education in Xenophon's own context). In that sense, Xenophon's vision of human politics, while far less philosophical than that of Plato, is relatively broader and less utopian (though itself not necessarily practical either) than the latter's.

[103] Nadon, *Xenophon's Prince: Republic and Empire in the* Cyropaedia, 164.

[104] Nadon, *Xenophon's Prince: Republic and Empire in the* Cyropaedia, 178.

CHAPTER TWO

XENOPHON'S *HIERO*: A RHETORICAL DIALOGUE TO PERSUADE THE ORGANISER OF SOCIAL EDUCATION

I. Two Problems Remaining in the Utopian Model of the *Cyropaedia*

As the chapter above indicates, Xenophon presents for us in the *Cyropaedia* a mature and systematic theory of social education. It is carried out by an ideal leader. Its contents are mainly political, while the ultimate aim of the system remains moral and philosophical. Nevertheless, like most utopian models of social organisation, there are still two serious problems remaining unsolved in Xenophon's *magnum opus*. And Xenophon must face the challenge of them if he does wish to transplant philosophical education of Socratic mode into social education and the political sphere.

First of all, for the teaching of Socrates and almost all kinds of modern school education, the idea and practice are integrated in the teacher himself. A teacher gives instruction to students because that is his/her work and what his/her students, as well as other people in the society, expect him/her to do. But social education in Xenophon's context is quite different. The very idea of it is produced by Xenophon, a moralist and writer in his last years, but he himself was never a chief political leader except during the retreat of his army from Persia after Cyrus the Younger's unsuccessful expedition (and even at that time his power was far from absolute and had to be shared with other generals). In that case, the social education of Xenophon's type must be devised by a wise philosopher and carried out by an absolute political leader, who is powerful and courageous enough to make laws, carry out reformation, secure public order, defeat brutal enemies and punish unruly mobs; while at the same time he must be modest and rational enough to give ear to the philosopher and follow his instructions willingly. This seems to be a very difficult and complex task which even some outstanding thinkers in both ancient and modern ages, including Plato in Syracuse and Thomas More in England, failed to accomplish in practice. In the reality, a competent politician often finds that a philosophical and utopian proposal is useless or difficult to put into practice.

In the second place, school education is carried out in a certain classroom. In the context of Socratic education, the "classroom" might be the *agora* of Athens, one friend's home, a hall for a symposium or a court of law. But in any case, such places offer an enclosed space in which security, social manner, order and discipline can be respected and protected. On the other hand, Socrates could choose his own "students" and he would not bother himself to educate anyone who was without talent in philosophy or without positive interest in knowledge and wisdom (though Critias and Alcibiades (Xen. *Mem.* 1.2.14-16) might be two exceptions); and in many situations, these people would come to Socrates for knowledge on their own initiative (Pl. *Resp.* 357a; Xen. *Mem.* 4.8.11.). Therefore, the order and discipline of Socratic education can be secured from the very beginning without compulsory means.[1] However, generally speaking, a political leader cannot choose his subjects. He must meet and deal with selfish and deceitful ministers, vulgar and agitated mobs, as well as harsh and hostile enemies. As a result, in order to maintain the public order and build up his personal authority so as to control his subjects and to create a satisfactory environment in which social education of morality can be carried out successfully, the ideal political leader needs many more skills beyond moral admonition and mastery of academic principles.

In the discussion of the two crucial problems, Xenophon displays his talent as a first-class classical Greek writer as well as his distinctive identity in comparison to all his contemporary thinkers, for example Plato, Isocrates and Aristotle. The second and third chapters of this part are devoted respectively to the discussions of those two problems, starting with the most particular and brilliant dialogue ever composed by Xenophon, the *Hiero*.

II. Rhetorical and Persuasive Nature of the *Hiero*

a. Disputation on the Nature of the *Hiero*

The *Hiero*, which depicts a conversation between Hiero the tyrant and Simonides the poet on the misfortune of tyrants and happiness of good

---

[1] A. Kojève, "Restatement on Xenophon's *Hiero*," in *On Tyranny* (London: Collier-Macmillan, 1963), edited by L. Strauss, 217.

kings, is an excellent and attractive dialogue written by Xenophon.[2] Nevertheless, the study of this work is also very difficult and rather tricky, as academic opinions on the very essence of the *Hiero*, including the definition of it as a dialogue, remain diverse, controversial, and undecided up to now. The focus of the disagreement lies in the different understandings of the obvious "change of roles" appearing in this enigmatic dialogue.

According to V.J. Gray, the *Hiero* seems to be a typical Socratic dialogue written by Xenophon, a disciple of Socrates like Plato; and the work itself should be taken as a response to Plato's *Laws*, 710d.[3] She believes that Simonides plays the role of Socrates in the *Hiero* and she tries to attribute Socratic irony to Simonides, in order to explain his dramatic change of roles from that of a listener showing hardly any wisdom in the first half of the dialogue to that of an eloquent teacher in the second half.[4] In her opinion, Simonides pretends to know nothing in the beginning to test the knowledge of Hiero, and afterwards shows his own wisdom and gives advice to the tyrant. In that sense, the Hiero depicts a standard scene of the meeting between the wise and the powerful.[5] But even Gray herself has to admit Simonides' method seems to be quite odd and very different from Socratic irony. In fact, during the most part of the conversation it is "Simonides' own knowledge that appears to be tested".[6] And in her recent work entitled *Xenophon's Mirror of Princes*, which is devoted to the study of Xenophon's literary achievements and connection to other Greek thinkers (including Socrates, of course), she does not mention the *Hiero* in the section on Xenophon's use of Socratic irony.[7] Obviously, one main problem of this theory is that though the dialogue on the whole is at least "quasi-Socratic", it is impossible to recognise either Simonides or Hiero in it as "an admirable or paradigm figure in the manner of Socrates, Cyrus or Lycurgus".[8]

For the same problem, Leo Strauss, the author of an important monograph on the *Hiero*, offers a different explanation by assuming that the character of Simonides combines multiple roles. He thinks that Simonides first

---

[2] Ferguson, *Utopias of the Classical World*, 57.
[3] V. Gray, *Xenophon on Government* (Cambridge: Cambridge University Press, 2007), 30.
[4] Gray, *Xenophon on Government*, 36-37.
[5] Gray, *Xenophon on Government*, 31.
[6] V. Gray, "Xenophon's *Hiero* and the Meeting of the Wise Man and Tyrant in Greek Literature," *The Classical Quarterly* 36 (1986): 116.
[7] Gray, *Xenophon's Mirror of Princes, Reading the Reflections*, 331ff.
[8] Hobden and Tuplin, ed. *Xenophon: Ethical Principles and Historical Enquiry*, 28.

presents himself as a wise man always desirous to learn;[9] while Hiero is so foolish that he takes Simonides' ignorance seriously.[10] However, Hiero is still wise and eloquent enough to defeat Simonides in the first part of debate and Simonides allows him to do so.[11] But afterwards Simonides changes into other wiser roles and "speaks no longer as a somewhat diffident pupil but with the confidence of a teacher",[12] and Hiero has nothing to answer him at all. Based on that interpretation, Leo Strauss claims that sometimes the function of Simonides is the same as the stranger from Elea in Plato's works[13] and interprets the conversation between Hiero and Simonides as one between citizen and stranger.[14] While he also argues that the historical Aristippus, a sophist playing a negative role in the *Memorabilia* (Xen. *Mem.* 2.1.1-34), is also part of the model of Xenophon's Simonides.[15] As such changes of roles are very rare in Xenophon's other works containing dialogues, Leo Strauss finally concludes that the *Hiero* is a very atypical dialogue of Xenophon beyond his usual style.[16]

A third view on the nature of the *Hiero* is represented by Roberta Sevieri, who suggests that "the first surprising aspect of this dialogue is the very fact whether it is a dialogue at all — that is to say, that both parties are present at, and engaged in, the exchange of ideas".[17] In her view, the *Hiero* is an epinician poem disguised as a philosophical dialogue, as only one leading and consistent opinion is presented throughout the dialogue. In my opinion, it is a little arbitrary to claim that Xenophon's *Hiero* is an epinician poem, and it is even more dubious that the form of dialogue would achieve the expected effect of the so-called lyric "I" Roberta Sevieri mentions. In spite of that, Roberta Sevieri rightly points out that only one leading opinion is actually presented in the whole dialogue.[18]

---

[9] L. Strauss, *On Tyranny*, revised and enlarged (New York: Free Press of Glencoe, 1963). 36.

[10] Strauss, *On Tyranny*, 43-44.

[11] Strauss, *On Tyranny*, 89.

[12] Strauss, *On Tyranny*, 82.

[13] Strauss, *On Tyranny*, 79.

[14] Strauss, *On Tyranny*, 85.

[15] Strauss, *On Tyranny*, 104.

[16] Strauss, *On Tyranny*, 96.

[17] R. Sevieri, "The Imperfect Hero: Xenophon's *Hiero* as the (Self-) Taming of a Tyrant," in *Xenophon and His World, Papers from a Conference Held in Liverpool in July 1999* (Stuttgart: Franz Steiner Verlag, 2004), edited by C. Tuplin, 279.

[18] Sevieri, "The Imperfect Hero: Xenophon's *Hiero* as the (Self-) Taming of a Tyrant," 279.

A thorough analysis on the nature of the *Hiero* and the category of literary genre to which it belongs is of course beyond the boundary of my study; and I believe that the discussion of these topics must remain open as long as we possess no more relevant external evidence. However, it is noteworthy that Roberta Sevieri's one key point, that is to say that the *Hiero* actually only presents one opinion on the disadvantages of tyranny and advantages of true kingship, is also what V.J. Gray and Leo Strauss realise. This basic fact recognised by most modern scholars is of crucial importance for me in interpreting Xenophon's attitude towards potential organisers and executers of his ambitious social education, namely the current Greek tyrants and the future ideal monarchs.

According to V.J. Gray's early assumption of the application of "Socratic irony", what Simonides does is to "enlighten" Hiero and help him realise the disadvantages of tyranny and advantages of true kingship for the governor himself. While in Leo Strauss' theory, the combination of the roles of listener and philosopher in Simonides enables Xenophon to express his own thought through the mouths of Hiero and Simonides respectively. Therefore, all the three main researchers on Xenophon's *Hiero* agree that only one main opinion representing Xenophon himself is emphasised and presented fully in the dialogue. Therefore, although we do not know everything about the nature of Xenophon's *Hiero* precisely yet, we can still summarise a concise version of Xenophon's advice to a "tyrant (though he might be fictional and much more reasonable than those cruel Greek tyrants in reality)", the potential prime mover of the ideal social education of morality Xenophon always dreams of. In my opinion, on the one hand, the advice is highly rhetorical and in some cases unconvincing; on the other hand, it represents Xenophon's sincere intention to persuade his readers to put his moral education into practice and his steadfast belief in the possibility of achieving ultimate happiness through the consequent improvement in social morality.

b. The Rhetorical Features of Xenophon's *Hiero*

In comparison to Xenophon's *Cyropaedia*, his most important work on the government of an ideal monarch, the divergence of the version we find in the *Hiero* is quite striking and therefore noteworthy. Certain features do reappear here, while others are either entirely omitted or largely adapted. And even the repeated elements tend to be expressed in a much plainer way. In my opinion, such adaptation is rhetorical, and shows a transition of the expected readership (from readers eager to learn the art of kingship to tyrants and other sceptical readers who need to be persuaded) and writing style (from a plain style to a highly rhetorical one) of Xenophon and should not be taken to imply any fundamental modification in his own thought; while the substitution of contents in the *Cyropaedia* or the *Agesilaus* in the *Hiero* is due to the rhetorical nature of this dialogue, which in most cases does not reflect Xenophon's own idea in a philosophical sense. By these rhetorical means, Xenophon succeeded in producing a persuasive dialogue to argue that virtuous leadership is beneficial for political leaders in that it enables them to promote their own happiness as well as that of their subjects, which serves as one important element in his whole system of moral education.

α. Exchange of Roles between Hiero and Simonides

The very first sentence of the dialogue tells us the identity of the two persons involved: "Simonides, the poet, once paid a visit to Hiero, the despot" (Xen. *Hier*. 1.1). In Greek cultural background, it is clear that the court poet must be a wise advisor, and the tyrant should ask him for suggestions. Nevertheless, the development of the conversation is out of the reader's expectation. Because Simonides suddenly suggests to Hiero:

> I know you were born a private person (ἰδιώτης) and you are now a despot (τύραννος). Therefore, as you have experienced both fortunes, you probably know better than I how the lives of the despot and the private person differ as regards the joys (εὐφροσύνη) and sorrows (λύπη) that fall to man's lot. (Xen. *Hier*. 1.2)

After a certain hesitation, Hiero finally answers:

> I assure you far fewer pleasures fall to despots than to private persons of modest means, and many more and much greater pains. (Xen. *Hier*. 1.8)

And Simonides immediately expresses his confusion:

> Incredible! Were it so, how should a despot's throne be an object of desire to many, even those who are reputed to be men of ample means? And how should all the world envy despots? (Xen. *Hier*. 1.9)

The comparison between despots and private persons involves Simonides and Hiero in an unexpected reversal of roles. On the basis that he has experienced the life of both individuals and despot, Hiero becomes the wiser of the two, and therefore he will take the lead in the conversation and explain to Simonides, who is willing to learn from him, why the life of tyrants is worse than that of common people. At the same time, Simonides appears to be a common member of the multitude instead of a poet full of wisdom. Hiero can even criticise Simonides for a failure of insight: "That this escapes the observation of the multitude (τὸ πλῆθος), as I say, I am not surprised. But what does seem surprising to me is that men like you, whose intelligence is supposed to give you a clearer view of most things than your eyes, should be equally blind to it" (Xen. *Hier*. 2.5). As a matter of fact, the behaviour of Simonides shows no difference from that of a person of ordinary intelligence throughout this part of the conversation. His so-called "philosophy" only represents the vulgar opinion about kingship, as Leo Strauss summarises, "tyranny is bad for the city but good for the tyrant, for the tyrannical life is the most enjoyable and desirable way of life."[19] In essence, this opinion suggests that bodily pleasure, wealth and power are more important than virtue, which would be objected to and despised by almost all great Greek philosophers, orators, historians and dramatists. As a result, the opinion of Simonides is destined to be defeated and corrected by Hiero's eloquence. And the famous poet makes no resistance: he keeps expressing surprise (Xen. *Hier*. 1.9) and allows himself to be led by Hiero's arguments; he laughs in the exact manner of "the vulgar multitude" (Xen. *Hier*. 1.31).

However, from the beginning of section 8, Simonides and Hiero exchange their roles abruptly. Simonides suddenly suggests, "Nevertheless, I think I can show you that rule so far from being a bar to popularity, actually has the advantage of a citizen's life." (Xen. *Hier*. 8.1) From then on, Simonides recovers his identity and wisdom as a good advisor. He suggests that Hiero should use reward and punishment properly (Xen. *Hier*. 9.1-4); he asks him to apply mercenaries to protect public order and property of citizens instead of his own safety only (Xen. *Hier*. 10.7-8); he reminds Hiero that he should spend his money for the common good (Xen. *Hier*. 11.1); and he claims true kingship can remain undefeatable for its enemies (Xen. *Hier*. 11.13-15). We suddenly recognise Xenophon himself and his typical theory of social education, which is clearly and systematically presented in the *Cyropaedia* and Xenophon's many other writings. The shift from the vulgar listener to the eloquent teacher is dramatic.

And where is Hiero in this phase of the conversation? Perhaps we should say that he disappears from the stage and either recedes behind the curtain or joins with the audience to enjoy Simonides' excellent monologue. Because except for one simple comment (Xen. *Hier*. 8.8-10) and one question put forward at the beginning of section 10 (Xen. *Hier*. 10.1-4), he keeps silence throughout the speech of Simonides. As

---

[19] Strauss, *On Tyranny*, 40.

Alexander Kojève points out, Hiero keeps silence because he has no more to say.[20] He has already finished his task; and his reaction to Simonides' advice has nothing to do with the ultimate aim of the dialogue. The dialogue does not end with the triumph of Simonides,[21] but it does not matter, as Xenophon's aim in composing this dialogue has already been accomplished. The main function of Hiero and Simonides is to present the disadvantages of a tyrant's life and the advantages of perfect kingship to the reader of the dialogue, which is most relevant to the very subject Xenophon treats in the *Hellenica*, the *Agesilaus*, the *Spartan Constitution*, and his chef-d'oeuvre on social education, the *Cyropaedia*.

According to the views of most researchers on the *Hiero*, the arguments of Hiero in the first half of the dialogue and those of Simonides in the second half should be taken as a whole, which offers a consistent and systematic narrative of Xenophon's own advice to monarchs. The first part of his advice points out the disadvantages of a tyrant's life. In the first place, a tyrant cannot see as much as others because he is only safe at home (Xen. *Hier.* 1.11-13); secondly, a tyrant can hear nothing pleasant but has to face silence of his courtiers or their praise sounding like flattery (Xen. *Hier.* 1.15); thirdly, a tyrant does not have a good appetite because he has too much delicious food to eat (Xen. *Hier.* 1.17-19). What is more, he cannot have a happy marriage because few women can equal him in social status (Xen. *Hier.* 1.27-28); he cannot make his favourites happy because they fear him (Xen. *Hier.* 1.29-30); he has to behave with caution in his own city as his own brave citizens are threats to himself (Xen. *Hier.* 5.3); and finally he cannot get rid of the miserable role of tyrant as he would have no hope of escaping the revenge of those he had wronged (Xen. *Hier.* 7.12-13). The ideal monarch as presented in Simonides' account, by contrast, is held in high esteem and enjoys a greatly preferable mode of life. Therefore, any tyrant who reads the *Hiero* would abandon tyranny and pursue true kingship and justice, if he is sufficiently convinced by Xenophon's arguments.

β. Selectiveness of Information

At the first glance, Hiero's narrative of the disadvantages of the tyrant's life is quite systematic and complete. However, further analysis reveals clearly that Xenophon omits many disadvantages of private persons in

---

[20] A. Kojève, "Tyranny and Wisdom," in *On Tyranny* (London: Collier-Macmillan, 1963), edited by L. Strauss, 144.

[21] W. Newell, "Machiavelli and Xenophon on Princely Rule: A Double-Edged Encounter," *The Journal of Politics* 50 (1988): 115.

comparison to tyrants in order to justify his argument. In arguing that tyrants cannot enjoy love from his friends as common people do, Xenophon's Hiero claims that, "the fact is, a private person has instant proof that any act of compliance on the part of his beloved is prompted by affection, since he knows that the service rendered is due to no compulsion; but the despot can never feel sure that he is loved. For we know that acts of service prompted by fear copy as closely as possible the ministrations of affection. Indeed, even plots against despots as often as not are the work of those who profess the deepest affection for them." (Xen. *Hier.* 1.37-38) The argument is rather one-sided, as the choice of suitable friends is a difficult problem both for tyrants and for individuals. The situation that "the service is due to no compulsion" by no means secures sincere affection to individuals, as many other interests beyond political power would seduce evil men to show artificial love to people around them. However, in his *Memorabilia*, Xenophon shows that he is aware that private friendship is rare as well. As his Socrates implores:

ἐπιμελομένους δὲ παντὸς μᾶλλον ὁρᾶν ἔφη τοὺς πολλοὺς ἢ φίλων κτήσεως. καὶ γὰρ οἰκίας καὶ ἀγροὺς καὶ ἀνδράποδα καὶ βοσκήματα καὶ σκεύη κτωμένους τε ἐπιμελῶς ὁρᾶν ἔφη καὶ τὰ ὄντα σῴζειν πειρωμένους, φίλον δέ, ὃ μέγιστον ἀγαθὸν εἶναί φασιν, ὁρᾶν ἔφη τοὺς πολλοὺς οὔτε ὅπως κτήσωνται φροντίζοντας οὔτε ὅπως οἱ ὄντες αὐτοῖς σῴζωνται. ἀλλὰ καὶ καμνόντων φίλων τε καὶ οἰκετῶν ὁρᾶν τινας ἔφη τοῖς μὲν οἰκέταις καὶ ἰατροὺς εἰσάγοντας καὶ τἆλλα τὰ πρὸς ὑγίειαν ἐπιμελῶς παρασκευάζοντας, τῶν δὲ φίλων ὀλιγωροῦντας, ἀποθανόντων τε ἀμφοτέρων ἐπὶ μὲν τοῖς οἰκέταις ἀχθομένους τε καὶ ζημίαν ἡγουμένους, ἐπὶ δὲ τοῖς φίλοις οὐδὲν οἰομένους ἐλαττοῦσθαι, καὶ τῶν μὲν ἄλλων κτημάτων οὐδὲν ἐῶντας ἀθεράπευτον οὐδ᾽ ἀνεπίσκεπτον, τῶν δὲ φίλων ἐπιμελείας δεομένων ἀμελοῦντας. ἔτι δὲ πρὸς τούτοις ὁρᾶν ἔφη τοὺς πολλοὺς τῶν μὲν ἄλλων κτημάτων, καὶ πάνυ πολλῶν αὐτοῖς ὄντων, τὸ πλῆθος εἰδότας, τῶν δὲ φίλων, ὀλίγων ὄντων, οὐ μόνον τὸ πλῆθος ἀγνοοῦντας, ἀλλὰ καὶ τοῖς πυνθανομένοις τοῦτο καταλέγειν ἐγχειρήσαντας, οὓς ἐν τοῖς φίλοις ἔθεσαν, πάλιν τούτους ἀνατίθεσθαι· τοσοῦτον αὐτοὺς τῶν φίλων φροντίζειν.

And yet, there is no transaction most men are as careless about as the acquisition of friends. For I find that they are careful about getting houses and lands and slaves and cattle and furniture, and anxious to keep what they have; but though they tell one that a friend is the greatest blessing, I find that most men take no thought how to get new friends or how to keep their old ones. Indeed, if one of their friends and one of their servants fall ill at the same time, I find that some call in the doctor to attend the servant and are careful to provide everything that may contribute to his recovery, whereas they take no heed of the friend. In the event of both dying, they are vexed at losing the servant, but don't feel that the death of the friend matters in the least. And though none of their other possessions is uncared for and unconsidered, they are deaf to their friends' need of attention. And besides all this, I find that most men know the number of their other possessions, however great it may be, yet cannot tell the number of their friends, few as they are; and, if they are asked and try to make a list, they will insert names and presently remove them. So much for the thought they give to their friends! (Xen. *Mem.* 2.4.1-4)

Therefore, as a former private citizen in Athens, an exile wandering around Greece and Asia and a philosopher on morality, Xenophon himself must understand the common sense fully, yet he omits discussion of that deliberately. In my opinion, this must be considered as his effort to achieve rhetorical effect.

Similarly, Hiero also claims that "in the event of an expedition against an enemy's country, private persons at least think themselves safe as soon as they have come home. But when despots reach their own city, they know that they are now among more enemies than ever." (Xen. *Hier.* 2.9) There are also certain omissions in contrast here. During a war, the tyrant, as commander of the whole army, is protected by his best soldiers, while the common soldiers exposed in the front line must suffer greater dangers and are more likely to be killed than their military leaders. And in peaceful times, under the reign of tyranny, private persons' lives and properties are also in danger of being violated and oppressed by tyrants themselves, as Xenophon himself reveals clearly in the section on the Thirty in Athens of the *Hellenica* (Xen. *Hell.* 2.3.12ff). The only distinction is that a tyrant can hire foreign mercenaries to protect him; while private persons can find no way to protect themselves at all. Once again Xenophon chooses to omit such obvious facts. And Hiero becomes even more unreasonable when he says that poverty is rarer among private persons than among despots (Xen. *Hier.* 4.8-9), as the social reality shows just the opposite. Although tyrants do have to deal with a larger sum of expenditure, they are supported by a variety of financial resources. But private persons have far fewer means to manage their finance if their income is inadequate. In conclusion, the statement of Hiero is highly rhetorical. As W.R. Newell comments, "It is not that Hiero is lying, then, when he enumerates the drawbacks of tyranny; they certainly exist. But, in omitting the compensations of tyranny and the drawbacks of citizenship, he gives a very one-sided diagnosis."[22]

If we can say that the statement of Hiero sacrifices balanced arguments for its persuasiveness, then we can also be certain that the advice of

---

[22] Newell, "Machiavelli and Xenophon on Princely Rule: A Double-Edged Encounter," *The Journal of Politics* 50 (1988): 114.

Simonides also sacrifices philosophical profundity (which is shown in Xenophon's *Cyropaedia* and *Agesilaus*, as well as similar writings of his contemporary writers) for its liveliness as well as straightforwardness. A comparison between the latter part of the *Hiero* and Isocrates' *Letter to Nicocles* (which is perhaps written shortly after 374 B.C., when Nicocles became king) reveals as many differences as similarities. Both works discuss the art of kingship. But Isocrates organises his arguments strictly according to the usual categorisation of Greek ethics in his time. He gives long and rather tedious admonitions to Nicocles and asks him to practise virtue, wisdom, piety, truthfulness, meekness, self-control, moderation, urbanity and dignity,[23] in very similar manner to the organisation of material of Aristotle in his *Ethica Nicomachea*. From the *Agesilaus* we can see that Xenophon definitely knows a very similar categorisation (actually it seems to be common sense to almost all classical moral philosophers) and he does not avoid using it in suitable contexts (Xen. *Ages.* 11.1-13; *Mem.* 4.8.11). In spite of this, Xenophon abandons almost all abstract philosophical terms in the *Hiero* and adapts them into detailed, descriptive and colloquial language.

It is noteworthy that some of Xenophon's favourite abstract topics, for example obedience to established law and piety,[24] disappear completely from this dialogue. An obvious reason is that these points would not be welcomed and accepted immediately by tyrants or anyone not expert in moral philosophy;[25] and they have little to do with the personal happiness of tyrants, which is exactly what Simonides and Hiero talk about. The very aim of Simonides' speech is to explain to readers the basic outline of Xenophon's idea on social morality concisely as well as selectively, and "seduce" them to put it into practice with the lure of Hiero's own happiness. He argues that a tyrant would become popular if he sends his mercenary guards to maintain public order, but does not mention anything about civil law; he advises the king to reward his subjects without making analysis on the concept of justice; he encourages Hiero to improve the living standard of his people, but deliberately introduces a metaphor by which he compares it to a much more honoured game in competition with other kings than the Olympian and Pythian Games. As a matter of fact, every element attractive and helpful for tyrants to change themselves into good kings and to achieve happiness is carefully chosen and presented in

---

[23] Strauss, *On Tyranny*, 96.

[24] Xen. *Cyr.* 3.3.58-59, 4.1.6, 5.1.24-25, 7.1.10, 8.1.25; Strauss, *On Tyranny*, 108.

[25] Compared to Aristotle's calm and objective conclusion of the way of monarchs to avoid being overthrown (Arist. *Pol.* 1313a35-1315b10), Xenophon's rhetorical treatment of the subject might be more persuasive for tyrants.

the *Hiero*, while those unsuitable topics and abstract terms are totally abandoned, though they do take up central positions in Xenophon's other works, for example the *Cyropaedia* and the *Agesilaus*.

γ. Frequent Repetition

Emphasis by repetition is another technique frequently used in *Hiero*. From 2.7 to 5.1, the subject of "suspicion of tyrant" appears six times (Xen. *Hier*. 2.7-8; 2.17-18; 3.7-9; 4.2; 4.3-5; 5.1); and from 5.3 on, the topic of "foreign mercenaries" is mentioned three times (Xen. *Hier*. 5.3; 6.11; 10.1-4); in the rather concise and brief speech of Simonides, the advice to reward friends is also repeated three times (Xen. *Hier*. 9.6-10; 11.1; 11.13-15). But the most impressive repetition is the summarisation of Hiero at the end of his complaint:

> But now, Simonides, I want to show you all those delights that were mine when I was a private person, but which I now find are withheld from me since the day I became a despot. I communed with my fellows then: they pleased me and I please them. I communed with myself whenever I desired rest. I passed the time in carousing, often till I forgot all the troubles of mortal life, often till my soul was absorbed in songs and revels and dances, often till the desire of sleep fell on me and all the company. But now I am cut off from those who had pleasure in me, since slaves instead of friends are my comrades; I am cut off from my pleasant intercourse with them, since I see in them no sign of good-will towards me. Drink and sleep I avoid as a snare. To fear a crowd, and yet fear solitude, to fear to go unguarded, and yet fear the very men who guard you, to recoil from attendants unarmed and yet dislike seeing them armed — surely that is a cruel predicament! (Xen. *Hier*. 6.1-4)

This charming monologue shows typical features of rhetoric, not daily colloquial dialogue. Nobody in real life would talk to others in that way, because almost all the contents of it have already been treated above and are only repeated here for emphasis. This is standard repetition used at the end of orations to draw the attention of the audience and conclude the whole speech, as Xenophon himself did in his funeral encomium for Agesilaus (Xen. *Ages*. 11.1-13) and Cicero in a later age summarised in theory (Cic. *Part. or.* 52-54). The feature reveals again the similarity of Xenophon's *Hiero* to court orations and other rhetorical works.

In sum, the rhetorical features of Xenophon's *Hiero* are quite obvious. Exchange of role, a skill seldom used in Xenophon's other works, is adopted to make the whole dialogue into persuasive advice for tyrants. His statements and arguments presented in this abnormal version of advice to political leaders are highly selective and full of rhetorical repetitions. As a result, the logical system exemplified in the work and certain opinions expressed in it which appear contrary to common sense are not to be accorded the same weight as the contents of the *Cyropaedia* analysed in the chapter above. In my opinion, as a moral philosopher, Xenophon does not really care at all about whether his perfect political leader would enjoy better sight-seeing, pleasing sounds, sweet food and drinks, or sexual pleasures than private persons or not (though his Simonides pretends to care about those trivial things "hypocritically"); and the omission of Xenophon's typical elements, such as justice and piety, is only due to rhetorical considerations. [26] By sacrificing the integrity of his thought system on the ideal leadership for social education, Xenophon manages to achieve the very effect of persuasiveness with the *Hiero*'s elegant writing style, which shows his great effort to solve the first of the two difficulties for the practice of social education (reluctance of tyrants to undertake toil and difficulty to maintain unstable political power) we mentioned in the opening part of this chapter.

c. The Ultimate Aim of Rhetorical Means

The frequent and skilled application of rhetorical methods does not mean that Xenophon's *Hiero* is deceitful or inferior in value. On the contrary, it is good evidence of both Xenophon's outstanding talent and firm will to broadcast his idea of social education to every potential leader among his readers. In the first place, the mature rhetorical skills displayed here shows that Xenophon is as expert as Gorgias, Isocrates and Lysias at the application of rhetoric to support his arguments. In the second place, Xenophon's *Hiero* is superior to typical epideictic orations, such as the pieces written in praise of Helen by Gorgias and Isocrates which are almost purely for oratory practice and entertainment, in the sense that it serves a very serious practical purpose from the very beginning to the end — to persuade the readers to adopt a just, moral way of life and to pursue true happiness in a philosophical sense as Xenophon himself hopes.

In the chapter above on the *Cyropaedia*, we have already examined the basic structure and crucial principles of the ideal constitution set up by Xenophon's Cyrus the Great. Under his government, people are regulated

---

[26] In my opinion, V.J. Gray's complex explanation of the absence of the discussion on justice in the dialogue, which assumes that Simonides' vision is in accord with Arist. *Pol.* 1284a3ff (Gray, *Xenophon's Mirror of Princes, Reading the Reflections*, 175), is not quite necessary. These abstract and perhaps tedious topics are simply avoided here for the benefit of rhetorical effects.

by laws, piety, rational administration and all kinds of virtues; the final
aim of his social education is to accomplish the progress of morality
throughout the whole society; and the crucial organiser of everything is
Cyrus the Great, the ideal political leader on behalf of true kingship
instead of tyranny. However, in order to put this mode of government into
practice, the ideal leader not only must possess wisdom, knowledge,
charisma as well as all kinds of virtues, he also has to be prepared to suffer
from hardship and make great sacrifice all his life, as the advice Cyrus got
from his father indicates:

Ἀλλὰ τοῦτο μέν, ἔφη, ὦ παῖ, χαλεπὸν τὸ ἀεὶ δύνασθαι εὖ ποιεῖν οὓς ἄν τις
ἐθέλῃ· τὸ δὲ συνηδόμενόν τε φαίνεσθαι, ἤν τι ἀγαθὸν αὐτοῖς συμβαίνῃ, καὶ
συναχθόμενον, ἤν τι κακόν, καὶ συνεπικουρεῖν προθυμούμενον ταῖς
ἀπορίαις αὐτῶν, καὶ φοβούμενον μή τι σφαλῶσι, καὶ προνοεῖν πειρώμενον
ὡς μὴ σφάλλωνται, ταῦτά πως δεῖ μᾶλλον συμπαρομαρτεῖν. καὶ ἐπὶ τῶν
πράξεων δέ, ἢν μὲν ἐν θέρει ὦσι, τὸν ἄρχοντα δεῖ τοῦ ἡλίου
πλεονεκτοῦντα φανερὸν εἶναι· ἢν δὲ ἐν χειμῶνι, τοῦ ψύχους· ἢν δὲ διὰ
μόχθων, τῶν πόνων· πάντα γὰρ ταῦτα εἰς τὸ φιλεῖσθαι ὑπὸ τῶν ἀρχομένων
συλλαμβάνει.

Yes, my son, it is always a difficult matter to be in a position to do good to
people as you wish; but show that you rejoice with them if any good befall
them, that you sympathise with them if any ill betide, that you are anxious
that they be not crossed in any way, and that you try to prevent their being
crossed; it is in those respects that you ought rather to go hand in hand with
them. And in his campaigns also, if they fall in the summer time, the
general must show that he can endure the heat of the sun better than his
soldiers can, and that he can endure cold better than they if it be in winter;
if the way lead through difficulties, that he can endure hardships better. All
this contributes to his being loved by his men. (Xen. *Cyr.* 1.6.24-25)

   A very similar narrative on the pursuit of moral virtue (though not only
for political leaders this time) is also given by Prodicus in the parable of
Heracles in Xenophon's *Memorabilia*:

τῶν γὰρ ὄντων ἀγαθῶν καὶ καλῶν οὐδὲν ἄνευ πόνου καὶ ἐπιμελείας θεοὶ
διδόασιν ἀνθρώποις, ἀλλ᾽ εἴτε τοὺς θεοὺς ἵλεως εἶναί σοι βούλει,
θεραπευτέον τοὺς θεούς, εἴτε ὑπὸ φίλων ἐθέλεις ἀγαπᾶσθαι, τοὺς φίλους
εὐεργετητέον, εἴτε ὑπό τινος πόλεως ἐπιθυμεῖς τιμᾶσθαι, τὴν πόλιν
ὠφελητέον, εἴτε ὑπὸ τῆς Ἑλλάδος πάσης ἀξιοῖς ἐπ᾽ ἀρετῇ θαυμάζεσθαι,
τὴν Ἑλλάδα πειρατέον εὖ ποιεῖν, εἴτε γῆν βούλει σοι καρποὺς ἀφθόνους
φέρειν, τὴν γῆν θεραπευτέον, εἴτε ἀπὸ βοσκημάτων οἴει δεῖν πλουτίζεσθαι,
τῶν βοσκημάτων ἐπιμελητέον, εἴτε διὰ πολέμου ὁρμᾷς αὔξεσθαι καὶ
βούλει δύνασθαι τούς τε φίλους ἐλευθεροῦν καὶ τοὺς ἐχθροὺς χειροῦσθαι,

τὰς πολεμικὰς τέχνας αὐτάς τε παρὰ τῶν ἐπισταμένων μαθητέον καὶ ὅπως
αὐταῖς δεῖ χρῆσθαι ἀσκητέον· εἰ δὲ καὶ τῷ σώματι βούλει δυνατὸς εἶναι, τῇ
γνώμῃ ὑπηρετεῖν ἐθιστέον τὸ σῶμα καὶ γυμναστέον σὺν πόνοις καὶ ἱδρῶτι.

For of all things good and fair, the gods give nothing to man without toil
and effort. If you want the favour of the gods, you must worship the gods:
if you desire the love of friends, you must do good to your friends: if you
covet honour from a city, you must aid that city: if you are fain to win the
admiration of all Hellas for virtue, you must strive to do good to Hellas: if
you want land to yield you fruits in abundance, you must cultivate that land:
if you are resolved to get wealth from flocks, you must care for those
flocks: if you essay to grow great through war and want power to liberate
your friends and subdue your foes, you must learn the arts of war from
those who know them and must practise their right use: and if you want
your body to be strong, you must accustom your body to be the servant of
your mind, and train it with toil and sweat. (Xen. *Mem.* 2.1.28.)

In these two important paragraphs cited above, Xenophon provides a
serious explanation of the true nature of the moral life that is suitable for
ideal political leaders and perfect heroes. They not only need to undertake
toil with their followers and friends together, but also have to suffer
extreme pains. They must endure more hardship than common people, as
Cyrus' father instructs; and they must take on endless responsibilities in
order to follow a virtuous life like Heracles in legend. Actually, in order to
accomplish these tasks, political leaders are required to disregard and even
give up their personal happiness. Obviously, advice of such a kind can be
justified in theory, but it cannot be pleasant to tyrants' ears. According to
the logic of common people represented by Simonides in the first part of
the *Hiero*, they would rather choose tyranny, which is "bad for the city but
good for the tyrant".[27] Therefore, the task of the *Hiero* is to persuade
tyrants (and all readers who have not adopted a virtuous life yet) to believe
that the government of ideal kingship can also be of benefit to themselves.
In the first part of the dialogue, Xenophon explains through the mouth of
Hiero the disadvantages of a tyrant in comparison to private persons. His
narrative is not unassailable, but is impressive and eloquent, as well as
successful, according to the final goal it aims for. While in the second part
of the work, Xenophon sets forth his arguments that the life of ideal
kingship is suitable and preferable for political leaders, because it is the
only way towards true happiness in a philosophical sense.

As a moralist who follows the tradition of Socrates in the study of
ethical subjects, Xenophon holds the belief firmly that true and everlasting

---

[27] Strauss, *On Tyranny*, 40.

happiness lies in something other than sensual pleasure,[28] as the opening
part of the long speech of his Simonides shows:

> For indeed it seems to me, Hiero, that in this man differs from other
> animals — I mean, in this craving for honour. In meat and drink and sleep
> and sexual desire all creatures alike seem to take pleasure; but love of
> honour is rooted neither in the brute beasts nor in every human being. But
> for those in whom a passion for honour and praise is implanted, these are
> elements by which they differ most from the beasts of the field; they are
> accounted men (ἄνδρες) and not mere human beings (ἄνθρωποι). (Xen.
> Hier. 7.3)

Based on this premise, that pleasure from honour and praise is the
superior and true happiness for virtuous men, Xenophon goes on to argue
that it is really possible for a tyrant to get rid of the "miserable" situation
Hiero describes with rhetorical skills by adopting true kingship. A tyrant is
potentially happier than a private person, because he has much greater
chance to accomplish glorious feats and win sincere respect for himself.
As Simonides states:

> ἀλλ᾽ ἔμοιγε δοκεῖ καὶ ἐκ θεῶν τιμή τις καὶ χάρις συμπαρέπεσθαι ἀνδρὶ
> ἄρχοντι. μὴ γὰρ ὅτι καλλίονα ποιεῖ ἄνδρα, ἀλλὰ καὶ τὸν αὐτὸν τοῦτον
> ἥδιον θεώμεθά τε ὅταν ἄρχῃ ἢ ὅταν ἰδιωτεύῃ, διαλεγόμενοί τε ἀγαλλόμεθα
> τοῖς προτετιμημένοις μᾶλλον ἢ τοῖς ἐκ τοῦ ἴσου ἡμῖν οὖσι. καὶ μὴν παιδικά
> γε, ἐν οἷς δὴ καὶ σὺ μάλιστα κατεμέμψω τὴν τυραννίδα, ἥκιστα μὲν γῆρας
> ἄρχοντος δυσχεραίνει, ἥκιστα δ᾽ αἶσχος, πρὸς ὃν ἂν τυγχάνῃ ὁμιλῶν,
> τούτου ὑπολογίζεται. αὐτὸ γὰρ τὸ τετιμῆσθαι μάλιστα συνεπικοσμεῖ, ὥστε
> τὰ μὲν δυσχερῆ ἀφανίζειν, τὰ δὲ καλὰ λαμπρότερα ἀναφαίνειν. ὁπότε γε
> μὴν ἐκ τῶν ἴσων ὑπουργημάτων μειζόνων χαρίτων ὑμεῖς τυγχάνετε, πῶς
> οὐκ ἐπειδάν γε ὑμεῖς πολλαπλάσια μὲν διαπράττοντες ὠφελεῖν δύνησθε,
> πολλαπλάσια δὲ δωρεῖσθαι ἔχητε, ὑμᾶς καὶ πολὺ μᾶλλον φιλεῖσθαι τῶν
> ἰδιωτῶν προσήκει;

> In my opinion, even the gods cause a peculiar honour and favour to dance
> attendance on a great ruler. For not only does rule add dignity of presence
> to a man, but we find more pleasure in the sight of that man when he is a
> ruler than in that of our equals. And favorites mark you, who were the
> subject of your bitterest complaint against despotism, are not offended by
> old age in a ruler, and take no account of ugliness in the patron with whom
> they happen to be associated. For high rank in itself is a most striking
> embellishment to the person: it casts a shade over anything repulsive in

---

[28] S. Schorn, "Xenophons *Poroi* als philosophische Schrift," *Historia* 60 (2011):
65-93 69-70.

him and shows up his best features in a high light. Moreover, inasmuch as equal services rendered by you rulers are rewarded with deeper gratitude, surely, when you have the power of doing far more for others by your activities, and can lavish far more gifts on them, isn't it natural that you should be much more deeply loved than private persons? (Xen. *Hier.* 8.5-7)

In my view, this passage explains one important reason why the ideal political leader would be so crucial for Xenophon's social education. He not only possesses indispensable power to put necessary reformation and rational administration into practice, but also has great fame and influence to shape the morality of the whole society, both for the benefit of his people and for his personal happiness. He should compete with other monarchs for good reputation and popularity (Xen. *Hier.* 11.7-11); he will be loved and adored by mankind (Xen. *Hier.* 11.12-13); he can enrich himself while enriching his friend (Xen. *Hier.* 11.13-15); and he possesses the fairest and most blessed possession in the world, the happiness (εὐδαμονία) none will be jealous of (Xen. *Hier.* 11.15). The sense of persuasion here is quite explicit: in the theoretical system of the *Cyropaedia*, the first and foremost purpose of social education and government is the well-being of the citizens; but here Xenophon only emphasises the happiness of the king.[29] All information he presents is selective, rhetorical and persuasive. In that case, it is easy to see that the *Hiero* should not be taken as a "minor" or "light" work. Its style is easy and fluent, but it was composed with great care and ambitious intention, as well as supported by Xenophon's advanced rhetorical skills and innovative talent.[30]

In spite of that, we should also notice that though the *Hiero* is on the whole highly rhetorical, it still presents some serious and important ideas in Xenophon's thought system. In Xenophon's eyes, the pursuit of self-interest is not incompatible with benevolence and it is actually based on the latter. This view is also justified in the *Cyropaedia*, the *Memorabilia* and the *Oeconomicus* and serves as a theoretical basis of Xenophon's ethical doctrine.[31]

---

[29] G. Aalders, "Date and Intention of Xenophon's 'Hiero'," *Mnemosyne* 6 (1953): 213-214.

[30] Actually, in the *Resp.* 412c-421d, Plato also tries to demonstrate how the leaders of his ideal state can become the happiest men in the world while suffering so much toil. Nevertheless, instead of following Plato's purer philosophical way of thinking, Xenophon managed to develop his own art of persuasion, which makes his argument equally original and worth noticing.

[31] G. Danzig, "The Best of the Achaenenids: Benevolence, Self-interest and the 'Ironic' Reading of *Cyropaedia*," in *Xenophon: Ethical Principles and Historical*

Then is the *Hiero* a dialogue specially written for a certain tyrant to read? In my opinion, this is not necessarily the case, though we actually know very little about the background of its composition. First of all, the restriction of the readership to political leaders is not quite reasonable. As Leo Strauss points out, "only a very small part of its readers can be supposed to be actual tyrants. The work as a whole may therefore have to be taken as a recommendation addressed to properly equipped young men who are pondering what way of life they should choose — a recommendation to strive for tyrannical power, not indeed to gratify their desires, but to gain the love and admiration of all men by deeds of benevolence on the greatest possible scale."[32] Therefore the *Hiero* can serve as an ethical instruction to both actual political leaders and private citizens. In the second place, for Xenophon's thought system, the distinction between the political sphere and other aspects of social life is not absolute. As his Ischomachus claims in the *Oeconomicus*, even a farmer can make use of the laws of Draco and Solon to manage his household affairs (Xen. *Oec.* 14.4). Therefore, it can be helpful for ordinary people to read the advice for tyrants, in order to organise their own private life better. I will discuss the correspondence between the public and private spheres in detail in Part 3, Chapter 2 on the *Oeconomicus*.

In sum, the *Hiero* is one of the most innovative works in the corpus of Xenophon. It is advice to political leaders as well as common readers in the form of dialogue and expressed by mouths of different characters; it is highly selective and makes use of many rhetorical skills; its ultimate aim is to persuade readers by the lure of material pleasure so that they may adopt a virtuous life in accordance with their identities in order to achieve highest happiness in a philosophical sense.

III. Original Inspirations of the *Hiero* and the Character of Xenophon's Composing Creativity

As E.C. Marchant points out, "there is no attempt at characterisation in the persons of the dialogue", and the Hiero presented in the dialogue "is not in the least the historical Hiero whom we know from the Odes of Pindar and Bacchylides. He is not the great warrior or the enlightened ruler; and of course there is no indication of the true basis of his power and of his

---

Enquiry (Leiden: Brill, 2012), edited by F. Hobden and C. Tuplin, 499.
[32] Strauss, *On Tyranny*, 29.

constitutional position. He is just a despot of the better type".[33] Although Athenaeus does cite Xenophon's *Hiero* to show historical details of tyrants' dining manners (Athen. 4.144c-e), his uncritical attitude makes his statement highly dubious and it is not much valued by modern scholars.[34] As a matter of fact, it would be surprising if Xenophon, a historian and the author of historical works such as the *Hellenica* and the *Anabasis*, were ignorant of Hiero's great feats and activities in the history of Syracuse, as the topic is picked up by both Herodotus before him and Diodorus after him in their very general historical works. According to their narrative, Hiero got his power from his younger brother Gelon (Hdt. 7.156; Diod. Sic. 11.38.2-3), and reigned over Syracuse for eleven years and eight months (Diod. Sic. 11.38.7). He cruelly oppressed another brother, Polyzelus, whom he suspected of an ambition to supplant him, finally forcing him to take refuge with Theron, the tyrant of Acragas (Diod. Sic. 11.48.3-5). He removed the people of Naxos and Catana from their hometowns to build Aetna (Diod. Sic. 11.49.1-2). He supported the sons of Anaxilas, the former tyrant of Zanclê (Diod. Sic. 11.66.1). He finally died in Catana and received the honour suitable for a hero (Diod. Sic. 11.66.4), but was criticised by historians as a tyrant "avaricious and violent", being "an utter stranger to sincerity and nobility of character" (Diod. Sic. 11.67.3-4). However, we can see clearly in Xenophon's *Hiero* that the image of the tyrant depicted has nothing to do at all with his historical character. On the one hand, though many of Hiero's deeds are relevant to the discussion of tyranny and the art of government, it is obvious that Xenophon has no interest to talk about them or even bother himself to collect these materials at all; on the other hand, the character of Hiero described in the dialogue is very different and contradictory to the vain, violent and insidious tyrant who reigned Syracuse for nearly twelve years by force.

Therefore, it seems quite unlikely that Xenophon's basic materials in the *Hiero* are drawn from historical material on Hiero's deeds or adapted on the basis of some historical background directly. And there is also certain external evidence which indicates that Xenophon generally does not take historical accuracy into consideration when he composes dialogues. For example, in the *Memorabilia*, Xenophon's Socrates would even claim that Thebes is the most imminent enemy of Athens when the Peloponnesian War is going on, which cannot be justified by any excuses except that the author pays very little attention to chronological accuracy

[33] Marchant, ed. Xenophon: *Scripta Minora*, xv-xvi.
[34] D. Fearn, *Bacchylides, Politics, Performance, Poetic Tradition* (Oxford: Oxford University Press, 2002). 61-62.

for his fictional dialogues.[35] And the main inspiration of the *Oeconomicus* also comes from Xenophon's theory of social education instead of life experience, as will be shown in Part 3 of this work. In my opinion, the origin of the *Hiero*'s inspiration is multiple, including traditions of Greek lyric, historiography, moral philosophy and oratory. The successful combination and adaptation of all these elements prove Xenophon's talent as a master of literary composition and theory and a creative moral philosopher.

"In the nineteenth and twentieth centuries, he (Xenophon) is compared as a philosopher to Plato, and found wanting; he is compared as a historian to Thucydides, and found wanting."[36] This is the summarisation of Leo Strauss of Xenophon's neglected status in modern scholarship. In my opinion, on the one hand, we have to admit that the thought of Xenophon is less profound and original than Plato or Aristotle, and his historical works are inferior to Herodotus and Thucydides in quality; on the other hand, however, we do have sufficient reasons to praise Xenophon's great contribution to classical Greek culture in his own manner. In recent scholarship, V.J. Gray's innovative monograph, *Xenophon's Mirror of Princes*, already begins to evaluate Xenophon "as a literary artist worth analyzing, as an innovator in his adaptations of previous literature, in his engagement with the reader in his overt evaluations, in his creation of his own formulaic scenes, in the theory of viewing and the theory of irony and of allegory, in his development of narrative devices such as the epilogue and in his use of irony",[37] overall, as a first-class master on different literary forms and even certain literary theories. And the *Hiero* is exactly one masterpiece of literary compositon showing Xenophon's skilful use of irony and plot in his corpus.

One of the predominant merits of Xenophon is his talent to combine features of contemporary or older works and adapt them for his own purpose, and his audacious and innovative experiments in new genres of Greek literature. For the traditions of memoir, biography, historical novel, agricultural writting and technical guide, Xenophon deserves to be honoured as one of the most important founding fathers. He also improves the annalistic method of Thucydides for history.[38] And the *Hiero* is a

---

[35] Delatte, *Le troisième livre des souvenirs Socratiques de Xénophon*, 62-63.

[36] Strauss, *On Tyranny*, 25.

[37] Gray, *Xenophon's Mirror of Princes, Reading the Reflections*, 372.

[38] The abrupt interruption of narrative for the convenience of putting all materials into strict chronological order is often criticised by later readers (c.f. Dion. Hal. *Thuc.* 9). In his *Hellenica*, Xenophon chooses to follow chronological order roughly, but pays attention to preserve the integrity of each plot in his work. This

further innovative achievement in the genre of dialogue composed by combination of elements drawn from lyric, history, philosophy and oratory. Of the question whether connections can be drawn between the *Hiero* and certain pieces of Greek lyric poetry, most scholars' opinions are negative. They believe that the plot of the dialogue is totally fictional and therefore does not have much relevance with Greek lyric tradition. E.C. Merchant denies that Xenophon's Hiero has anything to do with Pindar's and Bacchylides' odes, and he believes that the image of the poet Simonides in the dialogue mainly stands for Xenophon himself.[39] Theodor Marschall claims that „daß die Form des Gesprächs zwischen Hieron und Simonides nur eine Einkleidung eigener Ideen Xenophons darstellt, ist klar"[40] In a biography of Bacchylides, A. Severyns complains that the relationship between Sicilian tyrants and lyric poets "est un des plus difficiles de l'histoire littéraire",[41] yet he does not try to draw anything from the *Hiero* as reliable or suggesive evidence to explain the relationship between Hiero and Simonides. Orlando Poltera embodies the very first sentence of the *Hiero* into the testimony of his collection of Simonides' fragments, yet refrains himself from discussing the possibility of its connection with any extant fragments by the brief comment that „es folgt ein fingierter Dialog zwischen Simonides und Hieron".[42]

Nevertheless, a second view does exist. Roberta Sevieri sets forth an assumption that the *Hiero* might be an adaptation of an epinician poem, or the product of faithful imitation of the style of Simonides' epinician poetry.[43] And she even presumes that Xenophon utilises the form of dialogue to reproduce the effect of the lyric "I" in original poetic work.[44] In my view, Sevieri's evidence is still insufficient, and her hypothesis contains two main problems. First, one crucial premise for her conclusion is that "after all, the recipients of that kind of poetry did belong to the same social class to which Xenophon and his readers belonged".[45] But this

---

innovative and flexible method of narrative makes his history more readable.

[39] Marchant, ed. Xenophon: *Scripta Minora*, xvi.

[40] Marschall, *Untersuchungen zur Chronologie der Werke Xenophons*, 96.

[41] A. Severyns, *Bacchylide, Essai biographique* (Liége & Paris: Faculté de philosophie et lettres, 1933), 74-75.

[42] O. Poltera, *Simonides Lyricus, Testimonia und Fragmente: Einleitung, kritische Ausgabe, Übersetzung und Kommentar* (Basil: Schwabe, 2008), 86.

[43] Sevieri, "The Imperfect Hero: Xenophon's *Hiero* as the (Self-) Taming of a Tyrant," 279.

[44] Sevieri, "The Imperfect Hero: Xenophon's *Hiero* as the (Self-) Taming of a Tyrant," 279.

[45] Sevieri, "The Imperfect Hero: Xenophon's *Hiero* as the (Self-) Taming of a Tyrant," 285.

argument is rather weak and subjective, and even Sevieri herself cannot exclude the possibility that "choosing a poet for the role of Hiero's partner in this dialogue, and more specifically an epinician poet, could have been mere chance".[46] It is not quite certain that Simonides would appear to be a "pure" epinician poet in Xenophon's eyes. According to the *Suda*, Simonides attempts the composition of many genres of lyric poetry (*Suda*, Vol. IV, 361 (in Adler)); and it is only through the Alexandrian tradition of poetry compilation that his name is firmly connected to epinician poetry first and foremost.[47] What is more, throughout the corpus of Xenophon, no evidence shows that Xenophon ever writes poems, or that it is his habit to cite or study lyric poetry in his works. His *Agesilaus* shows typical features of encomium, but it is generally believed to be borrowed indirectly through Isocrates.[48] Only Xenophon's Socrates sometimes cites Homer in the *Memorabilia* and the *Symposium*, and he also cites Theognis twice (Xen. *Mem.* 1.2.20; *Symp.* 2.4.) and Hesiod (Xen. *Mem.* 1.2.56) once.[49] But that is all. Though as we have discussed in Part I, Chapter 2 of this book, Socrates' method of taking poems as evidence for moral philosophy does have some influence on Xenophon; but the impact is trivial and Xenophon's reaction is rather passive. Therefore, there is no clear evidence to indicate that Xenophon is familiar with Simonides' work, especially the epinician lyrics well known to us, as it is very likely that Simonides was equally or even more famous for his composition in other literary genres in Xenophon's time. In the second place, if the *Hiero* is drawn directly from Simonides or other poets' epinician lyrics, it would be hard to explain why it would condemn Hiero's participation in athletic games as luxury and vanity (Xen. *Hier.* 11.5-6). Simonides himself is believed to be the first poet "to write a song for pay" (Simon. T22 (in Campbell)); his disciple Pindar and his nephew Bacchylides are both famous for composing odes for Hiero and other victors in games. In sum, I believe that Sevieri's hypothesis remains immature and more supportive evidence is still needed.

In spite of this, it is quite probable that Xenophon does borrow certain details from Greek lyrical tradition, either directly or indirectly, besides Simonides' name. In one of Bacchylides' odes for Hiero, Apollo warns a

---

[46] Sevieri, "The Imperfect Hero: Xenophon's *Hiero* as the (Self-) Taming of a Tyrant," 277.

[47] Poltera, *Simonides Lyricus, Testimonia und Fragmente: Einleitung, kritische Ausgabe, Übersetzung und Kommentar*, 9.

[48] F. Leo, *Die Griechisch-Römische Biographie nach ihrer literarischen Form* (Leipzig: B.G. Teubner, 1901), 92.

[49] Gray, *Xenophon's Mirror of Princes, Reading the Reflections*, 130.

king that "since you are mortal, you must foster two thoughts: that tomorrow will be the only day on which you see the sun's light, and that for fifty years you will live out a life steeped in wealth. Gladden your heart by doing righteous deeds: this is the highest of gains." (Bacchyl. 3.75-84 (in Snell)) And in Pindar's *Pythian Ode* 3, Hiero is praised for being a virtuous king who is kind to his people and does not envy good men (Pind. *Pyth.* 3.70-71). These descriptions share certain similarity to the content of Xenophon's *Hiero*, and Xenophon's subject and his description of certain details might be partially inspired by these poems. What is more, in my opinion, the general scene of the *Hiero* must be highly relevant to archaic poetic tradition of ancient Greece. When Xenophon composes his *Hiero*, he must bear in mind a typical scene of interaction between a king and a poet. Traditionally, a poet should praise the glorious deeds of kings and give wise advice or moral admonition to them when it is necessary, just in the way the historical Simonides, Pindar and Bacchylides did for Syracusan tyrants and Hesiod (Hes. *Theog.* 22-34) and Herodotus (Hdt. 1.32) depicted in their works. And Simonides' teaching on moral issues is also in accordance with the function of poets and poetry in Xenophon's Socratic writings, such as his *Symposium* and *Memorabilia*, as has been discussed in the first part of this work.

Second, in classical historiography, the meeting between a king and a wise man and the following discussion of the unstable fortune of kings is already a typical plot in Herodotus' work. In *Hdt.* 1.32, Herodotus tells the classic story of Solon and Croesus. In Solon's opinion, the happiness of a king is always at risk because man's fortune keeps changing; as every day in his life brings something new, even the destiny of a powerful, rich and temporarily lucky king remains uncertain and unpredictable. What is more, the gods are jealous and "there are many to whom heaven has given a vision of blessedness, and yet afterwards brought them to utter ruin" (Hdt. 1.32). A similar scene and logic reappears in Hdt. 7.46, when Xerxes' uncle Artabanus admonishes the proud Persian king that "the god is seen to be envious therein, after he has given us but a taste of the sweetness of living". We have no direct evidence from Xenophon's own works to prove that he used to study or at least know Herodotus' history.[50] Nevertheless, as Dionysius of Halicarnassus believes that Xenophon actually modeled his literary style upon Herodotus (Dion. Hal. *Pomp.* 4; *De Imit.* 2.1-6), and as the conversation between Solon and Croesus is so famous that it has great influence on later literature composition,[51] it is very likely that

---

[50] Hirsch, *The Friendship of the Barbarians, Xenophon and the Persian Empire*, 68.
[51] Gray, "Xenophon's *Hiero* and the Meeting of the Wise Man and Tyrant in Greek

Xenophon does borrow the subject from Herodotus either directly or indirectly.

In the third place, discussion on the pursuit of happiness is a very popular motive in the fourth century B.C. ethical philosophy. In one of the most systematic Greek works on ethics composed in this period, the *Ethica Nicomachea*, Aristotle summarises that the ultimate goal of ethical studies is the "Supreme Good (τὸ ἄριστον)" (Arist. *Eth. Nic.* 1094a22), while "the great majority of mankind" would equal that concept to "happiness (εὐδαιμονίαν)", which means "the good life (τὸ δ' εὖ ζῆν)" or "doing well (εὐδαιμονεῖν)" (Arist. *Eth. Nic.* 1095a19-20). He further states that "to be happy takes a complete lifetime. For one swallow does not make summer, nor does one fine day; and similarly one day or a brief period of happiness does not make a man supremely blessed and happy" (Arist. *Eth. Nic.* 1098a16-18). Therefore, pursuit of happiness comprises the predominant content of the ethical system presented in the *Ethica Nicomachea*. And clearly it is not only the idea of Aristotle himself. In the *Letter to Nicocles*, Isocrates compares the life of the tyrant and the private person, and sets forth the question which of the two is happier (Isoc. *Letter to Nicocles*, 2-6). And he answers himself in another letter to the children of Jason: "to me the life of a private person seems preferable and better than that of a king, and I regard the honours received under constitutional governments as more gratifying than those under monarchies." (Isoc. *Letter to the Children of Jason*, 11) Still we have no definite evidence to indicate whether Xenophon knows about the ideas of Isocrates and Aristotle; but as a leading philosopher on ethics and moral education himself, it is very likely that the existence and popularity of the philosophical discussions on happiness, especially the comparison between tyrants and private persons were well known to him and gave him some valuable inspirations when he wrote the *Hiero*.

Finally, clear signs of imitation of political and court speeches in that age can be recognised in the *Hiero*. Modern readers generally take Xenophon as a historian and philosopher, but they often forget that he is frequently designated as "the orator Xenophon" in manuscripts of his works.[52] As set forth, the structure of *Hiero* is an oration in the form of a dialogue. And selectiveness of information and repetition are common features displayed in orations composed by Isocrates, Lysias, Demosthenes, and perhaps Thucydides and Plato.

In sum, the *Hiero* is a unique and innovative work composed by

Literature," 120.
[52] Strauss, *On Tyranny*, 25.

Xenophon, combining features of Greek lyric poetry, history, philosophy and oratory. It is brilliant and successful. Isocrates borrowed the matter, and even some of the language of it in his famous oration *On the Peace*.[53] In the Hellenistic and Roman ages, it seemed to be widely read among Atticists and sophists;[54] and it is frequently cited by Dio Chrysostom in his discourses on kingship and despotism.[55] Niccolò Machiavelli, the founding father of modern political philosophy, is among the admirers of *Hiero* and expresses his admiration of this work in the *Discorsi sopra la prima deca di Tito Livio*.[56] The tradition of "putting forward advice to monarchs" set up by Xenophon's *Hiero* (as well as Isocrates' Cyprian orations) remains popular in modern ages and influences the literary form of many classic works, including Machiavelli's *Il principe* and von Clausewitz's *Vom Kriege*. V.J. Gray also praises Xenophon, for he "produced a highly original and highly suitable vehicle for his ideas" in the *Hiero*,[57] and his focus on the ruler's own happiness "makes a distinctive contribution to the theory of leadership".[58] These imitations and positive comments again confirm that the rhetorical and persuasive effect Xenophon pursues in the *Hiero* is achieved with great success. Such an excellent dialogue plays an important role in Xenophon's system of moral education. It tries to persuade tyrants to abandon tyranny and adopt true kingship according Xenophon's advice, not only for the benefit of their people, but also for their own happiness in a philosophical sense. On the one hand, Xenophon's persuasion is highly rhetorical and cannot always be justified in logic; on the other hand, it is innovative, impressive as well as influential and greatly enriches Xenophon's doctrine of moral education operated by ideal leadership.

---

[53] Marchant, ed. Xenophon: *Scripta Minora*, x; Isocrates, *On the Peace*, 112-113.
[54] Marchant, ed. Xenophon: *Scripta Minora*, xii.
[55] Marchant, ed. Xenophon: *Scripta Minora*, xii.
[56] Niccolò Machiavelli, *Discorsi sopra la prima deca di Tito Livio*, 2.2.19.
[57] Gray, "Xenophon's *Hiero* and the Meeting of the Wise Man and Tyrant in Greek Literature," 123.
[58] Gray, *Xenophon's Mirror of Princes, Reading the Reflections*, 34.

CHAPTER THREE

DARK SIDE OF XENOPHON'S SOCIAL EDUCATION

I. Introduction

In 401 B.C., Cyrus the Younger started his expedition against his brother for the throne of Persia. He met bitter enemies near Babylon and was killed there (Xen. *An.* 1.8.27). His head and his right hand were cut off (Xen. *An.* 1.10.1). The Persian King and his troops plundered his abundant treasures and captured Cyrus' concubine, the Phocaean woman who was said to be extremely clever and beautiful (Xen. *An.* 1.10.2). And almost all the main Greek generals following Cyrus the Younger in the expedition were cheated by Tissaphernes' false oath (Xen. *An.* 2.3.8) and were seized and executed.

In 399 B.C., Socrates was accused of impiety and corrupting youths, and was condemned by the Athenians to death. When Socrates was bidden to name his penalty, he refused to do so and said that the act itself implied an acknowledgment. And as his friends planned to rescue him clandestinely from prison, Socrates decided that he would not follow them, but would accept the jury's sentence and meet his death (Xen. *Ap.* 23).

In 370 B.C., Jason of Pherae went to hold a review and inspection of his cavalry, and afterwards sat in his seat to receive anyone coming to him with any request. Seven young men pretending to have some quarrels with one another came up to Jason and they suddenly struck him down and killed him. Two of them were killed by Jason's guards, but others managed to escape. Most Greeks honoured these murders because they believed Jason of Pherae would become a dangerous tyrant (Xen. *Hell.* 6.4.31-32).

As a follower of Cyrus the Younger, a disciple of Socrates and a historian recording Jason's achievements, Xenophon was aware of all these events and reported them to his readers in his own writings. All three figures are of crucial importance for Xenophon's social and moral education, as they are all prototypes of Xenophon's ideal political leader depicted in the *Cyropaedia*, who are intended to constitute perfect examples for citizens and elevate social morality, just as the imaginary Cyrus the Great does in Xenophon's work. Nevertheless, all these three heroes failed to accomplish what Xenophon expected them to do because of their unexpected deaths; and the causes of their deaths are all political: Cyrus the Younger was killed because he ignored his personal safety in close combat for his throne; Jason of Pherae was murdered as he was notorious for his political ambition and was hated by Greek people; and even Socrates, an innocent philosophical teacher and Athenian citizen, suffered from political and ideological oppression. In the face of a complex and highly dangerous situation, how can a perfect leader succeed in controlling political power and carrying out his reform and moral education to the full? This is another question Xenophon must consider seriously if he wishes to put his idea of social and moral education into practice.

At first glance, it seems that Xenophon never treats this subject in detail in any of his extant works. Nevertheless, in my opinion, it is possible to summarise Xenophon's answer to this question. His opinion is hidden in the depiction and hints of the dark side of ideal leaders in his works.

II. Dark Depiction of Ideal Leaders in Xenophon's Moral Education System

a. Dark Side Presented by Xenophon behind Modern Scholars' "Dark Reading"

The problem of the so-called "dark reading" of Xenophon has become noteworthy mainly due to some thorough studies of the *Cyropaedia* (especially of the problematic final section 8.8) in recent years. One of the most acute observations on that topic is made by Deborah Gera:

> However, if we look carefully at the entire last part of the work (7.5-8.7), we shall see that Xenophon indicates to his readers, well before the final chapter, that Cyrus is not always an ideal ruler and that the government he has created is, of necessity, less than perfect. After the conquest of Babylon, when Cyrus goes about establishing his empire and its administration, it is difficult to view the Persian ruler as consistently heroic and admirable: there is a gap between his original ideas of good conduct and the notions and actions he adopts as ruler of Babylon.[1]

---

[1] Gera, *Xenophon's* Cyropaedia, *Style, Genre and Literary Technique*, 286.

In Gera's view, the depiction of Cyrus the Great by Xenophon does contain something negative, and these elements become apparent immediately after Cyrus' conquest of Babylon.[2] For a work traditionally taken as a book on perfect government and ideal leadership, this innovative observation is of course noteworthy and needs to be clarified. Up to now there are two main explanations in scholarship.

The first interpretation claims that the *Cyropaedia* is in essence an ironic work on the Persian constitution under the disguise of praise of it. This opinion is represented by David M. Johnson and Christopher Whidden. David Johnson writes, "if we strip away its rather superficial Persian décor (Tuplin 1990) and read the *Cyropaedia* as a work on empire rather than a work on Persia, there is no reason to be surprised to find Xenophon being critical of empire."[3] And Christopher Whidden develops Johnson's view and claims that "Xenophon's *Cyropaedia* is a work of irony and that its author was very skeptical and critical of empire." [4] However, Johnson and Whidden's viewpoint is not supported by solid evidence. And their supposition that as an Athenian, Xenophon must be critical of empires is quite ideological and perhaps not true. On the contrary, Xenophon was generally in favour of traditional Persian and Spartan constitutions all his life (though he believed that they had both been corrupted in later years), and his political opinion is also anti-democratic. Therefore the attempt to depict Xenophon's *Cyropaedia* as an ironic work is based on a subjective misreading of Xenophon's attitude to empire.

A second view supposes that Xenophon realised the limit of pure, philosophical morality in political life; therefore, it is easy to understand the dark side of Xenophon's Cyrus the Great, because politics cannot be totally moral even if it is in its best condition.[5] Christopher Nadon argues that what Xenophon criticises is not Cyrus the Great or empires, but is the shortcomings of political life in general.[6] In that case, the *Cyropaedia* as a whole "constitutes a critique of political life in the classical world tout court".[7] Pierre Carlier also explains that in Xenophon's thought, benevolence

---

[2] Gera, *Xenophon's* Cyropaedia, *Style, Genre and Literary Technique*, 286.
[3] Johnson, "Persians as Centaurs in Xenophon's '*Cyropaedia*'," 203.
[4] Whidden, "The Account of Persia and Cyrus' Persian Education in Xenophon's '*Cyropaedia*'," 540.
[5] Sandridge, *Loving Humanity, Learning, and Being Honored: The Foundations of Leadership in Xenophon's* Education of Cyrus, 8.
[6] Nadon, *Xenophon's Prince: Republic and Empire in the* Cyropaedia, 164.
[7] Nadon, *Xenophon's Prince: Republic and Empire in the* Cyropaedia, 178.

and despotism are both needed to run a large empire well.[8]

In order to summarise these disputations, Vivienne Gray tags a label on these modern scholars' arguments and calls them "dark readings" of leadership in Xenophon.[9] In my view, the explanations of Nadon and Carlier are much more reasonable and closer to the fact, but their arguments are still incomplete because they do not take into account the corpus of Xenophon as a whole. As a matter of fact, the real basis of the modern "dark reading" is the "dark side"[10] of the images of ideal leaders depicted by Xenophon himself. This dark side is by no means the exclusive property of Xenophon's Cyrus the Great alone, but a common feature shared by all major competent political leaders who appear in Xenophon's writings. In Xenophon's corpus, a dark moral standard to judge practical deeds, which is surprising for modern readers and sometimes also atypical in classical literature, co-exists with an ideal and philosophical ethics; they are generally compatible, but are sometimes unavoidably in tension and create some ambiguity in Xenophon's system of moral education.

b. Severe Requirement of Social Conformity and Limitation of Citizens' Private Freedom

One of the most typical statements of social control by Xenophon appears in his *Cyropaedia* and relates to the practice of the 'ideal' political leader, Cyrus the Great:

> Moreover, we have discovered that he acquired the so-called "king's eyes (οἱ βασιλέως ὀφθαλμοί)" and "king's ears (τὰ βασιλέως ὦτα)" in no other way than by bestowing presents and honours; for by rewarding liberally

---

[8] Carlier, "The Idea of Imperial Monarchy in Xenophon's *Cyropaedia*," 296-297.

[9] Gray, *Xenophon's Mirror of Princes, Reading the Reflections*, 54-62.

[10] The use of the very term "dark side" inevitably contains certain vagueness in itself. Actually it is not always easy to decide whether one moral principle is "dark" or not according to either a classical or a modern ethical standard; furthermore, it is equally difficult to tell whether one universally accepted moral standard ever existed at all. On the other hand, it is crtain that we can recognise that many moral principles in Xenophon's context are dark in most modern readers' eyes; and some of them are also unique in a classical cultural context. For the purpose of this work, I will mainly analyse the difference between Xenophon's moral standards and modern ethical values as recognised by most scholars writing on Xenophon today. I will also try to clarify the difference between Xenophon's moral principles and those of other individual classical writers where these are comparable.

those who reported to him any important news, he prompted many men to make it their business to use their eyes and ears to spy out what they could report to the king to his advantage. As a natural result of this, many "eyes" and many "ears" were ascribed to the king. But if anyone thinks that the king selected one man to be his "eye", he is not right; for one only would see and would hear but little; and it would have amounted to ordering all the rest to pay no attention, if one only had been appointed to see and hear. Besides, if people knew that a certain man was the "eye", they would know that they must take caution of him. But such is not the case; for the king listens to anybody who may claim to have heard or seen anything worthy of attention. And thus the saying comes about, "the king has many ears and many eyes"; and people are everywhere afraid to say anything to the discredit of the king, just as if he himself were listening; or to do anything to harm him, just as if he were present. Not only, therefore, would no one have ventured to say anything derogatory of Cyrus to anyone else, but everyone conducted himself at all times just as if those who were within hearing were so many eyes and ears of the king. (Xen. *Cyr.* 8.2.10-12)

As Pierre Carlier points out, what Cyrus the Great applies here are "traditional methods of tyrants".[11] It is by no means democratic; and mild monarchs would even avoid such severe intervention in their subjects' freedom. The most striking feature of the system is that the spies serving the king are omnipresent and their numbers are endless. If the system of supervision is effectively established, there would be no secret or privacy left for citizens. The king can know and intervene in everything in social life by his own will. Of course, in the case that the king himself is wise and reasonable, this system would be efficient in elevating morality in social life. But the cost in terms of personal freedom is high; and perhaps not many modern citizens would accept such limits without reluctance.

Similar harsh supervision is also carried out by eunuchs who serve as Cyrus' bodyguards. In an oriental cultural context, the use of eunuchs indicates despotic control of family life; and it seems Xenophon clearly knows about that, but he still commends this institution, though he must be aware fully that this may seem to be strange and barbaric in Greek readers' eyes.[12] Anyway, the dark side of Cyrus the Great is already horrible enough: family members inside the royal palace are guarded by eunuchs; and everyone else supervises each other like king's eyes and ears. Obviously, such a scene is not pleasant in the eyes of either modern or classical Athenian readers.

What is more, Cyrus the Great is not the only hero in Xenophon's

---

[11] Carlier, "The Idea of Imperial Monarchy in Xenophon's *Cyropaedia*," 357.
[12] Gera, *Xenophon's* Cyropaedia, *Style, Genre and Literary Technique*, 288.

works who limits citizens' freedom. At least the wise Spartan king
Lycurgus does the same thing. Xenophon reports for us in his *Spartan
Constitution* as follows:

> So that the boys were never left without someone in charge, if the
> supervisor (ὁ παιδονόμος) went away, he laid it down that any citizen who
> happened to be present was to be in authority and could order the boys to
> do whatever seemed appropriate, and could punish them if they did
> anything wrong. In this way he made the boys more respectful; for neither
> boys nor men respect anyone so much as those who are in charge. In order
> that the boys might not be without someone in charge, even when no adult
> was present, he decreed that the cleverest of the young men of each group
> should be in charge. Accordingly they are never left unsupervised. (Xen.
> *Lac.* 2.10-11)

What Xenophon narrates here can be either his fiction or historical
facts, of whose reliability we have no way to tell. However, what is
important here is that Xenophon obviously appreciates and approves of
such acts. In his mind, in order to secure and elevate social morality, one
of the most effective methods of social education is to supervise citizens
from their childhood on.[13] Xenophon's ideal political leaders would carry
it out uncompromisingly, even if that means that citizens' private freedom
and privacy would be violated.

If we compare these texts with Xenophon's *Anabasis*, we cannot help
doubting that this practice was just what Xenophon adopted in person
when he was a leading general in the long march. For in the very
beginning of the retreat he suggested to soldiers, "we must pass a vote that,
in case anyone is disobedient, whoever of you may be at hand at the time
shall join with the officer in punishing him; in this way the enemy will
find themselves mightily deceived; for today they will behold, not one
Clearchus, but ten thousand, who will not suffer anybody to be a bad
soldier." (Xen. *An.* 3.2.31)

In sum, three ideal political leaders in Xenophon's different works
(Cyrus the Great in the *Cyropaedia*, Lycurgus in the *Spartan Constitution*
and Xenophon himself in the *Anabasis*) display similar dark sides by
modern standards, as they all mobilise their subjects (or soldiers) to

---

[13] In the *Spartan Constitution*, the object of education is mainly confined to
children (παῖς) and young men (εἴρην), though many moral and social regulations
for citizens of all age groups are also introduced. While in his *Cyropaedia*, as he
needs to pay far less attention to the historical accuracy and can write much more
freely, Xenophon introduces a life-long educational system, which shares many
elements with the Spartan system, but also shows its own unique features.

supervise each other and take control of citizens' freedom and privacy. Generally speaking, though other classical Athenian writers, such as Plato and Aristotle, sometimes also advocate moderate social control and conformity in their extant works, the oriental and despotic manner of social supervision is almost always rejected and depicted in a negative way. For instance, Aristotle believes that the despotic way of management in Persian family is unnatural (Arist. *Pol.* 1252b5-9) and totally wrong (Arist. *Eth. Nic.* 1160b27-32); and Isocrates criticises sharply the despotic constitution of Persia, in which people "are subject to one man's power, they keep their souls in a state of abject and cringing fear, parading themselves at the door of the royal palace, prostrating themselves, and in every way schooling themselves to humility of spirit, falling on their knees before a mortal man, addressing him as a divinity, and thinking more lightly of the gods than of men." (Isoc. *Paneg.* 151) Of course, in Xenophon's ideal polity, a perfect leader can obtain the consent of the governed by his own charisma and virtuous example; but in practice, his art of government is basically monarchy and usually secured by force.[14] What is more, in Xenophon's context, these measures to restrict citizens' freedom are consistently tolerated, as long as they can maintain social order and turn it for the better. The similarity indicates that the negative depiction of Cyrus' government after the capture of Babylon does not appear accidentally; it indicates some basic rules hidden in Xenophon's system of moral education.

c. Abuse of Rewards and Violation of Human Dignity

As we can see in the chapters on Xenophon's *Cyropaedia* and *Hiero*, proper rewards are important means for good political leaders to encourage moral behaviour. In her monograph on the *Cyropaedia*, Bodil Due argues that such a policy cannot be inspired by Xenophon's Athenian democratic background.[15] And generous reward wins for Cyrus the Great the affection and gratitude of people so that they would obey him willingly.[16] Nevertheless, Xenophon's political leaders frequently cross the limit of benevolence[17] regulated by the golden mean and turn proper material reward into immoral waste of money and even violation of human dignity in the modern sense.

---

[14] Ferguson, *Utopias of the Classical World*, 56.
[15] Due, *The Cyropaedia, Xenophon's Aims and Methods*, 215.
[16] Due, *The Cyropaedia, Xenophon's Aims and Methods*, 217.
[17] V. Azoulay, *Xénophon et les grâces du pouvoir: de la charis au charisma* (Paris: Publications de la Sorbonne, 2004), 149.

First of all, the way to obtain wealth for rewarding in Xenophon's description of his heroes is usually immoral in modern readers' eyes. For the fictional Cyrus the Great in the *Cyropaedia*, his financial resources seem to be endless. But for other realistic figures appearing in Xenophon's biographical and historical works, the way to collect money to pay their followers is often problematic and can hardly be moral. In military expeditions recorded by Xenophon, the commonest way to "reward" soldiers is to allow or even help them to plunder as they wish. Agesilaus is praised by Xenophon because he helped his soldiers sell their booty at a fair price; and he was considered as a good general because "whenever deserters offered to give information where plunder might be taken, they naturally went to the king. In such a case he took care that the capture should be gained by his friends, so that they might make money and enjoy honour at one and the same time. The immediate result was that he had many ardent suitors for his friendship." (Xen. *Ages.* 1.18-19) Evidently, in practice, the cost of securing the obedience of his soldiers to any general, however virtuous, had to be paid by his enemies, often non-combatant civilian residents. The whole process of such rewarding is not necessarily clean and glorious in a modern reader's eyes, but Xenophon simply takes it as something praiseworthy in his prose encomium.

In the first book of the *Anabasis*, Cyrus the Younger, another hero admired by Xenophon, also shows no reluctance to reward his soldiers by allowing them to plunder. His habitual practice was no different from that of Agesilaus. For example, when Cyrus the Younger left the territory of Phrygia, he gave over the country of Lycaonia to Greek mercenaries to plunder, on the excuse that it was hostile territory (Xen. *An.* 1.2.19). But sometimes he would even adopt extreme means for his own interest, especially when he was short of money. Xenophon hints that Cyrus the Younger only managed to pay his soldiers' salaries by using his intimate relations with Cilician queen Epyaxa (Xen. *An.* 1.2.11-12). But afterwards he did not control his soldiers effectively when they were in Cilicia, and his violent followers plundered thoroughly the city of Tarsus, including the palace in it (Xen. *An.* 1.2.25-27). By committing these crimes, Cyrus the Younger and his soldiers were actually ungrateful for the Cilicians' help and did not mind adding to their own gains by immoral means.

Very similar ethical standards in war are also, to W. Kendrick Pritchett's surprise, [18] endorsed by Xenophon's great hero, Cyrus the Great, when he addresses his soldiers as follows: "let not one of you think that in

---

[18] W. Pritchett, *Ancient Greek Military Practices*, Part I (Berkeley & Los Angeles & London: University of California Press, 1971). 57.

having these things he has what does not belong to him; for it is a law established for all time among all men that when a city is taken in war, the persons and the property of the inhabitants thereof belong to the captors. It will, therefore, be no justice for you to keep what you have, but if you let them keep anything, it will be only out of generosity that you do not take it away." (Xen. *Cyr.* 7.5.73) In sum, in Xenophon's context, plunder is almost always tolerated and serves as an important source for his heroes to reward their followers.

Then what is the purpose of leaders' rewarding? Of course it serves the function of securing followers' loyalty to their masters and leading them towards a moral mode of life. In a classical Athenian context, the status of patronage is problematic; on the one hand, the democratic ideology is traditionally hostile to the idea of personal patronage;[19] on the other hand, the existence of such behaviour can be well attested in Athenian democratic society from 462 B.C. down to 322 B.C.[20] In that case, Xenophon's approval of personal rewarding seems to be understandable. However, sometimes such favours violate the human dignity of those who receive the rewards. For instance, in the *Oeconomicus*, Ischomachus explains to Socrates that the reason why he rewards his own servants is that those men's natures show no differences from other living creatures such as colts. That is to say, in the case of household slaves, for example, obedience is most readily secured by a straightforward process of reward or punishment, rather than a rational appeal to the servant's self-interest. As Ischomachus bluntly puts it:

> And in the case of human beings it is possible to make them more obedient merely by talking to them, pointing out that it is to their advantage to obey. But for slaves the method of training that is accepted for wild animals is very effective in teaching obedience. If you gratify their desires by filling their bellies, you may get a great deal out of them. (Xen. *Oec.* 13.9)

Obviously, Ischomachus does not consider this method decent himself, as he describes it as doing something "very easily (φαύλως πάνυ)" (Xen. *Oec.* 13.4). In the context, we can see that this method is indeed quite easy, as it treats servants simply as animals. Nevertheless, Socrates and Xenophon who composed this dialogue believe this can be tolerated and even praised, as Socrates comments in the dialogue:

---

[19] P. Millett, "Patronage and Its Avoidance in Classical Athens," in *Patronage in Ancient Society* (London & New York: Routledge, 1989), edited by A. Wallace-Hadrill, 17.

[20] Millett, "Patronage and Its Avoidance in Classical Athens," 25.

Οὐ μὲν δὴ ἄξιόν γ᾽, ἔφην ἐγώ, τὸ πρᾶγμα καταγέλωτος, ὦ Ἰσχόμαχε. ὅστις γάρ τοι ἀρχικοὺς ἀνθρώπων δύναται ποιεῖν, δῆλον ὅτι οὗτος καὶ δεσποτικοὺς ἀνθρώπων δύναται διδάσκειν, ὅστις δὲ δεσποτικοὺς δύναται ποιεῖν, καὶ βασιλικούς. ὥστε οὐ καταγέλωτός μοι δοκεῖ ἄξιος εἶναι ἀλλ᾽ ἐπαίνου μεγάλου ὁ τοῦτο δυνάμενος ποιεῖν.

Oh, (I said) but it is certainly not a laughing matter, Ischomachus. For anyone who can make men fit to rule others can also teach them to be masters of others; and if he can make them fit to be masters, he can make them fit to be kings. So anyone who can do that seems to me to deserve high praise rather than laughter. (Xen. *Oec.* 13.5)

Therefore, in Xenophon's eyes, the art of government, if it can work well and produce positive result, must be valuable and praiseworthy, even though it is sometimes very simple and violent. Ischomachus' treatment of his servants can be justified as long as such measures bring good order and great wealth to the household. Again, in the *Cyropaedia*, Cyrus the Great also simply treats his servants as animals. As Xenophon describes:

Those, on the other hand, whom he was training to be servants he did not encourage to practise any of the exercises of freemen; neither did he allow them to take weapons; but he took care that they should not suffer any deprivation in food or drink on account of the exercises in which they served the freemen. (Xen. *Cyr.* 8.1.43)

As a matter of fact, by such rewards, Cyrus expected to receive from slaves their good will as one does with dogs. During hunting expeditions freemen must go without food, but Cyrus offered food to servants in abundance and earned for himself the title "father (πατήρ)". But, as Deborah Gera justly questions, can any modern reader of the *Cyropaedia* show respect to such a "kind" father and his real intentions when he does not respect his subjects heartily?[21]

What is more, other evidence shows that according to Xenophon's ethics, this kind of rewarding is equally applicable to freemen, for example mercenary soldiers. And Cyrus the Younger, the able leader he greatly admired, frequently used this art. In order to persuade Clearchus to help him, Cyrus gave him ten thousand darics (Xen. *An.* 1.3.3). When Menon

---

[21] Gera, *Xenophon's* Cyropaedia, *Style, Genre and Literary Technique*, 295. Some editors of the text, for example Cobet, believe that the final clause of the text, namely "ὅπως ἀναμφιλόγως ἀεὶ ἀνδράποδα διατελοῖεν (so that they may always suffer slavery willingly)' should be deleted. But up to now there is still no convincing evidence for that treatment.

led his soldiers to cross Euphrates ahead of other Greeks, it was said that Cyrus sent magnificent gifts to Menon himself secretly (Xen. *An*. 1.4.16-17). When the Greeks knew Cyrus' real intention and refused to go any further, Cyrus again rewarded them (Xen. *An*. 1.4.11-13) and persuaded Gaulites, a Samian exile to keep following by a lot of vain promises (Xen. *An*. 1.7.5-8) of such a nature that no one would know whether they could be fulfilled at all. In essence, these activities must be taken as some kind of bribes, and their direct purposes are to persuade certain generals to cheat one another in order to secure Cyrus' own interest, which seems to be quite alien to the method of rewarding described in the *Cyropaedia* (Xen. *Cyr*. 8.2.14) and in the *Hiero* (Xen. *Hier*. 11.13-15) in its ideal form.

To sum up, although the method of rewarding is one of the most important tools for Xenophon's ideal leaders to unify their followers and guide them towards a moral life, it also has a dark side in two aspects of its practice. First of all, the way to obtain "prizes" for soldiers in military life is often unlawful, violent and dirty, which is hardly compatible with Xenophon's pure philosophical moral teachings set forth elsewhere, for example in the opening passages of the *Cyropaedia* (Xen. *Cyr*. 1.1.1-6) and the ending part of the *Cynegeticus* (Xen. *Cyn*. 12.19-13.18). In the second place, in Xenophon's ethics there seems to be an unseen boundary between "worthy men" and "base men" divided by inborn morality (which is difficult to define in a philosophical sense and is never satisfactorily clarified by Xenophon himself in his extant corpus), the latter of whom were made up by lazy slaves and undisciplined mobs. The only proper way to govern such hopeless "base men" is to fill their bellies as if they were wild animals; by such practice the "ideal" leaders actually violate basic human dignity which was respected in both modern age and by classical Athenian citizens among themselves.

d. Tricks and Oppressions to Secure Personal Power and Authority

Generally speaking, in Xenophon's context, to deceive a friend, or even an enemy, can be a serious moral fault.[22] Nevertheless, his writings also show us clearly that in some circumstance, deceit with dirty tricks is tolerable and can even be regarded as art of government adopted by excellent political leaders.

As set forth, the *Hiero* is a rhetorical dialogue and its purpose is to persuade political leaders to give up tyranny and adopt true kingship so

---

[22] Xen. *An*. 5.7.5-11; *Symp*. 4.10; *Ages*. 1.11-13; P. Krentz, "Deception in Archaic and Classical Greek Warfare," in *War and Violence in Ancient Greece* (London: Duckworth and the Classical Press of Wales, 2000), edited by H. Wees, 169.

that Xenophon's social education can be carried out. However, one section of this dialogue is surprising and seems to show that Xenophon's "true kingship" and "tyranny" are not quite different in essence.

At the end of the dialogue, Hiero explained to Simonides that a despot cannot avoid being hated by his subjects because he has many responsibilities and many sensitive decisions to make (Xen. *Hier.* 8.8-10). In reply to that question Simonides answered:

> Well, Hiero, I do not deny that all these matters must receive attention. But I should divide a ruler's activities into two classes, those that lead inevitably to unpopularity, and those that are greeted with thanks. The duty of teaching the people what things are best, and of dispensing praise and honour to those who accomplish the same most efficiently, is a form of activity that is greeted with thanks. The duty of pronouncing censure, using coercion, inflicting pains and penalties on those who come short in any respect, is one that must of necessity give rise to a certain amount of unpopularity. Therefore my sentence is that a great ruler should delegate to others the task of punishing those who require to be coerced, and should reserve to himself the privilege of awarding the prizes. The excellence of this arrangement is established by daily experience. (Xen. *Hier.* 9.1-3)

After these discussions, Hiero went on to ask Simonides: "But what about the mercenaries? Can you tell me how to employ them without incurring unpopularity? Or do you say that a ruler, once he becomes popular, will have no further need of a bodyguard?" (Xen. *Hier.* 10.1) And Simonides answered as follows, "No, no, he will need them, of course. For I know that the more they get what they want, the more unruly they are apt to become. The way to manage men like that is to put the fear of the bodyguard into them. And as for the good and honourable men (καλοὶ κἀγαθοί), you can probably confer greater benefits on them by employing mercenaries than by any other means." (Xen. *Hier.* 10.2-4)

In the two paragraphs above, apart from many common features to the passages on rewarding I have discussed before, we can also find out something unusual and even ironical for modern readers. On the one hand, Simonides is trying to persuade Hiero to abandon tyranny and adopt "true kingship"; while on the other hand, this so-called "true kingship" is still supported by some typical tyrannical arts of government, for example tricks and oppressions.[23] However, Xenophon's own attitude must be serious instead of ironical. In his mind, a good king should be a

---

[23] E. Baragwanath, "The Wonder of Freedom: Xenophon on Slavery," in *Xenophon: Ethical Principles and Historical Enquiry* (Leiden: Brill, 2012), edited by F. Hobden and C. Tuplin, 659.

combination of a crafty fox and a brutal lion. He reserves glory and praise for himself and forces his intimate followers to take accusations for him. He makes use of violence to tame undisciplined mobs and to serve gentlemen. His "ideal leader" is not "ideal" according to modern standards at all, and sometimes also goes too far to be tolerated in a classical ethical context. Although behaviour like this is sometimes questioned by certain characters in Xenophon's works (for example Cyrus the Great as a child in the *Cyropaedia* (Xen. *Cyr.* 1.6.27) and Ischomachus in the *Oeconomicus* (Xen. *Oec.* 13.4)), it is always shown afterwards why it is necessary and indispensable (Xen. *Cyr.* 1.6.27; *Oec.* 13.5.). And in his prose encomium of Agesilaus at the latter's death, Xenophon even openly praises Agesilaus' skills in deception as follows:

> As for the enemy, though they were forced to hate, he gave them no chance to disparage him. For he contrived that his allies always had the better of them, by the use of deception when occasion offered, by anticipating their action if speed was necessary, by hiding when it suited his purpose, and by practising all the opposite methods when dealing with enemies to those which he applied when dealing with friends. Night, for example, was to him as day, and day as night, for he often veiled his movements so completely that none could guess where he was, whither he was going, or what he meant to do. Thus he made even strong positions untenable to the enemy, turning one, scaling another, snatching a third by stealth. (Xen. *Ages.* 6.5-6)

In the case of Lycurgus in the *Spartan Constitution*, Xenophon also describes for us how Lycurgus secures the king's authority over his people. According to his regulation, Spartan kings should present themselves as mortals all their lifetime. For Lycurgus "did not want to foster a tyrannical attitude in the kings, nor arouse envy of their power in the citizens" (Xen. *Lac.* 15.8). Nevertheless, after death, Spartan kings must be honoured by Lacedaemonians as heroes (ἥρωες), not as men (ἄνθρωποι) (Xen. *Lac.* 15.9). To some extent this is also one kind of mild trick, as by this measure Spartan kings can achieve a double identity, therefore they can maintain people's respect to them and their authority due to the divine nature of their ancestry and avoid inciting people's hatred and jealousy to them in their lifetime as well. Furthermore, in his *Anabasis*, Xenophon "consistently portrays Sparta as a power that maintains its authority through compulsion, repeated demands for total obedience, and, consequently, the reduction of its opponents to slavery — literally and figuratively".[24]

---

[24] E. Millender, "Spartan 'Friendship' and Xenophon's Crafting of the Anabasis," in *Xenophon: Ethical Principles and Historical Enquiry* (Leiden: Brill, 2012),

When we turn to the two Persian kings described by Xenophon, we can see that the uses of tricks and oppressions by them are far more frequent. Cambyses the Elder, the father of Cyrus the Great, taught him that an able military general must be "designing and cunning, wily and deceitful, a thief and a robber, overreaching the enemy at every point" (Xen. *Cyr.* 1.6.27). Only by performing like this can a monarch become "the most righteous and law-abiding man in the world" (Xen. *Cyr.* 1.6.27). As Jon Hesk comments, according to modern standards, Cambyses' teaching "represents military apatē as morally, socially and educationally problematic".[25] And Cyrus adopted the advice and made use of tricks and forces both in wars and in daily government in peace time. For instance, when Cyrus the Great decided that he should encourage people to attend the court, he found certain excuses to seize the property of the man who did not present himself and never distributed any favours to him; and he gave those who did attend the easiest and the most profitable employment on purpose (Xen. *Cyr.* 8.1.17-20). He also played tricks in order that he would be proclaimed and "forced reluctantly" by his friends to become Persian king, so that "his public appearances should be rare and solemn and yet excite as little jealousy as possible" (Xen. *Cyr.* 7.5.37). Deborah Gera comments that "it seems that the Persian ruler thinks that it is not enough for rulers to be better than their subjects; they must bewitch them as well, and making use of the pomp trappings of royal power is one way to ensure that a government will be properly respected".[26] She believes that Cyrus the Great actually used the policies of "carrot and stick"[27] and "divide and conquer",[28] just like modern politicians do when they play dirty. Gabriel Danzig also points out that Cyrus' authority in the *Cyropaedia* is usually secured simply by threat and force.[29]

As offspring of Cyrus the Great, Cyrus the Younger was equally expert in playing tricks and governing with oppression. He managed to conceal his real aim of the long march until the army arrived at the bank of Euphrates (Xen. *An.* 1.4.11-13). Greek mercenaries, including Xenophon himself, loved Cyrus because he was a generous employer as well as an able military leader. But at the same time they also feared him. As Clearchus said, "And remember that while this Cyrus is a valuable friend when he is your friend, he is a most dangerous foe when he is your

---

edited by F. Hobden and C. Tuplin, 415.
[25] Hesk (2000), 129.
[26] Gera, *Xenophon's* Cyropaedia, *Style, Genre and Literary Technique*, 292.
[27] Gera, *Xenophon's* Cyropaedia, *Style, Genre and Literary Technique*, 293-294.
[28] Gera, *Xenophon's* Cyropaedia, *Style, Genre and Literary Technique*, 294.
[29] Danzig, "Big Boys and Little Boys," 295.

enemy. ... For my part, I should hesitate to embark on the vessels that he might give us, for fear of his sinking us with his warships, and I should be afraid to follow the guide that he might give, for fear of his leading us to a place from which it will not be possible to escape." (Xen. *An.* 1.3.12-17) In other words, Cyrus the Younger was a crafty and brutal leader who is equally able to benefit his friends generously and to punish them very cruelly when they betray him. The most significant example was his trial of Orontas, a close friend who betrayed him and was caught. After Orontas admitted that he was guilty (Xen. *An.* 1.6.5-10), Cyrus the Younger handed him over to Artapates, the most faithful of Cyrus' chamberlains. Xenophon writes, "from that moment no man ever saw Orontas living or dead, nor could anyone say from actual knowledge how he was put to death, — it was all conjectures, of one sort and another; and no grave of his was ever seen." (Xen. *An.* 1.6.10-11) Obviously, such an execution not only punished the betrayer, but was also meant to warn other followers of Cyrus. After watching the scene of the trial and hearing about the secret execution, they would remain faithful to Cyrus the Younger and work for him, this time no longer for his virtues and charisma, but for fear of his cunning tricks and brutal punishment.

As a historian and witness of many contemporary Persian affairs, Xenophon must know well that tricks and lies are not glorious and extremely negative according to ancient Persian ethical standards. As Steven W. Hirsch points out, "the issue of Persian treachery and faithlessness assumes extraordinary significance because 'the lie' was the central concept of evil in the Zoroastrian ethical code which underlay Achaemenid Persian culture. To break an oath, to tell a lie, to prove untrustworthy were cardinal sins tolerated under no circumstances, not even when one was dealing with an enemy."[30] In that case, Xenophon's tolerant attitude to the deeds of the two Persian kings cannot come from any statements of Persian version, but is independently based on his own observation and judgment. While Xenophon describes these plots, his consistent choice of neutral vocabulary[31] and tone[32] shows that he does not take them as something intolerable or unfit for an ideal hero in his mind. Actually, in the *Anabasis*, "neither Xenophon nor any other figure ever

---

[30] Hirsch, *The Friendship of the Barbarians, Xenophon and the Persian Empire*, 18.
[31] Hirsch, *The Friendship of the Barbarians, Xenophon and the Persian Empire*, 22-23.
[32] Hirsch, *The Friendship of the Barbarians, Xenophon and the Persian Empire*, 23-24.

accuses Cyrus of deceit, wrongdoing, or want of good faith";[33] the case in the *Cyropaedia* for Cyrus the Great is quite similar.

What is more, even in Xenophon's autobiographical narrative of his own deeds in the *Anabasis*, which mainly serves as an apology of Xenophon himself, we can also recognise certain signs of crafty and despotic characters. When Xenophon rode on horseback and led his soldiers to capture a commanding height, his authority was challenged by a certain Soteridas the Sicyonian, who complained that they were not on equality as common soldiers had to go on foot. Then Xenophon immediately leaped down from his horse, pushed Soteridas out of his place and took his shield. As Xenophon clearly expected, this gesture of equality restored his authority, because the other soldiers, in irritation, began to strike and abuse Soteridas and begged Xenophon to remount on his horse again (Xen. *An.* 3.4.46-49). By such a quick-witted response Xenophon managed to preserve his authority and captured the height ahead of his enemies. In another case, when his followers refused to go by land any more, Xenophon pretended to promise that they would go by ship, but he secretly asked cities nearby to repair roads for him, and these preparations were proved to be useful later (Xen. *An.* 5.1.14). Generally speaking, deceit of friends for good purpose is in many cases tolerated in the *Anabasis* and frequently adopted by Xenophon himself. As Xenophon never became the sole commander-in-chief during the long march, his power was limited. But some despotic features were still recognisable in his art of government. For example, when his proposition was opposed by a certain Apollonides in an open discussion at the critical moment for decision, Xenophon rudely interrupted him in the midst of his talk and said, "while you can see you still do not perceive, and while you can hear you still do not remember." (Xen. *An.* 3.1.26-27) After that, Apollonides was straightly driven out of the conference and Xenophon's proposition was passed (Xen. *An.* 3.1.31-32). From these statements we can see clearly that Xenophon not only made use of tricks and despotic measures, he also felt it is all right to record them and showed these deeds to the public. Therefore, certain despotic and tyrannical arts of government are actually tolerated and even approved in Xenophon's ethical system; and in his view, "deception is clearly justified when the aim is to accomplish a mutually beneficial distribution against someone's will."[34]

According to the teaching of Xenophon's Socrates, pure and sincere

---

[33] Hirsch, *The Friendship of the Barbarians, Xenophon and the Persian Empire*, 24.
[34] Danzig, "The Best of the Achaenenids: Benevolence, Self-interest and the 'Ironic' Reading of *Cyropaedia*," 499.

friendship is the most precious possession one can have (Xen. *Mem.* 2.4.1), as Socrates describes:

ὁ γὰρ ἀγαθὸς φίλος ἑαυτὸν τάττει πρὸς πᾶν τὸ ἐλλεῖπον τῷ φίλῳ καὶ τῆς τῶν ἰδίων κατασκευῆς καὶ τῶν κοινῶν πράξεων, καί, ἄν τέ τινα εὖ ποιῆσαι δέῃ, συνεπισχύει, ἄν τέ τις φόβος ταράττῃ, συμβοηθεῖ, τὰ μὲν συναναλίσκων, τὰ δὲ συμπράττων, καὶ τὰ μὲν συμπείθων, τὰ δὲ βιαζόμενος, καὶ εὖ μὲν πράττοντας πλεῖστα εὐφραίνων, σφαλλομένους δὲ πλεῖστα ἐπανορθῶν. ἃ δὲ αἵ τε χεῖρες ἑκάστῳ ὑπηρετοῦσι καὶ <οἱ> ὀφθαλμοὶ προορῶσι καὶ τὰ ὦτα προακούουσι καὶ οἱ πόδες διανύτουσι, τούτων φίλος εὐεργετῶν οὐδενὸς λείπεται· πολλάκις ἃ πρὸ αὐτοῦ τις ἢ οὐκ ἐξειργάσατο ἢ οὐκ εἶδεν ἢ οὐκ ἤκουσεν ἢ οὐ διήνυσε, ταῦτα ὁ φίλος πρὸ τοῦ φίλου ἐξήρκεσεν. ἀλλ᾽ ὅμως ἔνιοι δένδρα μὲν πειρῶνται θεραπεύειν τοῦ καρποῦ ἕνεκεν, τοῦ δὲ παμφορωτάτου κτήματος, ὃ καλεῖται φίλος, ἀργῶς καὶ ἀνειμένως οἱ πλεῖστοι ἐπιμέλονται.

The good friend is on the watch to supply whatever his friend wants for building up his private fortune and forwarding his public career. If generosity is called for, he does his part; if fear harasses, he comes to the rescue, shares expenses, helps to persuade, bears down opposition: he is foremost in delighting him when he is prosperous and raising him up when he falls. Of all that a man can do with his hands, see for himself with his eyes, hear for himself with his ears or accomplish with his feet, in nothing is a friend backward in helping. Nevertheless, while some strive to cultivate a tree for its fruit, most bestow but an idle and listless care on their most fruitful possession, the name of which is "friend". (Xen. *Mem.* 2.4.6-7)

Obviously, Xenophon's political leaders are neither prepared to enjoy that kind of ideal friendship, nor do they wish to do such a favour to anybody else. They offer bribery, tell lies and adopt violence to their enemies as well as their friends; and they would oppress and even kill their subjects and followers who betray them in order to secure their own political power and achieve their aims.

In all, I would argue that the dark side of "perfect" political leaders presented in Xenophon's moral education system is neither accident nor ironical. It reflects certain key features in Xenophon's outlook and ethical value. The main characters of those "dark descriptions" are as follows:

First and foremost, by modern standards, the "dark policies" of leaders presented by Xenophon interfere with citizens' freedom and privacy, violate basic human dignity and involve tricks and force rather than honesty and virtues. They show the typical characteristics of despotic and tyrannical governments and therefore can hardly be accepted and approved by anyone who believes in modern values of freedom and equality. As

occasional protests and negative comments of Cyrus the Great and
Ischomachus show, these measures must also be quite alien and surprising
to Xenophon's contemporary readers, namely those who generally
believed in traditional Athenian ethical values.

In the second place, the dark sides of competent political leaders in
Xenophon's works are universal but also hidden. On the one hand, the
dark description appears wherever an ideal political leader suitable for
moral education is introduced in Xenophon's extant works. On the other
hand, Xenophon never considers it necessary to explain for us
exhaustively why the "immoral" dark side exists and why it is tolerable in
his utopian social education system, which is carefully devised to elevate
morality in the whole society.

Thirdly, the description of these dark sides does cause a certain
inconsistency and conflicts in Xenophon's logical system. The purpose of
the *Hiero* is to persuade political leaders to choose true kingship instead of
tyranny, but the advice of Simonides contains some elements of tyranny
itself. In the *Cyropaedia*, Xenophon claims by the mouth of Pheraulas
once that human beings are grateful, rational and virtuous in nature,
therefore all of them can be educated in moral sense (Xen. *Cyr.* 8.3.49);
while in practice his Cyrus the Great treated slaves and "vulgar"
multitudes simply in the way he fed and looked after cattle. Because it is
hard to distinguish citizens and obedient slaves from mobs and lazy slaves
in either a philosophical sense or a historical context, and Xenophon fails
to offer us a satisfactory measurement anywhere and occasionally uses
these prejudiced terms arbitrarily himself, this vague way of classification
sometimes causes ambiguity and inconsistency in Xenophon's arguments,
which create some "black holes" and do harm to Xenophon's idea of moral
education as a systematic theory in a few cases.

Last but not least, for Xenophon, the adoption of any "dirty" or
immoral measures is still always aimed at the achievement of his ultimate
goal, namely the improvement of the moral condition of people through
social education. No matter how dark these methods are, their final results
are to secure and strengthen a certain virtuous political leader's power and
authority; and these political leaders would win victories in battlefield,
honour gods and established laws, reward the good and punish the evil,
and ultimately benefit his people and elevate the moral standard of the
whole society, as the following passage from the *Cyropaedia* clearly
shows:

> "By Zeus," said he, "there is no easy or simple question that you ask now,
> my son; but, let me tell you, the man who proposes to do that must be
> designing and cunning, wily and deceitful, a thief and a robber,

overreaching the enemy at every point."

"O Heracles, father," said Cyrus with a laugh, "what a man you say I must become!"

"Such, my son," he said, "that you would be at the same time the most righteous and law-abiding man in the world (Οἷος ἂν <ὤν>, ἔφη, ὦ παῖ, δικαιότατός τε καὶ νομιμώτατος ἀνὴρ εἴης)." (Xen. *Cyr.* 1.6.27)

From this section we can see clearly that the dirty tricks can be and can only be justified when they serve sublime aims in morality. Agesilaus, Cyrus the Great and Xenophon must adopt certain dark measures if they do not want to be killed like Socrates, Cyrus the Younger and Jason of Pherae, as we see in the opening part of this chapter. In order to run a state successfully, both benevolence and despotism are indispensable.[35] In this aspect, Xenophon's notion is deeply influenced by cultural background and his own particular experiences.

III. Background of Xenophon's "Dark Description" of His Ideal Educators

a. Favour of Rational Social Control among Greek Writers in Late Fifth Century B.C. and Fourth Century B.C.

As an Athenian living in the late fifth century B.C. and the first half of fourth century B.C., Xenophon shares certain common features with his contemporary writers. To some extent, the despotic characters of his political leaders seem to be inspired by contemporary thoughts in favour of rational social control, expressed in many military and political writings of this time as well as proved by the character of the contemporary Greek system of social organisation.

In the military area, one manual written by the so-called Aeneas Tacticus[36] advocates strict social control, on the ground that many cities are captured because of their inner conflicts. This manual focuses on military activities in Xenophon's mature years (400-360 B.C.[37]) and mainly discusses how to defend a city effectively. The author suggests that

---

[35] Gera, *Xenophon's* Cyropaedia, *Style, Genre and Literary Technique*, 296-297.

[36] For exhaustive discussion of the nature of this work and its authorship, see D. Whitehead, ed. Aineias the Tactician, *How to Survive under Siege* (Oxford: Clarendon Press, 1990), 4-7.

[37] Members of the Illinois Greek Club, ed. Aeneas Tacticus, Asclepiodotus, Onasander: *Works* (London & Cambridge, Massachusetts: Harvard University Press, 1948). 5.

certain forces must be used to keep watch over the citizens (Aen. Tact. 1.3), and these soldiers must be "both loyal and satisfied with the existing order" (Aen. Tact. 1.5-7). On the other hand, military generals must "keep an eye on those of the citizens who are disaffected and not be ready to accept their advice." (Aen. Tact. 11.1) Aeneas Tacticus also points out that in order to monitor contact between citizens and exiles, "outgoing and incoming letters shall be brought to censors before being sent out or delivered." (Aen. Tact. 10.5-8) If some citizens wish to talk to public embassies, "there must always be present certain of the most trusted citizens who shall stay with the ambassadors so long as they remain." (Aen. Tact. 10.11) He also reminds officers that they must exercise caution whenever citizens gather together to watch a torch-race, horse-racing or other contests (Aen. Tact. 17.1), because riots tend to break out in such circumstances. These precautions are even more strict and severe than Cyrus the Great's supervision of his subjects. As a general himself, Xenophon must know about similar situations and perhaps he also read military manuals of this kind. Therefore it may be that, to his mind, the idea of social control for military purposes is quite natural and that he simply adopts these contemporary military means for the government of his ideal leaders.

Among political writers, both Plato (Pl. *Resp.* 544c) and Aristotle (Arist. *Pol.* 1269a29-36) claim that the constitutions of Sparta and Crete, both of which are famous for their rigorous social control, are adored by most contemporary critics. Plato sometimes also adopts lying as a way to secure government for good purpose (Pl. *Resp.* 414b-415d). Isocrates summarises the political situation in his time and believes that one-man rule is preferred almost everywhere (Isoc. *Nicocles*, 23). Pseudo-Xenophon, the so-called Old Oligarch whose date is in dispute but may be slightly before Xenophon's,[38] criticises Athenian democracy because it is too tolerant. He complains that Athenians even allow slaves to live luxuriously (Xen. [*Ath.pol.*] 1.10-11); and they pay no attention if rich or noble men are offended by comic mockery and abuse (Xen. [*Ath.pol.*] 2.18). Xenophon's ideal moral education system, which models Spartan and Persian Constitutions and makes use of both established laws and

---

[38] The date of the publication of Old Oligarch's pamphlet is traditionally attributed to 420s. But Simon Hornblower's relevant paper argues for a fourth-century date, which makes him a contemporary writer with Xenophon. See S. Hornblower, "The *Old Oligarch* (Pseudo-Xenophon's *Athenaion Politeia*) and Thucydides, A Fourth-Century Date for the *Old Oligarch*?" In *Polis & Politics* (Copenhagen: Museum Tusculanum Press, University of Copenhagen, 2000), edited by P. Flensted-Jensen, M. Hansen, T. Nielsen and L. Rubinstein, 363-384.

strict, despotic social control measures, seems to be a response to these ideas and charges.

However, what influenced Xenophon's education system most must be some existing type of social education. In the *Athenian Constitution*, Aristotle introduces for us one noteworthy institution of social education, which is also featured in limitation of personal freedom:

> The present state of the constitution is as follows. The franchise is open to all who are of citizen birth by both parents. They are enrolled among the demesmen at the age of eighteen. … When the youths [Ephebi] have passed this examination, their fathers meet by their tribes, and appoint on oath three of their fellow tribesmen, over forty years of age, who, in their opinion, are the best and most suitable persons to have charge of the youths; and of these the Assembly elects one from each tribe as guardian, together with a director, chosen from the general body of Athenians, to control them all. Under the charge of these persons the youths first of all make the circuit of the temples; then they proceed to Piraeus, and some of them garrison Munichia and some the south shore. The Assembly also elects two trainers, with subordinate instructors, who teach them to fight in heavy armour, to use the bow and javelin, and to discharge a catapult. … In this way they spend the first year. The next year, after giving a public display of their military evolutions, on the occasion when the Assembly meets in the theatre, they receive a shield and spear from the state; after which they patrol the country and spend their time in the forts. For these two years they are on garrison duty, and wear the military cloak, and during this time they are exempt from all taxes. They also can neither bring an action at law, nor have one brought against them, in order that they may have no excuse for requiring leave of absence; though exception is made in cases of actions concerning inheritances and wards of state, or of any sacrificial ceremony connected with the family. When the two years have elapsed they thereupon take their position among the other citizens. (Aristotle, *Ath. Pol.* 42.1-5)

After reading this text, we can easily recognise a spirit of social control very similar to the "dark policies" of Lycurgus or Cyrus the Great in Xenophon's works. But some problems remain unsettled, as we do not know the exact date of the origin of this ephebic institution.[39] Wilamowitz-Moellendorff suggests that this institution may have been established in 336/6 B.C. and cannot be dated before 338 B.C.[40] His main basis for that

---

[39] C. Pélékidis, *Histoire de l' éphébie Attique des origines à 31 avant Jésus –Christ* (Paris: E. de Boccard, 1962), 7.
[40] U. Wilamowitz-Moellendorff, *Aristoteles und Athens* (Berlin: Weidmannische Buchhandlung, 1893), 193-194.

assumption is that this institution is not compatible with the Athenian democratic spirit and the idea of freedom.[41] However, although the earliest formal text of the Athenian ephebic oath available[42] is inscribed in the mid-fourth century B.C., its archaic language[43] and close relevance to earlier classical texts[44] seems to suggest an earlier tradition. Therefore, some elements of the ephebic system might already exist before mid-fourth century B.C.[45] O.W. Reinmuth believes that ephebic training was still a pure form of military exercise in the first half of the fourth century B.C.[46] and developed into the mature form as Aristotle described in the 330s. In my opinion, in any case, the appearance of the ephebic institution in its mature form in the 330s, which bound individuals and the established social system together,[47] is already convincing evidence of the general tendency towards rational social control of personal freedom in the development of social regulation in the fourth century B.C.; and other external evidence offered by Aristotle,[48] Xenophon and Plato also supports this conclusion.

In the chapter on the *Cyropaedia*, we have already observed the similarities between the Persian institution of social education and Athenian ephebic training. Another piece of evidence is provided by Plato's *Laws*.[49] In this dialogue, Plato devises one kind of social education carried out by wardens (ἀγρονόμοι) (Pl. *Leg.* 760b-c). These agronomoi are organised by tribes; they can deal with quarrels among neighbours or citizens (Pl. *Leg.* 761d-e); they share common meals and live together; they oversee the public and they themselves are also supervised strictly (Pl. *Leg.* 762b-c); they serve the laws and the gods in two years and have to live on simple and humble daily food (Pl. *Leg.* 762e). It is possible that Plato's idea was

---

[41] Pélékidis, *Histoire de l' éphébie Attique des origines à 31 avant Jésus –Christ*, 9.
[42] Rhodes and Osborne, ed. *Greek Historical Inscriptions, 404-323 B.C.*, 440-443; Lycurgus, *Against Leocrates*, 77.
[43] Rhodes and Osborne, ed. *Greek Historical Inscriptions, 404-323 B.C.*, 445.
[44] Thuc. 4.144.4; Soph. *Ant.* 663-671; Aesch. *Pers.* 956-962. See P. Siewert, "The Ephebic Oath in Fifth-Century Athens," *The Journal of Hellenic Studies* 97 (1977): 104-107.
[45] Farenga, *Citizen and Self in Ancient Greece*, 353-354.
[46] O. Reinmuth, *The Ephebic Inscriptions of the Fourth Century B.C.* (Leiden: Brill, 1971), 135-136.
[47] Farenga, *Citizen and Self in Ancient Greece*, 349.
[48] Arist. *Pol.* 1337a21-22; Carlier, "The Idea of Imperial Monarchy in Xenophon's *Cyropaedia*," 338.
[49] Pélékidis, *Histoire de l' éphébie Attique des origines à 31 avant Jésus –Christ*, 25.

inspired by ephebic institution or its prototype,[50] which further proves that the popularity of the idea of rational control of social education by state in Xenophon's age.[51]

In any case, Athenian ephebic institution and the models of social education controlled by the state devised by Xenophon and Plato indicate a general tendency in the development in Athenian society and elsewhere from a quite early date down to the mid-fourth century B.C. As Chrysis Pélékidis points out, "L'éphébie attique n'est ni une creation du génie athénien, ni l'imitation d'un modèle étranger; c'est l'évolution en Attique d'une institution commune à tous les Grecs."[52] And its most important feature is that "it encroached upon the freedom of the individual to order his own life as he wishes in matters of education and of morals."[53] In that aspect Xenophon's heroes shared exactly the same character. Their despotic policies regulated social morality through the sacrifice of citizens' personal freedom, just as the ephebic institution did for Athenian youths.

In all, the despotic features of ideal political leaders in Xenophon's works are partly the product of his age. In that aspect Xenophon is not quite different from Plato, Aristotle, the Old Oligarch and Aeneas Tacticus; and his thought on social education seems also to be influenced by the contemporary ephebic institution or its prototype in the first half of the fourth century B.C.

b. Xenophon's Double Ethical Value Shaped by His Unique Personal Experiences

Unlike Socrates, Plato, Isocrates and Aristotle, who spend most of their lives on philosophical or rhetorical studies, Xenophon is a man of action.[54] His experience is colourful and unique. He was born in Athens and used to live in Persia, Sparta, Elis and Corinth. He followed Socrates in his youth,

---

[50] The detail he describes, though, is problematic and is likely to be contradictory to historical fact. Relevant discussion can be found in M. Davis, "How Many Agronomoi Are There in Plato's *Laws*?" *Classical Philology* 60 (1965): 28-29.

[51] However, the origin of Ephebia as a political system is controversial. For challenging opinions, see H. De Marcellus, *The Origins and Nature of the Attic Ephebeia to 200 B.C.* (PhD Dissertation: Oxford University, 1994), 25-26; J. Friend, *The Athenian Ephebeia in the Lycurgan Period: 334/3-322/1 B.C.* (PhD Dissertation, University of Texas at Austin, 2009), 9-10.

[52] Pélékidis, *Histoire de l' éphébie Attique des origines à 31 avant Jésus –Christ*, 79.

[53] Reinmuth, *The Ephebic Inscriptions of the Fourth Century B.C.*, 131.

[54] D. Gish, and W. Ambler, "The Political Thought of Xenophon," *The Journal of Ancient Greek Political Thought* 26 (2009): 181.

but served as a soldier and a general later, and in old age he started to compose all kinds of works and summarise the experience of all his life systematically. Therefore, "among classical authors Xenophon's personal history was exceptional for its combination of Socratic education and the exercise of military leadership in a time of crisis."[55] In my opinion, the complex experience can also explain the dark sides and inconsistences of the ideal images in Xenophon's mind.

The long march from Babylonia to Asia Minor, during which Xenophon served as a military general, is an extremely hard experience.[56] The Greek mercenaries' enemies were cruel, and the Greeks themselves were equally cruel. The Persians cheated the Greek mercenaries by swearing oaths (Xen. *An.* 2.3.28) that they did not intend to keep and seized almost all their chief leaders (Xen. *An.* 2.5.32). And Greeks even mutilated the bodies of dead Persian soldiers in order to inspire the utmost terror in the enemy (Xen. *An.* 3.4.5). When the Greeks were trapped in heavy snow in Armenia, some soldiers even asked Xenophon to kill them, for they could not go on at all (Xen. *An.* 4.5.15-16). Due to lack of food supplies, the main means by which Greek mercenaries managed to survive was to plunder and to share the booty among themselves.[57] Xenophon admitted that to his allies, "before we became friends of yours, we marched whithersoever we chose through this country, plundering where we wished and burning where we wished." (Xen. *An.* 7.7.5)

What is relevant to our subject here is that Xenophon seemed to form one kind of ethical value quite different from Socrates' moral teaching shown in the *Memorabilia*. For example, when Xenophon reports for us the Greeks' action in the land of the Carduchians, he tells us that Greeks refrained from harshness because they expected that the Carduchians might help them. But they "did take whatever they chanced upon in the way of provisions, for that was necessary" (Xen. *An.* 4.1.8-9). Therefore, in Xenophon's mind, there was nothing immoral or shameful in mercenaries' resorting to plunder in order to obtain provisions. What is more, in order to force soldiers to obey him, it seemed that Xenophon frequently beat them all along the way (Xen. *An.* 5.8.1), and he believed that what he did was just (Xen. *An.* 5.8.13-17). He said in the assembly

---

[55] Hobden and Tuplin, ed. *Xenophon: Ethical Principles and Historical Enquiry*, 39.
[56] Some scholars describe that the army works like a quasi-polis. See S. Hornblower, "This was Decided (edoxe tauta)," in *The Long March, Xenophon and the Ten Thousand* (New Haven & London: Yale University Press, 2004), edited by R. Fox, 244-245.
[57] Pritchett, *Ancient Greek Military Practices*, Part I, 69.

that, "if it was for his good that I punished anyone, I think I should render the sort of account that parents render to sons and teachers to pupils; for that matter, surgeons also burn and cut patients for their good." (Xen. *An.* 5.8.18-20) When Xenophon retrospects the march many years later, he comments that the Boeotian general, Proxenus, is an incompetent military general, as as he "was not capable of inspiring his soldiers with either respect for himself or fear" (Xen. *An.* 2.6.19-20). Again, in his *Hiero*, when Hiero complains that a tyrant must be hated as he has to exercise authority over men who are slow to appear for service (Xen. *Hier.* 8.8-9), Simonides, at that point acting as Xenophon's mouthpiece, agrees that it is a must.[58] According to Xenophon's logic, the methods of education can be violent and brutal, as long as its final intention is good, especially when the situation is an emergency. Although Xenophon was a faithful disciple of Socrates all his life, he also formed another system of ethical values in war experiences; therefore his moral values sometimes appear to be inconsistent and contain certain unresolved conflicts.

Another noteworthy fact is that Xenophon's authority was challenged again and again during the march. Though the Ten Thousand were highly praised by historians in the nineteenth century as "a marching democracy", "a roving commonwealth" or "an epitome of Athens set adrift in the center of Asia",[59] Xenophon obviously did not think so when he recorded their deeds. He portrayed himself as a good military general and political leader "accused unjustly by an ungrateful, envious mob".[60] Xenophon took part of the expedition only as a friend of Proxenus (Xen. *An.* 3.1.4). And even after he was elected as general his power had to be shared with others.[61] What is worse, after the mercenaries arrived at the Black Sea coast, they felt that they were safe now and became more and more disobedient.[62] Xenophon was at enmity with Meno the Pharsalian (Xen. *An.* 3.1.26-31; Diog. Laert. 2.50) and Thorax the Boeotian (Xen. *An.* 5.6.25-26); and he was also accused by agitated soldiers (Xen. *An.* 5.7.1-2) and Dexippus

---

[58] M. Christ, *The Bad Citizen in Classical Athens* (Cambridge: Cambridge University Press, 2006), 59.

[59] C. Brownson, ed./tr., Xenophon: *Hellenica*, Books VI-VII; *Anabasis*, Books I-III (Cambridge, Massachusetts & London: Harvard University Press, 1921), 236-237.

[60] V. Azoulay, "Exchange as Entrapment: Mercenary Xenophon?" In *The Long March, Xenophon and the Ten Thousand* (New Haven & London: Yale University Press, 2004), edited by R. Lane Fox, 303.

[61] Anderson, *Xenophon*, 128.

[62] M. Whitby, "Xenophon's Ten Thousand as a Fighting Force," in *The Long March, Xenophon and the Ten Thousand* (New Haven & London: Yale University Press, 2004), edited by R. Lane Fox, 224.

(Xen. *An*. 6.1.32). According to his own narrative, when he abandoned the leadership, his troop immediately became out of control (Xen. *An*. 6.2.4-8), while his intimate friends were still oppressed by private enemies for revenge (Xen. *An*. 6.6.11). These disastrous political experiences, together with the tragic lessons of Socrates, Cyrus the Younger and Jason of Pherae, must have led Xenophon to the conclusion that subject citizens and soldiers are naturally unruly;[63] therefore, political authority should be maintained by all kinds of necessary arts. A successful political leader must learn how to keep his power first, even if that means sharing some of the characteristics of a despot and perpetrating actions that in other circumstances he would regard as immoral.

Xenophon talks little about his later military experience after the long march. But in my view, it is quite reasonable to suppose that his ethical values must also be influenced by Agesilaus, his own leader and a living hero he greatly admired. As Diogenes Laertius narrates, after the long march, Xenophon "returned to Asia, having enlisted the troops of Cyrus as mercenaries in the service of Agesilaus the Spartan king, to whom he was devoted beyond measure" (Diog. Laert. 2.51). This political leader in real life must influence Xenophon's image of ideal leadership.

From the beginning of his political career, Agesilaus had to struggle against his enemies in order to hold his own power. Xenophon claims that Agesilaus was chosen as king peacefully for his birth and character (Xen. *Ages*. 1.5). External evidence shows that it is not quite true. According to Plutarch, Agesilaus made an alliance with Lysander, the most prominent Spartan general at that time. And the latter tried his best to gain the title of king for Agesilaus, even by misinterpreting an oracle (Plut. *Vit. Ages*. 3.3-5). Finally, Agesilaus was appointed king and inherited the estates of Agis (Plut. *Vit. Ages*. 4.1); and his opponent Leotychides was expelled as a bastard. Pausanias also confirms that Lysander was "an active supporter of Agesilaus" and "would have him king at all costs" in the issue of explaining the Delphic oracle on the throne (Paus. 3.8.10). However, though Agesilaus kept friendship with Lysander in the beginning, soon afterwards he realised that the latter was a potential threat to his own power (Plut. *Vit. Ages*. 7.1-3). Therefore he "resisted the counsels of Lysander, and whatever enterprises were most earnestly favoured by him, these he ignored and neglected, and did other things in their stead" (Plut. *Vit. Ages*. 7.1-3). And finally Lysander complained that Agesilaus knew well how to humble his friends (Plut. *Vit. Ages*. 8.1-4). Even after Lysander's

---

[63] Xen. *An*. 5.1.14; J. Hesk, *Deception and Democracy in Classical Athens* (Cambridge: Cambridge University Press, 2000), 130.

death, Agesilaus still wanted to publish a certain booklet in order to further damage Lysander's fame (Plut. *Vit. Ages.* 20.2-3). These activities are very similar to the measures Xenophon's ideal leaders adopt to secure their powers.

The historical Agesilaus was also an expert in using tricks. Plutarch writes in his *Life of Agesilaus* that "as for those who were in opposition to him, he would do them no open injury, but would show them up if they proved base and grasping in their exercise of authority; then, contrariwise, when they were brought to trial, he would come to their aid and exert himself in their behalf, and so would make them friends instead of enemies, and bring them over to his side, so that no one was left to oppose him." (Plut. *Vit. Ages.* 20.4) According to Diodorus, Agesilaus sometimes held different political opinions with the other king, the youth Agesipolis (Diod. Sic. 15.19.4). In order to control Agesipolis, Agesilaus made use of his hobby of homosexual activity and introduced young boys for him; and he "would even lead the young king's fancy toward the object of his own affections, and share with him in wooing and loving" (Plut. *Vit. Ages.* 2.5-6). There is no doubt that Agesilaus was a great politician and competent military general; but his dark side was equally vivid. In his *Hellenica* and *Agesilaus*, Xenophon seldom mentions Agesilaus' dark side.[64] But it is reasonable to suppose that he definitely knew it, and these details inspired him to depict the dark side of his other ideal heroes. In Xenophon's moral philosophy, on the one hand, theoretically, an ideal political leader should be as perfect as what he depicted in most passages of the *Cyropaedia* and the *Hiero*, following the teachings of Socrates, impressing his subjects by his own example and charisma, and benefiting everyone around him benevolently; on the other hand, in actually life and cruel political struggles, a competent leader like Agesilaus or Cyrus the Younger is already good enough, whose despotic manners and crafty tricks must be tolerated. In Xenophon's extant works, these two moral standards coming from very different origins are sometimes in tension with each other. This potential notion must help shape Xenophon's double ethical value system, which, as we can see, is occasionally contradictory in itself and harms the harmony of Xenophon's theory of moral education.

---

[64] Sometimes, though, Xenophon would admit that Agesiaus did play tricks in wars. Cf. Xen. *Ages.* 1.25-34. He also describes Spartan army's extremely strict discipline in his *Lac.* 11.1-13.11, which may still be used by Agesilaus in his expeditions.

IV. Conclusion

In conclusion, a certain dark side does exist in Xenophon's depiction of ideal political leaders and the social education of morality carried out by them. These dirty policies sometimes limit the freedom of citizens by social control, purchase human dignity by wealth taken from plunder, secure established authority by tricks and violence rather than by virtues and love. These notions show some common features of Greek thoughts and social realities in late fifth century B.C. and fourth century B.C. in favour of rational social control and reign of lawful kingship; but they are also partly the product of Xenophon's own unique experience and his double ethical values shaped by both Socratic moral philosophy and Persian and Spartan ideologies in real life. These dark descriptions are not always pleasant for modern readers to read, but they are of great importance for us to study the pragmatic and realistic aspect of Xenophon's moral education system.

In any case, Xenophon should be praised for his sincerity as a researcher of the human soul and historical facts. If he wishes to keep his ideal heroes' images perfect, he does not have to mention the dark side of Cyrus the Great, Cyrus the Younger, Lycurgus and especially his own image in the *Anabasis* at all. But he does not omit these details, even though they may not be pleasant for his contemporary readers to read. And Xenophon's faithful record of historical details and close observation of human nature ensure his popularity from the Roman age to the modern era.

The admission of the existence of a dark side of political life also reflects Xenophon's optimistic outlook[65] and attitude. Unlike some utopian writers who hold childish illusions of political life and pessimistic priests who lay all their hopes of salvation on the mercy of gods, Xenophon holds firmly the belief that although politics is cruel and dirty in reality, it can still serve to improve our living conditions and moral standards, on condition that it is guided by a rational and philosophical mind toward the ultimate supreme good. Xenophon himself was an unfortunate exile and unsuccessful military general for a large part of his life, but he never doubted that gods would bless human beings as long as they remained pious, lawful and virtuous, and managed their own affairs properly and rationally. He never gave up the effort of looking for the best way of achieving happiness and morality in political life as it actually was, though it was fraught with violence, evil and deceit.

---

[65] R. Parker, "One Man's Piety: The Religious Dimension of the *Anabasis*," in *The Long March, Xenophon and the Ten Thousand* (New Haven & London: Yale University Press, 2004), edited by R. Lane Fox, 132.

The courage to reveal and deal with the dark side in his system of morality also shows that Xenophon was a man of action. As Eunapius comments, "Xenophon, the philosopher, is unique among all philosophers in that he adorned philosophy not only with words, but with deeds as well." (Eunap. *VS.* 1.1.1.) He is not satisfied to discuss his idea of social education only in the sense of moral philosophy and metaphysics, but also wishes to put the theory into practice and examine whether it can work well in actual political life. In that sense Xenophon does display his uniqueness among classical writers. His attempt to establish a more rational practice of political leadership[66] was noticed and made use of by Machiavelli[67] and other humanists, and therefore indirectly contributed to the birth of modern political thought and social science.

---

[66] Danzig, "The Best of the Achaenenids: Benevolence, Self-interest and the 'Ironic' Reading of *Cyropaedia*," 499.
[67] C. Nadon, "From Republic to Empire: Political Revolution and the Common Good in Xenophon's *Education of Cyrus*," *The American Political Science Review* 90 (1996): 362.

CHAPTER FOUR

A SUPPLEMENT TO POLITICAL
EDUCATION OF SOCIAL MORALITY:
THE PRIMITIVE MODEL OF MORAL
ECONOMICS ESTABLISHED IN XENOPHON'S
OECONOMICUS AND *POROI*

I. An Unexpected Question:
Has Xenophon Changed His Mind?

In the three chapters above, we have examined the main contents of
Xenophon's system of social education of morality organised by ideal
political leadership. This kind of education is carried out by an ideal,
almost perfect political leader and leads to ultimate happiness, as specified
by Socratic moral philosophy, for his people. We see that Xenophon tries,
in some highly rhetorical works such as the *Hiero*, to persuade political
leaders and other readers in real life to adopt his advice. In order to carry
out this philosophical and utopian plan against the harsh historical
background of the Greek world in the early fourth century B.C., certain
dark features (violence, strict control, dishonesty, physical punishment)
and "immoral" tricks are tolerated and sometimes even approved by
Xenophon's double moral standard. So far, apart from a few minor
instances of confusion or tension, the model of moral education presented
by Xenophon seems to be generally uniform and systematic. Nevertheless,
the preface of the *Poroi*, one short treatise or oration on the revenue of
Athens [1] traditionally attributed to Xenophon without much dispute, [2]
appears to overthrow what he established before and suggest something
new:

---

[1] J. Ober, *Democracy and Knowledge, Innovation and Learning in Classical
Athens* (Princeton & Oxford: Princeton University Press, 2008), 250-251.
[2] Schorn, "Xenophons *Poroi* als philosophische Schrift," 65.

Ἐγὼ μὲν τοῦτο ἀεί ποτε νομίζω, ὁποῖοί τινες ἂν οἱ προστάται ὦσι, τοιαύτας καὶ τὰς πολιτείας γίγνεσθαι. ἐπεὶ δὲ τῶν Ἀθήνησι προεστηκότων ἔλεγόν τινες ὡς γιγνώσκουσι μὲν τὸ δίκαιον οὐδενὸς ἧττον τῶν ἄλλων ἀνθρώπων, διὰ δὲ τὴν τοῦ πλήθους πενίαν ἀναγκάζεσθαι ἔφασαν ἀδικώτεροι εἶναι περὶ τὰς πόλεις, ἐκ τούτου ἐπεχείρησα σκοπεῖν εἴ πῃ δύναιντ' ἂν οἱ πολῖται διατρέφεσθαι ἐκ τῆς ἑαυτῶν, ὅθενπερ καὶ δικαιότατον, νομίζων, εἰ τοῦτο γένοιτο, ἅμα τῇ τε πενίᾳ αὐτῶν ἐπικεκουρῆσθαι ἂν καὶ τῷ ὑπόπτους τοῖς Ἕλλησιν εἶναι.

For my part I have always held that the constitution of a state reflects the character of the leading politicians. But some of the leading men in Athens have stated that they recognise justice as clearly as other men; "but," they have said, "owing to the poverty of the masses, we are forced to be somewhat unjust in our treatment of the cities." This set me thinking whether by any means the citizens might obtain food entirely from their own soil, which would certainly be the fairest way, I felt that, were this so, they would be relieved of their poverty, and also of the suspicion with which they are regarded by the Greek world. (Xen. *Vect.* 1.1)

The *Poroi* is only a minor work of Xenophon and seldom attracts the attention of either ancient critics[3] or modern scholars;[4] and Xenophon's economic ideas, mainly expressed in his *Poroi* and the *Oeconomicus*, are much criticised in Moses Finley's classic work on ancient economy;[5] most of these proposals, for example the ingenious advocacy[6] of state action to exploit the mines, are perhaps not adopted by the contemporary Athenian government at all.[7] Nevertheless, its opening part cited above appears to be a serious and unexpected challenge to the fundamental basis of Xenophon's moral education, one of his favourite topics and the core of his whole thought, and is therefore noteworthy for the purpose of this book. It is "unexpected" in two aspects. First of all, as a concise and highly technical work on the revenue of Athens,[8] the *Poroi* should not have much

---

[3] M. Austin and P. Vidal-Naquet, *Economic and Social History of Ancient Greece: An Introduction* (Oakland: University of California Press, 1977), translated by M. Austin, 146.

[4] P. Gauthier, "Xenophon's Programme in the *Poroi*," in *Xenophon* (Oxford: Oxford University Press, 2010), edited by V. J. Gray, 113.

[5] M. Finley, *The Ancient Economy*, updated second edition (Berkeley & Los Angeles & London: University of California Press, 1999), 19.

[6] H. Michell, *The Economics of Ancient Greece*, second edition (Cambridge: W. Heffer & Sons, 1957), 109.

[7] Michell, *The Economics of Ancient Greece*, 97, 389.

[8] The title of the *Poroi* in the oldest manuscript, Ξενοφῶντος πόροι ἢ περὶ προσόδων, might be added by later scribes, just like the case of his *Apology* and

to do with morality. As a matter of fact, Xenophon's subject in the preface is not moral education, but the economic relationship between Athens and its allies under the second Athenian Empire. However, in this very short passage, two central concepts of Xenophon's moral education, "the leading politicians (οἱ προστάται)" and "justice (τὸ δίκαιον)" are mentioned. Following the typical logic of Xenophon, which we can find again and again in his other writings, a reader would naturally expect that Xenophon's solution is to ask the leaders to make good use of their art of leadership and treat Athenian allies justly. But what follows seems to hint that it is impossible to establish justice when the people under the competent leaders (who "recognise justice as clearly as other men", though not necessarily as perfect as Cyrus the Great in Xenophon's utopian regime) lived in poverty, because in that case Athens has to harm her friends and exploit people living in other cities in order to acquire wealth elsewhere, then make wars against them ceaselessly and sacrifice the peaceful life of her own people, that is to say to maintain her power by unjust means and to lead her people to injustice, violence and misery. Therefore, Xenophon has to search for something different (in this case certain economic means) beyond ideal political leadership to deal with this "moral crisis" instead.

In the second place, the *Poroi* is not only one work of Xenophon that can be roughly dated (which is very rare in Xenophon's corpus), but is also quite certain to be the last writing Xenophon composed shortly before his death.[9] The date of the *Poroi* and the date of Xenophon's death seem to be very close. In 4.40 Xenophon mentions "the late war", which must be the so-called "Social War" (a revolt of Athenian allies against the oppression of Athens) taking place from 357 to 355 B.C.[10] This can perfectly explain why Xenophon chooses to connect the topics of revenue to friendship with allies of Athens. Therefore, the *Poroi* is likely to have been delivered or composed shortly after that between 355 and 354 B.C.[11] In the case of Xenophon's date of death, most modern scholars agree that Xenophon died in his seventies in 355 or 354 B.C.[12] Therefore, many researchers

---

Hiero. Nevertheless, it summarises the content of this work quite well. See P. Gauthier, *Un commentaire historique des Poroi de Xénophon* (Genève & Paris: Droz, 1976), 7.

[9] Gauthier, *Un commentaire historique des Poroi de Xénophon*, 1.

[10] J. Dillery, "Xenophon's *Poroi* and Athenian Imperialism," *Historia: Zeitschrift für alte Geschichte* 42 (1993): 1.

[11] Gauthier, "Xenophon's Programme in the *Poroi*," 113.

[12] Christopher J. Tuplin supposes that Xenophon was born around 430 B.C. (C. Tuplin, "Xenophon," in *The Oxford Classical Dictionary*, third edition revised

believe that the *Poroi* must be the last work of Xenophon;[13] E.C. Marchant even guesses that Xenophon "probably died a few months after writing it".[14] For a prolific writer in cultural history, his later works usually serve as summary and conclusion of his thought system produced in his mature years. But Xenophon appears to overthrow in the *Poroi* what he has established in his earlier works, which is, to say the least, something unusual and should be treated seriously.

Nevertheless, when we read Xenophon's works, especially the usually highly rhetorical openings and endings, we should not forget that Xenophon is frequently mentioned as "the orator Xenophon" in later manuscripts.[15] We have already seen his skilful mastery of rhetorical techniques in the *Hiero*. The general style of the *Poroi* is also "surprisingly rhetorical"[16] and characteristic of deliberative oratory.[17] In my opinion, the preface of the *Poroi* serves as another example of the use of rhetorical skills in order to draw the audience's close attention to "something new". After close examination, I would argue that Xenophon's economic view is actually a supplement of his traditional mode of moral education and is generally compatible with the ideal leadership. If we take Xenophon's two works dealing with the economic sphere, namely the *Poroi* and the *Oeconomicus*[18] together, we would see clearly that though certain innovations

---

(Oxford: Oxford University Press, 2003), edited by S. Hornblower, and A. Spawforth, 1628) but seems to be uncertain about his date of death; Eckart E. Schütrumpf sets Xenophon's years of birth and death at about 430-354 B.C. (E. Schütrumpf, "Xenophon aus Athen," in *Der neue Pauly*, Band 12/2 (Stuttgart & Weimar: J.B. Metzler, 2002), edited by H. Cancik and H. Schneider, 633); and Laurence Villard makes them around 427-355 B.C. (L. Villard, "Xénophon d'Athènes,' in *Dictionnaire de l'Antiquité*, edited by J. Leclant, 2269-2271. Paris: Presses universitaires de France, 2005 2269). The unreliable date of Xenophon's death provided by Diogenes Laertius (360-359 B.C., which is cited from the list of archons and Olympic victors recorded by Ctesiclides of Athens, see Diog. Laert. 2.56) is rejected by almost all.

[13] Dillery, "Xenophon's *Poroi* and Athenian Imperialism," 10.

[14] Marchant, ed. Xenophon: *Scripta Minora*, xxv.

[15] Strauss, *On Tyranny*, 25.

[16] J. Jansen, *After Empire: Xenophon's* Poroi *and the Reorientation of Athens' Political Economy* (PhD dissertation: University of Texas at Austin, 2007), 60.

[17] Jansen, *After Empire: Xenophon's* Poroi *and the Reorientation of Athens,' Political Economy*, 70.

[18] In this book, I mainly take the *Oeconomicus* (whose date is uncertain but must be earlier than that of the *Poroi*) as one atypical Socratic dialogue which attempts to introduce his theory of social education into the domestic sphere, as my Chapter 2 of Part 3 will show. Nevertheless, I also believe that Xenophon's narrative of both improper and suitable domestic management in the *Oeconomicus* reflects the

and developments of thought do take place, what Xenophon manages to establish is actually a kind of "moral economics" in its primitive stage based on Socratic philosophy and his own device of ideal leadership, which serves to support and enrich his doctrine of moral education. Though Xenophon never had a chance to polish this idea further owing to his death immediately following the composition of the *Poroi*, it still comprises a unique and noteworthy element in Xenophon's works as well as in the history of Greek thought in the classical period.

II. Consistency between Xenophon's Economic Proposal and his System of Moral Education under Ideal Leaders

First of all, according to Xenophon's view showed in both the *Oeconomicus* and the *Poroi*, proper management of agricultural production and financial affairs is one of the most important responsibilities of ideal political leaders. In the *Oeconomicus*, when Critobulus asks who should be responsible for bad management of domestic affairs, which is mainly economic, Socrates answers him as follows:

> Whenever a sheep is in a bad way, we usually blame the shepherd, and whenever a horse is vicious, we usually find fault with its rider. As for a wife, if she manages badly although she was taught what is right by her husband, perhaps it would be proper to blame her. But if he doesn't teach her what is right and good and then discovers that she has no knowledge of these qualities, wouldn't it be proper to blame the husband? (εἰ δὲ μὴ διδάσκων τὰ καλὰ κἀγαθὰ ἀνεπιστήμονι τούτων χρῷτο, ἆρ᾽ οὐ δικαίως ἂν ὁ ἀνὴρ τὴν αἰτίαν ἔχοι;) (Xen. *Oec.* 3.11-12)

From this passage we can see clearly that the husband, the highest "leader" of the οἶκος, must teach (διδάσκων) his "followers" (in this case his wife and servants) "what is right and good (τὸ καλὸν κἀγαθόν)" in order to run domestic and economic affairs (agricultural production, financial income, etc.) well. In that sense, the husband is acting in the same way as Cyrus the Great fosters morality among his subjects. The similarity shows the correspondence between the public and private spheres in Xenophon's outlook, which will be discussed in detail in my chapter on the queen bee metaphor. What we need to do here is to recognise the similar roles played by competent leaders in economic

---

economic ideas he held before his composition of the *Poroi*. Therefore, it is useful to study both the *Oeconomicus* and the *Poroi* in this chapter so as to to reconstruct Xenophon's moral economics and the process of its development.

affairs and in maintenance and improvement of social morality.

As we can expect, after some divergent discussions on different occupations, Xenophon's Socrates soon returns to his favourite topic: the critical role played by ideal political leaders in management of affairs. And this time he explains the responsibilities of good Persian kings in agricultural production exhaustively. He says, "Surely we ought not to be ashamed to imitate the king of the Persians? For people say that he classifies farming and the art of war among the noblest and most essential concerns; and he is seriously concerned about both of them." (Xen. *Oec.* 4.4-5) In the following statements, Socrates claims that Cyrus the Great paid great attention to make sure that the good lands of Persians are well cultivated (Xen. *Oec.* 4.8-9); he asked all his satraps to take care of military and agricultural matters equally (Xen. *Oec.* 4.11); Cyrus the Younger even planted trees with his own hands and was praised by an astonished Lysander for that (Xen. *Oec.* 4.20-25). What is striking is that Xenophon's Socrates seems to draw a connection between the loyalty of Cyrus' followers at his death and his emphasis on the importance of agriculture (Xen. *Oec.* 4.18-19), which is very difficult for modern readers to understand. Perhaps Xenophon's original intention is only to show that valour in battle and diligence in the organisation of agricultural production are both indispensable contributions to the formation of the perfect and glorious image of Cyrus the Younger as an able political leader. In any case, it is indisputable that Xenophon does express the idea here that an ideal political leader not only teaches his people loyalty to himself, piety to gods, obedience of authority, respect for social manners as well as many other moral characters leading to a virtuous way of life, but can also supervise them in carrying out agricultural production successfully so that they can feed and enrich themselves to enjoy economic prosperity in happiness.[19]

A third passage of the *Oeconomicus* discusses the function of good laws in agricultural production. Ischomachus tells Socrates that he adopts certain articles in the laws of Draco, Solon and Persian kings to reward and punish his servants to ensure that they will work hard (Xen. *Oec.* 14.3-7). In the context of Greek culture, the laws of Draco and Solon stands for wise legislation;[20] and this is also an important responsibility of a good political leader. In sum, although the subject of the *Oeconomicus* is mainly economic, the responsibility for agricultural production discussed in it is still taken by competent political leaders. Through experienced instructions

---

[19] This idea might come from Persian/Zoroastrian ideology. See Pomeroy (1994), 253.

[20] Pomeroy, ed. Xenophon: *Oeconomicus*, 319.

on management, emphasis on agriculture and wise legislation, a good political leader, such as Cyrus or Solon, is able to make full use of labourers' potential strength and run the agricultural economy well.

Does the *Poroi*, then, present totally different advice? In my opinion it is not quite the case. Of course, in the background of Athenian democracy, Xenophon has to replace his Cyrus the Great with "the leading politicians" (though they are only competent at most and not as ideal as the former) and replace subjects with Athenian people and their allies. But in other aspects little is changed. After explaining his advice on how to increase the income of Athens, Xenophon concludes that "now such additions to our revenues as these cost us nothing whatever beyond benevolent legislation and measures of control (ψηφίσματα τε φιλάνθρωπα καὶ ἐπιμελείας)" (Xen. *Vect.* 3.6). In another passage, Xenophon also suggests that Athenian government should organise the exploration of new resources by the unit of tribes, and take control of the discovered wealth so that the wealth found by one tribe only should benefit everyone (Xen. *Vect.* 4.30-31). This is also a political measure to deal with economic demands and has to be carried out by politicians only.

If we read the *Poroi* carefully, we can easily see that none of Xenophon's advice on revenue is designed to admonish Athenian people to give up luxurious life in order to save money, to teach artisans how to improve productivity by innovative techniques, or to ask Athenian and metic merchants to donate for public benefits. Most of his advice is for Athenian politicians, in the hope that they can improve the financial condition by wise legislation, rational social control and maintenance of peace and order instead of wars and exploitations against their own allies. As Joseph Nicholas Jansen points out, "Xenophon does not aim to persuade the entire Athenian citizenry straight away with his exposition but rather those who would introduce his proposals to the assembly as specific motions".[21] This idea is perfectly compatible with what Xenophon wrote in the *Cyropaedia* and other works for ideal leadership and serves as a supplement in the economic aspect of Xenophon's theory of the art of government.

In the second place, the economic content presented in Xenophon's *Oeconomicus* and *Poroi* is not something irrelevant to the sphere of morality. As A.J. Bowen comments in the introduction to his edition of Xenophon's *Symposium*, Xenophon's interests are in manners and morals instead of something more narrowly intellectual.[22] This rule is equally applicable to his two works on economic matters.

---

[21] Jansen, *After Empire: Xenophon's* Poroi *and the Reorientation of Athens,' Political Economy*, 97.
[22] Bowen, ed./tr., *Xenophon: Symposium*, 2.

In the *Oeconomicus*, Socrates explains to Critobulus the use of farming. He says, "I am telling you this because not even those most favoured by the gods can do without farming. For concerning oneself with it seems to be simultaneously a pleasant experience, a means of increasing one's estate, and exercise for the body so that it may be capable of all those things that are suitable for a free man." (Xen. *Oec.* 5.1) He then summarises the benefit of agricultural production with a series of rhetorical questions:

> And what occupation makes men more suited for running, throwing, and jumping than farming? What occupation provides greater pleasure in return to those who work at it? What occupation welcomes the man who is concerned with it more graciously, inviting him to come and take what he needs? What occupation welcomes friends more generously? Where is it more comfortable to spend the winter than on a farm with a generous fire and warm baths? Where is it more pleasant to spend the summer than in the countryside with streams and breezes and shade? What other occupation provides more appropriate first-fruits for the gods or produces festivals with a greater abundance of offerings? What occupation is more popular with slaves, or sweeter to a wife, or more attractive to children, or more agreeable to friends? I think it would be remarkable if any free man has ever come to possess any property more pleasant than a farm, or has discovered any object of concern more pleasant or more useful for making a living. Furthermore, because the earth is divine, she teaches justice to those who have the ability to learn from her. She gives the greatest benefit in return to those who cultivate her best. (Xen. *Oec.* 5.8-12)

The sense of moral teaching is rather explicit in these comments. In Xenophon's view, on the one hand, farming is useful because it provides the necessary supply of food and other resources, with which one can live properly as a free man; yet, on the other hand, physical labour in economic activities is also useful as a form of moral education. It offers the opportunity for one to do exercise and to strengthen the body; it enriches one's soul by the pleasure of harvest; it creates and enhances close friendship among labourers; and it helps men realise justice existing in harmony with nature. Therefore, by encouraging and giving proper instructions to agricultural labourers, as well as setting an example for them by taking part in agricultural activities themselves, the two Cyruses and other ideal political leaders not only increase the wealth of the society, but also create opportunities for their people to receive social education and to improve their morality.

Although Xenophon has nothing more to say in his *Poroi* about pleasure, friendship or the acquisition of moral virtue through physical labour (which he had discussed in his *Oeconomicus* but are obviously not relevant to his topic in the later work) he does talk about something else which has moral implications, namely the proper use of wealth. As one leading scholar on Xenophon's *Poroi*, Philippe Gauthier, argues, Xenophon hints that the extra wealth gathered by the means that he advocates should be used to encourage the Athenian people to make a larger contribution to their state by taking part in public assemblies as *homo politicus* should;[23] and the ultimate aim of Xenophon's plan is to eliminate the "poverty of the masses" with "τροφή of the demos"[24] gained by his financial measures in order to support the maintenance and development of the Athenian democratic system and the citizens' political virtues.

Due to the lack of external evidence, it is very difficult to tell whether Gauthier's interpretation is absolutely correct in detail; however, the moral value of wealth gained from economic activities in Xenophon's *Poroi* is quite clear. As Isocrates did in his famous pamphlet *On the Peace*,[25] which had just been composed in 355 B.C., Xenophon also advocates peace and justice in his *Poroi*. However, unlike Isocrates, who tries to persuade Athenians to adopt his advice as policy by means of rhetoric and historical examples,[26] Xenophon attempts to find a solution to the fundamental social problem which causes wars and oppressions in his eyes — the general poverty of Athenian people.[27] According to Xenophon's plan, if sufficient wealth can be collected by rational management of revenue and explorations of new financial resources, plundering wars and unjust oppression of Athenian allies can be avoided. As he describes,

> It [a board of guardians of peace] would help to increase the popularity of the city and to make it more attractive and more densely thronged with visitors from all parts. ... I presume that those states are reckoned the

---

[23] Cawkwell, G. Review: Xenophon's *Poroi*, Un commentaire historique des *Poroi* de Xénophon by Philippe Gauthier, *The Classical Review* 29 (New Series, 1979): 18.

[24] Gauthier, "Xenophon's Programme in the *Poroi*," 131.

[25] Marchant, ed. Xenophon: *Scripta Minora*, xxvii-xxviii.

[26] The main aim of Isocrates' ecnomic plan is to reform the way of redistribution of wealth and to restore the balance and harmony between the rich and the poor in Athenian society, which existed in the remote past. Relevant analysis can be found in A. Fuks, *Social Conflict in Ancient Greece* (Leiden: Brill, 1984), 54-57, 60, 67.

[27] Due to scarceness of relevant historical evidence, it is impossible to know whether Xenophon's diagnosis of contemporary Athenian society is to the point. But it is evident that Xenohon presents in the *Poroi* a diferent perspective from that of Plato and Isocrates, which is more utilitarian and means to be practical.

happiest (εὐδαιμονέσταται) that enjoy the longest period of unbroken peace; and of all states Athens is by nature most suited to flourish in peace. For if the state is tranquil, what class of men will not need her? Ship-owners and merchants will head the list. Then there will be those rich in corn and wine and oil and cattle; men possessed of brains and money to invest; craftsmen and professors and philosophers; poets and the people who make use of their works; those to whom anything sacred or secular appeals that is worth seeing or hearing. Besides, where will those who want to buy or sell many things quickly meet with better success in their efforts than at Athens? (Xen. *Vect.* 5.1-4)

From this passage, we can see that the purpose of Xenophon's revenue plan is also partly moral. First, its direct intention is to avoid cruel violence and oppression against Athenian allies in the future. Second, unbroken peace can also contribute to further economic prosperity and development of cultural education in the form of philosophy and poetry, and finally leads to the ultimate happiness in the sense of Socratic moral philosophy. On the other hand, peace on the basis of wealth and popularity is also based on the principle of justice and not simply achieved at the cost of surrender and sufferings on the part of Athens' enemies, because "our vengeance would follow far more swiftly on our enemies if we provoked nobody by wrong-doing; for then they would look in vain for an ally" (Xen. *Vect.* 5.13). As Christopher J. Tuplin points out, the main aim of the *Poroi* is to establish "a new imperialism based on peace and consensual hegemony".[28] And this plan is closely relevant to the concepts of justice, voluntary obedience and happiness discussed in Xenophon's *Cyropaedia* and other works on moral education.

To sum up, the examination of the texts of the *Oeconomicus* and the *Poroi* shows that Xenophon never abandoned his fundamental model of moral education carried out by political leadership. The rational economic activities described by Xenophon are organised and supervised by competent political leaders; their practice and final aim are full of moral sense and reflect Xenophon's lifelong ideas on morality. To some extent, the *Oeconomicus* and the *Poroi* serve as two supplements to the model of the ideal society created and maintained by good leadership and Socratic moral guidelines in the *Cyropaedia* and supply an economic dimension that has so far been lacking in this utopian regime.

---

[28] Tuplin, "Xenophon," 1631.

III. Innovations of Xenophon's *Poroi* and the Formation of his Moral Economics in its Primitive Stage

In both the *Oeconomicus* and the *Poroi*, the two crucial elements in the model of moral education presented in Xenophon's *Cyropaedia*, the ideal leadership and Socratic morality, do exist and play important roles. This fact shows clearly that there are no fundamental changes in Xenophon's thought system. On the other hand, the claim of his change of mind in the opening part of his *Poroi* still makes sense, as this work shows two dramatic new features which mark the transition and development of Xenophon's interest in social morality.

The first and quite obvious change is that Xenophon now prefers to focus on Athens' contemporary situation instead of those remote, usually exotic, and sometimes utopian worlds he described in the *Cyropaedia*, the *Anabasis*, the *Spartan Constitution*, the *Symposium* and the *Memorabilia*, and so on. In contrast to all these writings, the *Poroi* shows that Xenophon focused his attention on Athens and did care about new events taking place there,[29] though he may still have stayed in Corinth until his death, if we accept Diogenes Laertius' report as truth (Diog. Laert. 2.56). He expresses freely his love and hope for Athens, which must be restrained during his long career of exile. He claims that Athens is "by its nature capable of furnishing ample revenue" (Xen. *Vect.* 1.2). He praises the diversity of plants (Xen. *Vect.* 1.3), of mineral resources (Xen. *Vect.* 1.4-5), and the mildness of climate of Attica (Xen. *Vect.* 1.6-8). As John Dillery points out, the writing style of the *Poroi* "invokes the language of Athenian imperial ideology";[30] and the author also "confines himself rigidly to proposals of a practical nature".[31] The burst of patriotic passion and the strong interest for his fatherland must have something to do with Xenophon's personal experience. According to Diogenes Laertius' account, in Xenophon's last years, the Athenians passed a decree to assist Sparta, and Xenophon immediately sent his sons to Athens to serve the army in defence of Sparta (Diog. Laert. 2.53). These facts seem to mean that Xenophon managed to achieve some reconciliation with Athenian politicians and was prepared to end his career by returning to Athens himself again. Although perhaps Xenophon never had a chance to return from Corinth before his death,[32] the sincere love of his fatherland expressed in his final work is admirable,

---

[29] Bowen, ed./tr., *Xenophon: Symposium*, 3-4.
[30] Dillery, "Xenophon's *Poroi* and Athenian Imperialism," 2-3.
[31] Marchant, ed. Xenophon: *Scripta Minora*, xxvii.
[32] It is equally possible that Xenophon did return to Athens from time to time in his final years. See Hobden and Tuplin (2012), 1.

and the *Poroi* is noteworthy as an adapted version of Xenophon's theory of leadership and moral education designed to deal with the current urgent financial crisis in Athens and his last effort to contribute to his fatherland.[33]

An even more important feature of the *Poroi* is that Xenophon publicly recognises the knowledge of the accumulation of wealth as a form of moral virtue in this work. This idea was already hinted at in Xenophon's *Oeconomicus* and was further developed in his *Poroi*.

As an Epicurean philosopher and author of a work titled *Oeconomia*, Philodemus complains in his highly fragmentary comment on Xenophon's *Oeconomicus* that he cannot understand why a moral philosopher like Socrates would pay any attention to the practical acquisition of wealth at all (Philodemus, *Oeconomia*, 6.1-20). But it seems that Philodemus did not understand Xenophon's basic meaning correctly. According to Xenophon's view in the *Oeconomicus*, agricultural labour does offer many opportunities for the improvement of labourers' moral characters, as we have seen clearly in the section above. What is more, I believe Xenophon actually attempts to justify his positive opinion on the value of the proper use of material wealth even further by developing some traditional Greek ideas (Solon, 4.10-16 (in Gerber); Bacchyl. 3.10-14 (in Snell)) beyond moral philosophy.

In the *Oeconomicus* 1.7-10, Socrates helps Critobulus to realise that property actually means something one possesses (Xen. *Oec.* 1.7). Therefore, a rider who fails to tame his horse cannot count the horse as his property (Xen. *Oec.* 1.8); a land which fails to provide food cannot be taken as a farmer's property (Xen. *Oec.* 1.8); and a shepherd who is ignorant of how to deal with sheep does not really hold those sheep as his own wealth (Xen. *Oec.* 1.9). Finally, Socrates summarises:

> Things that are the same, then, can be wealth for the person who knows how to use each of them, but not wealth for one who does not know. (Xen. *Oec.* 1.10)

This idea comprises the first argument in favour of the art of creating wealth. Everything, including wealth and land, is useless and even harmful if the owner does not know how to make use of it properly at all. In that case, the knowledge of agriculture is something as valuable as traditional

---

[33] As a matter of fact, though Xenophon is an admirer of Sparta and her constitution, it seems that it does not affect his loyalty to his fatherland and her ideology. See Seager, "Xenophon and Athenian Democratic Ideology," 396-397; Dillery, "Xenophon's *Poroi* and Athenian Imperialism," 1-6.

Socratic concepts of moral values, such as moderation and thrift, as all of them contribute to happiness and improvement of living conditions. On the other hand, the abandonment of making use of land and other wealth is not only a pity, but can be an evil or crime in a moral sense, because it means waste of the potential value of wealth. On the basis of that supposition, Xenophon's Socrates soon reveals for us the second point of this argument. Cristobulus mentions that many people are expert at certain skills, but they do not want to make use of them because they have no masters (Xen. *Oec.* 1.16-17). Socrates immediately corrects him and points out that these people do have masters, who are all kinds of pains disguised as pleasures (Xen. *Oec.* 1.19-20). Then Socrates criticises:

> And these, too, are slaves, and they are ruled by extremely harsh masters. Some are ruled by gluttony, some by fornication, some by drunkenness, and some by foolish and expensive ambitions which rule cruelly over any men they get into their power, as long as they see that they are in their prime and able to work; so cruelly indeed, that they force them to bring whatever they have earned by working and to spend it on their desires. But when they perceive that they are unable to work because of age, they abandon them to a wretched old age and they try to use others as their slaves, in turn. But Critobulus, we must constantly fight for our freedom against these influences even more than against armed men trying to enslave us. (Xen. *Oec.* 1.22-23)

Following the conclusion of this passage, Xenophon's Socrates further argues here that if anyone does understand the skill of enriching himself, he has the responsibility to put it into practice in real life. Whoever fails to do that is described as a slave under cruel masters, and their "idleness and moral weakness and carelessness" are defined as evil vices. And it is quite noteworthy that, instead of being connected with luxurious life and extravagant spending of money, the art of increasing one's own wealth is described as something opposite to moral evils such as gluttony, fornication, drunkenness or foolish and expensive ambitions. In that context, knowledge and ability to accumulate wealth become virtues equal to thrift and moderation and even crucial characteristics by which one can earn freedom in life for oneself. At the very end of the *Oeconomicus*, Ischomachus further supports this opinion by claiming that a master who can organise his servants to carry out agricultural production well and willingly must possess a portion of the nature of the king; and he also must be divine and is bestowed with a gift of the gods.[34] Sarah Pomeroy shows

---

[34] Xen. *Oec.* 21.10-12. It seems that this idea is quite traditional and perhaps reflects Xenophon's memory of Socrates, who cites Homer's works frequently in

her amazement at the fact that Xenophon even applies the alleged aristocratic title "καλός τε κἀγαθός" to hard-working slaves.[35] In my opinion, the use of this title for slaves is understandable in Xenophon's context, as anyone who is competent in increasing his master's wealth in a just way does deserve praise and must be considered as a virtuous man in Xenophon's view.

On the other hand, Xenophon's arguments in support of physical labour are quite cautious and have certain limits. His praise of labour and accumulation of wealth was strictly confined to the sphere of agricultural production and he carefully followed the tradition Hesiod had set up centuries before (Hes. *Op.* 312-326). Xenophon's praise of the gathering of wealth through agricultural labour is usually mixed with or hidden behind his praise of other traditional moral qualities, such as diligence and thrift. He still criticises the so-called "banausic (βαναυσικαί) occupations" and believes that these labours are harmful, as they can ruin body and soul and make the workers effeminate and selfish (Xen. *Oec.* 4.2-3.). In spite of this, Xenophon's *Poroi* still makes an innovative contribution in the development of economic thought in antiquity.

"More sensitive to the influence of moral virtues than of social inequalities, Xenophon suggests that wealth, or at least ease with money, is first a matter of personal merit."[36] In the *Poroi*, we see that Xenophon already breaks through the limit set by the tradition of Hesiod and begins to take the art of accumulating wealth through trade, taxation, agricultural and artisan production, discovery and exploitation of mineral resources (Xen. *Vect.* 4.11-12), proper distribution and economical use of wealth as a whole to be something positive in a moral sense. The wisdom of managing financial resources well is in itself one kind of virtue. It creates justice, as Athenians no longer need to oppress their allies if they can obtain sufficient wealth from their own land (Xen. *Vect.* 1.1); it creates peace, as economic prosperity and political peace secure each other in turn (Xen. *Vect.* 5.1-4); it creates friendship, as most other city-states would be willing to become ally to a rich, just, and peaceful Athens instead of her enemies (Xen. *Vect.* 5.13). And it also offers a solid foundation for the flourishing of other positive moral qualities and the achievement of ultimate happiness, as Xenophon points out:

Xenophon's *Memorabilia*. See also Hom. *Od.* 19.109-114 (in which Odysseus praises the ability to benefit his subjects of a great king); Hom. *Il.* 18.550-560 (which describes the scene of labour organised by a king).

[35] Pomeroy, ed. Xenophon: *Oeconomicus*, 259.

[36] Gauthier, "Xenophon's Programme in the *Poroi*," 128.

Well now, surely, if none of these proposals is impossible or even difficult, if by carrying them into effect we shall be regarded with more affection by the Greeks, shall live in greater security, and be more glorious; if the people will be maintained in comfort and the rich no more burdened with the expenses of war; if with a large surplus in hand we shall celebrate our festivals with even more splendour than at present, shall restore the temples, and repair the walls and docks, and shall give back to priests, councillors, magistrates, knights their ancient privileges; surely, I say, our proper course is to proceed with this scheme forthwith, that already in our generation we may come to see our city secure and prosperous. (Xen. *Vect.* 6.1)

As Xenophon says, wealth is also a guarantee of affection and glory among Greeks. It supplies Athenians with the necessary resources to show proper piety towards the gods and at sacred festivals. It can relieve the rich from suffering financial exploitation under the democracy and restore ancient privileges to priests and aristocratic politicians on a just basis. Finally, a practical and rational economic plan can lead to concord, prosperity and happiness of the whole civic body. At the end of the *Poroi*, Xenophon even asks the Athenians to send his plan to Dodona and Delphi to consult the opinions of gods (Xen. *Vect.* 6.2-3), as he believes that the enterprise to enrich the state is divine and is sure to be approved by the gods. "With heaven to help us in what we do, it is likely that our undertakings will go forward continually to the greater weal of the state." (Xen. *Vect.* 6.3) In that case, the effort to accumulate wealth for the people is a holy responsibility of political leaders and is supervised by the will of gods.

Of course, from the very beginning of the history of human civilization, peasants, artisans, merchants, as well as military and political leaders, must already know well the practical use of the art of economic production and financial management; yet it seems that very few people tried to justify it in a moral and philosophical sense. In the ancient Greek intellectual context, especially in ethical discussions, wealth is generally taken as something negative and harmful for morality.[37] Even in the odes of Pindar and Bacchylides, where many victors praised did not take part in the competition themselves but were only rich enough to offer money, the

---

[37] Thgn. 227-32, 693-994 (in Gerber); Solon, 4.1-16 (in Gerber); Aesch. *Ag.* 374-380; Soph. *Ant.* 293-299; M. Balme, "Attitudes to Work and Leisure in Ancient Greece," *Greece & Rome* 31 (1984): 151; L. Kurke, *The Traffic in Praise: Pindar and the Poetics of Social Economy* (Ithaca & London: Cornell University Press, 1991), 182-194.

praise of wealth is often made with some reservations.[38] Herodotus' Solon claims, "For he who is very rich is not more blessed than he who has but enough for the day, unless fortune so attend him that he ends his life well, having all good things about him. Many men of great wealth are unblessed, and many that have no great substance are fortunate. Now the very rich man who is yet unblessed has but two advantages over the fortunate man, but the fortunate man has many advantages over the rich but unblessed."[39] According to Herodotus' belief and what he narrates next, wealth is actually harmful and is very likely to cause disasters and ruins to its possessor, because the benefit it brings is trivial in comparison to wisdom, virtue and good fortune. A rich man, on the other hand, is seldom blessed, for the gods are too niggardly to allow mortals more than a mere taste of "sweet living" (Hdt. 7.46). Another tradition reports that the philosopher Thales once earned a large sum of money in the olive trade by making use of his astronomical knowledge, but he did so only to show to others that he had actually mastered the art of enriching himself, yet disdained to make use of it in daily life, because wealth is valueless compared to philosophy (Arist. *Pol.* 1259a5-23).

In his *Symposium*, Xenophon seems to adopt the traditional contempt for material wealth in philosophical tradition. In the discussion recorded, Antisthenes was proud of his wealth and Charmides boasted of poverty (Xen. *Symp.* 3.8-9); yet their opinions are not contradictory to each other and together comprise a systematic and negative opinion on wealth. Charmides claimed that poverty brought him freedom and made him "a sort of tyrant" (Xen. *Symp.* 4.29-33); and Antisthenes clarified that he did not really have much wealth, but possessed the virtues of moderation and thrift (Xen. *Symp.* 4.34-39). Therefore he became happier than those rich but greedy men, because "people don't keep wealth and poverty in their houses, but in their hearts" (Xen. *Symp.* 4.34). Antisthenes finally declared, "Frankly, people with an eye for thrift are much more likely to be just people than those with an eye for spending. The ones who are most content with what they have got are least excited by what belongs to others." (Xen. *Symp.* 4.42) And in the *Spartan Constitution*, Xenophon also praises Lycurgus because he "prohibited free men from having anything to do with the acquisition of wealth" (Xen. *Lac.* 7.2). Due to the limitation of the evidence, it is not easy to re-establish the chronological order of Xenophon's *Symposium*, *Spartan Constitution* and *Oeconomicus*,

---

[38] D. Cairns, *Bacchylides: Five Epinician Odes* (Cambridge: Francis Cairns, 2010), 68.

[39] Hdt. 1.32. Similar plot and attitude can also be found in Bacchyl. 3.23-62 (in Snell).

but all these writings must be earlier than the *Poroi*, and it seems that the negative attitude towards wealth in the former two works belong to Socrates or the early thought of Xenophon, even though they might have been composed after the *Oeconomicus* as faithful records of the real opinions of Socrates' friends and the historical practice in ancient Sparta.

Nevertheless, there is also a typical opinion in Socratic philosophy on the relationship between use and value,[40] which must have inspired Xenophon's economic thought. One important passage of this kind is reported by Xenophon in his *Memorabilia*:

> Aristippus: "Do you mean that the same things are both beautiful and ugly?"
> Socrates: "Of course — and both good and bad. For what is good for hunger is often bad for fever, and what is good for fever bad for hunger; what is beautiful for running is often ugly for wrestling, and what is beautiful for wrestling ugly for running. For all things are good when they are well adapted, bad and ugly in relation to other things when they are badly adapted." (Xen. *Mem.* 3.8.6-7)

A similar narrative appears in Plato's *Greater Hippias*, in which Socrates points out that the beauty of wood and gold is relative and is determined by their use (Pl. *Hp. Mai.* 291b). Though Dorion argues that the meanings of these two passages are slightly different,[41] they show clearly that both Xenophon and Plato are aware of a typical Socratic view that some values can be relative and dependent on circumstances.[42] At first glance, this doctrine seems to be irrelevant to economics. But it is noteworthy that both Plato and Xenophon develop this idea and connect relativeness of value with wisdom on proper management of wealth as a virtue. In Plato's *Euthydemus*, after a similar discussion on the value and use of material wealth (Pl. *Euthyd.* 280b-281a), Socrates concludes:

> So, to sum up, Clinias, it seems likely that with respect to all the things we called good in the beginning, the correct account is not that in themselves they are good by nature, but rather as follows: if ignorance controls them, they are greater evils than their opposites, to the extent that they are more capable of complying with a bad master; but if good sense and wisdom are in control, they are greater goods. In themselves, however, neither sort is of any value. ... Since we all wish to be happy, and since we appear to

---

[40] Pomeroy, ed. Xenophon: *Oeconomicus*, 219.
[41] Bandini and Dorion, ed./tr., *Xénophon, Mémorables, Tome II,1re Partie, Livre II-III*, 337-338.
[42] For example, in Pl. *Phd.* 102a-103a.

become so by using things and using them rightly, and since knowledge
was the source of rightmess and good fortune, it seems to be necessary that
every man should prepare himself by every means to become as wise as
possible. (Pl. *Euthyd.* 281d-282a)

As a greater philosopher and a cleverer man than Xenophon, Plato
explains and develops Socrates' theory of the relation between value and
use very clearly. Wealth without right use is useless or even harmful, and
then ignorance of use of wealth causes waste of value and is therefore a
great evil. A virtuous man must be one who pays attention to obtaining
knowledge of whatever he possesses and puts everything he possesses to
proper use. This is not only a practical skill, but a moral obligation in a
philosophical sense. However, as a purer philosopher than Xenophon,
Plato has no interest in doing any practical research on economic affairs.
After abruptly cutting short the discussion on the importance of knowledge
and wisdom about the proper use of wealth, Plato's Socrates immediately
turned to his central abstract topic on whether wisdom can be taught (Pl.
Euthyd. 282c). On the contrary, after forming a positive view on
agricultural labour in his *Oeconomicus*, Xenophon went on further by
expanding the object of his research to revenue gained from every possible
source under ancient economic conditions, and wrote the *Poroi* in his old
age, in the hope that certain elements of his evidence might be adopted by
wise politicians to benefit the Athenian people and build up a new
Athenian hegemony in the Greek world in peace and justice. In that sense,
Xenophon develops Socratic ethics in a utilitarian way.[43] He evidently
believed that it is his obligation to show his people how to make use of
every kind of existing resources in Athens to its maximum. He writes with
patriotic passion in the opening part of the *Poroi* as follows:

> The extreme mildness of the seasons here is shown by the actual products.
> At any rate, plants that will not even grow in many countries bear fruit here.
> Not less productive than the land is the sea around the coasts. Notice too
> that the good things which the gods send in their season all come in earlier
> here and go out later than elsewhere. And the pre-eminence of the land is
> not only in the things that bloom and wither annually: she has other good
> things that last for ever. Nature has put in her abundance of stone, from
> which are fashioned lovely temples and lovely altars, and goodly statues
> for the gods. Many Greeks and barbarians alike have need of it. Again,
> there is land that yields no fruit if sown, and yet, when quarried, feeds
> many times the number it could support if it grew corn. And there is silver

---

[43] Schorn, "Xenophons *Poroi* als philosophische Schrift," 65. For more evidence of
Xenophon's pragmatic outlook, see Xen. *Mem.* 3.6.5-6; 3.6.13-14.

in the soil, the gift, beyond doubt, of divine providence: at any rate, many as are the states near to her by land and sea, into none of them does even a thin vein of silver ore extend.

One might reasonably suppose that the city lies at the centre of Greece, nay of the whole inhabited world. For the further we go from her, the more intense is the heat or cold we meet with; and every traveller who would cross from one to the other end of Greece passes Athens as the centre of a circle, whether he goes by water or by road. Then too, though she is not wholly sea-girt, all the winds of heaven bring to her the goods she needs and bear away her exports, as if she were an island; for she lies between two seas: and she has a vast land trade as well; for she is of the mainland. Further, on the borders of most states dwell barbarians who trouble them: but the neighbouring states of Athens are themselves remote from the barbarians. (Xen. *Vect.* 1.2-8)

According to this passage and Xenophon's argument in the *Oeconomicus* and the *Poroi* that the knowledge of proper use of economic resources is a virtue, I believe it is safe to conclude that, in Xenophon's mind, the superior environment and riches of all kinds of natural resources are gifts bestowed by the gods to Athenians, and the prosperity of Athens must be approved by divine will. At the same time, the current lamentable financial crisis and general poverty among Athenian people is caused by the inaction of its former political leaders, as the ignorance of the right use of resources and wealth to benefit people is a great crime in a society's leaders. In the context, such a positive attitude to wealth might also be taken as a hidden critique to certain economic policies carried out in contemporary Athens, as the Athenian democratic regime is described by Charmides in Xenophon's *Symposium* as a system oppressing rich citizens (Xen. *Symp.* 4.29-32). In sum, Xenophon's *Poroi* is not only advice for Athenian political leaders in dealing with the current financial and diplomatic crisis, but is also a summary of Xenophon's immature but innovative "moral economics", which serves as a supplement of moral education carried out by competent leadership from an economic perspective. Joseph Nicholas Jansen even believes that Xenophon already established an anti-imperialist economics in the *Poroi* by proposing economic means to relieve diplomatic crises.[44] Though Xenophon did not have time to polish and develop this moral-economic doctrine further and it seems that his plans were never adopted by Athenian democratic government, its significance in Xenophon's thought system should not be overlooked.

---

[44] Jansen, *After Empire: Xenophon's* Poroi *and the Reorientation of Athens' Political Economy*, 210.

IV. Conclusion

In 1973, Moses Finley pointed out the limitations of the whole of Greek and Roman economic thought (including Xenophon, of course) in his *The Ancient Economy*, a classic monograph which "transformed our understanding of ancient economic structures".[45] In his opinion, ancient economic doctrines are still at a very primitive stage and are very different from modern economics. "In Xenophon, however, there is not one sentence that expresses an economic principle or offers any economic analysis, nothing on efficiency of production, 'rational' choice, the marketing of crops."[46] He also suggests that many modern economic concepts and terms have no equivalent meanings in ancient Greek or classical Latin.[47] He also criticises that Xenophon's view on trade is narrowly confined in the sphere of local markets.[48] In my opinion, although Finley's depiction of ancient economy has been challenged in later studies,[49] his analysis of Xenophon's economic thought is generally correct. Xenophon's economic opinions, scattered as they are in various parts of his work, do not constitute a system that has been fully thought through; they are at best immature and in any case generally alien to modern thinking. The title and subject of his first work highly relevant to economic affairs, Οἰκονομικός, has "no single precise English equivalent that would be appropriate in all contexts"[50] and contains a lot of non-economic elements.[51] And the economic plan in the *Poroi* has also been much criticised by modern economists and historians,[52] though they have to admit that some suggestions in it are to the point and offer some practical solutions of financial problems of Athens in the mid-fourth century B.C.[53]

Nevertheless, as a supplement to his system of moral education,

---

[45] W. Scheidel, I. Morris, and R. Saller, ed. *The Cambridge Economic History of the Greco-Roman World* (Cambridge: Cambridge University Press, 2007), 3.

[46] Finley, *The Ancient Economy*, 19.

[47] Finley, *The Ancient Economy*, 21.

[48] Finley, *The Ancient Economy*, 135.

[49] A. Möller, "Classical Greece: Distribution," in *The Cambridge Economic History of the Greco-Roman World* (Cambridge: Cambridge University Press, 2007), edited by W. Scheidel, I. Morris and R. Saller, 368-369.

[50] Pomeroy, ed. Xenophon: *Oeconomicus*, 213-214.

[51] Austin and Vidal-Naquet, *Economic and Social History of Ancient Greece: An Introduction*, 9.

[52] Tuplin, "Xenophon," 1631.

[53] Ober, *Democracy and Knowledge, Innovation and Learning in Classical Athens*, 252.

Xenophon's *Poroi* (as well as his *Oeconomicus*) is still noteworthy and important. It shows that Xenophon's citizens moulded by moral education carried out by competent political leaders do not live in "virtuous poverty", but are supported by sufficient material wealth gathered by right use of natural resources and wise management of the collection and distribution of production, so that they are able to enjoy happiness in both their souls and bodies. A competent leader in Xenophon's ideal world is a brave general, a pious priest, a just judge and a learned philosopher; but at the same time he must be an expert on agriculture and the management of revenue as well, so that he can enrich his people by just means and secure lasting peace and prosperity for his state in a cultural and political as well as an economic sense.[54] The knowledge of production and proper use of wealth is not only a practical skill, but is also an indispensable element of competent leadership and a moral virtue in itself. In this way, Xenophon's *Oeconomicus* and *Poroi* manage to enrich the content of his system of social and moral education and create a type of "moral economics" unique in the history of ancient Greek thought.

---

[54] Schorn, "Xenophons *Poroi* als philosophische Schrift," 86.

PART III:

APPLICATION OF XENOPHON'S THEORY OF SOCIAL EDUCATION IN HIS LITERARY COMPOSITION

In Part II, I attempt to reconstruct Xenophon's theory of moral education by evidence scattered throughout his extant works. In Xenophon's context, moral education is social, highly political and chiefly motivated by competent leadership. The ideal educator must be able, virtuous and almost perfect in himself; and he must educate his subjects by his own example, by wise laws, strict supervisions, generous rewards and proper organisation of public activities. In order to overcome the challenges of violence and poverty, certain immoral means and measures to collect wealth are allowed in Xenophon's ethics for pursuing ultimate virtue. In comparison to Plato's or Aristotle's profound thoughts, Xenophon's theory of moral education is quite simple and less abstract (though not necessarily easier to follow or more practical). Sometimes it even seems to be superficial. As a result, Xenophon never enjoys as much fame as Plato, Aristotle and Isocrates do in the scholarship of Greek philosophy and education in the fourth century B.C. Nevertheless, even if we have to admit that Xenophon's theory of moral education is not quite philosophical or great in itself, its importance and influence still should not be underestimated. In antiquity, besides being a second-rate philosopher, Xenophon was also respected as a prolific writer and founding father of many literary genres, including biography, memoir and certain types of practical manuals. Xenophon's application of his educational theory in these works had a profound and lasting influence on the development of western literature. In this part, I plan to analyse Xenophon's application of his moral theory in two of his minor writings, the *Agesilaus* and the *Oeconomicus*, and evaluate Xenophon's contribution to the formation of the moral tradition in Greek and Latin biography as well as the study of the private sphere in classical literature. Chapter 1 treats Xenophon's *Agesilaus* and shows that it is a work of moral exemplification based on Xenophon's theory of moral education presented in Part II. Chapter 2 starts from a discussion of the queen bee metaphor used by Xenophon in his *Oeconomicus* and then analyses Xenophon's effort of introducing the art of moral education from the public sphere to the domestic sphere in this dialogue.

CHAPTER ONE

XENOPHON'S *AGESILAUS* AND THE MORAL TRADITION OF ANCIENT BIOGRAPHY

Since the 1950s, the authenticity of Xenophon's *Agesilaus* has been universally accepted and its date has been precisely fixed as the winter of 360/59 B.C. As Xenophon himself points out, it was, or at least was intended to be delivered at a funeral (Xen. *Ages*. 10.3) to praise his virtue and glory (Xen. *Ages*. 1.1). In other words, this work is a prose encomium in honour of the dead king and Xenophon's close friend, Agesilaus. Unlike most of Xenophon's other minor works, the *Agesilaus* received quite a lot of attention in twentieth-century scholarship, because its nature and intention are highly relevant to one hotly discussed academic topic: the birth and development of ancient biography.

One of the earliest noteworthy researchers on ancient biography, the German scholar Friedrich Leo points out that Xenophon's *Agesilaus* should be called ἔπαινος or ἐγκώμιον,[1] as Xenophon himself states in the work. It focuses on ἀρετή after the chronological narrative of Agesilaus' πρᾶξις,[2] and Xenophon actually follows the tradition of prose encomium set up by Isocrates' *Evagoras*[3] that influenced the development of biographical writing within the "Peripatetic school" down to Plutarch. Another German classicist, Albrecht Dihle's view on Xenophon generally follows that of Friedrich Leo: Xenophon's *Agesilaus* was inspired by the genre of prose encomium invented by Isocrates,[4] and therefore focused on exploring character and personality just as Isocrates had done for Evagoras.[5] The similarity between the *Agesilaus* and the *Evagoras* permits Dihle to "assume a formal crystallization of the literary genre (biography)"

---

[1] Leo, *Die Griechisch-Römische Biographie nach ihrer literarischen Form*, 90.
[2] Leo, *Die Griechisch-Römische Biographie nach ihrer literarischen Form*, 91.
[3] Leo, *Die Griechisch-Römische Biographie nach ihrer literarischen Form*, 92.
[4] A. Dihle, *Studien zur griechischen Biographie* (Göttingen: Vandenhoeck & Ruprecht, 1956), 27.
[5] Dihle, *Studien zur griechischen Biographie*, 28.

before the middle of the fourth century B.C.[6]

In 1971, the Italian scholar Arnaldo Momigliano published *The Development of Greek Biography*, covering the content of his lectures at Harvard University. This classic work laid the foundation for all later academic studies on ancient biography. In his view, Isocrates' *Evagoras* and Xenophon's *Agesilaus* and *Cyropaedia* are three representative fourth-century biographies,[7] and Xenophon "especially must be regarded as a pioneer experimenter in biographical forms".[8] Xenophon took the *Evagoras* as a model for his *Agesilaus* and shared Isocrates' ideas and methods in this work.[9] His *Memorabilia*[10], *Cyropaedia*[11] and *Anabasis*[12] are also noteworthy biographies. As Joseph Geiger points out, Momigliano's definition of biography is problematic.[13] Momigliano defines biography as "an account of the life of a man from birth to death",[14] and in his eyes, Greek and Roman myths,[15] Plato's *Apology*,[16] the ceremonial laments of Andromache in the *Iliad*,[17] the genealogical trees of Greek aristocracy,[18] legends of heroes,[19] and even Demosthenes' *De Corona*[20] and Plato's *Letter 7*[21] are all biographies. In my opinion, his definition of biography is too broad and inaccurate to distinguish biography as a literary genre from other descriptive works which contain certain materials relevant to a person's life. Although many of Xenophon's works talk about heroes' deeds and words, his *Agesilaus* is the only prose encomium which sets up an example for later biographical works and deserves special attention in the history of Greek literature.

---

[6] A. Dihle, *A History of Greek Literature, from Homer to the Hellenistic Period* (London: Routledge, 1994), translated by C. Krojzl, 217.

[7] A. Momigliano, *The Development of Greek Biography* (Cambridge, Massachusetts: Harvard University Press, 1971), 8.

[8] Momigliano, *The Development of Greek Biography*, 47.

[9] Momigliano, *The Development of Greek Biography*, 50.

[10] Momigliano, *The Development of Greek Biography*, 52.

[11] Momigliano, *The Development of Greek Biography*, 55.

[12] Momigliano, *The Development of Greek Biography*, 57.

[13] J. Geiger, *Cornelius Nepos and Ancient Political Biography* (Wiesbaden: Steiner, 1985), 14-15.

[14] Momigliano, *The Development of Greek Biography*, 11.

[15] Momigliano, *The Development of Greek Biography*, 11-12.

[16] Momigliano, *The Development of Greek Biography*, 17.

[17] Momigliano, *The Development of Greek Biography*, 24.

[18] Momigliano, *The Development of Greek Biography*, 24.

[19] Momigliano, *The Development of Greek Biography*, 24-25.

[20] Momigliano, *The Development of Greek Biography*, 48.

[21] Momigliano, *The Development of Greek Biography*, 62.

Instead of discussing broad trends in the development of ancient biography, D.A. Russell limits his study to Plutarch but still reaches similar conclusions to those of Leo and Momigliano. He believes that in the ancient context βίος actually means "way of life";[22] biographies write about childhood anecdotes, education, responses to the challenge of circumstances in order to answer the question "what sort of man was he?"[23] According to his theory, Xenophon's *Agesilaus* was produced by recasting historical material (very likely from his *Hellenica*) in the rhetorical mould of the encomium and aimed at moral evaluation.[24] Afterwards this tradition was firmly established by Isocrates' students[25] Ephorus and Theopompus[26] and left for Plutarch to adopt.

In sum, though previous scholars start their researches on ancient biography from different perspectives, their evaluations of Xenophon's *Agesilaus* are very similar: Xenophon's *Agesilaus* is a work different from his historical *Hellenica* in nature, because it follows an established tradition of prose encomium and focuses on the observation of personality and character (that is to say moral issues); its direct model is Isocrates' *Evagoras*.[27] However, in my opinion, this kind of evaluation actually ignores Xenophon's originality and fails to realise how his theory of moral education influences his composition of the *Agesilaus*. As set forth in former chapters, though Xenophon is not a philosopher as great as Plato or Aristotle, he does have an original, systematic theory of moral education. And this theory leaves its mark in his *Agesilaus*, though it is not a work directly on moral education. Therefore, if we want to understand Xenophon's *Agesilaus*, we must take into consideration Xenophon's own ideas on moral education, which dominate his literary composition and make it distinct from the works of contemporary authors. And its relationship to the *Evagoras* and the *Hellenica* should also be re-examined.

---

[22] D. Russell, *Plutarch* (London: Duckworth, 1973), 101-102.

[23] Russell, *Plutarch*, 102-103.

[24] Russell, *Plutarch*, 104.

[25] The statement of the *Suda* that Theopompus is a student of Isocrates is still of disputation. See Hau, *The Changeability of Fortune in Greek Historiography – Moralizing Themes and Techniques from Herodotos to Diodoros of Sicily*, 73.

[26] Russell, *Plutarch*, 104.

[27] P. Cox, *Biography in Late Antiquity: A Quest for the Holy Man* (Berkeley & London: University of California Press, 1983), 8; T. Hägg and P. Rousseau, ed., *Greek Biography and Panegyric in Late Antiquity* (Berkeley & London: University of California Press, 2002), 3; Pownall (2004), 33.

I. Moral Elements in Histories and Encomia

In my view, both history and encomium may or may not concern moral issues in theory. Historians pay attention to memorable things in human society, and writers of encomium look for praiseworthy subjects for their heroes. Neither genre has a direct logical connection with moral topics. In modern life, few people would claim that a biography in favour of its hero is not history. Of course, history and prose encomium/biography belonged to different genres in the Greek and Roman cultural context (it is noteworthy that such a distinction also does not exist in ancient Chinese, Hebrew and Arabic historiography either[28]); but that connection in Greek and Roman literature was the product of ancient literary practice and must have been made later than the birth of history and prose encomium, and did not exist at all at the very beginning.

In the case of history, it is quite easy to show that most Greek historians show no reluctance to involve moral subjects in their works, and moral exemplification remains one of the favourite elements in ancient historiography ever since the time of Herodotus.[29] In recent studies, Rosaria Vignolo Munson thoroughly studies Herodotus' use of ἀνάγκη in his work and confirms that it is highly moralistic.[30] Christopher Pelling and Lisa Hau suggest that the conversation between Solon and Croesus in Herodotus' Book I serves as one important opening analogy to lead his audience to his moral lessons[31] and to present the changeability of fortune in a moralised way.[32] In my opinion, the moralising tendency in Herodotus is already quite evident. In the opening passage of his work, Herodotus claims:

> What Herodotus of Halicarnassus has learnt by inquiry is set forth here: in order that the memory of the past may not be blotted out from among men

---

[28] For instance, all the 24 official histories in ancient China take the form of collection of biographies; and a lot of "historical narrative" in the Old Testament and Koran takes a certain hero as the key figure.

[29] Pownall, *Lessons From the Past: The Moral Use of History in Fourth-Century Prose*, 5-6.

[30] R. Munson, "*Ananke* in Herodotus," *The Journal of Hellenic Studies* 121 (2001): 30, 49.

[31] C. Pelling, "Educating Croesus: Talking and Learning in Herodotus' Lydian *Logos*," *Classical Antiquity* 25 (2006): 173; Hau, *The Changeability of Fortune in Greek Historiography – Moralizing Themes and Techniques from Herodotos to Diodoros of Sicily*, 88-90.

[32] Hau, *The Changeability of Fortune in Greek Historiography – Moralizing Themes and Techniques from Herodotos to Diodoros of Sicily*, 145.

by time, and that great and marvelous deeds (ἔργα μεγάλα τε καὶ θώμαστα) done by Greeks and foreigners and especially the reason why they warred against each other may not lack renown. (Hdt. 1.1, trans. A. D. Godley)

According to Herodotus' statement, in the fifth century B.C., the task of history is simple and explicit: it should record great and marvellous deeds. These great deeds do not have to be moral; but in Herodotus' own works moral subjects are very popular, as they can make readers learn lessons from them as well as attract their interests. As the founding father of history, Herodotus shows us clearly in his own work that though moral exemplification is not the essence of historical writings, it is not incompatible with the genre of history and plays an active role in the development of historiography since its birth. In any case, as a follower of Herodotus' tradition (Dion. Hal. *Pomp.* 4; *De imit.* 2.1-6), Xenophon has no cause to suppose that he can only make use of moral exemplification in his prose encomium *Agesilaus*, but he should not do the same things in his *Hellenica*. On the contrary, H. Homeyer believes that Herodotus' history contains a lot of biographical elements;[33] and Paul Cartledge points out that Xenophon's moralising contrast between the pomp and finery of the Persian viceroy and the unostentatious simplicity of Agesilaus and his thirty Spartiate advisors in the *Agesilaus* imitates Herodotus' moral comparison of Pausanias and Mardonius in the *Histories*.[34] So the involvement of moral issues is by no means the privilege of biography only. In ancient Greek literature, moral topics exist in both historical works and biographies; and we can frequently see the interaction of the two genres.

And what of encomium? According to N.J. Lowe, ἐγκώμιον used to be a regular term to name a poetic genre including Pindar and Bacchylides' victory odes, which was later used more widely to mean any literary work of eulogy, both verse and prose, from the fourth century B.C. on since the composition of Plato's *Symposium*.[35] In H.G. Liddell and R. Scott's *Greek-English Lexicon*, ἐγκώμιον simply means "laudatory ode" or "eulogy, panegyric".[36] And even if we suppose that this "genre" has to focus on ἀρετή in practice, we still have to be cautious that the content of ἀρετή in general ancient Greek contexts must be much broader than "virtue" or

---

[33] Momigliano, *The Development of Greek Biography*, 12.
[34] Cartledge, *Agesilaos and the Crisis of Sparta*, 192-193.
[35] Pl. *Symp.* 177a; N. Lowe, "Epinikian Eidography," in *Pindar's Poetry, Patrons, and Festivals: from Archaic Greece to the Roman Empire* (Oxford: Oxford University Press, 2007), edited by S. Hornblower and C. Morgan, 167-168.
[36] Liddell and Scott, ed. *A Greek-English Lexicon*, 475.

"morality" in English and ἀρετή discussed as an ethical term in works written by Plato or Aristotle. In fact, judging from Pindar's and Bacchylides' ἐπινίκιον, the name of which comes from the Alexandrian tradition but was taken as poetic encomium in a classical cultural context,[37] bliss from the gods (Pind. *Ol.* 6.77-78; *Pyth.* 1.41-42; Bacchyl. 4.1-10; 5.50-55 (in Snell)), noble birth (Pind. *Ol.* 17-23; *Pyth.* 1.43-57; *Pyth.* 7.1-22; *Pyth.* 8.10-16; *Nem.* 2.16-24), good fortune (Pindar, *Ol.* 8.74-76; Bacchyl. 1.162-184; 5.176-200 (in Snell)), huge wealth (Pindar, *Pyth.* 5.1-4; Bacchyl. 3.57-98 (in Snell)) and admirable physical strength (Pindar, *Nem.* 1.25-30; Bacchyl. 9.21-46 (in Snell)) are more common topics than morality in the ethical sense. Of course, moral virtues are also considered praiseworthy, but that does not mean that the morality of subject of an encomium is the central point of interest.

Therefore, logically, there is no reason for us to suppose that the noteworthy moral elements in Xenophon's *Agesilaus* can be satisfactorily explained by "natural differences" between history and encomium. Of course, as encomium is by nature more rhetorical than history due to the former's poetic origin, the same moral subjects moderately praised in historical works may be exaggerated in an encomium. But, as we shall see below, even this difference is not quite clear in actual literary composition and should not be overestimated.

II. Isocrates' *Evagoras* and Xenophon's *Agesilaus*

As set forth, what Xenophon took as his example seems to be Isocrates' *Evagoras*, which had been finished just five years before and served as the first model of prose funeral encomium written for a politician ever known to the Greek world and Xenophon himself.[38] It is clear that Xenophon's

---

[37] Aristophanes, *Fry-Cooks*, fr. 505 (in Henderson); Pl. *Leg.* 822b; Lowe, "Epinikian Eidography," 167, 176. Simon Hornblower suggests that the birth of epinikian poetry may be colonial in origin (S. Hornblower, *Thucydides and Pindar: Historical Narrative and the World of Epinikian Poetry* (Oxford: Oxford University Press, 2004), 26). But in the concept of Isocrates and Xenophon, Pindar and Bacchylides' epinikian poems must be standard encomia in verse.

[38] In later scholarship, Gorgias' *Helen*, Isocrates' *Helen* and *Busiris* are sometimes also called prose encomium. However, these "showpieces" talk about mythological figures and are composed mainly for rhetorical practice. Their contents are quite similar to Plato's *Apology* and Lysias' lawsuit orations and seem to be used for rhetorical exercises, but have little in common with Isocrates' *Evagoras* and Xenophon's *Agesilaus*. Further discussion can be found in B. Duffy, "The Platonic Functions of Epideictic Rhetoric," *Philosophy & Rhetoric* 16 (1983): 83-90 and M.

Agesilaus imitates certain technical aspects of the *Evagoras* such as chronological order, ethical classification and some items of vocabulary. But the two works also show different attitudes and understandings of morality, and the focus on morality is just one of the most important elements which shaped Plutarch, Suetonius and other great ancient biographers in the Hellenistic and Roman age.

Quite a few scholars notice that Xenophon was not a blind follower of Isocrates in biographical composition. Momigliano points out that Xenophon was much more interested in his hero's actual achievements; and he also had greater historical sense and experience than Isocrates.[39] Dihle also comments that as Xenophon's relation to Agesilaus was closer than that between Isocrates and Evagoras, the former's description was more vivid and impressive.[40] Nevertheless, few researchers emphasise the two authors' different attitudes to moral issues, though the difference is of much importance for explaining the historical development of moral exemplification in ancient biography.

First of all, Isocrates' *Evagoras* touches upon quite a lot of subjects beyond moral issues, while Xenophon's *Agesilaus* focuses on presenting the moral merit of its hero. For clarifying the purpose of the encomium, Isocrates explains in the opening passage:

Ὁρῶν, ὦ Νικόκλεις, τιμῶντά σε τὸν τάφον τοῦ πατρὸς οὐ μόνον τῷ πλήθει καὶ τῷ κάλλει τῶν ἐπιφερομένων, ἀλλὰ καὶ χοροῖς καὶ μουσικῇ καὶ γυμνικοῖς ἀγῶσιν, ἔτι δὲ πρὸς τούτοις ἵππων τε καὶ τριήρων ἁμίλλαις, καὶ λείποντ' οὐδεμίαν τῶν τοιούτων ὑπερβολήν, ἡγησάμην Εὐαγόραν, εἴ τίς ἐστιν αἴσθησις τοῖς τετελευτηκόσι περὶ τῶν ἐνθάδε γιγνομένων, εὐμενῶς μὲν ἀποδέχεσθαι καὶ ταῦτα, καὶ χαίρειν ὁρῶντα τήν τε περὶ αὐτὸν ἐπιμέλειαν καὶ τὴν σὴν μεγαλοπρέπειαν, πολὺ δ' ἂν ἔτι πλείω χάριν ἔχειν ἢ τοῖς ἄλλοις ἅπασιν, εἴ τις δυνηθείη περὶ τῶν ἐπιτηδευμάτων αὐτοῦ καὶ τῶν κινδύνων ἀξίως διελθεῖν τῶν ἐκείνῳ πεπραγμένων· εὑρήσομεν γὰρ τοὺς φιλοτίμους καὶ μεγαλοψύχους τῶν ἀνδρῶν οὐ μόνον ἀντὶ τῶν τοιούτων ἐπαινεῖσθαι βουλομένους, ἀλλ' ἀντὶ τοῦ ζῆν ἀποθνήσκειν εὐκλεῶς αἱρουμένους, καὶ μᾶλλον περὶ τῆς δόξης ἢ τοῦ βίου σπουδάζοντας, καὶ πάντα ποιοῦντας, ὅπως ἀθάνατον τὴν περὶ αὐτῶν μνήμην καταλείψουσιν.

When I saw you, Nicocles, honouring the tomb of your father, not only with numerous and beautiful offerings, but also with dances, music, and athletic contests, and furthermore, with races of horses and triremes, and leaving to others no possibility of surpassing you in such celebrations, I

Lauxtermann, "What is an Epideictic Epigram?" *Mnemosyne* 51 (1998): 525-537.

[39] Momigliano, *The Development of Greek Biography*, 50.

[40] Dihle, *Studien zur griechischen Biographie*, 28.

judged that Evagoras (if the dead have any perception of that which takes place in this world), while gladly accepting these offerings and rejoicing in the spectacle of your devotion and princely magnificence in honouring him, would feel far greater gratitude to anyone who could worthily recount his principles in life and his perilous deeds than to all other men; for we shall find that men of ambition and greatness of soul not only are desirous of praise for such things, but prefer a glorious death to life, zealously seeking glory rather than existence, and doing all that lies in their power to leave behind a memory of themselves that shall never die. (Isoc. *Evagoras*, 1-3, trans. L. Hook)

In other words, the main purpose of Isocrates' *Evagoras* is to show his glory (δόξα), and ensure people's lasting memory (μνήμη) for him, so that his ἀρεταί would never "be forgotten among all mankind" (Isoc. *Evagoras*, 4). In my view, Isocrates faithfully follows the traditional topics of poetic encomium, which are frequently used by Pindar,[41] Bacchylides, and other Greek lyric poets.[42] As set forth, some of these topics do have some moral content, but quite a lot of them go beyond morality and discuss other kinds of ἀρεταί. The poets can freely praise their heroes' noble birth, good fortune and admirable wealth; these subjects are equally and sometimes even more popular than morality. And those contents are just what we see in the following passages of Isocrates' *Evagoras*.

The first thing Isocrates praises in Evagoras is his good birth and noble ancestry. From section 12 to section 21, Isocrates uses a quite long, sometimes tedious narrative to show how Evagoras is "not inferior to the noblest and greatest examples of excellence which were of his inheritance", though many of the present audience "are already familiar with the facts" (Isoc. *Evagoras*, 12). It is hard to imagine that anyone who took part in the king's funeral rites would be ignorant of his birth; therefore Isocrates' introduction is obviously made for rhetorical effect. The review of Evagoras' family history is not necessary in itself, but it is one of the most praiseworthy subjects for Isocrates and one crucial element in the audience's expectation for an encomium. After giving narrative to Evagoras' ancestry, Isocrates goes on to tell his audience that as a boy Evagoras "possessed beauty, bodily strength, and modesty, the very qualities that are most becoming to that age" (Isoc. *Evagoras*, 22). The first two characters also have nothing to do with morality in an ethical sense. Further, Isocrates reports that Evagoras enjoys bliss by reason of the favour bestowed by the

---

[41] Pownall, *Lessons From the Past: The Moral Use of History in Fourth-Century Prose*, 32.

[42] What is more, this tradition is already formed in Homer and has some influence on other prose writers, for instance Herodotus.

gods, so that he can gain his throne in spite of others' intrigues against him (Isoc. *Evagoras*, 25-26). Still this point is something praiseworthy but irrelevant to morality. In the next part, Isocrates' statement would sound quite striking to an audience waiting for moral teachings from the orator, as he claims:

Ἡγοῦμαι μὲν οὖν, εἰ καὶ μηδενὸς ἄλλου μνησθείην, ἀλλ᾽ ἐνταῦθα καταλίποιμι τὸν λόγον, ῥᾴδιον ἐκ τούτων εἶναι γνῶναι τήν τ᾽ ἀρετὴν τὴν Εὐαγόρου καὶ τὸ μέγεθος τῶν πεπραγμένων· οὐ μὴν ἀλλ᾽ ἔτι γε σαφέστερον περὶ ἀμφοτέρων τούτων ἐκ τῶν ἐχομένων οἶμαι δηλώσειν.

I think that even if I should mention nothing more, but should discontinue my discourse at this point, from what I have said the valour of Evagoras and the greatness of his deeds would be readily manifest: nevertheless, I consider that both will be yet more clearly revealed from what remains to be said. (Isoc. *Evagoras*, 33)

Isocrates proclaims here that his task has already been done, which is to show "the valour of Evagoras and the greatness of his deeds", though up to now this encomium still has little to do with moral issues. Of course, Isocrates' statement seems to be rhetorical, and in his mind he may not consider what is to be said next to be trivial or unnecessary. Nevertheless, Isocrates' proclamation proves that discussion on morality is not an indispensable part of Isocrates' prose encomium. The final aim of this work is to glorify Evagoras and preserve memory of him, and any helpful materials can be included here. In the next half of the encomium, many moral themes similar to those of Xenophon's *Agesilaus* appear, yet still they go side by side with other types of ἀρεταί. Isocrates praises Evagoras' achievement as surpassing that of Cyrus, as the greater part of his deeds are accomplished through the strength of his own mind and body (διὰ τῆς ψυχῆς τῆς αὐτοῦ καὶ τοῦ σώματος) (Isoc. *Evagoras*, 37). Here moral quality and bodily strength are equally emphasised. And in the final sections of the whole speech, Isocrates summarises as follows:

Therefore, I believe that, if any men of the past have by their merit become immortal, Evagoras also has earned this preferment; and my evidence for that belief is this — that the life he lived on earth has been more blessed by fortune and more favoured by the gods than theirs. For of the demigods the greater number and the most renowned were, we shall find, afflicted by the most grievous misfortunes, but Evagoras continued from the beginning to be not only the most admired, but also the most envied for his blessings. For in what respect did he lack utter felicity? Such ancestors Fortune gave to him as to no other man, unless it has been one sprung from the same stock, and so greatly in body and mind did he excel others that he was worthy of Asia also; and having acquired most gloriously his kingdom he continued in its possession all his life; and though a mortal by birth, he left behind a memory of himself that is immortal, and he lived just so long that he was neither unacquainted with old age, nor afflicted with the infirmities attendant upon that time of life. In addition to these blessings, that which seems to be the rarest and most difficult thing to win — to be blessed with many children who are at the same time good — not even this was denied him, but this also fell to his lot. And the greatest blessing was this: of his offspring he left no one who was addressed merely by a private title; on the contrary, one was called king, others princes, and others princesses. In view of these facts, if any of the poets have used extravagant expressions in characterizing any man of the past, asserting that he was a god among men, or a mortal divinity, all praise of that kind would be especially in harmony with the noble qualities of Evagoras (Isoc. *Evagoras*, 70-72).

The citation is quite long, but it is of great importance for us to see what the key points of the whole encomium are. The aim of the *Evagoras* is to praise its hero's happiness and glory. His happiness is first of all due to his good birth and noble ancestry; of course his morality does play a positive role in his life, but his bodily strength is equally important. What is more, the most important element to be praised is his good fortune, in Greek his εὐτυχία. The blessing of gods determines that he can safely preserve his throne, and enjoy his life without suffering from a miserable old age, and have good children who can safely inherit his power and prestige. The last sentence further reveals the connection between Isocrates' prose encomium and ancient poets' odes. Actually their natures are almost identical. What Isocrates did was to borrow writing skills and subjects from poetic encomia and adapt them into prose. For example, famous ancestries are sometimes introduced in Pindar's odes (Pind. *Pyth.* 11.1-37; *Nem.* 6.27-46); and unusual favour of gods is the main subject of one ode of Bacchylides written for Hiero (Bacchylides, 5.50-200 (in Snell)). It is possible that Isocrates borrowed these themes from lyric poets directly or indirectly. Moral elements do exist in this work but they are neither the only subjects nor the most important parts, and Isocrates never intended to compose a prose encomium focusing on moral virtues only. Finally, Isocrates cannot expect that public readers may be educated and follow the example of Evagoras, as key elements of his ἀρεταί, for example his good birth, beauty, good fortune and flourishing offspring cannot be achieved by any kind of moral education at all.

The case in Xenophon's *Agesilaus* is rather different. Its opening part shows certain signs of imitation of Isocrates' example, and also declares the aim of writing "an appreciation of Agesilaus that shall be worthy of his virtue and glory (ἀρετή τε καὶ δόξα)",[43] but in the encomium as a whole, Xenophon strictly confines his topics to morality and consciously covers his chronological narrative with moral colour. For example, Xenophon narrates the competition between Agesilaus and Leotychidas for the throne, but emphasises that "the state decided in favour of Agesilaus, judging him to be the more eligible in point of birth and character (ἡ γενεά καὶ ἡ ἀρετή) alike. Surely to have been pronounced worthy of the highest state is sufficient proof of his virtue, at least before he began to reign" (Xen. *Ages.* 1.5). This comment obviously excludes good birth (γενεά) from virtue (ἀρετή) in an ethical sense, and disguises the brutal struggle in political life with a moral cover. Like Isocrates, Xenophon offers a chronological narrative of his hero's deeds. But he denies that he is following any literary tradition; he does it only because he believes "his deeds will throw the clearest light on his qualities (τρόποι)" (Xen. *Ages.* 1.6). Another typical passage reflecting Xenophon's moral tendency is the description of Agesilaus' attitude to games:

ἐκεῖνό γε μὴν πῶς οὐ καλὸν καὶ μεγαλογνῶμον, τὸ αὐτὸν μὲν ἀνδρὸς ἔργοις καὶ κτήμασι κοσμεῖν τὸν ἑαυτοῦ οἶκον, κύνας τε πολλοὺς θηρευτὰς καὶ ἵππους πολεμιστηρίους τρέφοντα, Κυνίσκαν δὲ ἀδελφὴν οὖσαν πεῖσαι ἁρματοτροφεῖν καὶ ἐπιδεῖξαι νικώσης αὐτῆς ὅτι τὸ θρέμμα τοῦτο οὐκ ἀνδραγαθίας ἀλλὰ πλούτου ἐπίδειγμά ἐστι; τόδε γε μὴν πῶς οὐ σαφῶς πρὸς τὸ γενναῖον ἔγνω, ὅτι ἅρματι μὲν νικήσας τοὺς ἰδιώτας οὐδὲν ὀνομαστότερος ἂν [εἴη] γένοιτο, εἰ δὲ φίλην μὲν πάντων μάλιστα τὴν πόλιν ἔχοι, πλείστους δὲ φίλους καὶ ἀρίστους ἀνὰ πᾶσαν τὴν γῆν κεκτῇτο, νικῴη δὲ τὴν μὲν πατρίδα καὶ τοὺς ἑταίρους εὐεργετῶν, τοὺς δὲ ἀντιπάλους τιμωρούμενος, ὅτι οὕτως ἂν εἴη νικηφόρος τῶν καλλίστων καὶ μεγαλοπρεπεστάτων ἀγωνισμάτων καὶ ὀνομαστότατος καὶ ζῶν καὶ τελευτήσας γένοιτ᾽ ἄν;

Surely, too, he did what was good and dignified when he adorned his own estate with works and possessions worthy of a man, keeping many hounds and war horses, but persuaded his sister Cynisca to breed chariot horses, and showed by her victory that such a stud marks the owner as a person of wealth, but not necessarily of merit. How clearly his true nobility comes out in his opinion that a victory in the chariot race over private citizens would add not a whit to his renown; but if he held the first place in the affection of the people, gained the most friends and best all over the world, outstripped all others in serving his fatherland and his comrades and in punishing his adversaries, then he would be victor in the noblest and most splendid contests, and would gain high renown both in

---

[43] Xen. *Ages.* 1.1. Judging from what Xenophon narrates next, ἀρετή used here generally focuses on its moral sense in Socratic philosophy.

life and after death. (Xen. *Ages*. 9.6-7)

In Paul Cartledge's view, here Xenophon disguises the real political intention of Agesilaus, whose conscious abstention from public games has nothing to do with moral considerations at all.[44] However, large quantities of such instances reveal a basic fact that Xenophon and Isocrates show different attitudes to moral issues in their encomia. For Isocrates, moral qualities presented in the second half of his encomium are only some "finishing touches" to glorify his hero, whose greatness has already been marked clearly by his ancestry, good fortune and bodily strength. In Xenophon's work, the need of offering an ideal example in moral sense serves as a guideline for the whole work and decides what materials to choose, how to explain their moral value, and how to adapt them for his purpose and even occasionally distort historical truth if necessary. In short, what Isocrates wrote was an encomium in prose adapted from poetic tradition, as he explains himself in the *Evagoras* (Isoc. *Evagoras*, 8-11); while Xenophon's *Agesilaus* was a new type of prose encomium focusing on moral issues and was guided by his theory of moral education carried out by good leaders — this time no longer by their own discourses and policies, but by a writer's memory and presentation of their greatest moral deeds.

In the second place, the supposed audience of moral teachings in the two prose encomia are different. Both works offer examples for moral education, but Isocrates' moral examples are used for private philosophical education, while Xenophon's work shows a strong intention for social education.

The very first sentence of the *Evagoras* reveals one of its most important supposed audiences (ὦ Νικόκλεις) (Isoc. *Evagoras*, 1). At the end of the work, when Isocrates tries to explain why his prose encomium is more valuable than statues, he claims:

> While no one can make the bodily nature resemble moulded statues and portraits in painting, yet for those who do not choose to be slothful, but desire to be good men, it is easy to imitate the character of their fellow-men and their thoughts, and purposes — those, I mean, that are embodied in the spoken word. (Isoc. *Evagoras*, 75)

Up to now Isocrates' words are still quite similar to what Xenophon says in the *Agesilaus*. But Isocrates immediately goes on to say:

---

[44] Cartledge, *Agesilaos and the Crisis of Sparta*, 150.

I believe that for you, for your children, and for all the other descendants of Evagoras, it would be by far the best incentive, if someone should assemble his achievements, give them verbal adornment, and submit them to you for your contemplation and study. For we exhort young men to the study of philosophy by praising others in order that they, emulating those who are eulogized, may desire to adopt the same pursuits, but I appeal to you and yours, using as examples not aliens, but members of your own family, and I counsel you to devote your attention to this, that you may not be surpassed in either word or deed by any of the Hellenes. (Isoc. *Evagoras*, 76-77)

In the following passages, Isocrates gives further moral admonitions to Evagoras' children (Isoc. *Evagoras*, 78-81). This statement tells us moral teaching in Isocrates' *Evagoras* is not only secondary, but also limited. In other words, at least in his context, Isocrates' moral education by examples was intended for Nicocles and other children of Evagoras, who are likely to be his students in philosophy or rhetoric. Whether this work is helpful to the public is none of his concern. In this aspect Xenophon's *Agesilaus* is also different. In the middle of the speech, Xenophon declares, "if I speak this falsely against the knowledge of the Greek world, I am in no way praising my hero; but I am censuring myself." (Xen. *Ages.* 5.7) This means that Xenophon's work was (or was supposed to be) delivered before a general public.[45] And at the end of the speech he insists on repeating all the virtues of his hero, so that "the praise of it may be more easily remembered" (Xen. *Ages.* 11.1). In my opinion, these remarks prove that Xenophon expected that his work would be read and accepted by the general public, and he hoped that his audiences or readers may be educated by his moral examples; while in the *Evagoras* of Isocrates, many chief characters presented, such as good birth, good fortune and favour of gods, belong to the dead king and his offspring only and cannot be learned or imitated by a general public. Like the mode of moral education presented in the *Cyropaedia*, Xenophon's moral education through the

---

[45] In my opinion, generally speaking, the corpus of Xenophon is supposed to be read by Greek elites, who have good knowledge and understanding of Greek culture, though they do not need to be expert in philosophy as Plato and Aristotle are. The *Agesilaus* is particular in this aspect. It is quite obvious that its potential readers or audiences are simply common Greeks, who can appreciate the straightforward narrative and some popular ideology, for example the pan-Hellenism, presented by Xenophon in this work.Nevertheless, due to lack of external evidence, the question whether it is actually delivered at Agesilaus' funeral or it is composed as a piece of rhetorical exercise will remain open and cannot be solved once for all.

glorious image of Agesilaus is also social and universal. As the following praise clearly indicates:

εἰ δὲ καλὸν εὕρημα ἀνθρώποις στάθμη καὶ κανὼν πρὸς τὸ ὀρθὰ ἐργάζεσθαι, καλὸν ἄν μοι δοκεῖ [εἶναι] ἡ Ἀγησιλάου ἀρετὴ παράδειγμα γενέσθαι τοῖς ἀνδραγαθίαν ἀσκεῖν βουλομένοις. τίς γὰρ ἂν ἢ θεοσεβῆ μιμούμενος ἀνόσιος γένοιτο ἢ δίκαιον ἄδικος ἢ σώφρονα ὑβριστὴς ἢ ἐγκρατῆ ἀκρατής; καὶ γὰρ δὴ οὐχ οὕτως ἐπὶ τῷ ἄλλων βασιλεύειν ὡς ἐπὶ τῷ ἑαυτοῦ ἄρχειν ἐμεγαλύνετο, οὐδ᾽ ἐπὶ τῷ πρὸς τοὺς πολεμίους ἀλλ᾽ ἐπὶ τῷ πρὸς πᾶσαν ἀρετὴν ἡγεῖσθαι τοῖς πολίταις.

If line and rule are a noble discovery of man as aids to the production of good work, I think that the virtue of Agesilaus may well stand as a noble example for those to follow who wish to make moral goodness a habit. For who that imitates a pious, a just, a sober, a self-controlled man, can come to be unrighteous, unjust, violent, wanton? In point of fact, Agesilaus prided himself less on reigning over others than on ruling himself, less on leading the people against their enemies than on guiding them to all virtue. (Xen. *Ages*. 10.2)

Xenophon's description here is quite impressive. In his life, Agesilaus endeavoured to guide his people to all virtue; after his death, his glorious deeds can still stand as a noble example, a textbook of virtue through Xenophon's encomium. Unlike Isocrates who neglects public affairs in his old age (Paus. 1.18.8) and focuses on teaching his own students philosophy and rhetoric, Xenophon shows his care for social morality in many of his writings. In his *Cyropaedia*, Cyus the Great managed to nourish all kinds of moral virtues among his subjects by his charisma, but social order and praiseworthy Persian customs became corrupted soon after his death (Xen. *Cyr*. 8.8.1-26); in his *Spartan Constitution*, Lycurgus made good laws by his wisdom for Spartans to follow, while these rules are no longer respected in Xenophon's age (Xen. *Lac*. 14.1-6). In Xenophon's mind, Agesilaus is exactly another hero like Cyrus the Great and Lycurgus living in his own age; and as a writer (or orator), he has the responsibility to record Agesilaus' great deeds as a moral example and make his positive influence everlasting through his prose encomium. It is therefore not surprising that Xenophon chose to adapt and develop Isocrates' model and transform his prose encomium into a work presenting his hero to the public as a noble moral example. As Duane Reed Stuart correctly points out, Xenophon's *Agesilaus* is not just a clumsy imitation of Isocrates' *Evagoras*.[46] His original and creative contribution to the formation of the

---

[46] D. Stuart, *Epochs of Greek and Roman Biography* (Berkeley: University of

moral tradition of ancient biography must be admitted and appreciated.

III. Similarity between Xenophon's *Agesilaus* and *Hellenica*

In the study of historiography, scholars often compare Xenophon's *Agesilaus* with his historical work, the *Hellenica*, in order to prove that the former's moral tendency is conditioned by the requirements of the "biographical tradition". In my opinion, such conclusions are quite subjective and betray a certain teleological purpose. The differences between these two works are usually exaggerated; and their attitudes to moral issues are actually not quite different.

The existence of differences between Xenophon's *Agesilaus* and the part of his *Hellenica* that deals with Agesilaus is undeniable. To put it briefly, the *Agesilaus* is by nature more rhetorical, and therefore omits some negative and neutral historical information of its hero. In the *Agesilaus* Xenophon claims: "Actions like these need no proofs; the mention of them is enough and they command belief immediately." (Xen. *Ages.* 3.1) Such rhetorical expressions and contempt for historical evidence are of course unsuitable for the *Hellenica*. In the *Hellenica*, Xenophon uses long passages to narrate the struggle between Agesilaus and Lysander for power (Xen. *Hell.* 3.4.7-9), while he keeps silence about that in the *Agesilaus* as it is not praiseworthy and is unsuitable for a funeral encomium. He also refrains from talking about Sparta's foreign policies after 386 B.C., which he discusses in the *Hellenica*,[47] as these policies were notorious[48] and might not be pleasant to the ears of Spartans present at Agesilaus' funeral. Sometimes Xenophon even distorts historical truths on purpose in his prose encomium.[49] However, in other cases, the difference between Xenophon's *Hellenica* and *Agesilaus* is vague and hard to recognise.[50]

In discussing the chronological order of Xenophon's works, the Italian scholar on classical historiography Gaetano de Sanctis, puts forth a hypothesis as follows:

Per la lingua e lo stile poi non c'è dubbio che in generale il testo a noi

---

California Press, 1928), 80-81.

[47] Cartledge, *Agesilaos and the Crisis of Sparta*, 242.

[48] Cartledge, *Agesilaos and the Crisis of Sparta*, 243.

[49] Momigliano, *The Development of Greek Biography*, 102.

[50] Hau, *The Changeability of Fortune in Greek Historiography – Moralizing Themes and Techniques from Herodotos to Diodoros of Sicily*, 210.

pervenuto delle *Hell.* è, nei passi paralleli, posteriore a quello a noi pervenuto dell' *Ag.* e lo corregge secondo certi criteri che si sono venuti imponendo a Senofonte verso il termine della sua vita di scrittore.[51]

In de Sanctis' view, the only reasonable way to explain satisfactorily the sequence of composition is to assume that there existed two versions of the *Hellenica*. Then the *Agesilaus* was produced from the materials of the earlier version and it was in turn used by Xenophon to work on the later version of the *Hellenica*, which we have today. The problem of chronological sequence itself is extremely complex[52] and has little to do with our topic here; but this complicated hypothesis shows that the contents of Xenophon's *Hellenica* and *Agesilaus* are very close and their differences in detail cannot be easily explained by distinction of literary genres. As W.P. Henry points out, Xenophon's *Agesilaus* is strikingly similar to his *Hellenica*[53] and the disparities that occur are often slight.[54] A lot of materials of the *Hellenica* also appear in the *Agesilaus*,[55] and similar compositional methods are equally adopted in both works. Generally, the *Hellenica* offers more detailed descriptions of battles (Xen. *Hell.* 3.4.11-15; 3.4.20-24), but sometimes the *Agesilaus* does the same thing (Xen. *Ages.* 2.9-11). The *Agesilaus* occasionally appears to be less "historical" than the *Hellenica*, but the latter is also frequently criticised for its "highly subjective nature" [56] and striking omissions. [57] Their similarities are particularly obvious in their attitudes towards moral topics.[58] Both narrate the story of how pious Agesilaus defeated Tissaphernes, who broke his oath (Xen. *Ages.* 1.10-12; Xen. *Hell.* 3.4.5-6). And in many cases the *Hellenica* presents moral subjects beyond the *Agesilaus*. It contrasts the luxury of Pharnabazus and the simplicity of Agesilaus (Xen. *Hell.* 4.1.30). It praises Agesilaus who takes care of offspring of his enemy (Xen. *Hell.*

---

[51] G. De Sanctis, *Studi di storia della storiografia greca* (Florence: La Nuova Italia, 1951), 141.

[52] De Sanctis, *Studi di storia della storiografia greca*, 127.

[53] Henry, *Greek Historical Writing, A Historiographical Essay Based on Xenophon's* Hellenica, 108.

[54] Henry, *Greek Historical Writing, A Historiographical Essay Based on Xenophon's* Hellenica, 108-109.

[55] Lesky, A. *A History of Greek Literature* (London: Methuen, 1966), translated by J. Willis and C. Heer, 626.

[56] Henry, *Greek Historical Writing, A Historiographical Essay Based on Xenophon's* Hellenica, 204.

[57] Riedinger, *Étude sur les* Helléniques, *Xénophon et l'histoi*re, 41.

[58] Pownall, *Lessons From the Past: The Moral Use of History in Fourth-Century Prose*, 82-83.

4.1.39-40). It records the anecdote of a marriage arranged by Agesilaus to show he is good at benefiting his friends (Xen. *Hell.* 4.1.3-15). It commends Agesilaus' piety in refraining from breaking into a temple of Athena to take revenge on enemies (Xen. *Hell.* 4.3.20). It also depicts Agesilaus' kindness by describing his sadness after Agesipolis' death (Xen. *Hell.* 5.3.20). In sum, it is evident that both Xenophon's *Hellenica* and *Agesilaus* make use of moral exemplification, though their ways of narrative and expression slightly differ. Therefore, the preference to moral issues of biography claimed by some scholars is not quite clear in Xenophon's two works recording Agesilaus' deeds.

What is more, the emphasis on morality and observation of personality of historical figures are also characteristic in other writings of Xenophon. Albrecht Dihle points out that both the *Agesilaus* and the *Anabasis* focus on the personality of historical figures.[59] G.J.D. Aalders believes the tendency to moralise is common feature of Xenophon's *Cyropaedia*, *Agesilaus* and his *Hiero*.[60] In that case, I would rather call the moral tendency in the *Agesilaus* "Xenophontic" than "biographical". It does not have much to do with the literary tradition of prose encomium or early biography, but is a common feature shared with almost all extant works by Xenophon. In my view, Xenophon's *Agesilaus* is an application of his theory of moral education into literary composition. It marks Xenophon's original contribution to the formation and development of ancient biography and his lasting influence in history of western literature.

IV. Xenophon as Founder of Moral Tradition in Classical Biographical Composition

Among ancient biographers, Plutarch, a Platonist and follower of Xenophon's biographical tradition, best summarises biography's function of moral exemplification:

> ὅθεν οὐδ᾽ ὠφελεῖ τὰ τοιαῦτα τοὺς θεωμένους, πρὸς ἃ μιμητικὸς οὐ γίνεται ζῆλος οὐδὲ ἀνάδοσις κινοῦσα προθυμίαν καὶ ὁρμὴν ἐπὶ τὴν ἐξομοίωσιν. ἀλλ᾽ ἥ γε ἀρετὴ ταῖς πράξεσιν εὐθὺς οὕτω διατίθησιν, ὥσθ᾽ ἅμα θαυμάζεσθαι τὰ ἔργα καὶ ζηλοῦσθαι τοὺς εἰργασμένους. τῶν μὲν γὰρ ἐκ τῆς τύχης ἀγαθῶν τὰς κτήσεις καὶ ἀπολαύσεις, τῶν δ᾽ ἀπ᾽ ἀρετῆς τὰς πράξεις ἀγαπῶμεν, καὶ τὰ μὲν ἡμῖν παρ᾽ ἑτέρων, τὰ δὲ μᾶλλον ἑτέροις παρ᾽ ἡμῶν ὑπάρχειν βουλόμεθα. τὸ γὰρ καλὸν ἐφ᾽ αὑτὸ πρακτικῶς κινεῖ

---

[59] Dihle, *Studien zur griechischen Biographie*, 34.
[60] G. Aalders, "Date and Intention of Xenophon's '*Hiero*'," *Mnemosyne* 6 (1953): 214.

καὶ πρακτικὴν εὐθὺς ὁρμὴν ἐντίθησιν, ἠθοποιοῦν οὐ τῇ μιμήσει τὸν θεατήν, ἀλλὰ τῇ ἱστορίᾳ τοῦ ἔργου τὴν προαίρεσιν παρεχόμενον. Wherefore the spectator is not advantaged by those things at sight of which no ardour for imitation arises in the breast, nor any uplift of the soul arousing zealous impulses to do the like. But virtuous action straightway so disposes a man that he no sooner admires the works of virtue than he strives to emulate those who wrought them. The good things of Fortune we love to possess and enjoy; those of Virtue we love to perform. The former we are willing should be ours at the hands of others; the latter we wish that others rather should have at our hands. The Good creates a stir of activity towards itself, and implants at once in the spectator an active impulse; it does not form his character by ideal representation alone, but through the investigation of its work it furnishes him with a dominant purpose. (Plut. *Vit. Per.* 2.2-3, trans. B. Perrin; cf. Plut. *Vit. Tim.* 1.1-4.)

Xenophon never explains the use of moral examples in his biography (or prose encomium) in any of his extant works. But in my opinion, his intention in composing the *Agesilaus* must be quite similar to the statement of Plutarch above, as this idea is perfectly in accordance with his thoughts on social education,which was discussed in Part II. As K.J. Dover points out, Xenophon's *Agesilaus* deals in succession with the king's "piety, honesty and uprightness, temperance and chastity, courage, intelligence and skill, and so on".[61] All these virtues are highly moral and are indirectly connected to Xenophon's idea of social education. According to Xenophon's systematic presentation of his theory of moral education, a competent political leader is the key figure in this kind of education (the *Cyropaedia*); he should be aware that good leadership can lead to happiness of both his subjects and himself (the *Hiero*); in order to overcome all kinds of obstacles in harsh life against his work, certain immoral means are indispensable for achieving the ultimate virtue (the dark side); the ideal political leader should set a great moral example for people around him (Cyrus the Great in the *Cyropaedia*), impose strict discipline (Xenophon himself in the *Anabasis*), make wise laws (Lycurgus in the *Spartan Constitution*), know how to enrich his people (advice for Athenian officers in the *Poroi*), and create a perfect morality in a philosophical sense throughout the whole society (Simonides' advice in the *Hiero*). Nevertheless, according to Xenophon's own narrative, the perfect social systems in Cyrus the Great's Persia and in Lycurgus' Sparta both collapsed after the two heroes' death. In that case, recording heroes' wise words and noble deeds is the best way to keep their example and influence alive and one useful tool for social education of morality. As

---

[61] Dover, *Greek Popular Morality in the Time of Plato and Aristotle*, 66.

Plutarch says, the best way of pursuing virtue is the automatic imitation of good deeds of heroes (Plut. *Vit. Per.* 2.2-3).

In my opinion, Xenophon's *Agesilaus* is produced under the guidelines of his own theory of moral education. Agesilaus, the Spartan king and an excellent military general, shares a lot of common features with ideal political leaders appearing in Xenophon's other works. Here it would be quite helpful if we compare Agesilaus' character with the corresponding contents of the four chapters of Part II above.

Like Cyrus the Great in the *Cyropaedia* (Xen. *Cyr.* 8.2.14; 3.3.58-59; 8.1.26; 8.1.30 ; 8.1.34-37; 8.7.10), Xenophon's Agesilaus is good at enriching his friends and gains profits for his comrades after the victory in Phrygia by his wisdom (Xen. *Ages.* 1.17-19). He has great reverence for religion (Xen. *Ages.* 3.2) and is pious to gods all his life (Xen. *Ages.* 3.5). He is just in rewarding (Xen. *Ages.* 4.1) and manages his money well (Xen. *Ages.* 8.8). His endurance is striking and he toils willingly beyond all others (Xen. *Ages.* 5.3). He is full of courage (Xen. *Ages.* 6.1) and wins countless victories in battle (Xen. *Ages.* 6.3). He is full of wisdom (Xen. *Ages.* 6.4), but is also loyal to his fatherland (Xen. *Ages.* 6.4; 7.1). He respects the constitution (Xen. *Ages.* 2.16) and established laws (Xen. *Ages.* 7.2). In the *Agesilaus*, Xenophon also contrasts his hero's agreeability and simplicity with the Persian king's arrogance and luxury (Xen. *Ages.* 9.1-2; 9.3-5). This comparison is very similar to the one Xenophon draws between social moralities in Cyrus the Great's reign and in later times (Xen. *Cyr.* 8.8.2-26). In sum, the glorious image of Agesilaus is almost another version of Cyrus the Great and there is no doubt that the *Agesilaus* borrows a lot of elements from the theory of social education in Xenophon's *Cyropaedia*.

In the case of the *Hiero*, Xenophon's Agesilaus also presents certain virtues correspondent to Simonides' advice for Hiero. Agesilaus is gentle and treats his subjects and captives with love and care (Xen. *Ages.* 1.20-22). He sticks to the principle of moderation and keeps himself away from any strong pleasures (Xen. *Ages.* 5.1-2). He is hospitable and generous in dispensing his money (Xen. *Ages.* 8.1). He also refrains from attending public chariot games (Xen. *Ages.* 9.6-7) in accordance with Simonides' admonition for Hiero (Xen. *Hier.* 11.5-8).

It is noteworthy that in this encomium Xenophon does not deny that his hero is equally expert in playing tricks and gathering money, which might seem to be something not quite honourable in the eyes of his audience. He was good at playing tricks and showed Tissaphernes "to be a child at deception" (Xen. *Ages.* 1.17). He "contrived that his allies always had the better of them [enemies], by the use of deception when occasion offered, by anticipating their action if speed was necessary, by hiding when it suited his purpose, and by practising all the opposite methods when dealing with enemies to those which he applied when dealing with friends" (Xen. *Ages*. 6.5-7). In his old age, as Sparta was in short of money to make friends with other cities (Xen. *Ages*. 2.25), Agesilaus "applied himself to the business of raising money" (Xen. *Ages*. 2.25) and used to collect large sums of money in Egypt for his own country (Xen. *Ages*. 2.31). These descriptions show a high level of similarity to Xenophon's theory of social and moral education.

In conclusion, Xenophon's *Agesilaus* is the representation and synthesis of the ideal heroes in his works on social and moral education. In Xenophon's words, Agesilaus is "the perfect embodiment of goodness (ἀνὴρ ἀγαθὸς παντελῶς)" (Xen. *Ages*. 10.1). "He was never despised by his foes, never brought to account by the citizens, never blamed by his friends, but throughout his career he was praised and idolised by the entire world." (Xen. *Ages*. 6.8) And what such an ideal general cares about most is "guiding them [his people] to all virtue" (Xen. *Ages*. 10.2). As Cartledge comments, Xenophon was actually teaching his own philosophy by the example of Agesilaus.[62] In Xenophon's mind, the function of his *Agesilaus* must be important and ambitious. It keeps the example and positive influence of his ideal heroes alive,[63] and ensures the lasting effect of moral education. Xenophon himself proudly summarised at the very end of the *Agesilaus*: "he (Agesilaus) proved that, though the bodily strength decays, the vigour of good men's souls is ageless."[64]

V. Adjustment and Development of Xenophon's Moral Theory in his *Agesilaus*

Paul Cartledge observes that the content of ἀρετή in Xenophon's *Agesilaus* is more traditional than that in his other works.[65] This view is generally true and the phenomenon is understandable, as this work was written for public readers. However, this does not mean that the moral exemplification in the *Agesilaus* contains nothing innovative at all. One feature of Xenophon's *Agesilaus* is noteworthy and rarely appears in his other works

---

[62] Cartledge, *Agesilaos and the Crisis of Sparta*, 414.
[63] Higgins, *Xenophon the Athenian, The Problem of the Individual and the Society of the Polis*, 80.
[64] Xen. *Ages*. 11.14. Its tone is similar to and perhaps imitated from Bacchyl. 3.90-92 (in Snell).
[65] Cartledge, *Agesilaos and the Crisis of Sparta*, 143.

except for the *Anabasis*. That is the recognition of pan-Hellenistic patriotism as an important kind of ἀρετή.

Of course, pan-Hellenism is a modern term created after the usage of pan-Germanism and pan-Slavism in the middle of the nineteenth century. But the spirit it describes did exist in classical writers' works, such as Isocrates' *Panegyricus*. And Xenophon's Agesilaus is also a "pan-Hellenist" par excellence,[66] who is kept mentioned as φιλέλλην (a Greek-lover) and μισοπέρσης (a Persian-hater). [67] Xenophon claims in the *Agesilaus* that "if it is honourable in one who is a Greek to be a friend to the Greeks, what other general has the world seen unwilling to take a city when he thought that it would be sacked, or who looked on victory in a war against Greeks as a disaster?" (Xen. *Ages*. 7.4) This passage indicates that in Xenophon and his contemporary audiences' mind, the love of Greece and the hatred of Persia must be considered as a moral virtue.[68] Agesilaus felt sad when he heard the news that his army had killed 1000 enemies at the battle of Corinth (Xen. *Ages*. 7.5), and, in order to unite all Greeks, refused to capture Corinth (Xen. *Ages*. 7.6). He spoke frankly to a Persian envoy who was trying to make an alliance with him on behalf of the Persian king: "Tell his Majesty that there is no need for him to send me private letters, but, if he gives proof of friendship for Lacedaemon and good will towards Greece, I on my part will be his friend with all my heart. But if he is found plotting against them, let him not hope to have a friend in me, however many letters I may receive." (Xen. *Ages*. 8.3)

In the historical context of the mid-fourth century B.C., the most important and urgent aim of pan-Hellenists was to unite the Greeks to fight against the powerful Persian Empire. In that aspect Xenophon's *Agesilaus* was again a pioneer.[69] According to Xenophon, his offensive expedition in Asia Minor in his youth was guided by "his eagerness to pay back the Persian in his own coin for the former invasion of Greece" (Xen. *Ages*.

---

[66] Cartledge, *Agesilaos and the Crisis of Sparta*, 180.
[67] Xen. *Ages*. 1.7-8, 34, 36; 6.1; 7.4-7; 8.3, 5. See Millender, "Spartan 'Friendship' and Xenophon's Crafting of the Anabasis," 417; R. Harman, "A Spectacle of Greekness: Panhellenism and the Visual in Xenophon's *Agesilaus*," in *Xenophon: Ethical Principles and Historical Enquiry* (Leiden: Brill, 2012), edited by F. Hobden and C. Tuplin, 451.
[68] This idea does not contradict with the coutlook presented in the *Cyropaedia*. Xenophon, as well as many other classical writers, such as Aeschylus, Herodotus and Isocrates, takes Persia in Cyrus the Great's age as a great success but condemns its evilness and its interference and invasion of Greece. See relevant discussion in Part 1, Chapter 1 of this book.
[69] Delebecque, *Essai sur la vie de Xénophon*, 467.

1.8). And he still endeavoured to "inflict a crushing defeat on the enemy of the Greeks" in his senior age (Xen. *Ages*. 2.31). Even when Sparta was at war with other Greeks, Agesilaus still "did not neglect the common good of Greece, but went out with a fleet to do what harm he could to the barbarian" (Xen. *Ages*. 7.7). In Xenophon's encomium, Agesilaus is the symbol of pan-Hellenism and Greek patriotism and sets a glorious example for a miserable Greek world suffering from the endless inner wars and closing menace of the Persian Empire.

As Cartledge and other scholars point out, the Pan-Hellenic image of Agesilaus is largely a fiction created by Xenophon. Even Xenophon himself is clearly aware of it.[70] As a patriot faithful to not only Athens but also the whole Greek world, Xenophon acutely grasped the current need of the unity of Greeks, and tried his best to persuade and educate his contemporaries by the Pan-Hellenic example set up in his prose encomium. This innovation proves again that the *Agesilaus* is not an unoriginal and imitative work, but a creative writing reflecting Xenophon's wisdom and advocating for some moral virtues badly needed in his time.

VI. Influence of the *Agesilaus*

Judging from its later reception, Xenophon's *Agesilaus* must be the most popular of his "minor works". His glorious image of Agesilaus was widely accepted; and the style of focusing on morality and the art of moral exemplification in Xenophon's prose encomium influenced later development of ancient biography.

First, Xenophon succeeded in creating an impressive image of Agesilaus[71] as the owner of ideal morality. His prose encomium was widely read in later antiquity, especially in the Roman Age. A comparison of the following texts is revealing:

> Agesilaus of Sparta, who would not allow representations of himself in paintings or sculpture, is no less pertinent to my case than those who took pains over the matter. Xenophon's one little volume in eulogy of that king has achieved far more than all the portraits and statues under the sun. (Cic. *Fam*. 5.12.7, trans. D. R. Shackleton Bailey)
>
> Indeed you may well laugh at these doings; but in all seriousness, it has occurred to me to congratulate Agesilaus, king of Sparta, on the stand he took, for he never thought it fitting to have either a statue or a portrait

---

[70] Millender, "Spartan 'Friendship' and Xenophon's Crafting of the Anabasis," 418.

[71] Cartledge, *Agesilaos and the Crisis of Sparta*, 414.

made of himself, not because he was deformed, as people say, and short —
for what was to hinder the statue's being tall, or having shapely legs, like
Euphranor's Hephaestus? — but rather because he saw clearly that one
should not try to prolong the allotted span of human life or expose the body
to the vicissitudes of stone or bronze. Would that it might be possible to
take leave even of the body which we have! (Dio Chrys. *Or.* 37.43, trans. H.
L. Crosby)

On his [Agesilaus'] way home from Egypt death came to him, and in
his last hours he gave directions to those with him that they should not
cause to be made any sculptured or painted or imitative representation of
his person. "For if I have done any goodly deed, that shall be my memorial;
but if not, then not all the statues in the world, the works of menial and
worthless men, will avail." (Plut. *Mor.* 215a, trans. F. C. Babbitt)

It is easy to recognise that Cicero, Dio Chrysostom and Plutarch —
three famous classical writers living in different places — talked about the
same issue, and all their materials ultimately come from the ending of
Xenophon's *Agesilaus* (Xen. *Ages.* 11.7). Therefore we can see clearly that
simplicity, a virtue Xenophon advocated and expressed through the
example of Agesilaus, was actually "taught" by Cicero among Roman
elites, by Dio Chrysostom among the populace in Asia Minor, by Plutarch
among students of philosophy on the Greek mainland more than 400 years
after Xenophon's and Agesilaus' age, and becomes rooted in the ancient
cultural tradition as an everlasting memorial to the Spartan king.

Similarly, Xenophon reports in his prose encomium that Agesilaus
was loyal to his fatherland and returned at full speed from Asia Minor
(Xen. *Ages.* 2.1), this dramatic topic is also borrowed by Nepos and
Plutarch for moral teachings in their own time. Nepos followed
Xenophon's narrative and exclaimed that it is "an example that I only wish
our generals had been willing to follow! (cuius exemplum utinam
imperatores nostri sequi uoluissent!)" (Nep. *Vit. Ages.* 4.2) Plutarch also
compared Agesilaus' loyalty with that of Alexander and Hannibal, and
praised the greatness of this Spartan king (Plut. *Vit. Ages.* 15.4). This
instance offers further evidence of Xenophon's success.

The image of Agesilaus, chiefly moulded by Xenophon, remained
popular in late antiquity and the Renaissance. At the end of the fourth
century, Synesius of Cyrene cited Agesilaus as a splendid model in his
work *On Kingship* written for the emperor Arcadius.[72] In 501, Procopius
of Gaza called the emperor Anastasius "the new Agesilaus" in his
panegyric.[73] In the Renaissance, Agesilaus was the favourite ancient

---

[72] Cartledge, *Agesilaos and the Crisis of Sparta*, 419.
[73] Cartledge, *Agesilaos and the Crisis of Sparta*, 419.

Spartan and was admired by Machiavelli and other intellectuals as a patriotic national hero who fought valiantly against the barbarians (a metaphor for contemporary Turks menacing the safety of Western Europe) for the sake of Greece.[74] Of course, the image of Agesilaus was also partly shaped by Xenophon's *Hellenica* and Plutarch's *Life of Agesilaus*, but the contribution of Xenophon's *Agesilaus* remains undeniable.

Second, Xenophon's *Agesilaus* brings the art of moral edification into prose encomium, which became an established tradition in later biographies, therefore imposed some degree of influence on the development of ancient biographical literature.

Though both history and biography remained almost shapeless in Xenophon's time, their definite and distinctive traditions were firmly established in the Roman period through the development of the Hellenistic Age. Both Nepos (Nep. *Vit. Pel.* 1.1) and Plutarch (Plutarch, *Vit. Alex.* 1.1-3) clarified consciously in their lives that what they wrote was biography, not history. The key feature of ancient biography is summarised well by Patricia Cox:

> Ancient biographies are constellations of such gestures, carefully selected and assembled not to chronicle a life's history but to suggest its character. These character-revealing gestures are prepared in the biographies primarily by means of images and anecdotes, and they show the free play of the biographical imagination as it works in the service of history's "meaning". If the facts of history form the "landscape" of a man's life, character is its "inscape", the contours and hollows which give a landscape its individuality. Biographies are like caricatures, bringing landscape and inscape, event and character, together in a single moment of evocative expression.[75]

It is indisputable that Xenophon's *Agesilaus* plays an important role in the formation of this tradition.[76] This encomium focuses on the observation of character, and is intended for moral edification.[77] Even Friedrich Leo, a German scholar obviously biased against Xenophon, has to admit that his *Agesilaus* established an important tradition for later biographers[78] such as Nepos and Suetonius.[79] It is hard to establish a direct connection between Xenophon and Suetonius; but his influence on Nepos and Plutarch is quite

---

[74] Cartledge, *Agesilaos and the Crisis of Sparta*, 420.
[75] Cox, *Biography in Late Antiquity: A Quest for the Holy Man*, xi.
[76] M. Grant, *The Ancient Historians* (London: Duckworth, 1970), 166.
[77] Cox, *Biography in Late Antiquity: A Quest for the Holy Man*, 8-9.
[78] Leo, *Die Griechisch-Römische Biographie nach ihrer literarischen Form*, 215.
[79] Leo, *Die Griechisch-Römische Biographie nach ihrer literarischen Form*, 239.

obvious. As Cartledge says, Nepos' *Life of Agesilaus* is heavily dependent on Xenophon's *Agesilaus*.[80] The case for Plutarch is more complex. In his *Life of Agesilaus*, Plutarch mentions the name of Xenophon twice (Plut. *Vit. Ages.* 4.1-2; 19.6). Unlike Nepos, Plutarch is not lacking in critical spirit[81] and consults many materials besides Xenophon.[82] He supplements his account with some material that is not entirely to Agesilaus' credit. For example, he criticised his immoral means against Leotydides (Plut. *Comparison of Agesilaus and Pompey*, 1) and Lysander (Plut. *Comparison of Agesilaus and Pompey*, 2). In spite of this, Plutarch's presentation of Agesilaus is on the whole "as favourable as that of Xenophon".[83] He adopted Xenophon's art of moral exemplification[84] and even imitated the latter's language and phrasing.[85] The impact of Xenophon on the first extant Latin biography and the greatest Greek biography in the ancient world further secures the spread and influence of his prose encomium *Agesilaus*.

The merit of Xenophon's tendency of moral edification in the ancient biographical tradition remains controversial. Viewing it from a modern historical perspective, Michael Grant complains that it is quite harmful to the reliability of material presented in later ancient biographies.[86] Yet Philip A. Stadter claims that Plutarch's ability "to use historical figures to contemplate the play of human qualities in action, to reveal the specific cast vices and virtues assume in the contingent world of political leadership and strife" is his "greatest attraction".[87] In any case, it is safe to conclude that Xenophon's *Agesilaus* is not merely an imitation of Isocrates' *Evagoras*. It is innovative because it focuses on moral virtues and makes use of moral exemplification under the guidelines of Xenophon's own theory of moral education to persuade public readers to adopt a virtuous way of life; and some virtues advocated in the *Agesilaus*, for example the pan-Hellenic patriotism, actually reflect the new need of his time and enrich his theory of social education. Its influence on later biographical and historical works, both positive and negative, should not be neglected by modern scholars and deserves serious treatment.

---

[80] Cartledge, *Agesilaos and the Crisis of Sparta*, 418.
[81] Cartledge, *Agesilaos and the Crisis of Sparta*, 418.
[82] Cartledge, *Agesilaos and the Crisis of Sparta*, 70.
[83] Cartledge, *Agesilaos and the Crisis of Sparta*, 418.
[84] D. Shipley, *A Commentary on Plutarch's Life of Agesilaos* (Oxford: Clarendon Press, 1997), v.
[85] Shipley, *A Commentary on Plutarch's Life of Agesilaos*, 49.
[86] Grant, *The Ancient Historians*, 135.
[87] P. Stadter, ed. *Plutarch and the Historical Tradition* (London & New York: Routledge, 1992), 1.

CHAPTER TWO

QUEEN BEE AND HOUSEWIFE: EXTENSION OF SOCIAL EDUCATION INTO THE PRIVATE SPHERE IN XENOPHON'S *OECONOMICUS*[1]

Among the primary documents on classical Greek society, most historical and political writing and even poems and dialogues focus on the public sphere only and talk about political or military subjects. Detailed works on the private sphere are very rare. As an exception to the general rule, Xenophon's *Oeconomicus* is quite noteworthy as a dialogue on domestic affairs. Nevertheless, the lack of external evidence and the ambiguity of its background led to a dispute among scholars about the nature and content of this valuable work that has lasted from the time of the Roman Empire until the present day.

As an Epicurean living in the first century B.C., Philodemus takes the *Oeconomicus* as a philosophical work, and declares that he cannot understand fully some ideas in it. According to his view, the philosopher Socrates should not study how to make money by domestic labour. Following the doctrine of Epicurus, he believes that wife and family are not indispensible elements of happiness. And he also comments that the assertion of Socrates in the dialogue that a husband should be responsible for his wife's faults in family life is absurd (Philodemus, *Oeconomia*, 6.1-20). Modern scholars pay more attention to the historical value of the *Oeconomicus*. L.R. Shero declares that the prototype of the "good wife" in Xenophon's *Oeconomicus* must be his own wife Philesia, which deserves further historical research. [2] Stewart Irvin Oost takes a far more conservative view than Shero, yet he also agrees that the *Oeconomicus* is a

---

[1] One article of mine whose main content is based on this chapter was published in *Journal of Cambridge Studies*, Vol.6, Issue 4 (2011), 145-162.
[2] L. Shero, "Xenophon's Portrait of a Young Wife," *The Classical Weekly* 26 (1932): 19.

historical record about the opinion of Athenian aristocrats on family and gender, because, in his estimation, Xenophon's thought cannot be original and must be based on some borrowed ideas.[3] As one of the most important researchers on the *Oeconomicus* since the end of the twentieth century, Sarah B. Pomeroy claims that the work is both "the only extant Greek didactic work to draw attention to the importance of the *oikos* as an economic entity",[4] and a book which "covers a wide range of subjects including agriculture, philosophy, and social, military, intellectual, and economic history".[5] In 1994, she published the most academic and up-to-date commentary in English on the *Oeconomicus* so far, in which she translates the whole text of the dialogue, summarises the scholarship on the *Oeconomicus* since the classical age,[6] and discusses in detail the information regarding gender, family, housework, economics and religion contained in the book.[7] One of her basic opinions on the nature of the *Oeconomicus* is that it is the product of Xenophon's frustration after the misfortunes of his political and mercenary career and exile, and draws his attention from the public sphere to the domestic economy.[8] Leah Kronenbera also claims that the *Oeconomicus* serves as a critique of political life and suggests a life of philosophy instead.[9] Gabriel Danzig puts forth another innovative view that the external form of the *Oeconomicus* is a guide on practical affairs similar to Ovid's *Ars Amatoria*, while its nature is an ethical dialogue under the disguise of an economics treatise[10].

Due to the absence of decisive evidence of the date and background of the *Oeconomicus*, it is not easy to determine the very nature of this complex work. However, in my opinion, the examples, theoretical system and detailed assertions in the *Oeconomicus* itself provide certain valuable clues to later readers, which may help us to gain a better understanding of

---

[3] S. Oost, "Xenophon's Attitude towards Women," *The Classical World* 71 (1978): 225.

[4] Pomeroy, "Slavery in the Greek Domestic Economy in the Light of Xenophon's *Oeconomicus*," 31.

[5] Pomeroy, ed. Xenophon: *Oeconomicus*, vii.

[6] Y. Too, Review: *Oeconomicus, The Classical Review* 45 (1995): 247.

[7] P. Bradley, Review: Sarah B. Pomeroy: Xenophon: *Oeconomicus: A Social and Historical Commentary*, Oxford, Oxford at Clarendon Press, 1994, *The Classical World* 92 (1999): 477.

[8] Pomeroy, ed. Xenophon: *Oeconomicus*, 5.

[9] L. Kronenbera, *Allegories of Farming from Greece and Rome* (Cambridge: Cambridge University Press, 2009), 72.

[10] G. Danzig, "Why Socrates Was Not a Farmer: Xenophon's *Oeconomicus* as a Philosophical Dialogue," *Greece & Rome* 50 (2003): 57.

the origin and character of this important dialogue.

I. Queen Bee in the *Oeconomicus*

For a start, it may be helpful for us to examine the *Oeconomicus* 7.17-37. Ischomachus, a character in the dialogue who represents the conventional virtues of the polis and the ideal ideological core of the whole work,[11] advises his wife to pay more attention to the organisation of housework and says, "I suppose that they are not trivial matters, unless, of course, the activities that the queen bee (ἡ ἐν τῷ σμήνει ἡγεμὼν μέλιττα, literally 'the female bee in charge in the hive') presides over in the hive are trivial." (Xen. *Oec.* 7.17) Afterwards he patiently explains to his wife the responsibility of the queen bee: she presides over the hive, sends bees out to work instead of allowing them to wander around; she keeps in mind everything taken into the hive and manages to keep it safe until it is to be consumed, and then distributes it justly among the bees; she supervises the construction of combs and ensures that they are built firmly as well as quickly; she also takes charge of the tending of offspring and sends new-born bees out of the hive when they are mature enough (Xen. *Oec.* 7.33-34).

At first sight, we must admit that the queen bee described and the idealised housewife do share common features. Nevertheless, if we study the vocabulary and content of this text closely, it is not hard to recognise that the responsibility of the queen bee is far more political than domestic. In order to clarify this point further, it is necessary for us to analyse briefly the image of bees as a typical symbol in classical works.

The bees described by writers of the pre-classical period are generally mystical but are still informative for us. The most famous description of bees comes from Hesiod's *Theogony*, in which he claims that the race of female women, "a great woe for mortals, dwelling with men, no companions of baneful poverty but only of luxury", is just like drones, who enjoy their lives in the white honey-combs built by bees and "gather into their stomachs the labor of others" (Hes. *Theog.* 590-599). Another noteworthy myth comes from the work of Semonides of Amorgos, who says that the most hard-working women come from bees, which manage their households well and "grow old in love with a loving husband", and are therefore "the best and the most sensible whom Zeus bestows as a favour on men" (Semon. 7.83-93).

It is hard to be sure whether Xenophon was inspired by the two poems

---

[11] Kronenbera, *Allegories of Farming from Greece and Rome*, 37.

mentioned above directly. It seems that at least Xenophon does not borrow the image of bees from Hesiod directly, as the latter compares women to evil drones instead of diligent queen bees. And we also cannot tell if Xenophon knows Semonides' poem. But it is certain that in the Greek cultural tradition bees are sometimes connected with females and the quality of diligence in work, the meaning of which is just what Xenophon wants to express here.

Nevertheless, I would argue that Xenophon actually wishes to say more than that. In fact, the queen-bee image in Greek literature is highly political. The clearest evidence of the attitude of Xenophon's contemporaries to bees comes from Aristotle's zoological writings. In the *Generation of Animals*, Aristotle divides the members in the hive into bee (μελίττα), drone (κηφήν) and king (βασιλεύς) (Arist. *GA.* 759a19-22). The Greek vocabulary βασιλεύς is clearly political. In the *Historia Animalium*, Aristotle further points out that there are complex and strict social orders among bees, most of which are governed by two kinds of "leaders", who are in themselves distinguished by red and dark colours and differ in dignity (Arist. *Hist. an.* 553a27-29). According to the theory in the *Historia Animalium*, bees, human beings, wasps and cranes are the four "political animals (πολιτικαί)", who share among themselves "public work (κοινὸν ἔργον)" (Arist. *Hist. an.* 488a2-9). Even political struggles in human society have their counterpart among bees. Aristotle believes that if there are too many "rulers" in one hive, the community will be destroyed because of partisan division (Arist. *Hist. an.* 553b18-19).

Even more convincing evidence comes from Xenophon's own writings. It is noteworthy that Xenophon does not apply the metaphor of bees only here, but also in his *Cyropaedia* and *Hellenica*, in both cases queen bee clearly signifies political leader. In the *Cyropaedia* Artabazus says to Cyrus the Great, "for my part, O my king, for to me you seem to be a born king no less than is the sovereign of the bees in a hive. For as the bees always willingly obey the queen bee and none of them deserts the place where she stays; and as none fails to follow her if she goes anywhere else — so marvelous a yearning to be ruled by her is innate to them; so also do men seem to me to be drawn by something like the same sort of instinct toward you."[12] And in the *Hellenica* Xenophon narrates, "but it chanced that Thrasydaeus was still asleep at the very place where he had become drunk. And when the commons learned that he was not dead, they gathered

---

[12] Xen. *Cyr.* 5.1.24-25. It is a bit odd that the leader of bees is taken as a "king bee" here, which is different from Xenophon's treatment of the subject in the *Oeconomicus*. The specific reason of this remains unknown, while ancient Greeks, for example Aristotle (Arist. *IA.* 759a19-22), do take queen bee as masculine.

round his house on all sides, as a swarm of bees around its leader." (Xen. *Hell.* 3.2.28) Therefore, it is quite evident that queen bee actually stands for a competent political leader or military general in Xenophon's mind.

Fabio Roscalla further argues that the metaphor of queen bee actually comes from a political belief widely held in Persia, that the Persian King is the queen bee of his people. Besides the passage cited above from Xenophon's *Cyropaedia*, their evidence includes that Aeschylus calls Persian soldiers "a swarm of bees, having left the hive with the leader of their army" (Aesch. *Per.* 126-131); and there is also an apparent allusion to the king of Assyria as bee in *Isaiah* 7.18.[13] In any case, it is quite safe to conclude that in a classical cultural context bees in general exemplify obedience and industry, and that a queen bee (usually described as a 'king' bee) can represent a political leader as well as a woman successfully managing a household. Any well-educated Greek readers of the *Oeconomicus* can realise the political sense of the queen bee metaphor and there is no doubt Xenophon himself understands that clearly, too.

So does Xenophon use an improper example here? In my opinion it is not the case. After reading the *Oeconomicus* thoroughly, we can discover that the author draws connections and comparisons between the private and public spheres intentionally, and attempts to apply his thought on social education of morality to construct his mode of domestic administration. The private life in Xenophon's *Oeconomicus* is not the antithesis of the political sphere; and it is far from a historical record of his own experience or the typical mode of Athenian family management. It is an extension and application of the social educational theory of Xenophon, which is predominant in his thought.

II. Application of Experience in the Public Sphere in Xenophon's *Oeconomicus*

a. Instances Drawn from Political and Military Life

As a matter of fact, not only does the queen bee analogy have a potential political meaning, but most of the instances in the *Oeconomicus* are taken from political and military life. In 5.15-16, Socrates says, "And the man who leads his men against the enemy must contrive to produce the same result by giving gifts to those who behave as brave men should and punish those who disobey commands. On many occasions the farmer must encourage his workers no less than the general encourages his soldiers."

---

[13] For more detail, see Brock, "Xenophon's Political Imagery," 254.

(Xen. *Oec.* 5.15-16) In 8.4-22, Xenophon applies four examples from the public sphere in succession. First he uses the examples of an army and navy to illustrate the necessity for order and discipline in a household (Xen. *Oec.* 8. 4-9). He then goes on to describe how efficiently sailors can stow all kinds of equipment on board, to highlight how useful it is to sort and store domestic items in an orderly way (Xen. *Oec.* 8. 11-16). Finally, Xenophon draws the comparison between shopping in a market and finding domestic items to prove that purposiveness is indispensable in family management (Xen. *Oec.* 8.22). Further, in 9.15, the author advises that a good housewife check everything at home from time to time, just as a general checks the guard; she must make sure that the tools are preserved well, similar to the official who is responsible for keeping horses and cavalry in good fighting condition (Xen. *Oec.* 9.15). At the very end of the whole dialogue, Xenophon returns to analogies of sailors and soldiers once more. He points out that a good captain can command his sailors well enough to ensure the ship's moving forward in full speed, while an inept captain cannot inspire the spirit of the sailors or avoid blame from them after the voyage. The case of general and soldiers in a battle is also the same. These rules can be applied perfectly well in housework (Xen. *Oec.* 21.2-8).

After reading these, it is no longer difficult to understand what Socrates has in mind when he teases Ischomachus in the dialogue, "By Hera, Ischomachus, you show that your wife has a masculine intelligence." (Xen. *Oec.* 10.1) That is because almost all instances Ischomachus shows to his wife are military or political, which prove the principle in the public sphere. According to classical Athenian concepts, these affairs can be understood and put into practice by men, not by women. Of course, as the author is a mercenary soldier and military leader himself, the choice of examples must have something to do with his own experience and interests. But the frequent appearance and large proportion of political and military instances still reveal to some extent the reliance on experience and theory in the public sphere of the composition of the *Oeconomicus*, which makes Pomeroy's description of it as the product of Xenophon's frustration after his misfortune in the public arena seem less credible.

b. Adoption of Xenophon's Theory of Social Education

A second character of the *Oeconomicus* is that its viewpoint with regard to the private sphere is strikingly similar to Xenophon's theory of social education of morality. Judging from the propositions of Socrates and Ischomachus, the most important basis of household management is the competence of the husband and the housewife, who organises the housework on his behalf. The typical narrative of that view comes from the discussion between Socrates and Critobulus, a person who failed to manage his family well:

> Socrates: And I can show you men who treat their wives so as to have fellow workers in improving their estates, while others treat them in such a way that they cause utter disaster.
> Critobulus: And should the husband or the wife be blamed for this?
> Socrates: Whenever a sheep is in a bad way, we usually blame the shepherd, and whenever a horse is vicious, we usually find fault with its rider. As for a wife, if she manages badly although she was taught what is right by her husband, perhaps it would be proper to blame her. But if he doesn't teach her what is right and good and then discovers that she has no knowledge of these qualities, wouldn't it be proper to blame the husband? (Xen. *Oec*. 3.10-11)

As the leading figure in the latter part of the dialogue, Ischomachus expresses the same opinion. When he finds that his wife does not understand how to keep the items in the household, he blames himself first: "It's not your fault, but mine, because when I put the household into your hands, I failed to give you any instruction about where everything was to be put, so that you might know where you ought to put them away, and where to take them from." (Xen. *Oec*. 8.2)

Furthermore, acting on her husband's behalf in the management of housework and servants, the housewife, as his 'second self' [14] is also responsible for teaching useful skills to the servants under her control. Ischomachus admonishes his wife:

> But, wife, your other special concerns turn out to be pleasant: wherever you take a slave who has no knowledge of spinning, and teach her that skill so that you double her value to you; and whenever you take one who does not know how to manage a house or serve, and turn her into one who is a skilled and faithful servant and make her invaluable... (Xen. *Oec*. 7.41)

According to the three paragraphs cited above, Xenophon's mode of household management is pithy and clear. Instead of scolding and punishing the servants directly, the husband should learn how to educate, help and supervise his wife; and the "good housewife" can teach the indispensable household managing skills to every servant in the family.

---

[14] S. Joshel and S. Murnaghan, ed. *Women and Slaves in Greco-Roman Culture* (London & New York: Routledge, 1998), 15.

However, what is noteworthy here is that this organising mode in the *Oeconomicus* is by no means original. Actually, it is a direct application of the theory of social education set forth by Xenophon in his other historical and political works.

In my opinion, the way of argumentation in the *Oeconomicus* is an extension and transformation of the opening preface of Xenophon's *Cyropaedia*. In the plot of the *Oeconomicus*, Critobulus is in sorrow because he cannot manage his private life well. Socrates shows him the great danger of ignoring the art of household management, and sets forth the example of Ischomachus as an example. While in the preface of the *Cyropaedia*, Xenophon deplores that:

> The thought once occurred to us that how many democratic governments have been overthrown by people who preferred to live under any constitution other than democracy, and again, how many monarchies and how many oligarchies in times past have been abolished by the people. Moreover, We reflected that how many of those individuals who have aspired to absolute power have either been quickly deposed once for all; or if they hold their power, no matter for how short a time, they are objects of wonder as having proved to be wise and happy men. Then, too, we thought we had observed that even in private houses some people who had rather more than the usual number of servants and some also who had only a very few were quite unable to assert their authority over even those few, though nominally they are masters. (Xen. *Cyr.* 1.1.1)

Then the remaining part of the work introduces Cyrus the Great, in order to show how he managed to construct excellent social order and public morality by political skills and a mature constitution, so as to avoid the disasters mentioned above and achieve the aim of social education, that is to say the elevation of the morality of his subjects and the harmony of the whole society; and his mode of administration is also very similar to that of Ischomachus.

Again, in Xenophon's *Spartan Constitution*, the image of the Spartan king Lycurgus is of the same nature as Cyrus the Great and Ischomachus. Xenophon comments, "Lycurgus, who gave them the laws that they obey, and to which they owe their prosperity, I do regard with wonder; and I think that he reached the utmost limit of wisdom." (Xen. *Lac.* 1.1-2) According to this narrative, through wise legislation, strict supervision and his own demonstrative behaviour, Lycurgus successfully set up admirable morality and public order in Spartan society, and laid the basis of Spartan prosperity and hegemony in future generations. Therefore, wise legislation and people's obedience to law are of crucial importance for the elevation of morality. In the *Poroi*, another work apparently composed in his later years, Xenophon also admits that it is the core theory in his political and historical concept (Xen. *Vect.* 1.1). Here we can still recognise that the principles that apply in the public sphere are substantially similar to those found in the *Oeconomicus*: competent leaders and strict regulation can ensure the efficiency of an organisation. In the *Oeconomicus*, Ischomachus and the ideal housewife are just as much educators in the household as Cyrus and Lysander were in Persia and Sparta. Just as Cyrus did, they serve as models of morality for the people around them, and, like Lycurgus, they make rules for their servants and take care to ensure that their regulations are obeyed.

In the ideal model of the *Oeconomicus*, what goes hand in hand with being a good husband and housewife is reasonable household order and laws. Ischomachus says to his wife, "For there is nothing, wife, as useful or good for people as order. For instance, a chorus is composed of people. But whenever every member does whatever he likes, there is simply chaos, and it is not a pleasant spectacle. But when they act and sing in an orderly manner, these same persons seem to be both worth watching and worth hearing." (Xen. *Oec.* 8.3) Ischomachus further stresses that one of the key roles of a good housewife is as guardian of "household law (νομοφύλαξ ἐν τῇ οἰκίᾳ)" (Xen. *Oec.* 9.15). In context, household law ensures that everything at home is placed in order and all the servants receive the rewards and punishments they deserve according to their behaviour. This idea also comes from Xenophon's political beliefs. He expresses the idea in many works that rational and respected laws are of key importance for social moral education. In the *Spartan Constitution*, one major aspect of education for Spartan children is to educate them to respect law (Xen. *Lac.* 4.6). The constitution of Lycurgus places Spartan youths under the supervision of law at all times (Xen. *Lac.* 2.10-11). And this kind of law not only prevents people from committing crimes, but also forces them to improve their own living conditions by just means (Xen. *Lac.* 10.5). One criticism in the *Hiero* against tyrants is also that they ignore law and public order themselves, therefore fail to set worthy examples to their people (Xen. *Hier.* 4.10-11). Therefore the household order and law in the *Oeconomicus* are also connected closely to public law regulating social order.

A third suggestion in the *Oeconomicus* is to reward and punish properly, which is naturally connected with the household law and is one of the most important means of training qualified servants. In Ischomachus' view, the most important way to inspire slaves to work hard is to provide enough food for them when they perform well (Xen. *Oec.* 13.9). The husband and the foreman should also make sure that "the clothing and the shoes for the workers are not identical, but some are of inferior quality and others superior", so that they can "reward the better workers with superior garments and give the inferior ones to the less deserving" (Xen. *Oec.* 13.10-12). Parallel arguments appear in Xenophon's political biography and dialogue, too. In the *Agesilaus*, Xenophon praises Agesilaus because he mastered the art of rewarding his friends (Xen. *Ages.* 1.17-19). In the *Hiero* he also suggests that a good king should know when to bestow his wealth for his people's happiness in order to win favour for himself (Xen. *Hier.* 11.1). Even in some less important statements we can also notice the influence of Xenophon's theory of the public sphere and moral admonition. The emphasis on the loyalty of the foreman in 12.5 reminds us of the belief that loyalty is the first and most important virtue for a general in the *Agesilaus* (Xen. *Ages.* 2.1); while the necessity to respect the will of gods before engaging in agriculture also accords with the narrative in the *Anabasis* on the importance of prophecy before battle.[15] In conclusion, a lot of evidence proves that the major points in the *Oeconomicus* come directly from Xenophon's thought on political and military affairs, especially his suggestions for social education of morality in the *Cyropaedia*, *Hiero* and *Spartan Constitution*. Xenophon believes that experiences and theories in the public sphere are totally applicable for family life, and borrows them in his *Oeconomicus* without much transformation.

c. Corresponding Nature of Domestic Organisers and Political Leaders

Still more convincing evidence is that Xenophon himself points out in the *Oeconomicus* frequently that household management is one important aspect of the monarch's art of government. In 4.4, Socrates states that agriculture and army are the two most important things in Persian kings' eyes. The greatest Persian king, Cyrus the Great, often rewarded excellent farmers, and what he was good at is "cultivating land and defending the land he had cultivated" (Xen. *Oec.* 4.16). The Persian kings' reasons for valuing agriculture no doubt had more to do with their concern for the food supply than their interest in housework; but it seems that here Xenophon is already pointing to a correspondence between household management and political governance. A more obvious proof exists in the dialogue between Ischomachus and Socrates. Ischomachus is worried that though his way to control slaves is efficient, it is so simple and primary

---

[15] Danzig, "Why Socrates Was Not a Farmer: Xenophon's *Oeconomicus* as a Philosophical Dialogue," 72.

that he may be laughed at by Socrates. But Socrates answers him and says:

> It certainly is no laughing matter, Ischomachus. You know, whoever can make people skilled in governing men can obviously also make them masters of men; and whoever can make people skilled masters can also make people skilled to be kings. So the person who can do this seems to me to deserve great praise, not laughter. (Xen. *Oec.* 13.5)

Furthermore, according to Ischomachus' statement, the law of city-states can be directly used in household management.[16] He himself applies certain regulations in the laws of Draco and Solon in order to teach his slaves to be honest (Xen. *Oec.* 14.4). Therefore, it is clear that in Xenophon's mind the application of public law into household management is not only practical but also beneficial and praiseworthy. Ischomachus also refers to some laws of Persian kings, because they regulate how to reward the honest people (Xen. *Oec.* 14.6-7), and serve as a supplement of those of Draco and Solon, which emphasise punishment too much. In my opinion, the utilisation of public laws in family management is not only Ischomachus' suggestion here, but also the basic idea and approach that Xenophon applies in composing the *Oeconomicus* himself.

On the other hand, an ideal household manager should also possess the qualities of a king.[17] Ischomachus tells his wife that she should "praise and honour a worthy member of the household to the best of her ability, like a queen, and scold and punish anyone who deserves it." (Xen. *Oec.* 9.15) In the conclusion of the whole work, he once more emphasises the correspondence between a good household manager and a wise king: if the workers "are stimulated when the master appears and a new vigour descends on each of the workers and mutual rivalry and an ambition in each worker to be the best, I would say that this master possesses a portion of the nature of a king." (Xen. *Oec.* 21.10)

In sum, as one of the few ancient Greek works to discuss the private sphere, the *Oeconomicus* borrows largely from circumstances, experiences and even figures of the public sphere. Most examples in the work come from political and military life; the suggestion shown in the dialogue is actually a transformed version of Xenophon's theory of social education;[18]

---

[16] Kronenbera, *Allegories of Farming from Greece and Rome*, 58.
[17] S. Novo, *Economia ed etica nell' Economico di Senofonte* (Torino: G. Giappichelli, 1968), 96; Schorn, "Xenophons *Poroi* als philosophische Schrift," 65.
[18] Novo, *Economia ed etica nell' Economico di Senofonte*, 8.

to some extent, even the husband and housewife in this work also stand for king and queen in public life.

III. The Origin and Nature of Xenophon's *Oeconomicus*

In my view, the application of the experiences and theories in public education in construction of the *Oeconomicus* by Xenophon is not accidental. It is determined by the nature of classical Athenian family life and the character of his system of thought.

First of all, in the daily life of the Athenian upper class, the wife is the natural object of education for her husband. This fact is not only determined by the social concept on gender, but is also influenced by the age difference between the couple. In the *Oeconomicus*, Critobulus' wife was a small girl when she got married (Xen. *Oec.* 3.13); and Ischomachus' bride is only 15 years old (Xen. *Oec.* 7.5). Their knowledge and vision must be limited. According to the estimation of scholars who have systematically studied the available relevant inscriptions, in the classical Athenian upper class, the average age for marriage of men is around 30 years old, while women generally get married at 14.[19] In that case, it is necessary for a husband to teach his wife some skills in daily life, and to be responsible for her behaviour.[20] And it is exactly an Athenian husband's ideal that his wife should be "a young girl, quite untouched either physically or intellectually"[21] when she gets married. Therefore, the relationship between husband and wife is very similar to that between teacher and student, or leader and follower. That fact provides a possibility for Xenophon to apply his experience and theory of social education into the domestic sphere.

What is more, the correspondence between the political and domestic spheres can be easily understood and accepted by Xenophon's readers in a classical Athenian cultural context. As Roger Brock points out, "in fifth-century Athenian usage, the idea of a domestic economy is almost exclusively developed in terms of the related ideas of politicians as servants of the Demos and of relations between the two."[22] This idea is fully expressed in Arisophanes' *Knights*.[23] In Plato's works, the art of

---

[19] Pomeroy, ed. Xenophon: *Oeconomicus*, 268.
[20] Pomeroy, ed. Xenophon: *Oeconomicus*, 231.
[21] J. Dillon, *Salt & Olives, Morality and Custom in Ancient Greece* (Edinburgh: Edinburgh University Press, 2004), 10.
[22] Brock, "Xenophon's Political Imagery," 248.
[23] Brock, "Xenophon's Political Imagery," 248.

government and that of domestic management are usually correspondent.[24] Aristotle also reports that (though he criticises that view (Arist. *Pol.* 1252a17-18)) some people (perhaps including Plato and Xenophon) in his time believe that "the qualifications of a stateman, king, householder, and master are the same, and that they differ, not in kind, but only in the number of their subjects" (Arist. *Pol.* 1252a9-11). Therefore, it must be also quite natural for Xenophon to follow cultural tradition and draw a comparison between political government and domestic management.

Nevertheless, the character of Xenophon's own thought plays a far more important role in forming his methodology in the *Oeconomicus*. Among classical writers, only Xenophon and Aristotle (in his *Politica*) noticed and discussed the role of domestic manager in its own right and in great detail. That is by no means accidental. In the traditional view of Athenian society, basic education, especially that in the domestic sphere, is usually carried out by women and servants. Generally speaking, Athenian common people admit the importance of primary education itself, but they lack sufficient respect for educators who carry it out. Demosthenes even mocked Aeschines by saying, "You taught letters; I attended school. You conducted initiations; I was initiated. You were a clerk; I a member of the Assembly: you a third-rate actor, I a spectator of the play. You used to be driven from the stage, while I hissed." (Dem. *De cor.* 265) Similar to clerks and actors, the social standing of teachers in classical Athens is low. And the status of *paidagogus*, the attendant of children for their education, must be more miserable. Images on vases and terracotta often depict *paidagogus* as a bald foreigner with a shaggy beard and a stick,[25] who is likely to be a slave. Some contemporaries of Xenophon, such as Plato and Isocrates, emphasised the importance of good teachers of philosophy and rhetoric. But their interest in educators of "elementary affairs", such as moral regulation, labour and other professional skills, is far less than Xenophon's, though these qualities themselves are very important in the ideas of Plato or Isocrates. It seems that they would also take it for granted that only housewives, baby-sitters and pedagogues should be responsible for the moral education of common people (except for those extraordinary ones who are suitable for philosophical and rhetorical education), as most contemporary Greek believed. However, according to Xenophon's thought on social education, the roles played by the educator in every stage of the development of morality are all crucial (Xen. *Cyr.* 1.2.2-14); and an ideal educator of social morality should be the leader and organiser of the whole

---

[24] Pl. *Resp.* 600d; *Plt.* 258e-259c; *Prt.* 318e-319a; Brock, "Xenophon's Political Imagery," 248.

[25] Christes, "Paidagogos," 150.

society as well (Lycurgus, Cyrus the Great, Agesilaus, Hiero, and so on). With his good behaviour, wise law, competent staff, proper reward and punishment, piety to gods, a good leader can improve the morality and spirit of the whole society, and impose his positive impact on every sphere in life.[26] As a matter of fact, the emphasis on education and educational art can be seen in almost every work by Xenophon, including the *Oeconomicus*.[27] In his eyes, as the educator and organiser in the private sphere, the person in charge of domestic affairs should also be respected and studied seriously.

What is more, unlike Plato and Aristotle, the methodology of Xenophon pays less attention to abstract philosophical terms, but focuses on the mode of management. This preference encourages him to break the borders among different spheres and construct his macroscopic, universal system of thought. Therefore, we can recognise almost identical theoretical modes in his *Hiero*, *Cyropaedia*, *Oeconomicus* and *Memorabilia*. As one of the pioneers in the study of domestic management, Xenophon might not have many former works for reference apart from some poems such as Hesiod's *Works and Days*. As a result, he imported the mode of social management and education that he saw as desirable in the public sphere into the domestic setting, invented a genre of writing that was influential in Greek and Roman literature, and made a great contribution to the academic research of the private sphere of ancient Greek society.

In my opinion, the *Oeconomicus* is neither a historical record of the experience of Xenophon and his wife Philesia in family life, nor a thoroughly new achievement accomplished after the author abandoned his political career in frustration. Such suppositions are not quite suitable for a mercenary soldier and metic resident in Corinth who spent thirty-six years in exile.[28] In essence, it is an attempt of Xenophon to extend his theoretical system from the public sphere to the private sphere after his theory of social education was established. Socrates and Ischomachus are both carriers of Xenophon's own thought on social education. In 1964, Frederick Beck commented in his *Greek Education: 450-350 B.C.* that "For the student of Education Xenophon is an interesting but disappointing figure. On such questions as the subject-matter of Education or its philosophical basis he has practically nothing to contribute."[29] In his opinion, Xenophon's system of education is incomplete because he ignores cultural education

---

[26] V. Gray, "Xenophon," In *The Oxford Encyclopedia of Ancient Greece and Rome* 7 (Oxford: Oxford University Press, 2010), edited by M. Gagarin and E. Fantham, 267.

[27] Pomeroy, ed. Xenophon: *Oeconomicus*, 267.

[28] Delebecque, *Essai sur la vie de Xénophon*, 499.

[29] Beck, *Greek Education, 450-350 B.C.*, 244.

entirely — "no reading, no writing, no study of literature or mathematics",[30] therefore "the scope of his system leaves untouched whole areas of human interest and experience".[31] That might be quite unfair to Xenophon. As a matter of fact, Plato, Xenophon and Isocrates all lay great emphasis on the importance of cultural education, but in different ways. Plato devises the system and methods of cultural education in his philosophical works such as the *Republic* and the *Laws*; Isocrates puts rhetorical education into practice; and Xenophon composes works for the very aim of cultural education and moral elevation. Along with the *Cyropaedia*, *Hiero*, *Spartan Constitution* and *Agesilaus*, the *Oeconomicus* is another piece of evidence of Xenophon's great effort to broadcast his ideas on social education among Greek intellectuals. And it is particularly noteworthy because it is also an attempt to transplant his experience and theory in public life into the domestic sphere. In Xenophon's belief, the positive influence of great leaders, such as Cyrus the Great, Agesilaus and Lycurgus in public moral education, and the wise laws of Draco, Solon and the Persians are also applicable in family life and domestic labours and he is confident that the knowledge can help everyone gain wealth, orderly life and happiness as well. This work has certain significant influences in the history of Greek and Roman thought.

First of all, the *Oeconomicus* takes the domestic sphere as the equivalent and extension of the public world, and therefore presents a much more positive image of family life, and in particular the status of the women in a household than had been customary in Greek literature. His view differs markedly from those to be found, for example in Hesiod, Greek philosophers, and Attic dramatists.

In Hesiod's opinion, life in reality is miserable (Hes. *Op.* 174-175), and farming is a forced punishment on mortals from Zeus (Hes. *Op.* 42-105). He admonishes his brother that the purpose of work is to avoid more serious disasters (Hes. *Op.* 397-400). Generally speaking, other Greek writers' views on domestic labour are not so pessimistic, but almost all of them believe that family life is inferior to political, military and intellectual affairs. Pseudo-Aristotle's *Oeconomica* discusses four different economics, and asserts directly that economics of private life is the least noteworthy among them (Arist. [*Oec.*] 1345b13-1346a13). Aristotle also writes in the *Politica* that, "the state is by nature clearly prior to the family and to the individual, since the whole is of necessity prior to the part." (Arist. *Pol.* 1253a19-20) According to his logic, the part (family) cannot

---

[30] Beck, *Greek Education, 450-350 B.C.*, 248.
[31] Beck, *Greek Education, 450-350 B.C.*, 253.

survive without the whole (state); therefore, it must be inferior and less important. In most works of the Attic dramatists, the responsibility of women is to be obedient to their husbands (Soph. *Aj.* 293; Eur. *Med.* 230-245), and their existence is trivial and even negative.[32] Xenophon is familiar with that idea and even mentions through the mouth of Socrates the contempt of common Athenians for domestic labours (Xen. *Oec.* 4.2-3.). But his thought expressed in the *Oeconomicus* improves greatly the importance of the domestic sphere.[33] According to Xenophon's view, both domestic and public works are indispensable, but the will of the gods entrusts the former to women and the latter to men (Xen. *Oec.* 7.22). Of course, women's life is still confined to home (Xen. *Oec.* 7.29-31). But the role they play becomes significant and indispensible.[34] The value of the good housewife is justly recognised. Their responsibility is no longer passive obedience. Their active part even requires the elementary ability of writing.[35] This picture is quite different from the one depicted in most Attic tragedies.[36] Even if this kind of life is not historical or applicable at all, the spread of the *Oeconomicus* must still be positive for the improvement of women's image and status.

Of course, in a male-dominated Athenian society, the major function of the *Oeconomicus* is still to change the common contempt of men for domestic management and to advocate for the hard-working life of the private sphere. Xenophon points out that property would be useless if people did not know how to manage it at all (Xen. *Oec.* 1.12). On the other hand, a wise house owner can easily make his life richer and happier. The *Oeconomicus* does not ask people to preserve wealth only, but encourages them to keep their property in the best condition and make the greatest increase of it by just and honourable means (Xen. *Oec.* 7.15). A bad master cannot stop his slaves from fleeing even if he keeps all of them in chains; while another expert in household management can easily make his

---

[32] A. Gomme, "The Position of Women in Athens in the Fifth and Fourth Centuries," *Classical Philology* 20 (1925): 8; D. Willner, "The Oedipus Complex, Antigone, and Electra: The Woman as Hero and Victim," *American Anthropologist* 84 (1982): 72-74; R. Seaford, "The Imprisonment of Women in Greek Tragedy," *The Journal of Hellenic Studies* 110 (1990): 77.

[33] Pomeroy, ed. Xenophon: *Oeconomicus*, 217.

[34] H. Wiemer, „Die gute Ehefrau im Wandel der Zeiten: von Xenophon zu Plutarch," *Hermes* 133 (2005): 427.

[35] Wiemer, „Die gute Ehefrau im Wandel der Zeiten: von Xenophon zu Plutarch," 432.

[36] R. Scaife, "Ritual and Persuasion in the House of Ischomachus," *The Classical Journal* 90 (1995); 232.

servants hard-working without force (Xen. *Oec.* 3.4). Such wise house-
owners are not rustic farmers of the traditional Greek pattern, but people
sharing the nobility of good kings. They are as "good and honourable
(καλός κἀγαθός)" as Ischomachus,[37] or as Socrates and his friends (Xen.
Symp. 1). Due to the lack of relevant historical documents, we have no
idea about whether Xenophon's theory was valued or applied with any
success in Athens or beyond. But the creation and dissemination of the
Oeconomicus already proves Xenophon's talent and the wide acceptance
of the work in the Greek world.

After its birth, Xenophon's *Oeconomicus* was read and cited as a
source of wisdom for more than two millennia.[38] It created a new genre in
Greek literature,[39] whose tradition was followed by Pseudo-Aristotle
(sometimes recognised as Theophrastus) and Philodemus,[40] and also
inspired later agricultural works and made great influence in the history of
classical literature. According to Varro, there were already more than fifty
works on agriculture in his time (Varro, *Rust.* 1.7-8). Cicero translated
Xenophon's *Oeconomicus* into Latin in his youth and made it famous
among Roman intellectuals (Cic. *Off.* 2.87; Columella, *Rust.* 12, Praefatio
7; 12.2.6). Xenophon's tradition of connecting the private and public
spheres seems to illuminate some later writers. The use of bee imagery
became a typical mark of later agricultural writings in Varro and Virgil's
works;[41] Cato the elder argues in his *On Agriculture* that agricultural
works are valuable because they offer exercise for the training of good
soldiers (Cato, *Agr.* Praefatio 4); Aristotle also starts his *Politica* from
discussing the roles of family members (Arist. *Pol.* 1253b1-3). These
writing styles may be influenced by Xenophon's *Oeconomicus*.

Of course, the *Oeconomicus* does have its weakness if we take it as one
piece of historical material on Athenian domestic life (as Pomeroy does in
her commentary on the *Oeconomicus*) or even the record of Xenophon's
own experience in family life (as J.K. Anderson believes in his
monumental work on Xenophon's life,[42] and the argument of L.R. Shero
mentioned above). The main problem is that it is a work constructed by
Xenophon by the application of experiences in the public spheres into the

---

[37] Xen. *Oec.* 10.1; Bourriot, *Kalos Kagathos – Kalokagathia*, 319.
[38] R. Saller, "Household and Gender," in *The Cambridge Economic History of the
Greco-Roman World* (Cambridge: Cambridge University Press, 2007), edited by
W. Scheidel, I. Morris, and R. Saller, 87.
[39] Waterfield, "Xenophon's Socratic Mission," 81.
[40] Pomeroy, ed. Xenophon: *Oeconomicus*, 68.
[41] Kronenbera, *Allegories of Farming from Greece and Rome*, 2-3.
[42] Anderson, *Xenophon*, 175.

domestic sphere, whose real nature might be quite alien to the author himself. Nothing can ensure that it is historical or at least applicable in contemporary practice. From the view of social gender, the "good housewife" in the *Oeconomicus* is a typical construction from men's viewpoint,[43] and seems to be unreal and unconvincing. In fact, most of the later writers on household management discard Xenophon's method. The *Oeconomica* by pseudo-Aristotle negates Xenophon's basic approach in the opening part and argues that the difference between politics and household management is even larger than that between polis and house; furthermore, the constitutions of democracy and oligarchy do not exist in contemporary domestic life at all,[44] as a result the experience in public affairs is not totally applicable in the domestic sphere. Therefore, the analysis of the particular features of the *Oeconomicus* and the avoidance of over-interpretation of the materials on social history contained in this work are also necessary for us to study and utilise Xenophon's text properly.

---

[43] Wiemer, „Die gute Ehefrau im Wandel der Zeiten: von Xenophon zu Plutarch," 424.

[44] Arist. [*Oec.*] 1343a1-5. Aristotle also to some extent questions this method Xenophon (and perhaps others) adopts, see Arist. *Pol.* 1252a8-18.

CONCLUSION

In modern scholarship until recent years, Xenophon was usually described as a mediocre, unoriginal and conservative author. His contribution to educational thought is often either totally ignored by modern emphasis on "cultural education", which is carried out in the classroom, or severely oversimplified by confining his "educational works" to his three manuals on physical training only through distorted interpretation of the term παιδεία in the extant corpus of Xenophon.

The aim of my work is of course not to make an apology for Xenophon, or to argue that we should follow his educational principles instead of modern ones. Nevertheless, I believe that as a prolific[1] and influential writer in antiquity, Xenophon and his thought on moral education deserve to be treated seriously in their own right. Therefore, in this book, I attempt to find out the objects, aims and means of παιδεία in Xenophon's own context. The result shows that Xenophon actually uses the concept of παιδεία in its broad sense in his *Cyropaedia*, which covers all phases of one's life and can be applied to anyone deserving to be educated; it should be carried out by an ideal political leader in public life and aim for ultimate happiness in the context of Socratic moral philosophy. Further, I discover that the same educational theory is repeated and supplemented systematically in Xenophon's other writings, such as the *Spartan Constitution*, the *Hiero*, the *Anabasis* and the *Poroi*, which have little to do with education at first glance; and Xenophon also applies this theory in the literary composition of his *Agesilaus*, *Oeconomicus* and *Cynegeticus*, which respectively set up examples for biographies, domestic writings and practical manuals composed in later ages.

In that case, I would argue that Xenophon successfully established one type of theory of moral education in his extant writings. It is not as profound as those of Plato and Aristotle, but is expressed clearly and systematically in Xenophon's elegant writing style. Xenophon's education should be based on a satisfactory, sometimes utopian constitution (Persia under the reign of Cyrus the Great (the *Cyropaedia*), ancient Sparta regulated by the law of Lycurgus (the *Spartan Constitution*), classical Athens governed by competent leaders (the *Poroi*)); it is carried out by an

---

[1] Gish and Ambler, "The Political Thought of Xenophon," 182.

ideal leader full of piety, justice, wisdom and charisma (Cyrus the Great (the *Cyropaedia*), Lycurgus (the *Spartan Constitution*), Cyrus the Younger and Xenophon (the *Anabasis*), Agesilaus (the *Hellenica* and the *Agesilaus*) and Socrates (the *Memorabilia*)); the products of this kind of education are virtuous people living in obedience (the *Cyropaedia* and the *Spartan Constitution*), patriotism (the *Agesilaus* and the *Cynegeticus*), wealth (the *Poroi* and the *Oeconomicus*) and happiness (the *Hiero*); the leader should be willing to play his role well to the best of his ability because it is also beneficial for his own happiness (the *Hiero*), and he is allowed to use dirty tricks in his government as long as his ultimate aim is virtuous (the *Anabasis*, the *Agesilaus* and the *Cyropaedia*); such experience of public education can be introduced to domestic life as well (the *Oeconomicus*); and although the system of moral education cannot be maintained after the ideal leader's death (*Cyr.* 8.8 and *Lac.* 14), its positive influence can still be everlasting through the record of the hero's glorious deeds (the *Agesilaus*).

As the passages above show, Xenophon's theory of moral education is both original and innovative. He did get many ideas from Socrates' teaching; and perhaps (though this is much disputed) he also borrowed from Isocrates' *Evagoras*, Simonides' lost poems and Plato's works of similar titles (the *Symposium* and the *Apology*). However, Xenophon managed to integrate all these borrowed ideas and make them serve his own theory of moral education systematically. His tolerant and even positive attitude to the accumulation of wealth and use of dirty tricks in government is unique among all extant Greek thinkers; and his creation of prototypes of new literary genres by application of his educational theory is further evidence of his original talent.

Traditionally, critics often blame Xenophon's conservatism for his use of ancient examples, such as Cyrus the Great's Persia and Lycurgus' Sparta and his focus on aristocratic physical training. In my work, I try to clarify the truth by showing that Xenophon's educational plan aims to solve the moral crisis of his time, and his *Cyropaedia* and *Spartan Constitution* contain an innovative educational theory hidden in his description, which must be at least partly fictional and imaginary in itself, of the remote past, just like what Plato and Isocrates did in their immortal works.[2] If we examine Xenophon's argument in the historical background of his age, we can see clearly that a lot of key features of his thought on moral education, for instance categorisation of virtues, pan-Hellenism,

---

[2] Rebenich, ed. Xenophon: *Die Verfassung der Spartaner*, 32.

innovative understanding of the title καλὸς κἀγαθός,[3] advocation of strict social control, and the image of almighty heroes are closely connected with the new trends of philosophical and political development in his lifetime.[4] And though Xenophon obviously belonged to the Athenian aristocratic class[5] and wrote most of his works in exile, he still tends to judge individuals and constitutions according to their nature without much personal bias. He highly praised the poor citizen Socrates, the barbarian Cyrus the Younger, the private householder Ischomachus and his wife, ancient Persia and Sparta and frankly criticised luxurious Alcibiades, Greek mobs in the long march, the Thirty supported by Spartans, Persians and Spartans in his own time; and his only standard is whether they possess ἀρετή or not.[6] In sum, in comparison to Aristotle, who represents the typical attitude to Greek mass-elite relations among ancient aristocratic writers[7] and suggests that even the "notables" should be further divided according to their "wealth, birth, excellence, education, and similar differences" (Arist. *Pol.* 1291b28-29), Xenophon tends to value all kinds of people simply by their moral characters and behaviour in real life. As John M. Dillon points out, in Xenophon's *Oeconomicus*, even "basic slaves" can "respond satisfactorily to humane treatment, and all sorts of incentive";[8] and therefore "are capable of a high degree of moral excellence".[9] Furthermore, in his context, most moral concepts, for example "la logique de la charis" which Vincent Azoulay thoroughly studies are universally applicable among all nations[10] and under all kinds of constitutions.[11]

---

[3] Bourriot, *Kalos Kagathos – Kalokagathia*, 351.

[4] For instance, Xenophon's contemporary, Isocrates, also emphasises similar moral virtues and types of good behaviour, such as law-abidingness (*To Demonicus,* 16), self-control (*To Demonicus*, 17), rewarding friends (*To Demonicus*, 26), piety (*To Nicocles*, 20); and Isocrates also points out the importance of moral exemplification of a ruler to his subjects (*To Nicocles*, 31), though he does not explain this view as systematically as Xenophon does in his corpus.

[5] Roberts, *Athens on Trial: The Anti-democratic Tradition in Western Thought*, 75.

[6] In Xenophon's context, the meaning of ἀρετή is mixed. It incorporates courage and body strength, which fits the common usage of this word in ancient daily life. But in most cases, Xenophon's use of ἀρετή has a clear moral and philosophical sense, which perhaps shows the influence of Socrates on the author.

[7] J. Ober, *Mass and Elite in Democratic Athens, Rhetoric, Ideology, and the Power of the People* (Princeton: Princeton University Press, 1989), 11.

[8] Dillon, *Salt & Olives, Morality and Custom in Ancient Greece*, 10.

[9] Dillon, *Salt & Olives, Morality and Custom in Ancient Greece*, 10.

[10] Azoulay, *Xénophon et les grâces du pouvoir: de la charis au charisma*, 46.

[11] Azoulay, *Xénophon et les grâces du pouvoir: de la charis au charisma*, 76.

Nevertheless, in the study of Xenophon, we should not ignore the fact that his theory also contains certain weaknesses. First of all, in comparison to Plato and Aristotle, Xenophon's understanding of Socratic philosophy is generally superficial, which limits the theoretical depth he can achieve. For his educational theory, the ultimate aim, εὐδαιμονία, is colourfully depicted in the *Cyropaedia* and the *Hiero*, but is never theoretically defined and clarified as in Plato or Aristotle. In the *Hiero*, happiness, the object of the discussion between Simonides and Hiero, is sometimes described as something similar to εὐδαιμονία in Aristotle's *Nicomachean Ethics*, but in other cases is simply equal to sensual pleasure. This confusing treatment would cause Xenophon's readers to wonder whether he was writing for serious philosophical study or for leisurely entertainment, and whether he fully understood the subject he was treating at all. In the second place, the moral standard Xenophon used in his extant works actually comes from two sources, namely Socrates' ethical teaching and Xenophon's personal experience as a general. The unnatural mixture of the two very different, occasionally incompatible elements creates Xenophon's inconsistent attitude towards the "dark side" of leadership. Sometimes the contradiction can be too obvious to be justified, and must be taken as evidence of occasional confusion in Xenophon's moral system. Thirdly, Xenophon's design, like those of almost all other great thinkers in the ancient world, is in essence utopian and not practical. It is almost impossible to find such an ideal political leader as Xenophon described in any country and any age to carry out his educational plan; his lure, the personal happiness of the leader himself as the result of his labour, is not persuasive enough; and it is also very difficult to distinguish his ideal leaders using dirty tricks from crafty politicians who can always find good excuses to justify their crimes in the real world.[12]

In spite of these shortcomings, Xenophon's system of moral education remains valuable due to its uniqueness. It is produced by a man of the world, who had travelled to the Persian Empire and used to live in Athens, Sparta, Elis and Corinth.[13] It is highly relevant to politics and is explained

---

[12] Nevertheless, after all, the tension between ideal and reality in Xenophon's corpus is not as severe as that in Plato. Xenophon is a man of action; and his plan of social reform at least attempts to be practical. Some of his advice is taken from the art of government of Agesilaus, Cyrus the Younger and Xenophon himself; while some is summerised from historical experience and Xenophon's observation of his time (see Part 1, Chapter 1 of this book). In that sense, the corpus of Xenophon provides for us a realistic doctrine of moral education proposed from a very particular perspective.

[13] Ferguson, *Utopias of the Classical World*, 56.

by a professional soldier and a man of action, who offers for us a unique perspective different from that of philosophical theorists.[14] In that sense, the study of Xenophon's thought on the moral education is a good approach for us to broaden our vision in the research of the classical Greek culture.

In any case, the influence of Xenophon's educational theory on later generations is undeniable. According to Cicero's report, Scipio Africanus always took Xenophon's *Cyropaedia* with him and tried to learn the righteous art of government from it (Cic. *QFr.* 1.1.23); Xenophon's tradition of admonishing the monarch "for his own good" in his *Hiero* was followed by many writers in the Roman Empire, the Middle Ages as well as the modern world down to Carl von Clausewitz, the author of V*om Kriege*; and his tolerant attitude to the dark side of leadership was also followed and developed by Niccolò Machiavelli, a scholar of Xenophon and the founding father of modern politics; some modern scholars believe that Adam Smith's idea about the division of labour also comes from his reading of Xenophon's depiction of the ideal organisation of society in his *Cyr.* 8.2.5-6.[15] In the area of literary composition, the impact of Xenophon on later writers is immense. In the early Roman Empire, especially during the so-called Second Sophistic movement, Xenophon's works were set up as a great example of writing style by authors such as Plutarch (who cites or refers to Xenophon by name thirty-one times in the *Moralia*, and fourteen times in the *Parallel Lives*),[16] Arrian, Dio Chrysostom and Pseudo-Aristides.[17] As a result, the mark of Xenophon's moralism and educational intention is clearly shown in Dio Chrysostom's four orations on kingship, Plutarch's biographies (Plut. *Vit. Per.* 2.2-3) and Columella's *Res Rustica* (Columella, *Rust.* 12. Praefatio.1.7). And his moral tendency in his historical works, together with that of Herodotus and other early historians, also has great influence (sometimes negative) on Theopompus and Ephorus;[18] and this tradition was in turn inherited by many Hellenistic

---

[14] Ferguson, *Utopias of the Classical World*, 56.
[15] T. Figueira, "Economic Thought and Economic Fact in the Works of Xenophon," in *Xenophon: Ethical Principles and Historical Enquiry* (Leiden: Brill, 2012), edited by F. Hobden and C. Tuplin, 683.
[16] P. Stadter, "'Staying up Late': Plutarch's Reading of Xenophon," in *Xenophon: Ethical Principles and Historical Enquiry* (Leiden: Brill, 2012), edited by F. Hobden and C. Tuplin, 44.
[17] Stadter, "'Staying up Late': Plutarch's Reading of Xenophon," 43-44.
[18] Pownall, *Lessons From the Past: The Moral Use of History in Fourth-Century Prose*, 176.

and Roman historians.[19] Therefore, Xenophon's importance for the moral-didactic tradition of historiography deserves serious treatment.[20] No matter how we should evaluate the influence of Xenophon's educational idea, the existence of the phenomenon is in itself noteworthy and proves the importance of Xenophon's theory of moral education in the history of thought.

---

[19] Pownall, *Lessons From the Past: The Moral Use of History in Fourth-Century Prose*, 181-182.

[20] For this subject, Lisa Irene Hau summarises well in her recent paper as follows: "The difference between Xenophon's approach and that of Polybius and Diodorus is that while the classical historiographer is notorious for leaving any didactic conclusions entirely up to the reader, thus often imbuing his work with a moral ambiguity which keeps modern scholars arguing about even his basic messages, the two Hellenistic historiographers usually comment unambiguously on the narrated situations and set out the moral explicitly for the reader. Thus, human inability to handle great good fortune becomes a major and explicit didactic theme. This theme was presented in Greek historiography from the very beginning, but it was Xenophon's approach — his interest in success-induced contempt for the enemy and consequent disaster, his insistence on the immorality of arrogant pride even in non-military situations, and even his use of *phronēma, mega phronein* and *kataphronēsis* — that was picked up by the Hellenistic historiographers and carried on in their massive works. Thus, the least famous of the three famous classical historians made his permanent mark on the moral-didactic tradition of historiography." See L. Hau, "Does Pride Go before a Fall? Xenophon on Arrogant Pride," in *Xenophon: Ethical Principles and Historical Enquiry* (Leiden: Brill, 2012), edited by F. Hobden and C. Tuplin, 608-609.

BIBLIOGRAPHY

Aalders, G. "Date and Intention of Xenophon's 'Hiero'." *Mnemosyne* 6 (1953): 208-215.

L'Allier, L. "Why Did Xenophon Write the Last Chapter of the Cynegeticus?" In *Xenophon: Ethical Principles and Historical Enquiry*, edited by F. Hobden and C. Tuplin, 477-497. Leiden: Brill, 2012.

Anderson, J. *Xenophon*. London: Duckworth, 1974.

Austin, M. and Vidal-Naquet, P. *Economic and Social History of Ancient Greece: An Introduction*, translated by M. Austin. Oakland: University of California Press, 1977.

Azoulay, V. "Exchange as Entrapment: Mercenary Xenophon?" In *The Long March, Xenophon and the Ten Thousand*, edited by R. Lane Fox, 289-304. New Haven & London: Yale University Press, 2004.

—. "The Medo-Persian Ceremonial: Xenophon, Cyrus and the King's Body." In *Xenophon and His World, Papers from a Conference Held in Liverpool in July 1999*, edited by C. Tuplin, 147-173. Stuttgart: Franz Steiner Verlag, 2004.

—. *Xénophon et les grâces du pouvoir: de la charis au charisma*. Paris: Publications de la Sorbonne, 2004.

Badian, E. "Xenophon the Athenian." In *Xenophon and His World, Papers from a Conference Held in Liverpool in July 1999*, edited by C. Tuplin, 33-53. Stuttgart: Franz Steiner Verlag, 2004.

Balme, M. "Attitudes to Work and Leisure in Ancient Greece." *Greece & Rome* 31 (1984): 140-152.

Bandini, M. and Dorion, L. ed./tr., *Xénophon, Mémorables, Tome I, Livre I*. Paris: Les Belles Lettres, 2000.

Bandini, M. and Dorion, L. ed./tr., *Xénophon, Mémorables, Tome II,1re Partie, Livre II-III*. Paris: Les Belles Lettres, 2011.

Bandini, M. and Dorion, L. ed./tr., *Xénophon, Mémorables, Tome II, IIe Partie, Livre IV*. Paris: Les Belles Lettres, 2011.

Baragwanath, E. "The Wonder of Freedom: Xenophon on Slavery." In *Xenophon: Ethical Principles and Historical Enquiry*, edited by F. Hobden and C. Tuplin, 631-663. Leiden: Brill, 2012.

Beck, F. *Greek Education, 450-350 B.C.* London: Methuen, 1964.

Bordes, J. *Politeia dans la pensée grecque jusqu' à Aristote*. Paris: Les Belles Lettres, 1982.

Bourriot, F. *Kalos Kagathos – Kalokagathia*. Hildesheim & Zürich & New York: Georg Olms Verlag, 1995.

Bowen, A. ed./tr., *Xenophon: Symposium*. Warminster: Aris & Phillips, 1998.

Bradley, P. Review: Sarah B. Pomeroy: Xenophon: *Oeconomicus: A Social and Historical Commentary,* Oxford, Oxford at Clarendon Press, 1994. *The Classical World* 92 (1999), 477-478.

Breitenbach, H., "Xenophon von Athen." In *Paulys Realencyclopädie der classischen Altertumswissenschaft,* Vol.9A.2, edited by K. Ziegler, 1568-2051. Stuttgart: J.B. Metzler, 1967.

Brickhouse, T. and Smith, N. *Socrates on Trial*. Oxford: Clarendon Press, 1989.

Brock, R. "Xenophon's Political Imagery." In *Xenophon and His World, Papers from a Conference Held in Liverpool in July 1999,* edited by C. Tuplin, 247-258. Stuttgart: Franz Steiner Verlag, 2004.

—. *Greek Political Imagery from Homer to Aristotle*. London & New Delhi & New York & Sydney: Bloomsbury, 2013.

Brownson, C. ed./tr., Xenophon: *Hellenica*, Books VI-VII; *Anabasis,* Books I-III. Cambridge, Massachusetts & London: Harvard University Press, 1921.

Bryant, J. *Moral Codes and Social Structure in Ancient Greece, A Sociology of Greek Ethics from Homer to the Epicureans and Stoics.* Albany: State University of New York Press, 1996.

Buckler, J. *The Theban Hegemony, 371-362 B.C.* Cambridge, Massachusetts & London: Harvard University Press, 1980.

Bury, J. and Meiggs, R. *A History of Greece to the Death of Alexander the Great,* fourth edition revised. London: Macmillian, 1975.

Cairns, D. *Bacchylides: Five Epinician Odes*. Cambridge: Francis Cairns, 2010.

Carlier, P. "The Idea of Imperial Monarchy in Xenophon's *Cyropaedia.*" In *Xenophon,* edited by V. Gray, 327-366. Oxford: Oxford University Press, 2010.

Cartledge, P. *Agesilaos and the Crisis of Sparta*. London: Duckworth, 1987.

Cawkwell, G. "The Foundation of the Second Athenian Confederacy." *The Classical Quarterly* 23 (1973), 47-60.

—. Review: Xenophon's *Poroi,* Un commentaire historique des *Poroi* de Xénophon by Philippe Gauthier. *The Classical Review* 29 (New Series, 1979), 17-19.

Chrimes, K. *The Respublica Lacedaemoniorum Ascribed to Xenophon.* Manchester: Manchester University Press, 1948.

Christ, M. *The Bad Citizen in Classical Athens*. Cambridge: Cambridge University Press, 2006.

Christesen, P. "Xenophon's 'Cyropaedia' and Military Reform in Sparta." *The Journal of Hellenic Studies* 126 (2006), 47-65.

Christes, J. 'Paidagogos.' In *Der neue Pauly, Enzyklopädie der Antike* 9, edited by H. Cancik and H. Schneider, 150. Stuttgart & Weimar: J.B. Metzler, 2000.

Cox, P. *Biography in Late Antiquity: A Quest for the Holy Man*. Berkeley & London: University of California Press, 1983.

De Ste. Croix, G. *Origins of the Peloponnesian War*. London: Duckworth, 1972.

Danzig, G. "Why Socrates Was Not a Farmer: Xenophon's *Oeconomicus* as a Philosophical Dialogue." *Greece & Rome* 50 (2003), 57-76.

—. "Big Boys and Little Boys." *The Journal of Ancient Greek Political Thought* 26 (2009), 271-295.

—. (2012), "The Best of the Achaenenids: Benevolence, Self-interest and the 'Ironic' Reading of *Cyropaedia*." In *Xenophon: Ethical Principles and Historical Enquiry*, edited by F. Hobden and C. Tuplin, 499-539. Leiden: Brill, 2012.

Davis, M. "How Many Agronomoi Are There in Plato's *Laws*?" *Classical Philology* 60 (1965), 28-29.

Delatte, A. *Le troisième livre des souvenirs Socratiques de Xénophon*. Liége: Faculté de philosophie et lettres, 1933.

Delebecque, É. *Essai sur la vie de Xénophon*. Paris: Klincksieck, 1957.

Dihle, A. *Studien zur griechischen Biographie*. Göttingen: Vandenhoeck & Ruprecht, 1956.

—. *A History of Greek Literature, from Homer to the Hellenistic Period*, translated by C. Krojzl. London: Routledge, 1994.

Dillery, J. "Xenophon's *Poroi* and Athenian Imperialism." *Historia: Zeitschrift für alte Geschichte* 42 (1993), 1-11.

—. *Xenophon and the History of His Times*. London: Routledge, 1995.

Dillon, J. *Salt & Olives, Morality and Custom in Ancient Greece*. Edinburgh: Edinburgh University Press, 2004.

Dorion, L. "Xenophon's Socrates", translated by S. Menn. In *A Companion to Socrates*, edited by S. Ahbel-Rappe and R. Kamtekar, 93-109. Chichester: Wiley-Blackwell, 2009.

Dover, K. *Greek Popular Morality in the Time of Plato and Aristotle*. Oxford: Blackwell, 1974.

Dreher, M. „Der Prozeß gegen Xenophon." In *Xenophon and His World, Papers from a Conference Held in Liverpool in July 1999*, edited by C. Tuplin, 54-70. Stuttgart: Franz Steiner Verlag, 2004.

Due, B. *The Cyropaedia, Xenophon's Aims and Methods*. Aarhus & Copenhagen: Aarhus University Press, 1989.

Duffy, B. "The Platonic Functions of Epideictic Rhetoric." *Philosophy & Rhetoric* 16 (1983), 79-93.

Farber, J. "The *Cyropaedia* and Hellenistic Kingship." *The American Journal of Philology* 100 (1979), 497-514.

Farenga, V. *Citizen and Self in Ancient Greece*. Cambridge: Cambridge University Press, 2006.

Fearn, D. *Bacchylides, Politics, Performance, Poetic Tradition*. Oxford: Oxford University Press, 2002.

Ferguson, J. *Utopias of the Classical World*. London: Thames & Hudson, 1975.

Ferrario, S. "Historical Agency and Self-awareness in Xenophon's *Hellenica* and *Anabasis*." In *Xenophon: Ethical Principles and Historical Enquiry*, edited by F. Hobden and C. Tuplin, 341-376. Leiden: Brill, 2012.

Figueira, T. "Economic Thought and Economic Fact in the Works of Xenophon." In *Xenophon: Ethical Principles and Historical Enquiry*, edited by F. Hobden and C. Tuplin, 665-681. Leiden: Brill, 2012.

Finley, M. *The Ancient Economy*, updated second edition. Berkeley & Los Angeles & London: University of California Press, 1999.

Friend, J. *The Athenian Ephebeia in the Lycurgan Period: 334/3-322/1 B.C.* PhD Dissertation, University of Texas at Austin, 2009.

Fuks, A. *Social Conflict in Ancient Greece*. Leiden: Brill, 1984.

Gauthier, P. *Un commentaire historique des Poroi de Xénophon*. Genève & Paris: Droz, 1976.

—. "Xenophon's Programme in the *Poroi*." In *Xenophon*, edited by V. J. Gray, 113-136. Oxford: Oxford University Press, 2010.

Geiger, J. *Cornelius Nepos and Ancient Political Biography*. Wiesbaden: Steiner, 1985.

Gera, D. *Xenophon's Cyropaedia, Style, Genre and Literary Technique*. Oxford: Clarendon Press, 1993.

Gish, D. "Spartan Justice: The Conspiracy of Kingdom in Xenophon's *Hellenika*." *The Journal of Ancient Greek Political Thought* 26 (2009), 339-369.

Gish, D. and Ambler, W. "The Political Thought of Xenophon." *The Journal of Ancient Greek Political Thought* 26 (2009), 181-184.

Gomme, A. "The Position of Women in Athens in the Fifth and Fourth Centuries." *Classical Philology* 20 (1925), 1-25.

Grant, M. *The Ancient Historians*. London: Duckworth, 1970.

Gray, V. "Xenophon's *Hiero* and the Meeting of the Wise Man and Tyrant in Greek Literature." *The Classical Quarterly* 36 (1986), 115-123.

—. *The Character of Xenophon's* Hellenica. London: Duckworth, 1989.

—. "Xenophon's Defence of Socrates: The Rhetorical Background to the Socratic Problem." *The Classical Quarterly*, New Series, 39 (1989), 136-140.

—. "Continuous History and Xenophon, *Hellenica* 1-2.3.10." *The American Journal of Philology* 112 (1991), 201-228.

—. *Xenophon on Government*. Cambridge: Cambridge University Press, 2007.

—. "Xenophon." In *The Oxford Encyclopedia of Ancient Greece and Rome* 7, edited by M. Gagarin and E. Fantham, 266-271. Oxford: Oxford University Press, 2010.

—. *Xenophon's Mirror of Princes, Reading the Reflections*. Oxford: Oxford University Press, 2011.

Guthrie, W. *A History of Greek Philosophy*, Vol. III. Cambridge: Cambridge University Press, 1969.

Hägg, T. and Rousseau, P. ed., *Greek Biography and Panegyric in Late Antiquity*. Berkeley & London: University of California Press, 2002.

Hamilton, C. "Sparta." In *The Greek World in the Fourth Century, from the Fall of the Athenian Empire to the Successors of Alexander*, edited by L.A. Tritle, 41-65. London & New York: Routledge, 1997.

Hammond, N. *A History of Greece to 322 B.C.* Oxford: Clarendon Press, 1959.

Hansen, M. *The Athenian Democracy in the Age of Demosthenes, Structure, Principles and Ideology*, translated by J. Crook. Oxford: Blackwell, 1991.

Harman, R. "A Spectacle of Greekness: Panhellenism and the Visual in Xenophon's *Agesilaus*." In *Xenophon: Ethical Principles and Historical Enquiry*, edited by F. Hobden and C. Tuplin, 427-453. Leiden: Brill, 2012.

Harrison, E. "Jaeger's *Paideia* in English." *The Classical Review* 54 (1940), 32-33.

Hatzfeld, J. *Alcibiade, Étude sur l'histoire d'Athènes a la fin du Ve siècle*. Paris: Presses universitaires de France, 1951.

Hau, L. *The Changeability of Fortune in Greek Historiography – Moralizing Themes and Techniques from Herodotos to Diodoros of Sicily*. PhD dissertation, University of London, 2007.

—. "Does Pride Go before a Fall? Xenophon on Arrogant Pride." In *Xenophon: Ethical Principles and Historical Enquiry*, edited by F. Hobden and C. Tuplin, 591-610. Leiden: Brill, 2012.

Henry, W. *Greek Historical Writing, A Historiographical Essay Based on*

Xenophon's Hellenica. Chicago: Argonaut, 1967.

Herman, G. *Morality and Behaviour in Democratic Athens, A Social History.* Cambridge: Cambridge University Press, 2006.

Hesk, J. *Deception and Democracy in Classical Athens.* Cambridge: Cambridge University Press, 2000.

Higgins, W. *Xenophon the Athenian, The Problem of the Individual and the Society of the Polis.* Albany: State University of New York Press, 1973.

Hirsch, S. *The Friendship of the Barbarians, Xenophon and the Persian Empire.* Hanover & London: University Press of New England, 1985.

Hobden, F. and Tuplin, C. ed. *Xenophon: Ethical Principles and Historical Enquiry.* Leiden: Brill, 2012.

Holm, A. *The History of Greece from Its Commencement to the Close of the Independence of the Greek Nation,* translated by F. Clarke. London & New York: Macmillan, 1896.

Hornblower, S. "Sources and Their Uses." In *The Cambridge Ancient History,* second edition, Vol. VI, edited by D.M. Lewis, J. Boardman and M. Ostwald, 1-23. Cambridge: Cambridge University Press, 1994.

—. "The *Old Oligarch* (Pseudo-Xenophon's *Athenaion Politeia*) and Thucydides, A Fourth-Century Date for the *Old Oligarch?*" In *Polis & Politics,* edited by P. Flensted-Jensen, M. Hansen, T. Nielsen and L. Rubinstein, 363-384. Copenhagen: Museum Tusculanum Press, University of Copenhagen, 2000.

—. "This was Decided (edoxe tauta)." In *The Long March, Xenophon and the Ten Thousand,* edited by R. Fox, 243-263. New Haven & London: Yale University Press, 2004.

—. *Thucydides and Pindar: Historical Narrative and the World of Epinikian Poetry.* Oxford: Oxford University Press, 2004.

Jaeger, W. *Paideia: the Ideals of Greek Culture,* Vol. III, *The Conflict of Cultural Ideas in the Age of Plato,* translated by G. Hignet. Oxford: Blackwell, 1945.

Jansen, J. *After Empire: Xenophon's* Poroi *and the Reorientation of Athens.' Political Economy.* PhD dissertation: University of Texas at Austin, 2007.

Johnson, D. "Persians as Centaurs in Xenophon's *'Cyropaedia'.*" *Transactions of the American Philological Association* 135 (2005), 177-207.

Joshel, S. and Murnaghan, S. ed. *Women and Slaves in Greco-Roman Culture.* London & New York: Routledge, 1998.

Kagan, D. *The Fall of the Athenian Empire.* Ithaca & London: Cornell University Press, 1987.

Kojève, A. "Tyranny and Wisdom." In *On Tyranny*, edited by L. Strauss, 143-188. London: Collier-Macmillan, 1963.

—. "Restatement on Xenophon's *Hiero*." In *On Tyranny*, edited by L. Strauss, 189-226. London: Collier-Macmillan, 1963.

Krentz, P. "Deception in Archaic and Classical Greek Warfare." In *War and Violence in Ancient Greece*, edited by H. Wees, 167-200. London: Duckworth and the Classical Press of Wales, 2000.

Kronenbera, L. *Allegories of Farming from Greece and Rome*. Cambridge: Cambridge University Press, 2009.

Kurke, L. *The Traffic in Praise: Pindar and the Poetics of Social Economy*. Ithaca & London: Cornell University Press, 1991.

Lauxtermann, M. "What is an Epideictic Epigram?" *Mnemosyne* 51 (1998), 525-537.

Leo, F. *Die Griechisch-Römische Biographie nach ihrer literarischen Form*. Leipzig: B.G. Teubner, 1901.

Lesky, A. *A History of Greek Literature*, translated by J. Willis and C. Heer. London: Methuen, 1966.

Liddel, P. *Civic Obligation and Individual Liberty in Ancient Athens*. Oxford: Oxford University Press, 2007.

Liddell, H. and Scott, R. ed. *A Greek-English Lexicon*, ninth edition. Oxford: Clarendon Press, 1996.

Lipka, M. ed. Xenophon: *Spartan Constitution*, Introduction, Text and Commentary. Berlin & New York: Walter de Gruyter, 2002.

Lorch, B. "Xenophon's Socrates on Political Ambition and Political Philosophy." *The Review of Politics*, 72 (2010), 189-211.

Lowe, N. "Epinikian Eidography." In *Pindar's Poetry, Patrons, and Festivals: from Archaic Greece to the Roman Empire*, edited by S. Hornblower and C. Morgan, 167-176. Oxford: Oxford University Press, 2007.

Luccioni, J. *Les idées politiques et sociales de Xénophon*. Paris: Publications de la Sorbonne, 1947.

Luccioni, J. *Xénophon et le Socratisme*. Paris: Presses Universitaires de France, 1953.

Ma, J. "You Can't Go Home Again: Displacement and Identity in Xenophon's *Anabasis*." In *Xenophon*, edited by V. Gray, 502-519. Oxford: Oxford University Press, 2010.

De Marcellus, H. *The Origins and Nature of the Attic Ephebeia to 200 B.C.*, PhD Dissertation: Oxford University, 1994.

Marchant, E. ed. Xenophon: *Memorabilia* and *Oeconomicus*. London & Cambridge, Massachusetts: Harvard University Press, 1923.

Marchant, E. ed. Xenophon: *Scripta Minora*. London & Cambridge,

Massachusetts: Harvard University Press, 1925.

Marrou, H. *Histoire de l' éducation dans l'Antiquité*, Paris: Editions Du Seuil, 1948.

Marschall, T. *Untersuchungen zur Chronologie der Werke Xenophons*, München: Lehmaier, 1928.

McNamara, C. "Socratic Politics in Xenophon's *Memorabilia*." *The Journal of Ancient Greek Political Thought* 26 (2009), 223-245.

Meiggs, R. *The Athenian Empire*. Oxford: Oxford University Press, 1972.

Members of the Illinois Greek Club, ed. Aeneas Tacticus, Asclepiodotus, Onasander: *Works*. London & Cambridge, Massachusetts: Harvard University Press, 1948.

Michelini, A. "Plato's Socratic Mask." In Michelini, A., ed., *Plato as Author: the Rhetoric of Philosophy*, 45-65. Leiden & Boston: Brill, 2003.

Michell, H. *The Economics of Ancient Greece*, second edition. Cambridge: W. Heffer & Sons, 1957.

Millender, E. "Spartan 'Friendship' and Xenophon's Crafting of the Anabasis." In *Xenophon: Ethical Principles and Historical Enquiry*, edited by F. Hobden and C. Tuplin, 377-425. Leiden: Brill, 2012.

Miller, W. ed. Xenophon: *Cyropaedia*, Books I –IV. Cambridge, Massachusetts & London: Harvard University Press, 1914.

Miller, W. ed. Xenophon: *Cyropaedia*, Books V-VIII. Cambridge, Massachusetts & London: Harvard University Press, 1914.

Millett, P. "Patronage and Its Avoidance in Classical Athens." In *Patronage in Ancient Society*, edited by A. Wallace-Hadrill, 15-47. London & New York: Routledge, 1989.

Möller, A. "Classical Greece: Distribution." In *The Cambridge Economic History of the Greco-Roman World*, edited by W. Scheidel, I. Morris and R. Saller, 362-384. Cambridge: Cambridge University Press, 2007.

Momigliano, A. *The Development of Greek Biography*. Cambridge, Massachusetts: Harvard University Press, 1971.

Morrison, D. "Xenophon's Socrates as Teacher." In *Xenophon*, edited by V.J. Gray, 195-227. Oxford: Oxford University Press, 2010.

Munson, R. "*Ananke* in Herodotus." *The Journal of Hellenic Studies* 121 (2001), 30-50.

Nadon, C. "From Republic to Empire: Political Revolution and the Common Good in Xenophon's *Education of Cyrus*." *The American Political Science Review* 90 (1996), 361-374.

—. *Xenophon's Prince: Republic and Empire in the* Cyropaedia. Los Angeles & London: University of California Press, 2001.

Newell, W. "Tyranny and the Science of Ruling in Xenophon's '*Education of Cyrus'.*" *The Journal of Politics* 45 (1983), 889-906.

—. "Machiavelli and Xenophon on Princely Rule: A Double-Edged Encounter." *The Journal of Politics* 50 (1988), 108-130.

Novo, S. *Economia ed etica nell' Economico di Senofonte.* Torino: G. Giappichelli, 1968.

Ober, J. *Mass and Elite in Democratic Athens, Rhetoric, Ideology, and the Power of the People.* Princeton: Princeton University Press, 1989.

—. *Democracy and Knowledge, Innovation and Learning in Classical Athens.* Princeton & Oxford: Princeton University Press, 2008.

Oost, S. "Xenophon's Attitude towards Women." *The Classical World* 71 (1978), 225-236.

Ostwald, M. *Nomos and The Beginnings of the Athenian Democracy,* Oxford: Clarendon Press, 1969.

Pangle, T. "The Political Defence of Socratic Philosophy: A Study of Xenophon's *Apology of Socrates to the Jury.*" *Polity* 18 (1985), 98-114.

Park, C. "At Home in History: Werner Jaeger's *Paideia.*" *The American Scholar* 52 (1983), 378-385.

Parker, R. "One Man's Piety: The Religious Dimension of the *Anabasis.*" In *The Long March, Xenophon and the Ten Thousand,* edited by R. Lane Fox, 131-153. New Haven & London: Yale University Press, 2004.

Pélékidis, C. *Histoire de l' éphébie Attique des origines à 31 avant Jésus - Christ,* Paris: E. de Boccard, 1962.

Pelling, C. "Educating Croesus: Talking and Learning in Herodotus' Lydian *Logos.*" *Classical Antiquity* 25 (2006), 141-177.

Poltera, O. *Simonides Lyricus, Testimonia und Fragmente: Einleitung, kritische Ausgabe, Übersetzung und Kommentar.* Basil: Schwabe, 2008.

Pomeroy, S. ed. Xenophon: *Oeconomicus.* Oxford: Clarendon Press, 1994.

Pomeroy, S. "Slavery in the Greek Domestic Economy in the Light of Xenophon's *Oeconomicus.*" In *Xenophon,* edited by V. Gray, 31-40. Oxford: Oxford University Press, 2010.

Pownall, F. "Condemnation of the Impious in Xenophon's *Hellenica.*" *The Harvard Theological Review* 91 (1998), 251-277.

—. *Lessons From the Past: The Moral Use of History in Fourth-Century Prose.* Ann Arbor: The University of Michigan Press, 2004.

Pritchett, W. *Ancient Greek Military Practices,* Part I. Berkeley & Los Angeles & London: University of California Press, 1971.

Pucci, P. *Inno alle Muse.* Pisa & Roma: F. Serra, 2007.

Rebenich, S. ed. Xenophon: *Die Verfassung der Spartaner.* Darmstadt: Wissenschaftliche Buchgesellschaft, 1998.

Reinmuth, O. *The Ephebic Inscriptions of the Fourth Century B.C.* Leiden:

Brill, 1971.

Reisert, J. "Ambition and Corruption in Xenophon's *Education of Cyrus*." *The Journal of Ancient Greek Political Thought* 26 (2009), 296-315.

Rhodes, P. and Osborne, R. ed. *Greek Historical Inscriptions, 404-323 B.C.* Oxford: Oxford University Press, 2003.

Rhodes, P. *A History of the Classical Greek World, 478-323 B.C.* Malden & Oxford & Carlton: Blackwell, 2006.

—. *Alcibiades*. Barnsley: Pen & Sword Military, 2011.

Riedinger, J. *Étude sur les* Helléniques, *Xénophon et l'histoire*. Paris: Les Belles-Lettres, 1991.

Roberts, J. *Athens on Trial: The Anti-democratic Tradition in Western Thought*. Princeton: Princeton University Press, 1994.

Roscalla, F. "Kalokagathia e Kaloi Kagathoi in Senofonte." In *Xenophon and His World, Papers from a Conference Held in Liverpool in July 1999*, edited by C. Tuplin, 115-124. Stuttgart: Franz Steiner Verlag, 2004.

Rosati, G. "The Latin Reception of Hesiod." In *Brill's Companion to Hesiod*, edited by F. Montanari, A. Rengakos, and C. Tsagalis, 343-374. Leiden & Boston: Brill, 2009.

Russell, B. *A History of Western Philosophy*. London: G. Allen and Unwin, 1946.

Russell, D. *Plutarch*. London: Duckworth, 1973.

Sage, P. "Dying in Style: Xenophon's Ideal Leader and the End of the '*Cyropaedia*'." *The Classical Journal* 90 (1995), 161-174.

Saller, R. "Household and Gender." In *The Cambridge Economic History of the Greco-Roman World*, edited by W. Scheidel, I. Morris, and R. Saller, 87-112. Cambridge: Cambridge University Press, 2007.

De Sanctis, G. *Studi di storia della storiografia greca*, Florence: La Nuova Italia, 1951.

Sandridge, N. *Loving Humanity, Learning, and Being Honored: The Foundations of Leadership in Xenophon's Education of Cyrus*. Cambridge, Massachusetts & London: Center for Hellenic Studies, 2012.

Scaife, R. "Ritual and Persuasion in the House of Ischomachus." *The Classical Journal* 90 (1995), 225-232.

Schachermeyr, F. *Griechische Geschichte mit besonderer Berücksichtigung der geistesgeschichtlichen und kulturmorphologischen Zusammenhänge*. Stuttgart: W. Kohlhammer, 1960.

Scheidel, W., Morris, I. and Saller, R. ed. *The Cambridge Economic History of the Greco-Roman World*. Cambridge: Cambridge University Press, 2007.

Schorn, S. "Xenophons *Poroi* als philosophische Schrift." *Historia* 60 (2011), 65-93.

Schütrumpf, E. "Xenophon aus Athen." In *Der neue Pauly*, Band 12/2, edited by H. Cancik and H. Schneider, 633-642. Stuttgart & Weimar: J.B. Metzler, 2002.

Seaford, R. "The Imprisonment of Women in Greek Tragedy." *The Journal of Hellenic Studies* 110 (1990), 76-90.

—. "Xenophon and Athenian Democratic Ideology." *The Classical Quarterly* 51 (2001), 385-397.

Severyns, A. *Bacchylide, Essai biographique*. Liége & Paris: Faculté de philosophie et lettres, 1933.

Sevieri, R. "The Imperfect Hero: Xenophon's *Hiero* as the (Self-) Taming of a Tyrant." In *Xenophon and His World, Papers from a Conference Held in Liverpool in July 1999*, edited by C. Tuplin, 277-288. Stuttgart: Franz Steiner Verlag, 2004.

Shero, L. "Xenophon's Portrait of a Young Wife." *The Classical Weekly* 26 (1932), 17-21.

Shipley, D. *A Commentary on Plutarch's Life of Agesilaos*. Oxford: Clarendon Press, 1997.

Siewert, P. "The Ephebic Oath in Fifth-Century Athens." *The Journal of Hellenic Studies* 97 (1977), 102-111.

Simeterre, R. *Le théorie Socratique de la Vertu-Science selon les Mémorables de Xénophon*. Paris: P. Téqui, 1938.

Skemp, J. *The Theory of Motion in Plato's Later Dialogues*, enlarged edition. Amsterdam: Hakkert, 1967.

Sordi, M. "Senofonte e la Sicilia." In *Xenophon and His World, Papers from a Conference Held in Liverpool in July 1999*, edited by C. Tuplin, 71-78. Stuttgart: Franz Steiner Verlag, 2004.

Soulis, E. *Xenophon and Thucydides*. Athens: ΚΛΑΠΑΚΗΣ, 1972.

Stadter, P. ed. *Plutarch and the Historical Tradition*. London & New York: Routledge, 1992.

Stadter, P. "'Staying up Late': Plutarch's Reading of Xenophon." In *Xenophon: Ethical Principles and Historical Enquiry*, edited by F. Hobden and C. Tuplin, 43-62. Leiden: Brill, 2012.

Strauss, L. *On Tyranny*, revised and enlarged. New York: Free Press of Glencoe, 1963.

Stuart, D. *Epochs of Greek and Roman Biography*. Berkeley: University of California Press, 1928.

Stylianou, P. *A Historical Commentary on Diodorus Siculus Book 15*. Oxford: Clarendon Press, 1998.

Tamiolaki, M. (2012), "Virtue and Leadership in Xenophon: Ideal Leaders or Ideal Losers?" In *Xenophon: Ethical Principles and Historical Enquiry*, edited by F. Hobden and C. Tuplin, 563-589. Leiden: Brill, 2012.

Tatum, J. *Xenophon's Imperial Fiction: On the Education of Cyrus*. Princeton: Princeton University Press, 1989.

Too, Y. Review: *Oeconomicus. The Classical Review* 45 (1995), 246-248.

Tuplin, C. "Xenophon, Sparta and the *Cyropaedia*." In *The Shadow of Sparta*, edited by A. Powell and S. Hodkinson, 127-181. London & New York: Routledge for the Classical Press of Wales, 1994.

—. "Xenophon." In *The Oxford Classical Dictionary*, third edition revised, edited by S. Hornblower, and A. Spawforth, 1628-1631. Oxford: Oxford University Press, 2003.

Villard, L. "Xénophon d'Athènes." In *Dictionnaire de l'Antiquité*, edited by J. Leclant, 2269-2271. Paris: Presses universitaires de France, 2005.

Waterfield, R. "Xenophon's Socratic Mission." In *Xenophon and His World, Papers from a Conference Held in Liverpool in July 1999*, edited by C. Tuplin, 79-113. Stuttgart: Franz Steiner Verlag, 2004.

Weber, M. *The Theory of Social and Economic Organization*, translated by A. Henderson and T. Paesons. London & New York: Collier-Macmillan, 1947.

Whidden, C. "The Account of Persia and Cyrus' Persian Education in Xenophon's '*Cyropaedia*'." *The Review of Politics* 69 (2007), 539-567.

Whitby, M. "Xenophon's Ten Thousand as a Fighting Force." In *The Long March, Xenophon and the Ten Thousand*, edited by R. Lane Fox, 215-242. New Haven & London: Yale University Press, 2004.

Whitehead, D. ed. Aineias the Tactician, *How to Survive under Siege*, Oxford: Clarendon Press, 1990.

Wiemer, H. „Die gute Ehefrau im Wandel der Zeiten: von Xenophon zu Plutarch." *Hermes* 133 (2005), 424-446.

Wilamowitz-Moellendorff, U. *Antigonos von Karystos*. Berlin: Weidmannische Buchhandlung, 1881.

—. *Aristoteles und Athens*. Berlin: Weidmannische Buchhandlung, 1893.

Willner, D. 'The Oedipus Complex, Antigone, and Electra: The Woman as Hero and Victim.' *American Anthropologist* 84 (1982), 58-78.

GENERAL INDEX